김정일 시대
KIM JONG-IL

북한의
NORTH KOREA

과학기술정책
SCIENCE AND TECHNOLOGY POLICY

김정일 시대

KIM JONG-IL

북한의

NORTH KOREA

과학기술정책

SCIENCE AND TECHNOLOGY POLICY

변상정 지음

한국학술정보[주]

북한의 과학기술정책에 대한 이해를 돕고
한반도 평화에 일조하기를 바라며

김일성 사후 김정일은 자신의 리더십을 전면에 내세우기보다는 김일성의 리더십을 과도적으로 활용하여 김일성을 '영원한 수령'으로 추대하고 "김일성 동지는 김정일 동지이시다."라는 구호를 통해 카리스마의 동일시를 추구하였다. "나에게서 0.001㎜의 변화도 기대하지 말라."면서 '단군 이래 최대의 시련' 극복을 시도한 김정일은 1998년 8월 31일 '광명성 1호'를 쏘아 올려 국제사회의 관심을 집중시키면서 김정일 시대를 열었다.

북한은 김정일의 "과학중시사상과 현명한 영도에 의해 최첨단 과학기술의 결정체인 인공지구위성 광명성 1호가 성과적으로 발사됐다."고 선전하면서 대내 결속을 다졌다. 김정일은 2012년 '강성대국 건설'의 국가목표 달성을 위한 정책수단으로 과학기술중시를 사상중시, 총대중시와 동격으로 제시할 정도로 과학기술 발전을 경제재건의 중심축으로 삼고 있다. 특히, 북한은 전반적인 국력을 강화하기 위한 원동력이 군사중시정치에 있다고 하여 강성대국 건설을 위해 '선군정치'가 필요하다고 강조하였다. 조선노동당은 김정일에 의해 '정치·사상강국'과 '군사강국'이 이미 이루어졌으므로 강성대국 건설을 위해 '경제강국'을 실현하는 과제만 남았고, 2012년 경제강국을 실현하기 위해 김정일의 과학기술중시노선을 '당의 노선'으로 삼고 있다고 주장하고 있다.

북한은 '광명성 1호' 발사 이후 낙후된 과학기술을 빠른 시간 내에 선진수준으로 끌어올리기 위해 '새로운 전환을 일으킬 것'을 촉구하고 있으나 정책의 우선순위를 김정일 체제안보를 위한 선군정치와 국방공업 우선 발전에 둠으로써 핵실험과 미사일 개발 등의 군수과학기술 부문 및 일부 기초과학연구 부문에 연구개발과 자원투입이 집중되었다. 그 결과 김정일 정권이 경제강국 건설을 위한 과학기술중시노선을 주창한 지 10여 년이 지난 오늘날에도 체제의 폐쇄성으로 인한 과학기술자 등 전문인력의 부족과 수준 저하, 외화난과 예산투입의 비효율성, 연구기자재 결여 등에 의해 민수용 기술공학 분야 등 여타 부문은 낙후성을 면치 못하고 있는 실정이다.

북한이 신년공동사설 등에서 일관되게 강조해 오고 있는 '인민경제 선행부문의 개선'과 식량, 생필품의 주민생활 향상 문제가 여전히 해결되지 못하고 있는 등 김정일 정권의 '과학기술 발전을 통한 경제재건' 방침은 결국 '구호'와 정치적 수사(修辭)로 그치고 말았다. 반면에 북한은 2차례의 핵실험과 수차례의 미사일 시험발사로 김정일 체제생존을 위한 대외 협상력을 높이는 한편, 주민 결속을 강화하여 체제안정을 도모하는 등 대량살상무기를 이용한 정치적·군사적 목적 달성에 과학기술을 예속화·도구화시키고 있다.

이 책은 역사적 제도주의의 관점에서 대외환경, 통치이념·리더십, 경제발전전략을 독립변수로 설정하여 가설을 제시하고, 변수들 간의 영향으로 나타난 김정일 시대 과학기술정책의 유형과 특성을 분석하였다. 가설을 검증하기 위해 김일성 사망 후 유훈통치기를 거쳐 오늘날에 이르기까지 15년간의 신년공동사설에 대한 내용분석(content analysis)의 경험적 연구를 실시하였다. 연구결과 김정일 정권은 세계의 과학기술 발전 추세를 따라잡기 위해 선진과학의 도입과 첨단 과학기술 개발에 역점을 두고 대외 과학기술 교류협력을 활성화하는 등 과학기술 발전과 경제재건을 위해 국가적인 노력을 경주하였으나 김일성 시대와 비교하여 크게 달라지지 않은 대외안보환경, 통치이념, 경제발전전략의 제도적 제약과 경로의존성(path dependence)에 의해 김정일 시대의 과학기술정책도 과거 주체과학의 범주에서 크게 벗어나지 못하고 있음을 알 수 있었다.

국가발전의 명운을 걸고 추진되고 있는 것처럼 보이는 김정일 정권의 과학기술정책은 산업현장의 생산 정상화, 기술혁신과 생산력 증대를 통한 경제재건과 주민생활 향상 그리고 국방과학기술 발전을 통한 국방력 강화의 전반적이고 종합적인 국가발전을 도출하지 못하고, 김정일 체제안보를 위한 국방공업과 핵, 미사일 등 전략무기 위주의 첨단 국방과학기술만 비대하게 발전한 기형적이고 편협한 정책이 되고 말았다. 그 결과 과학기술 발전을 통한 경제강국 건설의 목표 달성은 불가능해 보이지만 김정일이 최근에 2012년 강성대국 달성의 목표라고 밝힌 "공식적 핵보유국 지위 획득"에는 점점 가까워지고 있는 듯하다.

북한 체제의 특성상 '인민경제의 현대화, 정보화', '기술개건을 통한 생산의 정상화' 등 과학기술정책의 구호 이면에는 항상 김정일 정권의 체제안보를 위한 핵, 미사일 개발 등 첨단 국방과학기술 연구개발이 최우선시 되고 있음을 간과해서는 안 될 것이다. 북한이 과학기술중시정책을 첨단과학기술과 첨단산업의 육성, 대담하고 통이 큰 '과학혁명'으로 정의하고 있는 만큼 경제회생과 주민들의 삶의 질 향상을 위해서는 무엇보다 과학기술체제 개혁과 대규모 외자 유치를 위한 개혁·개방정책이 절실히 요구된다고 할 것이다.

　　이 책은 필자의 박사학위논문(2009)을 다듬은 것이다. 석사학위 후 연구소에 입사하여 북한 정세와 남북한 관계 분석업무를 수행하면서 그동안 우리 학계의 북한 연구가 정치·사상과 경제 분야에 치우치고 '비인기' 분야인 북한의 과학기술과 과학기술정책에 대한 종합적인 연구가 부족하여 이 분야에 대한 연구의 필요성을 느껴 왔다. 이 책은 김정일 시대의 과학기술정책을 특히, 사회과학적, 정치학적 측면에서 체계적으로 연구할 필요성에 의해 수년에 걸쳐 이루어진 결과물이다. 북한의 과학기술과 과학기술정책 분야를 개척한 여러 선학(先學)들의 자료 협조와 학문적 조언이 없었다면 이 책의 탄생은 불가능했을 것이다. 이 책의 오류와 불완전함은 전적으로 필자의 몫으로 하고, 부끄럽지만 이 책이 북한 과학기술정책 연구의 발전에 조금이나마 보탬이 되었으면 하는 바람이다.

　　이 책을 쓰는 동안 세상의 그 어떤 일도 다른 분들의 도움 없이는 안 된다는 고귀한 진리를 다시 깨닫게 되었으며 더욱 정진하라는 가르침을 얻었다. 게으르고 아둔한 사람이 인생여정에서 또 하나의 매듭을 지을 수 있었던 것은 전적으로 연세대학교 정외과 양승함 교수

님 덕분이다. 학문과 삶에 있어서 '기본'의 중요성을 가르쳐 주신 교수님께 진심으로 감사드린다. 기꺼이 인터뷰에 응해 책에 생생한 현장감을 불어넣어 주신 탈북인사 여러분들께 심심한 감사를 드리며 이 책이 작은 위안이 되기를 기원한다. 어려운 출판현실 속에서도 흔쾌히 책을 발간해 주신 한국학술정보(주)의 채종준 사장님과 문진현 님, 김소영 님, 장선희 님 외 출판팀 여러분께도 감사드린다. 끝으로 아내의 졸저를 위해 아낌없는 외조로 성원해 준 남편 구병춘 박사님과 일하는 엄마의 빈자리를 이해하고, 꿋꿋하게 잘 자라고 있는 금쪽같은 지언과 강운 그리고 양가 부모님께 이 책을 바친다.

2010년 6월

도곡동 연구실에서

변상정

■ 차 례

제 1 부

들어가는 말

: 연구목적
: 연구범위와 연구방법

1. 연구목적

이 책은 국가관리와 체제생존에 대한 불안감으로 인해[1] 김정일 정권의 과학기술정책이 전반적인 경제성장의 원동력으로 기능하지 못하고, 정치·군사적 목적 달성과 체제안보를 위해 국방과학기술 부문만 기형적으로 발달된 편협하고 왜곡된 정책이 되고 말았다는 것을 규명하고자 한다.

김정일 정권은 '강성대국', 특히, 경제강국 건설을 위한 정책수단으로 과학기술중시를 사상중시, 총대중시와 동격으로 제시할 정도로 과학기술 발전을 경제재건의 중심축으로 삼고 있다. 즉 김정일 정권은 기술혁신과 생산의 정상화, 산업의 현대화·정보화를 통한 경제재건 그리고 인민생활 향상을 목표로 과학기술중시정책을 지속적으로 추진해 오고 있다. 북한의 과학기술정책은 특히, 대외환경, 최고지도자의 통치이념과 리더십, 경제발전전략에 따라 그 성격과 유형 그리고 역점사업에 변화를 보여 왔다.

그러나 북한이 신년공동사설 등에서 일관되게 강조하고 있는 인민경제 선행부문의 개선과 식량 문제 그리고 생필품 문제가 여전히 해결되지 못하고 있는 등 김정일 정권의 '과학기술 발전을 통한 경제재건' 방침은 결국 '구호'와 정치적 수사(修辭)로 그치고 말았다. 반면, 김정일 정권은 2차례의 핵실험과 수차례의 미사일 시험발사로 김정일 체제안보를 위한 대외 협상력을 높이는 한편, 주민 결속을

---

[1] 국가관리는 국가발전의 중요한 측면이자 최고통치자의 리더십의 특성을 반영한다. 이에 대한 구체적인 내용은 양승함. "대통령 리더십과 국가발전". 현대사회연구소, 『2000年』, 통권 294호 참조

강화하여 체제안정을 도모하는 등 대량살상무기를 이용한 정치적·군사적 목적 달성에 과학기술을 예속화·도구화시키고 있다.[2]

현대사회에서 과학기술은 국가안보의 핵심수단이자 경제발전의 원동력으로 간주되고 있을 뿐만 아니라 최근에는 국가가 보유한 가장 큰 자원으로 인식되고 있다. 즉 과학기술은 지식과 결부되어 자원·자본·노동의 경제적 요소보다 더 중요한 자원으로 인식되고 있다. 과학기술은 17~18세기 산업혁명의 기반이 되었으며 20세기 후반 정보사회 출현의 근간을 이루었고, 이제 모든 사회영역에서 생산성과 창의성을 제고시키는 필수적인 요소가 되었다. 과학기술의 변화 또는 진보는 생산성의 향상을 의미하며, 새로운 제품이나 서비스 또는 신공정을 가능하게 하며 나아가서 신산업을 창출하기도 한다.

20세기 후반 토마스 쿤(Thomas S. Kuhn)은 새로운 과학관을 제시해 한 시대의 과학은 당대의 과학자들이 공유하는 인식체계인 패러다임(paradigm)에 의해 규정되며, 기존의 패러다임이 새로운 패러다임으로 대체될 때 과학은 그 근본으로부터 완전히 바뀌는 혁명적 변화를 경험한다고 주장했다.[3] 이는 1970년대 이후의 과학사회학자들에게 영향을 주어 과학 지식이란 '발견'되는 것이 아니라 '사회적으로 구성되는' 것이라는 구성주의적 과학관이 제기되기 이르렀다. 결국에는 과학 지식의 보편성과 합리성을 주장하는 전통 과학자 및

---

2) 북한은 핵을 보유함으로써 경제의 재건과 발전을 위한 확고한 담보가 마련되었다는 점을 강조하는 방법으로 체제의 전망에 대한 주민들의 신심과 낙관을 고취하는 데 주력하고 있다. 다시 말해 '핵'이라는 강력한 대체 전력을 보유함으로써 그동안 재래식 군사력의 유지와 강화를 위해 투입하였던 막대한 물질적, 재정적, 인적 자원을 경제회생과 발전에 돌릴 수 있게 되었다는 것과 경제강국 실현을 통해 강성대국 건설의 '여명'을 앞당길 수 있게 되었다는 점을 강조하고 있는 것이다.

3) Thomas S. Kuhn, second enlarged edition, *The Structure of Scientific Revolutions* (Chicago: Univ. of Chicago Press, 1970).

과학철학자들과 쿤의 영향을 받은 구성주의적 과학관을 주장하는 과학사회학자들 사이에 충돌이 생겼고 이른바 '과학전쟁(science wars)'이 발발하였다.4) 이렇듯 과학 지식의 본질에 대해 과학자들 간에 전쟁하듯이 주고받는 논쟁을 통해 과학기술에 대한 일반인들의 인식과 관심이 높아졌고 나아가 과학기술을 개발하고 활용하려는 정부 당국의 과학기술정책에도 큰 영향을 미치게 되었다. 과학기술의 발전과 더불어 과학기술정책이 사회적 관심의 대상이 되었고, 과학기술정책에 관한 연구가 새로운 분야로 등장하기에 이르렀다.

일반적으로 과학기술정책은 과학기술진흥정책을 의미한다. 이것은 국가가 어떠한 목표를 기반으로 과학기술을 발전시켜 나가야 할 것인가에 대한 계획을 세워놓고 이를 실행해 나가는 것을 의미한다. 오늘날 과학기술정책은 선진국과 개발도상국을 막론하고 가장 중요한 정책의 하나로 간주되고 있으며 정책의 내용과 범주도 점차 확대되고 있다. 사회경제영역에서 정부의 개입을 축소시키려는 세계적인 추세와는 또 다른 차원에서 정부의 과학과 기술에 관한 정책이 강화되고 있는 것이다. 많은 학자들도 국가가 과학기술을 관리·통제·육성하는 역할을 수행해야 한다는 주장에 동의하고 있는데, 이는 과학기술의 진보가 국민생활의 질을 향상시켜 준다는 점을 인정하고 있다는 것을 의미한다.5)

국가가 과학기술개발에 개입하는 목적과 이유는 매우 다양하며 국가목표에 따라 과학기술정책의 성격이 달라진다. 첫째, 첨단무기를

---

4) Ziauddin Sardar, *Thomas Kuhn and the Science Wars* (UK: Icon Books Ltd, 2000); 지아우딘 사더, 김환석 외 옮김, 『토마스 쿤과 과학전쟁』(서울: 이제이북스, 2002).
5) R. P. Nelson, "Capitalism as an Engine of Progress", *Research Policy* 19, 1990.

확보하는 것이 국가 경쟁력 제고로 여겨지면서 미국과 소련 등의 과학기술정책에서 국가안보가 가장 중요한 목표가 되었다. 이들 국가는 전후에도 정부의 전체 연구개발예산 중 3분의 2 이상을 군사 분야 연구개발에 할애했다. 둘째, 국제적인 지위, 신망 등의 국제정치력(international political power) 향상을 목표로 하는 경우이다. 이때의 과학기술정책은 최근 격화되고 있는 중국, 일본, 인도 등의 우주개발 경쟁과 같이 보통 우주개발 등 거대과학기술 개발에 주력한다. 셋째, 세계시장에서의 경쟁력(international economic competitiveness) 확보를 목표로 하는 경우이다. 예컨대, 미국과 유럽국가들은 경제발전에 기여할 것으로 판단되는 특정 기초연구에 대한 지원을 꾸준히 해왔으나 민간업체들의 투자가 뒷받침되지 않아 막대한 연구개발예산을 포함한 '산업정책'으로의 전환을 모색하고 있다.[6]

또한 국가 주도, 사회 주도 여하에 따라서도 과학기술정책의 유형과 성격이 달라진다.[7] 이와 같이 정책형성과 추진과정은 이해관계인이나 집단, 체제의 구조 및 대내외 환경 등 다양한 요소와 제약들이 서로 복합적으로 작용하는 동태적 과정이다. 따라서 한 국가의 과학

---

6) Norman J. Vig, "Technology, Philosophy, and the State: An Overview", in Michael Craft and Norman Vig ed., *Technology and Politics* (Durham: Duke University Press, 1988), pp.25 – 30.

7) 한국은 과학기술을 경제성장의 주요수단으로 인식하면서 정부의 강력한 지원을 받아 왔다. 그러한 가운데 정부 관료를 위시한 엘리트 중심, 공급자 중심의 과학기술정책이 지배하면서 시민 참여는 사실상 배제되어 왔다고 할 수 있다. 그러나 2001년 '과학기술기본법'이 제정되면서 과거 관료들이나 소수의 과학기술자들에 의해 지배되던 과학기술정책이 다수의 전문가 집단이나 시민들에게 개방돼 과학기술정책을 둘러싼 지배구조에 변화가 나타났다. 이러한 변화는 과학기술정책에 대한 전문가 집단의 조직적 개입과 시민들의 과학기술에 대한 태도 변화, 즉 기술시민권에 대한 요구 증가 등의 사회 주도에 기인한 것이라고 할 수 있다. 권기창 · 배귀희, "과학기술정책의 거버넌스 변화", 『한국정책과학학회보』 제10권 제3호(2006. 9), pp.27 – 28; 이영희, 『과학기술의 사회학: 과학기술과 현대사회에 대한 성찰』(서울: 한울, 2000), pp.185 – 222.

기술정책을 분석할 때 단순히 연구개발뿐만 아니라 경제와 산업은 물론 정치와 사회, 최고지도자의 통치이념과 리더십 그리고 대외환경 등 여러 분야에 걸친 요소를 고려해야 할 것이다.

북한을 비롯한 사회주의 사회는 자본주의 사회보다 제도적인 제약에 더 영향을 받는다. 시장기능이 없는 폐쇄적, 중앙집권적 계획경제 시스템하에서 사회주의 국가의 과학기술은 순수한 발전보다 국력 신장과 경세발전의 필요성에 의한 도구성이 강하게 나타났다. 또한 사회주의 국가들의 지배이데올로기와 강압적 리더십, 억압적 사회구조 그리고 폐쇄적 통제경제 등은 과학기술이 스스로 꽃피울 수 없도록 만드는 제도적 제약으로 작용했다. 다른 사회주의 국가와 마찬가지로 북한도 과학기술 발전의 중요성을 인식하고 1950년대부터 '기술혁명'의 구호 아래 생산력 증대와 사회주의 건설의 완성을 위해 주체사상과 '주체과학'의 기치하에 과학기술정책을 추진해 왔다. 특히, 북한은 어느 국가보다도 과학기술정책에 대한 강조와 정부의 개입이 극대화된 국가라고 할 수 있다.

북한은 분단 상황에서의 남한과의 체제경쟁과 한반도 공산화 통일의 국가목표에 따라 국가역점사업 위주로 과학기술이 개발·활용되도록 도구화해 왔다. 즉, 북한은 미국을 비롯한 '제국주의 국가와의 대결'이 지속되고 있는 상황에서 경제봉쇄를 극복하기 위해 과학기술정책이 중요하다는 것을 강조하고 국방공업의 현대화, 식량문제 해결 등 체제유지를 위한 다목적 수단으로 과5학기술 향상을 꾀하고 있는 것이다.

북한의 과학기술은 당의 강력한 지도하에서 과학원 중심, 기술과학 중심, 현지연구 중심으로 발전해 왔다. 이에 따라 국가과제로의 동원과 자원집중이 용이한 연구개발체제를 구축할 수 있었으나 지나친 동원과 통합운영으로 과학기술 부문 간 알력과 불균형이 심화되고, 자력갱생에의 의존으로 연구효율이 저하되는 문제점이 발생했다. 또한 지도자의 관심영역에서 벗어나는 연구과제는 도태되고 첨단기술로의 도약 기회를 상실하게 되었다.[8]

김정일 시대 개막 후 김정일 정권이 국가목표로 제시한 '강성대국건설'을 위해 강력히 추진되고 있는 과학기술정책은 다음과 같은 특징을 보이고 있다. 첫째, 과학기술을 강성대국 건설의 기반으로 인식하고 있으며, 둘째, 과학기술과 경제의 결합을 중시하고, 셋째, '국력이 곧 군력'이라고 하면서 국방공업의 우선발전에 주력하고 있다. 넷째, 2012년 경제강국, 그리고 2022년 과학기술대국을 이루기 위해 과학기술인력 확보, 기초과학교육 강화, 정보산업과 전력·석탄·금속공업, 철도운수의 '인민경제 선행부문'의 기술개발 등을 강조하였다. 다섯째, 산·학·연 협동을 위한 현장기술을 중시하고, 여섯째, 과학기술자 우대정책을 추진하였으며, 일곱째, 과학기술의 대중화를 위한 선전 강화와 과학기술정보 보급을 실시하였다.

그러나 이와 같이 국가발전의 명운을 걸고 추진되고 있는 것처럼 보이는 김정일 정권의 과학기술정책은 제도의 경로의존성(path dependence)으로 인해 1960년대 주체과학기술 형성기의 중공업 우선발전과 경제-국방 병진노선 그리고 '자립적 민족경제건설'의 폐쇄경제시스템이 여전히 유지되고 있고 국가예산배분의 우선순위에 큰 변화가 없는 가운데 추진되고 있어서 실질적인 정책효과를 기대하기 어렵다.

결국 오늘날의 북한 과학기술정책은 산업현장의 생산 정상화, 기술

---

8) 이춘근, 『북한의 과학기술』(서울: 한울아카데미, 2005), p.296.

혁신과 생산력 증대를 통한 경제재건과 인민생활 향상 그리고 국방 과학기술 발전을 통한 국방력 강화의 종합적인 국가발전을 도출하지 못하고, 김정일 체제안보를 위한 국방공업의 우선적 발전과 핵·미사일 등 전략무기 위주의 첨단 국방과학기술 개발에 치우친 편협하고 기형적인 정책이 되고 말았다. 그 결과 현재 북한의 과학기술 발전을 통한 경제강국 건설의 목표 달성은 불가능해 보이지만 김정일이 최근 2012년 강성대국 달성의 목표라고 밝힌 '공식적 핵보유국 지위 획득'에는 점점 가까워지고 있는 듯하다.

2. 연구범위와 연구방법

이 책은 1994년 김일성 사망 후 유훈통치기를 거쳐 1998년 공식적으로 개막된 김정일 시대를 연구범위로 하고 김정일 정권의 과학기술정책을 분석대상으로 하였다. 그 이유는 김정일 시대에 들어와 북한의 과학기술정책의 성격과 특성이 완성되었으며 북한 체제의 미래 방향을 결정할 수 있게 되었다고 보기 때문이다. 그러나 김일성의 국가건설과 경제발전시대의 주체과학 형성과정을 통해 오늘날의 과학기술정책의 기본 틀이 만들어졌기 때문에 김일성의 주체과학기술의 변화와 지속성에 대해서도 살펴볼 것이다.

이 책은 신제도주의론(new institutionalism)에 기초하여 경제발전과 국가 경쟁력 강화를 목표로 하고 있는 북한의 과학기술중시정책과 제도의 형성, 변동을 고찰하고, 정책과 제도가 목표로 한 소기의 목적이 달성되지 못하고 있는 원인을 분석할 것이다.[9] 북한 연구, 특히, 북한경제의 변화에 대한 체계적인 접근에서 신제도주의의 적용은 매우 유용한 것으로 언급되고 있다. 신제도주의는 시장을 하나의 제도라 인식하고 경제를 구성하는 조직과 제도의 관계, 제도와 경제적 성과의 관계에 주목한다. 따라서 신제도주의는 다른 경제, 문화, 역사, 정치적 조건에서 자원배분 메커니즘을 포함한 제도변화를 추진하는 체제전환문제에 대해 풍부한 시사점을 제공해 준다.[10]

제도이론을 발전시켜 경제사 분석에 적용한 노스(Douglass C. North)는 제도가 부여하는 유인체계 속에서 발전한 조직과 제도 간의 상호의존관계를 토대로 효율적·비효율적 제도변화의 경로와 경제적 성과의 관계를 설명하고 있다. 제도와 조직의 상호작용, 공식적 규칙과 비공식적 제약 간의 긴장관계에 근거한 제도의 변화과정은 여러 가지 경제형태의 발전과 쇠퇴의 과정을 폭넓게 설명할 수 있다. 노스는 이러한 분석 틀에 기반을 두어 성공적인 경로 혹은 지속적 실패의 경로를 가지는 제도변화의 특성을 설명하였다.[11]

신제도주의 분파 중에서도 거시적 연구, 즉 정치경제학적 혹은 역사구조적인 연구정향을 지니는 역사적 제도주의(historical institutionalism)

---

9) 신제도주의는 국가기관의 공식적·법적 측면만을 기술하는 차원에 머물러 있었던 행태주의 이전의 구제도주의(old institutionalism)와는 구별되어야 한다. 그러나 로버트슨(Robertson)에 의하면 신제도주의, 특히, 역사적 제도주의는 구제도주의와 다음과 같은 세 가지 측면에서 공통점을 지니고 있다고 한다. 첫째, 구제도주의와 신제도주의 모두 제도가 개인 행위를 형성하고, 질서 지으며, 변화시킬 수 있다고 인정하는 점에서 제도를 연구의 중심개념으로 상정한다. 둘째, 제도의 역사적 발전과정에 초점을 맞추어야 한다고 주장한다. 셋째, 자율적 행위자로서 상정할 수 있는 강제력을 지닌 국가를 상정하고 있다는 점에서 공통점을 지니고 있는 것이다. 정용덕 외, 『신제도주의 연구』(서울: 대영문화사, 1999), p.9.

10) 북한의 경제변화에 대한 신제도주의의 적용에 대해서는 이교덕·임순희·조정아·이기동·이영훈, 『새터민의 증언으로 본 북한의 변화』(서울: 통일연구원, 2007) 참조.

11) 더글러스 C. 노스, 이병기 역, 『제도, 제도변화, 경제적 성과』(서울: 한국경제연구원, 1996), pp.20-21.

는 현재의 제도적 구조를 과거의 산물로서 파악하고 과거의 선택이 역사발전의 경로를 제약한다고 이해한다. 현재의 제도적 구조는 현재의 요인에 의해서가 아니라 역사적 요인의 산물이며, 나아가 역사적 선택이 이루어질 경우 이는 미래의 선택을 특정한 경로로 제약한다는 것이다.[12]

어떤 시점에서의 기능적 요구에 부응하기 위해 어떤 특정한 제도가 형성되었다 할지라도 이렇게 형성된 제도는 애당초 제도가 성립될 수 있었던 사회적 환경이 변화하고 이에 따라 전혀 새로운 기능적 요구가 제기된다 할지라도, 그 자체가 지속되는 경향을 지닌다. 이렇게 역사적으로 형성된 제도는 현재 제기되는 체제의 요구에 적절히 부응하지 못할 수 있을 뿐만 아니라 문제를 해결하는 데 오히려 역기능적인 역할을 수행할 수도 있다. 역사적 발전과정에서 어떤 특정한 경로가 선택되면 현재의 문제를 해결하는 데 좀 더 효율적·기능적일 수 있는 다른 경로를 밟을 가능성이 배제된다는 것이다.[13]

이러한 '제도의 경로의존성'의 개념으로 김정일의 과학기술정책을 분석할 수 있다. 정권 수립 초창기에 소련의 영향을 절대적으로 받았던 북한의 과학기술은 사회주의 과학기술체제의 공통적인 특성과

---

12) Peter A. Hall and Rosemary Taylor, "Political Science and the Three New Institutionalism", *Political Studies* 44, 1996, p.939.

13) S. Krasner, 1988. "Sovereignty: An Institutional Perspective", *Comparative Political Studies* 21(1), 1988, pp.67 – 82; P. Cammack, "The New Institutionalism: Predatory Rule, Institutional Persistence, and Macro – Social Change", *Economy and Society* 21(4), 1992, p.411. 그 밖에 새로운 기능적 요구에 대해 제도적 대응이 항상 순기능적이지만은 않다는 스카우로넥(S. Skowronek)의 주장, 제도적 관계가 통상적인 정치가 수행되는 맥락을 제공한다고 보는 홀(P. A. Hall)의 주장, 그리고 정책을 과거의 그림자(the shadow of the past)라고 칭할 수 있는 거시적 차원의 제약요건하에서의 미시적인 적응이라고 보는 아이켄베리(G. J. Ikenberry)의 시각 모두 제도의 지속성과 경로의존성을 강조하는 주장들이라고 할 수 있다.

한계를 내포하면서 아울러 국내종파사건과 중소분쟁, 주체사상 정립 등의 대내외적 변수로 인해 자력갱생적 '주체과학'의 독자적 특성을 가지게 되었다.

김일성 사후 김정일 시대에 들어서서 북한이 폐쇄적 자력갱생으로 인한 주체과학의 문제점을 극복하고 경제침체에서 벗어나기 위해 선진과학 도입을 강조하고 과학기술자들에게 첨단과학기술을 개발할 것을 독려하였으나, 여전히 지속되고 있는 수령유일지배체제, 개혁·개방이 전제되지 않은 대외 과학기술협력의 한계, 주체사상과 폐쇄주의 고수 등의 제약으로 인해 김정일 정권의 과학기술정책도 주체과학의 제도적 제약에서 크게 벗어나지 못하고 있다.

소련, 동독 등 사회주의 국가의 기술혁신모델은 정치적 목적을 달성하기 위한 과학기술과 경제활동의 통합, 즉 선형모델(linear model) 개념으로 특징지을 수 있다. 기술혁신의 선형모델은 연구는 개발을 낳고, 개발은 생산을 낳는다는 '연구(과학)→개발(기술)→생산'이라는 일방향성을 강조하고, 기술혁신에 관계하는 행위자들 사이에 위계를 설정하는 모델이라고 할 수 있다. 이 모형에서는 개발에서 연구로 또 생산에서 개발, 연구 쪽으로의 피드백(feedback)을 염두에 두지 않는다.14)

이러한 체제는 소련을 중심으로 하는 구사회주의 국가들의 과학기

---

14) 송위진, 『기술혁신과 과학기술정책』(서울: 르네상스, 2006), p.253. 선형모델에서 기술혁신 정책의 방향은 연구 또는 과학 분야의 육성에 초점이 맞추어진다. 여기에 정부의 지원이 이루어지면 지식이 창출되고 그것이 흘러가 기술과 생산에서 활용될 수 있기 때문이다. 국방이나 보건의료 연구와 같은 임무지향적(mission-oriented) 분야에 대한 지원도 유사한 논리로 설명된다. 이들 분야는 시장실패가 나타나기 때문에 국가가 자원을 투입해야 하는 분야이고, 또 여기에서 창출된 지식이 흘러가 민간 분야의 기술혁신과 생산을 자연스럽게 도와줄 수 있다.

술정책에 결정적인 영향을 미쳤던 기술혁신이론 및 중앙집중형의 계획경제체제와 밀접한 관계가 있다. 시장이 발달하지 않은 계획경제체제하의 사회주의 국가들은 연구에서 생산까지의 연계를 중시하고, 국방부분을 제외하고는 소비자로부터의 반응을 기술혁신에 반영하지 않는 기술추동(technology－push)형의 기술혁신을 고수하였다. 국가계획체제에서 각 연구단계를 구분하고 이를 전문적으로 담당하는 조직체계를 구축한 것도 이 때문이다.

북한도 이상과 같은 사회주의 국가의 기술혁신체제를 구축하였는데, 김정일 시대에 들어와서는 특히, '현시대는 과학기술이 곧 생산이며, 생산이 곧 과학기술'인 만큼 과학기술과 생산의 밀착과 일체화를 강조하였다. 북한 당국은 연구(과학)→개발(기술)→생산의 단계적인 과정을 따를 여유조차 없을 정도로 경제난이 심화되어 개발(기초연구보다 기술 위주의 응용개발)→생산으로 직결되는 형태로 산업현장에서 빠른 성과를 낼 것을 촉구했다.

즉, 김정일은 "현 시기 과학기술을 빨리 발전시키는 것은 우리 혁명과 건설에서 가장 절박하고 필수적인 요구로 나서고 있다."[15]고 하면서 과학기술 발전에 대한 조급성을 드러냈다. 북한에 있어서 오늘날처럼 과학기술 발전이 절박한 요구로 제기된 때는 없다는 것이다. 김정일이 과학기술을 최단기간 내에 세계 최첨단 수준으로 올려세워야 한다고 반복하여 강조하고 있는 것이 이를 말해 준다.

북한이 주장하는 과학기술정책의 궁극적 목표는 과학기술 자체의 발전보다는 사회경제의 발전에 기여하는 것이고 그 발달 및 검증도

---

15) 김정일, 『당의 과학기술중시로선을 철저히 관철할데 대하여』(평양: 조선로동당출판사, 2003), p.1.

실제 생산에의 적용을 통해 이루어지게 된다. 즉 과학기술의 사회적 가치는 물론 그 자체의 빠른 발전도 생산에 맞닿아 있을 때에만 제대로 발휘될 수 있다는 것이다. 따라서 북한은 과학보다는 기술, 기초연구보다는 생산연구(응용연구)를 훨씬 중요하게 여기고 있다. 아울러 북한 과학자, 기술자들의 전문성은 생산과의 관련을 추구하는 것에서 더 나아가 현장지향적, 대중지향적 성격을 요구하고 있다. 1960년대 이래 북한의 과학기술정책은 상당 부분이 생산현장에 기반을 두고 그곳에서 활동하는 사람들을 망라해서 추진되었다. 현지에 연구기지를 대거 설치하고 생산혁신자는 기능자들을 연구인력으로 끌어들여서 당면한 과학기술 현안을 직접 해결하는 데 힘을 모았던 것이다.16)

따라서 북한의 기술혁신의 의미는 현상의 문제점에 대한 체계적인 해결방법을 의미하는 자본주의의 기술혁신 개념과는 다른 것으로 이해해야 할 것이다.17) 북한의 기술혁신은 생산력 증대를 위해 투입하는 과학적 지식(science knowledge)이나 생산현장에서 제기되는 기술

---

16) 강호제, "북한 과학원과 현지연구사업: 북한식 과학기술의 형성", 서울대학교 석사학위논문, 2001 참조. 북한은 연구와 생산의 결합을 특히, 강조하고 이 안에서 대중을 동원한 기술혁신운동을 전개하고 있다. 사회주의 국가들은 학문적(academic) 전문성 못지않게, 때로는 그보다 더 중요하게 실천적(practical) 전문성을 추구한다. 이는 학문을 대하는 태도에서 사변적이고 관념적인 것보다 실제적이고 실천적인 것을 지향하고 이론과 실천, 지식과 생산의 연계를 중요하게 여기기 때문이다. 아울러 인간사회의 진보에서 생산노동이 차지하는 역할을 막중하게 여기는 사회주의적 역사발전관이 그 인식의 기초를 형성하고 있다는 점도 또 다른 중요한 부분이다. 그러므로 과학기술을 포함한 학문은 실제 생산과 긴밀한 관계를 지니고 있을 때에만 그 가치를 제대로 부여받게 된다. 사회주의적 전문성은 생산지향적, 실천지향적 성격을 강하게 지니는 것을 일컫는다고 말할 수 있다.

17) 자본주의 사회에서 기술혁신의 동기를 이윤추구에서 찾고 소비자의 요구를 주요 목표로 삼는 것과 달리, 북한에서는 노동자들을 힘든 노동에서 해방하고 이들을 동원하는 것을 기술혁신의 목표와 동기로 삼았다. 이것은 초기단계에서 정권의 기반인 노동자, 농민계급을 사로잡고 대중을 동원한 기술혁신을 추진하는 데 유리하게 작용한 것으로 보인다. 그러나 시장을 통한 기술혁신 장려기제가 작동하지 않는 상태에서 노동의 차이 해소라는 포괄적 유인기제로는 노동자들의 기술혁신에 대한 의욕을 지속적으로 촉진시킬 수 없게 된다. 이춘근, 앞의 책, p.37.

적 문제해결을 위한 기술(technique of skill) 또는 과학기술자의 생산현장에의 동원을 통한 생산력 증대과정과 행위를 의미한다고 할 수 있다.[18]

이와 같은 의미의 기술혁신과 부족한 자원의 집중 투자로 북한은 정권 초기단계에서 빠른 시일 내에 산업화의 성과를 거둘 수 있었으나 점차 기술혁신에 대한 인센티브와 자재 부족, 자립적 민족경제건설노선 고수와 경제발전계획의 실패 등으로 그 한계를 드러낼 수밖에 없게 되었다.

북한에서 과학기술은 자연과 사회를 인식하고 개조하기 위한 인간의 창조적 활동의 중요한 영역의 하나로 인식되고 있다. 과학기술은 사람의 창조적 능력의 중요한 요소로, 사회생산력의 필수적인 구성부분을 이루며 그 발전수준은 인간과 사회, 나라와 민족의 발전수준을 표현하는 중요한 척도의 하나[19]로, 자체의 발전된 기술이 있어야 나라의 자연부원을 효과적으로 개발·이용할 수 있으며 인민경제를 다방면으로 발전시킬 수[20] 있다는 것이다.

또한 북한은 과학기술 발전을 국방에서 자위 실현의 중요한 조건으로 인식하고 있다. 북한은 '국방에서 자위의 원칙'을 관철하기 위하여서는 자체의 국방공업을 건설하여야 하고,[21] 민족국방공업은 과학기술 발전에 의하여 성과적으로 건설해야 한다고 주장한다. 그런데 무기와 군사장비를 생산하는 문제는 채취공업으로부터 금속공업,

18) 김병목·정회성 "북한의 과학기술과 환경문제", 단국대학교 정책과학연구소, 『정책과학연구』 7, 1996, pp.113-114.
19) 박찬식, 『과학기술 발전은 주체확립의 중요한 담보』(평양: 사회과학출판사, 1991), pp.3-4.
20) 김정일, 『주체사상에 대하여』(평양: 조선로동당출판사, 1991), p.48.
21) 김정일, 앞의 책, p.54.

기계공업, 화학공업, 전자공업, 자동화공업 등 여러 가지 공업부문들의 유기적 연관 속에서만 해결될 수 있는 매우 어렵고 방대한 사업이다.22) 과학기술 발전은, 특히, 군사과학기술 발전의 세계적 추세에 맞게 군대의 무장장비를 부단히 현대화해 나가는 데 있어서 핵심요소라고 할 수 있다.

이와 같은 과학기술에 대한 북한의 인식은 자본주의 사회의 과학기술관과 별반 다르지 않으나, 북한은 체제안보와 정권유지를 위해 종합적인 과학기술 범주에서 민생 분야의 생활과학기술 연구개발을 등한시하고 국방과학기술 분야에 모든 국가역량을 집중시키고 있다는 것이 큰 차이점이라고 할 수 있다. 이러한 과학기술의 불균형적, 기형적 발전은 김정일 시대에 더욱 심화되고 있다.

즉, 김정일 정권은 첨단과학기술의 발전을 통한 경제강국 건설을 지속적으로 강조하고 있으나 김일성 시대와 같은 자립적 민족경제건설과 경제－국방 병진노선, 그리고 폐쇄주의 경제정책의 제도적 제약에 의해 여전히 식량난과 산업의 정상화 등의 민수경제문제를 해결하지 못한 채 체제유지와 생존을 위해 핵·미사일 등 대량살상무기와 첨단 해킹기술 개발 분야에서 가시적인 성과를 나타내고 있는 것이다.

이 책은 이상의 역사적 제도주의 방법에 기초하여 북한 문헌에 대한 질적 분석을 수행하였다.23) 아울러 고위급 관료, 군 관계, 과학기

---

22) 박찬식, 앞의 책 p.93.

23) 북한을 포함한 사회주의권에 대한 수많은 방법론은 전체주의론을 시발로, 또한 그에 대한 비판 속에서 이루어진 것이다. '전체주의론'의 내용은 1950년대 중반 미국의 프리드리히(Carl J. Friedrich)와 브레진스키(Zbigniew K. Brzezinski)가 시도한 것으로 1) 인간의 모든 요소를 통제하며 강력한 천년왕국적 요소를 내포하는 정교한 이데올로기, 2) 한 사람에 의한 단일정당이 존재하며 정권의 중핵을 구성하는 정당이 정부관료제보다 우월하거나 또한 그것과

술계 탈북 인사들과 인터뷰를 실시하고,24) 미공개 자료를 활용하여 선행연구와의 차별성을 갖고자 노력하였다.

북한의 공식문헌은 선전선동성이 강하나, 김일성과 김정일의 연설과 저작물에는, 특히, 그들의 정책지시와 명령이 제대로 관철되지 못하는 원인과 해결방안을 '교시'로 제시하고 있어 북한 체제의 전반적 실상을 이해하는 데 큰 도움을 준다. 기무라 미쓰히코(木村光彦)는 김일성과 김정일 저작물의 유용성에 대해 김일성과 김정일의 연설과 저작에 표시된 '불만'(비판교시)이 경제운영의 실태를 여러 방면에 걸쳐 명확히 해주고 있다고 평가하였는데,25) 필자도 그와 같은 견해를 견지하고 본 연구를 진행했다.

북한의 공식문헌에 대한 심층적 분석은 북한 연구를 위해 가장 중요한 1차적인 작업이라고 할 수 있다. 이 책은 북한의 과학기술정책 연구에서 활용이 덜 된 자료를 발굴해 연구의 정확도를 높이고 연구

융합. 3) 정권의 현실적 또는 가상의 적에 대한 당과 비밀경찰의 테러체제. 4) 대중매체의 독점적 통제. 5) 무기의 독점적 장악. 6) 중앙집권적인 통제의 실시 등이 바로 그것이다. 이러한 방법론은 스탈린 사후 소련 공산당 제20차 당대회에서의 흐루시초프의 탈스탈린 선언 이후 사회주의권의 변화 현상에 대한 개념 틀(conceptual frame)로는 부적당한 것으로 판명되었는데, 그 이유의 가장 중요한 핵심은 전체주의론이 기본적으로 사회변화라는 동적 측면을 시야 밖에 두었다는 것이다. Hannah Arendt, 2nd ed., *The Origin of Totalitarianism* (New York: Meridian Books, 1958); Carl J. Friedrich and K. Brzezinski Zbigniew, 2nd ed.(revised by C. J. Friedrich), *Totalitarian Dictatorship and Autocracy* (Cambridge Mass: Harvard University Press, 1965); Leonard Schapiro, *Totalitarianism* (New York: Praeger Publishers, 1972). 전체주의론 이후의 방법론들은 주로 역사문화적 접근법, 복합조직접근법, 집단갈등접근법, 근대화 내지 발전론적 접근법, 체계론적 접근법과 기능분석, 수렴이론, 엘리트이론, 자유화이론, 평면적 비교방식, 문헌중심적 접근방법, 행태주의적 접근방법, 주체사관에 입각한 서술, 비교사회주의적 접근법과 남북관계론적 시각, 실증적 분석, 내재적 접근법, 현상학적 접근법 등이 있다. 이에 대한 구체적인 논의는 권오윤, 『현실 사회주의 북한』(서울: 청목, 2007), pp.77－118 참조.

24) 북한의 과학기술과 과학기술정책 관련 자료가 상대적으로 빈곤한 만큼이나 과학기술 관련 탈북 인사가 많지 않다. 과학기술 관련 정책결정과정에 참여했거나 상황을 파악할 수 있었던 고위급 탈북인사 10명의 인터뷰 대상 중 국내에 공개되지 않은 인물들은 익명으로 인용하였다.

25) 기무라 미쓰히코, 김현숙 옮김, 『북한의 경제: 기원·형성·붕괴』(서울: 해안, 2001), p.200.

내용을 풍부하게 하고자 하였다. 『위대한 령도자 김정일동지의 과학령도사』 1~3권, 김정일의 『당의 과학기술중시로선을 철저히 관철할데 대하여』는 김정일의 과학기술정책을 각 부문별로 분석할 수 있는 유용한 자료이다.26) 이들 간행물에 수록된 연구논문의 서론에는 논문의 취지와 타당성을 주장하는 부분에서 예외 없이 『김일성선집』혹은 『김정일선집』 등을 인용하여 해당 논문이 국가의 국정운영 방향과 부합하는지의 여부를 반드시 명시하고 있다.27)

이 책은 1995~2009년 기간의 『로동신문』 신년공동사설에 대한 내용분석(content analysis)을 통해 대외환경, 통치이념·리더십, 경제발전전략의 독립변수에 따른 시기별 과학기술정책의 추이와 정책변화 동향을 경험적으로 분석하고 변수들 간의 상관관계를 도출하였다.

매년 1월 1일 『당보』, 『군보』, 『청년보』의 공동사설 형식으로 발표되는 북한 신년사28)는 지난 한 해를 마무리하고 새해의 정책대강

---

26) 그 외 북한 과학원에서 발간한 『조선민주주의인민공화국 과학원통보』(이하 『과학원통보』)와 개별 과학연구소에서 발간한 간행물인 『화학과 화학공업』, 『기술과학』, 『기술혁신』, 『수학과 물리』, 『지질 및 지리과학』, 『전기, 자동화공학』, 『생물학』, 『정보과학』, 『기계공학』, 『금속』, 『채굴공학』 등이 많이 활용되지 않은 자료들이다. 이러한 북한의 간행물과 과학기술 관련 논문이나 자료들에 대해서는 한국과학기술정보연구원의 북한과학기술네트워크(http://www.nktech.net)의 정책자료를 참조하였다. 국가정보원은 북한의 과학기술 육성 노력이 이룬 성과를 판단하기 위해 매년 북한이 발행한 이·공학 분야 학술지 20여 종에 게재된 연구논문을 한국과학기술원(KAIST)의 도움으로 종합적으로 검토하고, 이 중 50편을 선정하여 연구경향 및 연구수준, 참고문헌 등을 집중 분석한 『북한 과학기술논문 분석』을 발행하고 있다. 북한이 공개적으로 발표하는 과학기술 자료가 극히 제한되어 있다는 것을 감안할 때 이러한 자료들은 북한의 최근 과학기술 연구동향 파악과 대북정책 수립의 기초자료로 활용할 수 있다.

27) "나는 과학을 중시합니다. …과학을 발전시키지 않고서는 나라의 경제도 발전시킬수 없고 인민생활도 높일수 없으며 국방력도 강화할수 없습니다. -김정일-" 『위대한 령도자 김정일동지의 과학 령도사』 1권(2000)의 권두언으로 수록된 김정일의 교시.

28) 북한은 김일성 사망 이후 1995년부터 매년 1월 1일 『로동신문』, 『조선인민군』, 『청년전위』(『청년동맹』)의 3개 신문 공동사설을 발표해 오고 있다. 예외적으로 1998년에는 『당보』(로동신문), 『군보』(조선인민군)의 2개 신문 공동사설 형식으로 발표하였다. 이러한 변화는 1997년 10월 8일 김정일이 당총비서에 추대된 데 따른 조치로 풀이된다.

(大綱)을 밝히는 일종의 국정지표와 같은 것이다. 신년사는 통상 국가의 수반이 연설 형식을 빌려 발표하게 되는데 1994년까지는 김일성의 육성연설이 주류를 이루었다. 신년사는 시대상황에 따라 신년사, 축하문, 연설, 주요 신문사설 등으로 형식이 조금씩 바뀌기도 했다.[29]

신년사가 중요한 이유는 신년사를 통해 북한의 정치, 경제·과학기술, 남북관계, 대외관계 등 부문별 정책방향을 전망할 수 있기 때문이다. 즉, 여기에는 한 해의 정책방향을 가늠할 수 있는 각 분야별 시정지침들이 반영되고, 특히, 중요한 대남제의가 담기는 경우가 있어 주목의 대상이 되어 왔다.[30]

신년공동사설은 북한의 대내외 정책방향을 가늠하는 유용한 자료일 뿐 아니라 내부 정당화 논리로서도 중요하다. 신년공동사설은 당·군·청이라는 일체성을 보여 주기 위해 형식은 노동신문, 조선인민군신문, 청년동맹의 3대 언론의 공동발표로 돼 있으나 지난해 평가와 당해년도 과업을 함축시켜 공개한다는 의미에서 김정일의 지도와 사인을 받아 발표된다. 형식과 틀을 중시하는 북한의 공동사설은 표현과 호소성에서 일정한 격식을 가지고 있으며 중요사안에 한하여 나름대로의 강조법이 있다. 신년공동사설의 내용은 지난해 평가 부분, 새해 국가기념일을 통한 이데올로기 부분, 선군 부분, 농업 부분,

---

29) 연설의 형태를 띤 것은 1954~1956년과 1959년, 1969년 및 1987년의 여섯 차례이고 1954년은 축하문과 연설의 형태를 동시에 취했다. 1950년대의 연설은 '신년 축하연회'에서, 1969년의 연설은 '신년 경축야회'에서 각각 발표됐으며, 1987년에는 최고인민회의 시정연설(1986. 12)로 대체됐다. 1966년과 1970년에는 당기관지 노동신문 사설이 신년사를 대신했고, 김일성 사망 이후인 1995~1997년에는 당보(로동신문)·군보(조선인민군)·청년보(로동청년, 청년전위) 공동사설이라는 새로운 모습을 선보였다. 김일성 사후 처음 맞이한 1995년에는 발표 주체가 다소 모호해진 상황에서 3개 신문 공동사설이라는 낯선 방식이 등장했다.

30) 신년사를 통해 제시된 대남 제의로는 1988년의 '남북연석회의'와 1990년의 '남북 최고위급이 참가하는 당국·정당 수뇌들의 협상회의' 소집 등이 있다.

경제 부분, 대남 부분, 대외 부분으로 구성된다.

신년사는 김정일의 교시로서 반드시 관철되어야 하는 목표적 성격이 강하기 때문에 1995～2009년 기간의 신년사 내용분석을 통해서 매 시기마다의 김정일 정권의 과학기술정책 변화의 흐름을 파악할 수 있다. 신년사가 북한의 과학기술정책을 평가할 수 있는 완벽한 자료는 아니나 과학기술정책에 대한 실질적이고 구체적인 자료가 제한되어 있는 현실에서 신년사는 북한의 과학기술정책을 경험적으로 분석할 수 있는 유용한 자료라고 할 수 있다.

본 연구는 매년도 신년사의 내용에 대한 빈도계산(Frequency Count),31) 상관분석(Contingency Analysis),32) 그리고 강도분석(Intensity Analysis)33)의 방법으로34) 북한을 둘러싼 대외환경 악화와 개선의 변화, 김정일의 통치이념과 리더십의 강경 · 온건 수준, 경제발전전략의 폐쇄성 · 개방성 등의 변화를 추출해 내고, 이러한 독립변수들이 상호 작용한 결과 종속변수인 과학기술정책이 시기별로

---

31) 빈도계산법은 현대적인 내용분석 방법들 가운데 최초로 사용된 양적 방법이다. 빈도계산법은 단어, 테마의 등장 횟수 또는 신문 난에서 지면의 크기, 라디오 방송의 방송시간 등을 분석, 계산함으로써 어떤 특정 주체와 관련된 정치적 지지 또는 반대 등을 파악하는 방법이다.

32) 상관분석은 커뮤니케이션의 내용에 대한 단순한 계산에서 한 걸음 더 나아가 커뮤니케이션 속에 나타난 두 개 이상의 단위(words, themes, clause 등)들에 대한 상호 연관성을 밝히는 연구이다. 다시 말해 상관분석이란 커뮤니케이션 내에 포함된 특정한 단위들이 얼마나 자주 나타나느냐를 알려는 것이 아니고 이들이 다른 상징된 단위들과 관련해서 얼마나 자주 나타나는가를 알아보는 것이다.

33) 태도에 대한 강도(强度)의 측정은 양적 분석들에는 묵시적으로 내포되어 있는 것이 사실이다. 즉 빈도계산의 경우 태도의 상대적 빈도는 강도(强度)를 나타내는 것이다. 그리고 상관빈도계산(contingency frequency counts)도 상호 관련 있는 개념들의 대체적인 강도를 보여준다. 강도분석은 새로운 분석이 아니라 앞의 방법들을 모두 포함하는 종합적 방법이라고 할 수 있다.

34) Jarol B. Manheim, Richard C. Rich, Lars Willnat, and Craig Leonard Brians, *Empirical Political Analysis: Research Methods in Political Science*, 6th ed. (New York: Pearson, 2006); 김병진, "내용분석에 관한 고찰", 『경희법학』 17(1), 1981 참조.

어떤 유형과 성격으로 나타나고 있는지 분석할 것이다. 또한 세 가지 독립변수와 종속변수 간의 상관관계 분석을 통해 어떤 독립변수가 종속변수의 유형에 가장 많은 영향을 주었는지도 파악할 것이다.

보통 내용분석을 위한 분석의 수준에는 단어(words), 주제(themes), 그리고 시간이나 공간(time & space) 등 세 가지가 있다. 이 책에서는 신년공동사설 전체 총 문자수(총길이)와 독립변수, 종속변수와 관련하여 기술(記述)된 부분의 문자수를 모두 계산하여 각 변수들이 신년사 전체에서 차지하는 비중을 계량화하였다.

예컨대, 신년사에 나타난 '미국' 또는 '미제'에 대한 적개심을 나타내는 적대적 표현이 다른 해에 비해 많은 경우 '갈등적(대립적)' 대외환경으로, 상대적으로 표현이 온건하거나 관련 내용의 분량이 적은 경우에는 '협력적(우호적)' 대외환경으로 보았다. 신년공동사설에 나타난 세 가지 독립변수, 즉 대외환경, 통치이념·리더십, 경제발전전략과 과학기술정책과 관련한 부분에 대한 내용분석과 각 시기별 문헌연구를 병행하면 각 시기에 나타나고 있는 과학기술정책의 특성과 중요성 그리고 중점 추진사업 등을 파악할 수 있다.

이 책은 김일성 사망 후 유훈통치기인 1994~1997년과 1998~2002년 그리고 2003~2009년으로 시기를 구분하였다. 1994~1997년은 김정일 정권이 공식 출범하기 전 후계체제의 안정과 김정일 개인의 권력 공고화가 더 우선시되어 과학기술정책이 상대적으로 덜 강조되고 따라서 과학기술의 도구적 성격이 잘 나타났던 시기이다.

김정일 시대가 개막된 1998년 이후는 2000년에 '과학기술중시'가 국가목표인 강성대국 건설을 위한 3대 기둥의 하나로 승격될 정도로 과학기술중시정책이 본격화된 시기라고 할 수 있다. 그런데 김정일

시대를 1998~2002년과 2003~2009년의 두 시기로 구분한 것은 2002년 말 이후로 나타나기 시작한 북·미 관계의 급격한 악화와 김정일의 선군사상과 선군정치의 강경한 통치이념과 리더십, 국방공업 우선발전의 선군시대 경제발전전략 그리고 2002년 7월 1일 경제관리 개선조치 등에 의해 두 시기 간에 확연한 정책적 차이가 나타나고 있기 때문이다.

이 책의 구성은 다음과 같다. 제2부에서는 북한의 과학기술정책을 분석하기 위한 이론적인 검토를 진행하였다. 이를 위해 일반적으로 연구된 과학기술혁명론의 북한 사회에의 적용 가능성을 분석하고, 소련 등 사회주의 국가의 과학기술 발전관과 북한의 기술혁명론의 공통점과 차이점을 고찰하였다. 또한 주체사상이 내포하고 있는 기술혁명의 의미와 발전경로를 살펴보고, 김정일 시대의 과학기술정책을 연구하기 위한 분석 틀을 도출하였다. 김정일 시대의 과학기술정책을 분석하기 위해 대외환경, 통치이념·리더십, 경제발전전략을 독립변수로 설정하였다. 독립변수들의 상호결합에 의해 종속변수인 김정일 정권의 과학기술정책이 시기별로 어떤 특성을 나타내는지를 도출하고, 그것이 김정일 정권의 생존전략하에서 이루어지고 있다는 것을 규명하였다.

제3부는 이 책의 본격적인 논의의 도입부로 김일성 사망 후 김정일의 유훈통치 기간(1994~1997)의 대외환경 변화와 체제수호에 급급한 강경한 리더십, 그러한 가운데 경제난을 극복하기 위한 내포적 성장체제로의 전환 모색과 주체과학의 강화 현상을 분석하였다. 그리고 이 시기 신년공동사설의 내용분석(content analysis) 결과에 따른

과학기술정책의 성격과 유형을 도출하였다.

제4부에서는 김정일 정권 출범 후인 1998~2002년 기간 동안 북한을 둘러싼 역동적인 대외환경의 개선, 경제적 어려움 속에서 '광명성 1호'를 발사하고 선군사상, 과학중시사상 등으로 정권의 정당성을 확보하고자 한 김정일의 선군리더십 그리고 김정일식 실리주의 경제발전전략과 '선택과 집중'의 생존전략의 상호작용에 의해 나타난 과학기술정책의 특성과 유형을 분석하였다.

이 시기에 김정일은 선군정치를 표방하면서 과학기술중시를 사상중시·총대중시와 함께 강성대국 건설의 3대 기둥의 하나로 설정하고, 강성대국 건설의 전략적 노선으로 제시하였다. 이 노선은 과학기술을 비약적으로 발전시켜야만 제국주의자들의 고립압살책동에 대응할 수 있다는 정치적 입장에서 출발하고 있는 것으로 분석되었다.

또한 이 시기에 대외환경이 개선됨에 따라 대외 과학기술 교류협력과 선진 첨단과학기술의 도입 노력이 활발해졌음에도 불구하고, 김정일의 과학기술중시노선은 경제난 타개를 위해 경제적 합리성에 근거하여 제기된 것이라기보다 정치·군사적 필요에 의해 활용된 노선이라고 보는 것이 더 타당하다는 것을 밝히고자 하였다. 김정일은 소련과 동구 사회주의 국가들이 붕괴된 이유 중의 하나가 이들 국가들이 세계적인 정보통신혁명의 흐름에 제대로 적응하지 못하였기 때문이라는 점과 방중(訪中)을 통해 21세기 정보산업시대에서 정보기술(IT)의 발전을 무시하고는 국방공업은 물론 전반적인 산업시설의 현대화·정보화가 어려울 뿐만 아니라 북한 사회와 주민통제를 위해서도 하이테크 기술이 필수적이라는 점에 대한 통찰력을 가지고 있었다.

따라서 김정일 정권은 2001년 7월 1일 경제관리개선조치와 함께 북한이 1990년대 후반부터 추진해 왔던 과학기술체제의 개혁에 박차를 가했다. 주요 조치에는 과학기술에 의거한 경제성장전략 수립과 주력기관인 과학원의 위상 강화, 대학 및 기업의 연구활동 강화 등이 있다. 특히, '연구성과의 산업화' 부족현상을 해소하기 위해 국가연구개발체제 전반을 획기적으로 개혁하는 데 주력하였다. 전체 연구기관들을 과학연구기관, 기초/첨단기술 연구기관, 응용연구기관, 설계기관, 기술서비스기관, 연구센터, 첨단기술제품 생산기지 등으로 세분화하고 이들 기관들 간의 연계를 강화해 연구성과 산출에서 산업화까지를 일관성 있게 관리하는 체제를 구축한 것이 그 예이다. 그러나 기술수준이 낮은 일부 산업을 제외하면, 기관들 간의 연계를 강화하는 것만으로는 전반적인 산업화 부족문제를 해결할 수 없다는 것이 대부분의 사회주의 국가들이 체험을 통해 얻은 결론이다.

제5부의 연구범위인 2003~2009년의 시기에는 부시 행정부의 '예방적 선제공격론(Preemptive Strikes)' 천명 등 북핵 문제를 둘러싼 북·미, 북·일 관계의 악화, 2003년 미국의 이라크 지상전 돌입으로 인한 김정일 정권의 안보위기인식의 첨예화 그리고 오바마 행정부와 이명박 정부의 대북 강경정책 등의 대외환경 변수가 과학기술정책의 추진방향과 내용성을 규정짓는 중요한 변수로 작용했다고 할 수 있다.

즉, 2002년 말 제2차 북핵 위기가 시작되고 북·미 관계가 급격히 악화되면서 북한은 2003년부터 선군정치와 선군사상을 더욱 강화했고 국방공업 우선발전을 강조하는 선군시대 경제발전전략을 채택하는 등 이전 시기와는 확연히 다른 정책을 취했다. 2003년 이후부터 중공업 우선발전정책에서, 특히, 군사력을 강화하기 위한 국방 공업 발전을 중점적으로 강조한 방침은 과학기술정책에도 영향을 미쳤다. 북한 문헌과 선전매체 등에서 인민생활 향상을 위한 생활과학기술 개발과 "IT산업 육성을 통한 단번도약"의 구호가 눈에 띄게 줄어들었다. 김정일 정권은 체제안보 위기상황에서 대미 적개심을 고취시켜 대내 결속을 도모하고, 핵·미사일 등 첨단국방과학기술 개발과 군사력 강화에 주력했던 것이다.

김정일 정권은 김일성 시대의 주체과학의 제도적·역사적 제약성에서 벗어나 21세기 정보화 시대에 부응하여 선진과학기술 개발과 도입으로 경제발전을 도모하려는 노력을 하지 않았던 것은 아니다. 그러나 북한 체제의 본질적인 한계와 대내외 정권 안보위기에 직면해 김정일도 주체과학의 경로에서 크게 벗어나지 못하고 있는 등 과감한 개혁·개방을 통한 첨단과학기술 도입·개발, 민수분야 기술도약의 근본적인 변화가 어려울 것으로 보인다.

제6부에서는 연구결과를 요약하고 김정일 시대의 과학기술정책과 체제안보의 함의와 전망을 제시하였다.

제 2 부

선행연구와 이론적 분석 틀

- 선행연구 검토
- 국가발전과 과학기술의 역할
- 사회주의 국가의 과학기술혁명론
- 북한의 기술혁명론과 연구 분석 틀

1. 선행연구 검토

(1) 주체과학기술의 형성 과정과 동인 연구

북한의 과학기술정책에 대한 기존의 연구는 크게 북한 정부 수립 후 김일성이 소련을 모방한 과학기술정책에서 벗어나 주체의 확산과 함께 북한식 과학기술을 형성하는 과정과 동인에 대한 연구와 1998년 김정일 정권 출범과 함께 제시돼 오늘날까지 그 중요성이 강조되고 있는 '과학기술중시노선'에 대한 연구로 나눌 수 있다.

북한은 경제와 사회의 발전에서 과학기술이 중요한 역할을 담당한다는 인식하에 과학기술의 발전을 위해 많은 노력을 기울여 왔다. 특히, 북한이 정권 수립 초기부터 과학기술정책을 적극적으로 추진하고 있었다는 사실은 주로 과학사학자들에 의해 연구되었다.[1] 이들의 연구에 따르면, 북한은 사회발전에서 과학기술이 가지는 중요성을 해방 초기부터 깊이 인식하여 과학기술 발전을 위해 대대적인 투

---

1) 김근배, "'리승기의 과학'과 북한 사회", 『한국과학사학회지』 20(1), 1998; 김근배, "과학과 이데올로기 사이에서: 북한 '봉한학설'의 부침", 『한국과학사학회지』 21(2), 1999; 김근배, "김일성종합대학의 창립과 분화", 『한국과학사학회지』 22(2), 2000; 김근배, "초기 북한에서 사회주의적 과학기술자의 창출", 과학문화연구센터, 『연구논문집』 2, 2001; 김근배, "북한 과학기술정책의 변천", 과학기술정책연구원 『과학기술정책』 12(2), 2002; 김근배, "북한의 주체형 과학기술자", 『과학사상』 42, 2002; 김근배, "북한 과학기술의 변천: 주체 대 선진", 한국과학기술정보연구원 『북한과학기술연구』 1, 2003; 강호제, "북한 과학원과 현지 연구사업: 북한식 과학기술의 형성", 서울대학교 대학원 석사학위논문, 2001; 강호제, "현지연구사업과 북한식 과학기술 형성", 경남대학교 북한대학원대학교, 『현대북한연구』 6(1), 2003; 강호제, "북한의 기술혁신운동과 현장 중심의 과학기술정책: 천리마 작업반 운동과 북한 과학원의 현지연구사업을 중심으로", 서울대학교 대학원 박사학위논문, 2007; 김태호, "리승기의 북한에서의 '비날론' 연구와 공업화: 식민지시기와의 연속과 단절을 중심으로", 서울대학교 대학원 석사학위논문, 2001; 이신재, "북한 자립경제노선의 등장과 과학기술의 역할, 1945-60", 경남대학교 북한대학원대학교 석사학위논문, 2002.

자를 하였고, 그 결과 식민지 예속에서 벗어난 지 20년이 채 안 된 1960년대 초에 이르러 사회주의 공업국가로 발전할 수 있었다.

이 시기의 북한은 과학기술자라면 과거를 묻지 않고 중용하였고 부족한 과학기술인력을 남한 과학기술자들에 대한 월북유도사업을 통해 확보하였으며 과학기술에 대한 투자를 다른 영역들에 대한 투자보다 우선시하였다. 그 결과 북한은 1950년대 말에 이르러 여러 가지 가시적인 성과를 이룰 수 있었고 이런 성과들은 1960년대에 접어들면서 북한 정권의 체제에 대한 자신감으로 이어졌다. 김근배는 북한 사회에서 독특한 의미를 지니는 '주체'라는 용어가 사회 전 영역에서 사용될 수 있게 된 것이 '주체과학'에서 연유한다고 분석하였다.

이들 과학사학자들은 냉전질서가 유지된 1980년대 후반까지 원용되었던 스탈린식 사회주의 체제에 대한 전체주의적 접근방법에서 벗어나 북한 문헌에 대한 세밀한 분석을 통해 북한 연구의 미개척, 비주류 분야인 '과학기술'을 객관적이고 과학적인 연구대상으로 부각시켰다. 그러나 이들의 연구는 주로 김일성 시대 초반부의 '과학자', '과학원', '현지연구사업' 등에 국한되어 있어 북한의 과학기술정책에 대한 종합적인 평가와 분석적인 시각을 제공하기 위해서는 김정일 시대의 과학기술정책에 대한 후속연구가 필요하다고 하겠다.

(2) 김정일의 과학기술중시노선과 과학기술중시정책 연구

김정일의 '과학기술중시노선'이 본격화되자 국내에서도 이를 대상으로 많은 연구가 이루어졌다. 그러나 이들 선행연구의 대부분은 북한의 정보통신기술과 정보통신산업, 특히, 소프트웨어산업에 대한 연구가 주를 이루고 있다.2) 이러한 연구결과들을 분석해 보면 북한이 정보고속도로를 전역에 깔고 전자정부의 구축을 추진할 정도로 정보화가 성공적으로 추진되고 있다는 견해와 '인터넷에의 접근성의 불평등성(digital divide)'에 기초한 정보격차의 관점에서 볼 때 한정된 범위의 IT 연구기관이나 인력을 제외하고는 북한 전체가 최첨단 정보기술의 불모지 내지는 사각지대라고 보는 견해 등으로 구분된다. 그런데 대부분의 연구가 입수 가능한 자료의 범위 내에서 전체주의적 접근법으로 IT 관련 기구, 조직들의 구조와 임무를 중심으로 분석하고 있다는 점이 한계로 지적된다.

평양 컴퓨터기술대학 교수 출신인 김흥광은 남한 연구자들이 접근하기 힘든 북한 IT 관련 정책형성과정의 사회적 맥락을 짚고, 특히, 선행연구들이 북한의 사회경제적 현실성을 외면한 채 지도부의 의욕이나 결심에 의해 비롯된 IT 정책의 허점과 그 집행과정에서의 역동성을 제대로 그려내지 못하고 있다는 문제의식하에 아래로부터의 시각, 기능주의적 접근법에 따라 행위자를 중심으로 하여 당·정·산·

---

2) 고경민, 『북한의 IT전략』(서울: 커뮤니케이션북스, 2004); 고경민, "2000년 이후 북한의 과학기술정책", 세계평화통일학회, 『평화학연구』 7(1), 2006; 고경민, "비교사회주의적 시각에서의 인터넷 딜레마와 인터넷 전략 진화과정", 『한국정치학회보』 40(3), 2006; 고경민, "사회주의 국가들의 인터넷 개방 시사점과 북한의 인터넷 개방 전망", 『북한과학기술연구』 7, 2009; 고수석·박경은, 『김정일과 IT혁명』(서울: 베스트북, 2002); 김유향, "북한의 IT 부문 발전전략: 현실과 가능성의 갭", 경남대학교 북한대학원 『현대북한연구』 4(2), 2001; 남성욱, 『북한의 IT산업 발전전략과 강성대국 건설』(서울: 한울, 2002); 박찬모, "북한의 정보화 현황", 『과학과 기술』 1월, 1999; 박찬모, "남북 정보통신산업 협력의 현황과 과제", 제17회 미래전략포럼 발제문, 2001; 박찬모, "북한의 정보통신 기술현황과 전망", 한국정책연구원, 『한국정책논집』 1, 2001; 서재진, "북한의 최근 기술 중시 및 IT산업 육성정책의 의미", 통일연구원, 『통일정책연구』 10(2), 2001; 오승렬, 『북한경제의 변화: 이론과 정책』(서울: 통일연구원, 2002); 이용인, "북한의 정보기술(IT) 발전 전략 연구", 경남대 북한대학원 석사학위논문, 2003; 이종희 외, 『북한의 정보통신기술』(서울: 생각의 나무, 2003).

학·연·주민 차원에서 북한의 최첨단 정보기술 도입과 관련한 최근 실태를 분석했다. 북한의 IT정책에 대한 내재자의 비판적 시각을 국내 연구자들에게 제공해 준 유용한 연구라고 할 수 있다.3)

한편, 김정일의 과학기술중시정책을 대상으로 한 연구는 상대적으로 적은 편이다. 선행연구는 대체적으로 향후 경제발전과 사회주의 국가발전의 전략적 토대 구축을 위한 핵심적인 정책수단으로서의 과학기술정책의 역할에 대해 긍정적으로 평가하고 있다. 즉, 김정일 정권 출범 당시의 경제난이라는 현상적 모습에 초점을 맞추어 북한의 과학기술정책이 단기적으로는 의식주 문제를 해결하고, 중장기적으로는 북한의 우수한 인재를 활용한 IT산업을 통해 경제의 단번도약을 기대할 수 있을 것으로 보거나, 과학기술중시정책이 기술진보를 통해 본격적인 경제개혁을 하지 않고도 경제의 효율성을 제고할 수 있는 방침이라는 분석, 그리고 김정일의 과학기술중시정책이 과학기술을 통해 단기적으로 당면한 경제적 어려움을 극복하고 기존의 사회주의 계획경제를 정상화하는 역할을 수행하기 위한 것이라는 분석 등이 그것이다.4)

---

3) 김흥광, "북한 컴퓨터과학의 기원과 전개 – 북한 지도부의 인식변화와 추진력을 중심으로 –", 『북한학보』 30, 2005; 김흥광, "북한 IT기술 발전의 현 실태와 미래 전망", 『10명의 북한 출신 엘리트들이 보는 10년 후의 북한』(서울: 인간사랑, 2006); 김흥광, "인터넷 개방을 위한 북한의 로드맵과 추진현황", 『북한과학기술연구』 5, 2007.

4) 김근식, "김정일 시대 북한의 경제발전전략: '3대 제일주의'에서 '과학기술중시'로", 경남대학교 북한대학원, 『현대북한연구』 3(2), 2000; 김근식, "김정일 시대의 북한 경제정책 변화: 혁명적 경제정책과 과학기술중시정책", 『통일경제』 통권 73, 2001; 양문수, "김정일시대 북한의 경제운용과 과학기술중시정책", 『통일문제연구』 통권 35, 2001; 양문수, 『최근 북한의 경제정책 변화 방향과 시사점』(서울: LG경제연구원, 2001); 이수아, "북한의 과학기술중시정책", 이화여자대학교 대학원 석사학위논문, 2004. 김근식은 과학기술중시정책을 기술혁신과 정보통신산업 육성이라는 두 의미를 지니고 있는 것으로 파악하여 단기적으로는 의식주 문제를 해결하고, 중장기적으로는 IT산업을 통한 경제의 단번도약 전략을 마련하는 것을 목표로 하고 있다고 주장하였다. 양문수는 과학기술중시정책이 기술진보를 통해 본격적인 경제개혁을 하지 않고서도 경제의 효율성을 제고할 수 있는 방침으로서 점진적 개방을 통한 경제개발전략으

최용갑은 소련과 동유럽의 사회주의로부터의 이탈과 세계적인 정보통신혁명의 성과 그리고 '고난의 행군'은 북한으로 하여금 '과학기술혁명'의 중요성을 다시 인식하게 만들어 '과학기술중시정책'을 주창하게 하였으나 선군사상의 강조가 군수산업의 강화와 중앙집권화와 계획경제시스템의 교조적 적용을 불러와 향후 정책의 실효성과 지속성이 부정적이라고 분석했다.[5]

또한 일부 연구는 김정일의 과학기술중시정책을 더 좁게 해석해 경제회복과 향후 경제발전을 위한 기술적 개건[6](기술혁신)을 강조, 즉 생산현장에서의 효율성 제고의 목적이 있다고 분석하였다. 다시 말해, 과학기술의 강조는 순수 과학기술 분야의 기술수준 향상이나 첨단 분야의 과학기술능력의 배양 혹은 IT산업의 발전을 위한 것이라기보다는 생산현장에서 발생하는 기술적 문제를 효율적으로 해결하기 위한 실질적인 차원의 것으로 이해해야 한다는 주장이다.[7] 이러한 주장은 과학기술이 김정일의 '혁명적 경제정책'을 성공적으로 수행하기 위해 필요한 수단으로서 강조되는 측면을 부각시키고 있는 것이다. 즉, 먹는 문제 해결과 생산의 정상화 과정에서 발생하는 기

로 파악했다. 이수아는 북한 과학기술정책의 특성을 밝히고, 과학기술중시정책이 현재 북한의 사회주의 경제건설에서 수행하고 있는 역할을 분석했다.

5) 최용갑, "북한 '과학기술정책' 형성과 실행에 관한 연구", 경남대학교 북한대학원 석사학위논문, 2004.

6) 북한에서 자주 사용하는 "기술적 개건"이라는 말은 중국이 1980년대 초반부터 대대적으로 추진하였던 "기술개조"와 유사한 의미로 사용된다. 즉 전통산업의 기술, 장비개조를 통해 생산성을 제고하고 설비의 수명과 정밀도 등을 대폭 개선하는 것을 말한다. 이춘근, 앞의 책, p.56.

7) 조동호, "기대와 비관 속의 자력갱생 전략", 『국가전략』 14(2), 2008; 홍성범 · 임덕순 · 김기국, 『북한 과학기술 현황 및 정책동향 분석』, 과학기술정책연구원 정책연구 2002 - 22, 2002; 김영윤, "북한의 기술 개건 전략과 발전 전망", 『통일경제』 1 · 2월, 2002. 홍성범 · 임덕순 · 김기국은 북한 간행물의 1차 자료를 통해 과학기술의 현황을 분석하고 국제 워크숍 개최를 통한 국내외 관련 전문가, 실무자의 네트워크를 구축해 향후 남북 과학기술협력시대의 긴요한 기초자료를 제시하였다.

술적 문제를 효과적으로 해소하고, 경제회복과 향후 경제발전을 위한 기술적 개건, 즉 기술혁신을 강조하는 것이 과학기술정책의 주요한 측면이라는 것이다. 이는 2000년에 대규모로 개최된 과학기술발표회가 대부분 '먹는 문제'와 관련된 것이었던 데서도 잘 드러나고 있고, 2001년, 2002년 공동사설에서 "인민경제의 기술적 개건이 현시기 경제사업의 중심 고리"로 규정되고 "과학기술중시 기풍을 통해 기술혁신의 불길을 일으켜야 한다."고 강조한 점 역시 마찬가지의 맥락이라는 것이다. 그러나 이러한 주장은 거시적 개념의 과학기술의 포괄적 범주에서 오직 산업기술에만 천착한 연구결과라고 할 수 있겠다.8)

연구활동뿐만 아니라 현장에서의 실제적인 추진력으로 북한의 과학기술정책에 영향을 주고자 하는 동향이 있다. 이들은 김정일의 과학기술정책을 공학자의 입장에서 객관적·비판적으로 분석하고 과학기술 분야를 정치성이 배제된 남북한 교류협력의 모범적인 모델로 정립하면서 북한의 과학기술 수준을 높이기 위한 협력자와 개혁·개방의 촉진자로서의 노력을 해 왔다고 할 수 있다.9)

---

8) 김철환과 한국과학기술단체총연합회의 연구는 북한 과학기술 전반에 대한 실체 확인작업이라고 할 수 있다. 그러나 이러한 작업들은 북한에서 발간되는 간행물들의 내용을 평가하는 수준에 그쳐 북한 과학기술의 전체 모습을 그리지 못한 아쉬움이 있다. 한국산업은행이 발간한 『신북한의 산업』은 북한의 15개 전통산업의 기술현황을 조사했으나 주로 1980년대 이전의 북한 자료를 활용했다. 김철환, "북한의 과학기술 수준", 『신동아』 375, 1990. 12; 정조영, 『북한의 과학기술정책에 관한 연구』(서울: 한국과학기술단체총연합회, 1991); 한국과학기술단체총연합회 편 『북한의 과학기술에 관한 조사연구』(서울: 한국과학기술단체총연합회, 1993); 한국과학기술단체총연합회 편 『남북한 정보과학 비교연구』(서울: 한국과학기술단체총연합회, 1994); 한국산업은행 편 『신북한의 산업』(서울: 한국산업은행, 2005).

9) 이춘근, "북한 과학기술인력 양성체제의 변천 및 특장", 『과학기술정책』 11(6), 2001; 이춘근, "북한의 과학기술체제 개혁과 시사점", 『과학기술정책』 14(4), 2004; 이춘근, 『과학기술로 읽는 북한 핵』(서울: 생각의 나무, 2005); 이춘근, 『북한의 과학기술』(서울: 한울, 2005); 이춘근, "북한-중국의 과학기술협력과 시사점", 『현대북한연구』 8(3), 2006; 이춘근, "체제전환국들의 과학기술체제 개편과 북한에 대한 시사점", 2006년도 북한연구학회 추

북한의 국방과학기술(군사과학기술)과 국방공업(군수산업)에 대한
연구는 북한이 체제를 수호하고 대남 군사적 우위를 지속적으로 유지
하기 위해 군사과학기술의 낙후성을 극복하기 위한 군사전략의 변화
를 지속적으로 모색하고 있는 것으로 분석한 연구,[10] 북한의 군사기
술 수준을 한국과 비교하여 군사기술은 민간기술보다 격차가 좁고, 일
부 분야는 대등하거나 오히려 북한이 우월하다는 연구, 즉 북한의 미
사일, 핵, 생화학 무기 생산기술이 세계적 수준이며 탄약, 화력, 기동
장비 생산기술도 상당한 수준인 반면 항공, 통신, 전자 분야는 취약한
것으로 분석한 연구,[11] 북한의 사이버정보전 실태 연구[12] 등이 있다.

북한 국방과학기술 연구의 또 하나의 흐름은 미국의 동북아 전략
수립 차원의 북한 군사력 현황과 대량살상무기 개발 실태에 대한 분
석이다.[13] 마지막으로 **2008**년 창설된 'NK지식인연대'의 탈북 과학

계학술회의 발표문. 2006; 최현규 · 한선화. "남북한 과학기술정보교류의 현황과 발전방향".
과학기술정책연구원, 『과학기술정책』 제12권 제2호. 2002. 3 · 4; 최현규 편. "북한 과학기
술체계의 형성: 과학원 및 각 분원을 중심으로". 『북한과학기술연구』 6. 2008. 박찬모, 이춘
근. 최현규는 공학자의 입장에서 북한 과학기술의 수준을 면밀히 분석하고 남북한 과학기술 교
류협력을 주도했다. 특히, 박찬모는 연구업적뿐만 아니라 최초의 남북한 합작 교육특구 사업인
'평양과학기술대학' 건설의 주역으로 과학기술을 통한 남북한 평화와 화해의 촉진자 역할을
하였다. 평양과학기술대학은 2008년 12월에 완공되었으나 남북한 관계의 경색으로 개교가
지연되고 있다.

10) 김진무. "북한의 군사과학기술 능력과 대남 군사전략 변화". 한국국방연구원. 『주간국방논단』
    제1096호(06 - 17). 2006; 김철환. "북한의 국방과학기술과 핵문제". 과학기술정책연구원.
    『과학기술정책』 13(3). 2003; 이상균. "북한 군수산업의 경제성 진단 및 남북 통합 시 활
    용방안". 한국전략문제연구소 국방정책 연구보고서. 1999; 황진환. 『북한의 '군사혁신': 패
    턴과 전망』(서울: 육사 화랑대연구소. 2000); 홍성표. "북한의 군사과학기술(前)~(後)". 한
    국군사학회. 『군사논단』 41~42. 2005.

11) 탁성한. "북한의 군사경제: 북한 군수산업의 실태와 대북정책 시사점". 한국국방연구원 정책
    간담회 발표자료. 2008.

12) 김선호. "북한의 사이버전 능력과 대비책". 『자유』 통권 397호. 2006; 김세헌. "선진 각국
    국방 정보보호 동향". 국방 정보보호 컨퍼런스 『발전적 정보보호 패러다임의 모색』 발표문.
    2004; 김흥광. "북한의 사이버정보전 실태". 『북한』 5월호. 2006.

13) Richard L. Armitage, *A Comprehensive Approach to North Korea* (Washington
    D.C.: Institute for National Strategic, National Defense University, 1999; Joseph S.

자, 기술자 중심의 연구동향이 있다.[14] 이들의 연구는 각자 몸담고 있었던 조직에서의 연구개발 상황, 조직체계와 기술개발 현황 등을 소개하는 수준이나 일반자료나 북한 문헌에서 느낄 수 없는 생생한 현장감과 세부적인 데이터를 제공한다는 점에서 과학기술정책 연구에 많은 도움을 주고 있다.

이상에서 살펴본 바와 같이 지금까지 북한의 과학기술정책에 대한 연구는 정치·사상, 경제 중심의 북한연구 풍토에서 실제적으로 활용 가능한 자료의 부족 등으로 인해 상대적으로 연구 환경이 취약하고, 북한 과학기술의 중요성에 대한 연구자들의 문제의식도 미미해 전반적으로 연구가 일천한 실정이다. 그나마 김정일 체제 출범 후

Bermudez, "Inside North Korea's CW Infrastructure", *Jane's Intelligence Review*, August 1996; Joseph S. Bermudez, *The Armed Forces of North Korea* (Sydney, Australia: Allen & Unwin, 2000); Robert D. Blackwill and Albert Carnesale eds. Blackwill, and Carnesale eds., *New Nuclear Nations: Consequences for U.S. Policy* (New York: Council on Foreign Relations, 1993); Center for Defense and International Security, *Ballistic Missile Briefing: North Korea* (Lancaster: Center for Defense and International Security Studies, 1997); Selig S. Harrison, "Did North Korea Cheat?", *Foreign Affairs*, Vol. 84, 2005; Siegfried Hecker, "Report of Visit to the Democratic People's Republic of North Korea(DPRD)", CISAC, Stanford University, Mar 14 2008; Murray Herbert, "Pyongyang Long Sought Atomic Bomb", *The Wall Street Journal*, May 18 2005; National Intelligence Council 2001; Robert S. Norris and Hans M. Kristensen, "North Korea's Nuclear Program, 2005", *Bulletin of the Atomic Scientist* 61(3), 2005; Office of the Secretary of Defense, *Proliferation: Threat and Response* (Washington D.C.: U.S. Government Printing Office, 1997); Leon V. Sigal, *Disarming Strangers: Nuclear Diplomacy with North Korea* (Princeton, N.J.: Princeton University Press, 1998); Leon V. Sigal, "For Sale: North Korea's Missile Program", *East Asian Security*, November 11 1998; Leonard S. Spector and Mark G. McDonough, *Tracking Nuclear Proliferation* (Washingtion D.C.: Carnegie Endowment for International Peace, 1995); *Weapons of Mass Destruction: Trade Between North Korea and Pakistan* (Washington D.C.: Congressional Research Service, 2003); Kevin Sullivan, "North Korea Missile Disclosure", *International Herald Tribune*, June 7 1998.

14) 강영실, "북한과학기술정책: 전자자동화분원을 중심으로", 2009년 북한과학기술연구세미나 발표문, 2009; 이애란, 이영옥, 전주영, 한현숙, 김학철, 한영진, 도광학, 서재평, 조경성, 한경모의 최현규 외, 『북한과학기술연구』7, 2009 기고문 참조.

김정일이 연일 과학기술중시노선을 강조하고 과학기술정책을 주도함에 따라 연구자들의 관심을 끌게 되었고, '과학기술중시정책'에 대해 '북한의 새로운 발전전략' 또는 '단번도약전략' 등으로 분석한 연구물들이 산출되었다. 그런데 북한의 과학기술정책에 대한 기존 연구는 다음과 같은 한계를 노정하였다고 할 수 있다.

첫째, 일부 연구는 북한 과학기술 발전의 역사적 흐름을 간과하고 과학기술정책을 1990년대 후반에 나타난 현상으로 인식하고 있다. 그러나 북한은 정권 초기부터 사회주의 경제와 사회의 발전에서 과학기술이 차지하는 역할을 중요하게 생각하여 과학기술 발전을 위해 노력해 왔으며, 특히, 1980년대 중반부터 과학기술의 다각적인 발전을 추구하기 시작하였다. 둘째, 북한 정권이 제시한 과학기술정책의 내용이 무엇인지는 밝히고 있으나, 그 정책이 정치·경제·사회·군사 각 분야, 특히, 김정일의 체제생존전략과 관련하여 구체적으로 어떻게 실현되고 있는지를 충분히 실증하지 못했다. 셋째, 김정일 정권의 과학기술중시정책이 과학기술을 통해 단기적으로 당면한 경제적 어려움을 극복하고 기존의 사회주의 계획경제를 정상화하는 역할을 수행하기 위한 것이라거나 첨단기술산업을 기반으로 경제의 '단번도약(leapfrogging)'을 추구하는 것이라는 일면적인 평가를 하는 경우가 많다는 것이다. 넷째, 그간 한국이나 다른 나라들과 비교해 북한의 과학기술 수준을 분석하고 기술적으로 평가하려는 과학기술계의 연구 동향과 경제학적 시각의 분석이 대부분이었던바, 북한의 과학기술과 과학기술정책에 대한 정치학적, 사회과학적 시각의 종합적인 연구와 분석이 결여되었다.

앞에서 언급한 바와 같이 오늘날 과학기술은 국가 경쟁력이면서 동시에 중요한 정치수단이다. 과학기술은 외형상 비정치적이며 중립적인 존재로 보이나 특정한 강제나 명령을 통하지 않고서도 정치적 함의를 가진 메시지를 전달할 수 있는 비언어적, 감성적 전달수단으로 활용되고 있다.15)

  사실 과학과 기술의 영역은 권력과 지배가 행사되는 영역과 분리되어 지배와 무관한 객관적이고 가치중립적인 의식형태를 산출하는 것으로 제시되고, 따라서 그것은 특정한 가치나 이해관계를 내포하고 있는 이데올로기적 의식형태와는 구별되는 활동으로 받아들여져 왔다. 그러나 이와 같은 가치중립성에서 과학기술의 이데올로기적 효과가 나타난다.16) 과학이 사회적 불평등을 정당화하는 데 효과적인 것은 이와 같이 현대과학이 갖고 있는 이데올로기적 성격, 즉 과학의 중립성과 과학의 권위에 대한 믿음에서 잘 드러나고 있다. 과학기술정책은 경제적 파급효과가 크고 과학기술은 국가 경쟁력이라는 이데올로기적 특성을 내포하고 있다. 과학기술이 희망과 미래라는 유용한 이데올로기적 수단을 제공하며,17) 이를 통해 사회통합, 갈

15) 성지은, "과학기술정책결정구조의 변화: 참여정부의 과학기술행정체제개편을 중심으로", 서울대학교 한국행정연구소, 『행정논총』 44(1), 2006, p.246.

16) 마르크스의 이론에서 이데올로기란 역사적 현실을 현실적으로 보지 않고 관념론적, 비현실적으로 이해하고 설명하는 '전도된 사회의식체계'이다. 이 전도된 사회의식체계는 현실을 그릇되게 판단하는 것이기 때문에 현실세계에 존재하는 계급적 지배관계를 비롯한 여러 가지 현상들을 제대로 파악하지 못할 뿐 아니라 결과적으로 그와 같은 현실세계의 문제점들을 은폐하는 효과를 내게 된다. 마르크스의 표현을 빌린다면, 계급 사이의 진정한 관계를 갖춤으로써 "지배계급의 이익을 사회 구성원의 공공이익으로 표상시키고" 또 "그 계급의 이념에 보편성을 부여하기" 때문에 이데올로기적이 되는 것이다. K. Marx and F. Engels, *The German Ideology* (New York: International Publishers, 1970), pp.60–66. 나아가 이데올로기는 사회적 인간이 사회적 관계를 이루어 나가고 그것을 유지하는 데 필요한 사회적 관계와 사회적 세계에 대한 인식도 포함한다. 이러한 의미에서 이데올로기는 단순히 전도된 의식이나 허위의식이라기보다는 사회 성원들을 응집시키고, 그들을 각자의 사회적 역할에 적응시키는 시멘트와 같은 접착의 기능을 한다. 인간들은 이데올로기를 통해서 일정한 사회적 역할에 적합하도록 "형성되고, 변형되고, 준비되는" 것이다. L. Althusser, *For Marx* (Harmondsworth: Penguin Books, 1969), p.162.

등해소, 갈등의 은폐 및 전환 등 다양한 역할을 담당한다. 즉, 지도자는 과학기술정책이 특정 계급을 위해서가 아니라 사회 전체의 일반적 이익을 위해 활동한다는 것을 강조한다.[18]

현대 과학기술에 대한 의미 정립은 우선 그것이 과학지식과 기술의 복합체라는 사실로부터 출발할 수 있다. 즉, 현대의 과학기술은 우선 과학지식과 관련된 지식체계로서의 의미와 기술이 전통적으로 행사하여 온 도구체계로서의 의미를 겸유한다. 지식체계로서의 과학기술은, 특히, 인접체계와의 연관성이나 적응보다도 자체의 독자성이나 자율성을 중시하면서 전체 사회의 유형유지에 기여하는 정태적 목적에 상응하는 것인 반면, 도구체계로서의 과학기술은 인접체계와의 긴밀한 상호작용을 통해 사회라는 상위체계가 지향하는 목표를 효과적으로 달성하도록 한다는 역동적 역할을 담당하는 것으로 이해될 수 있다.[19]

북한은 1990년대 중반의 경제난과 북한 주민들의 대량탈북으로 인한 체제이완을 극복하고 김일성을 승계한 김정일 정권의 정당성을 확보하기 위해 과학기술의 이데올로기적 동원을 지배질서 강화의 수단으로 적극 활용하기 시작하였다. 김정일 정권은 과학기술중시노선

---

17) 김선건, "과학기술의 이데올로기적 성격", 충남대학교 사회과학연구소, 『사회과학연구 사회과학논집』 8, 1997, pp.4 – 5.

18) 성지은, 앞의 글, p.246.

19) 김문조, 『과학기술과 한국사회의 미래』(서울: 고려대학교 출판부, 2004), p.44. 김문조는 지식체계 및 도구체계의 이분화는 과학기술의 양대 요소인 과학과 기술이 전통적으로 의존해 온 의미 자체에 근거하고 있는 것이기는 하나, 그들만 가지고는 기술결정론에 대한 현대적 비판을 적절히 포괄하지 못한다는 한계성을 노정한다고 주장한다. 그는 현대 과학기술에 내존하는 새로운 의미를 탐색해 상징적 가치를 내포하는 이념체계로서의 과학기술을 제시하였다. 이념체계로서의 과학기술은 도구체계의 경우처럼 소위 말하는 수단 합리성에 의해 그 가치를 인정받지 않는다. 대신 목적가치 자체가 문제시되는 까닭에 문화배경이나 정치적 상황에 따라 그 평가가 달라질 수 있는 것이다.

을 내세우면서 정보기술을 중심으로 한 첨단과학기술을 강성대국의 3대 기둥의 하나로 규정하였다. 과학기술중시노선에는 기술로 북한이 당면한 모든 주요 문제를 해결할 수 있고, 북한을 미래의 강국으로 확실히 만들 수 있다는 기술결정론적 이데올로기가 깔려 있는데, 여기에서 김정일 정권이 북한 주민들에게 고통스러운 현실을 잊게 하고 지배질서와 정권의 정당성을 지속적으로 확보하려는 의도를 알 수 있다. 또한 정보화 시대에 들어서 피할 수 없는 외부로부터의 정보침투현상에 대응해 김정일 정권의 지배기제와 통제수단도 첨단과학기술을 활용하여 점점 더 첨단화·효율화되고 있다.

예컨대, 북한은 '광명성 1'와 '광명성 2호' 시험발사[20]와 두 차례의 핵실험으로 대외 협상력을 제고시키고 있을 뿐만 아니라 대내적으로는 김정일이 영도하는 '주체의 과학정치의 위대함'을 찬양하고, 과학기술의 혁신성과 첨단성을 최대한 활용하여 주민들에게 '과학강국'의 자부심을 심어 주면서 북한 사회의 지배구조를 고착시키고 있는 것이다.[21]

이 책은 먹는 문제 해결과 생산의 정상화 과정에서 발생하는 기술적 문제를 효과적으로 해소하고, 경제회복과 향후 경제발전을 위한 기술적 개건, 즉 기술혁신을 강조하는 것이 과학기술정책의 주요한

---

20) 『로동신문』은 "강성대국 대문을 두드렸다."는 제목의 정론에서 1998년 '광명성 1호' 발사, 2006년 지하 핵실험에 이은 2009년 '광명성 2호' 발사로 "위성 발사에 훼방을 놓는 자들을 단호하게 징벌하며 한계를 알 수 없는 국력의 포성이 연이어 터져올랐다."며 "나라의 국력을 과시"하는 경사라고 강조하였다. 『로동신문』, 2009년 4월 7일자.

21) 북한은 "'강성대국 건설에서 승리의 첫 포성을 울린 역사적 사변'이라는 제목의 사설에서 "강한 정치지도자가 강력한 국가를 세우는 법"이며 "위인이 국력을 좌우한다."거나 "과학과 기술이 발전하고 경제적 잠재력이 있다고 해도 위대한 영도자를 모시지 못한 인민은 오늘과 같은 사변을 체험할 수 없다."고 주장하는 등 김정일의 지도력을 선전했다. 『로동신문』, 2009년 4월 7일자.

측면이라는 선행연구의 한계를 보완하고, 정치학적, 사회과학적 시각에서 대외환경, 최고통치자의 통치이념과 리더십, 경제발전전략 등 독립변수의 제도적, 비제도적인 영향과 독립변수들 간의 상관관계에 의해 선진과학 수용과 대외 교류협력 활성화 등으로 과학기술정책이 확대·발전하거나 자력갱생의 폐쇄적 주체과학으로 축소·후퇴하는 종속적 개념으로 고찰하였다.

이 책은 김정일 시대 북한의 과학기술이 지도자의 정치적 목적에 따라 사회통합의 기초 또는 정책의 지지기반 확대나 지배를 위한 수단(도구)으로 작용하는 측면을 조명하였다. 특히, 김정일 정권의 과학기술의 지배이데올로기성과 과학기술 발전의 편협성, 불균형성에 대한 단선적인 비판을 넘어 북한 과학기술의 발전이 낳는 성과와 위협성 등 김정일 정권의 과학기술정책에 내재되어 있는 정치적·군사적 성격에 주목하여 연구를 수행하였다.

이상과 같은 경제발전과 국민생활 향상을 외면하고 김정일 체제안보와 정권유지를 지속시키는 데 기여하고 있는 북한의 과학기술정책에 대한 정치학적 연구는 향후 남북한 과학기술 교류협력 분야와 추진 방향에 대한 전략적 착안점과 정책적 고려사항을 제시한다는 점에서 정부당국의 대북정책 수립에도 참고가 될 것으로 생각한다.

2. 국가발전과 과학기술의 역할

(1) 경제발전과 과학기술

과학의 발달로 인간은 자연의 비밀을 알아내고 인간의 필요를 충족하기 위해 자연을 가공하고 변형할 수 있게 되었다. 자연의 비밀을 파헤치는 과학과 그것을 이용할 수 있는 기술이 없었다면 근대화는 이루어지지 못했을 것이다. 특히, 화석 연료를 이용해서 대규모 기계를 가동하여 인간이 필요로 하는 각종 물품을 대량으로 생산하는 '산업화'의 바탕에는 자본주의, 사회주의를 막론하고 과학기술이 존재하고 있다. 즉, 과학기술의 발달은 산업화를 낳았고, 다시 산업화는 과학기술의 발달을 촉진했다고 할 수 있다.

오늘날에는 전통적인 생산요소인 '자본'과 '노동'으로는 설명되지 않는 경제성장의 요소로서 '기술진보와 기술혁신'의 중요성이 부각되고 있다. 피터 드러커(Peter F. Drucker)는 『단절의 시대』(*The Age of Discontinuity*)에서 "어느 정도의 예측이 가능했던 연속성의 시대는 이제 종말을 고했다."고 선언했다.22) 그는 선진국 경제의 거대한 성장의 원동력이 되었던 농업, 철강, 자동차산업 등이 노쇠한 산업으로 되는 등 현대에 나타났던 단절을 극복하는 데 적합한 새로운 산업으로서 정보산업, 해양산업, 재료산업 및 거대도시에서의 새로운 산업과 새로운 기술의 생성을 예언하고 있다. 기술혁신이론은 역사적 관점(historical perspective)을 필요로 한다. 매우 장시간에 걸쳐서 일어

---

22) Peter F. Drucker, 이재규 역, 『단절의 시대』(서울: 한국경제신문, 2003).

나고 매우 다양한 요소들에 의해 형성되기도 하며, 어떻게 결론이 나올지 알 수가 없다. 그 과정에서 역사는 매우 중요한 요소이며 종종 경로의존성에 따라 발전한다고 할 수 있다.[23] "기술진보는 경제의 성장을 가져온다."는 신고전학파의 경제이론이 기술을 외생변수로 취급한 것인 반면, "기술진보와 경제성장은 서로 상승효과를 일으킨다."는 내생적 성장이론은 기술을 내생변수화한 것이다.[24] 기술을 경제의 내생변수로 한다는 의미는 기술이 경제에 미치는 영향뿐만 아니라 경제가 기술에 미치는 영향도 동시에 고려한다는 것이다.

전통적인 생산요소인 '자본'과 '노동'으로는 설명되지 않는 경제성장요소를 규명하기 위한 연구결과 '기술진보와 기술혁신'의 중요성이 부각되었다. 최근에 수행한 연구일수록 과학기술의 경제성장 기여도가 자본과 노동에 비해서 현저히 높게 나타나고 있다.[25] <표 1>에

---

23) C. Edquist ed., *Systems of Innovation: Technologies, Institutions, and Organizations* (London: Pinter, 1997), pp.18 - 19.

24) 20세기 초반 이후 신고전학파 경제학의 이론체계가 정착된 시기에는 이미 제2차 산업혁명이 진행되고 있었기 때문에 기술진보가 경제성장의 핵심요인임이 당연한 경제학의 명제로 정착되었다. 즉 기술진보를 경제성장의 중요요인으로 간주하고, 이런 성장과정을 분석하는 이론이 발전되었다. 그러나 신고전학파 경제학의 근본적인 문제점은 기술을 경제의 외생변수로 취급하였다는 것이다. 기술의 변화를 외부에서 주어지는 파라미터로 취급하여 기술변화의 경제에 대한 파급효과에 대해서 연구하였지만, 역으로 경제의 어떤 변수들이 기술변화를 촉진하거나 저해하는가에 대한 연구는 별로 없었다. 다시 말해 기술변화를 경제학의 외부에 존재하는 블랙박스 속에서 일어나는 현상으로 간주하였다. 이공래, 『기술혁신이론 개관』(서울: 과학기술정책연구원, 2001), p.56.

25) 기술혁신과 경제성장의 관계에 대해서는 P. Stoneman, "Some Aspects of the Relation Between Technological Change and Economic Performance", in *Economic Analysis of Technology Policy* (Oxford: Clarendon Press, 1987); F. M. Scherer, "Technical Maturity and Warning Economic Growth and R&D and Declining Productivity Growth", in *Innovation and Growth, Schumpeterian Perspectives* (Cambridge: MIT Press, 1986); N. Rosenberg, "The Impact of Technological Innovation: A Historical Overview", in R. Landau and N. Rosenberg eds., *The Positive Sum Strategy: Harnessing Technology for Economic Growth* (Washington D.C: National Academy Press, 1986); W. B. Arthur, "Positive Feedbacks in the Economic", *Scientific American*, February 1990 참조.

의하면 산업구조의 기술집약화가 미흡한 상태에서의 과학기술 투자의 효율성은 매우 낮게 마련이다. 즉, 선진국 진입을 위해서는 산업구조의 기술집약화와 과학기술 투자의 증대가 병행되어야 한다는 결론을 내릴 수 있다.26)

〈표 1〉 과학기술의 경제성장 기여도

	Denison(1976), KDI	Bokin and Lau(1992)
미 국	29.8%(1948 - 1952)	49%(1948 - 1985)
일 본	22.4%(1953 - 1971)	55%(1957 - 1985)
독 일	-	78%(1960 - 1985)
영 국	-	73%(1957 - 1985)
프랑스	-	76%(1957 - 1985)
한 국	9.9%(1970 - 1988)	-

* 자료: 정근모, "과학기술과 국가발전", 김형국 · 유석진 · 홍성걸 편 『과학기술의 정치경제학』
(서울: 오름, 1998), p.8.

산업혁명 이후 세계경제는 대규모의 생산기계와 기차, 자동차, 항공기 등으로 대표되는 기계화, 산업화 시대의 길을 걸어왔다. 기계화와 산업화 수준이 곧 국력의 척도로 인식되어 왔음은 말할 필요도 없다. 하지만 제2차 세계대전 이후 보다 많은 국가들이 산업화 경제의 대열에 합류하면서 새로운 형태의 경제성장을 선도할 새로운 돌파구의 마련이 요구되었다. 그 열쇠가 된 것이 정보통신 분야였으며, 세계경제는 컴퓨터 기술과 광대역 통신망의 보급 확대에 힘입어 정보화 중심으로 재편되기 시작했다.

정보화 시대를 정착시킨 최대의 공로자이자 가장 중요한 산물은 바로 인터넷이었다. 인터넷을 비롯한 정보통신기술의 발전이 창조해

---

26) 정근모, "과학기술과 국가발전", 김형국 · 유석진 · 홍성걸 편 『과학기술의 정치경제학』(서울: 오름, 1998), pp.8 - 9.

낸 사이버스페이스(cyberspace, 가상공간)는 시간적, 지리적 제약을 초월하는 사회 각 기능의 상호연결, 그리고 보다 빠르고 효율적인 인간활동을 가능케 해 주었다는 점에서 지대한 의미를 갖는다.27) 반도체 · 컴퓨터 · 통신 분야의 기술발전에 힘입어 정보화가 급속히 진전되고, 정보기술의 급진적 발달은 정보통신 분야 이외의 과학기술 분야에 응용되고 있어 연쇄적인 기술혁신이 가속화되고 있다. 정보통신기술이 다른 과학기술 분야에 미치는 막대한 영향력은 결국 산업적인 측면에서 정보통신산업과 타산업 간의 상호 상승적인 효과를 일으키고 있는 것이다.28) 즉, 과학기술과 산업화의 선순환적 상호발전과 마찬가지로 정보화 시대에서 정보기술의 보편화 및 발전은 과학기술 발전과 경제성장을 주도하고, 과학기술 발전은 다시 정보통신산업의 기술혁신과 첨단화로 이어지고 국가 경쟁력을 제고시키게 되는 것이다.

이와 같이 기술 변화는 산업의 흥망과 성쇠를 좌우한다. 신기술이 도입되면서 전혀 새로운 산업이 시작되기도 하며, 기존 산업을 대체하기도 한다. 기술 변화는 제조업뿐 아니라 서비스산업, 농업 등 전 산업의 생산방식, 고용구조, 경쟁구도, 제품의 가격과 질 등의 변화를 가져오는 요인이다. 따라서 최근 들어 선진 각국 간의 과학기술 개발 경쟁은 군사력 경쟁보다 더욱더 치열해지고 있다. 이는 곧 한 나라의 군사력, 경제력, 나아가 국력은 과학기술력에 의하여 뒷받침되지 않으면 달성 불가능한 시대로 돌입하고 있음을 말해 준다. 또한 자본주의의 성숙과 세계화(globalization)의 확산으로 자본과 노동

---

27) 김종하 · 김재엽, 『군사혁신(RMA)과 한국군』(서울: 북코리아, 2008), pp.134 - 135.
28) 정근모, 앞의 글, p.14.

중심의 경제체제는 기술요소와 지적 정보에 기초하는 이른바 지식기반경제(knowledge-based economy)로 전환되고 있다. 한 국가의 대외 경쟁력이 군사력으로부터 경제력으로 바뀌고, 경제력은 곧 과학기술력에 의해 결정되는 새로운 시대가 도래한 것이다.29)

(2) 국방력 강화와 과학기술

상기한 바와 같이 과학기술은 협력과 경쟁이 공존하는 무한경쟁시대에 국가 경쟁력을 강화할 수 있는 국가전략의 핵심적 요소이다. 더욱이 과학기술 분야는 응용단계에서 민수부문과 연계된 겸용기술을 통해 군수기술부문으로 확산될 수 있는 시너지 효과를 지닌 동태적 영역이기 때문에 국방력 강화와도 밀접한 관계가 있다. 국제정치에서 과학기술은 국력의 중요한 요소로서, 또한 국제체제 변화의 원동력으로서 논의되어 왔다. 한스 모겐소(Hans J. Morgenthau)는 국력의 가장 중요한 요소는 외교정책을 지지해 줄 수 있는 군사력이며 강한 군사력은 기술혁신, 지도력, 그리고 군대의 질과 양에서 비롯된다고 보았다. 또한 로버트 길핀(Robert Gilpin)은 과학기술 발달은 국가의 정치적 영향력이나 군사력의 행사범위를 확장시켜 줌으로써 국제체제 변화의 요인으로 작용한다고 지적하였다. 과학기술의 발달은 장기적으로 국가의 운명을 결정짓는 요소일 뿐만 아니라, 전쟁 중의 과학기술혁신은 직접적으로 전쟁의 승패를 좌우할 수 있다. 즉 전쟁 중 우

---

29) 김철환·문장렬, "남북한 과학기술 교류협력 추진전략 및 방안 연구", 『국방연구』 44(2), 2001, p.12.

위의 과학기술은 그 전쟁을 승리로 이끌 수 있는 것이다. 최근 1990 ~1991년의 걸프전쟁과 2001~2002년의 아프가니스탄 전쟁의 결과들에서 보듯이 군사과학기술 우위의 중요성이 점증하고 있다.[30]

그런데 제2차 세계대전과 그 이후 냉전기간 중 미국을 비롯한 선진국들은 국가안보가 국가의 최우선 목표였기 때문에 과학기술정책의 초점은 자연스럽게 군사적 목적에 맞추어졌으나, 냉전이 종식된 후에는 과학기술정책의 중점이 상업적 목적으로 이동되고 있으며 궁극적으로는 삶의 질이나 환경보호를 추구하면서 단기보다는 장기적인 성장에 역점을 두는 단계로 발전하고 있다.[31]

이와 같이 탈냉전시대의 과학기술은 보다 광범위한 국가발전전략의 일환으로 인식되고 있다. 세계 각국은 국가안보를 위한 국방력 확보에 있어서도 첨단기술에 바탕을 둔 기술집약형 군사력 건설에 있는 힘을 다하고 있다. 앨빈 토플러(Alvin Toffler)가 미래전을 고도의 과학기술과 정보가 결합된 '제3의 물결전쟁'이라고 규정하였듯이[32] 현대전은 과학기술전쟁이 되었다. 걸프전과 아프가니스탄 전쟁 그리고 이라크 전쟁과 같이 오늘날의 전쟁은 첨단과학기술에 기초한 혁신적인 전쟁양상으로 나타나고 있는 것이다. 정보·감시·정찰과 정밀타격무기, 첨단 전투지휘 자동화 체계가 결합된 복합시스템이 등장하고 있고, 정보와 지식, 파괴의 탈대량화, 전투공간의 확대화, 네트워크형 군사조직, 하이테크 전사 등이 군의 핵심개념으로 자리

---

30) 최아진 "과학기술개발을 위한 국가 간의 협력: 제2차 세계대전 중에 대연합국들을 중심으로", 2002년 한국정치학회 연말 학술대회 발표논문, 2002, p.471.

31) Michael M. Crow, "Science and Technology Policy in the United States", *Trading in the Model, Science and Public Policy* 21, 1994, pp.202-212.

32) Albin Toffler and Heidi Toffler, 이규형 역, 『전쟁과 반전쟁: 21세기 출발점에서의 생존전략』(서울: 한국경제신문사, 1994), p.51.

잡아 가고 있다. 첨단기술로 태어난 신무기가 전쟁의 승패를 결정함에 따라 국가안보에 있어서 첨단기술은 핵심요소가 되었다.

만약 전쟁의 모든 분야가 과학기술과 접촉하고 있다는 것이 진실이라면, 과학기술의 모든 분야가 전쟁에 영향을 미친다는 것도 그에 못지않게 진실이다. 도로, 자동차, 통신수단, 시계 등과 같이 통상 군사적인 것으로 취급되지 않는 과학기술의 산물들이 전쟁의 모습을 만드는 데 있어서 무기나 무기체계만큼 많은 역할을 하고 있다. 이러한 과학기술들이 소위 전쟁의 기반시설이라고 부르는 것을 지배하고, 구성하기도 한다. 이러한 과학기술과 달리, 대부분 무기의 효과를 추정하는 것은 주로 전술적인 것에 국한되어 왔다. 핵무기와 같이 전략에 큰 영향을 주는 무기들은 너무 강력하여 사용할 수 없기 때문이다. 따라서 이러한 상황은 전쟁을 어떤 게임같이 가장된 전쟁의 연습으로 몰아넣는 계기로 만들었다. 재래식 전쟁의 세계에서 모든 것이 동일할 경우, 군사과학기술과 비군사과학기술 사이에 어느 것이 중요한가는 전쟁 기간에 달려 있다. 전쟁의 기간이 길수록 싸우는 것보다는 군사적인 활동이 더 큰 역할을 하고, 군사적인 활동을 침해하거나 지배하는 과학기술의 역할이 더욱 커진다.[33]

냉전의 종식과정에서 나타난 이전과는 분명히 다른 현상은 기존의 5대 핵보유국 이외에 대량살상무기[34]의 개발, 보유를 추구하려는 국

---

33) 마틴 반 클레벨트, 이동욱 옮김, 『과학기술과 전쟁』(서울: 황금알, 2006), pp.372 – 373.
34) 대량살상무기(WMD: Weapons of Mass Destruction)란 "소총이나 야포, 탱크, 장갑차, 군함, 항공기를 포함한 재래식 기계무기를 훨씬 능가하는 수준의 인명살상 및 시설파괴 능력을 갖는 무기"를 뜻한다. 핵무기와 생물무기(예: 병원균, 바이러스, 독소), 그리고 화학무기(예: 독가스)가 여기에 해당하는 대표적인 무기들이다. 과거 냉전시대에는 양대 초강대국인 미국, 소련을 비롯한 5대 핵보유국이 대량살상무기를 독점해 왔으며, 냉전이 막을 내린 오늘날까지도 이들 국가의 대량살상무기 보유량은 지구를 수십, 수백 번 이상 멸망시킬 정도로 많은 실정이다. 5대 핵보유국의 핵탄두 보유수량에 대해서는 SIPRI, *SIPRI Yearbook 2007:*

가들의 수가 늘어나기 시작한 것이다. 그 가운데서도 특히, 각광받는 것이 바로 화학·생물무기였다. 높은 순도의 핵분열물질(예: 농축우라늄, 플루토늄) 생산과 정교한 기폭장치의 설계를 위한 고급기술이 요구되는 핵무기 개발과는 달리, 화학·생물무기는 일정 수준의 화학공업능력 및 소규모 연구시설만 있어도 저렴한 비용으로 개발, 생산이 가능하다. 대규모의 재래식 군사력이나 첨단무기를 확보하기 어려운 중소국가에게는 비용 대비 효과가 매우 높은 선택이 될 수 있는 것이다.

장거리 미사일의 보유국가 확산은 비대칭 무기로서 화학·생물무기의 효과를 더욱 강화시켰다. 사거리가 수백 내지 수천 킬로미터에 이르면서 화학·생물무기 탄두를 장착하는 미사일은 적의 공격을 받을 경우 즉각적으로 상대측의 대도시, 정치·경제·군사적 핵심시설을 겨냥한 대량보복을 가능하게 해 주기 때문이다. 이 점에서 전·평시를 막론하고 자국의 정치적 의지를 강요하기 위한 전략무기의 역할까지 할 수 있다. 핵무기도 더 이상 5대 핵보유국의 전유물이 아니다. 오늘날 전 세계에서 핵무기를 이미 보유했거나 기술적으로 개발할 능력이 있는 국가는 기존의 5대 핵보유국 외에도 약 20개국에 육박하며, 그 범위도 동아시아, 아랍, 중남미, 동유럽, 중앙아시아 등지로 넓게 분포되어 있다.[35]

무기체계의 진화는 과학기술과 종속관계 또는 선도(lead)관계에 있다. 예를 들어 현재의 정보통신기술은 광대역통합망(broadband convergence

---

Armament, Disarmament and International Security (Oxford: Oxford University Press, 2007), p.515 참조.

35) 김종하·김재엽, 앞의 책, pp.146-149.

network) 및 이동통신기술(Wibro: Wireless Broadband, Ad－hoc), 전선 없이도 전기에너지 전달이 가능한 마이크로파, 제3세대 이동통신(WCDMA) 등으로 시간과 장소를 불문하고 언제든지 웹(Web) 방식의 서비스가 가능하기 때문에 이를 군사기술에 활용한다면 실시간 정보획득, 전파관리를 통한 상황파악 및 정보융합이 가능하며, 무선 네트워크 기술은 군사와 관련된 디지털 전술자료를 실시간 상호 교환하는 데이터링크(Data link) 시스템에 활용할 수 있다.[36]

이와 같이 미국을 비롯한 세계열강들은 과학기술력이 국가안보역량을 제고함은 물론 국가 경쟁력을 고양하는 첩경임을 인식하고, 기술혁신을 국가전략의 최우선 목표로 정하고 '국방변혁(Defense Transformation)'[37]에 도전하고 있으며 최고통치자의 직접 주도하에 과학기술 발전을 위한 정책의 강화, 정부조직 및 제도의 정비 등 범국가적인 노력을 경주하고 있다. 즉, 탈냉전 후 세계는 이념전쟁의 자리를 기술전쟁이 대신 차지함에 따라 과학기술은 국가의 생존을 좌우하는 핵심 요소로 자리 잡게 되었다.[38]

---

36) 차후 세계열강들의 무기체계 혁신방향은 ① 감시 및 정찰체계는 지상, 해상, 공중 및 우주에서 다양한 정보를 수집하는 전 감시수단을 네트워크화하여 광역감시체계를 구축 및 활용하고, 소형센서기술을 정찰위성과 UAS, UGV(Unmanned Ground Vehicles), 추적(tagging) 장비 등에 활용하는 체계가 점점 광역화, 고도화, 지능화하는 방향으로 진행될 것이다. ② C4I체계는 상용정보통신기술과 인터넷을 기반으로 하여 단시간에 저비용으로 언제 어디서나 가능한 지휘통제체계를 구축하는 데 사용될 것이다. ③ 정밀타격체계는 유도기술과 초정밀 관성항법장치 기술을 이용하여 유도무기의 초고속화, 장사정화, 치명성 및 정확성을 증대하는 무기체계 개발에 지향될 것이며 전술탄도탄, 순항유도무기, 고에너지 레이저 무기 등 특수무기를 지속적으로 개발할 것이다. ④ 센서 및 무인기술 발달은 원격 화생방 탐지가 가능한 로봇이나 장비를 개발하여 사용할 것이다. 조용만, 『문명전환과 군사 분야혁신』(서울: 진솔, 2008), pp.349－351.

37) 주요 국가들의 군사혁신 현황에 대해서는 IISS, *Military Balance 2007* (London: Routledge, 2007); SIPRI, *ibid*, p.270; 김종하·김재엽, 앞의 책, 제3장; 이상현, "정보화와 군사혁신: 세계적 추세와 대응전략", 윤성이 엮음, 『정보사회와 국제평화』(서울: 오름, 2002); 권태영 외, 『동북아 전략균형 2007』(서울: 한국전략문제연구소, 2007) 등을 참조.

3. 사회주의 국가의 과학기술혁명론

(1) 마르크스의 사회적 과정으로서의 과학

마르크스(K. Marx)는 과학의 역사적 · 사회적 규정성을 보다 본질적인 것으로 생각했다.[39] 과학의 역사적 · 사회적 규정성이란 과학적 지식이 일단 객관적 진리를 담고 있는 인식체계이기도 하지만 그것의 생산과 발전은 실제로 사회적 제 관계들에 의해 영향을 받고 제약된다는 것을 의미한다. 이러한 마르크스의 관점은 과학적 지식과 과학적 활동의 총체로서의 과학론과 과학적 지식이 생산에 응용되고 물화(物化)된 형태로서의 기술에 대한 인식인 기술론 모두를 포괄한다.[40] 그런데 마르크스는 과학적 지식의 구조와 발전을 변증법적 유물론의 원리를 따르는 객관적 인식체계로 바라보는 한편, 과학기술 지식의 성격이나 발전방향이 궁극적으로는 사회적 제 관계들에 의해 규정되는 하나의 사회적 과정, 사회적 구성물이라는 측면도 간과하지 않았다.

마르크스에 의하면 과학활동이란 정신적 노동의 특수한 한 형태로서 그것의 성격이나 발전이 사회 발전의 보편적 합법칙성에 의해 지

---

38) Richard J. Samuels, 정근모 · 이경서 공역, 『일본이 힘 있는 나라가 된 이유』(서울: 문화일보, 1995), p.37.

39) 마르크스는 물론 과학의 일반성, 즉 서구의 전통적인 과학론에도 관심을 기울였다. 일반적인 과학론에 대해서는 J. 로제, 최종덕 · 정병훈 역, 『과학철학의 역사』(서울: 한겨레, 1986), pp.228 - 260 참조.

40) 마르크스의 과학론은 변증법적 유물론과 역사적 유물론을 바탕으로 한 철학적 인식과 관련 있으며, 기술론은 정치경제학적 인식과 관련이 있다. 마르크스의 기술론에 대해서는 A. Kusin, 노태천 역, 『마르크스의 기술론』(서울: 문학과 지성사, 1990) 참조.

배되는 사회적 과정 혹은 사회적 구성물의 하나이다. 따라서 과학적 지식은 자체로 상대적 독자성을 가지고 있기는 하지만 다른 모든 사회현상들처럼 사회적 존재가 사회적 의식을 규정한다는 일반법칙에 의해 규정된다.[41] 이러한 마르크스의 역사유물론적 과학론은 과학과 노동, 과학과 생산력, 과학과 이데올로기 간의 관계의 세 측면에서 살펴 볼 수 있다.[42] 첫째, 과학과 노동의 측면에서 마르크스는 생산력에 있어서 가장 중요한 요소는 인간의 노동력으로서, "노동력이라고 하는 것은 인간의 육체, 즉 살아 있는 인격 속에 존재하고 있어서 그것이 어떤 종류의 사용가치를 생산할 때마다 작용하는 육체적 및 정신적 모든 능력의 총체"[43]로서 과학은 정신적 생산력으로서의 일반적 성격을 갖는다고 한다.

둘째, 과학과 생산력의 관계와 관련하여 마르크스는 직접적 생산력으로서의 과학이라는 개념을 정식화했다. 마르크스는 과학이 발전함에 따라 지식과 숙련, 그리고 사회적 지능이라는 일반적 생산력의 축적이 이루어진다고 보고, 과학을 사회적 분업이나 협업 등과 마찬가지로 일반적인 생산력으로 규정하고 있다.[44] 이는 과학이 사회발전의 일반적인 잠재력일 뿐만 아니라 그것이 자본과 결합하면 노동

41) "인간생활의 사회적 생산에서 인간은 인간 의지와는 독립적인 불가피한 관계, 인간의 물질적 생산력의 특정한 발전단계에 조응하는 생산관계를 맺게 된다. 이러한 생산단계의 총체가 사회의 경제적 구조를 구성하며, 이것 위에 법적·정치적 상부구조가 올라서고 여기에 특정한 사회적 의식의 형태가 조응한다. 물질적 생활의 생산양식은 사회적·정치적·정신적 생활과정 일반을 제약한다. 인간의 의식이 인간의 사회적 존재를 결정하는 것이 아니라 반대로 인간의 사회적 존재가 인간의 의식을 결정하는 것이다." K. Marx, 김호균 편역, "정치경제학비판 서문", 『경제학 노트』(서울: 이론과 실천, 1988), p.11.

42) 김환성, "마르크스주의 과학기술론에 대한 비판적 연구", 한양대학교 대학원 석사학위논문, 1993, pp.19-21.

43) K. Marx, 김수행 역, 『자본론 Ⅰ』(서울: 비봉, 1989), p.57.

44) K. Marx, 김호균 편역, "정치경제학비판 서문", p.92.

생산성의 비약을 가져올 수 있는 독립적인 생산의 잠재력이자 직접적 생산력, 즉 현실적 힘이 됨을 의미한다.

현대 자본주의 사회에서 나타나고 있는 과학의 직접적 생산력으로의 전화, 과학과 생산과의 긴밀한 결합은 결국 과학적 지식의 내용과 성격 그리고 그 발전방향 및 속도를 조건 지우고 있는 이윤의 극대화라는 자본의 운동논리를 반영하는 것이다. 거대과학의 출현에 따른 과학기술 연구의 협업화와 막대한 자금 수요는 자본 혹은 국가에 의한 통제와 조종을 용이하게 하고 있다. 실제로 과학기술과 연구개발투자의 영역은 과학기술자들에 의해서 통제·계획되는 것이 아니고, 과학기술 자체의 논리와 동인보다는 비용, 이윤 등의 기업이해 혹은 목표와 관련된 산업의 관리적 구조에 의해서, 또한 군사적·외교적 목적 등 국가적 고려에 의해 통제·계획된다.

셋째, 마르크스는 이러한 분석은 현대사회에서 과학과 사회, 과학과 생산의 기본적인 형태 및 구조뿐만 아니라 이를 통해 과학의 발전에 대한 사회의 규정성이라는 측면을 부각시켜 준다. 과학은 자체의 내적인 발전논리와 객관성의 측면에서 상대적 독자성을 가지지만 궁극적으로 그 발전이 사회의 생산관계에 의해 규정된다고 볼 수 있다. 또한 생산력의 발전은 과학의 발전에 매우 크게 의존하지만 생산력의 발전과 생산력의 사회적 성격을 규정하는 것은 사회적 생산관계이다. 즉 과학은 사회적 존재의 제 조건의 변화에 의존하고 그 변화에 의하여 규정되는 사회적 과정 혹은 사회적 구성물인 것이다.

(2) 소련의 과학기술혁명론[45]에 대한 비판적 고찰

소련을 비롯한 동구 사회주의 국가의 '생산력주의' 과학기술정책은 러시아혁명 직후부터 사회주의 건설을 위해 당면하게 된 핵심적 문제, 즉 자본주의 발전이 낙후된 지역에서 정치혁명으로 획득한 노동자 권력을 이용하여 어떻게 사회주의 체제를 형성할 수 있을 것인지에 대한 문제의식에서 배태되었다. 나아가 자본주의 체제와의 경쟁에서 사회주의 체제의 우월성을 확보하기 위해 과학기술혁명이 강조되었던 것이다.

동구권을 비롯하여 대부분 사회주의 국가들이 초창기의 중화학공업화에 놀라운 성공을 거두었다는 것은 엄연한 사실이다. 1930년대 소련의 공업성장률이 30% 이상에 달해 당시 자본주의권을 놀라게 했고, 다른 동구권 국가들과 북한, 쿠바 등 저개발 사회주의 국가들도 중화학공업화에서 초기에는 다른 자본주의 발전도상국들보다 빠른 성장률을 보여 주었다.[46] 이것을 프레오브라젠스키(E. A. Preobrazhensky)는 물적 자원과 노동력 자원의 중앙집중적 동원을 통한 '사회주의적 원시축적'[47]이었다고 평가하기도 하는데, 어쨌든 국가사회주의 모델

---

45) 소련에서 과학기술혁명의 이론적 논의가 본격적으로 시작되었고 과학기술혁명을 비롯한 과거 소련의 모든 이론체계와 당 노선이 여타 사회주의 국가들에 강력한 영향력을 행사했기 때문에 '과학기술혁명론'이란 곧 '소련의 과학기술혁명론'으로 볼 수 있다. 김환석, 앞의 글, pp.26-27.

46) 북한도 1960년대 중반의 2~3년을 제외하고는 6·25전쟁 이후 1970년대 중반까지 매년 10% 이상의 고성장을 기록했다. 특히, 1960년대 후반부터 1970년대 초반 시기에는 20% 이상의 유례없는 고성장률을 나타냈다. 그러나 1970년대 후반부터 급격히 떨어지기 시작한 성장률은 1980년대 이래 회복되지 못하고 있다.

47) '사회주의적 원시축적론'은 원래 스탈린 집권 초기에 프레오브라젠스키(E. A. Preobrazhensky) 에 의해 제기된 것인데, 1930년대 강행적 방식에 의해 진행된 소련 공업화가 사회주의화를 의미한다기보다는 생산력의 발전을 위한 위로부터의 강행적 축적방식이었음을 지적하기 위해

이 발전도상국에 가능한 하나의 발전모델이었다는 해석이 이로부터 가능해진다.

과학기술혁명이 자본주의에서는 모순을 확대 재생산해 사회주의에 적합한 생산력이라는 '이데올로기적 접근'이 페레스트로이카 이전의 소련의 과학기술혁명론을 지배해 왔다. 그런데 이러한 외연적 축적체제가48) 한계에 봉착하게 되었고 그 한계를 돌파하기 위해서는 새로운 기술과 생산방식 및 사회적 분업이 요구된다는 것이 분명해졌을 때 국가사회주의의 효율적 요소들은 비효율적 요소들로 탈바꿈했으며, 국가사회주의의 발전 잠재력이 급속히 고갈되는 양상을 보였다. '사회주의 체제와 과학기술혁명의 결합의 실패'가 사회주의 위기의 주요한 요인이라는 페레스트로이카의 문제인식은 이러한 양상의 한 단면을 보여 주는 것이다.49) 결국 생산력의 비약적인 발전, 힘든 노동으로부터의 해방, 소외된 노동을 극복하기 위한 기술적 토대 등 과학기술혁명의 긍정적인 측면은 소련의 사회주의 체제에 의해 제약되었다고 평가된다.

다음에서는 이러한 비판적 관점으로 레닌(Vladimir Ilich Lenin), 스탈린(Joseph Stalin), 흐루시초프(Nikita Sergeevich Khrushchyov), 브레즈네프(Leonid Ilich Brezhnev) 그리고 고르바초프(Mikhail

---

주로 활용되었다.

48) 중화학공업 우선의 국가계획적 모델은 공업의 기반을 갖추고 저개발경제의 근대화를 추진하는 데 효율성을 과시하였는데, 이때 구축된 축적체제는 대체로 '규모의 경제'라는 개념에 입각하여 "많은 자원과 생산수단을 투입하고 노동력의 집중적 동원을 통하여 표준화된 제품을 대량으로 생산하고, 그를 통해 확대재생산을 꾀하는 외연적 축적체제"로 규정할 수 있을 것이다. 북한의 외연적 축적체제에 대해서는 이석기, 『북한의 기업관리체계 및 기업행동양식 변화 연구』(서울: 산업연구원, 2003) 참조.

49) 박형준 · 김태영, "북한의 과학기술: 기술혁신의 현황과 한계를 중심으로", 『아세아연구』 86, 1991, pp.87 - 88.

Gorbachov)로 이어진 과학기술혁명론의 내용 및 변천을 분석하려고 한다. 소련의 과학기술혁명론은 소련 공산당과 동구 사회주의 나라들의 사상이론적 기초였던 '마르크스-레닌주의'의 배타적 지배 속에서 제기되었다. 과학기술혁명론은 소련 및 동구 사회주의 국가들의 공식적인 국가정책을 뒷받침해 주는 이론체계로 강력한 국가권력에 의해 옹호되고 체계화되었다. 서구의 소련 연구자 블랙(C. Black)은 1917년 혁명 이래 소련 이데올로기에서 가장 중요한 발전은 '과학기술혁명론'이며, 그것은 마르크스-레닌주의를 변형시켜왔다고 주장했다.[50] 실제로 볼셰비키 혁명 이후 소련 당국은 과학기술의 진흥을 국가의 최대 역점사업 중의 하나로 간주했다. 혁명과 내전으로 피폐된 경제를 재건하여 '위대한 사회주의 국가'를 건설하기 위해서 과학기술의 발달은 필수 불가결한 요소였기 때문이었다.

소련의 정치 지도자들과 사회이론가들은 제2차 세계대전 이후부터 과학과 기술의 끊임없는 발전과 그것의 전 세계적 확산을 주시하여 왔다. 그들은 무엇보다도 에너지 자원에 있어서의 새로운 개발 그리고 운송, 통신, 정보처리, 제조기술, 무기 분야의 놀라운 기술혁신(technological innovation)과 확산에 주목했다. 그들은 "과학기술혁명은 세계적인 현상으로서, 모든 사람들의 가치체계와 행위에 영향을 주고, 동시에 영향을 받고 있다."고 보았다.[51] 그들은 또한 과학

---

50) Erik P. Hoffmann and F. Laird Robbin, *The Politics of Economic Modernization in the Soviet Union* (Ithaca: Cornell University Press, 1982), p.59; Erik P. Hoffmann and F. Laird Robbin, *Technocratic Socialism: The Soviet Union in the Advanced Industrial Era* (Durham: Duke University Press, 1985), p.2. 소련과학기술국가위원회 부의장이었던 그비쉬아니(D. M. Gvishiani)는 "과학기술혁명의 본질과 역할에 대한 규명(disclosure)은 20세기 후반부 마르크스주의에 의해 도달한 가장 중요한 이론적, 정치적 결론 중의 하나"라고 언급하고 있다.

51) Erik P. Hoffmann and F. Laird Robbin, *The Scientific-Technological Revolution*

기술 그리고 산업의 발전은 첫째, 많은 국가들 내에서 정치엘리트와 시민들의 의식을 변화시키고 둘째, 국가 간의 사회·경제적 관계에 영향을 주며 셋째, 세력균형체제나 양극체제 등 세계적인 정치제제의 변화에 근본적인 영향을 미친다고 보았다.

아울러 과학기술혁명이 새로운 사회적 생산력으로 생산의 사회적 관계뿐만 아니라 상부구조(super-structure)와 상이한 사회체제가 갖는 제도들의 변천에까지 영향을 미친다는 점을 강조했다. 또한 한 국가의 상부구조와 생산관계의 변화는 발전하는 생산력과 상호 인과 관계가 있음을 시사했다.[52]

레닌(Vladimir Ilich Lenin) 이래 소련의 역대 지도자들은 과학기술 발전을 위한 최선의 조건을 제공하기 위해 대대적인 과학기술진흥정책을 추진했다.[53] 레닌은 1921년에 신경제정책(New Economic Policy: NEP)을 실시하게 되는데 이것이 당시 소련의 과학기술정책을 규정하는 가장 큰 요인의 하나가 된다. 레닌은 낙후된 생산력을 발전시키기 위해서는 자본주의에서 발달된 과학기술에 대한 회의적인 태도를 버리고 그것의 선진적인 부분을 적극 도입하고 채택할 필요가 있다고 보았다.[54]

---

and Soviet Foreign Policy (New York: Pergamon Press, 1982), p. x.

52) P. N. Fedoseev, "Social Significance of the Scientific and Technological Revolutions", in R. Dahrendorf ed., Scientific-Technological Revolution: Social Aspects (London: Sage Publications, 1977), p.88. 대표적으로 저명한 소련 학자 페도세예프(P. N. Fedoseev)는 "과학기술의 발전은 사회적 생산력(productive forces of society)의 변혁에 핵심이 된다. 동시에 산업경영, 교육, 일상생활, 문화, 인간들의 심리상태, 그리고 자연과 인간사회와의 관계를 포함하는 모든 영역에 영향을 미친다."고 주장했다.

53) Loren R. Graham, "Science Policy and Planning in the USSR", Survey 64, 1967, p.63. 이 시기에 소련의 과학기술은 정치의 개입으로부터 상대적으로 자유로운 위치에 있었으며 차르시대 출신의 부르주아 과학기술자들도 볼셰비키에 대한 충성서약과는 무관하게 자신의 지위를 유지할 수 있었다. 이러한 상황은 전후 복구와 경제건설의 기반을 구축하기 위해 시행되었던 김일성의 '오랜 인텔리'와 과학자들에 대한 우대정책과 유사하다.

스탈린(Joseph Stalin)은 급격한 농업집단화 정책, 중공업 정책과 함께 '초법적인 중앙집권화와 부르주아 과학기술자들의 숙청'으로 요약되는 과학과 기술에서의 볼셰비즘화 정책을 시도했다. 이러한 볼셰비즘화 정책을 통해 구래의 부르주아 기술 인텔리겐치아들은 새로운 공산주의적 기술전문가(red experts)로 대체되었다.[55] 공업화 논쟁을 거치면서 추진된 스탈린의 중공업 우선정책은[56] 단기간 내에 소련의 생산력을 급격히 발전시켰고 이에 따라 생산력 발전을 위한 과학기술진보가 가장 중요한 관심의 대상이 되었다. 그러나 중공업 중심의 불균형 발전과 국가의 장·단기 발전전략은 중화학 공업을 중심으로 한 생산재부문과 소비재부문의 격차를 심화시켰고, 산업부문 간의 불균형으로 소련경제의 만성적인 생필품 부족현상을 초래했다. 또한 계획경제의 폐단으로 질보다는 양을 중시하여 제품의 질이 저하되었으며, 완전고용의 거시적 정책목표에 기초해 많은 기업가들은 기술혁신보다는 노동투입에 의한 외연적 생산방식을 선호하

---

54) K. E. Balies, *Technology & Society under Lenin & Stalin: Origins of the Soviet Technical Intelligentsia 1917-41* (Princeton: Princeton University Press, 1978), p.52. 레닌은 보그다노프 등이 주도한 프롤레타리아 문화운동을 비판하면서 "자본주의가 남긴 모든 문화를 받아들여 사회주의를 건설하는 것이 필요하다. 모든 부르주아 과학, 기술, 예술을 받아들이는 것이 필요하다. 그렇지 않고서는 공산주의 사회생활을 건설할 수 없을 것이다. 그리고 과학, 기술, 예술은 전문가들의 손과 머리에 있다."고 설파했다.

55) 사회주의 국가에서는 과학기술자에게 과학적 전문성과 함께 정치사상성을 요구한다. 과학기술에만 매몰될 경우 그것은 자칫 국가와 인민에게 커다란 해악을 끼칠 수도 있다고 보기 때문이다. 아무리 학문적 재능이 뛰어나다 할지라도 정치사상적 교양을 갖추고 있지 못하면 쓸모없는 것으로 여긴 것이다. 북한도 1960년대 후반 주체과학의 정립과 함께 '전문성'과 '사상성'을 겸비한 사회주의적 과학기술자(red expert)를 이상적인 본보기로 내세우기 시작했다. 김근배, "북한의 주체형 과학기술자", 『과학사상』 42, 2002, p.89.

56) 스탈린이 마르크스와 레닌으로부터 받은 이론적 유산은 '중공업 우선성장 법칙'과 '이행기의 본원적 자본축적' 및 '계획'과 '농업집단화'였고, 이것의 이론적 기초는 프레오브라젠스키의 불균형성장론에서 직접적으로 차용되었다고 볼 수 있다. 구체적인 내용에 대해서는 김윤자, "1920년대의 소련의 신경제정책논쟁에 관한 연구", 서울대학교 대학원 박사학위논문, 1989 참조.

는 현상이 만연하게 되었다.57)

이상과 같이 스탈린은 프롤레타리아 독재의 폐지와 계급투쟁의 소멸, 생산력 발전을 통한 공산주의의 건설을 주장하면서도 그것을 강제적 동원과 관료적 명령체계로 해결하려 했고, "기술은 모든 것을 결정짓는다."는 모순적 생산력주의를 탄생시켰다.58) 한편, 스탈린 시대 후기에는 과학의 목표가 단순히 공업화와 군사력을 지원한다는 것에서 한 걸음 더 나아가 과학진보의 원천인 인간지식의 기본적인 축적을 돕는 것으로 전환되면서 과학을 보는 견해에 중요한 변화가 생기기 시작했다.59)

1961년 흐루시초프(Nikita Sergeevich Khrushchyov) 체제하 소련 공산당 제22차 당대회에서 개정된 당강령에 '직접적 생산력으로서의 과학'과 '과학기술혁명'이란 용어가 공식화되었는데,60) 과학기술혁명이 소련 사회 전반에 미치는 영향에 대한 보다 활성화되고 체계화된

---

57) 1930년대와 1940년대에는 공업 신장 면에서, 1928년을 기준으로 할 때 1940년에 6.5배, 1975년에 110배로 나타나 1982년의 경우 국민소득은 미국의 2/3, 공업생산은 80%, 전력생산은 55%, 철강생산은 217%에 달했으며, 1951~1982년 기간에 소련의 공업생산은 연평균 8.4%의 신장률을 기록하였다. 황규식, "소련경제개혁의 성격과 과제: 경제개혁논쟁과 과학기술론을 중심으로", 경희대학교 대학원 석사학위논문, 1993, pp.7－8.

58) 김환성, 앞의 글, p.30. 그것은 자본주의적 과학기술의 도입이 소련 사회에 자본주의적 가치 체계를 유포시키고 제국주의에 대한 기술적 종속이 소련에 대한 간섭을 초래할지 모른다는 우려에 기인한 것이었다. 그 결과 당의 결정에 맞게 과학이론이나 실험 결과가 재단되었고 만약 이와 상충되는 측면이 있을 때는 가차 없이 폐기되었다. 이러한 그의 태도는 리센코이 즘과 같은 희화적 사건을 낳게 하기도 하였다.

59) 현원복, "소련의 과학기술정책", 『중소연구』 13(2), 1989, p.136.

60) 17~18세기의 과학혁명이나 토마스 쿤(Thomas S. Kuhn)이 정의했던 '과학혁명'은 과학이 론 자체의 혁명적 발전을 의미하는 개념인 반면, '과학기술혁명'은 과학기술 자체의 발전뿐만 아니라 과학과 기술, 생산의 결합과 그것에 의한 사회체제 전반의 급격한 재조직화를 의미한 다. '과학기술혁명'이란 용어가 처음 사용된 것은 서구의 정통 마르크스주의 과학사학자인 버 널(J. D. Bernal)에 의해서였다. "20세기의 새로운 혁명적 성격은 과학에만 한정될 수는 없 다. 그것은 우리 시대에야 비로소 과학이 상업과 농업을 지배하게 되었다는 사실이다. 그 혁 명은 아마 더욱 정확하게는 1차 과학기술혁명이라 할 수 있을 것이다." J. D. Bernal, 성하 운 역, 『과학과 역사 3』(서울: 한울, 1985), p.22.

논의는 브레즈네프(Leonid Ilich Brezhnev) 체제에 와서 시작되었다고 할 수 있다. 과학기술혁명론이 종전의 과학·기술·생산 영역의 협소한 범위를 벗어나 1971년 제24차 당대회에서 과학기술혁명과 사회주의의 유기적 결합을 촉구한 '브레즈네프 테제'가 제시되었던 것이다. 브레즈네프는 '선진 사회주의'(developed socialism)를 제기하면서 현대 과학기술혁명의 성과를 사회주의 체제의 장점과 연결시켜 소련의 경제성장을 촉진시키도록 요구하였다.

과학기술혁명론은 과학기술혁명을 기존의 기술을 원리적으로 뛰어넘는 질적으로 전혀 새로운 현대의 과학기술상의 변화 내지 진보를 의미하며, 그것은 새로운 과학적 생산원리를 근거로 한 생산력의 근본적 변혁으로 정의 내린다. 따라서 1980년대 소련의 이론가들은 양적인(extensive) 성장보다는 질적이고 집약적인(intensive) 경제성장을 더욱 강조하게 되었고 새로운 경제변수들, 즉 과학, 기술 그리고 조직의 합리화 등이 소련경제의 발전에 중심적 요소가 되었다.[61] 특히, 브레즈네프 체제에 와서 보다 정교화된 과학기술혁명 이론들에서 보듯이, 육체노동은 더 이상 생산의 첫 번째 요소가 아니고, 소련은 많은 연구개발 분야에서의 지도와 도움을 위해 서구국가들과 경제협력을 해야 한다는 주장이 등장하게 되었다.[62]

---

61) 과학기술혁명론에 의하면 과학기술혁명은 새로운 형태의 에너지, 새로운 물질, 자원과 신소재들의 사용, 전자계산기 등의 사용이나 생산의 포괄적인 자동화와 유연화, 생산조직 및 경영형태 등의 혁신적 변화, 정보와 정보통신기술의 중요성 증대, 편리한 자동상품의 출현, 우주과학의 발달로 인한 지리적 한계의 극복 등의 현상만을 의미하지는 않는다. 과학기술혁명은 과학 응용의 포괄적 기초 위에서 사회 생산력의 기술적 및 인간적 구성요소에 모두 영향을 미치고 그 구조를 변혁시키는 것까지를 포함한다. 이에 대해서는 V. Standevitch, 이창수 역, 『과학기술혁명 입문』(서울: 동녘, 1990); A. Anchishkin, 김성환 역, 『사회주의 미래와 과학기술혁명』(서울: 푸른산, 1990) 참조.

62) 김의곤, "소련의 과학기술 혁명과 발전 사회주의", 인하대학교 사회과학연구소, 『논문집』 10, 1991, p.216. 서구국가들과의 경제·기술교류정책을 뒷받침하기 위해 경제 개혁주의자들은

물론 과학기술혁명이 사회·경제적 진보에 미칠 수 있는 부정적인 결과에 대한 지적이 없었던 것은 아니었으나[63] 과학기술혁명은 소련의 세계경제에 대한 참여를 유도하게 하고 경제발전을 가능하게 한 자극제의 역할을 했다. 소련은 당시 서구의 많은 현대 과학기술 성과를 모방하여 국제경제에서 그 역할을 높이고 세계적인 군사대국이 되었으며 국내에서 사회적 진보를 실현했다.[64] 그러나 브레즈네프 체제는 과학기술혁명의 진전과 더불어 도래한 고도산업시대의 구조적인 도전의 상황 속에서 본질적이고 능동적인 정치개혁이 수반되지 않은 파행적인 경제개혁의 한계성을 노정하게 되었다.

고르바초프(Mikhail Gorbachov)는 이러한 전통적인 경제발전모형의 폐단을 극복하려는 방향에서 시장경제적 요소를 과감하게 도입하고, 서방과의 적극적인 협력과 교류를 추진하려고 하였다. 이 과정에서 발달한 과학기술 성과를 충분히 활용하기 위해 소련경제의 집권화된 통제와 경제적·기술적 효율성 간의 부조화 문제를 극복하려고 시도했다. 이것은 "과학기술혁명이 자본주의의 모순을 심화시키며 결국에는 붕괴를 촉진한다."는 기본가정[65]에 중대한 변화를 보인 것

다음과 같이 주장하였다. 첫째, 동서 간 기술교류의 확대는 소련 경제발전의 핵심이 된다. 소련이 서구로부터 기술을 수입하거나 특허품을 생산하는 방법을 통하여 새로운 기술을 습득할 기회를 제공한다. 둘째, 서구로부터 수입된 기술은 개혁의 중대한 자극이 된다. 소련 생산의 양적인 팽창뿐 아니라, 집약된 사회적 생산, 높은 생산 효율성, 품질의 향상, 그리고 생산비의 하락 같은 효과가 기대된다. 셋째, 서구와 체결한 장기적 계약이나 합의사항을 수행하기 위해 소련경제에 장기적인 계획수립의 필요성이 증가한다. 그것은 소련의 단기적인 계획경제의 약점을 보완해 준다. 넷째, 소련이 기술집약적 상품교역에 참여함으로써 소련 블록국가들도 지속적으로 경제발전을 추진하게 된다. 마지막으로, 지하자원의 조속한 개발과 시장화는 경제성장의 필요조건이다. Erik P. Hoffmann and F. Laird Robbin, *The Scientific-Technological Revolution and Soviet Foreign Policy* (New York: Pergamon Press, 1982), pp.83-84.

63) 홍민식, "'과학기술혁명'과 브레즈네프체제의 개혁정책", 『중소연구』14(3), 1990, p.164.
64) 브레즈네프 체제는 공업화의 속도나 생산성 향상은 둔화 양상을 보였으나 일부 기술중점 부분, 특히, 우주항공 및 군수산업 부문이 활성화되었고, 소비재산업 부문과 평균임금 부문도 완만하게 유지되는 추세를 보였다. 황규식, 앞의 글, p.9.

이다. 그러나 소련사회의 뿌리 깊은 스탈린주의의 잔재로 생산력주의와 기술결정론의 관성이 쉽게 극복되지 못했으며, 권위주의적 정치·사회구조에 대한 급격한 극약 처방이 사회주의 체제 자체의 붕괴를 초래하고 말았다. 그것은 페레스트로이카(perestroika)가 새로운 상황에 대한 진지한 이론적 모색과 해결을 추구하기 위한 것이었다기보다는 기존의 이론체계에 몇 가지 새로운 요소를 절충적으로 덧붙이는 형식으로 문제의 해결을 도모했기 때문으로 보인다.66)

소련이 적어도 군사기술에서는 미국을 능가하고 있었음에도 불구하고 과학기술혁명이 실패하였던 것은 첫째, 경제자원, 과학과 기술, 최신설비 및 두뇌집단들을 모두 군산복합체에 흡수시킨 점이다. 군산복합체는 1980년대 초 전체 산업생산의 약 3분의 2를 차지했으며, 군부와 함께 소련 GNP의 15~20%를 차지해 과학과 기술의 낭비창고였다. 둘째, 그들의 유일한 고객은 시장이 아니라, 국방부였다는 것이다. 이것은 군수산업체의 기술이 특수한 무기생산을 위해서만 개발되고 응용되었는데, 이러한 군수산업의 기술궤적은 민간부문의 시장에서 팔릴 수 있는 상품의 기술궤적과 다르다는 것이다. 반면, 미국은 소련과 달리 일본 전자업체들과의 경쟁에 노출되어 있었다.

---

65) A. 두인킨, "자본주의 국가에서 과학기술 진보의 경제적 제 문제", R. Richta 외, 김동석 편역, 『현대자본주의와 과학기술혁명』(서울: 동녘, 1990), p.162. "과학기술혁명은 사회주의 국가들과 제국주의 세 축(미, 일, EC)은 물론이고 세계경제 관련 체계를 매개로 하여 발전도상국들에까지 파급되고 있다. 그런데 사회주의 진영이 과학기술혁명의 성과를 사회전체의 복지에 이용할 무한한 가능성을 가지고 있는 데 반해 자본주의하에서는 생산력 발전의 새로운 비약이 기존의 생산관계와 충돌하지 않을 수 없다."

66) "페레스트로이카는 그 본질적인 성격을 고려할 때 사회주의를 비약적으로 발전시키는 혁명적 과정이다. …페레스트로이카를 지속적으로 추진할 것, 경제·과학·기술 분야에서 세계 최고수준에 도달할 것, 그리고 사회주의 사회가 얼마나 매력적인가를 보여 줄 것, 이 세 가지가 바로 우리의 당면 과제이다." Mikhail Gorbachev, 고명식 역, 『페레스트로이카』(서울: 시사영어사, 1989); 최성, 『소련 공산당의 해체와 북한 사회주의의 진로』(서울: 한울, 1991), pp.52-55.

셋째, 과학연구와 산업생산이 분리되어 있었다. 물론 과학과 산업 간의 유기적 결합에 대해 의식적인 노력을 했지만 제대로 이루어지지 않았다. 그 이유는 각각의 기관들이 상급단체의 계획과 통제에만 신경을 쓴다는 것이었다. 이는 계획경제의 수직적 권력관계가 작용한 탓이었다. 넷째, 기업체들이 최신기술에 관심이 없다는 것이었다. 그 이유는 기술변경이나 혁신 등은 새로운 계획을 요구하게 되고, 이는 다시 국가기획위원회의 승인이 있어야 가능했다. 즉, 획기적인 기술혁신이 일어나도 이에 대해 국가기획위원회는 실패의 부담감 때문에 기존의 생산품을 더 선호한다는 것이었다.67) 이러한 문제는 북한 사회주의 체제의 기술혁신과 관련해서 시사하는 바가 크다고 하겠다.

이상과 같이 과학기술혁명의 여파는 과학기술 발전에만 한정되는 것이 아니라 경제·정치를 포함한 체제 전반으로 파급되는 것이다. 자본주의 체제에서도 각국의 과학기술 진보의 격차가 두드러진 것은 순수한 과학기술의 수준에 의한 것이기보다는 기술개발과 응용을 규정하는 사회적 요인들에 기인한다고 할 수 있다. 소련의 붕괴를 산업적 국가통제주의의 결과로 보는 카스텔(M. Castelle)에 의하면, 소련의 기초과학과 응용연구, 산업생산 사이 상호작용의 결여는 생산 시스템에서 극도의 경직성, 과학적 발명에서 실험의 부재, 제한된 이용으로 인한 특정 기술의 한정된 응용을 초래하였다.68) 소련의 기초 과학이 세계 최고의 수준임에도 불구하고 기술혁신이 제대로 이루어지지 않은 것도 과학기술의 선순환적 발전 고리를 지속적으로 형성할 수 있는 사회적 기반을 창출하지 못했기 때문인 것으로 평가된다.

---

67) 최용갑, 앞의 글, pp.64 - 65.

68) Manuel Castell, 박행웅·이종삼 역, 『밀레니엄의 종언』(서울: 한울아카데미, 2003), p.48.

4. 북한의 기술혁명론과 연구 분석 틀

(1) 주체의 경제이론

북한은 경제체제를 사회주의적으로 개조하면서부터 자립경제의 구축을 목표로 하는 자력갱생의 원칙을 지속해 오고 있다.[69] 즉, 북한은 주체사상에 기초하여 인민대중은 사회주의, 공산주의 경제건설의 주인이라는 경제건설의 기본원리를 명시하고, 경제건설은 인민대중의 자주적인 경제생활을 마련하기 위한 투쟁이며 그들의 높은 혁명적 열의와 창조력에 의하여 촉진 및 진행된다는 원리로 설명되었다.

구체적으로 주체의 경제이론은 첫째, 사회역사적 운동이 그 주체인 인민대중의 주도적 작용과 역할에 의하여 발생·발전한다는 주체사관에 기초하여 전개됨으로써 근로인민대중을 중심으로 하는 경제건설의 원리,[70] 그들의 지위와 역할에 의하여 규정되는 사회주의, 공산주의 경제건설의 본질과 합법칙성을 가장 과학적으로 설명한다[71]고 한다. 다시 말해, 근로인민대중이 경제의 주인이며 근로인민대중은 오직 사회주의, 공산주의 사회에서만 경제건설의 참다운 주인이 된다는 것이다.[72]

---

69) 북한은 자력갱생을 "혁명과 건설에서 발생하는 모든 문제를 자신이 책임지고 자체의 힘으로 해결하여 나가는 입장과 정신"이라고 정의하고 있다. 『백과전서 4』, 1983, p.16. 김정일은 "자력갱생은 자기의 힘으로 혁명을 끝까지 하려는 공산주의자들의 혁명정신이며 투쟁원칙"이라고 규정하였다. 『경제사전 2』, 1985, p.206.

70) 김정일, 『주체사상에 대하여』(평양: 조선로동당출판사, 1991), p.16.

71) "사회주의 경제는 고도로 사회화된 대규모 경제이며 사회주의 경제의 주인은 다름 아닌 인민대중입니다." 『김일성저작선집 7』, 1978, p.496.

72) 주체사상연구소 편, 『주체사상에 기초한 사회주의경제리론』(평양: 사회과학출판사, 1975),

둘째, 주체경제이론은 자립적 민족경제를 건설한다는 것이다.[73] 이는 자기 나라가 남에게 예속되지 않고 제 발로 걸어 나가는 경제를 건설한다는 것이며 그것은 민족경제발전의 독자성, 주체성을 보장한다는 것을 의미한다. 즉, 자립적 민족경제의 건설은 인민을 위한 경제를 건설한다는 것이며, 그것은 경제를 인민들의 자주적이며 창조적인 생활을 보장하는 물질적 조건으로, 국가와 사회의 주인으로서의 근로인민대중의 지위와 역할을 물질적으로 보장하기 위한 수단으로 되게 한다. 따라서 주체의 경제건설이론이란 자국의 자원과 인력으로 경제를 건설한다는 것이며, 그것을 경제발전의 원동력으로 하여 경제를 발전시킨다는 것이다.[74]

셋째, 주체의 경제건설이론은 계획의 일원화와 세부화를 철저히 실현하는 것이 사회주의 경제에 대한 지도관리에서 지켜야 할 중요한 원칙이라는 것을 밝혔다. '계획의 일원화'는 국가의 통일적 지도 아래에서 계획화의 유일성이 보장됨을 의미하고, '계획의 세부화'는 인민경제 모든 부문들과 기업소들의 경영활동이 세부부문에 이르기까지 구체적으로 맞물리는 사회주의 계획화 방법을 뜻한다. 이는 생산수단에 대한 수요를 자체 내에서 충족시키며, 기술혁명과 확대재생산의 물질적 조건을 자체 내에서 이룩한다는 것이다.[75]

이러한 경제운용에 대한 북한의 접근방법은 소련의 사회주의경제 모델을 모방하여 형성되었기 때문에 지배이데올로기와 교리적인 경

---

pp. 16 - 44.

73) 『김일성저작선집 3』, 1975, pp.112 - 135.

74) 김일성, "자립적 민족경제를 건설하지 않고서는 사회주의의 물질기술적 토대를 쌓을 수 없으며 사회주의, 공산주의를 성과적으로 건설할 수 없습니다." 『김일성저작집 21』, 1983, p.493.

75) 『우리당의 자립적 민족경제 건설로선』, 1963, p.2.

향에 입각하여 발전되었다. 이 같은 경향에는 다음과 같은 기본명제가 포함되어 있다.

첫째, 북한의 지배집단은 중앙집권적인 계획이 시장의 힘에 전적으로 의존하는 것을 피하고 균형 있는 경제성장을 도모하는 한편, 확고한 정치적 통제를 유지하기 위한 필수적인 요건이라고 생각한다. 둘째, 당의 지배가 없이는 사회주의의 발전도 침체한다고 생각한다. 셋째, 당의 경제운영목표는 급속한 산업화가 아니라 독립된 통일국가 형성의 기반이 되는 사회주의 경제혁명의 발전으로, 이것은 중공업의 중점적인 육성을 필요로 하며 군사부문에 높은 우선순위를 부여하도록 한다. 넷째, 경제의 운용은 행정적 또는 기술적 노력보다는 이데올로기적인 수단에 더욱 크게 의존하고, 노동자들의 동기를 자극하고 생산을 촉진시키기 위해서 행정적인 개혁이나 물질적인 인센티브보다는 정치적인 동원에 더욱 역점을 둔다. 다섯째, 당운영기구는 중앙집권제 원칙에 입각해서 조직되며, 중앙집권제는 상급기관의 의사결정과정에 하급기관을 포함시키는 한편, 하급기관은 상급기관의 결정과 지시를 성실하게 수행해야 하는 의무가 요구된다. 여섯째, 경제정책의 결정과 집행은 기본적으로 자주성의 원칙에 입각해 독자적으로 이루어진다. 이것은 당의 정당성의 근거로서뿐만 아니라 혁명완수를 위한 도구로서의 역할도 한다.[76]

북한은 이러한 경제발전전략이 일제 강점기 식민지경제의 편협성과 기형성을 청산하고 독자적인 확대재생산을 유지하기 위해 필요한 것이라고 설명한다. 특히, 사회주의 경제발전을 위한 '기술혁명이론'은 다음에서 살펴볼 3대 원칙이 과학기술정책에 적용되어 발전되었다.

---

76) 정현수 · 김용환 · 전외술, 『북한정치경제론』(서울: 신영사, 1995), pp.231 - 232.

(2) 주체의 기술혁명론

북한 기술혁명의 원리는 주체사상을 바탕으로 사회주의의 물질적 기반을 구축하는 과정에서 나타난 것이다. 즉, 김일성의 권력기반을 강화하기 위한 주체사상의 영향력과 사회주의권의 원조 감소 등의 대외환경하에서 북한은 자립경제를 지향하게 되었고 이 과정에서 자체 원자재와 인력에 의한 과학연구와 기술혁신을 추구하게 되었다. 또한 노동생산성의 향상을 위한 사회주의 경쟁의 한 형태인 소련의 스타하노프주의(stakhanovism)를 채택한 결과 경제건설과 생산현장에 과학기술자를 동원하는 '대중의 원칙'과 '사회주의 경쟁의 원칙'을 내세우게 되었다.

이른바 주체과학[77] 노선은 모든 인민이 대대적으로 참여한 속에서 자체의 자원, 기술, 설비 등에 철저히 기반을 두어 경제건설과 인민생활에 즉각적이고 직접적으로 기여하도록 과학기술을 발전시켜 나가는 것이다. 과학자, 기술자에게 필요한 것은 불굴의 의지를 앞세우며 당면한 문제를 현장 속에서 온몸을 다 바쳐 풀어 나가는 일이었다. 북한의 과학자, 기술자들에게는 다른 어떤 점보다도 현장성, 실천성, 투쟁성이 중시되었다.

북한이 강조하는 기술혁명은 본질적으로 경제의 주체화를 강화하

[77) 김근배는 당시 과학기술계를 중심으로 "과학에서 주체를 확립하자"라는 주장이 본격화되면서 문학, 언어, 경제 등 다른 영역으로도 '주체'가 빠르게 확산되었고, '주체'가 사상 분야에까지 쓰이며 장차 주체사상으로의 길을 여는 데 중요한 계기가 된 것이 봉한학설이라고 주장한다. 그 근거로 당시에는 북한에서 자기의 독자적인 사상을 내세운다는 것은 상상하기 힘든 분위기로 국내외로부터 수정주의적 편향이라는 거센 비난을 면치 못할 상황이었기 때문에 봉한학설을 비롯한 과학적 성취와 메시지를 주체사상으로 승화시켰다는 것이다. 김근배, "북한 과학기술정책의 변천", 과학기술정책연구원, 『과학기술정책』 12(2), 2002, pp.90 - 92.

고 과학기술의 발달 및 생산과정으로의 도입을 도모함으로써 노동 간의 차이를 해소하려는 방침이다. 이와 같은 북한의 기술혁명이론을 평가하기 전에 먼저 소련을 비롯한 사회주의 국가들의 과학기술과 북한의 과학기술의 공통점을 분석하려고 한다. 북한과 같이 제2차 세계대전 이후 전쟁과 식민통치에서 해방되어 사회주의로 전환한 대부분의 국가들의 경제와 과학기술체제는 다음과 같은 특성을 보였다.

첫째, 사회주의 국가들의 체제형성에는 마르크스 이론과 지도자의 통치이념이 큰 영향을 미친다. 마르크스는 생산관계로 표현되는 하부구조가 정치사회적 의식형태로 표현되는 상부구조를 결정하고, 이들의 변증법적 발전이 역사를 주도하는 것으로 보았다. 이 안에서 기술은 생산력 발전을 주도하고 촉진시키는 하부구조의 주요소가 되고, 상부구조에 속하는 영역들은 생산력 발전을 주도하는 세력들의 정치도구가 된다. 따라서 북한을 포함한 사회주의 국가에서 과학기술은 무산계급정치와 경제발전의 주요 수단이 되고, 그 자체의 발전은 뒷전으로 밀리는 경우가 많았다.

둘째, 국가의 공업화 전략과 발전과정도 과학기술체제 형성에 큰 영향을 미친다. 전위당의 강력한 집중적 지도에 의해 일국의 생산력을 비약적으로 발전시키는 것이 가능하다는 판단에 근거한 스탈린의 중앙집중적 계획경제의 중화학공업 우선노선을 본받아 북한도 중공업 우선발전 전략을 채택하였다. 자원과 기술, 인력이 부족한 상태에서 초기투자가 크고 자본회수기간이 긴 중공업을 우선적으로 발전시키기 위해서는 경제체제에서도 국가가 중앙집권적 계획에 의해 자원배분을 통제하는 제도가 발전하였다. 연구개발과 인력개발 목표도 중공업 발전에 대한 기여를 우선시하게 되었다.

셋째, 생산기술과 노동자 대중을 중시하는 사회주의 정치체제의 특성은 기술혁신 방법에도 큰 영향을 미쳤다. 자본주의 체제와는 달리 사회주의 국가에서는 노동자 대중을 동원한 기술혁신운동을 상당히 중요하게 취급한다. 이러한 경향은 초기 자본과 기술, 인력이 부족했던 중국과 북한에서 특히, 광범위하게 추진되었다. 중국의 대약진운동과 북한의 천리마운동, 중노동과 경노동의 차이, 공업노동과 농업노동의 차이를 해소하고 여성들을 가사노동에서 해방한다는 3대 기술혁명 등이 그 예이다. 대중적 기술혁신운동은 교육과 연구, 생산을 결합해야 한다는 사회주의 교육이론과 연결되어 국가연구개발체제와 과학기술인력 양성체제에서 중심 내용을 형성하였다.[78]

북한도 이상과 같은 과학기술 발전노선을 충실히 따랐으나 1950년대 말 국내 종파사건과 중소분쟁 등을 겪으면서 소련의 모방에서 탈피하고 독자적인 길을 걷기 시작하였다. 북한은 사회주의가 민족을 매개로 발전하므로 개개 민족의 특성을 반영한 주체적인 경제를 발전시켜야 한다고 역설했다. 특히, 북한은 1960년대 말 주체사상의 공식적인 정립, 민족적 자립경제건설노선과 국내산 연료와 원료를 이용한 공업화 전략으로 여타 사회주의 국가와 구별되는 북한식 과학기술정책을 시도하게 되었다.

북한의 과학기술정책에 대한 근본 인식은 주체사상에 입각한 기술혁명의 원리에서 출발하였다.[79] 기술혁명의 원리는 3대 기술혁명으

---

78) 이춘근, 앞의 책, pp.13 - 15.

79) 주체의 기술혁명이론은 '무산계급이 정권을 탈취한 후 계속혁명이 필요한가', '필요하다면 그 내용이 무엇인가'라는 질문에 대한 해답을 제시하고 있다. 김일성은 "무산계급이 정권을 차지한 후에도 낡은 사회의 유물인 낮은 생산력, 노동력의 차이 등이 존재하므로 이를 타개하고 자연으로부터의 구속에서 인민을 해방하기 위한 투쟁을 지속해야 한다."고 하였다. 김일성, 『우리나라의 과학기술을 발전시킬데 대하여』(평양: 조선로동당출판사, 1986), pp.72 -

로 전개되어 북한 헌법 제2장 경제편 제25조에 "국가는 기술혁명을 추진하여 중노동과 경노동의 차이를 없애고 농업노동과 공업노동의 차이를 없애고 근로자들을 힘든 노동에서 해방하여 육체노동과 정신노동의 차이를 점차적으로 줄인다."고 명시하였다.[80] 김일성은 "어떤 사람들은 낡은 사회제도를 뒤집어엎고 새로운 사회제도를 세우는 것만 혁명이라고 하는데 우리는 그렇게 보지 않습니다. 사상, 기술, 문화 분야에서 낡은 것을 새것으로 바꾸는 것도 하나의 혁명"[81]이라면서 기술혁명이 사회주의 혁명의 한 부분임을 밝히고 그 중요성을 강조했다. 북한은 "기술혁명이 근로자들을 자연의 구속에서 해방하여 그들에게 완전한 사회적평등과 자주적이며 창조적인 생활을 보장해 주기 위한 정치적 과업으로 된다는 독창적인 사상은 주체사상을 전면적으로 구현하고 있는 위대한 사상"[82]임을 강조하고 기술혁명이 주체사상의 근본원리에 기초하고 있음을 밝히고 있다.

북한은 사회주의 사회에서 기술혁명은 첫째, 노동의 본질적 차이를 없애고 근로자들을 힘든 노동에서 해방하는 것이라고 주장한다. 그런데 사회주의 사회에는, 물론 노동의 본질적 차이를 낳는 사회경

　　99; 함치영, 『계속혁명에 관한 주체적 리해』(평양: 사회과학출판사, 1992).

80) 통일원 편, 『북한개요』(서울: 통일원, 1991), p.485. 그 후 1998년 9월에 개정된 북한 사회주의 헌법 제27조는 "국가는 언제나 기술발전문제를 첫자리에 놓고 모든 경제활동을 진행하며 과학기술 발전과 인민경제의 기술개조를 다그치고 대중적 기술혁신운동을 힘있게 벌여 근로자들을 어렵고 힘든 로동에서 해방하며, 육체로동과 정신로동의 차이를 줄여 나간다."고 규정하고 있다. 또한 제50조, 제51조에서는 각각 "국가는 과학연구사업에서 주체를 세우며, 선진과학기술을 적극 받아들이고 새로운 과학기술 분야를 개척하여 나라의 과학기술을 세계적 수준에 올려 세운다.", "국가는 과학기술 발전계획을 바로 세우고 철저히 수행하는 규율을 세우며 과학자, 기술자들과 생산자들의 창조적 협조를 강화하도록 한다."고 규정하였다. 국가정보원 편, 『북한법령집』(서울: 국가정보원, 2005), pp.3 - 26.

81) 『김일성저작선집 6』, 1974, p.421.

82) 신재호 · 김태국, 『주체의 기술혁명리론』(평양: 과학백과사전출판사, 1977), pp.7 - 15.

제적 조건은 없으나 낡은 착취사회가 남겨놓은 유물로서의 중노동과 경노동의 차이, 농업노동과 공업노동의 차이, 육체노동과 정신노동의 차이를 비롯한 노동의 본질적인 차이들이 있다는 것이다. 이러한 노동의 본질적 차이를 없애기 위해서는 낡은 생산관계를 사회주의적으로 개조하고 기술혁명을 추진해야 한다는 것이다. 다시 말해, 기술혁명은 생산력과 기술을 발전시켜 사회주의의 물적 · 기술적 토대를 강화하고 인민경제의 모든 부문에서 근로자들의 노동조건을 결정적으로 개선 · 강화하게 함으로써 노동의 본질적 차이를 없앨 수 있게 하며 나아가 그들에게 완전한 사회적 평등을 보장하게 한다는 것이다.[83]

둘째, 북한은 기술혁명을 주민들의 사상의식을 공산주의적으로 개조하는 데에도 적극 활용한다. 김일성은 "사상혁명만 강조하고 기술혁명을 소홀히 한다면 근로자들을 고된 로동에서 해방하는 혁명과업을 완수할 수 없으며 사상혁명 자체도 성과적으로 수행할 수 없습니다. 사람들의 사상의식은 사회생활의 물질적 조건에 의하여 규정되며 따라서 사회주의사회에서도 그것은 기술을 발전시키고 인민들의 생활수준을 높이는데 기초하여 개변되는것"이라고 하면서 기술혁명을 강조하고 있다.[84]

셋째, 기술혁명은 '기계혁명'이며 기술혁명의 기본은 '기계화'를 의미한다. 김일성은 기계 자체가 과학이 발전한 결과에 의해 나왔으며, 과학을 떠나서는 기술혁명이란 생각조차 할 수 없는바, 기술혁명이란 곧 현대과학의 성과를 생산에 받아들이고 보급하는 행정[85]이라

---

83) 신재호 · 김태국, 앞의 책, pp.17 - 28; 『김일성저작선집 3』, 1975, pp.145 - 154.
84) 『김일성저작선집 5』, 1972, p.168.
85) 『김일성저작선집 2』, 1970, p.550.

고 설파하였다. 즉, 중공업부문에서 생산을 기계화, 자동화하고 전기화, 화학화하며 선진기술공정을 도입하는 것이 공업기술혁명 발전의 기본방향인 것이다.[86] 여기에서 북한도 자본주의 국가와 마찬가지로 과학기술과 공업화의 선순환적 상호발전을 통해 경제발전의 토대를 구축하고자 하였음을 알 수 있다.

김일성이 제시한 기술혁명 발전의 과정은 "우리는 우리 당 제4차 대회에서 내놓은 방침에 따라 기술혁명을 적극 밀고나가 나라의 공업화를 실현함으로써 처음에는 근로자들을 힘든 로동에서 해방하고 힘든 로동과 헐한 로동의 차이를 없애며 한걸음 더 나아가 모든 생산공정을 기계화, 자동화하여 점차 정신로동과 육체로동의 차이를 없애도록 하여야 할 것"[87]이라는 데서 잘 나타나고 있다. 그런데 여기에서 기술혁명에 의한 노동해방의 성과가 북한의 당초 의욕과는 달리 부진했던[88] 것으로 보이며 이로 인해 기술혁명의 단계적 발전을 재천명할 수밖에 없는 상황에 처한 것으로 파악된다. 아울러 기술혁명의 성과 부진에 대해서 김일성은 다음과 같은 논리로 정당화하였다.

---

86) "나라의 공업화를 실현하려면 높은 기술이 요구됩니다. 선진적인 기술이 없이는 사회주의공업화를 실현할 수 없습니다. 공업화를 실현하지 않고서는 기술혁명을 수행할 수 없으며 기술혁명을 수행하지 않고서는 공업화를 실현할 수 없습니다." 신재호·김태국, 앞의 책, p.61; 『김일성저작선집 3』, 1975, pp.136－144; 김일성, 『우리나라의 과학기술을 발전시킬데 대하여』, pp.75－76, pp.84－95.

87) 김일성, 『사회과학의 임무에 대하여』(평양: 조선로동당출판사, 1969), p.420.

88) "우리는 7개년계획기간에 인민경제 모든 부문에서 기술개건사업을 전면적으로 밀고나감으로써 근로자들의 어렵고 힘든 로동을 많이 덜어주었으나 우리 나라에서 중로동과 경로동의 차이가 남아있고 고열로동과 유해로동이 아직 없어지지 않고 있으며 공업로동과 농업로동사이에도 차이가 많으며 인구의 절반을 차지하는 녀성들이 아직 가정적부담에서 완전히 해방되지 못하고 있습니다." 『김일성저작선집 5』, 1972, p.453.

사회주의, 공산주의는 오랜 기간에 걸치는 경제건설투쟁과 계급투쟁을 통하여서만 건설할 수 있습니다. 특히, 지난날 산업혁명을 하지 못하고 자본주의단계를 거치지 못한 나라들과 식민지 또는 반식민지로 있던 나라들에서는 사회주의를 건설하는 기간이 더 오래 걸립니다.[89] … 공산주의사회에 가면 생산이 다 기계화되고 자동화되며 숙련로동과 미숙련로동, 정신로동과 육체로동 사이의 차이도 없어집니다.[90]

이상과 같이 근로자들을 힘든 노동에서 해방하고 노동생활에서 보다 완전한 평등을 보장해 주며 인민경제의 기술혁신과 생산력의 발전을 촉진시킬 것을 목표로 하는 기술혁명과 함께 북한은 과학연구사업과 과학기술정책에 자력갱생의 원칙, 대중의 원칙, 사회주의 경쟁의 원칙을 적용했다.

북한은 '자력갱생의 원칙'에 따라 국내 자원의 적극적인 개발과 이용, 자체 자원과 자체 기술자에 의한 기술개발 및 기술문제의 자력 해결을[91] 중점과제로 내세우고 있으며, '대중의 원칙'에 근거하여 소수 엘리트에 의한 과학기술 향상을 배격하고 과학기술혁신에서 소극성, 보수주의, 기술신비주의의 제거와 과학기술자와 생산노동자 간의 격차 해소를 중점과업으로 내세웠다.[92]

또한 '사회주의 경쟁의 원칙'하에서 과학기술자뿐만 아니라 연구기관들 간에도 경쟁의 원리를 도입해 창의, 고안, 기술혁신 제안운동

89) 『3대혁명을 힘있게 빌려 사회주의 건설을 더욱 다그치자』, 1976, p.2.

90) 『김일성저작선집 2』, 1970, p.455.

91) 김일성, 『우리나라의 과학기술을 발전시킬데 대하여』, pp.1 - 5, pp.134 - 161.

92) "소극성과 보수주의, 기술신비주의를 때려부시지 않고는 사회주의건설의 대고조를 이룩할수도 없었으며 천리마운동을 발전시킬수도 없었습니다. … 사회주의건설에서 인민대중의 로력적열성과 창조적적극성을 높이 발양시키는데 있어서 중요한 의의를 가지는 것은 대중의 정치사상의식을 끊임없이 높이면서 이에 물질적관심의 원칙을 옳게 결합시키는것입니다. … 대중의 로력적열성과 창발성은 과학 및 기술과 결합되여야만 참다운 위력을 나타낼수 있는것입니다." 『김일성저작선집 3』, 1975, pp.96 - 98.

에 참여시켰다. 이러한 경쟁운동에는 5·17기술혁신돌격대, 4·15기술혁신돌격대, 2·17과학자, 기술자돌격대, 11·6철도과학자돌격대, 광산, 임산, 금속공업, 기계공업 등 각급 기술 분야와 각급 공장, 기업소별로 기술혁신돌격대가 있으며 대학·전문대학 학생으로 이루어진 기술혁신청년돌격대와 자동화청년돌격대, 고등학생으로 이루어진 소년과학탐험대가 조직·운영되었다. 『조선중앙년감』에 따르면 1989년 말 북한에는 1,430개의 기술혁신청년돌격대와 수백 개의 자동화청년돌격대가 조직되어 있으며, 1989년에 인민경제의 40여 개 주요 부문에 2·17과학자, 기술자돌격대를 파견한 것으로 나타나고 있다.[93]

그런데 생산과정에의 과학기술 도입이 사회계급 간의 차이와 생산과정의 분업에 미치는 효과는 일찍이 많은 논란의 대상이 되어 왔다. 이는 과학기술의 부정적인 기능과 아울러 긍정적인 기능, 지배이데올로기적 기능 등을 통하여 알려져 있는데, 북한에서 과학기술의 경제에의 도입은 자동화, 원격 조종화를 통한 노동 차이의 해소라는 낙관적인 도식만 부각되고 있다. 또한 '기술결정론의 재현'이라는 과학기술의 부정적인 측면뿐만 아니라 생산현장에서 일하는 생산자들에 대한 고려 역시 논의의 대상에서 제외되고 있다.

이상에서 살펴본 북한의 기술혁명론에 대한 비판적 논거를 정리하면 다음과 같다. 첫째, 북한의 과학기술관은 기술혁명이 지니고 있는 '힘든 노동의 해소와 이를 통한 계급의 소멸'이라는 긍정적인 측면만을 부각한 과학기술에 대한 추상적 인식에 근거한 것이며, 구체적 현실에 대한 인식을 사상하고 사회주의의 우월성만을 과시적으로 드러낸 선전적 성격의 논리라고 할 수 있다.[94] 앞에서 분석한 바와 같

---

93) 『조선중앙년감』, 1990, pp.167-168.

이 소련에서도 과학기술혁명이 사회·경제적 진보에 미칠 수 있는 부정적인 결과와 노동소외문제 등에 대한 논쟁이 진행되었으나95) 소련의 지도자들은 그러한 이유 때문에 과학기술적, 경제적 발전을 지연시키는 것을 원하지 않았다.

둘째, 과학기술의 발전이 과학기술적 법칙에 의해서 가능한 것이 아니고 경제법칙에 의한다고 할 때, 북한의 경제건설과 과학기술을 추동하는 원천을 인민대중의 혁명적 열의와 상품과 가치법칙에 대한 국가의 제한 속에서 이루려는 것은 과학기술을 생산과정에 도입하는 강력한 유인으로 작용하기 어렵게 만드는 측면이 있다. 즉, 상품생산 관계의 사회주의적 용인이라는 북한의 주장은 정신적 자극을 통한 대중동원에 의존하는 실정에서 그 기능을 충분히 발휘하기에는 역부족이기 때문이다. 따라서 인민들의 혁명적 열의가 독립채산제의 효과적 이용 및 기업의 자율성과 기업민주주의의 확대 등 과도적 성격의 합리적인 이용과 맞물려 돌아갈 때만이 과학기술의 합리적 발전이 가능한 것이며, 이를 경시한 지나친 경제 외적 방법을 통한 정신적 자극 위주의 대중동원은 한계에 도달할 수밖에 없는 것이다.96)

---

94) 김하현, "북한의 과학기술과 그 딜레마", 『북한』 4월호, 1980, pp.143-144; 김태영, "북한 사회주의의 과학기술정책에 관한 일연구", 고려대학교 대학원 석사학위논문, 1991.

95) 자본주의 국가나 사회주의 국가 모두에 나타날 수 있는 부정적 결과로서 과학기술혁명은 자원고갈, 대기·수질 및 토양오염, 생태학적 균형의 파괴를 초래할 수 있으며, 특히, 사회주의 국가들의 과학기술과 경제엘리트들 사이에 기술관료적(technocratic) 행태를 가져다준다는 것이다. 따라서 과학기술혁명이 소련의 국가와 사회에 야기할 수 있는 해로운 신념, 제도, 가치들에 대해 경고하고 있는 볼코프(lu. E. Volkov)는 과학기술혁명의 진행에 있어 관리·생산·노동의 결과적 생산품보다는 그 과정(process)에 보다 주의를 기울여야 한다고 주장했다. 홍민식, "'과학기술혁명'과 브레즈네프체제의 개혁정책", 『중소연구』 14(3), 1990, p.164.

96) 시장을 통한 기술혁신 장려기제가 작동하지 않는 상태에서 노동의 차이 해소라는 포괄적 유인기제로는 노동자들의 기술혁신에 대한 의욕을 지속적으로 촉진시킬 수 없다. 이러한 경향은 기본적인 공업화 구조가 완성되고 자재 부족이 심화된 이후에 더욱 심화되었다. 김태영, 앞의 글, p.56; 이춘근, 앞의 책, p.37.

셋째, 김일성이 정권 초기에 내세웠던 과학과 기술, 기술혁신은 엄밀한 의미에서 기술 스펙트럼상 하위부분에 속하는 기술개발이며, 과학기술자를 생산현장에 동원하기 위한 '구호'로 평가된다. 아울러 앞에서 지적한 바와 같이 과학기술 및 기술혁신은 현상의 문제점에 대한 체계적인 해결방법을 의미하는 자본주의의 기술혁신 개념과는 다른 것으로, 즉 과학기술자의 생산현장에의 동원을 통한 생산력 증대과정·행위로 이해해야 할 것이다.

넷째, 북한은 과학기술과 생산현장의 연계를 모색하고 있으나 이러한 조치는 창의력 발휘를 저해하는 계획경제체제의 문제점과 함께 과학기술자의 안정된 연구 분위기를 해치고 연구영역을 실무적이고 지엽적인 것에 한정시키는 부작용을 초래한다. 북한 지도부는 기술혁신과 경제회생 기반 형성의 막중한 책임을 과학자와 기술자 집단에 부여하고 있다.

다섯째, 사유재산이 부인되고 이윤동기가 배제된 중앙집권적 계획경제에서 노동의 자극수단으로 도덕적 자극과 물리적 자극 방법이 사용되는데, 전자는 '공산주의적 사상개조'를 의미하고 후자는 계획의 초과달성에 대한 '보상금 제도'를 의미한다. 자본주의 국가들이 민간기업 중심의 기술혁신을 추구하는 것과 달리, 북한은 당과 정부에서 세밀한 계획을 세워 국가사업으로 추진하고 있다. 계획경제체제하에서는 총생산량을 기업의 성공지표로 삼는 까닭에 기업은 오직 계획량만을 달성하기 위하여 원재료의 집약도가 높은 생산물의 생산을 선호한다거나 또는 불필요한 기계설비나 자재를 퇴장시키는 등 심한 자원낭비와 비효율이 뒤따르게 마련이다.

기술혁신이 발생하면 노동생산성이 상승하고 이윤율 또는 자금률이 올라가거나 그렇지 않으면 가격이 떨어져서 능률이 낮은 기업은 도태되는 것이 자본주의 경제의 발전원리이다. 이에 반하여 사회주의 체제에서는 새 기술에 대해서도 소유권을 인정하지 않고 기술의 개발과 응용이 당과 정부에 의하여 결정된다. 기술개발의 방법으로서는 말단의 생산현장에서 행하는 경우와 중앙의 연구기관에서 행하는 경우가 있는데, 전자의 경우 성공하면 포상이 주어지나 계획량 수행에 힘겨운 개인이나 기업이 기술개발에 성공하는 예는 극히 드물다. 따라서 기술개발은 주로 중앙연구소에서 이루어지는데 중앙연구소는 특정 목적을 위한 과학기술 분야에 집중하고 기업이 요구하는 기술개발에는 적합하지 않은 것이 통례이다.97) 따라서 북한을 비롯한 사회주의 국가들의 기술개발의 낙후성 또는 정체성은 이와 같은 과학기술 개발체제의 필연적인 결과라고 할 수 있다.

(3) 사회주의 경제건설방식과 주체과학의 한계

이상에서 고찰한 바와 같이 해방 후 북한 사회를 이끈 중심축이 '이데올로기'와 '과학기술'이었다고 할 만큼 사상혁명과 함께 기술혁명은 국가의 중심적인 과업으로 계속 추진되어 왔다. 북한이 일찍부터 과학기술을 중시한 것은 식민지 잔재의 청산과 사회주의 사회건설에 과학기술이 중요한 역할을 한다고 보았기 때문이라고 할 수 있다.

우선, 과학기술은 일제가 통치기간 내내 가장 억압한 분야로, 과학기술을 발전시키는 일은 식민지 폐해로부터 하루빨리 벗어나는 중요

---

97) 김민채, "현대 사회주의 비판", 경희대 사회과학연구소, 『사회과학연구』 8, 1982, pp.75 - 80.

한 조치로 여겨졌다. 그리고 과학기술은 사회주의 체제 건설에서 절실히 요구되는 '과학적 사상'의 함양과 물질적 생산력의 발전에도 결정적인 기여를 할 것으로 인식되었다. 이로 인해 과학기술자들은 다른 사람들에 비해 상당 기간 사상적 구속을 덜 받으며 활동할 수 있었다. 사회 전반적으로 정치사상이 강조되었지만 당시 북한의 현실은 과학기술계에 대해서만은 그 적용을 어렵게 만들었던 것이다. 왜냐하면 과학기술의 막중한 중요성에 비해 그 종사자가 너무 적었던바, 한 사람이라도 끌어안는 것이 필요했기 때문이다. 따라서 북한에서는 일제시기에 활동경력을 지닌 '오랜 인텔리'들에게 자신의 재능을 발휘할 수 있도록 한동안 면죄부를 주었던 것이다. 또한 남한의 우수한 과학기술자들을 대거 끌어들여 부족한 인력을 충원했다.[98]

그런데 북한은 상기한 바와 같이 해방 직후부터 사회주의 경제건설과 과학기술정책에 있어서 소련 모델을 추종했다. 소군정은 소련의 제도를 북한에 이식하기 위해 활동경험이 있는 소련계 한인들을 요직에 충원하였고, 북한도 각종 시찰단과 연수단을 소련으로 파견하여 선진제도를 학습하도록 하였다. 소련의 과학기술과 제도를 수용·흡수할 때는 항상 대표단을 소련으로 보내 관련 시설을 둘러보게 한 후 그 경험을 반영하도록 하였다. 또한 소련의 전문가·기술자 그룹이 북한에 대거 파견되면서 북한의 과학기술체제는 소련식으로 체계화되었다. 특히, 고등교육기관의 설치와 주요 공장의 재건에 소련 과학기술자들이 미친 영향은 지대했던 것으로 나타난다.[99] 그

---

98) 어느 분야보다도 과학기술계 인사들이 월북을 많이 했는데(남한 주요 과학기술자의 40%) 이는 북한의 유인과 남한의 배척이 상호작용을 한 결과였다. 김근배, "북한 과학기술정책의 변천", pp.87 - 88.
99) 김근배, 앞의 글, p.88.

러나 소련의 선진적인 제도를 모방하고 실행하는 과정에서 역사적 경험과 정치·경제·사회 현실의 차이로 북한의 의도나 기대와는 다르게 나타나는 경우가 많았다.

김일성이 소련식에서 벗어나 북한식 제도와 사상을 정립하게 된 것은 대외적으로 중·소 간에 이념분쟁이 격화되고 그에 따라 경제 원조가 급감되고 국내에서는 반대파가 부상하는 등 김일성의 권력 확립에 위기요인들이 발생했던 데 연유한다. 결국 김일성은 정치사상에서 마르크스-레닌주의의 '창조적 적용', 즉 주체사상의 확립, 경제에서 '자립적 토대'의 구축, 문화에서 '민족문화유산'의 계승발전, 역사에서는 '혁명전통'의 재인식 등을 정립하는 등의 과감한 변혁을 통해 1인 지배체제의 기반을 확립해 나갔다.

북한의 과학기술정책도 주체사상에 기반을 둔 과학의 추구, 곧 '자체 자원과 설비에 의지해 자력으로 북한의 실정과 필요에 맞게 과학을 발전시켜 나가는' 쪽으로 방향을 잡았다. 이른바 '주체과학'은 최고통치자의 교시, 자력갱생원칙, 현지연구의 방법론, 천리마작업반운동과 같은 기술혁신의 대중적 동원 등의 특성을 가지고 있다. 현대과학의 보편성, 개방성과 국제성을 고려할 때 주체과학의 특성은 특수성, 폐쇄성, 지역성으로 규정할 수 있다. 북한은 생산수단의 국·공유화와 계획경제를 바탕으로 '자력갱생의 자립적 민족경제건설'이라는 사회주의 공업화전략을 추진함으로써 초기에 높은 성장을[100]

---

100) 북한의 발표에 의하면 1970년의 공업 총생산액은 1956년에 비해 11.6배로 증가했고 그 가운데 생산수단 생산은 13.3배, 소비재 생산은 9.3배로 늘어났다. 1957~1970년에 이르는 공업화의 전 기간에 걸쳐 공업생산은 해마다 평균 19.1%의 높은 속도로 성장했다. 1970년에 공업은 해방 전 1944년 한 해 동안에 생산한 공업생산물을 단 12일 동안에 생산했다. 6개년계획(1971~1976년)은 공업 총생산액으로 볼 때 1년 이상이나 앞당겨 수행되었고 이 기간 공업생산의 연평균 증가 속도는 18.4%에 달했다. 공업 총생산액은 1970

이루어 1980년대까지만 하여도 2∼3%의 성장을 지속했다. 이것은 지역적 특성의 주체과학이 단기적으로는 산업성장에 효과적이었기 때문에 나타난 현상으로 분석된다.[101] 그러나 경험적으로 볼 때 '과학기술의 지역성'은 어느 나라든지 그 수준이 낮을수록 나타나는 불가피한 현실, 즉 전근대적 특성이라고 할 수 있다.

결론적으로 주체과학과 사회주의 경제건설방식은 여러 가지 면에서 북한의 기술혁신을 제약하는 구조적 요인으로 작용해 왔다.[102] 이상에서의 논의를 요약하면 다음과 같다. 첫째, 북한의 저효율적 자원투입형 경제성장체제가 기술혁신을 제약하였다. 둘째, 북한의 중공업 우선노선과 그에 따른 군수산업의 비대화가 연구개발자원의 편중된 배분을 야기해 민수부문의 기술혁신을 가로막는 요인이 되었다. 셋째, 북한의 자력갱생적인 공업화 전략은 외국의 선진기술 도입을 막고 결과적으로 기술혁신을 제약했다.

(4) 연구 분석 틀

앞에서 언급한 바와 같이 북한의 과학기술은 순수한 그 자체의 발

년에 비해 1974년에 1.9배, 1975년에는 2.2배로 증가했다. 또한 농촌 기술혁명의 결과 1974년에는 700만 톤의 알곡을 생산하여 6개년계획의 알곡고지를 2년이나 앞당겼다. 특히, 1976년에는 전례 없는 최고 수확을 거둬 800만 톤이 넘는 알곡을 생산했다고 한다. 신재호 · 김태국, 앞의 책, pp.205 - 206.

101) 이승기의 비날론, 한흥식의 무연탄 가스화, 계응상의 누에 육종, 김봉한의 봉한학설 등이 그 대표적 사례들이다. 김근배, "점차 '주체'를 벗고 빗장 푸는 북한과학", 『한겨레신문』, 2004년 9월 21일자.

102) 조성렬, "남북한 과학기술시스템의 통합", 김형국 · 유석진 · 홍성걸 편 『과학기술의 정치경제학』(서울: 한울아카데미, 1998), pp.114 - 116.

전보다 국력 신장, 경제발전의 필요성에 의한 도구성이 강하다. 특히, 사회주의 국가들의 과학기술정책은 자본주의 사회보다 더 많은 제도적인 제약의 영향을 받는다. 20세기의 소련은 과학과 기술에서 세계 일류의 능력을 보유하였지만, 높은 수준의 과학과 기술을 산업에 활용하는 데에 있어서는 성공적이지 못하였다. 그것은 앞에서 분석한 바와 같이 경제사회변수와 기술혁신 성과가 시너지 효과를 내면서 국가발전을 견인할 수 있는 정치체제와 사회적 기반의 결여 등 국가 사회주의 경제성장모델의 실패에 기인한 것이다.

북한은 김일성 정권 초반부의 소련 모방기를 거쳐 김일성 1인 지배체제의 수립과 정권장악 과정에서 채택된 사회주의 독자노선의 영향으로 자체의 자원, 연료, 기술로 사회주의 공업화를 이루고 자립적 민족경제를 건설하기 위한 '주체과학기술'을 주창했다. 그러나 북한은 앞에서 살펴본 사회주의 국가들에서 공통적으로 노정된 과학기술 체제의 한계뿐만 아니라 주체과학의 폐쇄성과 경직성, 소련과 동구 사회주의권의 붕괴에 따른 경제난에 직면하여 대미전략을 비롯한 대외전략을 수정하고 대내 통치이념을 강화함에 따라 과학기술정책도 그 영향을 받을 수밖에 없게 되었다. 즉, 김일성 사망 후 대외환경의 변화와 김정일의 통치이념과 리더십, 그리고 경제발전전략의 중점적 내용 변화에 따라 시기에 따라 과학기술정책도 그 강조 내용과 성격을 달리하였다고 할 수 있다.

대외환경의 개선과 지도자의 온건한 리더십이 표출되고 그에 따라 경제재건과 인민생활 향상에 역점을 둔 대외 과학기술 교류협력과 선진 과학기술 개발·도입이 강조되는 가운데에서도[103] 근본적으로

---

103) 북한이 선진 과학기술 도입을 강조하기 시작한 것은 김정일이 1991년 10월 28일 전국 과

북한이 중앙집권적 계획경제와 중공업 우선정책을 고수한 채 개혁·개방을 추진하지 않는다면 순수한 과학기술 발전이 불가능할 뿐만 아니라 김일성 시대 주체과학의 유산인 자력갱생적 연구개발체제의 비효율성, 대중동원과 현장위주의 저급기술 개발 그리고 국방과학기술 우선발전의 역사적 경로에서 벗어나지 못할 것이다.

단적인 예로 최근 김정일이 선진과학기술을 자력으로 개발하기 위해 시간 낭비하지 말고 이를 적극 수용하라는 지시를 내렸다.[104] 그러나 이 경우에도 북한 체제의 특성상 당초의 연구개발계획을 무시하고 김정일의 교시부분에만 인적·물적 자원이 집중돼 단시간에 성과를 보임으로써 최고지도자를 만족시킬 뿐 전반적인 과학기술정책에서 실제적인 변화가 나타나지는 않는 고질적인 문제점이 그대로 드러났다.

학자대회 참가자들에게 보낸 서한, 즉 "과학기술 발전에서 새로운 전환을 일으키자"를 통해서이다. 이 서한은 과학기술 발전을 위한 선진 과학기술 도입의 필요성, 선진 과학기술 도입이 자력갱생 및 주체의 과학기술과 모순될 수 있는 개연성의 사전 차단, 그리고 합영·합작 등 다양한 과학기술 협력 방식 등을 제시하고 있다. 김정일, "과학기술 발전에서 새로운 전환을 일으키자: 전국 과학자대회 참가자들에게 보낸 서한(1991년 10월 28일)", 『김정일선집 11』, 1997, pp.196 - 220.

104) 김정일은 "다른 나라에서 이미 연구한 과학기술을 받아들이지 않고 자체의 힘으로 연구한다고 귀중한 시간을 낭비할 필요가 없다."며 "다른 나라에서 이미 연구한 과학기술을 다시 연구하느라 10년, 20년씩 어물거리다가는 오히려 과학기술이 뒤떨어질 수 있다."고 지적했다. 특히, "과학기술을 주체적으로 발전시키라는 것은 과학기술 분야의 사대주의와 교조주의에 반대하라는 것이지 결코 다른 나라의 과학기술을 받아들이지 말라는 것이 아니다."라고 강조했다. 『정치법률연구』, 2008년 2호.

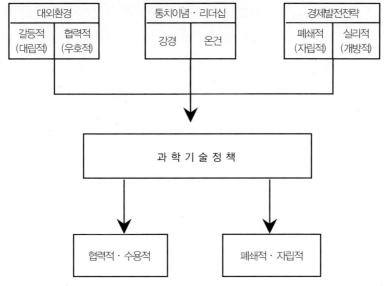

〈그림 1〉 김정일 시대의 과학기술정책 연구 분석 틀

　이 책에서는 역사적 제도주의의 관점에서 김정일 정권의 과학기술
정책에 영향을 주는 요인으로 대외환경, 통치이념·리더십, 경제발전
전략을 선정하여 독립변수로 설정하였다. 먼저, 북한을 둘러싼 대외
환경이 갈등적(대립적) 또는 협력적(우호적)인가에 따라 종속변수인
과학기술정책의 폐쇄적·자립적 성격 또는 협력적·수용적 성격이
강해지는지 분석하고자 한다. 북한은 정권수립 초기에 소련의 경제
원조와 원자력기술, 산업기술 제공 등으로 과학기술 발전과 사회주
의 공업화로 인한 경제발전의 성과를 거두기도 했으나 국내종파사건
과 중·소 이념분쟁 등의 대내외적 위기요인으로 인해 정치·사상,
경제, 과학기술 등의 전반에 있어서 독자적인 노선을 채택하였다. 구
소련의 붕괴와 동구 사회주의 국가들의 체제전환으로 기존의 사회주

의 우호국가들의 원조체계가 붕괴되었고, 6·25전쟁 이후 북한이 국제적으로 고립되는 상황에 이르러 미국과의 관계 개선이 국가목표로 되었으며, 북한은 핵개발을 지렛대로 하여 북·미 관계 정상화에 나서게 되었다. 북한의 핵실험 후 한반도의 비핵화에 찬성하되 북한제재에는 유보적인 중국은 북한에게 중요한 변수로 부상하였으며, 과거 북한과 협력적 관계였던 러시아는 오늘날에는 정치, 군사, 경제분야 전반에 걸쳐 북한에 별 이득을 주지 못하는 관계로 변했다.

한편, 과거 한국이 체제경쟁과 적화통일의 대상이었던 시기와는 급격히 달라진 환경에서도 북한은 여전히 한국을 적화통일을 위한 통일전선전술의 대상으로 삼고 있고, 미국의 대북정책에 종속되는 변수로 간주하고 있다. 김정일 정권은 미국을 중심으로 한 대외정세가 개선됨에 따라 선진국의 선진과학기술을 수용·흡수할 것을 촉구하며 대외 과학기술 교류협력에 적극적인 모습을 보였다. 특히, 2000년 남북정상회담 이후 북한은 세계 각국과의 경제교류협력을 보다 적극적으로 추진하면서 현대적 과학기술을 북한에 맞게 도입하는 '21세기형 자력갱생' 전략을 추진해 나갈 것을 강조했다.

다음으로, 김일성의 사회주의 발전전략과 주체사상의 영향을 받은 '주체과학'의 연구개발체계를 물려받은 김정일도 경로의존적으로 중공업과 군수산업 중심의 연구개발에서 벗어나지 못했다. 즉, 김정일 정권도 북한 사회주의 체제전반의 균형적인 발전과 근본적인 개혁에 관심을 두지 않고 체제생존을 위해 김일성의 통치이념과 리더십을 필요에 따라 변형시켜 강화하고 있다. 김정일 정권의 과학기술정책도 '선군리더십'105)이라는 한층 더 강경하고 보수적인 통치방식에 의해 지배되고

---

105) '선군 리더십'에 대해서는 김용순, "북한의 대미 외교행태 분석 – 선군 리더십의 위기관리 –",

있는 것이다.

마지막으로 김정일 정권의 과학기술정책은 다음과 같은 북한 사회주의 경제발전전략의 제도적 제약에 의해 그 내용과 성격이 규정되어 왔다. 북한 사회주의 경제발전노선은 첫째, 중앙집권적인 계획경제체제와 사회주의적 소유제도를 원칙으로 하고 있다는 것이다. 둘째, 자력갱생에 의한 자립적 민족경제건설과 대내지향적 공업화전략이다. 북한은 외세, 즉 자본주의를 배격하고 국내경제의 발전에 필요한 모든 생산요소를 자체로 조달하는 경제적 자립성을 추구해 왔다. 이에 따라 무역과 경제성장 간의 상관관계를 중요시하는 대외지향적 공업화정책과는 달리 역내 시장중심의 산업발전에 중점을 두고 대외의존도를 낮춤으로써 경제의 자급자족성 확보를 목적으로 하는 자급자족적 '아우타르키(autarky)체제'를 추진하게 된 것이다. 셋째, 중공업 우선정책과 경제-국방 병진개발전략이다. 군수지향의 중공업 우선정책의 무리한 추진으로 북한 경제는 산업 부문 간의 구조적 불균형이 심화되었고, 경공업은 물론 농업과 사회간접자본시설, 민수(民需)과학기술이 매우 낙후하게 되었다. 즉, 북한이 한정된 자원으로 국방공업 등 군사력의 강화와 경제발전을 동시에 추진하기 위해서는 필연적으로 주민들의 소비부문을 억제할 수밖에 없었으며 그 결과 오늘날 북한 주민들의 소비생활은 극도의 내핍을 강요당하지 않을 수 없는 실정이다.

이 책은 이상에서 개념적으로 정의한 대외환경, 통치이념·리더십, 경제발전전략의 세 가지 독립변수와 과학기술정책의 성격과 유형을 종속변수로 하여 김정일 시대의 과학기술정책에 대한 가설을 다음과

연세대학교 대학원 박사학위논문, 2008 참조.

같이 제시하였다.

<가설 1> 대외환경이 갈등적(대립적)일수록 과학기술정책은 폐쇄적, 자립적 특성이 강조되고, 대외환경이 협력적(우호적)일수록 과학기술정책은 수용적(협력적) 성격이 강해진다.

<가설 2> 최고 지도자의 통치이념 · 리더십이 강경할수록 자력갱생적 주체과학기술정책이 강조되고, 최고 지도자의 통치이념 · 리더십이 온건할수록 과학기술정책은 수용적(협력적) 성격이 강해진다.

<가설 3> 경제발전전략이 자력갱생과 폐쇄주의를 지향할수록 과학기술정책의 자립적 성격이 강해지고, 개방성의 실리주의 경제발전전략이 강조될수록 과학기술정책의 수용적(협력적) 성격이 강해진다.

제 3 부

유훈통치기의 체제생존 노력과 주체과학 강화: 1994~1997

- 대외환경
- 통치이념 · 리더십
- 3대 제일주의의 '혁명적 경제전략'
- 과학기술정책의 특성

1. 대외환경

(1) 북·미, 북·일 간 관계 개선과 남북관계 단절

1990년대에 냉전의 종식에 따른 소연방 해체와 동구권 몰락이라는 국제정세 변화에 따라 북한의 대외환경은 변화를 겪었다. 경직된 통치 이데올로기와 계획경제의 한계 및 내부자원 고갈에 의해 어려움을 겪던 북한은 사회주의권의 붕괴로 사회주의 국제시장이 사라진 현실에 직면하여, 생존을 위해 서방국가들과의 관계 확장을 시도하였다. 첫째, 김일성 사후 북한은 미국을 중심으로 한 주변 4강 외교를 지속적으로 추진하였다. 미국·일본·유럽연합(EU) 등 서방과의 관계 개선을 통해 체제안전 보장과 경제적 실리획득이라는 두 가지 목표를 동시에 추구하였다. 둘째, 중국·러시아 등과는 전통적 우호·친선관계를 유지·발전시켰다. 셋째, 비동맹외교의 퇴조 속에 대만·태국·인도네시아 등 동남아 국가와의 자원외교를 강화하였다. 넷째, 국제기구와 비정부기구(NGO)들과는 1995년 이후 계속된 식량난 해소 차원에서 유대 강화를 도모하였다.

이와 같이 북한은 사회주의권 붕괴 후 생존을 위해 서방국가들과의 관계 확장을 시도하였으나 '유훈통치기'에도 지속된 북한의 '자주성' 강조는 대외정책에 있어서 선택의 폭을 좁혀 국제사회로부터의 고립을 자초하는 결과를 초래했다. 김정일은 '체제수호'에 급급한 나머지 '자주외교'와 '민족적 자립경제건설' 그리고 '주체과학' 원칙의 구속 아래 적극적인 정책방향 전환을 모색하지 못했던 것이다. 북한은 대외정책에서 제네바 북·미 기본합의의 실행 요구, 국제사회의 인도적 지원 확대, 나진·선봉 경제특구 설립을 통한 외자유치 등의 실험적 정책으로 국제사회의 제한적이고 통제된 경제적 참여를 요구하여 개방에 따른 사회적·정치적 불안을 최소화하면서 전면적인 경제개혁을 회피했다고 할 수 있다.[1]

김일성 사망 후 미국과 남한 등에서 '북한 붕괴론'이 제기되었으나[2] 김정일은 북·미 핵협상을 통해 미국과 국제사회의 경제적 지원을 획득하고 북·미 관계 개선의 돌파구를 여는 등 체제 공고화를 위한 공세적 전략을 취했다. 이 시기 북한은 상대의 협조를 전제로 협조하는 한편, 상대의 배신에 대해서는 더 큰 배신을 선택하는 팃포텟(tit-for-tat) 전략으로 북·미 제네바합의를 이끌어 내는 데 성공했다.[3]

앞서 소련과 동구 사회주의 국가들의 붕괴와 미국의 세계질서 재편전략으로 인해 북한은 대외관계에서 커다란 위기를 맞게 되었고, 북한은 악화된 대외환경 구조 속에서 핵무기 개발을 추진했다.[4] 미

---

1) Bradley O. Babson, "기로에 선 북한경제: North Korean Economy Today(North Korea on the Brink", 한국개발연구원, 『KDI 북한경제 리뷰』, 1999년 3월호, p.58.

2) 클린턴 행정부의 많은 관리들과 의원들은 경수로 건설 등 북·미 제네바합의의 중요 합의사항이 실행되기 전에 북한 정권이 무너지리라 기대했다. 이는 경수로 건설이 적어도 5～6년이나 지연된 배경이기도 하다. 1994년 김일성의 죽음과 1995년부터 알려지기 시작한 극심한 경제난을 바탕으로 '북한 붕괴론'은 주로 미국 군부와 정보부 인사들에 의해 널리 퍼졌다. Selig S. Harrison, *Korean Endgame: A Strategy for Reunification and U.S. Disengagement* (Princeton: Princeton University Press, 2002), p. xvii.

3) 박용수, "1990년대 이후 한반도 안보환경의 변화", 『국제정치논총』 47(2), 2007, pp.62-63.

4) 북한은 1980년대 이후 전력부족에 시달리면서 남한의 원자력발전소에 관심을 가졌고, 소련의 경수로 제공 약속을 받고 1985년 핵무기확산금지조약(NPT)에 가입했다. 그런데 고르바초프의 등장 이후 북한은 소련과의 관계가 악화되었고 소련의 경제상황도 좋지 않아 경수로를 제공받지 못했다. 그러자 북한은 자체 핵개발을 시도했다. 돈 오버도퍼, 뉴스위크 한국판 뉴스팀 역, 『두 개의 코리아』(서울: 중앙일보, 1998), p.243.

국은 기존의 핵무기 보유국가 외의 다른 어떤 국가가 핵보유국으로 등장하는 것을 방지하려 했고, 북한과 같은 '무뢰배 국가', '신뢰할 수 없는 국가', 무엇보다도 '적대국가'가 핵무기를 보유하는 것을 허용하지 않겠다는 입장을 취했다. 미국은 국제원자력기구(IAEA)에 의한 '특별사찰'을 요구함으로써 북한의 핵무기 개발에 강력한 제동을 걸었다. 결국 1993~1994년의 북핵 위기로 인해 북·미 관계는 심각한 영향을 받았다. 북한은 핵확산금지조약 (NPT)을 탈퇴했고 미국은 영변 핵발전소와 관련 시설들에 대한 폭격을 고려하기도 했다.5)

그러나 미국의 입장에서는 상호대결만으로는 북핵 위기가 해결될 가능성이 점점 낮아지고, 당시 북한도 핵카드의 사용을 통해 6·25 전쟁 종료, 북·미 관계 정상화, 경제회복 및 발전, 한반도 평화정착 등을 이뤄내려는 생각을 하고 있었기 때문에 양국 간의 협조가 가능하게 되었다. 그것이 바로 북핵 문제를 해결한 북·미 제네바 기본합의였고, 이 합의는 '탈냉전시대의 북·미 관계의 기본 틀'이 되었다.6)

북한은 1993년 3월 12일 NPT 탈퇴 선언 후 국제적 현안으로 부상한 핵문제를 정책수단으로 활용하면서 '벼랑끝 전술'을 전개하여 1993년 6월 뉴욕 회담, 1993년 7월 제네바 회담이라는 미국과의 직접 협상통로를 구축했다. 북한은 제네바 기본합의문 채택 이후 1994년 12월 북·미 연락사무소 개설 협상, 1995년 12월 경수로 공급협

5) Joel S. Wit, Daniel B. Poneman & Robert L. Gallucci, *Going Critical: The First North Korean Nuclear Crisis* (Washington D.C.: Brookings Institution Press, 2004), pp.192 –220; 돈 오버도퍼, 앞의 책, 13장을 참조.

6) '제1차 북핵 위기'에 대해서는 김용호, "북한핵에 대한 인식이론적 접근", 『한국과 국제정치』 9(2), 1993; Joel S. Wit, Daniel B. Poneman & Robert L. Gallucci, *ibid*; 돈 오버도퍼, 앞의 책; 정옥임 『북핵 588일』(서울: 서울프레스, 1995); Moon Young(Michael) Park, "'Lure' North Korea", *Foreign Policy* 97, 1994–95 참조.

정 체결, 1995년 1월 미국의 대북 경제제재 완화조치 및 인도적 차원의 물자·자금제공 허용 등을 이끌어 내는 외교적 성과를 거두었다.

1996년 4월 16일 제주도에서 한·미 정상은 한반도의 항구적인 평화체제를 구축하기 위해 남북한 및 미국과 중국이 참여하는 '4자회담' 개최를 공동 제의하였다. 이에 따라 1997년 12월~1998년 8월 사이에 6차례의 본회담이 개최되었다.

북·미 제네바 기본합의로 제1차 북핵 문제가 해결됨에 따라 북·일 관계 개선에 긍정적인 국제환경이 조성되었다. 북한은 1995년 3월 30일 일본 연립 3당의 방북 대표단의 관계 개선을 위한 4개 원칙(조기 국교정상화 노력, 조건 없는 대화와 교섭, 자주독립적인 입장에서의 교섭, 정부의 교섭추진 노력)에 합의함으로써 북한은 대일 관계 개선에 일정한 성과를 거두었다. 또한 양국은 1995년 6월 외무성 과장급 접촉을 공식적으로 개시했으나 1997년 2월 북한의 일본인 여중생 납치의혹이 제기되면서 회담이 교착상태에 빠지고 말았다.

그럼에도 불구하고 북·일 양국은 1997년 8월 베이징에서 개최된 수교협상 예비회담을 통해 '빠른 시일 내 수교회담 재개'에 합의하고 일본의 대북 식량지원의 반대급부로 9월 적십자사 연락협의회 회의에서 1,831명에 달하는 북송 일본인 처의 고향방문이 성사되었다. 그리고 북한이 사민당을 통해 자민당 측에 방북단 파견을 요청함에 따라 자민당의 모리 요시로(森喜郎) 총무회장을 단장으로 하는 연립 3당 대표단이 1997년 11월 북한을 방문하여 북·일 국교정상화를 위한 환경을 조성했다. 그러나 1998년 8월 북한의 '인공위성 광명성 1호'의 시험 발사를 계기로 일본 정부가 북한에 대해 직항 전세기의 운항 중단, 북한과의 비공식적 접촉 제한, 식량 원조 및 한반도 에너지 개발기구(KEDO)에 대한 협력의 일시 동결과 같은 대북제재조치를 취함으로써 북·일 관계는 다시 악화되었다.[7]

한편, 북한은 '남조선 통치배' 운운으로 한국을 매도하면서 김일성 사망 시 '조문불허' 조치에 대한 앙심을 또다시 들먹이는 등 경색된 대남자세를 숨기지 않았다. 북한의 이 같은 대남 경색자세는 남북한 화해와 협력을 강조한 김영삼 대통령의 신년사에 대한 원색적인 비방에서도 그대로 드러났다. 1995년 신년공동사설 발표 하루 뒤인 1월 2일 북한은 방송을 통해 김 대통령에 대해 '놈', '역도' 등의 용어를 사용하면서 "이런 자가 감히 우리를 걸고 들면서… 이런 증오의 대상과 그 무슨 화해를 하겠는가."[8]라고 비난했다.

결국 김일성의 사망으로 남북정상회담이 무산되고 말았으며, 이후 남북한 간의 대화와 협상은 거의 완전하게 단절되었다. 북한은 통미봉남(通美封南) 정책을 구사하며 미국과만 대화하면서 남한과의 대화를 기피했다. 김영삼 정부 말기 남북한 관계는 원점으로 되돌아가고 말았다.[9]

(2) 북·중, 북·러 간 우호관계 회복

1994년 10월의 북·미 제네바 기본합의로 북한은 기존의 핵시설을 동결(궁극적으로 완전 해체)하는 대신 미국의 중유 지원, 2기의

---

7) 세종연구소 북한연구센터 엮음, 『북한의 대외관계』(서울: 한울아카데미, 2007), pp.188-189.

8) 『조선중앙방송』, 1995년 1월 2일.

9) 김계동, 『북한의 외교정책-벼랑에 선 줄타기외교의 선택-』(서울: 백산서당, 2002), p.90.

경수로 건설과 대북 무역 및 투자제한 해제 이외에도 소련으로부터 받아온 원유공급의 국제사회의 원유와 식량 지원으로의 대체, 대(對) 소련 수출시장을 세계시장으로 돌릴 수 있는 기회 획득 등의 경제적 이익을 얻게 되었다.[10] 다만, 북한의 붕괴 가능성과 지원식량의 군량미 전용 가능성 때문에 서방의 지원은 제한적이었는데, 중국은 여기에서 북한이 필요한 수준과의 차이를 메워 주는 조정자로 기능했다.

탈냉전기인 1990년대의 북·중 관계는 한·중 수교 이후 김일성이 사망한 1994년까지 점차 소원해졌으나, 1994년 이후 1999년에 관계가 다시 정상화될 때까지 주로 경제적인 의존관계를 유지했다.[11] 중국은 1995년부터 대북 경제지원을 강화했는데, 이는 북한의 경제적 어려움이 극에 달해 북한 경제의 파탄으로 인한 정권 붕괴 우려에서 비롯된 것이었다. 1995년 1월 북한은 경제난을 타개하고 양국 간 경제협력을 증진시키기 위해 김복신 부총리를 대표로 하는 대표단을 중국에 파견했고, 1996년 6월에는 홍성남 부총리가 중국을 방문하여 리펑(李鵬) 총리와 '경제 및 기술협력에 관한 의정서'를 체결했다.[12] 중국은 홍성남 부총리 방중 시 식량 2만 톤을 원조하기로 약속한 데 이어 7월에는 10만 톤의 식량을 추가로 원조하기로 결정했으며, 우호가격제를 부활시켰다. 1999년 10월까지 중국은 무상으로

---

10) Moon Young(Michael) Park, 앞의 글, pp.102-103.

11) 북한은 1991년 유엔 남북공동가입 지지와 1992년의 한·중 수교에 대해 중국을 제국주의에 굴복한 '변절자', '배신자'라고 비난하고, 1994년 판문점의 중국 측 정전위원회 대표단의 철수를 요구했으며, 곧이어 '조선인민군 판문점 대표부'를 설치했다. 그 이후 1999년 6월 김영남 최고인민회의 상임위원장의 방중이 이루어지기까지 북한의 중국과의 정상급 인사교류는 중단되었다. 이종석, 『북한-중국 관계 1945-2000』(서울: 중심, 2000) 참조.

12) Ilpyong J. Kim, "China in North Korean Foreign Policy", in Samuel S. Kim ed., *North Korean Foreign Relations: In the Post-Cold War Era* (Hong Kong: Oxford University Press, 1998)을 참조.

3,000만 위안(元)에 달하는 긴급구조물자를 북한에 제공했다.[13]

　한편, 북한은 1993년 3월 북한의 NPT 탈퇴 등 핵 문제를 둘러싼 국제사회의 공조체제에 동참한 러시아와 대립양상을 빚었다. 러시아는 '한반도의 비핵화' 원칙하에 IAEA 사찰의무 이행, NPT 탈퇴선언 철회를 주장하면서 핵 과학자들의 소환과 방북 불허, 연구용 원자로 연료봉 수송 중단 등의 조치를 취했다. 더욱이 경제위기를 겪고 있던 북한에게 러시아는 채무의 조속 상환을 요구하기도 했다.

　핵 문제는 러시아가 대북정책을 재고(再考)하게 되는 계기가 되었다. 러시아 측의 '성의'에도 불구하고 핵 문제 해결과정에서 러시아는 철저히 소외되었고, 기대했던 한국과의 경협도 지지부진했기 때문이었다. 러시아는 1994년 김일성 사망에 대한 조의 표명과 함께 외무차관이 북한을 방문하여 김정일 체제에 대해 지지를 표명하는 한편, 북·러 관계의 재정립을 시도했다. 1994년 12월 북한 공군대표단이 러시아를 방문했고, 1996년에는 소연방 해체 후 처음으로 '조·러 경제과학기술위원회'가 개최되었으며 '무역 및 과학기술에 관한 의정서'에 합의했다. 아울러 1997년 9월 양국은 교역량을 구소련 시기 수준으로 완전 회복시키기로 합의하였으며, 러시아 두마 대표단이 방북하는 등 정치적·경제적·군사적 관계에서 해빙 분위기가 조성되었다.

　그러나 양국 관계의 진전에는 일정한 한계가 있었다. 1994~1997년

---

13) 신상진 "중국의 통일외교안보정책 전망: 10기 전인대 1차 회의 분석", 『통일정세분석』, 2003년 3월; 안효승, 『북한-중국 간 경제협력 현황과 전망』(서울: 외교안보연구원 2003)을 참조. 중국 측 자료에 따르면 1995년 식량 10만 톤, 1996년 식량 10만 톤, 1997년 식량 15만 톤, 1998년 식량 10만 톤과 비료 2만 톤 및 원유 8만 톤, 1999년 식량 15만 톤과 콕스탄 40만 톤, 2001년 식량 20만 톤을 북한에 무상으로 제공했다고 한다.

전반기에 러시아가 적극적으로 대북 접근을 시도한 반면, 북한은 러시아의 언론태도, 대(對)한국 무기수출, 1996년 대선에서 공산당수의 집권 기대 등으로 소극적인 태도로 일관했던 것이다. 1997년 후반기부터는 양국이 모두 소극적이었는데, 그것은 러시아로서는 NATO의 동유럽 확대, 코소보 사태, 모라토리엄 선언 등으로 대내외 환경이 복잡해졌고, 북한 또한 미국 중심의 외교정책을 전개했기 때문이었다.[14]

이상과 같이 김일성 사망 후 유훈통치기에 북한은 경제지원과 체제유지를 보장받기 위해 미국 · 일본과의 국교 정상화는 물론 중국 · 러시아와의 새로운 우호관계를 정립할 필요성을 인식했다.[15] 이를 위해 북한은 지속적으로 미국과의 적대관계 해소 및 관계 개선을 국가목표로 하게 되었던 것이다. 1995년 이후 미국의 북한에 대한 기본시각도 북한이 붕괴하도록 방치하는 것보다 대북한 지원을 통해 체제를 안정시키도록 하는 이른바 '연착륙(soft - landing)'을 하도록 하는 것이었다. 이에 따라 미국은 1990년대 중반부터 북한에 대한 인도적 차원의 식량지원 등을 추진했다. 미국은 1995년 이후 매년 세계식량계획(WFP), 유엔아동기금(UNICEF) 등의 어필(appeal) 참여 형태를 통해 대북지원을 했다.[16]

북한은 주변 4강과의 비교적 우호적인 관계 속에서 일본으로부터 곡물을 1995년 30만 톤, 1996년 20만 톤 등 총 50만 톤을 지원받는

---

14) 세종연구소 북한연구센터, 『북한의 대외관계』(서울: 한울아카데미, 2007), pp.328 - 329.

15) "조미 두나라사이에 지금까지 비정상적인 관계가 지속되여온것은 한마디로 말하여 동서간의 랭전과 관련되여있었다고 할 수 있습니다. 랭전의 종식과 함께 조미사이의 비정상적인 관계를 개선할데 대한 문제가 일정에 오르게 된것은 응당한 일입니다." 김일성, "미국 〈워싱턴타임스〉 기자단이 제기한 질문에 대한 대답", 『김일성저작집』 43 참조.

16) 김계동, 앞의 책 p.230. 구체적인 지원 내용은 『북한개요 2000』(서울: 통일원, 1999), p.206 참조.

등 미국, 중국, 일본, EU, 유엔기구 등 국제사회와 한국으로부터 총 6억 5,000만 달러 상당의 식량, 비료, 콕스탄 등을 원조받았다.17)

2. 통치이념 · 리더십

김일성 사후 김정일은 자신의 리더십을 전면에 내세우기보다는 김일성의 리더십을 과도적으로 활용하는 등의 유훈통치가 국난 극복에 도움이 될 것이라는 판단하에 김일성을 '영원한 수령'으로 추대하고 "김일성 동지는 김정일 동지이시다."라는 구호를 통해 카리스마의 동일시를 추구하였다. 동시에 김정일은 "나에게서 0.001mm의 변화도 기대하지 말라."18)고 하면서 '단군 이래 최대의 시련' 극복을 시도하였다.19) 다음에서는 북한의 영원한 테마인 주체사상과 주체사상의 통치이념과 리더십에 의해 형성된 주체과학기술의 공헌과 한계를 살펴보고, 유훈통치 기간에 나타나고 있는 붉은기사상과 선군정치 — 선군사상으로 이어질 김정일의 군 중시사상을 분석하겠다.

(1) 주체사상과 주체과학의 한계

북한의 과학기술은 김일성의 절대권력 장악과 우상화, 주체사상의

---

17) 유엔 산하 인도지원국 2004년 자료 참조.

18) 『평양방송』, 1997년 10월 4일.

19) 최준택, "김정일의 정치리더십 연구: 현지지도를 중심으로", 건국대학교 대학원 박사학위논문, 2007, p.74.

통치이념 그리고 집단주의 등에 의해 절대적인 영향을 받았다. 정치·사상적 영향은 '주체과학'을 탄생시켜 경제 분야에서의 '자립적 민족경제건설노선'과 마찬가지로 과학기술 분야도 외국의 도움 없이 자체의 자원, 기술, 인력으로 발전시킨다는 자력갱생노선을 지향했다. 다시 말해, 주체과학은 자체 기술자에 의한 개발과 당면 기술문제의 자력 해결을 강조하는 것이었다.

북한이 처음부터 '주체과학'을 지향한 것은 아니었다. 과학 후진국으로서는 뜻밖의 여러 연구 성과물들이 나타나게 됨으로써 북한당국은 주체과학의 타당성을 확실하게 믿게 되었던 것이다. 초기의 소련 과학의 '모방형' 또는 소련 과학기술에 대한 '기술종속형'을 탈피하고 '자주개발형' 기술발전으로 경제의 자립화를 꾀했던 것이 결과적으로 '자립'을 넘어서 폐쇄적인 '북한식' 과학기술을 낳게 만들었던 것이다.

주체과학의 주요 특징은 무엇보다 그 목표가 국가와 인민의 필요와 요구에 직접적으로, 전면적으로 이바지할 수 있게 맞추어져 있다. 심지어는 최고통치자의 교시를 그것과 동일시한 나머지 연구저서나 논문에 그 내용을 가장 먼저, 그리고 중요하게 언급하고 있다. 또한 과학은 국가에 따라 기능과 역할을 달리한다고 보았기에 다른 나라에서 들여오려고 하기보다는 스스로의 힘으로 탐구·개발하려고 했다. 외국에서의 큰 혁신보다는 자체 내에서의 작은 변모가 훨씬 더 중요하게 여겨졌던 것이다. 뿐만 아니라 과학은 자국에 풍부히 존재하는 부존자원과 재료를 주요 기반으로 삼아 이용할 수 있어야 한다는 점이 또 다른 중요한 전제조건의 하나가 되었다. 이 때문에 북한에서는 석유가 아닌 석탄을 연료, 원료 등으로 이용하는 석탄화학산업이 가장 대표적인 산업 분야로 성장하였다.

과학의 나아갈 방향이 주체과학으로 뚜렷하게 규정되면서부터 해
외로의 유학이 그다지 필요 없게 되었고 국내에서도 세계적 과학조
류를 따라갈 필요성이 사라지며 수준 높은 연구에 둔감해지게 되었
다. 이 때문에 박사학위자의 배출은 국내외 어디에서도 장려되지 않
았다. 오히려 연구자와 노동자의 구분이 무디어지는 식으로 평등화
된 과학활동이 추구됨으로써 탁월한 과학연구는 보다 더 요원해졌다.
현지연구사업과 기능자와 노동자의 참여, 공장대학의 노동자 출신
인텔리 배출 등은 그 대표적인 몇 가지 예이다.

북한 과학기술의 중요한 특성인 '현지연구사업'에 대해 살펴보면,
북한은 1956년 4월 23일의 3차 당대회에서 '과학발전 10개년 전망계
획(1957~1966)'을 결정하고 각 연구소에 부문별로 연구사업계획을
세우도록 하는 한편, 생산현장에 대한 과학기술적인 지원이 보장되도
록 '현지연구사업'을 본격적으로 추진했다. 현지연구사업은 인민경제
발전 1차 5개년계획을 뒷받침하여 생산현장에서 제기되는 여러 가지
과학기술적 문제들을 풀어 나가는 데 기본을 두고 집체적인 연구활동
을 추진하였다. 현지연구사업은 자립적 민족경제건설에서 큰 몫을 차
지했으며, 이는 곧 집단적 기술혁신운동으로 이어졌다. 대중동원운동
인 '천리마작업반운동'은[20] 생산자 대중에게 과학기술에 대한 높은
인식을 심어 주었고 그들이 생산활동에서 여러 가지 창의고안을 발명

---

[20] 1957년 일부 기업소에서 시작된 개별적 기술혁신운동이 1958년 들어서면서 집단적 기술혁
신운동으로 발전하였고 급기야 공산주의 교양과 결합하면서 전개된 것이 바로 천리마작업반
운동이었다. 천리마작업반운동은 과학기술자는 물론, 인민대중까지 광범위하게 참여시켜 과학
기술 현안을 단숨에 해결하기 위한 국가적 과학기술동원작업이었다. 강호제, 『북한 과학기술
형성사, 1』(서울: 선인, 2007), pp.105-122 참조.

하여 생산력 제고로 이어지도록 유도하였다. 기술인력이 상당히 모자랐던 당시 북한의 환경에서 현지연구의 도입으로 400여 명의 연구인력을 확보할 수 있었다. 현지연구사업으로 과학기술활동의 내용과 성격이 다양하게 발전되어 이루어진 큰 성과로는 이승기의 비날론, 마형옥의 갈섬유, 여영구의 염화비닐, 한홍식의 무연탄가스화 성공, 주종명의 함철콕스, 계응상의 누에연구 등 대부분 월북 과학자들이 이루어 낸 것이었고 모든 과학적 성과들은 실제적으로 대규모의 공업화 단계로 전환될 수 있는 획기적인 계기를 마련해 주었다.21)

그러나 과학기술활동이 현장중심으로 발전하고 폭넓게 조직·전개되면서 기술발전만이 아니라 원료와 연료까지 내부적인 힘과 자원으로 해결하도록 한 김일성의 지시로 북한의 과학기술은 '주체적' 성격을 띠면서 그 발전 면모가 달라지게 되었다. 특히, 자원과 기술, 인력이 부족한 상태에서 초기투자가 크고 자본회수기간이 긴 중공업을 우선적으로 발전시키기 위해 경제체제에서도 국가가 중앙집권적 계획에 의해 자원배분을 통제하는 제도가 발전함에 따라 연구개발이나 인력개발 목표도 중공업 발전에 대한 기여를 우선시하게 되었다. 결국 북한의 과학기술은 군사연구, 핵연구, 석탄화학연구 등과 같은 몇몇 분야를 제외하고는 갈수록 지식수준과 작업형태의 차이를 없애는, 사실은 그것을 한층 더 하향 평준화시키는 중요한 수단이 되고 말았다.22)

이상과 같이 북한은 자력갱생원칙에 따라 스스로 선진과학기술로부터 멀어지는 폐쇄적인 정책을 추진함으로써 세계적인 추세를 따라

---

21) 최현규 편 "북한 과학기술체계의 형성: 과학원 및 각 분원을 중심으로", 『북한과학기술연구』 6, 2008, pp.3 - 4.
22) 김근배, "초기 북한에서 사회주의적 과학기술자의 창출", 과학문화연구센터, 『연구논문집』 2, 2001, pp.74 - 76.

가지 못하고 경제전반이 낙후되는 결과를 초래했다. 북한당국은 사회주의 경제건설에서 과학기술 발전이 무엇보다 중요하다는 것을 잘 알았으나 수령유일지배체제의 확립과 독자노선 추구에 따라 채택된 주체과학은 점차 기술혁신과 생산성 향상 등으로 사회주의 경제발전에 기여하지 못하고 오히려 경제성장의 장애요인으로 작용하게 되었던 것이다.

(2) 선군정치와 선군사상의 태동

북한에서 이데올로기는 민족 주체성을 확립한다는 의미와 함께 권력 장악이라는 심층적인 의미가 교묘하게 뒤섞여서 작동해 왔다. 1980년대 후반에 접어들면서 북한은 사상 최대의 위기를 맞이했다. 주체사상은 이후 진행된 대내외적인 위기를 극복하기 위한 기능을 수행하기가 어려웠다. 오히려 주체사상은 추상적인 형태의 순수이데올로기로 존재하면서 위기극복을 위한 현실적 작업은 그로부터 파생된 변용담론인 '우리식 사회주의'23)나 '조선민족제일주의'24)를 통해

---

23) 북한은 1980년대 말부터 '우리식대로 살자'는 구호를 대대적으로 내세우면서 주체사상에 기초한다는 '우리식 사회주의'를 집중적으로 선전하기 시작하였다. 북한은 동구 사회주의의 몰락에 대해 "오늘날 일부 나라들에서 사회주의가 좌절한 것은 일시적 현상이며 인류가 사회주의에로 나아가는 것은 그 어떤 힘으로도 막을 수 없는 력사의 법칙"이고 사회주의의 일시적 좌절의 이유는 주체사상과 같은 위대한 사상이 없었고 김일성·김정일 부자와 같은 위대한 지도자가 없었기 때문이라고 주장하였다. 다원주의를 지향하는 동구의 민주화와 개혁·개방에 대해서는 "제국주의자들이 사회주의를 파괴하기 위해 경제협력과 원조를 미끼로 침투해 들어온 반동적 책동의 결과"이고, "사회주의 사회에서 사상의 자유화와 정치에서의 다당제를 허용하는 것은 결국 사회주의 사회의 기초를 허물고 인민의 정권을 전복하기 위한 반혁명적 책동의 길을 열어주는 것"이라고 주장하였다. 대신 "우리식 사회주의 체제는 인민대중에게 자주적이며 창조적인 생활을 보장해주는 가장 우월한 사회제도"라고 선전하면서 "수령, 당, 대중이 일심단결하여 사회주의 제도를 튼튼히 고수하고 사회주의 위업을 끝까지 완성시켜 나아가기 위해 몸바쳐 투쟁하자"고 주민들을 학습시켰다.

서 이루어졌다. 즉, 체제를 정당화할 수 있는 담론이 주체사상의 이데올로기적 기능을 대신했던 것이다. 하지만 이들 담론 역시 당시의 위기를 극복하기에는 실천력이 부족하다는 태생적 한계로 인해 정책적 변화가 필요한 새로운 담론들이 요구되었다.

특히, 김일성의 사망과 김정일 정권의 출범으로 체제결속과 경제난 극복 그리고 북한 주민들에게 희망을 제시할 수 있는 새로운 실천담론이 필요하게 되었다. 이에 북한은 1995년 "배신자는 갈라면 가라"로 대표되는 '붉은기사상'을 강조했고, 식량난이 심각해진 1996년부터는 "가는 길 험난해도 웃으며 가자"는 '고난의 행군' 정신을 자주 등장시켰다. 북한에서 '고난의 행군'이 등장한 것은 붉은기사상이 본격화되면서부터이다. 즉, 1996년 신년공동사설에는 "전체 당원들과 인민군 장병들과 인민들은 사회주의 3대 진지를 튼튼히 다지며 백두밀림에서 창조된 고난의 행군 정신으로 살며 싸워 나가야 한다."면서 붉은기사상과 함께 '고난의 행군'에 대한 필요성 그리고 이러한 상황을 타개하기 위한 논리로서 '사회주의 3대 진지론'이 함께 강조됐다.25)

김일성 사망 이후 북한은 1995년 8월 28일자 『로동신문』에 '붉은

---

24) '조선민족제일주의'는 1986년 7월 김정일의 당중앙위원회 책임일꾼들과의 담화 "주체사상 교양에서 제기되는 몇가지 문제에 대하여"에서 처음 등장하였다. 이후 1989년 12월 당중앙위원회 책임일꾼들에게 행한 김정일 연설 "조선민족제일주의정신을 높이 발양시키자"에서 본격 강조되었으며 1990년대에 들어서서는 북한 주민들에게 집중적으로 교육되었다. 북한은 조선민족제일주의의 원천이 첫째, 김일성과 김정일이라는 지도자, 둘째, 주체사상, 셋째, 혁명전통, 넷째, '우리식 사회주의', 다섯째, 민족의 고유한 역사에서 나온다고 주장하고 있다. 결국 조선민족제일주의는 민족적 우월성을 내세워 붕괴된 여타 사회주의 국가와의 차별성을 부각시킴으로써 내부적으로 주민들의 사상적 동요를 막고 체제 결속을 도모하기 위해 제창된 것이라고 할 수 있다.

25) 배성인, "김정일체제의 지배담론: 붉은기사상과 강성대국을 중심으로", 『북한연구학회보』 5(1), 2001, p.45.

기를 높이 들자'라는 정론을 통해 붉은기사상을 최초로 발표하였다. 이듬해인 1996년은 붉은기 담론이 김정일의 혁명사상으로 자리 잡는 중요한 해이다. 1996년 신년공동사설은 붉은기사상을 김정일의 혁명사상으로 규정하고 그 혁명사상을 실천하기 위한 과제로서 '정치사상적 진지, 경제적 진지, 군사적 진지'라는 이른바 3대 진지를 제시하였다.26) 그러나 위기극복을 위한 이데올로기로서의 붉은기사상은 1998년에 들어서면서 점차 퇴조기를 맞이한다.27) 신년공동사설에서도 1998년을 기점으로 붉은기사상이 퇴조하기 시작하였음을 알수 있다.28)

북한은 1998년 1월 29일부터 30일까지 열린 '전국 자력갱생모범일군대회'에서 '고난의 행군'을 마감하고 '주체의 강성대국'이 혁명과 건설에서 당면한 목표임을 천명하였다.29) '강성대국론'은 체제를 지키는 것으로부터 체제를 만들어 나가겠다는 의지를 강력히 표명한

---

26) 『로동신문』, 1996년 1월 1일자.

27) 이기동, "북한의 통치이데올로기의 지속성과 변화", 박형중 외, 『김정일 시대 북한의 정치체제: 통치이데올로기, 권력엘리트, 권력구조의 지속성과 변화』(서울: 통일연구원, 2004), pp.18-25 참조.

28) 배성인, "김정일 정권의 위기극복을 위한 정치담론과 담론의 정치", 통일연구원, 『통일정책연구』12(2), 2003, p.44. 1996년 12회, 1997년 12회, 1998년 5회, 1999년과 2000년 각각 1회. 특히, '붉은기사상'이라는 용어는 2001년을 포함하여 3년 연속 등장하지 않았다. 붉은기사상이 비록 짧은 기간이나마 '고난의 행군'이라는 어려운 고비를 넘기는 과정에서 중요한 역할을 수행했음에도 불구하고, 붉은기사상이 갑자기 퇴조의 길을 걷게 된 배경에 대해 이기동은 주어진 환경보다는 처음부터 계획된 결과의 산물, 즉 유훈통치기간 동안에 북한지도부가 일반 주민들에게 제시한 위기극복 담론이었기 때문으로 보았다. 이기동, 앞의 글, pp.22-23. 안찬일도 '붉은기사상'이 변형된 북한의 통치이데올로기였다는 주장도 있으나 북한의 공식 통치이데올로기가 주체사상이라는 것은 불변의 원칙이며, 주체사상은 북한 통치이념의 '사상적 주춧돌'이며 동시에 '강줄기의 시원'이라고 주장하였다. 즉 김일성이 사망한 1994년부터 김정일이 조선노동당 총비서로 등극한 1997년 10월까지 당-국가체제가 제대로 작동하지 않을 때 등장한 통치이념이 바로 '붉은기사상'이라는 것이다. 안찬일, "김정일체제의 이념적 갈등과 변화 전망", 『북한의 과학기술과 10년 후의 북한 조명』, 2006년도 북한연구학회 추계학술회의 발표논문, 2006, p.105.

29) 『로동신문』, 1998년 2월 3일자.

것으로, 김정일 정권 출범 이후 부강한 사회주의를 만들겠다는 적극적 의미의 담론이다. 특히, 강성대국을 건설하기 위한 방법으로 많은 담론들이 제시되었다. '선군정치'는 김정일 체제유지를 위한 담론으로서, 제2의 천리마대진군운동, 강계정신, 대홍단정신 등은 효율적인 주민동원의 담론으로서 중요한 역할을 하였다. 그리고 과학중시사상은 실리를 추구하면서 당면한 위기를 극복하려는 담론으로서의 면모를 보여 주고 있다.

김일성 사후 김정일이 처한 딜레마는 '식량난'에서 출발했다. 1995년 홍수 피해가 있기 전까지만 해도 김정일은 "항일 빨치산때는 풀뿌리를 캐먹었는데 어디가서 구걸하려고 하는가"라며 자존심을 앞세웠으나 식량난 해결을 위한 아무런 대책이 없게 되자 어쩔 수 없이 홍수 피해를 구실로 외국의 원조를 요청하게 되었던 것이다.[30] 김정일은 식량난과 경제난을 궁극적으로 해결해 줄 수 있는 당사자는 남한밖에 없다는 사실을 잘 알고 있었다. 따라서 북한은 남한당국과 직접 대화하지 않고 남한의 지원을 받을 수 있는 교묘한 '협박전략'을 사용해 미국과 남한에 대해 북한을 도와주지 않으면 전쟁밖에 없다는 메시지를 보내고 군사적 긴장상태를 고조시켰다. 실제로 김정일의 "원하기만 하면 어떤 첨단무기도 제조할 수 있고 모든 지역이

---

30) 북한의 식량사정이 어느 정도인지는 김정일이 1996년 12월 7일 김일성종합대학 창립 50주년 기념식을 마치고 행한 '비공개 연설'에서 잘 나타난다. 그는 북한의 식량난이 가슴 아플 정도로 심각하며 이로 인해 비사회주의적인 현상이 발생하고 있다고 솔직하게 시인하고 있다. 그리고 이 어려운 시기에 당 간부들이 책임을 다하지 못하고 있다고 비난하는 등 김정일의 연설의 대부분은 당 간부들에 대한 불만과 경고로 채워져 있다. 김정일은 "혼자서 당과 군대를 책임지는 것도 바쁜데 경제실무사업까지 맡아볼 수 없고, 경제실무사업은 당 중앙위원회 책임일군들이 책임을 지고 수행해야 한다."면서 자신은 북한 식량난에 대해 책임이 없다고 강조하고 있다. 망명한 황장엽과 김덕홍이 남한에 오기 전 공개한 『1996년 12월 김일성 종합대학 창립 50돌 기념 김정일의 연설문: "우리는 지금 식량 때문에 무정부 상태가 되고 있다."』는 『월간조선』, 1997년 4월호, pp.306 - 317 참조.

난공불락으로 되어 있다.”는 등의 협박이 상당한 효과를 발휘한 것도 사실이다. 우선 “전쟁을 피하기 위해서는 어쨌든 북한을 지원할 수밖에 없다.”, “같은 민족이 굶주리는데 지원해야 한다.”는 분위기가 남한 사회에 상당히 확산되었고, 당시 미국도 남한이 보다 적극적인 역할을 해 줄 것을 은근히 기대했다.

이미 김정일은 1980년대 중반부터 “현대전은 알(탄환)전쟁, 기름전쟁이다. 누가 탄약, 유류, 식량 등 전쟁예비물자를 충분히 가지고 있는가에 따라 승패가 결정된다.”고 하면서 전쟁은 6개월 이상 끌지 않으므로 6개월분의 전쟁물자를 반드시 비축하라고 지시했다. 이에 따라 북한은 구소련과 중국 등으로부터 막대한 전쟁예비물자와 항공석유를 사들였다. 북한은 1991년의 걸프전 이듬해에 ‘주적’인 미군무기의 약점을 분석하여 이를 격파하는 영화를 제작, 군 간부들에게 시청케 하고 미군을 이길 수 있다는 자신감을 고취시키는 교육을 실시했다.

1997년 초 북한은 어려운 경제사정에도 불구하고 막대한 유류가 소모되는 기계화군단의 기동훈련을 실시했다. 또한 4월 25일 북한군 창건 65주년을 기념하는 대규모 군사 퍼레이드를 실시하면서 특별히 미국의 CNN 방송팀을 불러들여 전 세계에 북한군의 무력을 보여주었다. 북한은 1997년 4월 25일을 전후하여 연일 ‘전투준비 완료’를 호언하였고, 인민군 병사들에게는 김정일과 당을 위해 ‘총폭탄’, ‘자폭정신’이 최상의 군인정신이라는 정신교육을 실시하고 각 부대에서는 ‘자폭부대 쟁취운동’이라는 것까지 전개되었다.[31]

이와 같이 김일성 사망 후 대외환경 변화와 유훈통치기에 대내외

---

31) 김현식·손광주, 『다큐멘터리 김정일』(서울: 천지미디어, 1997), pp.216-217.

에 보여 준 북한의 행태로부터 향후 김정일 정권이 개혁·개방정책
보다 군 중시와 국방력 강화정책으로 체제유지를 공고화할 것이 예
견되었다. 앞서 1989년 동구 사회주의 국가들의 붕괴는 북한에 엄청
난 심리적 충격을 가져다주었다. 김일성은 특히, 루마니아 군부가 차
우셰스쿠(Nicolae Ceausescu)를 총살하고, 사회주의 국가에서 혁명
의 수뇌부를 옹위해야 할 소련 군부가 방관적인 자세를 취했다는 데
대해서도 적지 않은 충격을 받았다. 김일성은 이러한 동구사태의 영
향이 북한에 파급되는 것을 두려워하고 만일의 경우에 대비해야 할
필요성을 절감했던 것이다.

　따라서 김일성은 소련에서 군부 쿠데타가 실패한 4개월 후인 1991
년 12월 24일 서둘러 김정일에게 인민군 최고사령관 자리를 넘겨주
었다. 그리고 다음 해인 1992년 4월 김일성은 국방위원회를 별도 기
구로 신설하는 것을 골자로 하는 헌법개정을 단행했다. 신설된 국방
위원회는 인민군뿐만 아니라 국가안전보위부도 지휘 통제하도록 개
편되었다. 이전 헌법에서는 국가주석이 군 최고사령관으로서 군의
통수권을 행사했으나 신헌법에서는 국방위원회 위원장이 군의 통수
권을 행사하도록 했다. 김일성이 국방위원장으로 군 통수권을 행사
하고 김정일은 국방위원회 부위원장 겸 군 최고사령관으로 원수 칭
호가 부여되었다. 그리고 만 1년간의 '수습기간'을 거친 후 1993년
4월 김정일이 국방위원장에 취임해 명실 공히 조선인민군의 최고통
수권을 행사하는 '최고사령관'이 된 것이다.32) 이와 같이 김일성이

---

32) 김정일의 군 장악과정은 크게 3단계로 나뉜다. 1단계는 1973년 9월 김정일이 당 조직지도
　　부장이 된 후 당 조직을 통한 군에 대한 영향력 행사다. 2단계는 1980년 10월 제6차 당대
　　회를 통해 당 중앙군사위원이 되면서 공식적으로 군에 영향력을 확대해 나가는 과정이다. 3
　　단계는 20년간 군의 '제후'로 있던 오진우 인민무력부장을 1987년경 자신의 사람으로 만든

생전에 군부에 대한 권한을 이양했던 것은 안정적인 권력과 체제유지를 위해서 가장 우선적으로 고려해야 할 것이 군부라는 것을 말해주는 것이다.33)

군대의 중요성은 단순히 체제안보의 보루로서 군의 역할만을 의미하는 것이 아니다. 북한에서 군은 경제건설의 핵심적인 추동력일 뿐 아니라 사상전선의 보루이다. 즉, 군대의 일사불란한 지휘체계와 철저한 사업방식이 당면한 경제건설에 있어서 매우 유용할 뿐 아니라 수령에 대한 충성심 또한 주민들의 본보기가 된다는 것이다. 이는 북한군에 대한 김정일의 신뢰로부터 비롯된다. 김정일의 북한군에 대한 신뢰는 이미 김일성 사망 직후부터 공개적으로 언급됐다. 김정일은 1994년 12월 당간부들에게 행한 한 담화에서 "인민군대 간부들은 나를 절대적으로 신봉하며 내가 명령만 내리면 결사전을 벌이겠다고 하고 있다."면서 "나는 군인들과 함께 있는 것을 제일 좋아한다."34)고 말한 바 있다. 또한 그는 1996년 12월 김일성종합대학에서 행한 연설에서 당간부들을 질책하면서 군을 본받을 것을 요구하기도 했다.35)

김정일의 군 중시는, 또한 북한의 통치행태를 정당화하기 위한 측면이 있다. 북한은 제4부에서 분석할 선군정치 방식을 김정일의 기

다음, 1990년 5월 중앙인민위원회 산하 국방위원회 제1부위원장을 거쳐 1991년 12월 김일성이 맡고 있던 조선인민군 최고사령관에 오르고, 1993년 4월 국방위원장에 취임하여 군의 통수권을 완전히 장악하는 과정이다. 김현식·손광주, 앞의 책, p.186.

33) 김창희, "김정일 체제의 국가관리정책과 발전전략", 『한국동북아논총』, 2001, p.1. 김정일은 1970년대부터 김일성의 후견으로 지도자 수업을 받아 왔고, 1980년 제6차 당대회에서는 명실 공히 북한의 2인자가 되었다. 그리고 1992년 헌법개정으로 제도적인 보완을 거쳐 군부에 관한 권한을 확실하게 물려받았다.

34) 『평양방송』, 2000년 2월 13일.

35) 『월간조선』, 1997년 4월호, pp.306 - 317.

본적인 정치방식으로 강조하면서 사회주의 국가들이 지난 시기 사회
주의 본성에 맞는 완성된 정치방식을 모색해 왔는바, 그것이 북한에
의해 "빛나게 해결됐다."36)고 주장하였다.

　이와 같이 북한이 군 중시를 강조하는 것은 북한의 통치기제 및
김정일의 통치행위를 정당화하려는 것으로 볼 수 있다.37) 이러한 맥
락에서 북한 당국은 '고난의 행군'기의 파탄 난 경제를 살리기 위해
얼마 안 되는 외화를 경제건설에 투자하지 않고 정권유지를 위한 우
상화 작업과 군사력 증강에 투입하였던 것이다. 1994년 김일성 사망
이후 일부 학자 등 연구자들이 김정일이 군부를 철저히 장악하지 못
했다는 주장을 하였는데, 그것은 북한 노동당의 인민군대에 대한 '당
적 지도체계'에 대한 정확한 인식 부족으로 생긴 오류라고 할 수 있
다. 유훈통치기에도 노동당은 인민군에 대한 당적 지도체계를 통해
군을 철저히 장악 통제하고 있었고,38) 김정일 체제의 공식 출범 후
오늘날까지 김정일 통치의 근간이 되고 있는 '선군정치'가 태동하고
있었던 것이다.

---

36) 『로동신문』, 1999년 6월 16일자.
37) 곽승지, "김정일시대의 북한 이데올로기: 현상과 인식", 통일연구원 『통일정책연구』 9(2), 2000,
　　p.132.
38) 이에 대한 구체적인 내용은 곽인수, "조선노동당의 당적 지도에 관한 연구", 경남대학교 북한
　　대학원 석사학위논문, 2003, pp.102 - 110 참조.

3. 3대 제일주의의 '혁명적 경제전략'

(1) 1980년대 중반~1990년대의 내포적 성장체제 추진과 주체과학의 퇴조

김일성은 1970년대의 석유위기와 대외무역 악화, 전자기술을 매개로 한 세계적인 기술도약의 조류 등을 목격하면서 새로운 기술에 의거하지 않고서는 국내 경제의 지속발전과 '국제경쟁에서의 승리'를 도모할 수 없다는 것을 인식했다. 또한 1970년대부터 건설한 대규모 공장 중 상당수가 정상적으로 가동되지 못하는 상황에 직면하면서 과학기술자들이 아니면 이를 타개할 수 없다는 것을 절실히 깨닫게 되었다.[39]

북한 당국은 1980년대 이후에도 지속적인 경제침체상태를 벗어나지 못하게 되면서 기존의 외연적 성장체제(extensive growth)[40]의 한계를 절감하게 되었다. 1990년을 전후해 소련과 동구 사회주의권이 붕괴되자 기술수준과 효율이 낮은 중공업 우선발전체제에서 자본과 노동의 추가투입 여력을 상실한 북한은 과학기술의 발전과 기술혁신을 통해 북한의 산업구조를 극소전자기술을 기반기술로 한 내포적 성장(intensive growth)체제로 전환하고자 노력했다. 첨단 과학기

---

39) 김근배, "초기 북한에서 사회주의적 과학기술자의 창출", 과학문화연구센터, 『연구논문집』2, 2001, p.76.

40) 외연적 성장(extensive growth)이란 기존 기술을 바탕으로 지금까지 쓰지 않던 인적 · 물적 자원의 이용 · 결합을 경제성장의 원동력으로 삼는 것이다. 이에 비해 내포적 성장(intensive growth)은 새로운 기술을 이용하여 인적 · 물적 자원을 배합함으로써 성장을 이루는 것을 말한다. 이에 대해서는 정운찬 『한국경제 죽어야 산다』(서울: 백산서당, 1998) 참조.

술의 발전은 낮은 기술수준과 폐쇄적인 기술시스템으로는 불가능했기 때문에 북한은 그동안 견지해 왔던 자력갱생적 과학기술개발 방식에서 벗어나 선진국과의 과학기술협력을 통해 선진과학기술을 수용할 의지를 보였다.

내포적 성장체제로의 전환정책은 1984년 동구의 과학기술 발전상을 보고 돌아온 김일성이 과학연구에 대한 행정지원을 강화하고 외국의 기술발전을 조기에 습득할 수 있도록 침체되었던 해외유학을 크게 확대한 조치로부터 시작되었다. 김일성에 이어 김정일도 과학기술 분야의 간부들에게 "그동안은 과학연구사업에 큰 힘을 기울이지 않았다.", "일군들이 과학자들에게 사죄하여야 한다."고 강하게 질책하면서 "앞으로 과학교육부와 과학원 책임자들은 과학을 잘 아는 사람들로 꾸려야 한다."고 강조하였다. 이와 함께 15년간이나 다른 나라의 선진 과학기술 도입사업을 제대로 하지 않았던 것을 비판하고 국내 대학 졸업자들의 외국 유학과 연구원의 재교육을 대대적으로 추진하도록 하였다.41)

이후 김일성과 김정일의 과학기술 관련 논문, 즉 김일성의 "기술관리사업을 더욱 개선강화할데 대하여(1984. 8. 30)"와 김정일의 "과학기술을 더욱 발전시킬데 대하여(1985. 8. 3)" 등의 논문이 발표되었고, 외국과의 과학기술협정 조인, 즉 1984년 12월 소련과의 '무역 및 과학기술 협조' 확대·강화의 합의, 1985년 1월의 '경제지원협정' 조인, 그리고 루마니아, 불가리아 등과의 '경제·과학기술 협조협정' 조인 등을 통해 과학기술의 중요성에 대한 인식이 표면화

---

41) 김일성 『우리나라의 과학기술을 발전시킬데 대하여』; 김정일 『과학교육사업을 발전시킬데 대하여』(평양: 조선로동당출판사, 1999), pp.171 – 189.

되기 시작했다.

아울러 1988년 제1차 과학기술 발전계획의 수립, 1990년 '조선콤퓨터쎈터' 설립에 이어 1992년에는 선진과학기술 도입과 과학기술 발전계획을 헌법적 수준에서 보장하도록 하는 헌법개정을 단행함으로써 과학기술에 대한 관심이 헌법적 차원에서도 반영되기에 이르렀다. 그리고 1998년 8월 '광명성 1호'의 시험발사 성공은 북한 지도부로 하여금 과학기술에 대한 자신감을 갖게 만들었고 과학기술에 대한 인식 전환의 계기가 되었다.42)

과학원의 위상이 다시 높아진 것도 '인민경제의 주체화, 현대화, 과학화'를 천명하면서 연구개발사업을 새롭게 강화할 때였다. 북한은 1987년 4월에 개최된 최고인민회의 제8기 2차 회의에서 '인민경제 발전 3차 7개년계획'을 확정·발표했다. 그 기본목표는 첫째, 인민경제의 주체화, 현대화, 과학화를 달성하여 자립적인 물질적·기술적 토대를 구축하고, 둘째, 2차에 걸친 과학기술 발전 3개년계획을 성공적으로 수행하며, 셋째, 전력, 석탄, 철강, 비철금속, 시멘트, 화학비료, 작물, 수산물, 곡물, 간석지의 10대 전망목표를 실현하고, 넷째, 의식주 문제 등 국민생활 향상에 새로운 전환을 일으키는 것이었다.43)

이 계획에서 주목되는 것은 기술혁신을 최우선 과제로 삼았다는 것과 대외무역 및 경제협력 증대를 기본과업으로 채택한 부분이다. 북한은 기술혁신이 더 이상 생산에 있어서 노동력 동원의 보조수단이 아니라 생산 증대의 관건이고, 대외무역과 경제협력의 증대가 기

---

42) 고경민, "2000년 이후 북한의 과학기술정책", 세계평화통일학회, 『평화학연구』 7(1), 2006, p.4.

43) 이춘근, 앞의 책, p.23.

술혁신을 가져오는 핵심적인 수단으로 인식하기 시작했던 것이다.

1984년 '합영법'이 제정된 후 북한은 더 이상 서방세계를 포함하는 외국과의 교류 없이 기술혁신 및 생산성 향상, 나아가서 국민경제 향상을 이룩할 수 없다는 인식을 하고 외국기업의 유치를 적극 추진하기 시작했다. 또한 북한은 자신들의 비교우위요소를 값싼 양질의 노동력으로 보고, 이에 기초하여 산업화를 추진했다. 그리하여 자유무역지대의 설치를 통해 서방자본을 유치하고 미국과 일본과의 관계 개선을 서둘렀던 것이다. 1991년 12월 28일 북한은 나진·선봉지구에 자유경제무역지대를 설치할 것을 발표하고, 1992년 2월 신무역체계를 수립하였다. 이러한 원칙은 1993년 12월 8일 '무역제일주의' 방침으로 결정되었으며, 1994년 김일성의 신년사 및 1994년 4월 최고인민회의에서 '수출산업의 육성'을 강조한44) 데에서도 잘 드러나고 있다.

그러나 전환된 대외경제정책은 자력갱생적인 경제원칙에서 일부 후퇴하기는 했으나 경제 전체의 수출지향적 산업화로의 구조전환을 모색한 것은 아니었다. 북한의 대외개방정책은 경제 및 기술구조상 부족 부분을 충당하는 데 정책의 목표를 두었기 때문에 대형설비의 도입은 이루어지지 않았다. 자유경제무역지대에서 북한이 기대한 것은 대외개방체제와 수출산업전략으로의 전환이 아니라 북한의 산업 기술부문을 첨단화하기 위해 필요한 외화를 확보하기 위한 '방편'이었던 것으로 해석된다.

정치적으로 볼 때에도 북한이 에너지 및 식량을 제때에 공급하기 위해서 무엇보다도 외화가 필요한 실정이었다. 특히, 소련과 동구권

---

44) 『조선중앙년감』, 1995년.

국가들이 붕괴된 이후 과거와 같은 전통적 교역방식으로는 선진기술의 도입에 필요한 경화를 도저히 획득할 수 없게 되었던 것이다.[45]

북한 당국이 추구한 것은 1987년 이래 추진해 오고 있던 첨단과학기술부문의 개발과 확산을 성공리에 달성하여 기존의 외연적 성장체제를 내포적 성장체제로 전환하는 데 있었다고 할 수 있다. 다시 말해, 북한의 외화난과 내포적 성장체제로의 전환 필요성은 특히, 1980년대 후반의 소련과 동구 사회주의 국가들의 붕괴에 기인하였다고 할 수 있다.

(2) '혁명적 경제전략(1994~1996)'과 주체과학의 강화

제3차 7개년계획(1987~1993)은 실패로 끝났다. 1960년대 말 남한의 GNP를 앞지르고 소위 '사회주의 공업국가'를 건설했다고 선전하였던 북한의 산업 가동률은 30% 이하로 떨어졌고 농작물의 수확은 1960년대의 절반 이하로 떨어졌다. 중공업 우선 축적전략은 북한 경제를 빠르게 성장시켰으나 장기적으로는 산업 부문 간 불균형과 거시경제의 왜곡을 초래하여 경제의 저효율과 저성장의 늪에 빠지게 한 가장 중요한 원인이 되었다.[46]

---

45) 조성렬, "남북한 과학기술시스템의 통합", 김형국 · 유석진 · 홍성걸 편, 『과학기술의 정치경제학』(서울: 한울아카데미, 1998), pp.121 - 122. 1991년 1월부터 러시아는 북한과 기존의 바터제 방식에서 경화결제에 의한 무역거래만을 하기 시작했고, 중국과도 동년 3월부터 무역대금결제를 국제시장의 가격을 기초로 스위스 프랑으로 결제하기로 합의했다. 더욱이 그동안 북한에 유리한 조건으로 석유를 공급해 주던 중국이 1993년경부터 석유수입국으로 전환되어 북한의 에너지난 및 자금난을 가중시켰다.

46) 린이푸 외, 한동훈 · 이준엽 역, 『중국의 개혁과 발전전략』(서울: 백산서당, 2001), 제2장; 이영훈, "북한의 경제성장 및 축적체제에 관한 연구(1956~1964)", 고려대학교 대학원 박사학위논문, 2000, 제3장. 1950년, 1960년대에 20~30%에 달하던 북한의 경제성장률이

북한은 중공업 우선발전전략으로 야기된 경제의 불균형과 저성장을 완화하기 위한 노력으로 경공업 발전정책을 추진하기도 했으나 그것은 근본적인 정책의 변화는 아니었다. 1985년 김일성은 '경공업 혁명'의 기치 아래 "제3차 7개년계획(1987~1993)의 첫해에는 경공업에 선차적인 힘을 넣자."[47]고 주장한 바 있으며, 이어서 1989년을 '경공업의 해'로 정하고 1989~1991년을 '경공업발전 3개년계획기'로 설정했다. 그러나 이러한 움직임은 실제로는 투자 우선순위 조정이 이루어지지 않은, '8·3 인민소비품 생산운동'처럼 국가 투자가 아니라 유휴자재와 폐기물, 부산물 등 '내부예비'를 동원한 것으로 결국 경공업 증산독려 캠페인에 그치고 말았다.[48]

또한 제3차 7개년계획(1987~1993)이 실패로 끝나자 북한은 노동당 제6기 21차 회의를 통해 향후 2~3년간을 완충기로 설정하고 경제구조조정을 위해 3대 제일주의(농업·경공업·무역제일주의)를 기본전략으로 하는 정책방향을 제시하였다. 김일성은 1994년 신년사에서 계속되는 마이너스 경제성장에 대해 심각하게 인식하면서 "제3차 7개년계획 기간에 우리는 예상치 못했던 국제적 사변들과 나라에 조성된 첨예한 정세로 하여 경제건설에서 커다란 난관과 장애"를 겪었다면서 제3차 7개년계획의 실패를 시인했다. 여기서 '국제적 사변'이란 구소련과 동구 사회주의 나라들의 붕괴를 의미하며, '첨예한 정세'란 국제사회의 북한 핵사찰 요구 등을 의미한다. 그는 또 사회주

1970년대 중반부터 5% 미만으로 급감한 핵심 원인도 여기에 있었다.

47) 『김일성선집 1』, p.227.

48) 임수호, 『계획과 시장의 공존』(서울: 삼성경제연구소, 2008), pp.46-47. 북한은 1998년 이후 다시 전통적인 중공업 우선주의로 복귀하고 말았다. 그 이후 시기적으로 강조 정도가 달라지기는 했으나 중공업 우선 기조는 현재까지도 유지되고 있다.

의 경제건설에서는 당 중앙위원회 제6기 제21차 전원회의에서 결정한 대로 앞으로 3년 동안(1994~1996)을 완충기로 하고 이 기간에 농업제일주의 · 경공업제일주의 · 무역제일주의의 방침을 철저히 관철49)시킬 것이라고 재천명했다.

완충기의 혁명적 경제전략으로 북한이 3대 제일주의를 채택한 것은 북한이 당면한 경제난국을 헤쳐 나가기 위해서는 심각한 어려움을 겪고 있는 이들 분야의 문제를 해결하는 것이 급선무임을 인식했기 때문이다. 즉, 북한은 식량 및 소비재 부족으로 인한 주민들의 불만 증대가 권력승계 및 체제수호에 걸림돌이 될 수 있다는 것을 알고 농업, 경공업 및 무역 육성을 통해 주민 생활수준 향상과 수출증대를 도모하려고 하였다. 동시에 중공업 우선정책에 따른 산업구조 불균형이 경제회복의 장애요인으로 작용하고 있었기 때문에 3대 제일주의를 관철함으로써 이를 시정해 나가고자 하였던 것이다. 즉, 3대 제일주의 방침은 식량난, 생필품난, 외화난 해결을 우선시하면서 기존의 중공업에 대한 우선투자의 수정 가능성을 시사한 것이었다.50)

이러한 완충기의 경제전략은 완충기가 종료되는 1996년 이후에도 그대로 유지되었다. 1997년의 신년공동사설에서도 당의 '혁명적 경제전략'의 요구대로 농업 · 경공업 · 무역제일주의 방침을 계속 철저히 관철할 것을 내세우고 있다.

---

49) 『로동신문』, 1994년 1월 1일자.
50) 최수영, 『북한의 강성대국 건설: 경제부문 중심으로』(서울: 통일연구원, 1999), p.14.

〈표 2〉 신년공동사설(1995~1997) 분석: 주요 경제방침과 과제

구 분	주요 경제방침과 과제
1995	· **농업과 경공업, 대외무역을 발전시키는데 계속 첫째가는 힘을 경주**(필자 강조) 　- 농촌경리부문에서는 전 인민적 소유의 우월성을 높이 발휘하고 주체농업의 관철로 알곡생산목표 달성 　- 경공업부문에서는 여러 가지 섬유제품과 일용품, 식료가공제품의 생산 증대 · 인민경제의 선행부문들에서 혁명적 앙양을 일으킴 　- 전력공업과 석탄공업, 철도운수 등 선행공업부문과 금속공업부문에서 기술혁신 및 모든 생산잠재력과 가능성을 동원하여 연료, 동력문제와 수송문제의 원만한 해결 · 군(郡)의 역할을 제고 　- 자체의 힘으로 생활을 높이기 위한 투쟁 전개 　- 전천군 상업관리소와 맹산군의 모범을 본받아 자력갱생의 혁명정신을 높이 발휘하여 지방공업 발전 　- 군소재지와 농촌마을들을 알뜰히 꾸미는데서 새로운 전환 · 경제지도일군들은 경제조직사업과 생산지휘를 혁명적으로 수행하며 이신작칙의 모범을 보일 것
1996	· **농업과 경공업, 대외무역을 발전시키는데 더욱 큰 힘을 경주**(필자 강조) 　- 농촌경리부문에서는 주체농법의 요구대로 농사를 주인답게 과학기술적으로 지어 알곡생산에서 결정적 전환을 달성 　- 경공업부문에서는 인민소비품 생산을 원만히 보장하고 수출품 생산을 결정적으로 늘이기 위한 투쟁 전개 · 석탄공업과 금속공업에 힘을 집중 　- 철도운수부문에서는 철도의 물질기술적 토대를 강화하고 더 많은 짐을 더 빨리 수송 · 인민경제 모든 부문에서 내부예비를 적극 동원하여 생산을 독려하고 자원을 절약 · 경제일군들은 경제조직사업에서 주인답게 책임적으로 짜고 들어가야 함
1997	· **당의 혁명적 경제전략의 요구대로 농업 · 경공업 · 무역제일주의 방침을 계속 철저히 관철**(필자 강조) 　- 농촌경리부문에서는 주체농법의 요구대로 농민들의 지향과 자체의 실정에 맞게 농사를 과학기술적으로 짓고 쌀풍년, 고기풍년 마련, 풀판을 대대적으로 조성하고 풀먹는 집짐승을 기르는 사업을 전군중적 운동으로 계속 전개 　- 경공업부문에서는 생산을 높은 수준에서 정상화하고 인민소비품 생산을 대대적으로 증대 　- 무역부문에서는 수출품 생산기지를 튼튼히 꾸리고 수출품 생산을 늘이며 대외시장을 적극적으로 개척 · 석탄공업, 전력공업, 금속공업부문에서는 생산에서 새로운 혁신을 일으키고 늘어나는 수요를 원만히 보장, 철도부문에서는 자체의 힘으로 물질기술적 토대를 튼튼히 꾸리고 수송수단을 효과적으로 이용하여 더 많은 화물을 수송 · 인민경제 모든 부문, 단위에서 내부예비를 적극 찾아내며 증산 절약 · 국토관리사업에서는 산림조성과 강하천 정리, 도로관리와 도시경영사업에서 결정적 전진 달성

<표 2>에서 보는 바와 같이 3대 제일주의의 관철은 1995~1997년 신년공동사설에서 최우선적으로 제기된 경제방침이었다. 북한은 새로운 경제전략으로 농업 부문에서는 주체농법에 따라 농사를 과학기술적으로 지어 식량부족문제 해결을 도모하고, 경공업 부문에서는 인민소비품 생산을 증대시키며, 대외무역 부문에서는 수출을 촉진시키고 나진·선봉 자유경제무역지대의 투자유치를 적극 추진할 구체적인 계획을 수립하였다.

그러나 완충기 혁명적 경제전략의 수행 결과는 당초 계획과는 달리 북한 경제를 더욱 침체시켰던 것으로 평가된다. 그 이전과 마찬가지로 경제관리방식이나 국가예산지출상의 우선순위에 대한 근본적인 변화 없이 완충기의 설정만으로는 경제회복의 실질적인 추진 원동력을 이끌어 낼 수 없었기 때문이다.

구체적인 산업 부문별 투자액 추이를 구할 수 없으나, 1994년 이후『조선중앙년감』의 경제부문을 보면, 3대 제일주의에 대한 강조가 1995년부터 점차 약화되고 있다는 것을 알 수 있다. 경제부문을 설명하면서 서두에 굵은 글씨체로 전체 내용의 기조를 보여 주고 있는 부문들을 차례로 제시해 보면 다음과 같다.

사회주의경제건설에서는 당중앙위원회 제6기 제21차 전원회의에서 결정한대로 앞으로 3년 동안을 완충기로 하고 이 기간에 농업제일주의, 경공업제일주의, 무역제일주의 방침을 철저히 관철하여야 합니다.[51)]
사회주의경제건설에서는 당중앙위원회 제6기 제21차 전원회의에서 결정한대로 앞으로 3년 동안을 완충기로 하고 이 기간에 농업제일주의, 경공업제일주의, 무역제일주의 방침을 철저히 관철하여야 합니다. 이와 함께 인민경제의 선행부문

---

51)『조선중앙년감』, 1995년.

인 석탄공업과 전력공업, 철도운수를 확고히 앞세우며 금속공업을 계속 발전시
켜나가야 합니다.52)
인민경제 모든 부문, 모든 단위에서 증산절약투쟁을 전군중적운동으로 힘있게
벌려 있는 로력과 설비, 자재를 효과적으로 리용하고 내부예비를 남김없이 동원
하여 생산을 최대한으로 늘려야 하겠습니다.53)

3대 제일주의는 자원배분 우선순위를 변화시키는 정책이다. 그것
은 중공업으로 편중된 북한의 산업구조를 조정함으로써 북한의 요소
부존도를 반영하여 비교우위를 살리는 산업정책의 전환이다. 이러한
시도가 성공하기 위해서는 단순히 행정적 처리에 의해 자원배분의
체계가 바뀌는 것에 국한되어서는 곤란하다. 중공업 우선발전노선의
확정 및 형성기 때처럼 그에 따른 제반 가격정책과 생산단위 관리정
책이 바뀌어야 할 것이다.

그런데 자원배분 우선순위의 전환정책은 산업 및 기업 간 이해관
계의 갈등을 낳게 되며, 개혁의 성과를 보기 이전에 기득권 세력의
반발에 직면하기 쉽다. 그것은 과거 자원배분의 우선순위를 독점하
던 중공업 관련 산업 및 기업 그리고 이들과 관련있는 군부 및 관료
집단의 이해를 침식하는 것이기 때문이다. 이러한 갈등은 극도로 자
원이 부족한 가운데에서 시도된 것이라 더욱 심화될 가능성이 크며,
그나마 김일성의 리더십이 있었기에 가능했던 정책전환이었다고 본
다. 따라서 김일성의 사망은 이러한 시도를 완충기가 완료될 때까지
도 지속시키지 못하고 곧 약화시키는 결과를 낳게 했다.54)

구소련과 중국의 우호가격 철폐 및 경화결제 요구도 북한 경제에

---

52) 『조선중앙년감』, 1996년.
53) 『조선중앙년감』, 1997년.
54) 이영훈, 앞의 글, p.103.

큰 부담으로 작용하였다. 실제로 북한의 경제성장률은 완충기 첫해
인 1994년에 −2.1%, 1995년에 −4.1%, 1996년에 −3.6%를 기록
해 1990년 이후 지속되고 있는 마이너스 성장이 완충기간 동안에도
계속되었음을 보여 준다.[55] 북한은 마침내 내부 실상을 공표하여 지
원을 호소하였고, 이에 따라 국제사회의 식량지원이 이루어지면서
단절되었던 국제사회와 북한과의 교류가 서서히 확대되었다.

한편, 북한의 경제계획은 과학기술 발전계획과 맞물려 추진되었다.
김일성은 매번 경제계획을 수립하기 전에 자신이 직접 또는 고위사절
단을 선진 사회주의 우방국들에 순방시켜 자금과 기술원조 약속을 받
은 후 그에 맞춰 경제계획을 수립했다. 그러나 소련 및 동구 사회주의
권이 붕괴된 이후 그 루트가 막혀 북한은 설상가상으로 고전할 수밖
에 없었다. 따라서 김일성 사망 후 김정일은 러시아로부터의 기술도입
루트를 회복시키는 등 기술도입선을 정상화시키기 위해 노력했다.

북한은 러시아와 1996년 4월 '조·러 무역·경제 및 과학기술협
력위원회 제1차 회의 의정서', 1996년 11월 '투자장려 및 상호보호
에 관한 협정', 1996년 12월 '과학협조에 관한 협정서', 1997년 5월
'조·러 항공로에 관한 협정서', 1997년 10월 '농업과 경제 및 기술
협력', 1998년 7월 '운수분야 협조 의정서' 등을 체결하여 북한 정
권 수립 초기부터 1958년까지 체결한 북한과 소련 간의 과학기술협
력과 거의 똑같은 형태 및 수준의 협력·협정을 회복시켰다.

북한은 동유럽 사회주의 국가들이 붕괴할 당시에 대외 과학기술협
력과 교류의 문을 일시에 닫아 버렸다. 외국에 나가 공부하던 연구사
들과 실습생들이 하루아침에 모두 귀국했는데, 어떤 이들은 사용하던

---

55) 한국은행, 2001.

생활용품조차 챙길 시간적 여유도 없이 한밤중에 비행기를 탔다는 소문들이 과학지구 내에 나돌 정도로 당시의 상황이 급박했었다.56) 김정일과 북한 지도부는 사회주의권의 붕괴에 따른 정체성의 혼란을 극복하기 위해 북한식 사회주의의 우월성을 강조하는 사상교육을 더욱 강화하고, 그동안 간헐적인 구호로 내세워 왔던 "우리식대로 살자"는 구호를 전면에 내걸었다. 또한 '조선민족제일주의', '사회주의 대가정론'을 강조하면서 민족적 자긍심과 우월성을 부각시켰다.57)

특히, 김정일은 북한 정권 출범 이후 처음으로 1992년에 '전국 지식인 대회'를 개최하고 과학자를 비롯한 지식인들의 사상무장을 촉구하고 통제를 강화했다. 이 대회는 1992년 12월 9~12일에 과학과 교육, 문학과 예술, 보건과 출판보도 부문을 비롯한 '160만 인테리 대군을 대표하는' 전국의 지식인들이 참석한 가운데 평양에서 개최되었다.58) 이 대회 개최의 단초는 1992년 7월 김정일이 당중앙위원회 책임일꾼들 앞에서 한 연설인 "혁명적 원칙과 립장을 철저히 지킬데 대하여"에서 찾을 수 있다. 이 연설에서 김정일은 "우리의 인테리들은 혁명과 건설에서 어려운 정세가 조성될 때에도 당과 수령을 견결히 옹호하고 우리 당의 혁명위업에 충실했다. 오늘도 우리 인테리들은 당과 수령의 두리에 굳게 뭉쳐 사회주의를 건설하기 위한 투쟁에서 커다란 역할을 하고 있다."고 하고, "우리 인테리들을 우리 당의 영원한 동행자, 충실한 방조자, 훌륭한 조언자, 당정책의 열렬한 옹호자, 철저한 관철자"라고 규정지었다. 또 그는 "소련과 동

---

56) 탈북 과학자 강영실 씨 인터뷰 내용 (2007. 3. 18).
57) 김정일의 이러한 인식은 '평양선언'으로 이어졌다. 구체적인 내용은 『조선중앙년감』, 1999. p.715 참조.
58) 『조선중앙년감』, 1993. p.242.

유럽 나라 인테리들은 혁명적 립장이 확고하지 못하다 보니 사회주의건설에서 일시적 난관이 조성되자 당을 반대하고 사회주의를 뒤집어엎는데 앞장섰다."며 문제를 지적하고 여기에서 교훈을 찾았다. 또 김정일은 "우리는 인테리들과의 사업을 잘하여 우리의 인테리들이 혁명적 입장을 확고히 지키고 사회주의위업에서 끝까지 충실하도록 하여야 한다."면서 "160만의 인테리 대부대가 있는 만큼 지식인대회를 크게"59) 하자며 전국 지식인 대회를 발기했던 것이다.

그 이듬해 김정일은 지식인은 계급을 떠나 그 어느 사회에서도 존재할 수 있다는 이중적 특성에 대한 인식하에 1993년 11월 "국가과학원에서 모든 연구기관과 연구사업을 통일적으로 장악지도하라"는 지시를 내렸으며 그에 따라 과학연구개발체계가 전반적으로 대폭 개편되었다. 북한 기술혁신시스템의 가장 큰 특징은 정부주도형이라는 데 있다. 이것은 사회주의 국가의 일반적인 현상이기도 하지만, 북한이 1984년 '합영법'을 제정하여 대외개방정책을 실시한 이후에도 그 기조는 크게 바뀌지 않았다. 북한 당국은 과학기술정책의 수립뿐만 아니라 직접적으로 연구개발활동을 수행하는 연구기관을 관리하고 있다. 북한의 과학기술 관련 행정체계의 특징은 중앙과 지방, 실행부문과 관리부문 등으로 구성된 많은 기관들이 다원적으로 제휴하는 하나의 복잡한 네트워크를 이루고 있는 데 있다.

김정일의 지시에 의해 북한은 과학원을 '국가과학원'으로 명칭을 바꾸고 각 성(省) 산하에 있던 연구소들이 모두 국가과학원 안으로 들어오게 하였다. 국가과학원은 9개의 연구분원과 4개의 과학연구원,

---

59) 김정일, "혁명적 원칙과 립장을 철저히 지킬데 대하여(당중앙위원회 책임일군들 앞에서 한 연설, 1992. 11. 23)", 『김정일선집 10』, 1997, pp.197-235.

산하 직속 연구소와 함께 수백 개의 연구소로 전국적으로 크게 확대되고 새로 개편되었다. 각 연구소들을 국가과학원 안에 통합시킨 이 조치는 사회주의권의 몰락과 경제난으로 이어진 '고난의 행군' 시기 국가의 모든 과학기술 역량을 하나로 집중 관리하여 북한 체제의 부실함을 감추고 북한사회 이탈요소의 근원을 없애기 위한 것이었다. 이 조치와 함께 우선적으로 식량문제 해결을 위한 농업제일주의, 경공업제일주의와 무역제일주의 실현을 위한 '혁명적 경제전략'과 자립적 민족경제건설을 계속 추구하였다.

그러나 '고난의 행군'은 국가적인 공급체계가 현저히 축소되고 연구비 지원이 대폭 감소하면서 혁명적 경제전략에 기초하여 각 연구소들이 각자의 힘으로 살아가기 위한 노력과 자력갱생의 원칙으로 연구사업을 추진할 것을 요구하였다. 특히, 많은 연구소들이 긴급한 연구과제 수행과 외화를 벌어들이는 데 주력하였고, 자기 실정에 맞게 먹는 문제와 여러 가지 생활문제 해결에 총력을 집중하였다. 반면, 근본적으로 연구결과물이 나오기 어려운 대부분의 연구소들은 국가의 공급체계에 의존하지 않으면 안 되게 되었다.

이 외에도 김정일은 1995년 4월 28일 과학원 현지시찰 이후 과학기술자들에 대해 특별한 관심을 갖고 수십 차례의 비정기적인 비공개 현지지도를 하였다. 뿐만 아니라 과학도시 건설과 주변 환경개선, 과학자들의 생활조건 마련 등 여러 가지 획기적인 조치들이 이루어졌다. 1970년대의 평성 과학원 일부 건물들의 재보수와 완비, 과학지구 내 도로포장, 전 군(郡)의 과학원 방문 유도와 평성시 행정소속이던 과학원의 평양시 은정구역으로의 행정구역 이전과 전력의 직속 공급체계가 보장되었다. 또한 과학자들의 식량문제 해결과 규칙적인 부식물 공급체계를 비롯한 과학연구사업 보장제도와 기본적인 생활 안정보장 대책이 세워졌다. 한편, 매일 내각에 보고되는 모든 과학자들의 출근일보는 철저한 통제와 함께 개개인의 인력관리로 이어졌고 그 어느 때보다도 정치사상교양이 강화되었다.[60]

4. 과학기술정책의 특성

(1) 경제-국방 병진노선과 과학기술 연구개발

북한은 8·15 해방 직후부터 '군비지향형 중공업 우선정책'을 추진해 왔고, 국방과학기술 역시 이와 연계하여 꾸준히 연구개발되었다. 한국전쟁 이후 북한은 군사력 건설을 최우선 정책으로 설정하였고, 1970년대 이후에는 병력의 대폭적 증가와 군의 현대화를 적극적으로 추진했으며, 주체사상에 입각하여 군수산업의 자급자족체계를 구축하였다. 북한은 사회주의 체제의 근본적인 결함과 김정일의 경제운용 실패 등으로 오랫동안 경제적으로 어려운 상황에 처했으나 그 가운데에서도 다음 <표 3>과 같이 중공업 위주의 기술혁신과 국방과학기술 개발 등의 군수산업정책은 계속해서 강력하게 추진되었다.

이와 같은 국방과학기술정책에 힘입어 북한은 1960년대에 소련, 중국을 모방하여 소총, 기관총, 박격포 등의 무기를 생산하였고,

---

60) 최현규 편, "북한 과학기술체계의 형성: 과학원 및 각 분원을 중심으로", pp.6-7. 이 글은 탈북 과학자의 글과 인터뷰 내용을 정리한 것임

1970년대에는 전차, 장갑차, 자주포, 잠수함, 구축함, 상륙함 등을 건조했다. 1980년대에 이르러서는 대전차 유도탄, 지대공 유도탄, 스커드 지대지 미사일, AN-2기, MI-2 헬기 등을 생산하게 되는 등 지상무기에서의 공격전력 완성과 해상무기에서의 함정건조능력 확장, 항공무기에서의 기술의 질적 향상 등 국방과학기술과 군수산업 분야에서 일련의 발전을 거듭했다. 1990년대에는 노동 1호, 대포동 1호, MIG-29 등을 조립 생산하게 되었으며 탄도미사일과 화생무기 등은 세계적인 수준으로 평가되고 있다.

북한이 경제적 비효율성과 산업발전의 불균형에도 불구하고 중공업 우선발전 노선을 고집하고 있는 이유는 '경제-국방 병진노선'과 관련이 있다. 군수산업을 발전시키자면 그 근간이 되는 중공업 발전이 전제되어야 하기 때문이다. 경제-국방 병진노선은 "인민경제의 발전속도를 조절하더라도 국방력을 강화하는 데 더 큰힘을 돌려야" 한다는 논리로, 1962년 12월 조선노동당 중앙위원회 제4기 제5차 전원회의에서 '국방에서의 자위노선', '4대 군사노선'과 함께 채택되었다. 이는 1960년대 소련과의 관계 악화, 베트남전쟁 발발, 쿠바사태, 한국에서의 군사정권 등장 등 북한의 안보환경 악화에 따른 대응이었다.

<표 3> 경제 - 국방 병진노선과 과학기술 연구개발

구 분	기 간	주요 내용
3개년 계획	1954~1956	· 전후복구 · 중공업(기계공업) 기반 구축 · 공업성장률: 41.7%
5개년 계획	1957~1961	· 2년 8개월로 중단, 1년 수습기(1960) · 사회주의 공업기초 확립 · 소화기, 탄약생산 등 기반 구축 · 공업성장률: 36.6%
1차 7개년계획	1961~1967	· 계획기간 3년 연장(1968~1970) · 사회주의 공업화 · 재래식 기본화기 양산체제 확립 · 공업성장률: 19.1%
6개년 계획	1971~1975	· 4년 8개월로 중단, 2년 수습기(1976~1977) · 사회주의 물질, 기술적 토대 확립 · 자체개발 독자무기 기반 구축 · 공업성장률: 16.3%
2차 7개년계획	1978~1984	· 수습기 2년(1985~1986) · 경제의 주체화, 현대화, 과학화 · 고도 정밀무기 자체 개발 · 공업성장률: 12.1%
3차 7개년계획	1987~1993	· 사회주의 완전승리를 위한 물질·기술적 토대 구축 · 기간산업 확장, 생산자동화 등 과학기술 발전 · 경공업 발전 및 대외협력 강화
제1차 과학기술 발전 5개년계획	1998~2003	· 전력·석탄·금속·철도·경공업·농업 부문의 기술개발 · 전자공학, 생물학, 열공학, 신소재 등 첨단기술의 적극 개발
과학기술 발전 전망계획	2003~2012	· 미사일, 핵무기, 대량살상무기 제작 관련 과학기술 대상(선차적인 분야) 우선 발전 · 에너지, 농업, 금속공업 등 인민생활 관련 대상과 IT, BT, NT 등 최첨단 과학기술 대상(중심적인 분야) 발전

　　북한이 전시동원공장들의 전시군수 생산준비를 본격적으로 밀고 나간 것은 1966년 10월의 제2차 당대표자 회의에서 김일성이 한 연설 "현정세와 우리 당의 과업"이라는 보고가 있은 후였다. 김일성은 "조성된 정세에서 우리는 사회주의경제건설을 계속 추진시키면서 이

와 병행하여 국방건설을 더욱 강력히 진행"해야 한다고 강조했다. 이는 "한 손에는 총을, 다른 한 손에는 낫과 망치를"이라는 슬로건으로 대변되었으며 민수공장들의 전시생산준비에 큰 파장을 일으켰다.[61] 즉, 민수공장들이 경제과제 수행보다 국방과제 수행에 더 큰 관심을 두게 했던 것이다.

경제－국방 병진이라고 하나, 이는 결과적으로 민수공장들이 맡고 있는 경제과제 수행이 '차요시'된다는 것을 의미했다. 김일성도 제2차 당대표자 회의 연설에서 국방건설의 병행으로 인하여 경제발전이 지장을 받을 수 있음을 내비쳤다.[62] 중국과 소련을 비롯한 공산권의 무상원조와 차입액이 1950년대의 4분의 1 수준으로 떨어진 상황에서 경제－국방 병진노선은 국방건설을 위해 경제발전의 희생을 요구하는 것이었다. 따라서 북한의 전시동원공장들은 경제과제 수행에 돌려야 할 시간 중 적지 않은 시간을 후보지 공사, 전시군수생산용 설비 및 장비제작 등에 소비해야 했다.[63]

---

61) 김병욱·김영희, "북한 전시동원공장들의 '전시군수생산 자립화' 과정", 국가안보전략연구소, 『정책연구』 통권 158호, 2008, p.129.

62) "물론 이렇게 하자면 많은 인적 및 물적 자원을 국방에 돌려야 할 것이며 이것은 우리나라의 경제발전을 일정하게 지연시키지 않을 수 없을 것입니다." 김일성, "현정세와 우리 당의 과업 (1966. 10. 5)", 『김일성저작집 20』, 1982, p.418.

63) 제5차 당대회에서 김일성은 1960년 국방부문에 국가예산 지출총액의 19%가 할당되었으나 제2차 당대표자 회의가 있은 후인 1967~1969년 동안에는 이보다 더 많은 31.1%가 나라의 방위력을 강화하는 데 투입되었다고 언급했다. 김일성, "조선민주주의인민공화국 인민경제 발전 6개년(1971~1976)계획에 대하여", 『조선노동당 대회 자료집』 3(서울: 국토통일원, 1988), p.114. 북한 당국은 병진공장이 늘어남에 따라 병진공장들의 군수생산을 전문적으로 지도할 수 있는 상부기구도 만들었다. 1962년 10월, 3차 내각의 출범 시 군수공업만을 전담하는 2기계공업부를 따로 설치하였는데, 이 시기에는 2기계공업부 내에 일용부서를 신설하고 병진공장들의 전시군수 생산준비를 지휘하게 했다. 1970년대 초 제2경제위원회 창설과 함께 일용지도국으로 승격시켰으며 이어 1980년대 말부터는 '전시동원총국－6국'을 만들고 이를 통해 병진공장들의 전시군수 생산준비를 지도하고 있다. 김병욱·김영희, 앞의 글, pp.146－147.

(2) 전자, 자동화공학 발전 역점: 내포적 성장체제 추진

1970년대 들어 세계적인 석유파동으로 북한 내부의 권력승계 강화는 주체적인 자립적 공업창설과 함께 내부구조 완비를 위한 기술혁신운동을 대대적으로 전개할 것을 요구하였다. 이와 함께 3대 기술혁명의 성과적 수행을 위해 자원을 절약하고 극소전자기술을 토대로 하는 첨단기술개발을 강조했다. 또한 국내 자원으로 원료·연료·동력문제 해결을 위한 '인민경제의 주체화, 현대화, 과학화' 실현 강조와 외세에 의존하지 않는 자체 자원·기술·인력의 산업발전을 추구했다. 기술수단의 현대화와 자동화생산시스템 확충을 통한 생산성 증대는 공업화 비중이 남달리 높은 북한에서 자본투입 상실과 낡은 기계화 수준으로 이때 이미 불가능했다.

북한은 뒤늦게 전자공학 발전의 중요성을 인식하고 전국의 대학들에서 뛰어난 실력을 갖춘 전자·자동화공학 전공 졸업생들을 발굴하여 국가적인 검정시험을 받도록 조치하였다. 그리고 첨단기술인력을 양성하기 위한 대책으로 국가과학원 안에 분야별 박사원을 설립해 전문적이고 깊은 지식을 소유하도록 과학자들을 집중 육성하는 등의 노력을 기울였으나 이미 구조화된 과학기술체계로 최신 과학기술 성과를 낼 만큼의 과학기술역량 부족과 첨단연구시설 및 장비 부재에 따른 성과 부진이 되풀이되었다. 또한 부족한 연구자재의 자체 해결을 위한 자력갱생, 식량난이 겹친 과학자들의 생활상의 어려움, 과학기술에 대한 제도적 개선 부재는 북한 사회의 과학기술 홀대와 기피 현상을 야기했다.[64]

북한은 모든 산업에서 자립적 민족경제건설을 추구했지만 전자산업과 정보산업을 비롯한 첨단산업 발전에서 자체 기술기반의 취약함을 깨닫고 외국 기술과 자본 유치로 정책방향을 전환하기 시작했다.65) 그리하여 침체상태에 빠져 있던 전자공학은 2차에 걸친 과학기술 발전 3개년계획(1988. 7 ~ 1994. 6)에 따라 새로운 전기를 맞게 되었다.

제1차 과학기술 발전 3개년계획(1988 ~ 1990)은 최신 과학기술을 통해 인민경제의 현대화를 적극 추진하는 것을 기본목표로 삼고, 6개 과학기술 분야를 선정하여 중점 연구과제를 제시하였다. 북한당국은 이 가운데 전자공업을 특별히 강조하고 있는데, 이는 1970년대 이후 서구 선진국을 중심으로 보급, 확대되고 있는 극소전자혁명의 성과를 북한에서 적극적으로 도입하고자 하는 정책적 의지의 표현으로 보인다. 이 계획에서 북한 당국이 기대한 것은 북한의 외연적 성장체제를 내포적인 성장체제로 전환하는 데 있었던 것으로 보인다.

제2차 과학기술 발전 3개년계획(1991. 7 ~ 1994. 6)은 제1차 계획의 연장선상에서 이루어졌으나, 수정된 제2차 계획의 중점기술 분야는 제1차 계획안과 약간의 차이를 보이고 있다. 제1차 계획이 전자공학 · 생물학 · 열공학 분야의 기술혁신에 중점을 둔 반면, 제2차 계획에서는 기계공업 · 전자공업 · 자동화공업 · 화학공업 · 농업 등의 포괄적인 목표를 제시하고 있다는 점에서 차이가 난다. 이것은 단기간 내에 성과를 거둘 수 없는 첨단과학기술 분야의 기술개발을 단기목표로 설정한 데 따른 부작용을 없애고, 독자적으로 상당히 기술축

---

64) 강영실, "북한과학기술정책: 전자자동화부문을 중심으로", 2009년 북한과학기술연구세미나 발표문, pp.54 - 55.

65) 대표적인 사례로 조 · 조 합영사업을 시도했으나 1990년대 들어 북 · 일 간의 정치적 문제와 엔화 하락 등으로 실패로 끝났다.

적을 이룩한 기계공업 분야의 기술혁신 등 보다 현실적인 과제로 목표가 조정되었음을 보여 주는 것이다.66)

북한은 1988년 11월 당중앙위원회 제6기 제14차 전원회의에서 '공작기계공업과 전자, 자동화공업 발전계획'을 결정하고 전자·자동화공업 발전에서 획기적인 전환을 가져올 것을 강조하였다. 기존의 정무원 산하 '자동화총국'을 '전자, 자동화공업위원회'로 확대·개편하고 각 기관들에서 관할하던 전자제품 관련 공장·기업소들을 통일적으로 지도하도록 했다. 이와 함께 여러 기관들이 관리하고 있었던 전자, 자동화 부문의 연구소들을 통합하여 과학원 전자, 자동화과학분원을 설립하였다.

북한은 또한 전자계산기연구소를 비롯한 수십 개 연구소의 중간시험공장들을 새로 만들고 연구진을 대폭 보강하는 한편, 전자공학부문의 '과학자, 기술자돌격대' 활동을 강화시키고 과학원이 학술적인 지도를 맡도록 조치하였다. 그 밖에 제2경제위원회가 관할하던 집적회로소자 생산의 군수공장 일부도 전자, 자동화공업위원회 산하로 이관시켰다.

김정일은 1991년 전국과학자대회 참가자들에게 보낸 서한 "과학기술 발전에서 새로운 전환을 일으키자"에서 연구개발체계의 필요성을 지적하고 국가의 주도하에 과학기술계획화사업을 벌일 것을 강조했다. 세부적인 내용으로 과학연구기관 간의 역할 분담, 연구사업 진행 전에 심의사업 강화의 필요성, 사후평가의 중요성을 지적했다. 또한 기계산업의 컴퓨터화와 로봇화 실현을 위해 극소형 컴퓨터에 쓰이는 전자요소와 전자재료들의 특성연구와 자급률을 향상시키며 프

---

66) 조성렬, 앞의 글, pp.123–124.

로그램 개발을 늘이고 컴퓨터의 이용 분야를 넓혀 나갈 것을 강조했다.

북한 당국은 3개년계획 기간 중 전자기술에서 집적도를 1억 개 이상 높이고 반도체 분야에서는 16~64MDRAM을 개발할 것을 요구하였다. 또한 극소형 컴퓨터 제작기술의 발전과 함께 전자부품 80% 전산화, 대규모집적회로(LSI), 특수반도체소자 생산, 고급가전제품, 광섬유통신을 실현하는 데 필요한 연구를 강화할 것을 목표로 하였다. 전자공학부문 연구소들은 트랙터 생산공정 자동화와 화학비료, 농약 배합공정의 컴퓨터화를 비롯한 농업 분야 관련 연구와 자동차 산업의 자동화 체계 확립, 수치제어공작기계용 집적회로 개발, 탐사장비 현대화와 철도 현대화, 발전설비들과 마그네샤크링카 및 제련설비 자동화 그리고 기간산업의 자동화 연구에 집중했다.67) 뿐만 아니라 버섯재배와 방직설비 자동화, 식품공업 현대화를 비롯한 경공업 관련 연구도 추진하였으며 연료·원료·에너지 분야 연구에도 집중하였다.

(3) 첨단 군사기술·컴퓨터기술 개발과 전문인력 양성

김일성과 김정일은 군사기술 개발을 추진하기 위해 군 수뇌부를 대동하고 1993년 11월 '과학원 전시관'을 시찰하였고 이후에도 수시로 과학원 전자, 자동화분원을 방문하여 전자, 자동화공학을 비롯한 첨단산업의 기술개발에 대해 강조했다.68) 북한의 모든 공업(산업)건설 활동은 철저히 군사문제와 연관되어 있고, 그것은 항시적인 사업

---

67) 과학기술출판사 편 『전자공학』, 2004년 1호 참조.
68) 강영실, 앞의 글, pp.58－60.

이며 모든 과학 분야에 해당한다.69) 특히, 북한은 이 시기에 컴퓨터 기술 개발과 전문인력 양성에 주력하였다. 1990년 10월 조총련 지원으로 설립한 '조선콤퓨터쎈터(KCC)'는 전산망 구축과 프로그램 개발 등 소프트웨어산업을 집중적으로 육성하기 시작했다. 또한 북한은 1986년 '평양프로그램개발회사'로 발족해 있던 기존의 회사를 1991년 7월 '평양정보쎈터(PIC)'로 새로 만들었다. 이 센터들은 한글문서 편집프로그램과 문자인식, 음성 및 문헌검색 프로그램을 비롯해 전국적인 데이터베이스 구축과 활용에 기초해 전통산업의 기술개조와 자동화, 컴퓨터와 전자부품의 생산, 국토관리프로그램 개발 등 세계적인 추세에 따른 정보통신기술의 적극적인 도입을 시도하였다.70)

북한은 산업기술 향상을 위해 2000년까지 전국적으로 모든 분야에서 전산자동화 구축과 초대규모집적회로(VLSI) 생산을 선진국의 수준까지 끌어올린다는 목표를 제시하였다. 2000년까지의 중장기계획을 추진하기 위해 1980년대 들어 기술관료의 등용을 늘려 정무원 각 부와 위원회의 부장과 위원장 가운데 기술관료가 크게 증가하였다. 또한 북한은 제3차 7개년계획 기간 동안 과학기술 분야에 대한 투자를 국민소득의 3~4%로 늘리기로 결정하고, 2000년까지는 5%를 넘도록 하였다. 그리고 1987년 당시 13만 5천 명 수준인 과학자·기술자를 2000년까지 20만 명 수준으로까지 끌어올릴 계획과 그 밖에 연구단지 조성, 과학자들에 대한 투자 증대, 장비의 현대화와 공장과 기업소에서의 실험연구의 현대화 등 의욕적인 계획을 세웠다.71)

---

69) 김동식, "북한의 과학기술 현황과 통일 후 과학기술 발전에 대하여", 과학기술정책연구원 주최 204회 비공개포럼 발제문.

70) 강영실, 앞의 글, p.60.

71) 김병목·임병기·이장재, "북한의 과학기술정책과 과학기술 발전계획", 과학기술정책연구원,

또한 북한은 과학기술 발전에 의하지 않고는 낙후한 산업 실정을 극복하고 진정한 경제발전을 이룩할 수 없다는 점을 인식하고 첨단 과학을 중심으로 대대적인 교육체제 개편을 시도하였다. 이에 따라 교과과정이 크게 개편되었고, 첨단기술 위주의 대학과 학과 교과목이 증설되었다.[72]

(4) 대외 과학기술 교류협력

1990년대 이후에 구 사회주의 국가들의 붕괴와 대외무역 침체, 고난의 행군 등으로 북한의 대외 과학기술협력이 크게 위축되었고, 유엔개발계획(UNDP), 유엔공업개발기구(UNIDO)와 한반도 에너지 개발기구(KEDO) 등 국제기구와의 협력이 증가하였다. 또한 북한은 "과학에는 국경이 없지만 과학자에게는 조국이 있다."는 구호 아래 일찍부터 해외동포 과학자들과의 과학기술협력을 강화하였다. 북한은 이들의 성장을 위해 상당한 경비를 지원하고, 우수 연구자들은 북한 과학원의 겸임 연구원으로 위촉되어 북한과 연계된 연구를 수행하도록 하였다. 이와 함께 북한의 과학기술 발전에 크게 기여한 해외동포 과학기술자와 단체에 각종 학위학직과 명예칭호를 수여하

『과학기술정책』 4(1), 1992, p.46, p.48.

72) 1987년에만 6개의 단과대학을 신설하였고, 당시까지 개편되지 않은 모든 고등전문학교들이 4년제 단과대학과 2년제 전문학교로 개편되었다. 신설되는 기계, 전자, 자동화 관련 단과대학들에는 컴퓨터학과, 프로그램학과, 정보처리학과, 집적회로학과 등이 집중적으로 설치되었고, 김책공업대학, 평양기계대학, 평양철도대학, 희천공업대학 등에도 최첨단 기술공학과가 신설되었다. 이와 함께 각종 기술대학들에는 1987~1988년 사이에만 30여 개의 학과가 신설되고 30여 개의 학과가 개편되었다. 리영환, 『조선교육사 6』(평양: 사회과학출판사, 1995), pp.74-113; 이춘근, 앞의 책, p.23.

였다.[73]

1995년 조총련 결성 40주년 기념식에 보낸 서한에서는 "힘 있는 사람은 힘으로, 돈 있는 사람은 돈으로, 지식 있는 사람은 지식으로 사회주의 조국의 부강한 발전을 위하여 특색 있는 기여를 해야 하며, 조총련은 동포상공인들을 비롯한 재일동포들이 경제, 사회, 과학기술의 여러 분야에서 북한과의 합영, 합작과 교류사업을 강화하여 북한의 사회주의 건설에 이바지하고 동포 자신들의 이익도 도모하도록 적극 지원해야 한다."[74]고 강조하였다. 또한 최고 지도자의 관심에 따라 북한 과학원에 해외동포를 담당하는 2국을 설치하고 이들과의 연계를 강화해 나갔다. 북한의 각종 과학기술대회에 해외동포 과학자들이 초청되고 이들의 의견이 과학기술정책 수립에 비중 있게 반영되었다.[75]

북·중 간 과학기술협력은 중국에서 원조하는 성격이 강했다. 1990년대 중반까지의 개략적인 통계를 보면, 북한이 매년 사절단과 실습단 100여 개를 중국에 파견하고, 중국은 90개 정도(협력계획 40개, 과학원간 20개, 계획 외 30개)를 북한에 파견하였다고 한다. 협력계획에는 상당 부분 양국 과학원 간의 협력이 포함되어 있으므로 실제적인 협력과제는 이들이 주도하는 경우가 많았다.[76] 그러나 1996년을 고비로 양국 과학원 간의 공동연구는 거의 중단되었다. 중국 과

---

73) 조선로동당출판사 편, 『위대한 수령 김일성동지의 불멸의 혁명업적 18, 해외교포문제의 빛나는 해결』(평양: 조선로동당출판사, 1999), pp.263 - 266.

74) 김정일, 『과학교육사업을 발전시킬데 대하여』(평양: 조선로동당출판사, 1999), pp.233 - 257.

75) 이춘근, 앞의 책, p.204.

76) 이에 대한 구체적인 내용은 이춘근 역, 『중국의 주요 국가과학기술계획』(서울: 한국과학기술정책연구원, 2004) 참조.

학원이 대대적인 개혁을 추진하면서 내부적인 실적 경쟁이 치열해지고, 그동안 북한과의 협력을 담당하면서 북한을 잘 이해하던 담당자가 은퇴하면서 경비를 제대로 조달하지 못했기 때문이라고 한다.77)

(5) 과학기술적 성과와 신년공동사설(1995~1997)의 내용분석(content analysis)

북한은 혁명적 경제전략 실현을 위한 농업과 경공업, 석탄, 전력, 철도운수를 비롯한 금속공업 부문의 현대화를 위한 과학기술적 문제들을 풀어 나가는 데 주력하여 본격적인 연구사업들이 이루어졌다. 그리하여 비료공장, 화학공장들에서 암모니아생산을 비롯한 전반적인 생산공정의 현대화와 농작물 시비체계 과학화로 벼 수확고가 높아졌다. 방직, 신발, 식료공장들에 성능 높은 전자장치 및 컴퓨터가 도입되고 원적외선 발열체, 고분자 투영 전도막, 네오듐-철-붕소계 희토류 수지결합자석, 컬러텔레비전 수상기용 관통축전기 등 전자요소들이 연구 개발되었다.

또한 경공업 제품생산에 설비도입과 생산공정의 현대화에 집중하였다. 그리고 144w 동력용 태양전지와 대면적의 무정형 태양전지 개발, 컴퓨터화된 초고압 초고온 보일러 드람 수위 측정장치 도입, 높은 정확도가 보장된 반도체 압력수감식 고정밀 수위 측정장치, 6ky 고압 전동기 보조장치, 석탄운반벨트의 째짐예보장치를 개발하여 수력·화

---

77) 이춘근, 『북한의 과학기술』, p.213. 과학원 간의 협력은 2002년경 다시 재개되었으나 이전에 행정부서 주관으로 하던 협력 유형과 유사하게 연 2회 정도의 대표단 파견에 그치고 있다.

력발전소 전력생산 정상화에 기여하였다.

그 밖에 컴퓨터 도입, 다선회화, 유연화된 지하촬영기구인 다회선 종합전기탐사기, 고품질 마그네샤크링카 생산품 준위 측정장치, 소성로 표면온도 감시장치, 고온복사 온도계, 가열로 접촉식 표면온도계 등 전자장치 개발과 미분탄 급탄계통, 열처리공정, 아연제련공정의 컴퓨터를 비롯해 석탄, 금속공업 부문의 현대화와 전기철도용 특수 반도체 소자를 비롯하여 철도통신망과 지령체계의 컴퓨터 도입과 자동화 실현을 위한 여러 가지 과학기술적 문제들을 해결하였고 토지 정리를 비롯한 대자연 개조사업에 필요한 효능 높은 프로그램을 많이 만들어 냈다.[78]

이상과 같이 유훈통치기 북한의 대외환경, 주체사상과 김일성 수령유일지배의 리더십, 3대 제일주의의 혁명적 경제전략의 독립변수들의 상호영향으로 나타난 과학기술정책에 대해서 다음과 같은 평가를 할 수 있다.

북한은 사회주의 물질적 토대를 마련하고 공산주의로 이행하기 위해서는 계속혁명의 관점에서 계급투쟁을 지속적으로 전개해야 한다고 주장하면서 과도기와 프롤레타리아독재의 시기를 독자적으로 설정, 이에 근거하여 경제건설과 계급투쟁과의 관계를 풀어 나갔다. 북한은 경제건설의 성공적인 보장을 위해서는 과학기술정책이 매우 중요한 관건임을 인식했다. 주체사상은 과학기술 분야에까지 영향을 미쳐 자력갱생에 의한 주체과학이 제창되었으나 소련과 동구 사회주의권의 붕괴, 심각한 경제난 등으로 그 한계가 여실히 드러나게 되었다.

---

78) 이에 대한 자세한 내용은 이춘근, 앞의 책, pp.141 - 146 참조.

수십 년간 고수해 온 주체과학은 세계적 추세에 맞는 첨단과학기술 대외협력 부재와 전문 인력의 부족을 낳았고, 이미 제도화된 과학기술개발체계는 시도 때도 없이 내몰리는 각종 노력동원과 돌격대운동으로 과학자, 기술자들의 연구개발 의욕을 저하시켰으며 젊은 과학자들의 과학계 이탈을 야기했다.

특히, 유훈통치기 당시 북한의 연구사업 환경은 기초연구작업의 투명성이 보장되지 않아 타 기관을 활용하고 부족한 연구설비와 자재들을 전부 자체의 힘으로 하나하나 해결해 가면서 맡겨진 연구과제를 수행했다. 동시에 사회주의 북한 체제의 현실은 연구실, 작업실을 직접 운영해야 하는 등 과학연구사업에서 제기되는 크고 작은 과학기술적 문제뿐만 아니라 그 밖의 애로사항과 난관을 모두 연구소 자체적으로 해결하는 능력을 키울 것을 요구했다. 이렇듯 '고난의 행군' 시기 식량이 없어 살아가기 힘들었던 조건과 매우 열악한 연구사업 환경 속에서도 어려움을 극복하려고 노력했던 북한 과학기술자들의 노력은 높이 평가할 만하다.[79]

북한 당국이 겉으로는 과학기술 발전을 끊임없이 강조했으나 실제로는 당이 정해 준 다양한 정치학습과 시간에 쫓기는 연구과제, 이에 따르는 책임 추궁, 특정 분야에 대한 연구사업 통제와 과학성과에 따른 과학자들의 정당한 대우 부족 등으로 과학기술 연구개발 환경이 제대로 조성되지 못하였다. 더욱이 최고 지도자의 불시의 현지지도는 기존의 계획 외 최고 지도자의 즉흥적인 관심 분야 연구에 매달리게 하는 등 사실상 과학기술 발전을 더디게 한 주요인이 되었다.[80]

79) 최현규 편, 앞의 글, pp.10-12.
80) 강영실, 앞의 글, p.55.

결과적으로 북한의 과학기술은 점점 더 순수한 과학기술 발전은 물론 경제발전의 원동력으로 작용하지 못하고 김정일의 권력 공고화 수단으로 활용되는 측면이 더 크게 나타나게 되었다. 과학기술의 발전은 우선 외적 조건의 성숙도에 의해 좌우되는데, 북한이 직면하고 있는 외적 조건은 과학기술 발전의 장애요인으로 작용하였다. 즉, 폐쇄경제 성격의 자립적 민족경제건설노선, 확대재생산의 1부문(생산재 생산)의 2부문(소비재 생산)과의 상호 관련성이 무시된 중공업 우선적 발전과 경공업, 농업의 동시적 발전노선, 국방건설에의 과도한 투자로 인한 경제부문 투자액의 감소, 철저히 중앙집권적인 계획의 일원화 및 세부화 노선 그리고 무엇보다 소련과 동구 사회주의권의 붕괴가 과학기술의 발전에 상당한 악영향을 주었던 것으로 분석된다.

다음으로 과학기술 발전의 내적 요인은 정치적 자극 우선의 산(육체)노동의 제고를 통한 대중적 기술혁신운동, 생산과정에서의 노동동원, 선진과학기술 도입의 제약, 경제난 등으로 차츰 그 한계성이 드러났다.[81] 북한 당국의 1980년대 중반 이후의 과학기술체제 개선, 즉 과학기술 행정체계 변화와 인적 구성 면에서 기술관료의 증가 그리고 교육체계에서 과학기술 과목의 비중 확대 및 신설, 과학자, 기술자의 수적 증대 등의 혁신적 노력은 불리한 대외정세와 북한 사회주의 계획경제체제의 전반적인 제도적 제약의 틀 속에서 제 기능을 발휘하지 못했던 것으로 평가된다.

마지막으로 유훈통치기의 신년공동사설(1995~1997)에서 대외환경, 통치이념·리더십, 경제발전전략과 과학기술정책과 관련한 용어를 분석한 결과는 다음의 <표 4>~<표 7>으로 나타났다. 북한은 신

---

81) 김하현, "북한의 과학기술과 그 딜레마", 『북한』, 1980년 4월호, p.150.

년공동사설의 중요 부분에 대해서는 강조법과 반복법을 사용하는데, 특히, 그해 추진하려는 전략적 목표에 맞게 구호 혹은 새 단어들을 발굴하고 함축적인 용어를 사용한다. 그리고 어휘표현에서 전략적 의도에 따라 강약관계가 분명한 표현들을 골라 사용한다. 제2부에서 제시한 가설을 증명하기 위해서 이 책은 신년공동사설에서 갈등적, 대립적 대외환경을 표현하는 용어들을 추출하여 1995∼1997년 기간 동안의 사용빈도를 분석하였다. 신년공동사설은 북한 정서와 시대성을 규정하기도 하며 전반적인 과업으로부터 부분적인 과업에 이르기까지 국가전략과 전술이 총체적으로 함축되어 있다. 비슷한 어조의 상투적인 표현과 달리 그 전해의 대내외 상황을 반영하여 강조되거나 몇 번씩 반복되는 대목을 주목하면 그 시대적 상황을 이해할 수 있다.

따라서 이 책은 신년공동사설에서 예년보다 더 강하고 반복적인 표현(용어) 또는 새롭게 등장한 표현(용어)을 선정하고 빈도를 계산하여 각 독립변수와 종속변수의 상관관계를 분석하였다. 북한은 일반적으로 강한 적대감을 표현할 때는 상대편 국가명(國家名) 또는 국가원수 이름을 적시하면서 비난하고 있다. 예컨대, 북한이 신년사에서 미국, 일본 등의 국가명을 언급하면서 비난한 연도는 1995∼2009년의 총 15개 연도 신년공동사설 중 9개 연도로 나타났는데, 이는 곧 북·미 관계, 북·일 관계가 악화된 시기와 일치한다.

<표 4>에서 제시한 '미국', '미제', '일본' 등은 북한이 미국과 일본에 대해 적대적, 대립적인 감정을 강하게 표현한 것이고, 파쑈(매국), 국가보안법, 김영삼 등은 남북관계의 대립적·갈등적 측면을 극명하게 표출한 용어이다. 따라서 이들 용어의 사용 빈도가 높으면 높을수록 그만큼 대외환경의 갈등적, 대립적인 측면이 두드러지게

나타나고 있는 것이 된다. 특히, 1995~1997년의 시기에 김영삼 대통령의 이름을 4회 거명한 것은 이 시기 이후에 대통령 이름을 거명하며 한국을 비난한 예를 찾아보기 힘들 정도로 북한이 대남 적대적 감정을 강하게 표현한 것이라고 할 수 있다. "김영삼 정권(1995)", "김영삼 파쑈 정권", "미국의 식민지통치하에 있는… 문민의 간판밑에 파쑈와 매국, 분렬을 추구하며 부정협잡을 일삼는 김영삼일당을 제거하고…", "김영삼 괴뢰정권"(1996), "김영삼 일당"(1997) 등 점점 더 대남 적대적 표현의 강도가 높아지고 있다. 이러한 적대감은 무엇보다 김영삼 정부의 김일성 사망에 대한 조의 불허 방침에 기인한 것으로 분석된다.

> 남조선통치배들은 뜻밖에 발생한 동족의 유고에 통일대화의 일방, 민족성원으로서의 조의례절을 지킬 대신 민족의 아픈 가슴에 총부리를 돌려대고 파쑈폭압과 배신의 길로 나아감으로써 화해와 단합의 방향으로 발전하던 북남관계를 다시금 반목과 대결에로 되돌려세웠다.[82]

김정일은 유훈통치기의 대내외 체제안보위기에 대비하여 주체사상과 붉은기사상을 강조하며 북한 주민 억압과 사회통제의 수위를 높이는 강경한 리더십을 보였다(<표 5> 참조). 또한 김정일은 고난의 행군기의 극심한 경제난에 처하여 농업, 경공업 발전을 우선하는 혁명적 경제전략 방침을 그대로 유지하며 과도기의 위기체제를 관리하고자 하였다. 3개 연도의 신년공동사설에서 '자립'과 '자력갱생'의 용어 사용 빈도가 높게 나타나고 있는데(<표 6> 참조), 이는 유훈통치기의 폐쇄주의 경제정책의 고수와 개혁·개방에 대한 경계심을 반

---

82) "1995년 신년공동사설", 『로동신문』, 1995년 1월 1일자.

영하는 것이라고 할 수 있다.

한편, 김정일 정권이 공식 출범되기 전인 1997년의 신년공동사설에서 서서히 과학자, 기술자, 지식인들의 역할 강조 등 과학기술과 관련한 언급(<표 7> 참조)이 나타나기 시작해 김정일 시대의 본격적인 과학기술정책의 시행을 예고하였다. 즉, 김정일 정권은 1998년 8월 31일 '광명성 1호' 시험발사에 성공하여 1999년을 '과학의 해'로 지정하고, 2000년에는 새로운 국가목표인 강성대국 건설의 주요 정책수단으로 과학기술중시노선을 제시했던 것이다.

〈표 4〉 신년공동사설(1995~1997)의 대외환경 관련 용어 분석

대외환경관련 용어	미국	미제	일본	김영삼	파쑈	국가보안법
1995	1	0	0	1	2	1
1996	3	0	0	3	2	1
1997	1	2	1	1	1	0
합계	5	2	1	4	5	2

〈표 5〉 신년공동사설(1995~1997)의 통치이념 · 리더십 관련 용어 분석

통치이념 · 리더십 관련 용어	주체	주체사상	붉은기	선군정치	선군사상	선군혁명령도	선군령도
1995	15	3	0	0	0	0	0
1996	6	2	14	0	0	0	0
1997	13	2	12	0	0	0	0
합계	34	7	26	0	0	0	0

<표 6> 신년공동사설(1995～1997)의 경제발전전략 관련 용어 분석

경제발전전략 관련 용어	자립	자력갱생	계획경제	사회주의원칙	실리	국방공업
1995	1	5	0	0	0	0
1996	2	1	0	0	0	0
1997	2	5	0	0	0	0
합계	5	11	0	0	0	0

<표 7> 신년공동사설(1995～1997)의 과학기술정책 관련 용어 분석

과학기술정책 관련 용어	과학기술	기술개건	정보기술	정보산업시대	생산정상화	현대화	개건
1995	0	0	0	0	0	0	0
1996	1	0	0	0	0	0	0
1997	3	0	0	0	0	0	0
합계	4	0	0	0	0	0	0

1996년 신년공동사설에서 나온 '과학기술'의 용어는 "농촌경리부문에서는 주체농법의 요구대로 농사를 주인답게 **과학기술적**(이하 필자 강조)으로 지어 올해 알곡생산에서 결정적인 전환을 이룩하여야 한다."는 문장의 통상적인 표현으로, 과학기술정책으로서의 큰 의미를 부여하기 어렵다고 할 수 있다.

1997년의 신년공동사설은 "사회주의총진군이 힘차게 다그쳐지고 있는 지금이야말로 우리 지식인들이 **과학기술**과 지식으로써 조국의 부강발전에 한몫 단단히 해야 할 때이다. 사회주의가 없으면 지식과 기술도 무용지물이 되고 지식인도 노예가 된다. **과학자, 기술자**들은 당의 혁명적 경제전략을 관철하여 인민생활을 높이는데서 나서는 **과학기술**적 문제들을 제때에 풀어 나가며 사회주의건설에 적극 이바지하여야 한다."83)고 하면서 '고난의 행군'기에 발생했던 대량탈북사태와 과학자, 기술자들의 사회주의 이반현상을 경고하여 단속하고, 붕괴된 경제를 재건하는데 기여할 것을 촉구하였다.

1997년의 신년공동사설에서 처음으로 기술된 163자(字)의 과학기술정책은 그 다음 해인 1998년에 이루어진 '역사적 사변'인 '광명성 1호' 장거리 미사일 시험발사와 새 시대를 개막하는 김정일 정권의 공식 출범 그리고 향후 본격화될 과학기술중시정책의 단초를 보여주는 것이라고 할 수 있다. 다만, 가장 어려웠던 '고난의 행군' 시기 북한 당국의 과학원에 대한 대대적인 투자는 북한 역사에서 거의 찾아보기 힘든 일로 평가되는데, 신년공동사설의 내용분석으로는 그러한 분위기를 감지하기 어려운 한계가 있다.

독립변수		종속변수
협력적 대외환경 **강경한** 리더십 **폐쇄주의** 경제발전전략	▶	**자력갱생**의 주체과학기술정책

〈그림 2〉 1995~1997년의 과학기술정책 유형

이상과 같이 이 책은 1995~1997년 신년공동사설의 내용분석을 통한 경험적 연구결과가 제2부에서 제시한 가설과 '대체로' 일치하다는 결론을 도출하였다.

'대체로' 일치한 이유는 본 연구의 가설에 따르면 대외환경 변수가 '협력적'인 경우 과학기술정책도 '수용적(협력적)'으로 나타나야 하는데 '자립적 주체과학'이 강조되었기 때문이다(<그림 2> 참조).

---

83) 『로동신문』, 1997년 1월 1일자.

이에 대해서는 이 시기에 남북관계를 제외하고 북·미 관계 개선 등 대외환경이 우호적으로 조성되어 가고 있었음에도 불구하고 북한은 갑작스러운 김일성 사망 후 체제수호에 급급한 나머지 북한 내부단속과[84] 후계체제 공고화 등 김정일의 1인 지배체제 확립을 무엇보다 최우선시했기 때문에 자립적 민족경제건설노선과 자력갱생을 강조하고 폐쇄적인 주체과학기술정책을 고수할 수밖에 없었다는 정황 논리로 해석될 수 있겠다.

따라서 이 시기에는 1998~2002년의 신년공동사설에서 나타나고 있는, 김정일 시대의 과학기술정책과 관련된 '기술개건', '정보기술', '정보산업시대', '생산정상화', '현대화', '개건'과 같은 용어가 하나도 언급되지 않았다. 결국 이 시기에는 세 가지 독립변수 중에서도, 특히, 최고 지도자의 강경한(보수적) 리더십이 과학기술정책의 내용과 성격에 가장 큰 영향을 미쳤다고 할 수 있다.

---

84) "우리 당과 인민은 오래고도 간고한 혁명의 길에서 일심단결의 혁명철학으로 전진하고 일심단결의 위력으로 승리해 왔다. 우리 인민은 자기 수령을 잃었다고 하여 사상적으로 동요하거나 와해되는 그런 인민이 아니며 전진도상에 고난이 겹쌓인다고 하여 물러서거나 주저앉는 그런 인민도 아니다." "1996년 신년공동사설", 『로동신문』, 1996년 1월 1일자.

제 4 부

김정일 체제의 실리사회주의와 선진과학 추구: 1998~2002

1. 대외환경

(1) 북·미, 북·일 간 관계 급변과 남북관계 급진전

탈냉전의 국제환경 속에서 북·미 관계는 세계 유일 초강대국 미국의 적극적인 '국제질서 재편전략'과 소련과 동·중유럽 사회주의 체제의 붕괴를 가져온 새롭고 불리한 국제환경 속에서 살아남기 위한 북한의 '생존전략'이 상호 부딪치면서 냉전시대와는 달리 더 복잡하고 역동적인 양상으로 전개되었다. 때로는 부정적이고 파괴적인 '대결'이 강하게 나타났고, 또 다른 때에는 탈냉전이라는 화해와 협력의 큰 틀 속에서 긍정적이고 건설적인 '협력'도 생겨났던 것이다.

1998년 8월에 제기된 평북 대관군 금창리의 지하 핵 의혹 시설문제는 북·미 관계를 위협하는 또 하나의 요인으로 등장해 양국 관계는 다시 긴장상태로 접어들었다. 미국은 금창리 시설의 핵 관련성을 제기했고, 이에 대해 북한은 핵시설과는 무관하다며 "만일 금창리 지하시설이 핵 관련 시설이 아닐 경우에는 보상할 것"[1]을 요구하는 가운데 북·미 간에 1998년 11월부터 1999년 3월까지 4차례의 협상이 진행되었다. 북한은 미국 측의 복수 현장방문을 허용하는 대가로 약 60만 톤의 식량을 제공받았고, 1999년 5월 미국의 현장 방문단이 금창리 터널을 현지 조사함으로써 금창리 지하 핵 의혹 시설 용도를 둘러싼 논란은 7개월 만에 일단락되었다. 1999년 초에는 또다시 북한을 폭격해야 한다는 주장이 제기되기도 하였으나 양측 모

---

1) 북한 외무성 대변인 기자회견, 『조선중앙통신』, 1998년 11월 9일자.

두가 이 문제로 인해 다시 긴장상태로 돌아가기를 원하지 않았으며, 오히려 이 문제가 해결됨에 따라 양국 간 관계 개선의 발판이 놓이게 되었다. 미국은 북한문제에 다시 개입할 수 있는 여건을 조성할 수 있게 되었다.

북·미 간의 관계 개선 분위기는 1999년 9월 북·미 간 베를린 미사일 교섭의 타결과 '페리 보고서(Perry Process)' 발표로 이어졌다. 베를린 미사일 회담에서 북한이 미사일 발사를 유보하는 대신 미국은 대북 경제제재를 해제하고 북한에 식량을 지원한다는 데 합의했다.[2]

1999년 10월의 '페리 보고서'의 주요 내용은 한반도의 냉전체제 종식을 위한 3단계 목표를 포함하고 있다. 제1단계 또는 단기목표는 한반도 안에서 핵무기와 미사일의 위협을 없애는 것이다. 북한은 미사일 재발사를 자제하고, 미국은 북한에 대한 경제제재를 완화하며 상호 간에 연락사무소를 개설하는 등 관계 개선을 위해 노력한다는 내용이다. 제2단계 또는 중기목표는 북한과 미국 사이 그리고 북한과 일본 사이에 관계 정상화를 이루는 것이다. 북한은 핵무기와 미사일 개발을 중단하겠다는 보장을 하고, 남북한 사이에는 1994년의 제네바 기본합의를 이행하며, 북한과 일본 사이에는 수교협상을 본격화한다는 계획이다. 제3단계 또는 장기목표는 한반도 냉전체제를 종식하고 남북한 사이에 평화안정체제를 구축하는 것이다. 북한과 미국 그리고 북한과 일본은 정상적인 관계로 발전하고 남한과 북한은 실질적인 통합으로 볼 수 있는 남북연합을 이룬다는 계획이다.[3]

---

2) 『한겨레신문』, 1999년 9월 26일자.

3) '페리 보고서'로 불리는 "Review for United States Policy Toward North Korea:

그 후 2000년 10월, 11월에 북·미 양국 사이에서 일어난 일련의 사건들 - 김정일의 특사인 조명록의 미국 방문(10. 9~12), 북·미 공동코뮈니케(10. 12) 발표,[4] 올브라이트(Madeleine K. Albright) 미 국무장관의 평양 방문(10. 22~25), 쿠알라룸푸르 북·미 미사일 회담(11. 1~3) - 들은 양국 간 반세기 이상의 적대관계를 생각하면 실로 격세지감을 느끼게 하는 사건들이었다. 그런데 이러한 북·미 관계에서의 대반전은 미국 스스로도 인정했듯이, 2000년 6월 남북정 상회담과 6·15 남북공동성명으로 한반도에서 새로운 돌파구가 마련되어 이 지역에서 국제정치의 흐름이 급격히 탈냉전으로 변환하지 않았더라면 불가능한 것이었다.[5]

그러나 클린턴(William J. Clinton) 시대의 대북포용정책에 힘입어 관계 정상화로 나아가고 있던 북·미 관계는 후임 부시(George W. Bush) 행정부가 '클린턴 정부 정책 뒤집기(ABC: anything but Clinton) 에 나서고, 또 전혀 예상치 못한 9·11 테러가 발생함으로써 불행하게도 관계 개선의 막을 내리게 되었다. 9·11 테러 이후의 북·미 관계는 2001년 9월의 9·11 테러와 그 이후 전개된 부시 행정부의

Findings and Recommendations, Unclassified Report(1999. 10. 12)"는 미 국무부 홈페이지(http://www.state.gov) 참조.

4) '조선민주주의인민공화국과 미합중국 사이의 공동코뮈니케(US-DPRK Joint Communique)'의 영어 원문은 노틸러스 연구소 홈페이지(http://www.nautilus.org)와 조선중앙통신 홈페이지 (http://www.kcna.co.jp) 참조.

5) Madeleine K. Albright, "Address at National Press Club", Nov. 2, 2000; 세종연구소 북한연구센터 편 『북한의 대외관계』, p.84. 남북정상회담 직후인 2000년 6월 19일 미국은 〈연방관보(Federal Register)〉에 대북 경제제재 완화조치 내용을 게재함으로써 1999년 9월 17 일 클린턴 대통령이 발표한 대북 경제제재 완화조치를 공식 발효시켰다. 그 주요 내용은 첫째, "적성국교역법"에 의거한 "외국자산통제규정"을 개정, 재미교포를 포함한 미국민의 대북송금 및 개인·상업적 금융·자산거래를 가능하게 했다. 둘째, "수출관리법"에 의거한 "수출관리규정"을 개정, 미국산 소비재와 용역을 수출하고, 북한산 원자재·물자를 수입할 수 있게 하는 동시에, 농업·광업 분야의 투자를 허용했다. 셋째, 미 선박·항공기의 대북 물자수송과 미 전세기의 대 북운항을 가능토록 했다. 통일부, 『북한동향』 제492호(2000. 6. 17~6. 23), pp.9-10.

반테러 및 비확산 · 반확산정책 그리고 2002년 10월 북한의 "농축우
라늄 핵프로그램 보유 시안"을 발단으로 한 제2차 북핵 위기에 의해
결정적인 영향을 받게 되었다.6) 특히, 9 · 11 테러 이후 미국의 '예방
적 선제공격(preemptive strike)' 방침과 김정일 정권의 '선군정치' 노
선에 의해 그 어느 때보다 군사력의 중요성이 강화되었다.

〈표 8〉 클린턴과 부시 행정부의 대북정책 비교

구분	클린턴 행정부	부시 행정부
대북 인식	신뢰할 수 없으나 협상 가능	신뢰할 수 없으며 독재체제임
상호주의	비대칭적 상호주의로 북한의 변화 유도	철저한 점검과 검증을 바탕으로 엄격한 상호주의(인권 등 인도주의 문제 논의)
한국의 대북포용정책	지지(포괄적 접근)	제한적 지지(핵 · 미사일과 연계 조건)
제네바 기본합의	이행	기본골격은 유지하되 과거의 핵규명 등을 위한 수정 검토
북 · 미 미사일 협상	위성 대리발사와 현물지원 조건하에 개발 · 수출 중지 타결 임박	처음부터 다시 협상 시작 검증에 의한 투명성 확보 필수적

* 자료: 김계동, 앞의 책, 243.

부시 행정부 국방정책의 근간이라고 할 수 있는 '4개년 국방검토
보고서(QDR)'는 이전의 것보다 매우 공세적으로 바뀌었다. 2001년
9월 30일자로 만들어진 이 보고서의 새로운 핵심내용은 크게 두 가
지로 요약된다. 첫째, 과거에는 '상대의 위협'에 초점을 맞춰 국방계
획을 세웠으나, 앞으로는 '자신의 능력'에 초점을 맞추겠다는 것이다.
'누가' 적인가 또는 전쟁이 '어디서' 일어날 것인가보다는 적이 '어

---

6) 김정일 정권에 있어서 핵은 외부의 위협에 대응하고 내부의 결속을 도모하는 체제안보적 기능
과 국제사회의 정치 · 경제적 보상과 지원을 이끌어 내는 협상카드의 기능을 두루 갖춘 체제보
위의 최후 보루로 북한은 제1, 2차 북핵 위기에 이어서 급기야 2006년과 2009년에 핵실험
을 감행하기에 이른다.

떻게' 싸울 것인가에 대해 더 신경을 쓰겠다는 것이다. 둘째, 과거에는 미국이 두 곳에서 동시에 전쟁을 벌여도 둘 다 이길 수 있는 '동시 승리(win – win)' 전략을 세웠으나 앞으로는 둘 다 이기되 적어도 한 곳에서는 영토를 점령하거나 정권을 교체시킬 수 있는 '결정적 승리(decisive victory)' 전략을 세운다는 것이다.[7]

2001년 1월 부시 대통령은 국정연설을 통해 북한과 이란 그리고 이라크가 '악의 축(axis of evil)'을 이루고 있다면서 북한을 압박하였고,[8] 2002년 3월 9일 『로스앤젤레스 타임스』에 처음으로 보도되어 널리 알려지기 시작한 '핵태세 검토(NPR)'에서는 북한을 핵무기 선제공격 대상 7개국 가운데 하나로 꼽음으로써 북한을 더욱 강박했다. 핵무기를 전쟁억지수단으로뿐만 아니라 선제공격수단으로도 사용할 준비를 해야 한다는 내용은 북한뿐만 아니라 여타 국가들에도 커다란 충격과 반발을 야기했다.[9]

'핵태세 검토'의 내용은 2002년 9월에 발표된 미국의 새로운 '국가안보전략(National Security Strategy)'에 반영되었다. 미국이 지금까지는 국가안보에 '충분한 위협'이 있을 때 이를 막기 위하여 선제공격을 한다는 전략을 유지해 왔지만 앞으로는 그러한 적대행위를 '예방하기 위해서' 필요하다면 선제공격을 하겠다는 것이 핵심내용이다.[10] 여기에서 미국은 북한이 1990년대에 자체적으로 대량살상무기

---

7) 이에 대한 구체적인 내용은 미 국방부 홈페이지(http://www.defenselink.mil) 참조.

8) 부시 대통령을 비롯한 부시행정부 인사들은 김정일에 대해 강한 의구심을 가지고 있었다. 2001년 3월 8일 김대중 대통령과의 정상회담에서 부시 대통령은 "북한 지도자에 대해 약간의 회의심(skepticism)을 가지고 있다."는 의견을 보였으며, 파월 국무장관도 의회 청문회 등에서 김정일을 '독재자(despot)'로 지칭한 바 있다. 백악관 안보보좌관 라이스(Condolezza Rice)도 김정일에 대해 "신뢰할 수 없다."는 표현을 하곤 했다.

9) *Los Angeles Times*, March 9, 2009.

를 개발하는 한편, 탄도미사일을 세계적으로 확산시키며 점점 성능이 뛰어난 미사일을 실험하고 있다고 판단하고 있다.[11] 이후 2002년 10월 제임스 켈리(James Kelly) 미국 대통령 특사가 평양을 방문하여 강석주 외무성 제1부상과 회담을 가졌다. 켈리가 미국으로 돌아가 북한이 농축우라늄을 통한 핵개발 프로그램을 시인했다고 발표함으로써 '제2차 북핵 위기'가 시작되었다.

북한은 이와 같은 미국의 대북정책에 대해 강력히 비난했다. 2001년 3월 14일 『평양방송』은 "함부로 경거망동하지 말라"는 제목의 논평을 통해 "미국은 새 세기에 들어와서도 대조선 적대시 태도를 바꾸지 않고 우리의 자존심과 존엄을 심히 건드리는 행동을 하고 있다.", "우리 공화국에 도전해 나서는 데 대해서는 추호도 용납하지 않는다."고 경고했다. 또한 이 방송은 "선의에는 선의로 대하고 도전에는 강경대응으로 대답하는 것이 우리의 혁명적 원칙이고 행동방

10) 2002년 6월 1일 부시 대통령이 웨스트포인트에서 행한 연설에서 선제공격의 개념을 언급하였고 닷새 뒤 럼스펠드 국방장관이 NATO 회의에서 대량살상무기의 확증이 없는 상황에서 개연성만으로도 선제공격이 이뤄져야 한다고 언급한 사실이 보도되었다. 다시 닷새 뒤인 6월 10일 『워싱턴포스트』지는 국가안보회의(NSC)가 선제공격과 군사개입을 골자로 하는 프로젝트를 준비 중에 있다고 보도했는데, 이 프로젝트가 국가안보전략의 전신인 셈이다. *Washington Post*, June 10, 2002; 『조선일보』 2002년 6월 3일자.

11) The White House, "The National Security Strategy of the United States of America", September 2002, pp.14 – 15. 2002년 2월 6일 미 중앙정보국장이 의회와 상원 정보위원회에서 증언한 북한의 대량살상무기에 관한 평가는 다음과 같다. 첫째, 북한은 핵무기를 1~2개 이미 만들었거나, 앞으로 1~2개 만들 수 있는 플루토늄을 갖고 있는 것으로 보인다. 둘째, 생물무기와 화학무기 프로그램을 갖고 있다. 셋째, 미국은 2015년 이전에 북한의 대륙간탄도미사일(ICBM)의 위협을 받게 될 것이다. 1998년 북한이 쏘아올린 대포동 1호는 2단계 탄도미사일로 대량살상무기를 싣고 10,000㎞를 갈 수 있는데, 지금 개발 중인 대포동 2호는 3단계 탄도미사일로 15,000㎞까지 날아갈 수 있을 것이다. 그러면 알래스카와 하와이뿐만 아니라 미국 본토 전체가 사정권에 들어가게 된다. "Testimony of Director of Central Intelligence George J. Tenet before the Senate Select Committee on Intelligence on the Worldwide Threat – Converging Dangers in a Post 9/11 World"는 미 중앙정보국 홈페이지(http://www.cia.gov) 참조.

식"이라며 "미국이 우리에 대해 강경하게 나오는 이상 우리도 그에 강경하게 대응해 나갈 것"이라고 밝혔다.12)

북한이 "최근 부시행정부가 군사적 압살과 적대시정책을 강화하고 있는데, 침략자들에 대한 우리의 타격은 무자비하며 한계를 모르는 것",13) "미사일 개발, 생산은 자주권의 문제이며, 우리는 누가 뭐라 해도 방위력을 백방으로 강화해 나갈 것"14)이라고 주장하는 등 집중적으로 대미 비난을 시작한 3월 중순경에는 비난 횟수가 1일 평균 40~50회에 달했으나, 형식 면에서 외무성 대변인 등 당국 차원의 공식 언급은 자제하고 보도매체를 통한 비난에 국한시켰다.15)

그러나 다른 한편, 북한은 대미 관계 개선 의사를 계속해서 표명했다. "우리는 대화에도 전쟁에도 다 준비되어 있는바, 미제는 침략적인 대조선 적대시정책을 걷어치우고, 조미 기본합의문을 성실히 이행하는 데로 나와야",16) "우리는 미국을 선제공격할 의사를 갖고 있지 않으며 우리가 바라는 것은 조미 사이의 대결이 해소되고 관계 개선이 이루어지는 것인데도 미국의 새 행정부는 우리와의 대화를 중단하고 대조선 적대시정책을 강화하는 길로 나가고 있다."17)고 강변하고 있다.

한편, 1998년 8월 북한이 함경북도 화대군 무수단리에서 발사한 대포동 1호 미사일이 일본 상공을 통과하자 북·일 관계가 악화되었

---

12) 『평양방송』, 2001년 3월 14일.
13) 『로동신문』, 2001년 3월 17일자.
14) 『조선중앙통신』, 2001년 3월 17일.
15) 김계동, 앞의 책, p.245.
16) 『로동신문』, 2001년 3월 15일자.
17) 『로동신문』, 2001년 3월 19일자.

다. 일본 정부는 위성발사에 강력히 대응해 이 문제를 유엔안보리에 주요의안으로 상정하고 유엔 차원의 대책을 요구함과 동시에 북한에 대한 다양한 형태의 지원을 중단 내지는 유보했다.[18]

1999년 중반까지 북·일 간에 대화나 협상이 거의 없다가 1999년 말에 접어들어 유럽국가들과 수교를 추진하는 등 전방위 외교를 추진하고,[19] 경제재건을 위해 개방외교를 모색하기 시작한 북한은 이러한 외교정책을 추진하기 위해서는 일본과의 수교가 필수 불가결함을 인식하게 되었다. 또한 일본의 입장에서도 한국의 포용정책에 의해 남북한 관계가 개선되고 북·미 관계도 발전하게 됨에 따라 이러한 화해분위기를 거역할 수 없었고, 특히, 일본이 이 분위기에서 소외당하지 않기 위해 대북접근의 필요성을 인식하게 되었다. 이후 2000년 4월 제9차, 8월 제10차, 10월 제11차 북·일 수교회담이 개최되는 등 관계 개선의 움직임을 보이다가 미국의 9·11 테러사건 이후 일본의 군사력 팽창에 대한 북한의 우려와 함께 북·일 관계가 악화되기 시작했다.[20]

한편, 1998년 초 출범한 남한의 '국민의 정부'는 대북정책에서 과

---

18) 북·일 수교교섭을 중단함은 물론 "북한 미사일 발사에 대한 정부방침"을 발표해 대북 식량 지원 유보, KEDO 분담금 합의서 서명 보류, 직항 전세기 운항 중지 등의 제재조치를 단행했다. 또한 한반도 유사시를 상정해 미·일 안보조약을 강화하는 동시에 전역미사일방위구상(TMD)과 정보수집위성의 개발과 도입을 결정했다. 이와 같은 일련의 움직임은 1999년 5월 한반도 유사시 자위대의 미군에 대한 후방 지원을 가능케 하는 "주변사태법"의 성립으로 마무리 지어졌다. 김계동, 앞의 책, p.273.

19) 2000년대 들어 북한 외교의 괄목할 만한 결실은 과거에 적성국가였던 서방국들과 수교를 한 것이다. 북한은 2000년 6월 15일 남북정상회담을 전후해서 호주를 시작으로 필리핀 등 동남아 국가들과 수교를 했으며, EU국가들과의 수교도 도미노 현상처럼 계속 이루어졌다.

20) 북한은 2001년 11월 6일 외무성 대변인 담화를 통해 11월 2일 발효된 일본의 "테러대책 특별조치법"을 격렬하게 비난했다(『조선중앙통신』, 2001년 11월 6일). 이 법은 미국의 대테러전쟁 시 자위대의 원활한 미군 후방지원 활동을 가능케 하는 법안으로, 11월 2일 일본 국회 참의원에서 최종 통과되었다.

거의 정부들과 달리 보다 유연하고 자신감 있는 정책을 추진했다. 국민의 정부는 북한을 "실패한 체제로 간주하되 쉽게 붕괴하지 않을 것이며 이미 변화를 시작했고, 대남 혁명전략을 포기하지 않을 것"21)으로 보았다.22) 국민의 정부 출범 이후, 특히, 남북정상회담 이후 남북한 관계가 급변했다. 정상회담 이후의 장관급·실무자급 회담 개최 내용이 이를 표현해 주고 있다. 정상회담 이후 남북한 간에 장관급회담 6회, 국방장관회담 1회, 군사실무회담 5회, 적십자회담 3회, 경제협력추진위원회 1회, 경협 관련 실무접촉이 5회 개최되어 다방면적인 협의를 했다. 남북한 물자 및 인적 교류도 괄목하게 늘어나 연평균 6천 명이 북한을 방문하고, 200여 개의 기업이 북한에 진출해 위탁가공교역을 추진했다.23)

북한은 2000년 역사적인 남북정상회담 개최 이후 대미 비난을 하면서도 대남 비난을 하지 않았고, 나아가 미국의 '부당성'에 대해 남측에서도 분노하게 하여 민족감정에 호소하는 반미감정 고취 선전을 지속했다. 즉, 북한은 "미국이 남북정상회담 이후 조성된 남북 간 화해협력과 통일을 차단하기 위해 대결분위기를 조성하고 있다."24)는 논리로 전환했고, '미국의 반통일책동 분쇄' 및 '주한미군 철수' 실현 등을 주장했다.

---

21) 임동원 외교안보수석의 경실련 특강, 1999. 2. 11.

22) 대북포용정책을 효율적으로 추진하기 위해 한국 정부는 다음과 같은 5대 과제를 제시했다. ① 남북한 간의 대결적·불신적 관계를 화해와 협력의 관계로 전환, ② 북·미와 북·일 간의 관계 정상화 실현, ③ 북한이 국제사회의 책임 있는 구성원으로 활동할 수 있도록 환경과 조건 조성, ④ 한반도에서의 대량살상무기 제거와 군비통제 시행, ⑤ 남북한 간 정전체제의 평화체제로의 전환과 법적 통일(de jure unification)에 앞선 사실상의 통일(de facto unification) 상황의 실현 등이었다.

23) 통일부, 『북한동향』, 제577호(2001. 9. 15~9. 21), pp.3-6.

24) 『로동신문』, 2001년 3월 17일자.

(2) 북·중 관계 복원, 북·러 관계 정상화 및 대서방 전방위 외교

김일성 사망 이후 내리막길로 치닫고 있던 북한 경제는 대외의존을 증가시키면서 나름대로 생존책을 강구해 왔다. 문제는 1994년 북·미 제네바 합의 이후 가속화된 대미 의존이 경제난의 완화에는 도움이 되었으나 경제회생에는 충분하지 못하다는 점이었다. 중요한 것은 동아시아 금융위기 이후 본격적으로 태동한 미·중 간의 신(新)냉전 체제가 김정일이 갖고 있던 의도를 실현하는 데 적절한 토양을 제공했다는 것이다.[25] 그것은 대외 의존의 분산을 통해 독자 생존책을 강구하는 것이었으며, 그 가시적인 첫 신호가 7년 만에 북·중 고위급 채널을 복원한 김영남 상임위원장의 방중으로 나타났다. 2000년 5월과 2001년 1월의 김정일의 중국 방문, 9월의 장쩌민(江澤民) 주석의 북한 방문을 계기로 한·중 수교로 소원해졌던 양국 관계가 정상화된 것으로 평가되었다.

1998년 '강성대국론'이 제창된 이후 김정일이 심혈을 기울여 왔던 미·중 등거리정책은 1998년 8월 31일의 '광명성 1호' 발사를 거쳐 '베를린 합의'를 통해 성공적으로 태동하였다. 특히, 베를린 합의는 일본과 러시아의 북한에 대한 관심을 증폭시켰다는 점에서 중요한 분수령이 되었다. 다시 말해, 동아시아 금융위기가 발생한 1997년 말 이후 가속화된 중국의 대북지원은 북한의 미사일 발사를 매개로

---

25) 동아시아 금융위기 이후 점차 노골화되고 있던 미·중 간의 갈등은 코소보의 중국 대사관 폭격과 관련된 미·중 간의 대립, 대만의 독립 움직임에 대한 미·중의 다른 목소리와 이를 제지하기 위한 중국 측의 동풍 2호 발사 그리고 미국의 NMD 및 TMD 추진에 대한 중국 측의 비난 등으로 증폭되다가 급기야는 서로를 군사적 주적으로 규정하는 단계로까지 발전되었다.

하여 북·중 고위급 채널의 복원과 함께 베를린 합의를 유도하였으며, 베를린 합의는 미국의 2단계 대북 경제제재 완화를 초래하고 나아가 일본의 대북 국교 정상화 협상의 재개를 촉발하였다.26)

한편, 2000년 2월 자동군사개입 조항이 삭제된 '신조약' 체결로 북·러 양국은 무조약 상태가 해소되고 보편적인 국가 대 국가 관계로 정상화된 것으로 평가되었다. 2000년 7월 러시아의 국가원수로서는 역사상 처음으로 푸틴(Vladimir Vladimirovich Putin) 대통령이 북한을 방문하였고, 2001년 8월에는 김정일이 열차 17량으로 20여 일에 걸친 전근대적 철도여행으로 모스크바를 방문하였다. 김정일의 방문은 1986년에 김일성이 소련을 방문한 이후 15년 만에 처음이었다. 북한이 러시아와의 관계 회복에 큰 관심과 노력을 경주한 이유는 다음과 같다.

러시아가 세계적 강대국으로 재등장할 수 있는 충분한 잠재력을 가지고 있고, 특히, 러시아는 미국에 이어 세계 2위의 무기이전 및 군사장비와 기술이전 국가이다. 북한은 무기체계, 자원, 기술 등 여러 면에서 러시아에 대한 의존도가 여전히 높다. 러시아의 지원으로 설립된 북한 기업들의 현대화 및 보수작업을 위하여 러시아의 지원이 절대적으로 필요하고, 특히, 북한은 그들이 보유하고 있는 러시아 전투기 부품들의 조달과 러시아의 첨단군사장비의 도입을 필요로 했

---

26) 배종렬, "한반도 정세변화에 따른 남북경제협력체 추진방안", 국가안보정책연구소, 『정책연구』 여름호, 2000, pp.57 - 58. 배종렬은 김정일의 미사일 카드가 미·중 등거리 외교노선을 구축하는 유효한 카드로 작용한 것으로 분석했다. 즉 미사일 발사 이후 김정일은 미국의 윌리엄 페리 조정관의 방북에 대해서는 김영남 상임위원장의 방중으로, 백남순 외상의 방미는 탕자쉬안 외교부장의 방북으로, 페리 보고서에 대해서는 미사일 재발사 위협으로 대응하는 한편, 중국으로부터 코스탄 40만 톤과 식량 15만 톤의 공개적 지원을 바탕으로 미국으로부터 대북 경제제재 완화와 북·일 국교정상화회담의 재개를 관철시켰다는 것이다.

다. 또한 북한은 러시아가 정치·군사적으로 남북한에 대하여 등거리 정책을 취하도록 하려는 의도가 있었다.

한편, 러시아로서는 북한이 러시아의 안보문제와 긴밀히 연계되어 있을 뿐만 아니라 무기수출을 비롯한 상품시장으로서 북한의 가치가 결코 무시될 수 없는 것이었다. 또한 러시아는 미국의 미사일방어체제(Missile Defense System; MD)에 반대하는 북·러 양국의 공동 입장의 강화와 시베리아 횡단철도(TSR)와 한반도 종단철도(TKR) 연결을 통한 경제적 실리의 확보를 기대하였다.

북한은 1990년대 말 이후 서방국가들을 상대로 전방위 외교를 활발히 전개하여 서유럽의 대부분 국가들과 수교하는 등 상당한 성과를 거두었다. 북한은 2000년과 2001년에 서방 17개국과 새로이 수교 내지 복교하였다. 이전에 북한과 서방국가들 간의 수교를 반대·저지하였던 한국이 서방국가들과 북한 간의 수교를 적극적으로 지원·협조한 것이 북한의 전방위 외교에 절대적으로 유리한 여건을 제공한 것이다.27)

이상과 같이 김정일 정권의 출범 후 북한은 대외관계의 폭을 넓혀 제1차 북핵 위기 이후의 대미의존 경향을 다른 나라로 분산시키면서 독자 생존책을 강구하였다. 특히, 서방 선진국가들로부터 경제건설에 필요한 선진과학기술 도입을 적극 추진한 것은 과학기술적 수단에 의한 경제회생을 최대한 도모하기 위한 전략의 일환으로 볼 수 있다. 그리고 북한이 과학기술 교류협력의 대상을 서구 선진국들뿐만 아니라 국제기구들에까지 확대해 나간 것은 대외 과학기술협력을 통해

---

27) 전정환, "북한정권 60년 평가와 전망: 핵무기 개발과 벼랑끝 외교", 『북한』, 9월호, 2008, p.62.

선진과학기술을 도입하기 위한 북한 당국의 강력한 의지를 보여 주는 것이었다.[28]

즉, 북한은 유엔 산하 과학기술 관련 국제기구들과의 교류협력 구축을 통한 과학기술 도입이 주체과학기술과 크게 모순되지 않고 오히려 과학기술의 효율적이고 빠른 발전에 도움이 된다는 입장으로 전환했다. 이러한 입장은 이데올로기적 접근보다는 실용주의적 접근을 강화하는 방향, 즉 '사상 우선'에서 '경제회생 우선'으로 나아가게 하는 이해관계를 형성케 하였다. 다시 말해, 북한은 대외 과학기술교류협력을 통해 기본적으로 북한의 실정과 현장의 수요에 부합되고, '낙후된 생산시설'과 IT산업과 같은 '경쟁력 있는 산업 분야'에 적용할 수 있는 과학기술 도입을 원했던 것이다.[29]

2. 통치이념 · 리더십

(1) 수령절대주의 강화와 강성대국 건설론

1997년 10월 8일 김정일의 노동당 총서기 취임 이후부터 김정일 정권의 공식 출범에 이르기까지 북한은 수령절대주의 강화 움직임을

---

28) UNDP, UNIDO 등 국제기구와 북한의 과학기술 교류협력 실태에 대해서는 유호열 · 김종하 · 배진수 · 김성형, "북한과 UNDP · UNIDO와의 과학기술 교류 · 협력: 북한의 입장과 이해관계를 중심으로", 『북한연구학회보』 12(2), 2008 참조.

29) 김종하, "북한과 UN산하 과학기술관련 국제기구 간의 교류 · 협력관계: 북한의 입장과 이해관계를 중심으로", 한국국제정치학회 학술대회 발표논문집, 2006, p.86, p.87.

보이며 내부 결속에 열을 올렸다. 1998년 9월 김정일은 최고인민회의 제10기 제1차 회의에서 헌법개정(1998. 9. 5)을 통해 최고인민회의 상임위원회와 내각보다 상위에 위치하는 국방위원회의 위원장으로 추대되었다.30) 김정일은 새로운 국가목표로 '강성대국론'을 대내외에 천명하였다.

1997년부터 '강성대국'에 대한 언급이 시작되지만31) 본격적인 등장은 '강성대국론'이 1998년 8월 22일『로동신문』정론에 실리면서 부터이다. 여기에서 "주체의 강성대국 건설, 이것은 위대한 장군님께서 선대 국가수반 앞에, 조국과 민족 앞에 다지신 애국충정맹약이며 조선을 이끌어 21세기를 찬란히 빛내이시려는 담대한 설계도이다."32) 라고 강조하고 "강성대국 건설은 민족사의 설계도"라고 하면서 김정일 체제가 추구하는 목표를 제시했다. 그리고 1998년 9월 9일 정권 수립 50주년을 기념해『로동신문』사설에서 "위대한 당의 령도따라 사회주의 강성대국을 건설해 나가자."33)고 하여 강성대국 건설을 재차 강조하였다. 북한은 강성대국 건설의 의미에 대해 "수령의 사상으로 일색화된 사상의 강국, 수령을 중심으로 단합되고 자주정치가 실시되는 정치의 강국, 강력한 군사력을 가진 군사의 강국, 자립적 민족경제에 기초한 경제의 강국, 주체적인 문화를 가진 문화의 강국"

---

30) 김영남 최고인민회의 상임위원장의 연설에 의하면 국방위원회 위원장은 "나라의 정치, 군사, 경제 역량의 총체를 통솔·지휘하여 사회주의조국의 국가체제와 인민의 운명을 수호하며 나라의 방위력과 전반적 국력을 강화·발전시키는 사업을 조직·령도하는 국가의 최고직책"이다.『로동신문』, 1998년 9월 6일자.

31) "위대한 당의 령도따라 사회주의건설에서 일대 양양을 일으키자"『로동신문』, 1997년 7월 22일자.

32)『로동신문』, 1998년 8월 22일자.

33)『로동신문』, 1998년 9월 9일자.

이라고 설명하고 있다.[34]

강성대국 건설은 1970년대부터 김일성에 의해 지속적으로 제시되었던 '사회주의 완전승리이론'을 김정일 시대에 맞게 새롭게 각색한 김정일 정권의 전략적 목표라고 평가할 수 있다. 따라서 강성대국 건설은 김정일 정권의 새로운 국가목표로 설정되었다고 할 수 있으나 그 내용과 실행방도 등을 보면 기존의 노선과 차별화되는 새로운 변화를 발견할 수 없다. 사상의 강국과 군사의 강국이 강성대국 건설에서 여전히 핵심사항으로 되고 있는 것 자체가 경제강국 건설을 기존의 원칙에서 추진할 것임을 분명히 한 것이라고 볼 수 있다.

김정일이 강성대국 건설에서 견지하는 원칙은 "우리는 자력갱생의 기치 밑에서 강성대국을 건설해 나가야 합니다. …우리는 제국주의자들이 떠드는 <개혁>, <개방> 바람에 끌려들어가서는 절대로 안됩니다. <개혁>, <개방>은 망국의 길입니다. 우리의 강성대국은 자력갱생의 강성대국입니다."라고 강조한 데서 잘 나타나고 있다.[35] 그는 강성대국 건설의 실행방도와 관련해서도 선군정치 지속과 사상교양, 노동계급의 선봉적 역할과 당적 지도 강화, 경제일꾼들의 책임성 제고 등[36] 기존의 대책들을 다시 나열하는 데 그치고 있다. 이와 같이 북한이 내세우고 있는 강성대국 건설전략은 국가발전과 국민의 이익을 우선하는 국가발전전략이라기보다 김정일 정권의 안위와 보위, 강화를 최우선으로 하는 체제보위전략으로서의 성격과 한계를 그대로

---

34) 김재호, 『김정일 강성대국 건설전략: 김정일 시대를 빛내일 리상국 건설전략』(평양: 평양출판사, 2000, pp.7 - 8.

35) 김정일, "올해를 강성대국 건설의 위대한 전환의 해로 빛내이자, 조선로동당 중앙위원회 책임일군들과 한 담화, 1999년 1월 1일", 『김정일선집 14』, pp.452 - 454.

36) 『김정일선집 14』, p.458.

드러내고 있다.37)

강성대국론은 김정일의 제도적 권력승계를 앞두고 제시되었다는 점에서 정치적 의미가 매우 크다고 할 수 있다. 특히, 강성대국론은 김일성 사후 4년간의 '고난의 행군'을 성공적으로 마무리함으로써 체제위기를 극복하였음을 스스로 평가하고 새로운 국가좌표로 제시했다는 측면에서 더욱 그렇다.38) 즉, 북한은 사회주의권 붕괴 이후 심한 고립감에 휩싸여 왔고 자본주의 국가들, 특히, 미국으로부터의 '공격' 위협을 느껴 왔기 때문에 이에 대해 적극적으로 대처할 필요가 있었을 것이고, 이의 표현이 강성대국 건설 주장으로 나타난 것으로 보인다. 아울러 경제난으로 인한 김정일의 권위 약화를 '강성대국'이라는 공격적인 용어를 통해 김정일의 정치적 정당성 획득과 내부통합을 이루고, 이를 대외에 과시함으로써 강대국의 대북압박을 회피해 보려는 의도로 분석된다.39)

다음에서 강성대국 건설론의 특징과 목표달성을 위한 정책수단과 조치 그리고 달성시기 규정 등에 대해서 구체적으로 살펴하도록 하겠다. '강성대국'은 북한을 정치·사상강국, 군사강국, 경제강국으로 만든다는 것으로, 여기에서 주로 강조하고 있는 것은 '경제강국'이다. 그 이유는 김정일에 의해 정치·사상강국과 군사강국은 이미 이루어졌으므로 경제강국을 실현하는 것만 남았기 때문이라는 것이다. 아울러 북한은 강성대국을 실현하기 위한 3대 기둥, 즉 세 가지 중요

---

37) 박영규, 『김정일 정권의 안보정책: 포괄적 안보개념의 적용』(서울: 통일연구원, 2003), p.43.

38) 일부 연구자의 "강성대국론"이 주체사상을 대체하고 있다는 분석은 이념으로서의 주체사상과 슬로건으로서의 "강성대국론"을 동격에 놓고 평가한 것에서 생긴 오류로 보인다. 이에 대해서는 서재진 『주체사상의 형성과 변화에 대한 새로운 분석』(서울: 통일연구원, 2001) 참조.

39) 전현준, 『북한의 「강성대국」 건설 실태 평가: 사상·정치·군사 분야를 중심으로』(서울: 통일연구원, 1999), p.16.

한 수단으로 사상, 총대, 과학기술을 제시하였다. 또한 전반적 국력을 강화하는 길은 김정일이 제시한 강성대국 건설 구상을 실현하는 것이며, 강성대국 건설을 떠밀고 나가는 원동력은 선군정치에 있다고 함으로써 선군정치가 강성대국 건설을 위해 필요함을 강조하였다.[40) 즉, 선군정치와 과학기술중시노선은 '강성대국 건설'이라는 국가목표 달성을 위해 김정일이 채택하고 있는 정치방식이며 정책수단이라고 할 수 있다.

북한은 강성대국 건설의 국가목표를 위해 정무원을 내각으로 개편하고 권한을 확대시켜[41) 경제에 대한 국가의 통일적 지도는 김정일의 경제건설노선과 방침에 따라 내각이 지휘하는 내각중심제, 내각책임제를 통하여 실현되는 것으로 규정했다.[42) 종래의 중앙인민위원회의 집행부서 격으로 되어 있던 정무원을 내각으로 개편하고 내각이 국방을 제외한 국가의 모든 행정과 경제사업을 관장케 했다. 또한 김정일 정권은 내각에 최고행정기관으로서의 역할과 책임을 부여하는 한편, 기능적으로 통폐합시킨 31개 부서[43) 중 20여 개 부서의 책임자를 교체시켜 경제정책의 변화 의지를 보였다.[44)

---

40) 『로동신문』, 2003년 4월 3일자.

41) 1998년 헌법개정으로 내각은 "최고주권의 행정적 집행기관이며 전반적 국가관리기관(제117조)"이며 "내각총리는 조선민주주의인민공화국 정부를 대표(제120조)"하는 등 내각의 위상이 강화되었다. 국가정보원 편 『북한법령집』(서울: 국가정보원, 2005), pp.3 - 26 참조.

42) "내각의 모든 활동은 위대한 장군님께서 제시하시는 경제건설 로선과 방침을 유일한 지도적 지침으로 하여 조직되며 경제사업과 관련한 모든 문제들이 내각을 통하여 경애하는 장군님께 집중되고 장군님의 결론에 따라 내각의 모든 경제작전과 지휘가 진행된다.", 리동구, "내각중심제, 내각책임제는 경제사업에 대한 국가의 통일적 지도관리형태", 『김일성종합대학학보: 철학 경제학』(평양: 김일성종합대학출판사, 2001), p.45.

43) 1위원회, 26성, 1원, 1은행, 2국으로 20여 개 이상이 경제 관련 부서이다.

44) 각 성(省) 책임자의 70 ~ 80%를 전문기술관료로 충원했는데 총리 홍성남, 부총리 조창덕(전 채취공업부장), 곽범기(전 기계공업부장)가 경제관료 출신으로, 실무중심의 인사를 함으로써 노동당 인물의 기용이 축소되었다.

강성대국론의 특징은 수령 김일성의 절대화, 김일성 시대와 김정일 시대의 절묘한 구분과 연계, 사상과 군대의 중요성 강조, 과학기술 발전을 통한 자력갱생적 경제강국 건설 강조 등으로 요약된다. 이것을 보다 자세히 분석한다면 첫째, 강성대국론은 '21세기 사회주의 강성대국', '김정일 강성대국' 건설을 목표로 설정하고 있다. '사회주의 강성대국'은 '주체의 사회주의 나라'로서 "착취와 억압, 가난과 무지, 침략과 약탈, 지배와 예속으로 얼룩진 지난 시대의 반동적 반인륜적 국가건설사에 종지부를 찍고 인민의 자주적 요구, 인류의 념원을 전면적으로 꽃피워 주는 영원한 이상국"을 의미한다. 북한이 주장하는 이상국은 "사상강국, 정치대국, 군사강국, 경제강국이 달성된 상태"이다.

둘째, 강성대국 목표달성 수단은 원칙적으로 전통적인 방법인 '고난의 행군과 강행군 정신', '주체와 자력갱생'이다. 그러나 자력갱생이 '폐쇄'를 의미하지 않는다는 점에서 실용주의적 대외개방도 배제하지는 않고 있다. 북한은 1955년 이후부터 지속적으로 주체를 강조하였고, 자력갱생노선에 입각해 경제건설에 매진하였다. 주체사회주의 건설을 위해 북한은 피나는 인내와 고난을 감내하여 왔고, 김일성 사후에는 고난 극복을 위해 '고난의 행군'과 강행군을 실시하였다. 이러한 맥락에서 "남의 힘을 빌어 건설한 나라는 내 나라가 아니며 남의 덕에 잘 살아 보려는 인민처럼 어리석고 비굴한 민족은 없다.", "그 누가 우리를 강하게 해주지 않으며 우리를 지켜 줄 수도 잘 살게 해줄 수 없다는 것은 우리 민족이 피로써 찾은 천리이며 영원히 잊지 말아야 할 인생교훈이다."는 주장이 강성대국론에 담지되어 있다.[45)]

김정일은 1998년 8월 31일 인공위성이라고 주장하는 장거리 미사일 '광명성 1호'를 발사했을 때 "이제 경제만 추켜세우면 강성대국이 될 수 있다."고 말했다. 이는 김일성 사망 후 3년간의 '유훈통치' 끝에 1997년 10월에 김정일이 노동당 총비서에 추대되고 이듬해 9월 국방위원장의 권한을 강화한 헌법개정을 통해 명실상부한 김정일 체제가 출범한 것과 때를 같이한다. 즉, 수백만 명의 대량 아사자가 발생했던 '고난의 행군'이 끝나는 시점에 김일성에게 기댄 '유훈통치'를 마치고 자신의 체제를 출범시키면서 '강성대국 건설'을 새 체제를 상징하는 '비전'으로 북한 주민들 앞에 내세운 것이다. 이어 북한은 1999년 1월 1일 "올해를 강성대국 건설의 위대한 전환의 해로 빛내이자"라는 제목의 신년공동사설을 통해 '강성대국 건설'의 전략적 목표를 공식화했다. 이와 함께 2000년 "당창건 55돌을 맞는 올해를 천리마대고조의 불길 속에 자랑찬 승리의 해로"라는 제목의 공동사설은 1996년 공동사설을 통해 선포했던 '고난의 행군'의 종료를 선언했다.

그러나 북한은 2007년 상반기까지는 강성대국의 달성목표 시점을 언급하지 않았다. 그러다가 2007년 8월 31일 『로동신문』의 정론 "승리를 믿으라, 내일을 믿으라"에서 "강성대국의 해돋이"라고 표현한 것에 이어 같은 해 11월 13일 역시 『로동신문』 사설에서 "가까운 몇해 안에"라고 그 시점을 점점 구체화했고, 같은 달 30일 전국지식인대회에서 처음으로 2012년을 강성대국 달성의 해로 제시했다.

전국 지식인 대회는 2008년을 눈앞에 둔 시점에 개최되었으며, 2008년 조총련 기관지 『조선신보』 보도에 따르면 북한이 2012년까

45) 전현준, 앞의 글, pp.7 - 8.

지 5개 연간 경제개발계획을 수립 · 추진하는 시발점이었다. 북한은 이에 앞서 2006년 신년공동사설에서 "나라의 경제 전반이 확고한 상승의 궤도에 들어서게 됐다."고 주장함으로써 2007년 준비기간을 거쳐 2008년부터 본격적인 경제개발계획을 추진할 것임을 예고하였다. 그러나 김정일은 2008년 말 천리마제강연합기업소를 찾아 강성대국 건설 목표시점까지 4년밖에 남지 않았다며 다시 '새로운 혁명적 대고조'를 일으킬 것을 주문하면서 자력갱생과 집단주의를 강조하였다.46)

(2) 김정일의 통치이념·통치방식: 선군사상과 선군정치

김일성 사망 이후 김정일은 "조국통일의 주력은 군대다. 믿을 것은 군대뿐이다. 모든 힘을 다해 군대를 지원하라."는 지시를 수시로 하달하였다. 김정일 체제가 선군정치를 중시하는 정책을 추진한 것은 당면한 대내외적 위기를 효율적으로 극복하는 데 군부의 역할이 중요하다고 인식했기 때문이다. 북한의 군부는 체제보위뿐만 아니라 사회주의 건설과 경제활동 분야에서 중요한 역할을 담당하고 있다.47) 김정일은 대외환경과 경제상황이 어려울수록 군사력에 의존해 왔다. 특히, 군사력은 북한이 대외적으로 국가이익을 극대화할 수 있었던

---

46) 북한이 2007년 남북정상회담에서 합의된 대형 남북경협사업에 '강성대국' 건설 5개년 계획의 성패를 걸었다면 남북관계의 경색과 김정일의 건강 이상으로 그 첫해부터 큰 차질을 빚은 셈이 된다. 『연합뉴스』, 2009년 1월 8일.

47) "위대한 령도자 김정일동지의 선군정치가 사회주의 경제강국건설의 결정적인 담보로 되는 것은 그것이 혁명적 군인정신으로 전체 인민이 경제건설 투쟁에서 영웅적 위훈을 발휘하기 때문이다." 김동남, "위대한 령도자 김정일동지의 선군정치는 사회주의경제강국건설의 결정적 담보", 『경제연구』, 2001년 제2호, pp.7 - 8.

중요한 협상수단으로 작용했다.

김정일의 '사회주의 강성대국' 건설은 수령·당·대중의 '일심단결'과 정치사상적 역량 그리고 군사적 위력의 강화와 함께 이미 마련된 경제적 토대에 기반을 두어서 사회주의 경제건설을 촉진하는 것이다. 북한은 선군정치를 "군사선행의 원칙에서 혁명과 건설에 나서는 모든 문제를 풀어 나가며 군대를 혁명의 기둥으로 내세워 사회주의 위업전반을 밀고 나가는 정치"[48]라고 설명하고 있다. 또한 김정일의 선군정치는 "인민군대를 중시하고 그를 강화하는데 선차적인 힘을 넣으며 인민군대의 위력에 의거하여 혁명과 건설의 전반사업을 힘있게 밀고 나가는 정치"를 의미한다.[49]

김정일은 1997년 10월 7일의 『조선중앙방송』 정론을 통해 "경제사정이 아무리 어렵고 부담이 크더라도 '선군후로' 하라"고 지시하였다. 이후 1998년 4월 25일 군창건 66주년 기념 『로동신문』 논설을 통해 "우리나라에서는 수령의 위대한 구상에 의하여 먼저 군대가 창건되었으며, 그에 기초하여 혁명과 건설의 문제가 가장 빛나게 해결되었다. ……이것이 김일성의 선군혁명사상의 위대한 승리"[50]라고 역설하였다. 또한 이러한 김일성의 선군혁명영도가 김정일에 의해 계승되고 있음을 주장하면서 '선군혁명사상'과 '선군혁명영도'의 개념이 등장했다.

'선군정치'라는 용어는 1998년 10월 21일 처음 언급되었고[51]

---

48) 김철우, 『김정일장군의 선군정치: 군사선행, 군을 주력군으로 하는 정치』(평양: 평양출판사, 2000), p.27.

49) 『로동신문』, 1998년 8월 22일자; 『로동신문』, 1998년 10월 19일자.

50) 『로동신문』, 1998년 4월 25일자.

51) 『조선중앙방송』, 1998년 10월 21일.

1999년 6월 16일 "우리당의 선군정치는 필승불패이다."라는 논설을 통해 구체화되었다. 북한은 선군정치를 "군대를 혁명의 주력군으로 내세우고 주력군으로서의 군대의 역할에 기초하여 혁명과 건설을 진전시켜 나가는 정치"[52]로 군사부문의 선행이 선군정치의 핵심사항이라고 주장하였다. 또한 김정일의 선군정치가 경제발전 그 자체보다 체제수호와 정권안보를 더 중시하고 있음을 보여 주는 대목이라고 할 수 있다. 북한의 군사중시노선은 "모든 부문에서 최우선시하여야 할 국사중의 제일 국사"로서 "혁명과 건설에서 국방사업을 강화하는 데 선차적인 힘을 넣으며 전사회적으로 군사를 최우선시하는 기풍을 세워나간다는 것을 의미"[53]한다.

김정일의 선군정치는 '인민군대의 위력에 의거하여' 사상(정치)강국과 경제강국을 건설해 나가는 것이다. 북한은 경제보다 사상(정치)을 더 중시하고, 사상논리가 경제논리를 지배해 왔다. 이렇게 볼 때 김정일의 선군정치는 국방(군사적 기능), 사상(정치적 기능), 경제(경제적 기능)를 동시에 추구하는 포괄적 전략으로, 정책의 우선순위는 국방(안보)→사상(정치)→경제의 순으로 되어 있음을 알 수 있다. 북한은 이와 같은 정책적 우선순위에 따라 체제위기를 극복해 나가는 전략을 구사하고 있는 것이다.[54]

이와 같이 김정일은 우선 군을 강화하는 데 바탕을 두고, 이어서 사상(정치)문제를 해결해 보고자 하였다. 북한에서 사상은 체제수호뿐만 아니라 경제발전에서도 가장 결정적인 역할을 하는 것으로 규

---

52) 김철우, 앞의 책, p.27.
53) 『근로자』, 2000년 제1호, p.5.
54) 이태섭, "북한의 경제재건전략", 『통일논총』 6, 2001, p.75.

정되어 있다. 사회주의 경제발전의 추동력을 물질보다 사상에서 찾는 김정일의 사상론의 원칙이 그것이다.[55] 물질 그 자체보다 사상을 중시하고 사상의 위력으로 경제발전을 추구하는 것은 북한의 일관된 전략노선이었다. 북한은 경제회복을 위해 무엇보다 이완된 사상부터 재강화하고자 하였다. 따라서 경제가 풀려야 사상문제가 해결된다고 하면서 경제사업 일면만 치중하는 것은 매우 유해로운 경향으로 비판되었다.[56]

경제위기에 따른 전반적인 체제위기 속에서 당 조직 역시 사상성과 혁명성이 약화되고 있었고, '경제지도일군들'도 당 경제정책을 제대로 집행하지 못하는 등 국가 행정관료조직도 마찬가지 상황이었다.[57] 이에 비해 군은 투철한 의식성 · 조직성 · 규율성에 기초하여 수령의 사상과 영도, 당의 노선과 정책을 지지 · 옹호 · 관철하는 데에서 전혀 흔들리지 않고 일사불란한 강한 응집력과 안정성, 통제력을 보여 주었다.[58]

북한은 선군정치를 김정일이 사회주의 위업 수행과정의 합법칙적 요구와 조선혁명 발전의 현실적 요구를 과학적으로 통찰한 데 기초하여 창조한 정치방식이며,[59] 김정일이 1990년대 이후 세계 정치구도와 역량관계에서 일어난 커다란 변화와 정세를 정확히 분석한 데 기초하여 주체사상을 구현한 선군사상과 선군정치에 관한 이론을 창

---

55) 리창근, "경애하는 김정일동지는 사회주의, 공산주의 경제 건설 사상을 완벽하게 밝혀주신 위대한 사상 리론가이시다.", 『경제연구』, 제4호, 1998, p.3.

56) 『근로자』, 2000년 제5호, p.17.

57) 홍석형, "경제지도일군들은 '고난의 행군'에서 경제사업의 주인으로서의 책임과 역할을 다하자", 『근로자』, 1997년 제8호, p.27.

58) 이에 대해서는 『월간조선』, 1997년 4월호, pp.309 - 310; 이태섭, 앞의 글, pp.75 - 77 참조.

59) 『천리마』, 2003년 3월호, p.31.

시했다고 함으로써 선군정치가 현 시기의 위기상황을 반영한 통치이념, 통치방식[60]이라는 것을 자인하고 있다.

이상에서 논의된 김정일 정권의 선군정치 내용은 다음 몇 가지로 요약할 수 있다. 첫째, 선군정치는 군사를 '국사 중의 제일 국사'로 내세우고 군력 강화에 총력을 집중하는 군사선행의 정치라는 것이다. 이는 민족의 운명을 수호하는 데 있어 군력이 곧 정치적 힘이며, 국권이라는 인식에서 출발하고 있다. 군사를 중시한다는 것은 경제와 군사의 상호관계에서 주도적 지위를 차지하는 것이 군사라고 간주하고 경제보다 군사를 중시한다는 것이다.

이는 경제력이 군사력의 기초라면 군사력은 경제력의 담보이며 경제발전의 추동력이라는 인식에 기초하고 있으며, 강한 군사력이 없으면 민족산업을 지켜낼 수도 없고, 경제건설의 평화적 환경을 보장할 수도 없다는 논리에 그 근거를 두고 있다. 또한 국방공업을 우선적으로 발전시키며 강력한 국가 경제력을 다져 나가는 것이 경제를 발전시키기 위한 선군시대 사회주의 경제건설의 전략적 노선이라는 인식하에 국방공업 발전에 선차적인 힘을 넣는다는 것이다. 이는 국방공업, 군수산업의 발전이 곧 민간경제 발전을 가져온다는 논리에 기초한 것이다.

둘째, 선군정치는 군대를 혁명의 주력군으로 내세우고 혁명무력의 강화 발전에 모든 힘을 집중하는 정치이다. 과거 선행이론에서는 혁명의 주력군으로 노동계급과 농민 등을 내세우고 군대는 혁명의 주력군 편성에 포함시키지 않았다. 그것은 과거에는 정권을 틀어쥐지 못한 상태에서 혁명을 해야 했기 때문에 당연히 정규군이 없었고,

---

60) 『로동신문』, 2003년 4월 14일자.

따라서 정규군을 주력군에 포함시킬 수 없었던 사정과 관련된다.

북한은 이러한 선행이론의 제한성을 지적하면서 혁명의 주력군 문제가 어느 시대, 어느 사회에서나 고정불변한 것이 아니며 계급관계에 기초해서만 해결할 문제도 아니라고 주장하였다. 즉, 사회 어느 계급, 계층 또는 집단이 혁명의 주력군으로 되는가 하는 것은 해당 계급이나 계층, 사회적 집단이 혁명과 건설에서 차지하는 지위와 역할에 의해 규정되는바, 제국주의의 힘의 논리가 지배하는 오늘 혁명군대가 차지하는 지위와 역할에 대해서는 노동계급도, 다른 어느 사회적 집단도 대신할 수 없으므로 군대가 혁명의 주력군이라고 강조하고 있다.61)

셋째, 선군정치는 군대의 혁명성과 조직성 및 전투력을 제고시키며 군대에 의거하여 경제를 비롯한 사회주의 건설 전반을 힘 있게 밀고 나가는 것을 내용으로 하고 있다. 이는 군대를 혁명의 주력군으로 내세우는 것과 일맥상통하는 것으로서 북한이 군대를 경제건설에 직접 참여시키겠다는 의도로 해석할 수 있다. 즉, 북한은 과거에도 그래 왔던 것처럼 선군정치 실현이라는 명목하에 필요 이상으로 많이 보유하고 있는 군 병력을 경제건설에 적극 투입함으로써 경제난을 해소하는 데 활용하고 있는 것으로 분석된다.

그런데 여기에서 강조해야 할 점은 선군사상, 선군정치의 사상적 기초는 주체사상이라는 것이다. 주체사상은 김정일이 '김일성주의'로

---

61) 『로동신문』, 2003년 4월 3일자. 이와 같은 논리는 1990년대에 들어와 남조선혁명 수행을 위한 주력군 편성 시 보조역량에 속해 있던 남한의 청년학생을 남조선 혁명의 주력군에 포함시키면서, 그 이유를 청년학생이 과거 자주·민주·통일 투쟁에 기여한 공적이 크고 현재의 한국변혁운동에서 차지하는 지위와 역할이 막중하다는 이유를 든 것과 같은 맥락이다. 곽인수, "조선노동당의 당적 지도에 관한 연구", 경남대학교 북한대학원 석사학위논문, 2003년, p.115 참조

정식화한 김일성의 혁명사상을 좁은 의미로 쓰는 용어이며, 북한은 대체로 주체사상이라고 할 때 김일성의 혁명사상 또는 김일성주의를 함축해 표현하고 있다. 북한이 주장하는 김일성의 혁명사상 또는 김일성주의는 주체사상과 그에 의해 밝혀진 혁명과 건설에 관한 이론과 방법 등의 전일적인 체계로서, 과거와 현재는 물론 앞으로도 영원히 사회주의, 공산주의 건설을 위한 투쟁에서 항구적으로 틀어쥐고 나가야 할 지도사상, 지도이론, 지도방법이며 모든 형태의 혁명투쟁에 관한 이론과 전략전술에 해답을 주는 근본원리이며, 완성된 공산주의 혁명이론이다.62)

따라서 북한에서 제시하는 사상이나 이론에 있어 주체사상을 대체할 수 있는 사상, 주체사상과 무관한 독자적인 사상이나 이론 등은 존재할 수 없다. 같은 맥락에서 선군후로(先軍後勞), 즉 군대를 노동자계급보다 우선시하며 당이 곧 군대이고 군대가 곧 당이라고까지 해 가면서 군사를 중시하는 등의 선군정치방식에 대해 북한 당－군 관계에 변화가 있는 것으로 해석하는 주장도 있으나 이는 북한의 당－군 관계에 대한 이해를 잘못하고 있기 때문이라고 할 수 있다.63)

---

62) 『김정일선집 4』, 1993, p.9.

63) '당 우위 지속론'과 관련하여 양현수, "북한군의 정치적 위상과 역할: 북한의 '군사국가화' 논의 비평", 김유남 외 『21세기 남북한과 미국』(서울: 삼영사, 2001); 이대근, 『북한 군부는 왜 쿠데타를 하지 않나: 김정일시 시대 선군정치와 군부의 정치적 역할』(서울: 한울, 2003); 이종석, 『김정일 시대의 당과 국가기구』(서울: 세종연구소, 2000; 정성장, "김정일 시대 북한의 '선군정치'와 당·군관계", 『국가전략』 7(3), 2001; 정영태, "북한 강성대국론의 군사적 의미: 김정일의 군사정책을 중심으로", 『통일연구논총』 7(2), 1998; 정영태, 『북한의 국방위원장 통치체제의 특성과 정책전망』(서울: 통일연구원, 2000) 등을 참조. '군사국가론'과 관련하여서는 고유환·김용현, "북한의 선군정치와 군사국가화", 『최근 북한 현황평가: 위기인가 기회인가?』(서울: 평양학회, 2000); 백승주, "선군정치하 북한군 역할과 위상 변화", 『국방정책연구』 54, 2001; 서대숙, "정치: 조선노동당의 위상 변화", 경남대 극동문제연구소 주최 제20차 통일전략포럼 주제 발표문, 2000; 서동만, "북한 당·군관계의 역사적 형성: 창군기에서 한국전쟁 직전까지를 중심으로", 『외교안보연구』 2, 1997; 최성, 『소련 공산당의 해체와 북한 사회주의의 진로』(서울: 한울, 1997) 등을 참조.

북한이 선군후로를 제창하면서 군대를 중시하고 내세워 주는 것은 노동당의 영도적 지위와 역할을 군대로 대체하겠다는 것이 아니라 노동계급을 혁명의 선봉부대로 내세우고 그 역할을 중시했던 기존의 사고에서 벗어나 군대를 노동당의 돌격대로, 혁명의 주도세력으로 내세움으로써 과거에 노동계급이 했던 선봉적, 영도적 역할을 군대로 대체시키겠다는 것이다.

'군대이자 곧 당'이라고 하는 것도 인민군대를 노동당과 같은 레벨에 올려놓거나 노동당을 제쳐놓고 인민군대를 통해 노동당을 비롯한 북한 전체를 지도하겠다는 것이 아니다. 이는 다만, 인민군대와 같은 군사력이 없으면 노동당도 존재할 수 없다는 운명공동체적인 의미를 부각시키면서 나온 표현이다. 북한이 아무리 선군후로를 제창하고 '군대이자 곧 로동당'이라고 하면서 군대를 혁명과 건설의 주력군으로 내세운다 하여도 군대가 전체 북한 주민의 선봉부대이며 최고 형태의 전위조직으로서의 노동당의 지위와 영도적 역할을 대체할 수는 없다.[64]

또한 선군사상은 일부 연구자들의 주장과 같이 주체사상을 대체하는 사상이 아니라[65] 김정일의 통치이념이며, 선군정치는 김정일의

---

64) 이에 대해서는 『조선로동당 규약』 전문을 참조. 곽인수는 일부 군 관련 인사들의 권력서열에서 변화가 생긴 것에 대해 마치 군대가 당 위에 존재한다든가 군대가 당을 대신한다든가 하는 식으로 인식하는 것은 겉으로 나타난 현상만 보고 속단한 결과이며 북한의 권력구조와 기능, 북한만의 독특한 통치방식에 대한 무지에서부터 오는 잘못된 견해라고 주장한다. 곽인수, 앞의 글, pp.116-117 참조.

65) 박형중 등 일부 전문가들이 선군사상이 주체사상으로 대체될 가능성을 주장했다. 이에 앞서는 붉은기사상, 강성대국론 등이 주체사상을 대체하고 있다는 주장도 제기된 바 있다. 박형중 등은 '온 사회의 선군사상화' 슬로건을 중요한 근거의 하나로 제기했으나 북한은 이전에도 '온 사회의 붉은기사상화' 등의 슬로건을 사용해 왔다. 따라서 이 슬로건을 '온 사회의 주체사상화'와 같은 의미로 이해하는 것은 적절치 않다고 본다. 즉 북한이 주체사상을 실현하기 위해 주체의 방법 차원에서 선군사상을 제기하고 있는 것으로 보이는바, 선군사상은 주체사상의 하위개념으로 인식되어야 할 것이다.

통치방식 혹은 정치방식이다. 김정일 스스로도 "선군정치는 나의 정치방식이며 우리 혁명을 승리에로 이끌어 나가기 위한 만능의 보검"이라고 밝힌 바 있다.66) 다시 말해, 선군사상과 선군정치는 '현 시기의 혁명과 건설에 관한 북한의 노선과 방법을 담은 사상이며 이론'이라는 것이다.

주체사상이 북한의 모든 혁명이론과 방법을 규제하는 근본원리, 지도사상이라는 측면에서 볼 때 선군정치, 선군사상 역시 주체사상을 구현한 이론이며, 따라서 주체사상은 선군정치, 선군사상의 사상이론적 기초라고 할 수 있는 것이다.67) 선군정치는 군사선행의 원칙을 확고히 내세움으로써 '인민대중의 자주성, 나라와 민족의 자주성을 고수할 데 대한 주체사상의 요구를 반영'하고 있으며, 군대를 혁명의 주력군으로 내세움으로써 '혁명의 주체를 강화하고 그 역할을 높일 데 대한 주체사상의 요구를 철저히 구현'하고 있다는 것이다.68)

북한은 사회주의권 붕괴, 김일성 사망, 지속된 자연재해 등으로 악화된 경제난 극복과 주민들의 사기저하 방지를 위해 '고난의 행군정신', '한식솔'론, '사회주의 총진군', '강계의 혁명정신' 등 다양한 주민동원 구호를 제시하였으나 내부자원, 에너지, 주민 열정 등의 부족으로 인해 경제침체가 지속되었다.69) 이와 같은 열악한 상황에서 김정일이 제시한 선군사상과 선군정치는 다름 아닌 주체사상에 기초한 생존전략 차원의 통치이념과 통치방식이며, 선군정치를 통해 건설하

---

66) 『로동신문』, 1999년 6월 16일자.
67) 『로동신문』도 선군사상과 선군정치에 관한 이론은 주체사상을 뿌리로 하고 있다고 밝혔다. 『로동신문』, 2003년 4월 14일자.
68) 『로동신문』, 2003년 4월 12일자.
69) 전현준, 앞의 글, pp.13 – 14.

고자 하는 '강성대국'의 국가목표 역시 김정일 시대의 개막에 즈음하여 대내외 정세변화에 대처하고 주민통합과 체제결속을 도모하기 위한 김정일의 통치 슬로건(slogan)이라고 할 수 있다.

(3) 선군정치와 과학기술중시노선의 정합성

북한은 1999년을 '과학의 해'로 정한 데 이어 과학기술중시정책을 본격적으로 추진하기 시작했다. 과학기술 발전 5개년계획을 제시하고 '과학기술중시'를 '사상중시'와 '총대중시'와 함께 강성대국 건설의 3대 기둥으로 규정하였다. 또한 과학기술중시사상을 북한의 과학기술을 최단기간에 세계적 수준에 올려 세우기 위한 대담하고 통이 큰 '과학혁명'으로 정의했다.

북한이 과학중시사상을 강조하기 시작한 것은 과학기술 발전이 뒷받침되지 않고서는 '경제강국' 건설이 어렵다고 판단했기 때문이다. 북한의 선전매체들은 "과학기술 발전에서 새로운 전환을 일으켜야 강성대국 건설에서 나서는 수많은 문제를 해결할 수 있다."며 과학중시를 김정일의 사상으로 내놓았다. 즉, 과학과 기술은 강성대국 건설의 추동력이라는 것이다. 김정일의 과학중시사상에 대한 강조는 1998년 8월 '광명성 1호' 발사를 계기로 빈번해졌다. 북한은 2000년의 남북정상회담 이후에도 과학중시사상을 구체적으로 제시하면서 적극적인 실리주의 정책을 펼 것으로 기대되었다. 이처럼 과학중시사상은 이데올로기적 요소가 가장 취약하며 실리 추구에 초점을 맞춘 담론이다.

북한에서 강성대국 건설, 특히, 경제강국 건설과 관련하여 이처럼 다양한 담론과 슬로건들이 제시된 것은 실리위주의 정책에 기인하며, 향후 북한의 대외정책이 실용주의적인 방향으로 나아갈 것이라는 것을 짐작케 하였다. 김정일 정권의 입장에서는 경제난·식량난 해결이 최대의 과제이기 때문에 이를 해결하지 못한다면 정권의 정당성에 위기가 발생할 수도 있다. 결국 실리주의 정책선택으로 가시적인 성과를 거두어야만 체제위기를 극복할 수 있는 것이다.[70]

이와 같이 북한은 사회주의 강성대국은 곧 과학기술강국이며, 경제강국 건설과 군사강국 건설도 과학기술 발전에 달려 있다고 보고 과학기술중시정책을 강성대국 건설의 '전략적 노선'으로 삼았다.[71] 북한이 주장하는 강성대국 건설을 위해서는 경제성장이 수반되어야 하며 이를 위해서는 생산력 증대를 위한 과학기술혁명이 필수적이다. 또한 과학기술 발전과 경제재건을 위해서는 미국, 일본과의 수교 및 경제제재 해제 등 외부적 요인이 개선되어야 하는데, 일견 이것은 혁명적 군인정신에 바탕을 둔 선군정치를 통해서는 어려워 보인다. 따라서 다음에서는 강성대국 건설의 국가목표와 그 수단으로서의 선군정치와 과학기술중시노선 간의 모순성 혹은 정합성에 대해 분석하고자 한다.

전술한 바와 같이 북한은 1990년대 소련과 동구 사회주의권의 붕괴, 경제위기, 대외경제활동 축소, 북·미 관계 악화 등의 대내외 환경으로 전반적인 국가활동영역이 축소되는 한계상황에 직면하게 되

---

70) 배성인, "김정일 정권의 위기극복을 위한 정치담론과 담론의 정치", 통일연구원, 『통일정책연구』 12(2), 2003, p.52.
71) 『로동신문』, 『근로자』 공동논설, 2000년 7월 4일자.

었다.[72] 김일성 사망 후 김정일의 선택이 선군정치에 의지한 수령유일지배체제의 연장이 아니라 개혁·개방과 근대화 노선이었다면 경제재건과 국내경제의 확대, 북한주민의 생활수준 향상, 정치적 정통성 제고 그리고 리더십의 안정과 생존에 대한 개선된 전망이 가능했을 것이다. 또한 북한의 근대화는 동북아뿐만 아니라 국제사회 전체에 많은 이익을 가져다주었을 것이다. 이에는 교역과 투자증대로 인한 상호이익, 한반도 긴장완화 그리고 보다 안정되고 예측 가능한 동북아 역내안보 등이 포함된다.[73]

그러나 북한 GDP의 약 30%를 차지하고 있는 군사력에 대한 유례없는 자원투자[74]와 이를 뒷받침하기 위한 전 국가 차원의 동원은 북한 체제를 군대를 최우선시하는 요새사회(fortress society)로 만들었다. 그 결과 보다 생산적이고 정상적인 목적을 위해 투자될 자원의 할당이 심각하게 제한되고, 역내의 불안정을 가져오는 군비증강이 지속되고 있는 것이다. 북한의 군은 사회주의 체제의 군 일반이 갖는 혁명투쟁을 위한 계급적 무장력이라는 공통점을 갖지만, 동시에 최고 지도자에 대한 보위를 담당하는 역할도 한다. 특히, 후자의 역할은 권력승계와 관련하여 더욱 강화되었다. 김정일은 사회주의권

---

72) 거시적인 정치체제의 변동이나 미시적인 정책의 변화를 고려할 때 그 체제가 놓여 있는 객관적인 조건이나 구조적 한계만을 염두에 두어서는 안 된다. 그렇다고 해서 정치엘리트들의 정책선택의 합리성만을 고려해서도 안 된다. 정치체제의 변동은 역사 속에서 구축된 자율적인 국가가 변동을 강요하는 위기에 어떻게 대응해 왔는가를 고려하면서 분석되어야 한다. 단순화시켜서 말하면 체제변동은 국가가 이러한 위기에 대응할 수 있는 역량을 소진했을 때 초래되는 것이기 때문이다. 이에 대해서는 Theda Skocpol, *Social Revolution in the Modern World* (Cambridge: Cambridge University Press, 1994), p.5.

73) Charles Jr. Wolf and Norman Levin, 한용섭·김연수 공역, 『북한 체제의 근대화—목적, 방법, 적용—』(Santa Monica, Calif: LAND Corporation, 2008), p.43.

74) 이에 대한 구체적인 내용은 Charles Jr. Wolf and Akramov Kami, *North Korean Paradoxes: Circumstances, Costs, and Consequences of Korean Unification* (Santa Monica, Calif: LAND Corporation, 2005), p.5, p.57 참조.

이 몰락하고 북한의 식량난 등 경제위기가 가중되면서 군대야말로 북한 체제의 보루라고 인식하고 있었던 것이다. 즉, 북한의 군대는 김정일 정권을 지탱하는 가장 중요한 정치적 · 경제적 · 군사적 · 안보적 기반이다.75)

  김정일 정권은 강성대국 건설을 국가목표로 설정하고 체제보위를 위한 최우선 순위를 군 중시정책에 두고 모든 국가역량을 당면한 경제재건에 투입했다.76) 심각한 식량난으로 주민들이 생산현장을 떠나 유랑하게 되면서 생산활동이 정상적으로 이루어지지 않게 되자 북한 군은 최소한의 경제활동보장을 위해 이전보다 훨씬 더 큰 경제적 역할을 떠맡을 수밖에 없게 되었다. 특히, 조직력과 기동력에서 뛰어난 군대를 경제재건의 선봉대로 투입한 것은 한정된 자원의 효율적인 배분이라는 관점에서 볼 때 실리적인 선택일 수도 있었다.77) 이에 따라 북한 내 주요 경제건설사업에 군 인력이 투입되고 심지어 농사와 철도운행, 도로와 건물 및 대형댐 건설, 치안업무도 군이 관여하게 되었다.78) 특히, 군은 무역회사와 공장, 기업소, 광산, 협동농장 등을

---

75) 류길재, "북한의 정치체제 변화와 국가변용", 『북한연구학회보』, 3(1), 1999, pp.21 - 22.

76) 김정일은 "나에게서 그 어떤 변화를 바라지 말라. 사회주의는 지키면 승리이고 버리면 죽음이다."고 말함으로써 어떠한 냉혹한 국제정세가 조성되더라도 자본주의의 길인 개혁과 개방으로 나아가지 않을 것이며 어떤 난국이 겹친다 해도 "민중의 생명이고 생활인 주체사회주의를 견고히 지키고 끝까지 완성해 나가겠다."는 신념과 의지를 표출했다. 『로동신문』, 1997년 7월 2일자.

77) 강일천 · 공선영, "'7 · 1경제관리개선조치' 1년의 평가와 재해석", 평화문제연구소, 『통일문제연구』, 15(2), 2003, p.15.

78) 북한은 청류다리, 금릉동굴, 안변청년발전소, 문화유적지 건설 등 대부분의 중요 경제건설사업과 각종 우상화 선전물을 군 인력으로 건설했다. 임홍군, 『흔들리는 북한군』(서울: 신서&생명의숲, 2005) 참조. 북한은 "오늘 사회주의 강성대국 건설에서 중요한 것은 우리 경제를 추켜세우고 가까운 앞날에 우리나라를 경제강국의 지위에 올려 세우는 것이다. 이 거창한 과업은 선군정치를 통해서만 실현할 수 있다."면서 선군정치의 군의 경제적 역할을 강조하고 있다. "우리당의 선군정치는 필승불패", 『로동신문』, 『근로자』 공동논설, 1999년 6월 16일자.

위탁 경영하는 등 방대한 '제2경제'[79]를 운용하며 국가보위부나 사회안전부를 통해 무기를 수출하여 외화를 벌어들이는 경제집단이다. 또한 국가보위부나 사회안전부를 통해 체제유지를 위한 체제안보활동을 상시적으로 수행한다. 순수한 국가보위 역할은 북한 군대에게 최소한의 역할에 불과하다. 이러한 의미에서 북한의 군대는 국가기구 내 핵심으로서의 기능을 수행한다.

군대가 이와 같이 포괄적인 역할을 수행한다는 사실은 오늘날 북한 사회의 동원이 군대식으로 이루어진다는 것을 의미한다. 북한 주민들은 군인처럼 행동하고 사고할 것을 요구받는다. 지도자를 위해서라면 목숨을 버릴 수 있는 '총폭탄'이 되어야 하는 것이다. 이러한 동원방식은 과거 '천리마운동'이나 '3대혁명 붉은기쟁취운동'과는 사뭇 다른 것이다. 즉, 특정한 집단인 군대가 수행하는 사업방식이 전 사회를 지배하고 있으며 주민들이 배워야 할 전형으로 인식되고 있는 것이다.[80]

그러나 선군정치에 의한 경제발전방식은 초기에 군의 동원 열기나 애국심 고취 등 정신적 자극을 통해 단기간의 생산효과를 기대할 수 있으나 경제의 내구적 성장을 위해서는 한계가 있을 수밖에 없다. 생산능력을 제고시키기 위해서는 동원방식에 의한 노동력 투입보다는 경제의 대외개방과 함께 자본과 기술의 투입을 증대시키는 것이 필요하다. 그러나 선군정치의 논리는 세계적인 추세인 시장경제 및

---

79) 북한에서 '제2경제'는 군수공업 경제부문을 일컫는다. 이는 북한의 군수공업을 담당하는 부서의 명칭이 제2경제위원회라는 데서 유래한다.

80) 류길재는 이런 의미에서 군대를 중시하려는 김정일의 의도를 단순히 자신의 권력기반을 공고화하려는 수세적 공세로 이해하는 것은 매우 좁은 해석이라고 주장한다. 구체적인 내용에 대해서는 류길재, 앞의 글, p.22 참조.

개혁 · 개방과 역방향을 지향하고 있고 해외로부터의 투자유치 감소 등 오히려 경제재건에 역효과를 내고 있다는 점을 지적하지 않을 수 없다.

특히, 선군정치의 핵심인 '혁명적 군인정신'의 확산을 통한 경제회생전략은 단기적으로는 경제재건에 어느 정도 기여했다고 평가할 수 있으나 강성대국 건설론과 충돌하는 측면이 존재한다. 북한이 주장하는 강성대국 건설을 위해서는 경제성장이 수반되어야 하며 이를 위해서는 개혁 · 개방과 생산력 증대를 위한 과학기술혁명이 필수적이다. 과학기술 발전과 경제재건을 위해서는 미국, 일본과의 수교 및 경제제재 해제 등 외부적 요인이 개선되어야 하는데 혁명적 군인정신에 바탕을 둔 선군정치를 통해서는 그러한 변화가 어려워 보인다는 것이 북한이 처한 딜레마라고 할 수 있다.

선군정치는 외부의 위협에 맞선 북한의 안보위기의식을 반영하고 있다. 미국과의 군사적 대결에서 자체의 무장력으로 맞설 수 없는 나라나 민족은 생존권과 자주권을 지켜낼 수 없는 것이 엄연한 현실이며 아프간 전쟁이나 이라크 전쟁이 이를 웅변해 주고 있다는 것이 북한의 인식이다.[81] 이런 점에서 선군정치는 힘(power)에 바탕을 둔 정치적 현실주의를 반영하고 있다. 북한은 자주는 구호에 의해서가 아니라 총대(군력)에 의해 고수된다고 주장한다.[82] 이러한 측면에서 김정일의 과학기술중시노선은 선군정치에 의한 국방공업 건설과 핵 · 미사일 등 첨단 국방과학기술 개발 등 군비증강에 적극적으로 투영되었다고 할 수 있고, 그 상징적인 행위(performance)가 김정일 정권

---

81) 『로동신문』, 1999년 6월 1일자.
82) 송석명, "김정일 선군정치의 역할과 한계", 『안보논단』, 2007년 12월호, p.102.

출범 직후인 1999년 1월 1일 김정일이 평성 과학원을 현지지도하고 미사일 개발 등을 독려한 것이었다.

9·11 테러 이후 부시 대통령의 '악의 축(axis of evil)' 발언이 있고 나서 김정일의 공식활동 중 군 관련 현지지도의 비중이 현격히 증가하고, 그 어느 때보다 군민일치가 강조되는 등 체제생존 차원에서 군 중시정책이 강화되었다. 한편, 현재로서는 조선노동당이 군과 사회의 모든 부문을 장악하고 통치하는 기제들을 효율적으로 작동시키고 있고, 나아가 제도의 경로의존적 속성으로 인해 군에 대한 노동당 우위가 지속되고는 있지만 체제위기가 더욱 심화되면서 선군정치가 보다 강화되어 가고 핵·미사일 등 군사적 비대칭전략으로 대외문제를 풀어 나가려는 정책이 지속될 경우 향후 군부의 위상 및 영향력은 지속적으로 증대될 것이며 이에 따라 조선노동당의 당적 지도기능이나 지도방식이 수정되거나 약화될 가능성도 배제할 수 없다.83) 즉, 군부세력의 성장으로 노동당 내의 인적 구성을 군부 중심으로 구성해 나갈 가능성도 있으며 그렇게 되면 군부가 당을 전반적으로 장악하는 데는 물론 한계가 있겠으나 일부 중요한 정책결정과정에 군부 인사들의 영향력 행사의 강도가 높아져 갈 수도 있을 것이다. 이때 과학기술정책도 대량살상무기(WMD) 등 전략무기와 하이테크 기술, 첨단군사정보기술을 이용한 네트워크 통합전 등 미래전에 대비하고 군사혁신(RMA)을 주도할 국방과학기술 개발에 더욱 정책의 무게를 둘 것으로 보인다.

---

83) 곽인수. 앞의 글. p.122.

3. 김정일 정권의 '혁명적 경제정책'

(1) 김정일 정권의 '혁명적 경제정책': 과학기술과 실리 중시

1990년대 북한의 경제위기는 당·정 위기로 확산되며 기존의 계획경제시스템을 사실상 와해시켰다. 극심한 경제난으로 국가공급능력이 크게 약화됨에 따라 기존의 중앙집권적인 국가통제시스템과 식량배급체제와 소비품 공급체계 등도 와해되었다. 경제난으로 인해 국가 기능뿐만 아니라 당 기능 역시 크게 약화되었다. 1996년 12월 김정일은 식량난으로 인해 무정부 상태가 되고 있으며, 당 조직들이 맥을 못 추고 당 사업이 잘되지 않아 사회주의 건설에서 적지 않은 혼란이 조성되고 있다며 당중앙위원회를 비롯한 당 조직과 당 일꾼들을 신랄하게 비판하였다.[84]

1994년부터 1996년까지로 설정되었던 사회주의 경제건설을 위한 완충기가 1996년 종결된 이후 북한의 공식적인 계획경제는 더 이상 실행되지 못했다. 공식적인 계획경제의 붕괴에 따른 비공식경제(암시장)와 자생적 시장경제의 확산과 각종 사회일탈행위의 증가 등이 체제위기로 전화될 수 있는 상황에서 김정일은 제네바 북·미합의 이후의 대미 의존 일변도의 대외정책이 북한 경제난의 해결이나 김정일 정권의 생존에도 적절하지 않다고 생각한 것으로 보인다. 따라서 동아시아 금융위기 이후 표출된 김정일 정책노선의 핵심은 수령절대주의 강화를 위한 수령경제로의 자원 집중이었으며, 체제 장악력의

---

84) 이에 대해서는 『월간조선』, 1997년 4월호 참조.

강화와 함께 체제생존에 필요한 경제적 자원의 적극적 획득과 특정 국 의존도의 분산이었다. 구체적인 정책목표는 첫째, 북·중 관계의 복원, 둘째, 통미봉남정책의 일부 수정을 통한 대남유화정책의 실행, 셋째, 대미·일 국교정상화 추진으로 나타났다.

이와 같은 정책목표를 달성하기 위한 정책수단이 미·중 등거리외교와 남북 정상회담을 통한 김정일의 전면 등장이었으며, 이를 가능하게 했던 국제환경은 동아시아 금융위기를 전후하여 나타나고 있었던 미·중 간의 신냉전체제와 남한경제의 국제통화기금(IMF) 관리체제 이후 등장한 김대중 대통령의 대북포용정책이었다. 특히, 김정일은 동아시아 금융위기 이후 IMF의 관리를 받게 되었던 아시아의 경제상황을 보고 개혁·개방에 대한 경계심이 한층 더 강해졌고[85] 그 결과 체제관리와 권력장악을 확고히 하였던 것으로 보인다. 그런데 북한은 최소한의 개혁·개방을 통해 독자 생존책을 강구하는 것이 필요했던바, 경제적 자원의 대외의존을 분산하는 정책을 본격적으로 추진하기 전에 내부체제를 정비하는 작업을 먼저 시행했다. 즉 경제적 자원의 대외분산정책으로부터 초래될 부작용을 최소화하기 위해서는 내부체제를 확실히 장악하는 정책이 필요했고, 바로 이것이 김정일의 새로운 경제정책으로 나타나게 된 것이다.[86]

최악의 경제위기가 지나가고 김정일 체제가 공식적으로 출범하게

---

85) "당의 자립적 민족경제건설로선을 견지하는데서 가장 중요한 문제의 하나는 제국주의자들의 악랄한 세계경제의 일체화 책동에 강경하게 맞서는 것이다. ……아세아금융위기는 광활한 아세아시장을 완전히 거머쥐기 위하여 미제가 계획적으로 조작한 모략극이다. 미제는 지난해 금융투기의 방법으로 동남아세아나라들의 금융계를 일대 혼란에 빠뜨리고……." 『로동신문』, 『근로자』 공동논설, 1998년 9월 17일자.

86) 배종렬, "2001년 북한의 경제정책방향과 남북협력의 과제", 배종렬·유승호 편 『동북아와 남북한 경제협력; 발전방향과 정책과제』(서울: 한국수출입은행, 2004), p.55.

되는 1998년 후반 북한은 자립적 민족경제건설노선을 새롭게 강조
하면서87) 경제발전전략의 변화를 도모했다. 이 시기 이후 김정일 정
권은 한편으로는 전통적인 자립적 민족경제건설노선을 상기시키면서
중공업 우선발전전략과 사회주의적 경제체제를 강조하고,88) 다른 한
편으로는 경제발전과 관련하여 과학기술과 실리를 중시하는 태도를
보였다.89)

자립적 민족경제건설노선을 새롭게 강조한 북한 지도부는 두 가지
측면에서 북한의 경제정책이 과거와 다른 방향으로 갈 것을 암시했다.
하나는 과학기술의 강조이다. 자립경제를 강조하는 김정일의 1997년 6
월 문건과 1998년 9월의『로동신문』,『근로자』공동논설은 모두 경
제건설과 국방건설에서 과학기술이 차지하는 중요성을 지적하면서
자주적 발전을 위해 과학기술을 발전시킬 것을 주장하였다.

다른 하나는 '실제적인 리익' 또는 '실리'의 강조이다. 북한은 1998

---

87)『로동신문』,『근로자』공동논설. 1998년 9월 17일자. "우리는 자립적민족경제의 위력과 자
   위적국방력을 강화하기 위한 투쟁을 계속 힘 있게 벌려 자주적인 국가사회생활의 물질적기초
   를 더욱 튼튼히 하고 나라의 안전과 인민들의 행복한 생활을 믿음직하게 지켜 나가야 한다.",
   김정일, "혁명과 건설에서 주체성과 민족성을 고수할데 대하여",『로동신문』, 1997년 6월
   19일자. 1997년 6월 김정일은 "혁명과 건설에서 주체성과 민족성을 고수할데 대하여"라는
   문건에서 자립적 민족경제건설노선을 전면에 내세웠다. 그는 이 문건에서 3대 제일주의 대신
   조선민족제일주의를 강조하고 또한 자립적 민족경제와 자위적 국방력을 건설해야 한다고 주
   장하였다. 1994년 초 '혁명적 경제전략'에 밀려났던 자립적 민족경제건설노선이 1997년 중
   반 복권되기에 이른 것이다. 박순성, "김일성 시대(1994 - 2004) 북한 경제정책의 변화와
   전망",『북한연구학회보』8(1), 2004, p.66.

88) "최후승리를 위한 강행군 앞으로",『로동신문』, 1998년 1월 8일자; "우리가 틀어쥐고 나가
   야 할 경제건설의 기본노선",『로동신문』, 1998년 1월 20일자.

89) "1999년 신년공동사설",『로동신문』, 1999년 1월 1일자. '경제사업의 실리보장'은 권한과
   책임이 부여된 내각이 경제적 효율과 효과성을 추구해 경제사업에서 국가의 전반적인 이익이
   실현되도록 해야 한다는 것이다. 1998년 9월 북한이 경제무역기구를 조정하고 무역회사에
   대한 대대적인 구조조정을 단행해 전체 무역회사의 수를 종래의 300여 개에서 100여 개로
   축소한 것이나 1999년 3월 외무성 부상을 10명에서 6명으로 감축하고 도시경영 및 국토환
   경보호성으로 분리한 것은 이러한 경제정책방향의 일환으로 보인다. 대한무역투자진흥공사,『북
   한뉴스레터』, 1999. 2.

년 9월 경제사업에서 실리를 중시하는 것을 높이 평가하면서 이 태도를 효율성을 본성으로 하는 자립적 민족경제에 연결시켰다.[90] 이후 김정일의 사상 재정립과 7·1경제관리개선조치를 통해 '실리' 중시 노선이 자리 잡게 되었다. '실리'란 인민생활에 이바지하는 '경제적 효과성', 즉 지출 대비 효과를 말한다. 김정일은 2001년 3월 11일 "20세기는 기계제 산업의 시대였다면 21세기는 정보산업의 시대"라는 새로운 시대 규정을 하였다. 또한 "오늘에 와서는 자본론과 잉여가치학설사 등 기존 경제이론만 가지고 사회경제적 문제를 다 풀기 어렵다."며 "지난 세기에는 사회적 노동에 의하여 창조된 물질적 부를 분배하는 데서 생산수단을 누가 쥐고 있는가 하는 것이 문제로 되었다면, 21세기에는 누가 더 머리가 좋은 사람을 쥐는가 하는 것이 문제로 될 것"이라는 다소 파격적인 주장을 하기도 하였다. '실리' 개념은 "정치와 외교에서도 실리가 중요하지만 경제사업에서는 실제적인 리익이 더 중요"하다는 김정일의 발언을 배경으로, '강성대국 건설론'을 정립하는 과정에서 1998년부터 이미 등장하였다. 즉, 1998년 9월 17일의 『로동신문』과 『근로자』에 공동사설로 게재한 "자립적 민족경제건설노선을 끝까지 견지하자."에서 출발한다고 볼 수 있다.[91]

경제사업에서 실제적인 리익이 나게 하여야 한다. 원래 자립적민족경제는 가장

90) 박순성, 앞의 글, p.66.

91) 이에 대해 배종렬은 김정일이 자본주의 사회의 규범과 룰의 점진적 수용이 아니라 적응하는 형태로, 자본주의 사회와 더불어 사는 방식을 시험하고 있다고 보았다. 배종렬, "2001년 북한의 경제정책방향과 남북협력의 과제", pp.62-63 참조. 한편, 이석은 1990년대와 대비되는 2000년대 북한의 경제현상을 그 자체로 독립된 것이 아니라 이와 다른 많은 사회·경제·정치적 현상과 서로 연결되어 있는 것으로 파악하여 '대외의존적 소비경제'로 보는 가설과 시장이 주도하는 '계획과 시장의 이중경제'로 이해하는 관점을 소개하고 있다. 이석, "현 단계 북한경제의 특징과 설명 가설들", 『북한경제리뷰』, 2009년 1월호, p.1 참조.

효률적인 경제이다. 자체의 자원과 자금을 효과적으로 동원리용하여 나라와 인민의 수요를 실제적으로 충족시킨다는데 자립적민족경제의 커다란 우월성이 있다. 실리를 중시하는 사업태도는 우리 경제의 이러한 본성에 기초하고 있는 것이다. ……경제사업에서는 허세가 있을 수 없다. ……경제사업은 주관과 욕망만으로는 할 수 없다.[92]

공동사설에서는 미국의 '세계화' 전략에 반대하며 '자립적 민족경제'를 강조하였지만 "최신과학기술을 발전시키고 그에 기초하여 제 힘으로 살아나가는 길을 더욱 힘있게 열어나가는 것이 오늘의 자력갱생"이라며 개념을 재정립하였다. 이후 자력갱생의 개념은 현대과학기술에 기초하지 않으며 실리가 나지 않는 자력갱생은 "더는 묵인될 수 없는 우리의 투쟁 대상"으로 된다면서 '라남의 봉화'를 통해 새롭게 정립되었다.

북한의 새로운 국가발전전략인 강성대국 건설론의 1차적 목표는 인민경제의 선행부문 회복을 통하여 산업생산의 정상화를 꾀한다는 것이다. 1998년과 1999년 신년공동사설에서 제기된 가장 중요한 경제방침도 농업증산을 통한 먹는 문제 해결과 선행부문(기간공업부문)에서의 생산 정상화이다. 북한은 농업, 석탄, 전력, 철도운수, 금속부문에 우선순위를 두고 집중투자를 꾀하는 한편, 2002년까지 기존 산업생산을 정상화한다는 목표를 제시하였다.[93]

한편, 완충기 3대 제일주의의 하나인 '농업 제일주의'는 그 이름은

---

92) 『로동신문』, 1998년 9월 17일자. 북한의 경제 전문지 『경제연구』에서도 1999년 제1호부터 "경제사업에서 실리를 중시하고 실제적인 리익이 나게 하는 것"에 힘을 집중할 것을 강조하였다.

93) 『로동신문』, 1998년 1월 1일자, 1999년 1월 1일자.

사라졌으나 여전히 북한이 최우선으로 추진해 나가야 할 과제로 남아 있었지만 경공업·무역제일주의는 사실상 그 중요성을 상실했다.94) 그 대신 경제난 해소의 1차적인 과제로서 선행부문을 결정적으로 추켜세우고 기간공업부문의 생산 잠재력을 최대한 발휘할 것이 요구되었다. 즉, 북한은 중공업 중심의 전통적인 북한식 경제토대와 경제구조를 그대로 답습하게 되었다.95) 특히, 김정일의 선군정치하에서 북한은 군사강국의 물질적 기초로서 중공업을 발전시켜야 하는바, 기계금속공업에 대한 투자 비중도 다시 증대되었다. 따라서 3대 제일주의는 "인민생활을 높인다고 하면서 중공업을 소홀히 하거나, 외화가 있어야 경제를 풀 수 있다고 하면서 대외무역에만 치중하는 것은 옳은 방도가 될 수 없다."96)는 비판을 받게 되었다.

선행부문의 정상화는 중공업을 핵심으로 하는 사회주의 경제건설의 기본노선을 견지하는 것으로 강성대국 건설을 위한 '우리식 경제구조'를 강화하기 위한 것이다. 이러한 중공업 우선정책에 대한 북한

---

94) 『로동신문』, 1998년 9월 17일자; 오승렬, 『북한 경제개혁의 최적 방향 연구』(서울: 민족통일연구원, 1996), p.116. 북한이 대외무역 자체를 부정하는 것은 아니며 경제 자립성을 강화하는 방향에서 보완적 수단으로 제한적이나마 대외경제관계를 꾸준히 확대해 왔다. 오승렬은 북한이 나진·선봉지구를 대외경제의 연결 '창구'라기보다는 경제의 부족한 부분을 메우는 '창고'로서의 기능을 부여하고 있다고 평가하였다.

95) "우리의 경제토대는 자체의 강력한 중공업을 골간으로 하는 자립적 경제토대이며, 우리식의 경제구조는 인민경제의 모든 부문이 다면적으로 발전되고 국방공업이 중요한 자리를 차지하는 특수한 경제구조이다." 리영화, "경제에 대한 국가의 중앙집권적 통일적 지도는 사회주의 경제강국의 근본 담보", 『경제연구』, 1999년 3월호, p.10.

96) "인민생활을 높인다고 하면서 중공업을 소홀히 하거나 외화가 있어야 경제문제를 풀 수 있다고 하면서 대외무역에만 치중하는 것은 옳은 해결방도로 될 수 없다. 물론 현실발전의 요구에 맞게 경공업도 발전시키고 대외무역도 확대해 나가야 한다. 그러나 이 모든 사업은 자립적 중공업을 발전시키는 기초우에서만 가능하다. …우리는 앞으로도 중공업을 우선적으로 발전시키면서 경공업과 농업을 동시에 발전시킬데 대한 사회주의경제건설의 기본로선을 튼튼히 틀어쥐고 나감으로써 우리식 경제구조의 위력을 끊임없이 강화해 나갈 것이다." 『로동신문』, 1998년 9월 17일자.

의 입장은 1998년 신년공동사설이 발표된 직후 『로동신문』에 게재된 "최후 승리를 위한 강행군 앞으로"97)와 "우리가 틀어쥐고 나가야 할 경제건설의 기본노선"98) 등의 사설에서도 분명히 밝히고 있다. 북한은 사회주의 경제건설의 기본노선인 중공업 우선적 발전을 보장하면서 경공업과 농업을 동시에 발전시키는 전략으로 다시 되돌아온 것이다.99)

국가기간산업인 중공업을 정상화하기 위해서는 북·중 고위급채널 복원 등을 통한 중국의 지원과 새로운 대중동원방식이 필요했다. 따라서 김정일은 절대적 노동량의 증가에 의한 대중동원과 내부예비를 총동원하는 수단으로 '제2의 천리마대진군'을 주창하고,100) 경제 분야에 대한 현지지도를 시작했다. 이러한 변화는 "경제발전의 높은 속도와 정확한 균형을 보장하기 위하여 설정한다."는 완충기 전략이 실효를 거두지 못했을 뿐만 아니라 에너지, 전력 등의 부족에 따른 공장 가동률 하락 등으로 전반적인 산업의 침체현상이 심각해져 오히려 기간산업의 선행 회복이 경제난 해소에 1차적인 과제라는 인식에 근거한 것으로 보인다. 1998년 1월 자강도를 시작으로 1999년 3월 말까지 14차례에 걸친 김정일의 경제부문 현지지도 지역 중 9회가 발전소, 제강, 기계, 자동차 등을 생산하는 중공업 지역에 집중되었다. 1999년 4월 7일에 개최된 최고인민회의 제10기 제2차 회의에서 1999년도 북한의 국가예산은 전년 대비 2% 증가한 반면, 부문별로 농업 11%, 전력 15%, 석탄, 광업, 금속, 기계 등 기간공업과 철

---

97) 『로동신문』, 1998년 1월 8일자.
98) 『로동신문』, 1998년 1월 20일자.
99) 최수영, 『북한의 강성대국 건설: 경제부문 중심으로』(서울: 통일연구원, 1999), p.7.
100) "강계정신으로 제2의 천리마대진군을 힘있게 다그치자" 『로동신문』, 1999년 9월 28일자.

도 부문이 10% 증가되었다.[101] 또한 2000년 북한의 국가예산은 전년 대비 1.9% 증가된 반면, 전력 15.4%, 석탄 12.3%, 농업 5% 증가된[102] 것에서 경제정책의 역점이 어디에 있는가를 잘 알 수 있다. 아울러 북한이 새롭게 선택한 경제발전전략은 중국과 유사하게 총요소 생산성 증가에 기여하는 자원 재배치, 규모의 경제, 과학기술의 진보, 교육을 통한 노동의 질적 수준 제고 등을 적극 추진하는 것이었다. 2002년 7·1조치에서 북한 당국이 실리 추구와 과학적인 관리를 강조한 것도 이 때문이다. 북한은 특히, 인민경제의 기술적 개건과 정보화를 지속적으로 강조하였다.[103]

북한의 실리주의 원칙은 인민경제 현대화사업에도 적용되고 있다. '인민경제 현대화사업'은 전면적인 '기술개건'과 설비 갱신을 추구하는 것이다. 노후화되고 낙후된 기존 설비의 재가동이 아니라 새로운 기술에 기반을 둔 전면적인 설비 갱신이 그것이다.[104] 이에 따라 북한은 경제발전의 전략부문 대상들은 하나하나씩 새로운 기술과 설비에 기초하여 대담하게 조절하고, 전문화의 원칙에서 전력과 원료, 자재의 공급 부족으로 제대로 가동되지 않고 있는 대상들을 종합 정리했다.[105] 여기에서 북한이 말하는 '기술개조'는 북한의 낙후시설을 정비하고 보수하는 데 초점을 맞추면서 생산설비를 정상화시키는 것

---

101) 『조선신보』, 1999년 4월 12일.

102) 『조선중앙통신』, 2000년 4월 4일.

103) 이춘근, 『중국의 주요 국가과학기술계획』(서울: 한국과학기술정책연구원, 2004), p.56.

104) "갱신주기가 지난 기술장비와 재래식 생산공정은 경제사업에서 이익을 주는 것보다 손해를 주게 된다. 뒤떨어진 기술장비와 생산공정은 막대한 사회적 낭비를 가져오며 투자의 효과성을 높일 수 없게 한다." 전승훈, "인민경제의 현대화는 경제강국 건설의 필수적 요구", 『근로자』, 2000년 제5호, pp.31 - 32.

105) 리정민, "재정관리를 개선하는것은 과학기술 발전의 중요담보", 『경제연구』, 2001년 제4호, p.52.

이고, '기술개건'은 기술개조에 더해 생산설비의 효율성을 높여 생산량을 정상화시킬 뿐만 아니라 잉여생산물을 남겨 재생산을 추구하는 것을 의미한다.106) 현대 과학기술의 역할이 기술개조에서는 낙후된 기계 자체를 보수·교체하는 것이라고 한다면, 기술개건에서는 기술개조를 통해 인민경제 전반의 생산수준을 끌어올리는 것까지 확장된다고 볼 수 있다.107) 천리마제강소, 김책제철소, 검덕광업기업소, 흥남비료공장 등은 경제발전에 관건적 의의를 가지는 대상들을 현대화, 정상화해 나간 본보기 공장들이며 구성공작기계공장 역시 마찬가지이다.108)

경공업의 정상화와 현대화도 예외가 아니었다. 북한은 부문별·지역별로 현대화된 표준 경공업 공장을 조성하고 그것을 본보기로 하여 다른 경공업 공장들을 현대화했다. 각 도에 건설된 기초식료품공장들을 비롯하여 평양방직공장, 신의주화장품공장, 함흥영예군인수지일용품공장의 현대화와 정상화가 그 실례들이다.109) 2001년 신년공동사설에서 북한은 "온 사회에 과학기술을 중시하는 기풍을 세우며 기술혁신의 불길이 세차게 타오르게 하여야 한다."고 주장하는 한편, 인민경제의 기술적 개건이 "현 시기 경제사업의 중심 고리이며 더는 미룰 수 없는 절박한 과제"110)라며 급박한 경제상황을 표현하였다.

---

106) 『경제사전 1』(평양: 사회과학출판사, 1985).

107) 기술개조와 기술개건은 과학기술을 통해 생산설비를 정상화한다는 측면에서는 동일한 의미로 사용되나, 그것이 목적하는 바에 따라 성격을 달리하며 북한은 시기적으로는 1998년을 기준으로 이전에는 기술개조를, 이후에는 기술개건을 강조하고 있다. 이에 대해서는 선유정, "김정일시대의 과학기술중시사상", 과학기술정책연구원 북한과학기술연구회 제7차 전문가 워크숍 발표문, 2003 참조.

108) 이태섭, 앞의 글, p.92.

109) 리주오, "제품의 질을 높이는 것은 경공업 부문 앞에 나서는 중요과업", 『근로자』, 2000년 제5호, p.36; 이태섭, 앞의 글, p.93.

북한의 산업 전반에서 추진되고 있는 기술개건사업은 김정일의 지시가 있은 후부터 확산되었다. 김정일은 2000년 1월 평북지역 산업 부문을 현지지도하면서 공장, 기업소 등의 관리운영사업을 개선·강화하며, 경제사업에서 새로운 '혁명적 전환'을 일으킬 수 있는 지침을 제공했다고 한다. 그리고 각 공장·기업소들에 대해 현대적인 최첨단 기술을 받아들여 손색없는 제품을 생산할 것을 촉구하기도 하였다.111) 그러나 북한의 상황은 기술개건을 지속적으로 강조하고 있으나 현실적으로는 기술개조를 통해서 단기적으로 생산의 정상화를 꾀하는 정도이다.

북한이 경제재건을 위한 구체적인 발전전략으로 현대화를 내세운 것은 상당히 오랜 역사를 가지고 있다. 북한은 1977년 12월 제2차 경제발전 7개년계획을 공포하면서 경제의 주체화·현대화·과학화를 촉진시키는 것을 기본과업으로 설정한 바 있다. 현대화는 공업의 기계화와 자동화를 이룩하고, 과학화는 기술을 개발하여 새로운 과학의 기초 위에 생산을 추진한다는 것이었다.112) 이러한 전략은 소기의 성과를 거두기도 하였으나 군수산업 위주의 중공업 정책, 비효율적인 자원배분, 산업구조의 불균형, 폐쇄경제로 인한 선진자본과 기술도입의 부진 등으로 1980년대 중반 이후부터는 심각한 경제침체 상황이 지속되었다. 그 후 북한은 "올해를 강성대국 건설의 위대한 전환의 해로 빛내이자"라는 제목의 신년공동사설에서 1999년의 기본구호를 "위대한 당의 영도 따라 강성대국 건설에로 전진하는 새

---

110) 『로동신문』, 2001년 1월 1일자.
111) 김창희, "김정일 체제의 국가관리정책과 발전전략", 『한국동북아논총』 20, 2001, p.50.
112) 김창희, 앞의 글, p.49.

로운 전환의 해"로 설정하고113) 강성대국 건설의 가장 중요한 과제로 경제건설을 강조하며 그 목표를 경제의 모든 부문에서 생산을 정상화하고 경제 전반을 일정한 수준으로 높여 주민생활을 안정, 향상시키는 데에 두었다.

북한은 다시 산업의 정상화를 위해 "인민경제를 고도로 발전된 과학기술의 최신성과에 기초하여 생산의 높은 성장을 이룩하고, 경제강국을 건설하고 인민생활을 획기적으로 높여 나가기 위한 필연적 요구"114)로 경제의 현대화와 정보화를 제시했다. 이와 같이 북한이 산업을 정상화시키기 위하여 추구하는 전략은 바로 경제의 현대화이다. 북한이 주장하는 현대화의 내용은 다음과 같다. 현 시대는 과학과 기술의 시대이며 오늘의 과학과 기술은 매우 빠른 속도로 발전하고 있다. 끊임없이 전진하는 현 시대에 맞게 경제를 활성화하려면 대담하게 공업을 최신설비와 기술로 장비시켜 인민경제의 기술개건을 실현해야 한다.115) 또한 경제의 현대화는 어느 한 기계설비, 어느 한 생산공장에 한정된 현대화가 아니라 제품의 설계, 생산, 판매, 재정관리 등 전반적인 체계에서의 현대화가 되어야 한다.116)

한편, 북한은 1990년대 후반에 들어서면서 정보산업을 강조하는 가운데 모든 업무에 첨단과학기술을 활용하여 정보화를 구축할 것을 촉구했다. 공장관리뿐 아니라 과학기술, 행정, 경제관리에 이르기까지 정보화를 통해 기술개건을 할 것을 강조하였다. 즉, 과학기술에서

---

113) 『로동신문』, 1999년 1월 1일자.

114) 『로동신문』, 2001년 5월 17일자.

115) 김동식, "자립적이며 현대적인 국방공업을 창설하신 위대한 수령 김일성동지의 불멸의 업적", 『경제연구』, 2003년 제3호, p.10.

116) 『로동신문』, 2001년 8월 12일자.

는 과학자들의 정보수집능력의 향상을 통해 선진과학기술을 습득하여 첨단과학기술을 발전시키고, 관리적 측면에서는 컴퓨터와 같은 첨단기계를 사용하여 업무의 정확성과 신속성을 높여 효율성을 제고해야 한다는 것이다.117) 전자, 자동화공학 발전에 대한 지도부의 인식 변화에 따라 업무의 정보화는 노동자들의 일의 양을 줄이고 질을 높여 주면서 '지능로동'을 가능하게 하는 수단으로 받아들여졌다. 북한은 지능노동의 확대로 인민노동의 질을 제고함으로써 향후 북한이 추구하는 '노동해방'을 이루고자 하였다.

이와 같은 업무 정보화에 대해서는 북한이 정보고속도로를 전역에 깔고 전자행정정부의 구축을 추진할 정도로 정보화를 성공적으로 추진하고 있다는 견해와 한정된 범위의 정보기술 연구기관이나 인력을 제외하고는 북한 전체가 정보기술의 불모지 또는 사각지대이며 정보화는 일부 공장·기업소에서 진행된 '전산화' 수준에 그치고 있다는 평가 등으로 엇갈리고 있다.118) 이러한 견해의 차이에도 불구하고 베이징이나 단둥에 진출해 있는 북한 IT 전문가들의 수준은 뛰어난 것으로 알려져 있다. 다만, 그들이 개발한 첨단기술을 상품화시켜 세계시장에 공급할 수 있는 마케팅 기술이 필요한데, 이 부분에서 남

---

117) "자동화부문의 과학자, 기술자들은 생산 공정의 모형화와 조종, 컴퓨터 지원에 의한 조종체계의 설계, 인공신경망과 유전적 알고리즘에 의한 지능 조종체계, 확률조종체계를 비롯한 컴퓨터에 의한 통합생산체계에 대한 연구사업을 적극적으로 추진하여 금속공업, 석탄, 철도운수를 비롯한 인민경제 모든 부문의 생산기술 공정과 생산 방법, 경영활동을 새로운 과학적 토대위에 올려 세워야 한다. 여기서 제기되는 문제를 풀어 나가야 한다. 과학연구 부문에서는 과학기술적 역량을 꾸려나가며 과학기술 대열을 잘 꾸려야 한다. 또한 새로운 과학연구 성과와 기술혁신안을 제때에 생산에 받아들이며 과학기술 행정사업을 개선해 나가야 한다." "과학자, 기술자들은 당의 과학기술중시로선을 틀어쥐고 전기, 자동화공학부문 과학연구사업에서 새로운 전환을 일으키자", 『전기, 자동화공학』, 2000년 제1호, pp.2 - 4.

118) 북한 사회 각 분야의 정보화 수준을 참고할 수 있는 글로는 탈북 과학자 출신인 김흥광, "북한 IT기술 발전의 현 실태와 미래 전망", 『10명의 북한 출신 엘리트들이 보는 10년 후의 북한』(서울: 인간사랑, 2006), pp.304 - 344 참조.

북한 협력이 가능하다는 점에는 공감대가 형성되고 있다.

경공업 분야에서도 기존의 자립경제노선에 중요한 변화가 나타나고 있었는데, 그것은 '생산의 전문화' 현상이다. 즉, 북한은 인민생활에 절실히 필요하고 중요한 의의를 가지는 소비품만을 자체 생산으로 보장하도록 하고, 여기에 노력과 설비, 원료, 자재를 집중하는 전문화의 원칙에서 살릴 것은 살리고, 정리할 것은 정리하는 경공업 구조개선 (조정)을 추진하였다. 칫솔, 치약, 세숫비누, 화장품, 법랑그릇, 초물제품, 기초식료품 13개 품목이 그것으로, 북한은 이들 소비품을 독점지표로 설정하고 그 생산을 증대시키는 데 역량을 집중했다. 자전거와 재봉기 생산도 전문화가 추진되고 있으나 그 밖의 소비품에 대해서는 실리주의 원칙에서 경제적 효과성을 타산하여 자체 생산이 아니라 무역을 통해 수요를 충족시키는 방향에서 경공업 구조개선을 추구하였다.[119] 또한 북한은 다른 나라에서 원자재를 수입하여 생산하는 것보다 완제품을 수입하는 것이 경제적으로 유익할 경우 완제품을 수입하도록 하였다.[120] 그러나 경공업 부문과는 달리 "금속공업을 비롯한 기간공업 부문의 생산을 다른 나라에 의존하는 것은 경제의 명줄을 남에게 거는 것이나 같다."[121]고 하여 중공업 부문의 자립성을 역설

---

119) 경공업제품 생산체계는 대규모 중앙공업, 중소규모 공장, 기업소, 생필품직장, 작업반의 "8.3소비품" 생산이며, 생산 전문화 대상인 주요 경공업 공장은 2.8 비날론섬유, 청진화학섬유, 신의주화학섬유, 순천비날론공장이며 주요 방직공장은 평양종합방직, 강계방직, 사리원방직, 개성방직, 구성방직공장 등이다. 이에 대해서는 한현숙, "북한 경공업정책과 지방산업공장들의 실태", 2009 북한과학기술연구세미나 발표문, 2009, p.77 참조. 그 밖에 경공업 공장들의 주요한 기능은 군부 생필품을 충족, 보완하는 것으로 각 공장들은 군수물자를 비축하고 각 단위 4호 물자(전시전략예비물자)의 생산지표가 할당된다.

120) 리연수, "인민 소비품 문제를 푸는 것은 우리 당의 확고한 결심", 『근로자』, 2000년 제6호, pp.48 - 50; 리주오, "제품의 질을 높이는 것은 경공업 부문 앞에 나서는 중요과업", 『근로자』, 2000년 제5호, p.36.

121) 리연수, 앞의 글, pp.48 - 49.

하는 한편, 전자 · 자동화공업이나 컴퓨터산업 등 첨단과학기술 분야에서는 보다 적극적으로 기술도입정책을 추진했다.

이와 같이 북한은 비록 경공업의 일부 품목에 제한되어 있으나 경공업 부문의 대외무역에 수익성의 원칙, 실리주의 원칙을 적용함으로써 기존의 자기완결적인 재생산 구조의 추구에서 한발 후퇴하고 있다. 이것은 경공업의 경우 대외무역이 자립경제의 보완적 수단의 위치에서 한 단계 발진하여 경공업 발전의 중요한 하나의 축으로 그 위치가 격상되고 있음을 보여 준다. 북한의 표현대로 이것은 "경공업 발전의 새로운 전환"이라 할 만한다.[122)

그러나 1차 소비품의 계획생산은 소비자 수요 욕구에 따른 생산이 아니며 군(郡)내의 원료원천에 기초한 자급자족은 거의 불가능한 상황이다. 어려운 경제상황에서 부족한 자원으로 생산된 소비품은 결과적으로 주민들의 수요 충족에 앞서 김정일 통치의 기반세력과 특정 대상들에 대한 공급이 우선시되고 있다. 또한 소비재 생산은 군(郡) 단위 자립경제를 더욱 강화하는 방향에서 추진되었다. 북한은 군 단위로 자체의 수출품 생산기지를 조성하고 이를 통해 번 외화는 군 자체로 군내 인민소비품과 지방경제발전에 필요한 설비와 원료, 자재를 수입하는 데 쓰도록 했다.

---

122) 이태섭, 앞의 글, p.83.

〈표 9〉 지방의 1차 소비품 생산과 공급 현황

구분	생산 현황	공급 현황
식료 부문	· 생산품목: 사탕, 과자, 쌀강정, 단묵 (젤리) 등 · 원료원천은 공장이 보유한 원료기지 자체생산 · 원료기지면적: 대략 50정보 · 품목: 옥수수, 콩, 보리, 홍삼, 들깨 등 · 연간 생산량: 옥수수 10t, 콩 2t, 보리 2~2.5t, 당근 1.5t, 약간의 들깨 등	· 김일성, 김정일 생일에 탁아원, 유치원 공급 · 학교 학생 1kg씩 선물
장류 부문	· 생산품목: 술, 된장, 간장 · 원료원천: 공장자체 보유하고 있는 원료기지 · 생산용도: 설 명절, 2.16, 4.15 공급용 · 생산량: 연간 된장 5t, 간장 10t 미만	· 90년대 이전 세대당 공급 위주 · 최근 공급 중지, 군부공급 위한 생산은 필수
종이 부문	· 1차 소비품 항목 중 가장 중요한 생산품목 · 3~11월 생산, 난방사정으로 겨울에 생산 못 함 · 주로 학생 교과서용 종이, 학습장 용도 · 원료원천확보는 황철나무 채벌, 펄프 · 옥수수오사리 재활용, 폐지 등 5:2:3 비율 · 종이생산계획: 연 70~80t · 실제 연간 종이생산량: 약 20t(계획의 25%) · 월 종이생산량: 약 2.5~3t · 월 학습장생산량: 2만~2만 5천 권, 연간 10~12만 권	· 군(郡)내의 3만 5천 명 학생에게 새학기 공급용 · 국가 가격으로 평균 3권씩 공급
일용품 · 직물 부문	· 1차 소비품 품목은 비누, 군(郡) 양정사업소 쌀겨로 공업용 기름 생산, 가성소다 첨부, 연 10t 정도 생산	· 설 명절, 2.16, 4.15, 정주년, 세대 생필품 공급용 · 최근에는 군부 공급용으로 전부 사용 · 직물공장, 옷 공장자재는 군(郡) 자체의 힘으로 해결 · 2000년 이후 설비 폐쇄정리 · 그 밖에 도자기공장, 우산공장 등 존재 · 군(郡)내 원료 고갈로 생산 완전 중지

* 자료: 한현숙, 앞의 글, pp.80-83을 재구성

군(郡) 단위 자립경제는 다름 아닌 심각한 경제난으로 인해 국가 공급능력이 현저히 약화된 상황에서 국가에 의존하지 않고 군 자체의 내부자원을 최대한 동원 이용하여 모든 것을 군 자체의 힘으로 해결해 나가는 자력갱생을 요구하는 것이었다.[123] 결국 이러한 군(群) 단위 자립경제는 소비재 생산에 대한 국가의 재정적 부담을 줄이면서 기간공업, 즉 국방공업과 중공업에 국가적 투자와 축적을 증대시키기 위한 것이라고 할 수 있다. 그 결과 대부분의 경공업 공장들이 원자재 부족 등으로 생산을 멈춘 지 오래다. 따라서 주민들은 생필품 부족난을 겪고 있으며 대부분의 생필품은 중국산 싸구려 상품에 의지하고 있는 실정이다.[124]

이와 같은 북한의 새로운 경제방침은 향후 김정일 정권이 '우리식 사회주의' 즉, 경제에 대한 중앙집권적 · 통일적 지도원칙 고수 및 경제계획부문의 질서확립을 고수하면서, 한편으로는 경제에서 실용주의를 추구하는 이중전략(dual strategy)을 구사할 것을 시사하고 있는 것으로 분석된다.

---

123) 예컨대, 군(郡) 단위의 중소형발전소 건설을 통해 전력을 군 자체로 해결하도록 한 것이나, 모든 군에서 국가 공급원료의 몫을 줄이고 군 자체의 원료공급 비중을 높이는 방향에서 군 자체의 자립적인 원료생산기지를 조성하도록 한 것이 그것이다. 이태섭, 앞의 글, p.84. 군(郡) 단위 자립경제에 대해서는 리기반, "군을 단위로 지방경제를 종합적으로 발전시키는 것은 올해 경제건설의 기본과업을 성과적으로 수행하기 위한 중요한 방도", 『경제연구』, 1999년 제2호, pp.8 - 9; 김성금, "지방공업의 부문 구조를 개선 완비하는 것은 군경제 발전의 중요한 요구", 『경제연구』, 1999년 제3호, pp.32 - 25.; 김성금, "군 경제의 종합적 발전은 사회주의 경제건설을 다그치기 위한 중요한 요구", 『경제연구』, 1999년 제4호, pp.13 - 14 참조.

124) 평양에 개설된 통일거리 종합시장에서 판매되는 공산품은 중국산이 약 70%, 일본 및 러시아산 20%, 북한산이 10% 정도이다. 북한에서 생산된 공업품은 주로 철물이나 학용품 등이다. 『데일리 NK』, 2007년 1월 24일.

(2) 김정일 정권의 '선택과 집중'의 생존전략

강성대국 건설론은 2000년대에 들어서서 구체화되었다. 북한은 2000년도 신년공동사설을 통해 "우리는 사상중시, 총대중시, 과학기술중시로선을 틀어쥐고 올해 총진군을 다그쳐나가야 한다. 사상과 총대, 과학기술은 강성대국 건설의 3대 기둥이다. 사상이 견결하고 총대가 위력하며 과학기술이 발전하면 그것이 곧 주체사회주의 강성대국이다."125)라고 주장했다. 따라서 강성대국 건설은 '주체의 사회주의 국가 고수, 정치·사상강국 건설, 선군의 군사강국 건설, 과학기술의 경제강국 건설'로 요약할 수 있다.126) 즉, 김정일 시대의 국가발전전략은 기존의 지배이데올로기의 강화를 토대로 현재의 선군영도의 정치체제를 구축하면서 경제를 재건해 점차적으로 계획경제 시스템을 정상화하려는 것이고 과학기술중시노선은 그 정책수단으로 제시된 것이라고 할 수 있다.

앞에서 분석한 바와 같이 김정일의 새로운 경제정책은 김일성 노선의 내재적 모순으로부터 야기된 경제난국으로부터 출발하였다. 이러한 현상은 김정일이 '강성대국론'을 비롯하여 '종자론', '신사고론', '단번도약론' 등 각종 구호성의 논리들을 제시한 것이나 북한이 "지난날의 기준에 구애됨이 없이 나라의 경제형편이 어려운 오늘의 조

---

125) 『로동신문』, 2000년 1월 1일자. 이후 김정일의 강성대국 건설과 3대 기둥에 관한 교시는 『로동신문』 등 북한의 모든 간행물에 등장하게 되었고 주민들에 대한 정치교양사업에서도 주요 학습내용이 되었다.

126) 김동남, "위대한 령도자 김정일동지의 선군정치는 사회주의경제강국건설의 결정적담보", 『경제연구』, 2001년 제2호; 김창희, "김정일 체제의 국가관리정책과 발전전략", 『한국동북아논총』, 20, 2001; 정우곤, "북한의 '강성대국' 건설과 개혁·개방", 2001년도 한국정치학회 학계학술회의 발표논문, 2001.

건에 맞게 사업을 효율적으로 전개해 나가야 한다."127)고 기존 노선을 수정하고, 명분보다는 실리를 우선하고 '선택과 집중' 전략을 구사하는 데서 알 수 있다.128)

배제를 통한 '선택과 집중' 전략은 김정일의 표현에 따르면, "모든 것이 부족하고 어려운" 상황에서 "경제건설의 선후차와 경중을 옳게 가려 관건적인 중요부분, 중심고리에 힘을 집중하는 원칙"이다. 김정일은 그러한 중심고리로 군수산업과 기간산업(전력공업, 석탄공업, 금속공업, 철도운수)을 들었으며, 여기에 긴박한 식량난을 감안하여 농업을 추가했다. 다시 말해서, 부족한 자원을 가지고 경제를 재건하자면 '전략적 의의를 가지는 부문'(전략 부문)에 자원을 집중해야 하며, 그러기 위해서는 자원배분에서 비전략 부문(주로 경공업과 지방공업)에 대한 배제는 불가피하다는 것이다.

김정일의 선택과 집중전략은 또한 첨단산업의 육성을 새로운 경제발전전략으로 내세우고 인민경제의 기술적 개건과 현대화, 정보화를 추진하여 기존의 낡은 생산설비들과 공정을 현대적 기술로 전환하고, 최신기술로 장비한 공장을 일괄 도입하되, 실리가 나는 대상과 부분부터 먼저 실시하고 점진적으로 경제 전반에 일반화시켜나가는 데 목적이 있다. 따라서 선택과 집중의 원리에 기초하여 연합기업소와 연합회사 등 대규모 공장, 기업소를 중심으로 기술개건이 추진되었으며, 북한은 성공사례 벤치마킹 방식으로 기술개건사업을 확산시켜 나갔다. 기술개건사업의 추진 형태는 영세한 공장, 기업소에 대한 개

---

127) 『로동신문』, 1998년 1월 1일자.

128) 다만 김정일은 김일성 노선을 전면 부인하기보다 "시대적 요구와 환경"에 맞추어 김일성 노선을 심화·발전시킨 것이라는 논리를 잊지 않고 있을 뿐이다. 홍성국, "김정일 경제정책 노선의 차별성", 『북한』, 2007년 6월호, p.73, p.75.

별적인 기술개건사업보다는 연합기업소, 연합회사 등 대규모 공장·기업소들을 대상으로 부문별로 종합적 차원에서 추진되었다. 예컨대, 중공업 부문에서는 평양화력발전소, 북창화력발전소, 대안중기계연합기업소, 김책제철연합기업소 등 북한의 대표적인 특급기업소를 중심으로 추진되었고, 경공업 부문에서는 비단산업, 신발산업, 식품산업 등 산업 부문별로 추진되었다.129) 이는 대규모 공장·기업소의 기술 인력이 상대적으로 풍부하며, 컴퓨터 등 각종 기술 관련 설비도 우선 공급되기 때문인 것으로 보인다. 북한은 모든 생산공정이 컴퓨터에 의해 조작되는 최신설비를 갖춘 본보기 공장을 각 지역별로 건설하고, 이 경험을 인근 공장들이 따라 배우게 하는 방식으로 기술개건사업을 전국적으로 확산시키는 노력을 하였다.130)

이와 같은 맥락에서 2002년 7·1조치는 비전략 부문 기업들의 자율성을 증대시킨 조치였다. 그런데 7·1조치의 내용들은 대부분 이미 1990년대부터 기업들에 의해 행해지고 있었던 것이며, 7·1조치는 그것을 공식적으로 승인한 것에 불과하다는 사실이다. 즉 기업들은 생산물의 상당부분을 시장으로 내다팔거나 아예 생산의 일부를 시장 판매용 상품생산에 할당했으며, 그 과정에서 현금을 확보하여 공장운영에 필요한 자재를 조달해 왔던 것이다.131) 따라서 비전략

---

129) 김영윤, "북한의 기술 개건 전략과 발전 전망", 『통일경제』, 2002년 1·2월호, p.55.

130) 고경민, "2000년 이후 북한의 과학기술정책", 세계평화통일학회, 『평화학연구』, 7(1), 2006, p.10. 북한은 2001년 '본보기공장'의 예로 각 도의 기초식품 생산기지, 평양시의 주사기공장, 약품연구소, 타조목장과 대흥단군 감자전분공장 등을 제시했다. 『민주조선』, 2001년 2월 4일자.

131) 임수호, 『계획과 시장의 공존』(서울: 삼성경제연구소, 2008), p.184. 김정일 스스로도 시인했듯이 7·1조치에서 계획지표를 대폭 축소하기 이전에도 이미 계획은 "빈 종이장이나 다름없는(김정일 담화, 2001. 10. 3)" 상황이 지속되고 있었다. 따라서 계획지표의 축소 역시 이러한 현실을 수용한 것에 불과했다. 다만 '번수입지표'는 새로운 제도의 도입으로 볼 수 있다. 이러한 사실은 7·1조치라는 '위로부터의 시장지향적 개혁'이 '아래로부터의'

부문 기업들의 자율성 증대는 그들에 대한 국가적 책임의 방기와 동전의 양면인 것이다. 역으로 이는 전략부문에 대한 계획의 정상화 내지 강화를 전제하는 것이다. 이런 점에서 북한이 왜 경제개혁을 통해 시장메커니즘을 확대하면서 동시에 군수공업과 중공업 우선발전 전략을 추진하는지 이해할 수 있다.132) 나아가 비전략 부문의 시장화의 진전이 곧 계획의 폐기를 의미하지는 않는다는 점에서 계획과 시장이 공존하는 이중경제의 구조화를 의미한다고 볼 수 있다.133)

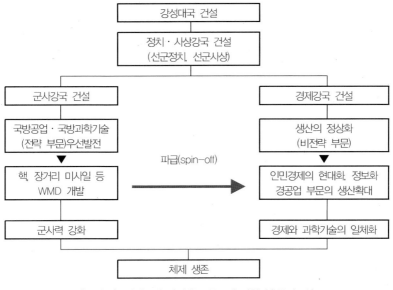

〈그림 3〉 사회주의 강성대국 목표와 과학기술중시노선

자생적 시장화에 의해 '강제'된 결과라는 점을 보여 주는 것이다.

132) 7 · 1조치로 인한 기업의 자율성 증대는 그만큼 화폐적 의무가 더 커짐을 의미하였다. 즉 북한 당국은 비전략부문으로부터의 세입 확대를 통해 재정을 확충하고, 확충된 재정은 다시 전략부문에 대한 투자확대로 이어지는 것이다. 이에 대한 구체적인 내용은 임수호, 앞의 책, pp.185 - 186 참조.

133) 김연철, "북한 경제관리 개혁의 성격과 전망", 김연철 외 편, 『북한 경제개혁 연구』(서울: 푸마니타스, 2002); 이석, 앞의 글 참조.

이상과 같이 북한은 재정수입의 급감에 대해 자원의 불균등 감축 배분방식, 즉 이중경제전략의 공식화를 통해 경제 내 자원을 계획부 문으로 집중하는 방식으로 대응했다. 북한 당국은 우선순위체계에 입각해서 자원배분을 재조정하되, 국가가 모든 것을 책임지고 운영 하기를 사실상 포기한 것이다.134) 전술한 바와 같이 군수산업과 중 공업 등 기간산업의 전략부문에 대해서는 계획경제를 정상화시키 고135) 경공업과 지방공업, 소비재 등의 부문에 대해서는 시장에 맡 겨 실리주의를 원칙으로 하여 자력갱생하도록 하는 방식이 김정일 체제의 선택과 집중의 생존전략의 일환이라고 할 수 있다.

(3) 신년공동사설(1998~2002)의 내용분석 (content analysis)

북한은 매년 신년공동사설을 비롯한 각종 언론보도와 간행물을 통 해 과학기술을 중시하는 정책을 부각시키고 그 실천을 강조해 오고 있는데, 이 시기 『로동신문』의 신년공동사설과 논설 등에 나타나고 있는 김정일의 과학기술중시 정책방향을 분석하면 다음과 같다.

김정일의 '강성대국 건설론'은 사상의 강국, 군사의 강국, 경제의 강국

---

134) 양문수는 1990년대 경제위기로 북한의 경제가 크게 계획부문과 시장부문으로 분화되었으며 구체적으로는 엘리트경제(당경제), 군수경제, 내각경제, 비공식 주민경제 등 4개 부문으로 분화된 것으로 파악하고 기본적으로 엘리트경제, 군수경제, 일부 내각경제는 국가가 책임을 지는 반면 비공식 주민경제와 일부 내각경제에 대해서는 책임을 방기했다고 보았다. 양문수, "7·1조치 5주년의 평가와 전망: 경제관리 시스템을 중심으로", 『수은북한경제』, 2007년 여름호, pp.3-6.

135) 핵심부문에 대해 "계획경제의 틀을 뛰어넘어 직접적인 명령과 강제를 통해 확실하게 장악, 관리"한다는 것이 적확한 표현일 수 있다. 양문수, 앞의 글, p.7.

의 순으로 강성대국을 건설하자는 것으로, 1998년 김정일 체제의 공식 출범과 함께 새로운 국가발전목표로 제기되었다. 여기서 경제강국은 "기술개건을 통한 인민경제 선행부문의 생산 정상화와 경공업 부문 생산확대를 통한 인민생활의 향상"과 과학기술에 대한 강조를 내용으로 하고 있다.

<표 10> 1998년 신년공동사설 분석: 경제와 과학기술정책

구분	내용
전년도 평가	· 조선혁명의 전환적 국면을 마련한 준엄한 투쟁과 승리의 한 해 · 고난의 행군을 벌리는 과정에서 사회주의경제건설에서도 커다란 성과 − 농업생산에서 새로운 전진의 토대를 마련 − 인민경제 여러 부문에서 내부예비를 적극 탐구 동원하여 전반적인 공업을 추켜세우기 위한 투쟁을 힘차게 전개 − 전체 인민이 국토관리사업을 힘 있게 벌린 결과 나라의 면모가 달라짐
금년도 목표	· 경제건설은 우리가 새해에 최대의 힘을 넣어야 할 주되는 전선임 − 농업과 석탄공업, 전력공업과 철도운수, 금속공업을 결정적으로 추켜세우고 우리 인민이 피땀으로 건설한 민족경제의 위력을 최대한 발휘하게 하는 것 · **지식인들은 과학과 기술로써 우리의 사회주의를 지키는 전초병들** · **과학자, 기술자들은 과학기술적 문제들을 혁명적으로 풀어 나가야 함**

북한은 1999년 신년공동사설을 통해 실리와 과학기술을 강조했다. 실리와 관련해서는 "새로운 국가기구체계의 요구에 맞게 경제에 대한 중앙집권적통일적지도를 더욱 강화하며 경제사업에서 실리를 보장하고 규률과 질서를 철저히 세워야 한다."고 주장하고 있으며, 과학기술과 관련해서는 "과학기술은 강성대국 건설의 힘있는 추동력"136)이라고 강조하고 있다.

---

136) 『로동신문』, 1999년 1월 1일자. "과학기술은 강성대국 건설의 추동력이다. 위대한 김정일 장군님은 1999년 1월 현지지도를 과학원에서 하시면서 사회주의 강성대국 건설의 현실적 요구에 맞게 나라의 과학연구사업을 더욱 높은 단계로 끌어올리는 데 과학을 중시하는 기풍을 세웠다. 과학자, 기술자들은 인민들의 높은 정치적 열의에 과학연구 성과들을 받들면서 강성대국 건설 위업에 적극 기여하리라는 기대와 확신을 표명하였다. 모든 과학자들은 〈올해를 강성대국 건설의 위대한 전환의 해로 빛내자〉는 전투적 구호에 따라 과학기술중시

구분	내용
전년도 평가	· 국력이 힘있게 과시된 긍지 높은 해 · 경제건설에서도 좋은 징조들이 대두 　- 금속공업, 전력공업, 기계공업 등 인민경제 기간공업 부분을 활성화할 수 　　있는 토대를 마련 　- 농업부문에서도 먹는 문제를 완전히 해결할 수 있는 확고한 전망이 열림 　- 중소형 발전소 건설과 국토관리사업의 전 군중적 운동을 추진
금년도 목표	· 경제건설은 강성대국 건설의 가장 주요한 과업임 　- 인민경제의 모든 부문에서 생산을 정상화하고 나라의 경제전반을 자기의 　　궤도위에 확고히 올려 세우며 인민생활을 안정·향상시키는 것 · 허리띠를 졸라매며 건설하여 놓은 우리의 국방공업의 위력 · **과학기술은 강성대국 건설의 힘 있는 추동력. 조국의 부흥발전은 과학자, 기 　술자들의 손에 달려 있음. 과학자, 기술자들은 우리의 기술, 우리의 힘으로 　첫 인공지구위성을 쏴올린 그 본때로 나라의 전반적 과학기술을 세계적 수 　준에 올려 세워야 함** · **온 나라에 과학을 중시하는 기풍을 세우고 도처에서 기술혁신의 불길이 세 　차게 타번지게 하여야 함**

　과학기술에 대한 강조는 '사회주의 강성대국의 3대 기둥' 수준으로까지 격상되기에 이르렀다. 김정일은 1999년 과학원에서의 첫 현지지도를 통해 "과학기술은 강성대국 건설의 힘있는 추동력이다. 조국의 부흥발전은 과학자와 기술자들의 손에 달려 있다. 온 나라에 과학을 중시하는 기풍을 세우고 도처에서 기술혁신의 불길이 세차게 타 번지게 하여야 한다."고 말하며 과학기술을 통한 국가발전을 강조하고 관련자들을 격려하였다. 같은 해 3월에는 '전국 과학자, 기술자대회'를 1991년 대회 이후 8년 만에 개최하고 1999년을 '과학의 해'로 정하는 조치를 취했다.

　김정일은 또한 현시대를 '과학과 기술의 시대'로 정의하고 현대적

　사상을 강조하였다." "위대한 수령 김일성동지의 유훈을 높이 받들고 과학연구사업에서 새로운 혁신을 일으키자", 『수학』, 1999년 제3호, pp.2－3.

인 과학기술을 떠나 자력갱생할 수 없으며 일꾼들은 구습에서 탈피해 새로운 변혁의 '신사고'를 가져야 한다고 강조하였다. 이어서 과학기술을 최단기간에 세계적 수준에 올려 세우며 과학기술중시의 사회적 기풍을 확립하고 과학기술에 기초한 경제의 기술적 개건을 실현하는 것을 미룰 수 없는 절박한 과제로 내세웠다. 이와 함께 "과학기술 발전은 나라와 민족의 전도와 관련된 중대한 국사"라고 강조하고 과학기술의 발전 없이는 군사력 강화와 인민생활에 기여할 수 없으며 이를 위해 첨단과학 발전과 과학자, 기술자 양성사업에 총력을 기울여야 한다고 강조하였다.137) 이런 조치들은 중국의 개혁·개방 초기에 등소평이 "과학기술은 제일 생산력", "과교흥국(科敎興國: 과학기술교육으로 나라를 부흥시키는)전략", "지식인은 노동계급의 일부분" 등을 천명하면서 국가발전에 대한 과학기술의 역할을 강조하고, 문화대혁명 등으로 위축된 과학기술자들을 고무·격려한 것과 일맥상통한다고 보인다. 북한이 취하는 각종 정책들도 개혁·개방 초기의 중국과 유사한 점이 많다.138)

2000년 신년공동사설에서는 강성대국 건설의 3대 노선으로 '사상중시, 총대중시, 과학기술중시'를 제시했다. 3대 노선 가운데 가장 주목되는 것이 과학기술중시노선이다. 북한은 1999년 공동사설에서는 사상·군사·경제강국을 제시했으나, 2000년에는 경제건설 대신 과학기술 개발을 내세우고 과학기술을 최단시간 내에 세계적 수준으로 끌어올리기 위한 과제로 "온 사회의 과학기술기풍 확립, 새로운

137) 이영옥, "북한의 과학기술체계: 과학원을 중심으로", 최현규 외, 『북한과학기술연구』 7, 2009, p.274.
138) 이춘근, 앞의 책, p.54.

과학연구성과와 기술혁신 도모, 과학기술 행정사업 개선" 등을 강조
했다. 이후 북한은 IT산업 등 선진 첨단기술의 개발·도입 및 외국
과의 과학기술협력의 중요성을 강조하면서 생산현장의 기술혁신에
중점을 두었다.

〈표 12〉 2000년 신년공동사설 분석: 경제와 과학기술정책

구분	내용
전년도 평가	· 지난해는 제2의 천리마대진군이 장엄하게 벌어진 보람찬 해 − 성강의 봉화따라 인민경제 여러 부문에서 생산적 양양을 일으키기 위한 투쟁을 전개 − 농업발전에 커다란 힘이 돌려지고 주체농법 요구를 구현 − 강원도와 평안북도에 토지정리와 광명성제염소 건설 등 대자연개조 사업 에 커다란 성과 달성 · **과학자, 기술자들의 헌신적 노력에 의해 많은 과학기술적 문제들이 해결**
금년도 목표	· 올해 우리가 큰 힘을 넣어야 할 전선은 사회주의 경제건설임 − 우리의 경제형편은 의연히 어려움. 올해 우리의 투쟁은 구보행군의 계속 이며 경제강국 건설에서 비약을 일으키기 위한 투쟁임 · **우리는 사상중시, 총대중시, 과학기술중시 로선을 틀어쥐고 올해 총진군을 다그쳐나가야 함** · **사상과 총대, 과학기술은 강성대국 건설의 3대 기둥** · **사상이 견결하고 총대가 위력하며 과학기술이 발전하면 그것이 곧 주체의 사회주의 강성대국** · **과학중시사상을 틀어쥐고 나가야 함. 과학에 의거하여 사회주의를 건설해나 가는 것은 우리 당의 확고한 립장** · **높은 혁명성에 과학기술이 안받침될 때 사회주의의 성공탑을 쌓을 수 있음** · **우리는 온 사회에 과학중시기풍을 철저히 세워야 함** · **누구나 과학기술 발전에 깊은 관심을 돌리며 과학자, 기술자들을 사회적으로 내세워주어야 함** · **모든 과학자, 기술자들은 원대한 포부와 피타는 탐구정신, 깨끗한 량심을 가 지고 내 조국의 과학기술반전에 적극 이바지** · **주체적인 과학기술을 최단기간 내에 세계적 수준에 올려세우며 강성대국 건 설에서 절실한 과학기술적 문제를 풀어 나가야 함** · **과학기술적 력량을 전망적으로 꾸려 나가야 함** · **새로운 과학연구성과와 기술혁신안을 제때에 생산에 받아들이며 과학기술행 정사업을 개선해나가야 함**

2000년 7월 4일 『로동신문』은 "과학기술중시시상을 틀어쥐고 강성대국을 건설하자."는 제하의 논설을 통해 "우리 당의 과학중시사상은 우리의 과학기술을 최단기간에 세계적 수준에 올려세울데 대한 대단하고 통이 큰 과학혁명사상이다."[139]라고 과학기술중시사상을 '과학혁명'으로까지 정의하고 있다. 여기에서 '과학혁명'이라는 용어는 과학사에서 사용되는 의미와 달리 북한에서는 과학기술의 자체 혁신을 기반으로 선진과학을 구축하는 것을 의미한다. 김정일의 과학기술과 관련한 언급에서 이전과 다른 새로운 특징은 '선진과학'을 강조하면서 '세계', '첨단', '현대', '최신' 등의 용어를 사용하고 있다는 점이다.

북한은 2001년 신년공동사설에서는 '인민경제의 기술적 개건', '우리식 경제관리체계의 개선'을 천명했다. 북한은 경제재건에 우호적인 대외환경 조성을 위해 1999년부터 대외관계 개선과 전방위 외교를 시작했다. 2000년에는 역사적인 남북정상회담을 계기로 남북관계 개선에 적극적으로 나섰으며 미국과의 관계 개선에도 의욕을 보였다. 특히, 2001년 1월 김정일이 중국 상하이를 방문했을 때 보여 준 언행은 세계를 주목하게 했다. 김정일은 상하이가 '천지개벽'되었다고 극찬하고 "개혁·개방에 대한 중국 공산당과 인민의 선택이 옳았다."고 평가했던 것이다.

북한은 『로동신문』 등의 보도매체를 통해 주민들에게 새로운 사고, 근본적인 일신, 새로운 관점과 높이 등을 지속적으로 촉구했다. 1월 4일자 『로동신문』은 김정일의 어록 형식으로 발표한 "21세기는 거창한 전변의 세기, 창조의 세기"에서 다음과 같이 주장했다.

139) 『로동신문』, 2000년 7월 4일자.

지금은 1960년대와 다르므로 지난 날의 일본새로 일하여서는 안됩니다. …새로운 년대에 들어선 만큼 우리는 지난 날 다른 나라식의 낡은 틀과 관례를 전면적으로 검토하여 보고 모든 사업을 우리식대로 전개해 나가야 합니다. …이제는 2000년대에 들어선 만큼 모든 문제를 새로운 관점과 새로운 높이에서 보고 풀어 나가야 합니다.140)

또한 『조선신보』는 북한이 연초부터 강조하고 있는 새로운 사고와 발상의 전환은 당의 정책인 과학기술중시에 입각해 기술개발을 촉진하는 것이라고 밝혔다.141)

〈표 13〉 2001년 신년공동사설 분석: 경제와 과학기술정책

구분	내용
전년도 평가	· 지난해는 세기를 진감시킨 천리마 대고조의 북소리가 더욱 높이 울린 보람찬 투쟁의 해 - 혁명적 군인정신, 강계정신은 안변청년발전소, 청년영웅도로를 비롯한 대기념비적 창조물들을 건설 - 성강의 봉화, 낙원의 봉화는 사회주의경제를 활성화
금년도 목표	· 새 시대의 요구에 맞는 강력한 국가경제력을 다져 나가야 함 - '국가경제력'은 사회주의 강성부흥의 기초, 오늘 우리에게 있어서 21세기에 상응한 국가경제력을 다져 나가는 것보다 더 중대한 과업은 없음 · 올해 경제건설의 중심과업은 현존 경제토대를 정비하고 그 위력을 최대한 높이면서 인민경제전반을 현대적 기술로 개건하기 위한 사업을 착실히 해나가는 것임 · 인민경제의 기술적 개건은 현 시기 경제사업의 중심고리이며 더는 미룰 수 없는 절박한 과제 · 우리는 모든 공장, 기업소들을 대담하게 현대적 기술로 갱신해 나가며 최신 과학기술에 기초한 새로운 생산기지들을 일떠세워야 함 · 온 사회에 과학기술을 중시하는 기풍을 세우며 기술혁신의 불길이 세차게 타오르게 하여야 함

---

140) 『로동신문』, 2001년 1월 4일자. 김정일의 이러한 주장은 『로동신문』 1월 7일자 정론 "더 용감하게, 더 빨리, 더 높이"와 1월 9일자 사설 "모든 문제를 새로운 관점과 높이에서 보고 풀어 나가자" 등으로 이어졌다.

141) 『조선신보』, 2001년 2월 18일자.

김정일의 과학기술중시정책은 '자력갱생'의 의미도 변화시켰는데, 『로동신문』은 자력갱생의 변화된 개념을 다음과 같이 주장하였다.

> 강성대국 건설의 새 세기에는 자력갱생의 요구도 한 단수 높여 요구한다. …오늘날 우리의 자력갱생은 최신 과학기술에 토대하여 새로운 것을 창조할 줄 아는 높은 수준의 자력갱생이다.[142]

또한 『민주조선』은 김정일이 2000년 12월 당 간부들에게 설파한 내용을 다음과 같이 보도하였다.

> 현대적인 과학기술을 떠난 자력갱생이란 있을수 없다. ……경제건설에서의 자력갱생은 현대적인 과학기술을 기초로 해야 한다.[143]

이어서 2001년 2월 28일자 『로동신문』은 "자력갱생에서 나서는 중요한 문제"라는 제목의 기사를 통해 현 시대를 '과학과 기술의 시대'로 정의한 후 "현대적인 과학기술을 떠난 자력갱생이란 있을 수 없다."고 강조했다.

> 자립적 민족경제를 건설한다는 것은 결코 문을 닫고 경제를 건설한다는 것을 의미하지 않는다. 현대과학기술을 적극 받아들여 경제를 현대적 기술로 장비해야 민족경제의 자립적 토대를 강화하고 경제가 인민을 위해 더 잘 복무할 수 있게 할 수 있다. ……21세기형 자력갱생이란 선진국의 첨단과학기술을 도입해 경제의 기술적 낙후성을 청산하고 그것을 현대적 기술로 바꾸는 것을 의미한다.[144]

---

142) 『로동신문』, 2001년 1월 30일자
143) 『민주조선』, 2001년 2월 6일자.
144) 『로동신문』, 2001년 2월 28일자.

또한 2001년도 신년공동사설에서 인민경제의 기술적 개건은 "현시기 경제사업의 중심고리이며 더는 미룰 수 없는 절박한 과제"라고 표현하였다. 전술한 바와 같이 북한은 중국이 1980년대 초반에 취했던 정책과 유사하게 기존의 중공업 설비들을 개조하여 적은 비용으로 생산성 향상 효과를 얻고자 하였다. 설비개조의 핵심은 노후설비의 보수 및 정비의 자동화이며, 이를 통해 실현하려고 한 것은 인민경제의 현대화, 정보화이다. 따라서 정부예산도 인민경제 선행부문의 기술개건과 컴퓨터산업 등 최신기술 분야에 집중 투입되었다.145)

2002년 신년공동사설에서는 '공업의 기술개건과 현대화', '경제관리의 혁명적 개선·완성' 등이 언급되었다.146) 여기에서 강성대국과 경제강국 건설을 위해 '기술개건'과 '경제관리개선'이 제시되고 있는 것이다. 앞에서도 고찰했듯이 '기술개건'을 과학기술을 강조하는 차원에서 이해하고 '경제관리개선'을 사회주의 계획경제의 개선·강화를 의미하는 것으로 이해한다면, 기술개건과 경제관리개선은 자립적 민족경제건설노선에 따라 경제강국을 건설하기 위한 정책수단으로 풀이된다. 북한이 '인민경제계획법'을 제정하면서 밝힌 의도147)와 2002년 7·1조치는 이러한 해석을 충분히 가능하게 한다.

---

145) 『조선신보』는 김정일이 "인민경제의 컴퓨터화를 실현할데 대해서"와 컴퓨터기술무역, 과학기술역량 보충문제 등과 관련한 친필 지시를 4개월 남짓한 기간에 무려 19번에 걸쳐 내려보냈다고 보도했다. 『조선신보』, 2001년 2월 16일자.

146) "변화된 환경과 우리 혁명실천은 경제관리를 혁명적으로 개선완성하는 것을 절박한 요구로 제기하고 있다. ……나라의 륭성번영은 과학기술과 인재에 의하여 안받침된다. 우리는 공업의 기술개건과 현대화를 중요하고 절실한 부문부터 하나씩 착실하게 해나가야 한다." 『로동신문』, 2002년 1월 1일자.

147) 북한은 1999년 4월 '인민경제계획법'을 제정하였다. 이 법을 제정한 의의에 대해 북한의 최고인민회의는 "인민경제계획사업에서 이룩한 성과를 공고히 하고 사회주의강성대국 건설의 새로운 요구에 맞게 계획사업을 더욱 개선강화하기 위하여"라고 밝히고 있다. 『로동신문』, 1999년 4월 10일자.

당시 북한 체제가 시장경제적 요소를 수용하는 방향으로 변화되는 것이 남한뿐만 아니라 주변 국가들의 공통된 기대였는데, 이러한 기대와 달리 '인민경제계획법'은 전통적인 계획경제의 기능을 복구·강화하는 데 목적을 두고 있다.[148] 사실상 경제침체가 계속될 경우 경제계획 수립이 불가능하게 된다. 그 이유는 첫째, 계획경제가 갖는 근원적인 경직성을 들 수 있는데, 급격히 변화된 경제상황을 반영하여 산업 간 전후방 연관관계를 수정하여 새로운 계획을 작성한다는 것은 단기간 내에 불가능하고 미래의 예측 자체도 곤란하기 때문에 현실에 적용 가능한 계획은 존재할 수 없다. 둘째, 사회주의 경제체제하에서 계획당국은 계획의 목표치를 항상 과거보다 높게 잡거나 적어도 과거 수준을 유지하는 데에 두기 때문에 경제가 위축되는 과정에서 계획과 현실 간의 괴리가 더욱 확대되는 경향을 보일 수밖에 없다.

이러한 상황에서 북한 당국이 선택할 수 있는 유일한 대안은 주민들의 자발적인 생존노력에 대한 통제를 완화하는 것이었다. 개인적인 생산 및 유통행위의 확대도 결국 공식적인 계획부문의 기능 저하를 촉진함으로써 계획수립을 더욱 어렵게 만든다. 북한의 체제는 분권화된 경제운용방식과 양립할 수 없는 특성을 가지고 있는바, 농민시장으로 대표되는 제2경제부문(the second economy)[149]의 확대는

---

148) 양형섭 최고인민회의 상임위원회 부위원장은 1999년 4월 최고인민회의 제10기 2차 회의에서 '인민경제계획법'을 채택함에 대한 보고에서 "인민경제계획법은 경제를 국가가 통일적으로 장악하고 유일적인 계획에 따라 관리 운영할 데 대한 정책적 입장을 규제하고 있으며, 북한은 경제의 계획적 관리에서 그 어떤 분권화나 자유화도 허용하지 않고 지난날과 마찬가지로 앞으로도 국가의 중앙집권적인 통일적 지도원칙을 변함없이 고수해 나갈 것"이라고 천명하였다. 『조선중앙통신』, 1999년 4월 9일.

149) 제2경제 또는 2차 경제는 비공식경제를 지칭하는 것으로 사회주의 당－국가체제하에서 공식적인 통제를 벗어나서 형성되는 제2사회(the second society)에 조응하는 개념이다. 북한의 제2경제에 대해서는 전홍택, "북한의 제2경제의 성격과 기능", 『통일경제』, 1997년 2월호; 김영윤, "북한 암시장의 경제·사회적 영향", 『통일연구논총』, 6(1), 1997; 서재

북한의 가부장적 국가관리에 바탕을 둔 지배이데올로기의 정당성 상실을 초래할 수 있다.150) 계획경제로의 회귀는 극단적인 전체주의적 특성을 갖는 북한 체제의 유지에 절대적인 전제조건이라 할 수 있다. 따라서 북한 당국은 이미 기능이 거의 정지된 경제계획시스템의 재가동을 위해서 과거의 경제계획방식을 그대로 답습하는 '인민경제계획법'을 다시 공표하고 이를 새삼 천명할 수밖에 없었을 것이다.151) 북한 개혁·개방의 딜레마는 경제회복과 경제성장을 위해서는 개혁·개방을 하지 않을 수 없지만 동구 사회주의 국가들처럼 개혁·개방이 북한 사회주의 체제를 붕괴시킬 수 있다는 것이다. 반면 사회주의 체제에 변화를 가져올 만큼 분명한 개혁·개방 없이는 경제회복과 경제성장은 불가능하다는 것이다.152)

따라서 이러한 점을 잘 알고 있는 북한 지도부가 제시한 '기술개건·경제관리개선' 방침은 개혁·개방정책을 지향한다기보다는 산업의 정상화, 공업의 현대화와 경제사업의 실리보장을 통한 계획경제로의 복귀를 의미하는 것으로 분석된다. 그런데 북한이 기존의 중앙집권적인 국가통제시스템과 계획경제시스템을 복원, 재강화한다고 해서 경제관리방법에 전혀 변화가 없는 것은 아니었다. 북한의 체제

진 『또 하나의 북한사회: 사회구조와 사회의식의 이중성 연구』(서울: 나남, 1995) 참조.

150) 즉 지도자는 인민에게 정신적·물질적 '은혜'를 베풀고 그 대가로 무조건적인 '충성' 의무가 인민에게 부과되며, '은혜'를 베푸는 주된 수단이 배급제이다. 또한 체제유지를 위해 반드시 필요한 특수계층에 대한 차별적 우대는 엄격한 계획경제하에서만 가능한 것이다. 더욱 중요한 문제는 부분적이고 자연발생적인 분권화의 결과 북한사회 내부에 정치적 목적에 부합하지 않는 분배상의 불평등이 유발되었으며, 불평등의 심화는 북한 당국에 심각한 정치적 위협으로 인식되었을 것이다. 김연철 『북한의 배급제 위기와 시장개혁 전망』(서울: 삼성경제연구소, 1997), pp.7-8 참조.

151) 고일동, "예산내용과 인민경제계획법을 통해서 본 북한경제", 『KDI 북한경제리뷰』, 1999년 3월호, pp.28-30.

152) 박순성, 앞의 글, pp.57-74.

재정비는 실용주의적 개혁노선, 즉 자본주의 시장경제를 배격하고 사회주의적 원칙을 철저히 지키면서 최대한 실리를 보장하는 방향에 서153) 이루어지고 있는 것이다. 북한에서 이제 과학기술은 '경제건설의 모든 것'과 동일하게 취급되고 있다고 볼 수 있다.154)

〈표 14〉 2002년 신년공동사설 분석: 경제와 과학기술정책

구분	내용
전년도 평가	· 지난해는 제2의 천리마대진군이 장엄하게 벌어진 보람찬 해 　- 성강의 봉화따라 인민경제 여러 부문에서 생산적 앙양을 일으키기 위한 투쟁 전개 　- 농업발전에 커다란 힘이 돌려지고 주체농법 요구가 구현 　- 강원도와 평안북도에 토지정리와 광명성제염소 건설 등 대자연개조 사업에 커다란 성과 달성 · **과학자, 기술자들에 의한 과학기술적 문제가 해결**
금년도 목표	· 현시기 우리 제도제일주의를 구현하는데서 가장 중요한 문제는 사회주의 경제건설을 다그쳐 인민생활을 결정적으로 추켜세우는 것임 · **우리 제도제일주의를 구현하자면 과학기술과 교육사업발전에 전국가적인 관심을 돌려야 함** · **나라의 융성번영은 과학기술과 인재에 의하여 안받침됨** · **우리는 공업의 기술개건과 현대화를 중요하고 절실한 부문부터 하나씩 착실하게 해나가야 함** · **과학기술을 전반적으로 빨리 발전시키면서 특히, 정보기술과 정보산업 발전에 힘을 집중하여야 함** · **우리 당의 인재중시방침을 철저히 구현하여 실력있는 첨단과학기술인재들을 더 많이 키워 내야 함**

한편, 2001년 신년공동사설에서 고난의 행군의 '승리' 선언과 함께 자신감을 표현했던 북한은 새로 출범한 미 공화당 부시 행정부의 강경정책으로 위축되었고, 이를 반영해 2002년 신년공동사설은 수령, 사상, 군대, 제도의 제일주의와 그 실천과제만을 제시했을 뿐이다.

---

153) 리상우, "상업의 최량성 규준과 그 리용", 『경제연구』, 1999년 제3호, p.8.
154) 남성욱, 『북한의 IT산업 발전전략과 강성대국 건설』(서울: 한울, 2002), p.31.

특히, 2002년 한 해 동안 북한의 대내외 조건은 더욱 악화되었고, 북한의 핵문제가 다시 국제사회의 주요 이슈로 대두되었다. 북한은 미국과의 외교적 줄다리기를 하면서도 내부적으로 신의주 경제특구 신설, 7·1경제관리개선조치 등 경제재건 노력을 기울였다. 그러나 이러한 노력에도 불구하고 북한은 제2차 북핵 위기로 인한 대북 중유지원의 중단과 국제사회의 대북 식량지원 감소 등으로 초반부터 위기에 봉착하게 되었다.

이상의 1998~2002년 신년공동사설 분석에 의하면 북한이 2000년대에 들어와 지속적으로 강조했던 기술혁신을 통해 생산효율을 제고시키고자 한 정책은 만족할 만한 성과를 거두지 못했던 것으로 보인다. 예컨대, '새로운 사고'를 통해 생산현장에서 새로운 아이디어를 창출하고 새로운 생산기술을 개발했다고 해도 이것을 현실화하고 뒷받침할 수 있는 생산설비와 원자재가 없으면 생산효율의 제고에는 분명한 한계가 있기 때문이다. 따라서 북한 당국은 계획경제시스템이 완전히 무너지기 전에 자본과 노동을 최대한 동원할 필요가 있었으며, 그러한 노력이 7·1조치로 나타난 것으로 파악된다. 결국 북한 당국은 7·1조치를 통해 기술혁신과 기술진보를 지속적으로 추진하면서 내부적으로 퇴장(hoarding)되어 있는 자본을 공식부문으로 끌어내고, 노동 인센티브를 강화하여 노동력의 추가적인 동원 효과를 얻고자 했다.

기술개건사업은 7·1조치와도 밀접한 관련을 맺고 있다. 예를 들면 "고칠 것은 대담하게 고치고 새로 창조할 것은 적극 창조한다."는 7·1조치의 원칙이 "지난 시기의 낡고 뒤떨어진 것을 붙들고 앉아 있을 것이 아니라 대담하게 없앨 것은 없애 버리고 기술개건해야 할 것"이라고 『로동신문』사설에서 분명히 나타나고 있다. 또한 기술 개건사업을 공장, 기업소들의 중점과제로 설정하고 중앙 및 지방차 원에서 다각적인 계획을 수립해 추진한다는 점에서 계획권한의 이양 을 엿볼 수 있고, 모든 공장, 기업소들의 실정을 상세히 검토하여 전 체 개건대상과 집중투입 대상, 자체적으로 기술을 개건할 수 있는 대상을 선정한다는 점에서 공장과 기업소에 대한 자율성의 확대를 엿볼 수 있다.[155)]

김정일 정권의 과학기술정책이 본격적으로 시행되었던 1998~2002 년 신년공동사설의 내용분석(content analysis)의 결과는 다음과 같 다. <표 15>와 <그림 4>는 신년공동사설의 총 문자수에서 세 가지 독립변수와 관련된 부분의 문자수가 차지하는 비중을 계산하여 전체 적인 추이를 표시한 것이다. 각 독립변수가 신년사 전체에서 차지하 는 비중이 크다는 것은 그 내용의 성격을 차치하고라도 변수의 중요 성으로 인해 지면을 많이 할애하였다는 것을 의미한다고 할 수 있다.

먼저, 신년공동사설에서 나타나고 있는 대외환경 변수는 주로 대 미, 대남 관련 언급으로 대남정책은 일정한 수준을 유지하고 있으며, 대미정책은 북·미 관계가 개선됨에 따라 비중이 많아지고 있음을 알 수 있다. 대외환경 변수와 과학기술정책 변수가 <그림 4>의 그래 프의 모양이나 양적 비중에서 가장 비슷하게 나타나고 있다. 특히, 클린턴 행정부 집권기인 1998~2000년 기간에 과학기술정책 변수의 비중이 많은데, 이것은 미국을 비롯한 주변 4강과 진보정권으로 교 체된 한국의 김대중 정부의 대북 우호적, 협력적 분위기를 활용하여

---

155) 이춘근, 앞의 책, p.57.

선진과학기술을 수용하고 경제를 재건하고자 하는 김정일 정권의 의지가 나타난 것으로 분석된다. 김정일 정권은 남북정상회담이 개최된 2000년에 과학기술중시를 강성대국 건설의 3대 기둥의 하나로 설정하고 과학기술 발전을 통한 경제재건을 당면목표로 제시하였던 것이다.

2001년에 과학기술정책의 비중이 떨어진 것은 신년공동사설에서 과학기술정책이 별도로 언급되지 않고 경제부문에서 경제문제와 연계되어 기술되고 있기 때문이다. 2004년 신년공동사설에서 처음으로 표현된 '경제와 과학기술의 밀착' 또는 '경제와 과학기술의 일체화' 기조가 2001년에 이미 보이기 시작한 것이라고 분석된다. 이는 남북한 과학기술 교류협력과 국제기구 등 대외 교류협력이 활성화되는 가운데 경제난의 개선에 과학기술계가 총동원되어 경제재건을 서두를 것을 촉구하는 최고지도자의 의지가 반영된 것이라고 볼 수 있다.

2002년 신년공동사설은 주민생활의 향상과 변화된 환경에 맞는 경제관리개선 그리고 과학기술 및 교육사업 발전을 통한 공업의 기술개건과 현대화를 촉구하는 '우리제도 제일주의'와 '우리식 사회주의' 경제건설을 강조하였다. 주목할 점은 북한이 '우리식 사회주의경제'를 강조하면서도 동시에 '변화된 환경'에 맞고 '가장 큰 실리' 획득을 위해 경제관리체계의 개선 완성과 정보기술 등 정보산업육성 및 첨단과학기술 인재 양성에 역점을 두고 있다는 것이다.

구분	1998	1999	2000	2001	2002
총 문자수*	7,532	7,416	7,952	8,346	8,032
대외환경	161(대미)/ 1,049(대남)	453(대미)/ 979(대남)	622(대미)/ 1,066(대남)	494(대미)/ 1,049(대남)	461(대미)/ 926(대남)
비중	0.02/0.14	0.06/0.13	0.08/0.13	0.06/0.13	0.06/0.12
통치이념 · 리더십	315	856	903	1634	525
비중	0.04	0.12	0.11	0.2	0.07
경제발전전략	878	1053	971	1258	940
비중	0.12	0.14	0.12	0.15	0.12
과학기술정책	126	506	467	203	328
비중	0.02	0.07	0.06	0.02	0.04

* 제목 등 모두(冒頭) 부문을 제외한 본문 내용의 총 문자수.

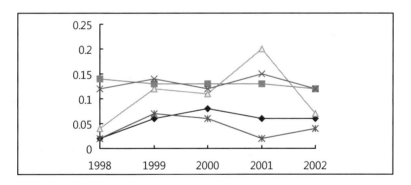

〈그림 4〉 신년공동사설(1998～2002)에서 각 변수가 차지하는 비중

　　김정일 정권의 공식 출범과 함께 제시된 김정일의 통치이념과 리더십인 선군사상, 선군정치, 선군혁명영도 등 선군에 대한 언급이 초반부에는 과학기술정책과 같은 추세로 점점 비중이 높아지고 있다. 2000년을 기점으로 김정일의 통치이념 · 리더십과 과학기술의 비중이 역(逆)으로 나타나고 있는데, 이 부분에서는 비중의 문제보다는 그 내용의 성격을 파악할 필요가 있다(<그림 4> 참조). 즉, 2000년

은 북한의 대외정책과 대남정책의 전환기라고 할 수 있는바, 무엇보다 남북정상회담으로 조성된 화해 · 협력 분위기가 북한의 대서방 전방위 외교를 가능하게 하여 북한은 미국을 비롯한 서방 선진국들, 중국 · 러시아 그리고 다양한 국제기구와의 과학기술 교류협력을 통해 선진과학 도입과 개발을 활성화했다.

김정일이 제시한 '혁명적 경제정책'은 유훈통치기의 3대 제일주의에서 다시 전통적인 중공업 우선정책으로 복귀한 것이었으나 모든 경제사업에서 '실리'를 우선적으로 추구할 것을 강조하고 있는 것이 예전과 다른 점이다. 같은 맥락에서 혁명적 경제정책이 개혁 · 개방을 추구하는 것은 아니나 경제특구, 관광특구, 공업특구 등의 개방을 통해 경제적 폐쇄주의를 벗어나려는 노력을 하였다는 점에서 이전 시기보다 실리적(개방적) 성격을 보이고 있다고 할 수 있다.

1998~2002년의 신년공동사설에 나타난 4개의 변수와 관련된 용어를 분석한 결과는 다음과 같다. 먼저, 북 · 미 관계 개선으로 '미제'라는 일반적인 표현이 7회 사용되었으나 강한 적대감을 표현하는 '미국'의 국명(國名) 사용은 전무(全無)하여 유훈통치기의 5회와 북 · 미 관계가 다시 악화된 2003~2009년의 22회와 비교할 때 극명하게 대조되는 양상을 나타냈다. 이 책의 연구범위인 1995~2009년 전체 기간을 통틀어 볼 때 '미국' 국명의 사용 빈도가 '0회'로 나타난 시기는 1998~2002년의 기간이 유일하며, 이는 클린턴 행정부 말기에 북 · 미 관계가 가장 급진전되었음을 의미한다.

또한 한국의 김대중 정부에 대해서도 초반에는 '햇볕정책'에 대한 비난 강도를 높여 '파쑈'의 표현이 1998년에 4회 나타났으나 1999년, 2000년에 1회로 줄었고, 남북정상회담이 개최된 이듬해인 2001

년에는 전무(全無)해 남북관계 역시 화해·협력의 시대로 접어들었음을 알 수 있다.

〈표 16〉 신년공동사설(1998~2002)의 대외환경 관련 용어 분석

대외환경 관련 용어	미국	미제	일본	핵전쟁	핵참화	파쑈	보안법
1998	0	1	0	0	0	4	1
1999	0	3	0	0	0	1	1
2000	0	1	0	0	0	1	0
2001	0	0	0	0	0	0	0
2002	0	2	0	0	0	1	1
합계	0	7	0	0	0	7	3

〈표 17〉 신년공동사설(1998~2002)의 통치이념·리더십 관련 용어 분석

통치이념·리더십 관련 용어	주체	주체사상	붉은기	선군	선군 정치	선군 사상	선군혁 명령도	선군 령도
1998	19	1	3	0	0	0	0	0
1999	7	1	1	2	0	0	2	0
2000	12	0	2	2	2	0	0	0
2001	7	1	11	13	2	0	2	0
2002	15	9	4	9	3	0	0	0
합계	60	12	21	26	7	0	4	0

〈표 18〉 신년공동사설(1998~2002)의 경제발전전략 관련 용어 분석

경제발전전략 관련 용어	자립	자력갱생	계획경제	사회주의원칙	실리	국방공업
1998	1	0	1	1	0	0
1999	2	1	0	0	1	1
2000	1	2	0	0	1	0
2001	0	0	0	0	1	0
2002	1	0	1	1	1	0
합계	5	3	2	2	4	1

<표 19> 신년공동사설(1998~2002)의 과학기술정책 관련 용어 분석

과학기술정책 관련 용어	과학기술	기술개건	정보기술	정보산업시대	생산정상화	현대화	개건
1998	1	0	0	0	0	0	0
1999	2	0	0	0	0	0	0
2000	11	0	0	0	0	0	0
2001	2	2	0	0	0	1	2
2002	4	1	1	1	0	0	0
합계	20	3	1	1	0	1	2

　　다음으로, 유훈통치기의 통치이념으로 부각된 '붉은기'사상이 여전히 강조(21회)되고 있으나 김정일 시대의 새로운 통치 슬로건인 '선군'의 용어가 더 많이 사용(26회)되기 시작했고, 김정일의 통치방식인 '선군정치' 용어도 7회 나타났다.

　　경제 분야에서는 1999년 신년공동사설에서부터 경제사업에서 '실리'를 보장할 것을 촉구하는 문장이 매년 빠지지 않고 강조되었다. 그리고 1995~1997년의 '자립' 5회, '자력갱생' 11회와 2003~2009년의 '자립' 11회, '자력갱생' 9회에 비해 이 시기에는 '자립' 5회, '자력갱생' 3회로 나타나고 있어 폐쇄주의적 성향이 상당히 감소되었다. 예컨대, 2002년 7·1조치는 과학기술의 투자 확대, 외국 자본 및 기술 도입, 특구 설치와 중앙·지방의 관계 조정 등의 큰 변화를 보인 개혁조치라고 할 수 있다.

　　이상과 같은 1998~2002년의 신년공동사설 내용분석에 의한 경험적 연구결과 이 시기의 과학기술정책 유형은 <그림 5>와 같다. 이 시기에는 2002년부터 다시 강경한 기조로 바뀌기 시작한 대미공세적 태도를 제외하면 전반적으로 북한에 우호적인 대외환경이 조성되었다고 할 수 있다. 김정일은 새로운 통치이념으로 체제유지를 위한 '혁명적 주력군'으로서의 군을 내세운 선군정치를 표방했으나 남북정상회담과 북·미, 북·일 관계 개선 그리고 대서방 전방위 외교를 통해 대외 교류협력을 활발히 추진하는 등 대외정세에 유연하게 대처하는 리더십을 구사하였다.

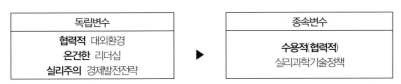

독립변수		종속변수
협력적 대외환경 **온건한** 리더십 **실리주의** 경제발전전략	▶	**수용적(협력적)** 실리과학기술정책

〈그림 5〉 1998～2002년의 과학기술정책 유형

또한 실리주의 경제발전전략의 영향으로 강성대국 건설의 중요한 정책수단으로 그 어느 때보다 과학기술정책의 중요성이 강조되었고, 한국을 비롯한 서방 선진국과 국제기구와의 과학기술 교류협력에 주력하는 등 이 시기의 과학기술정책은 수용적(협력적) 성격이 표출되었다고 할 수 있다. 또한 경제회생, 주민생활 향상과 사회발전이 정보기술(IT), 생명공학(BT), 나노기술(NT) 등의 첨단과학기술 도입·개발과 새로운 방식의 과학기술 연구개발체계에 있음을 인정하는 새로운 변화의 움직임도 보였다.

따라서 본 연구는 1998～2002년 신년공동사설의 내용분석을 통한 경험적 연구결과가 제2장에서 제시한 <가설 1, 2, 3>과 일치한다는 결론을 도출하였다. 즉 대외환경이 협력적(우호적)일수록 과학기술정책은 수용적(협력적) 성격이 강해지고, 최고 지도자의 통치이념·리더십이 온건할수록 과학기술정책은 수용적(협력적) 성격이 뚜렷해지며, 개방성의 실리주의 경제발전전략이 강조될수록 과학기술정책의 수용적(협력적) 형태가 두드러진다고 할 수 있다.

4. 과학기술정책의 특성

(1) 과학기술 관리시스템과 과학기술 연구과제 채택과정

과학기술관리의 주요한 이슈는 전략적 의사결정이다. 과학기술은 국가와 사회발전의 원동력이고 국익을 보호해 주는 역할을 하기 때문이다. 과학기술의 발전을 위한 국가전략은 장기적 안목의 정책결정과 목표들 간의 조정 및 최고 통치자 차원의 대형 이슈들과의 연계조정이 필요하다. 전략에는 시작하고 집행하려는 프로그램들 간의 우선순위와 평가방법 및 추진기관들을 결정할 수 있는 기준들이 제시되어야 한다. 또한 전략은 축소되거나 폐기되어야 할 프로그램들을 결정할 수 있는 수단도 제시되어야 한다. 전략은 정책결정과 자원배분의 지침이고 방향이 되어야 하기 때문이다.[156)

북한의 과학기술정책은 경제발전 수요에 따라 시기적으로 조금씩 바뀌긴 하지만 기본적인 틀에서는 큰 변화가 없다. 김일성 시대의 주체과학에 이어 김정일 시대의 과학기술정책에서도 자력갱생의 기조가 여전히 강조되고 있다. 다만, 최근 변화된 것은 첨단기술 도입과 선진국들과의 적극적인 과학기술 교류협력 동향이다. 북한에서는

---

156) 구광모, "국가전략과 과학기술정책의 발전방향 1", 『중앙행정논집』, 6(1), 1992, p.32.

먼저 당중앙위원회의 과학교육부가 중심이 되어 심의하여 마련한 과학기술의 기본정책방향이 노동당 대회에서 결정되면 내각의 국가계획위원회 과학기술계획처에서 경제정책과 합치되도록 성안되어 과학원 및 각급 연구기관과 각 성에 시달된다. 과학교육부는 도(직할시)는 물론 각 시, 군(구역) 당위원회까지 산하 부서를 두고 각급 교육기관의 교육사업 및 과학연구사업을 실제적으로 지도하고 있다.

과학원 및 각급 연구기관은 하달된 기본정책을 바탕으로 구체적인 연구개발 목표를 각 부문별로 수립하여 연구소, 대학, 고등전문학교 등에 하달하고 구체적인 연구과제를 설정하여 각 직할 연구소에 자체 연구를 추진하게 하는 동시에 타 부서에 속하는 연구기관의 연구에 대하여 협의·조정한다. 한편, 각 성은 해당 분야의 구체적인 연구개발목표를 수립, 공장 및 농장에 시달하여 연구를 수행하도록 하고 있다.

과학연구 중심기관인 과학원은 행정적으로 내각에 소속돼 있고 과학원 당위원회와 과학원 행정으로 나뉜다. 당위원회는 과학연구사업에 대한 지도를 강화하고 행정관리는 과학원 행정위원회가 맡아 수행한다. 과학원의 중앙행정조직으로 1실과 21국, 21위원회(116개 분과)를 두고 연구기관은 9개의 분원과 38개의 직속 연구소가 있다. 과학기술정책 결정에 관한 업무는 과학기술 참사실에서, 연구사업계획은 종합계획국에서 작성한다. 2국에서 해외동포사업 관련 업무를, 대외과학기술국에서 대외업무를 담당하고 그 외 각 기술국에서는 해당 분야에 대한 기술지원을 한다. 최근 들어 북한은 기존의 부문별 지도국을 없애고 첨단정보, 응용과학, 에너지, 지방과학기술국으로 축소 개편하는 등 조직을 세분화, 간소화하였다.157)

북한의 과학기술 지도관리시스템은 종합적 성격을 띠고 있는 것처럼 보이지만 실제로는 경제부문과 마찬가지로 분야별 특수성으로 인하여 여러 분야로 나뉘어 있다. 특히, 국방과학기술을 비밀로 여기는 북한의 특수성, 자기 분야를 중시하는 '본위주의', 자금 부족으로 인한 국가의 통일적 관리의 불가능 등으로 각기 개별적으로 관리되고 있는 상황이다. 또한 모든 과학기술 연구사업이 노동당 중앙위원회 전문부서들의 사전 승인, 각종 비준절차를 거쳐야 하는 피라미드식 지도통제하에 있으며 다른 부문과 마찬가지로 노동당 전문부서들이 과학기술시스템을 직접적으로 관리하고 있다.

북한 과학기술정책의 모든 책임은 중앙당 과학교육부의 과학원담당과가 전문적으로 담당하고 있다. 과학교육부 담당비서를 상대적으로 젊은 전(前) 과학원장 '리광호'가 역임하고 있다는 사실은 북한이 과학연구에 대한 당적 지도를 현실적으로 필요한 과학행정적 지도 수준으로 끌어올리고자 함에 있다고 본다. 또한 과학원의 유일한 기본연구자 양성기관인 이과대학 학장을 비롯하여 중추연구기관들의 수장들을 출신배경 등을 염두에 두지 않고 실력 위주의 이과대학 출신 40대로 바꾼 것 등은 북한의 과학기술 발전을 실용·실무 위주로 추진하기 위한 또 하나의 의지의 표현으로 보아야 할 것이다.

과학원은 구소련의 과학원과는 달리 기초과학 분야의 비중은 매우 약한 반면, 생산기술 분야를 상대적으로 강조하고 있다. 이것은 북한 과학원의 기능이 전후복구사업과 사회주의 공업화를 위한 경제건설의 도구로서 경제계획 초기부터 북한이 보유하고 있는 낮은 기술이나마 효과적으로 조직하여 이를 산업화에 이용하려고 했기 때문이

---

157) 이영옥, 앞의 글, p.275

다.158) 여기에서 주목할 점은 성 산하 연구분원들인 농업과학원이나 의학과학원, 함흥지방분원 등은 직접 생산기관과 연관되어 있기 때문에 연구투자에서는 중앙 과학원에 비하여 조금 유리한 상태라는 것이다. 물론 국가과학원 은정분원 산하 연구기관들의 연구투자비가 높지 못하다는 것이 아니라 일부 중점연구대상에는 집중적인 투자를 하지만 당장 절실하지 않은 연구기관은 상대적으로 많이 어려운 상태라는 것이다.159)

과학원 전체적으로 볼 때, 산하 연구소들의 주력 연구 분야는 전기, 자동화, 금속, 식량, 에너지 등의 '인민경제 선행부문'과 '인민경제의 기술적 개건' 분야에 집중되고, 세포 및 유전자공학분원, 열공학분원 등 소수의 우수 연구소들이 별도로 육성되고 있는 것을 알 수 있다. 이 연구소들은 자체 수익이 적고 국가적인 지원에 의존하는 비중이 높으며, 그 연구 수준도 세계적 추세와는 상당히 거리가 있는 것이다. 자체 수익이 높은 연구소들도 우수한 연구성과와 관련이 적은 분야에 집중하고 있다는 것을 짐작할 수 있다.

이러한 북한의 과학기술개발체계의 가장 큰 문제점은 자력갱생에 의한 자립적 민족경제건설을 표방한 데 따른 한계이다. 즉 경공업과학원의 경우와 같이 북한의 각종 연구소들은 현실생활과 밀접히 관련된 것들이라는 점에서 어느 정도 장점도 있으나, 다른 한편으로는

---

158) 김정흠. "기능자 양성의 제도적 장치". 『북한』. 1976년 6월호. pp.107 - 108.

159) 예를 들어 반도체연구소, 자동화연구소, 전자공학연구소 등은 정보처리연구소, 전자재료연구소 그리고 반도체 제조공장과 함께 전자, 자동화 연구분원을 이룬다. 또한 남한에서는 연구원이나 연구소에 비해 센터의 규모가 작지만 북한에서는 센터가 적절하게 활용되는 경우가 있다. 실례로 생물학 분야의 세포 및 유전공학센터와 열공학센터를 들 수 있는데, 세포 및 유전공학센터 내에는 실 단위로 10여 개가 존재하였다면 열공학연구센터에는 기존의 열공학연구소를 모체로 하여 광업연구소, 역학연구소, 응용수학연구소 등의 몇 개의 연구팀들이 참여하여 오히려 늘어난 상태라는 것이다. 최현규 편. 앞의 글. p.17.

국제적인 기준과는 터무니없이 동떨어진 낮은 기술수준에 머물러 있다는 문제점이 존재한다. 선진국에서는 이미 오래전에 개발한 저급 기술임에도 불구하고 북한의 기술개발시스템이 '기술이전 촉진효과'를 결여하고 있기 때문에 새로이 많은 인력과 자원을 들여 개발하는 등 비효율이 엄청나며 그나마 제품수준도 조잡한 것이 대부분이다.160)

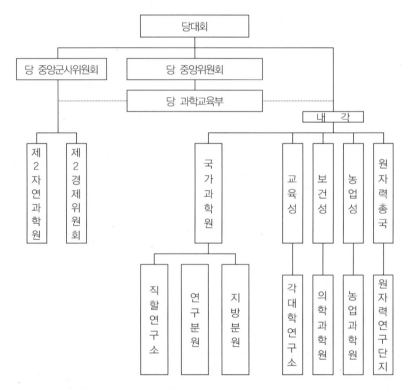

* 자료: 통일부, 『북한개요』(서울: 통일부, 2008), p.390.

〈그림 6〉 과학기술 연구기관 체계

---

160) 조성렬, 앞의 글, pp.126 - 127; 이춘근, 앞의 글, pp.159 - 160, p.166.

북한에서 모든 계획은 아래에서 위로 올라가는 형태를 갖추고 있다. 경제적 지표를 결정할 때 국가가 직접 목표를 정해도 이미 그것은 아래의 자료에 근거하여 세워진다는 것이다. 따라서 과학기술계획도 이러한 방식을 갖추게 되며 각 연구기관의 각 실 단위에서 이루어진 계획은 그 상부기관인 각 성과 위원회로, 국가과학원은 산하 연구분원이나 직속 연구소에서 올라오는 연구소 산하 각 실험실의 예비실험 데이터들에 기초하여 연구 프로젝트를 종합하고, 최종적으로 당중앙위원회 과학교육부에 집중되어 검토된 후 국가계획에 반영된다. 예를 들어, 최하 3급 이상의 연구자가 새로운 발상이나 아이디어에 대한 타당성이 예비실험을 통하여 초보적인 결과가 예상된다고 실험실장에게 보고하면, 실장은 그것을 상급기관인 연구소 과제심의 위원회에 제기하여 토론하고 결정하게 된다. 만일 그 단계에서 그것이 일정한 과학적 타당성과 경제적 이익성, 효율성 그리고 자력갱생의 실현에 조금이나마 도움이 된다면 그 가능성에 대한 적극적인 검토가 진행된다. 이러한 가능성에 대한 총체적인 검토와 계획초안은 결국 과학교육부의 담당자들이 결정하게 되는데 이 과정은 과학기술적인 검토나 심의보다는 정책적, 정치적 성격을 많이 띠게 된다.161)

---

161) 최현규 편, 앞의 글, pp. 18 - 19. 연구자들은 대체로 연구실 단위로 하나의 과제에 분과제를 맡아 수행하고 있고 과제가 국가의 중점과제로 채택되기 전에는 과학원 과제, 연구소(연구분원) 과제나 연구실 과제의 심의단계를 통하여 이루어진다. 그런데 연구과제가 국가과제로 등록되지 못하면 외화를 이용하거나 해외연구기관들과의 공동연구사업이나 투자를 받기 어렵다. 일반적으로 실단위에서 2~5년의 실험결과를 가지고 과학적 타당성이나 기초적인 경제성이 증명되면 그것이 연구소 단위의 관리기관과 연구소 내부에 형성된 연구심의위원회의 심의를 거쳐 과학원에 보고된다. 과학원과 중앙당 과학교육부 과학원담당과의 정책적 검토가 긍정적으로 이루어지면 최종적으로 김정일의 검토를 거쳐 중점연구대상으로 지정되게 된다.

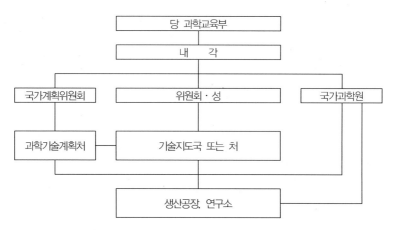

* 자료: 통일부, 『북한개요』, 2008, p.385.

〈그림 7〉 중앙의 과학기술 행정체계

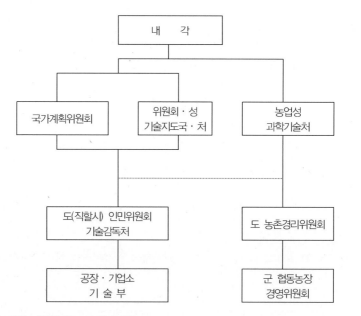

* 자료: 통일부, 『북한개요』, 2008, p.386.

〈그림 8〉 지방의 과학기술 행정체계

그러나 이때 연구과제의 채택과 그것으로 인한 경제적 효과성이 예견된 성과에 부응하지 못한다거나 그것으로 인해 경제적 부진의 결과를 낳게 된다면 그 책임은 실제 그것을 국가과제와 경제적 투자의 중점대상으로 채택한 중앙급 정책지도자들의 책임으로 끝나는 것이 아니라 그것을 직접 맡아 실현하기 위해 노력한 행정급 관리일군들의 무책임과 오류로 판단되는 경우가 많다. 그 대표적 실례가 '순천비날론연합기업소' 건설과 '사리원카리비료공장' 건설 등이다.

북한은 체제생존을 위해 강력한 중앙집권적 계획경제의 제도적 기반 위에 경제를 운영하고, 주민들의 소비와 생활을 높이는 식으로 일정한 수준의 축적을 달성하고 그 축적된 자금을 중공업에 우선적으로 투자하여 국방력을 최상으로 다지는 데 최우선 목표를 두고 있는바, 과학기술행정도 정권에 절대적으로 복종하도록 하는 원칙에서 일보의 타협도 없이 운영하여 왔다. 한편, 과학연구기관은 일반기업과 달리 행정적인 통제가 강하지 않다. 중요한 국가과제나 중점연구대상에 대해서는 당위원회가 직접 관리해 연구성과가 빨리 나오도록 격려하고 조건을 보장해준다. 최근의 엄혹한 경제사정으로 연구기관에서는 자체로 살아가기 위한 연구과제들을 많이 선정하고 있다.

주체과학은 많은 과학자들로 하여금 강한 회의심을 갖게 했으며 이로 인해 신세대 과학자들의 과학계 이탈현상이 높아지고 있다. 최근 과학기술중시정책과 과학기술 체제개혁은 젊은 박사, 준박사 양성과 과학자에 대한 사회적 우대를 강조하고 있다. 그러나 오래된 연구사와 신세대 연구사 사이에 연구성과에 대한 공정한 평가가 이루어지지 않기 때문에 내부적으로 논란이 발생하기도 한다.[162]

---

162) 연구성원들은 대학을 갓 나오면 부조수. 3년 이상의 경력과 시험을 거쳐 조수, 적어도 10

(2) 과학기술 발전 5개년계획(1998~2002)의 추진

소련 이론가들은 과학기술혁명을 보다 높은 단계의 사회주의 그리고 궁극적으로는 공산주의를 성취하기 위해 결정적으로 중요한 수단으로 간주하고 있다. 또한 직접적 생산력으로 전화되는 과학은 자연과학뿐만 아니라 사회과학도 계속적으로 직접적 생산력이 되고 있다고 주장하였다. 즉, 과학은 혁신적인 기술적 과정과 생산을 통해서만이 아니라 포괄적인 경제적, 사회적 계획(planning)을 통해서도 생산력에 영향을 미친다는 것이다. 여기서 사회과학은 시민들의 이론적 지식, 기술적 방법(technical know-how) 그리고 노동생산성을 높여 줌으로써 생산력 발전에 도움이 되고 있다는 것이다.163)

북한은 구소련이나 중국보다 과학기술과 경제의 연결을 특히, 강조하였다. 그러나 1960년대부터 1980년대 중반까지는 각종 경제계획에 집중하면서 독립적인 과학기술 발전 장기계획을 수립하지 못한 것으로 보인다. 북한은 1950년대 후반에 '과학발전10년계획'을 수립한 후 거의 30년간 독자적인 장기 과학기술 발전계획을 수립하지 않았다. 이후 제3차 7개년계획(1987~1993) 기간에 2차례의 '과학기술발전 3개년계획'과 '2000년까지의 과학기술개발 장기계획'을 수립했으나 이어진 경제난으로 별다른 성과를 달성하지 못했다.164)

과학기술 발전계획은 '국가의 장기적인 과학기술 비전 및 전략과

년 정도 되면 상급 연구사. 대체로 15년 이상의 경력과 연구성과를 가진 연구사들이 학위논문이 통과되면 학사학위(우리의 석사학위)가 인정되는 것이 관례였지만 최근에는 성과위주로 평가하라는 당의 지시에 따라 학위취득 연령이 낮아지고 있다. 그러나 지금도 박사학위는 극히 적은 수로 거의 노년에 가까워야 가능하다. 이영옥, 앞의 글, p.276.

163) 홍민식, 앞의 글, pp.158-160.
164) 이춘근, 앞의 책, pp.116-117.

전술을 담은 기본계획'이라고 할 수 있다. 이와 같은 기본계획에는 과학기술정책 기조, 새로운 정책수요를 반영한 과학기술 발전계획과 중점 추진과제, 혁신촉진을 위한 인적 자원 양성, 투자 및 인프라 확대 등의 장기적인 정책을 포함한다.[165] 북한도 국가정책을 법제도적 근거하에 추진하려는 기조를 분명히 하였다. 사회주의법제사업의 강화[166]와 과학기술 발전계획사업을 통해 과학기술이 경제발전의 견인 역할을 하도록 규정하고 있는 것이다. 다시 말해, 북한은 과거 김일성 시대에는 경제발전계획을 수립하여 과학기술 발전을 도모했으나 김정일 시대에는 심각한 경제난으로 경제발전계획을 수립하지 못하게 되자 대신 과학기술 발전계획을 통해 경제발전을 추동하고 있다.

---

165) P. Berman, "Thinking about Programmed and Adaptive Implementation: Matching Strategies to Situations", in H. Ingram and D. Mann, eds., *Why Policies Succeed or Fail?* (Beverly Hills: Sage Publications, 1980) 참조.

166) 북한의 현행 헌법은 1972년 사회주의헌법을 토대로 하고 있으며, 1992년, 1998년과 2009년 세 차례 개정되었다. 북한 헌법은 먼저 정치적인 면에서 김일성과 김정일의 수령 유일영도체제의 계승과 김일성 주석 사망에 따른 김정일 체제의 출범이라는 의미가 있다. 경제적인 면에서는 급격하게 변화하는 대내외 환경 속에서 경제난을 극복하기 위한 법적 대응책을 마련하기 위한 조치와 변화된 경제현실을 반영한 것이다. 특히, 북한은 1992년과 1998년 헌법개정으로 북한 내에서 외국인에 대한 합법적 권익보장(제16조)과 외국인, 외국기업과의 합영·합작의 장려 및 특수경제지대의 개발 등에 대한 근거 규정을 둠으로써 대외경제개방과 외국인 투자에 대한 본격적인 사업을 추진하게 되었으며, 남한과의 경제협력을 적극적으로 추진할 수 있는 법제도적 기반을 형성하였다. 이러한 헌법상 변화와 관련하여 과학기술 또는 IT 분야의 중점 육성을 위한 북한 당국의 대응자세를 엿볼 수 있다. 새로이 반영된 과학기술에 관한 규정은 첫째, 기술혁명의 강조(제19조, 제27조), 둘째, 기술문화수준의 제고(제23조), 셋째, 과학기술 발전의 강화(제27조), 넷째, 교육부문에서의 과학기술교육의 강화(제46조), 다섯째, 과학기술수준 제고를 위한 과학연구사업의 수립, 선진과학기술의 도입, 새 과학기술의 개척 등의 강조(제50조)이다. 이와 함께 과학기술 발전계획의 수립과 추진, 학자 및 기술자와 생산자 간의 협조를 강화할 것을 규정하고 있다(제51조). 여섯째, 국가의 발명가와 창의고안자에 대한 적극 배려방침을 정하고, 저작권과 발명권, 특허권을 보호한다고 명시하고 있다(제74조). 특히, 특허권은 1998년 헌법개정에 의해 추가된 내용이다. 이는 과학기술 발전과 IT산업 육성에 있어서 특허 등 산업재산권을 포함한 지적재산권 보호에 대한 북한의 관심과 인식을 반영하는 규정이라 할 수 있다. 구체적인 내용에 대해서는 박정원, "북한의 과학기술중시정책과 '과학기술법'", 『북한과학기술연구』, 4, 2006, pp.33~34. 북한의 '과학기술법'은 국가정보원 편, 『북한법령집』(서울: 국가정보원, 2008) 참조.

김정일의 과학기술중시정책의 핵심은 선진과학기술의 적극적인 도입이다. 즉, 세계의 발전 추세에 맞는 선진과학기술을 주체적 입장에서 도입·발전시키는 정책이다. 또한 과학기술을 바탕으로 첨단산업을 육성해 기술혁신을 실현함으로써 경제회복 나아가 경제성장을 이룩하려는 것이다. 따라서 과학기술체제 개혁은 '인민경제의 선행부문'과 기술혁신 위주의 경제성장을 체계적으로 지원하기 위한 것이다. 북한은 내부적으로는 자체 혁신과 자율성과 인센티브 확대를 통해 연구역량을 개선하고, 외부적으로는 기존 설비의 기술개조와 수준이 낮은 분야로의 기술확산, 자동화 요소의 자체생산 확대를 통한 첨단기술산업 육성 등에 치중하게 되었다.

경제계획과 과학기술 발전계획이 국가전략하에서 강력히 연동되고 있는 북한 체제에서 새로운 국가발전전략은 곧바로 과학기술 발전계획에 반영된다. 특히, 북한이 10여 년간 경제계획을 수립하지 못하고 있는 상황에서 과학기술계가 국민경제 발전의 각종 병목을 해소하는 주요 역량으로 부상하게 되었다. 북한이 '과학기술발전 5개년계획 (1998~2002)', '새로운 과학기술발전 5개년계획(2003~2007)', '연료, 동력문제 해결을 위한 3개년계획(2003~2005)', '산림조성 10개년계획(2001~2010)' 등의 다양한 계획을 수립·추진하고 있는 것이 이를 잘 반영해 준다.[167] '과학기술발전 5개년계획'이 정보산업의 기초를 다지고 기술혁신안을 생산에 도입하는 것을 핵심 내용으로 하였다면, '새로운 과학기술발전 5개년계획'은 지난 5년간의 성과를 토대로 정보기술, 나노기술, 생명공학 등의 첨단과학기술 발전에 우선적 역량 집중을 골자로 하고 있다.

---

167) 이춘근, 앞의 책, p.58.

북한은 특히, 정보화를 강조하고 있다. 산업현장에서 정보화를 통해 생산공정의 자동화, 현대화를 실현하고 생산능력을 높이고자 하였다. 또한 정보화를 통한 기술확산과 낙후된 기술과 생산시설의 정비보강을 통해 자금이 적게 들고 실리가 큰 대상부터 우선순위를 정해 점진적인 경제재건을 시도하고 있다. 그러나 1980년대의 첨단기술연구와 같이 국방과 컴퓨터 프로그램 등의 일부 영역을 제외하고는 전반적인 연구개발투자가 그리 높은 것 같지 않다. 북한은 첨단기술연구를 천명하면서도 자력갱생의 혁명정신과 과학기술자들의 혁명화, 노동계급화, 대중적 기술혁신 등의 전통적인 방법을 계속 강조하고 있기 때문이다.

북한의 경제계획 각 부문별 계획들은 생산물 생산계획을 중심으로 연동되므로 이들 계획, 특히, 공업생산계획의 강조점이 각 부문별 계획에 거의 그대로 반영된다. 따라서 경공업에 대한 중공업의 우위, 가공공업에 대한 채취공업의 우위, 일반공업에 대한 전력공업의 우위, 일반공업에 대한 기계제작공업의 우위, 일반공업에 대한 화학공업의 우위 등이 각 부문별 계획에 거의 그대로 반영된다. 이에 따라 국가예산에서도 이들 분야에 대한 지출이 다른 분야를 압도하게 된다.[168]

북한은 2002년 12월의 과학원 창립 50주년을 계기로 그동안 수행해 왔던 과학기술 발전 5개년계획의 주요 성과들을 발표하였다. 이를 통해 주요 성과의 진위(眞僞) 혹은 과장 여부를 떠나서 북한의 과학기술정책 추진 동향과 중점적인 관심 분야를 이해할 수 있다.[169]

---

168) 이춘근, 앞의 책 p.130.
169) 북한이 발표한 '인민경제의 기술적 개건(기술혁신)', '인민생활 개선', '기초과학과 첨단기술' 분야의 성과에 대해서는 이춘근, 앞의 책, pp.150 - 152 참조.

주목할 만한 것으로는, 북한은 '기초과학과 첨단기술' 분야에서 IT 와 BT 분야에 치중해 컴퓨터 분야에서 펜티엄 Ⅲ, Ⅳ급 32대를 연결하여 병렬컴퓨터를 제조하는 데 성공했고, 향후 64대, 128대를 연결하는 연구를 수행한다고 한다. 병렬컴퓨터에 대해서는 재일본조선인과학기술협회 학자들과 조선대학교 교수 등이 김일성종합대학 연구진들과 수년간의 공동연구를 추진한 바 있다. 새로 개발된 컴퓨터 프로그램도 상당량을 수출하는 데 성공하였다. 이와 함께 위성정보자료 해석기법을 통해 알곡 수확량을 판정하는 연구를 수행하는데 그 정확도가 농업성 통계와 거의 유사한 정도가 되었다고 한다. 구체적인 연구내용은 식물 피복도 계산, 토양 이용도 계산, 지도제작 등이다.

생물 분야에서는 동물의 클론화에 치중하였다. 이를 통해 북한은 프랑스에 이어 토끼의 복제에 성공했다고 한다.[170) 새로운 제철법의 개발에도 치중하여 6만 톤의 강철을 더 생산하였고, 희천, 낙원, 태천공작기계공장 등에서는 재일본조선인과학기술협회와 협력하여 공작기계를 개량하는 데 큰 성과를 달성했다고 한다. 이 밖에 태양전지, 형상기억합금, 수소저장합금, 기능성고분자 재료 등을 개발하였고, 대포동 1호 장거리 미사일 발사에서 보듯이 항공우주 중심의 국방 분야에서도 큰 성과를 올렸다고 한다.

이상과 같이 북한은 10년 이상 경제발전계획을 수립하지 못하고 있는 상황에서도 독자적인 과학기술 발전계획을 연이어 수립·추진하고 있다. 이는 대규모 자본과 노동을 투입할 여력이 없는 상황에

---

170) 탈북 과학자들과의 인터뷰에서 토끼 복제에 대한 그들의 반응은 "잡아먹을 토끼도 없는데 무슨 복제냐"였다.

서 경제활동의 병목이 되는 기술 분야에 과학기술계의 전체 역량을 투입하는 것이라고 볼 수 있다.

그러나 문제는 북한 과학기술계의 첨단기술개발능력과 자생력, 연구성과의 축적수준이 낮고 연구개발에 대한 예산투입규모가 극히 작은 가운데 그마저도 연료, 동력문제 해결과 인민생활 개선, 생산현장의 원료난 해결과 국방연구 등에 치중하고 있고, 기타 분야에는 큰 관심을 기울이지 못하고 있다는 것이다.[171]

(3) 선군시대 '선택과 집중'의 생존전략: IT산업 중점 육성

1) IT산업을 통한 도약전략

국가는 산업경쟁력이 상대적으로 높은 산업을 선별하여 전략적으로 육성한다. 국가가 전략적으로 육성하는 '전략산업(strategic industry)'은 국가경제에 대한 기여도가 상대적으로 더 큰 산업들, 이를테면 수요의 탄력성이 높고 기술혁신의 속도가 빠르며 다른 산업에 미치는 파급효과가 큰 산업들로 선정된다. 이런 특성들을 고려할 때 오늘날의 전략산업은 대체로 첨단산업(high - technology industry)을 일컫는다. 첨단산업은 국가 경제에서 전략적 중요성 외에도 선도산업(leading industry)으로서의 성격도 함께 가지고 있다.[172] 그러나 첨단산업은 비교우위, 경쟁우위의 측면 모두에서 상대적으로 연구개

---

171) 이춘근, 앞의 책, p.166.

172) Christopher Freeman and Carlota Perez, "Structural Crises of Adjustment: Business Cycles and Investment Behavior", in Dosi et al. eds., *Technical Change and Economic Theory* (London and New York: Pinter Publishers, 1988), pp.45 - 49.

발능력과 자본이 부족한 후발국이 진입하기 매우 어려운 분야이다. 만약 후발국이 국가의 전략적 역할을 통해서 첨단산업에 성공적으로 진입하게 된다면 급속한 경제성장을 이룰 수 있을 뿐 아니라 더 나아가 선진국들과의 경제적 격차까지도 좁힐 수 있게 된다.173)

이러한 측면에서 정보기술혁명과 함께 세계적으로 호황을 누리고 있는 IT산업은 선진국과 개발도상국을 막론하고 경제를 발전시키는 가장 좋은 첨단산업으로 받아들여지고 있다. 특히, 개발도상국들에게 IT산업은 단계적인 발전을 뛰어넘거나 가속화하고 국내경제를 촉진하고 세계경제에 연계시키는 데 도움을 줄 수 있는 산업으로 간주된다.174) 10년 전만 하더라도 '서유럽의 병자(sick man)'로 일컬어지던

---

173) C. Perez and L. Soete, "Catching-Up in Technology: Entry Barriers and Windows of Opportunity", in Dosi et al. eds. *Technical Change and Economic Theory* (London and New York: Pinter Publishers, 1988), pp.475-478; 이근. "과학기술의 새로운 패러다임과 경제", 정보통신정책연구원, 『IT의 사회·문화적 영향 연구: 21세기 한국 메가트렌드 시리즈』, 2004. 2, pp.46-49; 성지은·송위진. "혁신체제 전환 과정에서 정부 역할과 정책대응: 한국과 핀란드 사례 비교", 서울대학교 한국행정연구소, 『행정논총』 45(1), 2007, pp.115-117.

174) 북한이 경제회생의 돌파구 또는 국민경제 전반의 비약적 발전에 대한 의지를 압축적이고 함축적으로 표현하고 있는 용어가 '단번도약'이다. '단번도약'은 발전전략의 측면에서 볼 때, '추격전략(catch-up strategy)'의 의미보다는 '도약전략(leapfrogging strategy)'의 의미를 함축하고 있다. 선진국에서 정형화된 '추격전략'은 풍부한 노동력을 기반으로 한 경공업 육성전략, 축적된 자본을 집중 투자하는 중화학공업 육성전략, 축적된 기술력을 통한 첨단산업 육성과 같이 순차적인 산업발전 단계에 따라 국가의 전략산업을 전환하면서 경제발전의 효율성을 높여 가는 방식이다. 반면 '도약전략'은 첨단산업을 전략산업으로 선정하여 중간단계의 기술 확보 없이 바로 최첨단 기술을 개발하여 실용화하고 그 기술이 가지고 있는 산업 파급효과를 활용해 경공업과 중화학공업의 효율성을 높여 가는 산업화 전략이다. 이 전략은 기술력이 중요한 생산요소이며 실패에 대한 부담이 큰 전략이다. 북한은 중국을 비롯한 다른 사회주의 국가처럼 농업 등의 전통적 산업을 통해 경제를 회생하려 한 것이 아니다. 북한이 추구하고자 하는 '단번도약'의 발판은 과학기술이다. 과학기술 발전을 통한 북한의 '단번도약'의 논리는 기술적 방식의 도약을 토대로 하고 있고, 북한이 기술적 방식의 전략산업으로 선택한 것이 IT산업이다. J. P. Singh, *Leapfrogging development?: the political economy of telecommunications restructuring* (Albany: State University of New York Press, 1999), pp.3-5; 김근식. "북한 발전전략의 형성과 변화에 관한 연구: 1950년대와 1990년대를 중심으로", 서울대학교 대학원 박사학위논문, 1999; 서재진 "북한의 최근 기술 중시 및 IT산업 육성정책의 의미", 『통일정책연구』, 10(2), 2001 참조.

아일랜드가 연간 9%에 이르는 초고속 성장을 통해 서유럽의 '켈틱 타이거(Celtic Tiger)'로 거듭난 것도 IT산업의 발전을 통해서 가능했다. 아시아의 강소국으로 불리는 싱가포르와 대만도 성장의 동력은 IT산업에서 나오고 있다. 인도 역시 경제 전반에서는 후진성을 면치 못하고 있지만 소프트웨어 산업의 성장이 경제의 새로운 활력이 되고 있다.175)

전술한 바와 같이 북한은 과학기술 발전전략에 따라 '기술개건'에 의한 경제개혁을 추구하고 있다. 2002년 1월 23일 『로동신문』 사설은 "과학기술로 강성대국 건설에서 비약을 일으키자."면서 "과학기술전략은 우리의 힘, 우리의 지혜로 과학기술강국을 건설하려는 자력갱생의 전략이며 나라의 모든 힘을 총동원해 과학기술을 발전시키려는 적극적인 전략"이라고 강조하고 있다. 이와 같은 과학기술 발전전략이 집중되고 있는 곳이 IT 분야이다. IT 발전은 세계적인 추세로 북한도 이러한 흐름에서 낙오되지 않기 위해 국가발전의 주력산업으로 육성하고 있는 것이다.176)

북한은 21세기를 '정보산업의 시대'로 규정하고 김정일을 '과학의 거장'으로 추앙하면서 북한 사회 전체에 과학기술중시의 기풍을 불러일으키고,177) IT를 '과학기술의 종자'로 여길 만큼 중요시하고 있

---

175) 고경민, 『북한의 IT전략』(서울: 커뮤니케이션북스, 2004), p.124.

176) 남성욱, 앞의 책, p.19.

177) 김정일은 공식후계자로서 국가정책을 이끌기 시작한 1980년대 중반부터 과학기술과 관련된 여러 논문들을 발표했다. 먼저 1985년 8월에 발표된 "과학기술을 발전시킬데 대하여"에서는 기초과학의 강조와 함께 선진과학기술을 적극 받아들일 것을 주장했다. 이러한 선진과학의 강조는 1990년대 이후 그의 여러 교시들을 통해 교육, 경제 등 여러 분야에서 구체화되었다. 가장 대표적인 분야는 IT와 BT로 이 분야의 발전을 위해서 서방은 물론 남한과의 협력도 적극 추진했다. 한편, 1991년 10월에는 전국과학자대회 참가자들에게 "과학기술 발전에서 새로운 전환을 일으키자"라는 서한을 보내 경제계획과 관련시켜 구체적인 세계 선진수준의 과학기술 발전을 촉구했다. 이 서한에서 김정일은 북한의 과학기술을 가까

다. 즉, 북한은 예측할 수 없이 빠른 정보산업 발전은 1년의 답보가 10년의 후퇴를 가져오기 때문에 남들이 걸을 때 비약한다는 비상한 각오로 정치사업 등 그 어느 때보다 IT 발전을 위한 전 인민적 관심을 불러일으키고 있는 것이다.

앞에서 언급한 바와 같이 북한은 경제를 회생하고 발전시키기 위한 정보화를 현대화의 높은 단계로 보고 있는 것이다.[178] 2000년 5월, 김정일이 18년 만에 중국을 방문해 중국의 실리콘벨리인 베이징의 중관춘(中關村)을 방문한[179] 이후 정보산업 발전을 위한 정책방향이 점차 구체화되었다.

북한은 2001년에는 연일 '21세기＝정보산업시대', '첨단과학기술 ＝컴퓨터산업' 등으로 등식화하면서 "인민경제 모든 부문의 정보화 없이는 강성대국 건설이 불가능"하다고 역설했다. 또한 IT산업 육성을 경제회복을 위한 '단번도약'의 중심고리로 강조하고 각종 과학기술 전시회, 정보화 연구토론회, 언론 선전 등 다양한 방법으로 IT산업의 중요성 부각에 주력했다. 북한은 IT산업을 '새로운 자력갱생'

운 앞날에 세계 선진수준에 올려 세우려는 것이 당의 확고한 결심이며, 이를 위해 2000년까지의 "과학기술 발전전망목표"를 제시했다고 밝히고 있다. "과학의 거장(?), 김정일", 『NK테크 웹진』 37742호.

178) 『로동신문』, 2001년 5월 17일자.

179) 당시 김정일은 인터넷을 직접 이용하는 등 상당 수준의 정보화 마인드를 보유한 것으로 추정되었다. 김정일의 중관춘 방문 이후 북한도 중국식 개혁·개방에 나설 것이라는 국내의 희망 섞인 언급이 많았으나 중관춘은 '전형적인 중국식 개혁·개방'이 적용되지 않은 곳이라는 점에 주목해야 할 것이다. 즉 중국식 개혁·개방의 요체는 "중앙정부의 권한을 지방정부 혹은 기업으로 이양, 하위 경제주체들이 경제적 자율성을 바탕으로 생산성을 증대시킴으로써 경제성장을 이룩한다는 것"이다. 이 같은 방식으로 성장한 대표적인 지역이 중국 동남연해지역의 경제특구와 개방도시들이다. 그러나 중관춘은 권한의 이양과 경제주체의 자율권 확대로 경제성장이 이루어진 곳이 아니라 중앙정부(특히, 장쩌민 국가주석)의 강력한 IT, 인터넷산업 육성 의지에 의해 조성된 지역이다. 이는 베이징의 일반적인 산업생산에 비춰볼 때 베이징의 IT, 인터넷 분야의 비중이 매우 크다는 사실로도 확인할 수 있다. 이에 대해서는 은종학, 『중국 중관촌을 보는 김정일의 눈』(서울: LG경제연구원, 2000) 참조.

기치하의 성장전략산업으로 설정했다.180) 이미 **2000**년에 북한은 다음과 같은 주장을 하였다.

> 과학기술을 발전시키는데서 단계가 있는 것만은 사실이다. 그러나 남들이 걸어온 단계를 순차적으로 답습하기만 한다면 언제 가도 남을 따라 앞설 수 없다. 우리 당의 과학중시사상은 기성관례나 기성공식에 구애됨이 없이 과학기술 발전에서 비약할 것을 요구하고 있다. 남들이 몇백년 동안에 한 일을 짧은 기간에 이룩하며 과학기술의 모든 분야에서 세계적인 것으로 창조해 나가려는 것이 우리 당의 의도이다.181)
> 과학기술 없이는 강성대국을 건설할 수 없으며 과학은 단순한 기술수준이 아니라 조국의 운명과 강성대국 건설의 성과를 좌우하는 중요한 문제이다.182)
>
> 우리는 단번도약의 본때를 이미 맛보았다. 인공지구위성 광명성 1호의 탄생도 그것이었고 토지정리의 천지개벽도 그것이었다.183)

그런데 북한의 과학기술중시노선에서 김정일이 나노기술(NT), 생명공학(BT) 등에도 관심을 표명하고 있으나 과학기술투자에 실질적으로 집중되는 것은 IT산업뿐이다. 북한은 IT산업 중에서도, 특히, 소프트웨어 프로그램 개발기술에 집착하고 있다.184) 소프트웨어산업은 인간의 지능노동, 즉 지식과 두뇌가 결정적인 작용을 하는 가장 첨단 분야로 여겨지며 널리 장려되었다. 그동안 역점을 두고 추구해왔던 기술혁명론도 정보기술을 중심으로 한 논의로의 변모를 보이고 있다. 새로운 시대에 걸맞은 기술혁명의 단계로서 정보화, 정보기술

---

180) 『로동신문』, 2001년 1월 30일자; 『민주조선』, 2001년 2월 6일자.
181) 『로동신문』, 2000년 7월 4일자.
182) 『조선중앙방송』, 2001년 3월 3일
183) 『로동신문』, 2001년 7월 4일자.
184) 홍성국, "김정일 경제정책노선의 차별성", 『북한』, 2007년 6월, p.72.

혁명이 제기되고 있기까지 한 것이다.

북한은 정보산업을 강성대국 건설의 핵심으로 인식하고 대외기술 협력에 적극적인 입장을 취했다. 즉, 북한의 '정보화' 전략은 자본과 자원이 빈약한 현실에서 고부가가치산업인 정보산업을 집중적으로 육성하여 자력갱생의 발판을 마련하고자 하는 전략적 선택인 것이다.[185] 따라서 김정일은 2001년 1월에는 상해 푸둥(浦東) 소프트웨어 단지를 시찰하는 등 IT산업에 지대한 관심을 보였다. 북한의 IT산업은 김정일의 의지와 집중 투자로 단기간에 발전되었다. 북한은 2001년 들어 "정보산업시대인 새 세기에 현대과학을 모르고는 한 걸음도 전진할 수 없다."고 하는 등 IT산업 발전의 중요성을 연일 강조했다.[186]

그러나 이와 같이 김정일의 강력한 의지로 육성되고 있는 정보산업의 하드웨어 개발 수준은 재정사정 악화, 국제사회의 대(對)공산권 수출통제위원회(COCOM) 및 바세나르 협약(Wassenaar Arrangement)[187] 등의 제약으로 실용화할 수 있는 컴퓨터를 자체로 생산하는 것이 거의 어려운 실정이다.[188] 반면, 소프트웨어 부문은 일부 제품을 일본, 중국, 아프리카 국가에 수출할 정도의 기술을 축적하고 있는 것으로 파악된다. 조선컴퓨터센터 등 10여 개 기관에서 170여 종의 소프트

---

185) 배성인, "정보화 시대 북한의 정보통신산업과 남북한 교류협력", 『통일정책연구』 10(1), 2001, p.296; 『조선중앙방송』, 2001년 5월 19일.

186) 『로동신문』, 2001년 4월 28일자.

187) 바세나르 협정과 미국의 대북경제제재에 대해서는 김연철, "북한 정보화의 국제적 변수: 바세나르체제와 미국의 대북경제제재를 중심으로", 경남대 극동문제연구소 · (주)하나로통신 편 『인터넷과 북한』(마산: 경남대학교 출판부, 2000), pp.67 - 91 참조.

188) 『평양방송』은 2001년 2월 평양전자제품개발회사가 1,300여 대의 컴퓨터를 생산하여 만경대학생소년궁전 등 교육기관에 전달했다고 보도했다. 『평양방송』, 2001년 5월 12일.

웨어를 개발, 이 가운데 체질진단, 바둑, 지문감식과 음성인식 등 일부 제품을 수출했다. 특히, 음성인식기술은 세계적인 수준이고, 지문감식기술도 국제발명품 전시회에서 금상을 차지할 정도로 상용화가 가능한 상태이다.

한편, 북한은 선진기술의 도입을 통해 공장설비 개선, 산업현장에서 실용화할 수 있는 프로그램 개발에 주력하고 공장, 기업소의 생산공정 지원, 사이버 건축 및 기계설계 보조, 과학기술 연구지원이 가능한 프로그램 개발에 집중하고 있다. 또한 현장에서 발생한 문제해결 및 공장이나 사업소 등에서의 기술적인 문제해결을 위하여 과학자, 기술자들을 파견하는 등 전자, 자동화공학에서 많은 성과를 냈다.[189] 개발된 소프트웨어 제품의 대부분은 공장, 기업소의 생산 정상화를 위한 기술개건에 활용되었는데, 2001년 5월 초부터 북한은 70여 개의 주요 발전소 급전자동화 등을 추진하였다.[190]

북한은 정보산업시대의 인프라 역할을 하게 될 체신설비의 현대화를 위해 체신설비와 자재를 생산하는 공장들에 대한 지원사업을 강화했다. 내각의 체신성이 성(省) 산하의 공장, 기업소들에 대한 지원사업에 총력을 기울여 생산공장은 광케이블 생산뿐만 아니라 광섬유계통의 자재들을 생산할 수 있는 실험 측정설비를 갖추게 되었다.[191] 북한은 전자, 자동화공학 분야, 즉 정보산업의 발전에 대해 김정일의

---

189) 기술자들의 현지 파견은 1970년대 있었던 3대혁명소조 운동을 본뜬 것으로 과학자 및 기술자로 구성된 3대혁명소조원들이 산업현장에 나가 과학기술혁신을 이룬다. 북한의 보도에 의하면 각종 기술혁신안을 생산현장에 도입한 공로로 과학기술평가증서를 받은 소조원들이 수천 명에 이른다고 한다. 이들은 주로 대학을 갓 졸업한 20~30대 초반의 과학자들로 기술공정의 혁신, 경비절감, 소재개발 등의 성과를 이루었다고 한다.

190) 『조선중앙방송』, 2001년 4월 20일.

191) 『통일정보신문』, 2001년 11월 19일자.

'과학정치의 결과'라고 칭송하고 나아가 새로운 통치논리로 선전하였다.192) 여기에서 전술한 바와 같이 북한의 IT산업 발전전략이 김정일 정권의 권력기반 강화의 수단이 될 수 있다는 북한 지도부의 정치적 고려가 작용하였음을 알 수 있다.

북한은 선진과학기술 도입을 위한 과학기술 교류협력에서도 기존에는 내생적 기술, 즉 주체과학기술을 고집했다면 이 시기에는 실리과학기술로 실질적 전환을 추구하고 있다. 다시 말해, 전통적인 우방국에만 매달렸던 협력방식에서 대담하게 벗어나 서방국가에로의 해외연수 및 시찰을 강화하고 자본주의 경제교육뿐만 아니라 선진과학기술 도입을 적극 추진하고 있다. 서방세계와 폐쇄적인 대외관계로 국제기구와의 협력을 외면해 왔던 북한은 유엔 산하 과학기술기구들인 국제전기표준회의(IEC), 국제전기통신연합(ITU), 아·태전기통신협의체(APT), 유엔개발계획(UNDP), 유엔공업개발기구(UNIDO) 등 국제기구활동에 적극적으로 참여했다. 대표적으로 평양정보센터에 프로그램개발실 및 강습소를 설치하고 소프트웨어 개발 및 컴퓨터교육시설에 대한 국제기구의 지원 사례가 있다. 또한 ITU, 유엔 특별총회 등 국제기구 회의를 통해 적극적인 기술지원을 촉구하는 등 실질적인 협력을 이끌어 내는 한편, 국제시장 진출을 위한 노력도 활발히 하였다.

북한은 1990년 9월 처음으로 북·중 간 공동으로 '평양계산기인재양성센터'를 설립해 중국이 각종 교육설비들을 제공하고 전문가를 파견해 컴퓨터 전문인력 양성 교육을 담당했다. 1991년 4월에는 김

---

192) "장군님의 주체의 '과학정치'가 정보산업의 휘황한 미래를 약속하고 있다." 『로동신문』, 2001년 11월 9일자.

책공대에서 '조·중 친선 전자계산기 기술일군센터'가 개막식을 했다. 1991년 8월 10~23일에 개최된 '1991년 국제과학기술학술대회'를 계기로 첫 남북한 과학기술 교류협력방안이 논의된 후 수십 차례에 걸쳐 전자·정보·통신 국제학술대회를 개최했다. 그 외 조선대학교 주도로 과학원 조종기계연구소와 김일성종합대학, 김책공업대학 로봇연구소와의 공동연구가 이루어졌다.[193)

북한은 남한과 서방국가들로부터 선진 IT기술 및 자본을 도입해 PC 생산, 소프트웨어 개발, 정보통신망 확충 등에 주력했다. 2000년 3월 북한은 삼성전자와 베이징에 '소프트웨어 공동협력개발센터'를 개소하는 등 남한의 업체를 비롯해 일본·중국의 10여 개 업체와도 소프트웨어 합작개발사업을 적극 추진했다.[194) 2001년 3월 북한 당국과 남한의 동북아교육문화협력재단이 평양에 평양과학기술대학을 설립하기로 합의한 것도 '정보산업을 통한 단번도약' 구상의 일환이었다.[195)

---

193) 강영실, "북한과학기술정책: 전자자동화분원을 중심으로", pp.60 - 61.

194) 중국 선양에서 실리은행(Silibank)을 운영하고 있는 북한의 과학자들은 IT분야 전문가로, 그 중 한 사람은 1993년에 열린 제34차 국제수학올림픽에서 동메달을 획득하였다. 64개국 351명의 수재들이 참가한 이 대회에서 북한은 은메달 3명, 동메달 2명의 성과를 이루었다. 실리뱅크의 주 업무는 해외에 거주하는 고객과 북한에 있는 고객 사이에 전자우편(E - mail) 교환을 할 수 있게 해 주는 것이다. 실리뱅크의 모체가 되는 평양의 'STS 기술봉사소'는 매우 유능한 젊은 연구원들이 중심이 되어 세워진 것이다. 단둥에도 북한의 IT 전문가들이 활동하고 있다. 남한의 하나비즈닷컴의 자본 및 경영능력과 평양정보센터의 기술력이 결합하여 2001년 8월에 세워진 '하나프로그램센터'에는 평양정보센터에서 파견된 수십 명의 연구원이 프로그램개발 용역사업, 연구개발사업 수주 및 독자 프로그램개발사업을 하고 있다. 하나프로그램센터는 김일성종합대, 김책공업종합대, 이과대, 평양컴퓨터기술대 및 평양정보센터 등의 연구인력을 3~4개월씩 교육시키는 교육원도 운영하고 있다. 그동안의 프로그램 개발실적과 교육원의 교육과정에 대한 자세한 내용은 하나프로그램센터의 홈페이지(http://www.hanasoft.com.cn) 참조.

195) 북한 당국은 평양과기대 설립안에 "21세기 국가 경쟁력 강화에 필수적인 정보기술(IT) 및 생명기술(BT), 국제무역 및 실용영어를 교육하여 전문가를 배출하기 위함"이라고 목적을 밝히고 있다. 특히, 북한 당국이 교수, 연구원의 선정, 초빙문제를 재단 측에 일임해 한국 과학기술 관련 인력의 북한 상주를 사실상 수용한 것으로 해석되어 주목을 끌었다. 그동안 청년·학생들이 사상적 기반이 허약하다고 판단해 외국에도 잘 내보내지 않고 체제보위를 최

북한은 자체적으로 개발한 소프트웨어를 대량 수출하기 위해 다른 나라와의 공동연구나 협력사업도 강화하는 등 수준 높은 소프트웨어 개발을 통해 새로운 외화획득의 원천을 찾으려 하고 있는 것으로 분석된다. 이러한 경향은 북한이 제16차 중앙과학기술축전(2001. 4. 23~26) 등에서 주요 산업 부문의 증산·절약 관련 소프트웨어 및 IT기술 발굴에 초점을 두는 것에서 잘 나타나고 있다. 또한 북한은 2002년 4월 베이징에서 '제1차 조선컴퓨터소프트웨어 기술설명회 및 전시회'를 단독으로 개최하였다. 북한은 어려운 여건에서도 북한 경제를 회생시키기 위해서는 소프트웨어산업 발전이 필수적이라는 인식으로 적극적인 국제협력을 이끌어 내기 위한 계기를 마련하고자 했던 것이다.

북한은 IT산업의 발전을 위해 먼저, 정부기관과 연구기관을 재정비했다. 기존의 내각에서 담당했던 전자, 정보부문인 '전자자동화공업위원회'를 1999년 11월에 전자·정보통신부문을 같이 전담하는 기구로 '전자공업성'을 설치했으나196) 현재는 산업으로서 IT부문의 총체적 관리만 전자공업성이, 통신·우편은 기존대로 체신성이 담당하고 있다.197) 북한은 '광명'을 중심으로 한 국가전산망(WAN)을 구축하였고 국제적 인터넷 접속을 위한 관리는 '중앙과학기술통보사'가 담당하도록 했다. 북한은 기존의 과학원 연구기관 외에 조선컴퓨터

우선시해 오던 북한으로선 엄청난 '모험'일 수 있는 일로, 김정일의 지시가 있었던 것으로 분석되었다. 『조선일보』, 2001년 3월 29일자.

196) 북한은 1998년 9월 내각 개편 시 '전자자동화공업위원회'를 폐지하였다가 1999년 11월 24일 최고인민회의 상임위원회 정령으로 '전자공업성'을 신설하였다. 『조선중앙방송』, 1999년 11월 25일.

197) 북한은 체신성 정보연구소가 김책공업종합대학 졸업생들을 중심으로 통신 현대화에 주력하고 있다고 보도하였다. 『조선중앙방송』, 2001년 10월 14일

센터와 평양정보센터에도 연구역량 육성을 강화함으로써 그 어느 때
보다도 정보과학 발전에 대한 투자를 확대하고 있다.

〈표 20〉 북한의 인터넷 운영 실태

일시	추진 내용	비고
1997년 초	최초의 웹사이트 조선중앙통신(kcna.co.jp) 개설	일본
1999. 10. 10	최초의 상업용 웹사이트 조선인포뱅크(dprkorea.com) 개설	중국
2001. 5. 31	내부 인트라넷(INTRANET) 일부 북한 지역에 개설 운영	100여 기관
2001. 10. 8	국제 E-mail 중계용 웹사이트 실리은행(silibank.com) 개설	중국
2002. 10. 5	내부 인트라넷 북한 전역으로 연결망 구축 완료	1,300여기관

* 자료: 통일부, 주간 『북한동향』, 제691호(2004. 4. 13).

또한 북한은 현재의 경제여건하에서는 본격적인 IT산업의 육성이
어렵다고 판단하고 IT 전문인력 양성 및 IT 마인드 조성을 우선적
당면과제로 설정했다. 북한은 2001년 만경대학생소년궁전, 평양학생
소년궁전, 금성 제1·제2고등중학교 등 4개소에 '컴퓨터 수재양성반'
을 창설했다198) 또한 북한은 '김일성종합대학 컴퓨터과학기술대학',
'김책공대 컴퓨터센터', '평양컴퓨터기술대학' 등 200여 개 고등중학
교 및 대학에서 컴퓨터 교육을 실시하고 있으며, 컴퓨터 관련 인재
발굴을 위해 '전국프로그램 경연 및 전시회', 전국 고등중학교 학생
'컴퓨터 프로그램 및 타자경연' 신설 등 각종 경연대회를 정례적으
로 개최하고 있다.199) 컴퓨터 교육내용은 컴퓨터에 관한 기본지식과
소프트웨어 개발 관련 내용에 치중하는 기초단계로 파악된다.200) 이

198) 『조선중앙방송』, 2001년 3월 28일; 『로동신문』, 2001년 5월 29일자. 2003년 3월에는
　　 내각 교육성 산하에 '프로그램 교육지도국' 및 '컴퓨터 교육센터'를 신설했다.

199) 『민주조선』, 2000년 12월 8일자.

200) 북한은 정보산업 분야에 "컴퓨터타자수, 프로그램작성원, 컴퓨터조종운영기사 등 새 직종이
　　 새로 생겼다."고 보도한 바 있다. 컴퓨터 교육도서 출판·보급 실태는 컴퓨터 사용능력 향

와 같은 북한 당국의 노력은 과학중시사상의 일환으로 컴퓨터 산업을 육성하려는 김정일의 방침이 크게 작용한 것으로 평가된다.

이와 같은 IT산업의 중점적 육성은 김정일 체제의 선택과 집중전략에 의거하여 '인민경제의 현대화, 정보화' 외에도 다음과 같은 목표를 염두에 두고 강력히 추진되고 있는 것으로 분석된다.

첫째, 북한은 첨단산업과 정보화 발전을 위해 선진과학기술의 적극적인 도입과 함께 첨단산업의 육성에 주력하고 있다. 김정일은 선진과학기술을 대담하게 도입하고 주체적 입장에서 제대로 소화, 흡수하기만 하면 못 해낼 일이 없다고 강조하였다.201) 따라서 북한은 정보통신, 컴퓨터, 생명공학 등 과학기술에 기반을 둔 첨단산업 육성을 위해 전통적인 산업발전단계를 뛰어넘는 '단번도약'을 목표로 추진하고 있다.202) 전자공학 분야에서 특히, 중시하는 것은 IT산업의 중점적 육성이다. 북한의 논리는 농업화→산업화→정보화라는 산업발전과정에 따라 이미 선진국이 거쳐 간 산업화에 주력할 경우 영원히 선진국을 추격할 수 없다는 판단하에 산업화를 생략하고 바로 정

상과 프로그램 작성 관련 안내서인 「컴퓨터 지능개발문제 풀이」, 「다루기 쉬운 컴퓨터」, 「윈도우즈 프로그램작성의 기초 2」, 「비주얼 베이직 기초편」, 컴퓨터 개론서인 「컴퓨터 상식」, 「컴퓨터 용어해설」, 「컴퓨터 편람」 등으로 보도되었다. 또한 『조선중앙방송』은 "김정일 위원장이 인민대학습당에 지난해와 올해 70여 차에 걸쳐 수많은 컴퓨터 과학기술도서들과 설비들을 전달했다."고 보도해 김정일의 IT교육에 대한 열정을 짐작케 하였다. 『로동신문』, 2001년 5월 1일자; 『평양방송』, 2001년 5월 24일; 『조선중앙방송』, 2001년 5월 24일.

201) 2001년 4월 5일 개최된 최고인민회의 제10기 4차 회의에서 채택된 '저작권법'도 IT산업 관련 대서방 선진기술 도입 및 개발에 대비하기 위한 법제 정비로 평가된다.

202) "오물쪼물 뜯어 맞추고 남의 꼬리를 따라가는 식으로서가 아니라 단번에 세계최강의 것을 큼직큼직하게 들여앉히자는 것이 우리 배심이다. 기존 관념에 사로잡혀 지난 시기의 관습과 유물들을 붙들고 앉아 있을 것이 아니라 대담하게 없앨 것은 없애 버리고 무엇을 하나 해도 손색이 없게 해 놓아야 한다는 것이 우리의 본때이며 위력이다. 우리는 단번도약의 본때를 이미 맛보았다. 인공지구위성 '광명성 1호'의 탄생도 그것이었고 토지정리의 천지개벽도 그것이었다. 고난의 시기 여기저기 일어선 맷씸이 공장들도 그것이었다." "정론: 더 용감하게, 더 빨리, 더 높이" 『로동신문』, 2001년 1월 7일자.

보화를 달성하는 데 주력하는 것이 바람직하다는 것이다.

북한은 최고 지도자의 의지에 맞는 정보기술개발, 즉 조작체계프로그램, 망 보안기술, 새로운 자료기지 관리체계와 수준 높은 지능프로그램을 비롯해 병렬컴퓨터의 기억사용효율과 접근속도를 개선하기 위한 연구사업, 계산이론에 기초한 정보처리기술을 강조하고 있다. 또한 북한은 생산과 경영활동의 컴퓨터화 실현에서 제기되는 과학기술적 문제해결에 집중하였다.

둘째, 북한은 IT 발전을 무시하고는 국방공업은 물론 전반적인 산업시설을 현대화, 정보화할 수 없다는 것을 강조하고 있다. 앞에서 분석한 바와 같이 선군정치하에서 모든 정책들의 정(政) - 군(軍) 간 동일체적 관계가 더욱 밀접해지고, 따라서 과학기술도 자연히 군부와의 상호의존도가 커질 수밖에 없다. 그 결과 오늘날 북한의 IT산업이 군수(軍需)와 민수(民需)가 맞물려 돌아가는 병영국가적 특성을 띠게 된 것이다.

실제로 북한이 경제 - 국방 병진노선을 채택한 이후부터 전 산업구조가 기계 · 화학공업을 중심으로 한 군수산업에 중화학공업까지 계열화되면서 군수와 민수 간 구분이 어렵게 되었다. 2002년 7 · 1조치 이후 대외환경 악화와 함께 국방공업 우선 발전전략이 제기되었는데, 이는 모든 분야가 국방산업의 틀에서 개편돼 가고 이를 뒷받침할 제도적 장치도 마련되었음을 뜻한다고 할 수 있다.[203]

셋째, 북한은 IT의 발전을 통해 국가 및 사회통제를 목표로 하고 있다. 구소련의 스탈린이 통신 장악을 통해 주민들의 사생활을 빈틈없이 통제했듯이 커뮤니케이션은 독재체제를 유지하기 위한 효율적

---

203) 홍승원, "북한의 통신정책 변화추이와 대학 인력양성", 『북한과학기술연구』 7, 2009, p.77.

인 수단이다. 독재자들은 항상 인민들을 감시하는 효율적인 수단을 찾아내는 데 주력해 왔다. 유선통신이 커뮤니케이션의 주요한 수단이었던 1970년대까지는 전화를 보급하고 관리하는 데 주력했다. 폐쇄국가의 지도자들일지라도 21세기 무선통신시대에는 외부적으로 IT기술의 발전을 통해 세계 각국의 정보교환 추세를 이해하고 파악하는 한편, 내부적으로는 주민들을 통제할 수 있는 첨단기술을 개발하는 데 총력을 기울이는 것이 자연스러운 추세이다. 북한도 자본주의 국가와 무역을 확대하고 있고, 국제기구의 지원을 받는 등 대외접촉의 접점이 증가하면서 체제안정의 위해(危害)요소와 후유증 등의 부작용을 차단하기 위해 개인보다는 당 및 군부 등 국가기관 중심으로 IT기술을 활용하고, 인터넷 등 통신 사용에서는 외부 정보를 획득하기만 하고 내부 접근을 차단하는 방화벽(fire wall) 기능을 개발하는 데 역점을 두고 있다.204)

국가안전보위부와 인민보안성, 검찰기관들에서는 빠르게 변화하는 사회현실의 요구로부터 어쩔 수 없이 최첨단정보기술을 시급히 도입하여 체제수호사업을 고도로 지능화·능동화하지 않으면 안 되게 되었다. 북한 당국은 정보기술을 이용하여 특수기관 내부에 신속하고 능동적인 정보전달, 작전지휘체계를 세우고 군중감시와 사건조사 등 대내사업에서 효율성과 협동성을 높이고자 하였다.205) <표 21>은 북한이 체제수호와 사회통제를 위해 권력기관에 컴퓨터를 보급하여 활용하고 있는 상황을 나타내고 있다.

---

204) 남성욱, 앞의 책, pp.34 - 35.
205) 국가안전보위부, 인민보안성, 검찰기관 등 북한의 특수기관들이 대내사업에 최첨단정보기술을 받아들이는 사업을 어떻게 추진하였는지에 대해서는 김흥광, 앞의 책, pp.338 - 344 참조.

<표 21> 국가 권력기관 컴퓨터 보급 및 활용

기관명	등급	목 적	설치 형태	인트라넷 연결유무
노동당	도	기업문서 작성, 회의보고서, 결정서 편집 출력	총무부 기요문서과에 3~4대	×
	시	〃	총무과에 2~3대	×
	군(구역)	〃	총무과에 1대	×
인민위원회	도	정책집행자료 편집, 상부 보고서, 하부 지도서 편집	총무부나 일부 부서들에 1 대씩	×
	시	〃	〃	×
	군(구역)	상급 당, 기관에 보고자료 작성	총무과에 1대	
국가보위부	도	컴퓨터 정보사업처를 통한 작전 수사명령 하달, 실태보고 등	컴퓨터 정보사업체에 20대	전용네트워크
	시	컴퓨터 정보사업과를 통한 작전지시, 실태보고	컴퓨터 정보사업과에 5대	〃
	군(구역)	〃	〃	〃
보안서	도	종합기술처를 통한 작전지시, 주민동향보고	종합기술처에 20대 정도	〃
	시	〃	종합기술과에 5대 정도	〃
	군(구역)	〃	〃	〃

* 자료: 김흥광, "북한 IT기술 발전의 현 실태와 미래 전망", p.310.

한편, 외부세계와의 교류가 제한된 북한 주민들에게 제시되는 IT는 새로움과 신선함을 넘어 충격적인 측면도 강하다. 이 충격은 주민 통제의 효율성을 극대화하고 지도자에 대한 충성심과 확신성을 심어 줄 수 있다는 측면에서 김정일에게 더없이 실질적인 효과를 얻게 한다.206) 무엇보다 정보통신기술과 첨단과학기술을 통한 체제결속과 주민통제효과에 대해서 김정일은 1998년 8월 '광명성 1호' 발사를 통해 체험하였다. 김정일은 '첨단과학기술의 결정체'인 장거리 미사일 발사를 통해 대내외적으로 자신의 과학기술 업적과 '과학강국'의 위

---

206) 고수석 · 박은경, 『김정일과 IT혁명』(서울: 베스트북, 2002), pp.50 - 51.

상을 선전하고 체제결속을 다지면서 김정일 시대를 열었던 것이다.

즉, 북한은 1998년 9월 김정일 정권의 공식출범과 함께 '인공위성' 발사 성공을 대대적으로 선전하며 유훈통치 기간 동안 이루어졌던 김정일의 과학기술 업적과 정권 출범의 정당성을 선전했다.207) 전술한 바와 같이 김정일은 1998년 '고난의 행군'이 끝났음을 선포해 정권 출범과 함께 경제재건과 첨단과학기술의 비약적 발전 가능성을 제시하는 등 북한 주민들의 일심단결을 촉구했다.

'인공위성 발사'의 가시화가 가져온 효과는 다른 첨단과학기술 연구의 중요성을 인식시키며 세계의 추세에 따라 '과학혁명사상'에 기반을 두고 IT, BT 분야를 혁신할 필요를 역설할 수 있게 했을 뿐만 아니라208) 김정일을 IT 지도자로 부상시켰다.

> 우리 장군님께서만이 새 세기의 머나먼 앞날을 내다보시며 미래는 과학기술과 사회경제적 측면에서 고찰된 시대적 규정에 따라 정보산업의 시대로 될 것이라는 명철한 규정을 주시였다. …과거의 인류사회 력사 발전에 정통하시고 오늘의 시대발전 추세에 민감하며 비범한 분석력과 판단력, 비상한 추리능력과 원대한 시야를 지니신 위대한 장군님만이 밝혀주실 수 있는 시대적 규정이다.209)

---

207) 『로동신문』, 1998년 9월 4일자. 훗날 북한은 '광명성 1호' 발사 10주년을 맞아 『평양방송』을 비롯해 언론매체들이 보도물을 많이 내놓았으나 2006년 시험 발사했던 대포동 2호의 실패에 대해서는 전혀 언급을 하지 않았다. 북한은 '광명성 1호'를 김정일 국방위원장의 '과학기술영도'의 성과로 선전하고, 과학기술부문에서 "100% 자력갱생"이라고 강조했다. 『평양방송』, 2008년 8월 31일.

208) 2000년 당 창건 55돌을 맞이해 발표한 '당중앙위원회 구호'에서 김정일은 "인공위성 광명성 1호를 쏴올린 그 기세로 과학기술 발전에서 세계적인 기술을 창조해 나가자. ……과학기술중시사상과 전자공학, 생물공학을 비롯한 과학기술의 첨단분야를 빨리 발전시키며 전자자동화공업과 콤퓨터공업 발전에 힘을 불어넣어 21세기 현대적인 공업을 창설하자."고 역설하였다. 『로동신문』, 2000년 8월 1일자.

209) 『로동신문』, 2002년 3월 11일자.

더욱이 북한은 '광명성 1호' 발사 직후인 1998년 10월에 개정된 사회주의헌법 제27조에서 "기술혁명은 사회주의 경제를 발전시키기 위한 기본고리이다. 국가는 언제나 기술발전 문제를 첫 자리에 놓고 모든 경제활동을 진행하며 과학기술 발전과 인민경제의 기술개조를 다그치고 대중적 기술혁신운동을 힘 있게 벌리자."고 강조했다. 또한 제50조는 "국가는 과학연구사업에서 주체를 세우며 선진과학기술을 적극 받아들이고 새로운 과학기술 분야를 개척하여 나라의 과학기술을 세계적수준에 올려세운다."고 명시하고, 제51조는 "국가는 과학기술 발전계획을 바로세우고 철저히 수행하는 규률을 세우며 과학자, 기술자들과 생산자들의 창조적협조를 강화하도록 한다."고 규정했다.210) 이와 같이 선진과학기술 수용과 과학기술과의 관계가 분명하게 명시되면서 과학기술중시정책은 헌법으로 인정받게 되었다.

이상에서 살펴본 바와 같이 과학기술 발전, 특히, 전자공학과 IT산업이 북한 경제발전의 핵심동력으로 자리매김하고 있다. 정보기술 발전을 위한 최고 지도자의 수시 현지방문은 그만큼 경제·교육·사회문화생활의 전 영역에서 정보기술의 발전 없이는 강성부흥을 생각할 수 없다는 것을 시사하고 있다. 특히, 북한의 현 경제상황에서 정보기술·정보산업의 발전은 단기간에 쉽게 외화를 획득할 수 있는 유일한 수단으로, 우수한 과학기술인재만 확보하면 적은 투자와 비용으로 경제적 이윤의 극대화를 추구할 수 있으며 체제유지에서도 비교적 정치적, 사회적 파장을 낳지 않기 때문에 효과적이라고 볼 수 있다.211)

---

210) 국가정보원 편 『북한법령집』(서울: 국가정보원, 2005), p.11.
211) 강영실, 앞의 글, pp.61-64.

2) 군사정보통신기술의 비약적 발전

냉전을 거치면서 군사부문에 있어 양적 군비의 개념이 질적 군비 강화로 이어졌고 정보통신기술의 발전을 군사부문에 도입하려는 시도가 다양하게 진행되어 왔다. 이는 산업용이면서 동시에 군사용으로 발전한 정보기술의 '겸용기술(dual‑use technology)'에 근거해 볼 때 당연한 것이다. 최근 새로운 차원의 정보통신체계는 군사전술과 군 구조에도 급격한 변화를 가져오고 있다. 북한의 IT 발전도 군사력 강화에 직결되기 때문에 주변국에서는 개발 의도에 대한 우려의 목소리가 나오고 있다.212)

특히, '정치해커(hacktivist)'213)에 의한 사이버 테러의 확대는 전쟁의 양상이 사이버전(cyber war), 전자전(electronic warfare)화하고 있음을 보여 주는 것이다. 전 세계적으로 정보전화, 정보군화 되어 가는 경향 속에서 북한은 이러한 새로운 전쟁과 군대의 추세에 대응할 필요가 요구되었다. 걸프전에서 이라크의 타격력 위주의 아날로그적 전력이 단순한 첨단무기체계의 우수성뿐만 아니라 총체적 전장관리능력을 갖춘 디지털 전력의 다국적군에게 패배했다고 보는 것이

---

212) 중국의 북한 전문가는 "북한의 기술수준이 높아지면서 한·미·일에 대한 군사정보 수집능력이 향상되고 사이버테러 능력도 향상되고 있다."고 지적했다. 『每日新聞』, 2006년 5월 15일자.

213) '정치해커(hacktivist)'는 해커(hacker)와 행동주의자(activist)의 합성어로, 장난삼아 컴퓨터망에 침입해 프로그램을 파괴하거나 신용카드번호를 훔치는 데 그쳤던 컴퓨터 해킹을 급진적인 정치적 목적에 이용하는 새로운 집단을 일컫는 말로 뉴욕타임스(The New York Times)가 1998년 10월 31일자에 이 용어를 사용했다. "중국의 인권담당기관이 인터넷 웹사이트를 개설했다."고 발표한 바로 다음 날인 10월 26일 이 웹사이트에는 "중국 국민에게 인권은 전혀 없다. 중국 정부는 인권에 대해 전혀 개의치 않는다."는 문구가 올랐다. 중국의 인권탄압에 반대하는 핵티비스트들이 다녀간 것이다. 불과 서너 명이 행한 해킹이었지만 전 세계 주요 언론에 보도돼 선전효과는 만점이었다. 『현대시사용어사전』, http://www.donga.com/fbin/dict?n=sisa&a=v&l=8729

가능하다.

사이버 전쟁은, 특히, 코소보 사태에서 그 위용을 가장 잘 드러냈다. 미국은 밀로셰비치(Slobodan Milosevic) 유고 대통령의 전 세계 은행계좌를 무력화하고 차단하겠다는 엄포를 놓았고, 이에 맞서 유고 측이 나토(NATO)의 웹사이트를 마비시켰다. 중국은 1997년 컴퓨터바이러스 부대, 2000년 반해커부대 그리고 2003년 전자전부대 등 3개의 사이버전 부대를 창설한 것으로 파악되고 있다.214) 또한 중국은 자국 정부와 군의 컴퓨터 네트워크에 미국 군사 · 정보기관의 침투를 막기 위해 '기린(KYLINOS)'이라는 운영체제를 설치했다.215)

북한도 구소련 국방부의 지원하에 전자전 전문가를 양성하고 있으며, 사이버 전쟁 전담부대인 '기술정찰조'를 확대 · 편성해 운용하고 있는 것으로 전해졌다. '기술정찰조'의 인원은 100여 명에 달하며, 이들의 임무는 군사 관련 기관들의 네트워크에 침투해 비밀자료를 해킹하거나 유사시 바이러스를 유포하는 일이다.216) 북한군의 정보전 수행능력은 선진국 수준에 근접한 것으로 알려졌다.

북한 군부의 젊은 엘리트들이 '사이버전'에 대해 여러 차례 제안했으나 채택되지 않았다가 코소보 전쟁 후 김정일이 사이버전에 대해 재평가한 이후인 1999년 북한은 사이버전을 국가전략으로 채택했다. 또한 김정일은 이라크 전쟁 이후 북한군 최고수뇌부들에게 앞으로 전쟁은 "누가 더 많은 탄환을 퍼붓나"가 아니라 "누가 빨리 다양한 정보를 쥐는가"에 달려 있다고 하면서 20세기 전쟁이 '기름전

---

214) 『중앙일보』, 2009년 7월 8일자.
215) *The Washington Post*, May 12 2009.
216) *The Washington Times*, May 15 2009; 『연합뉴스』, 2009년 5월 14일자.

쟁', '알(탄환)전쟁'이라면 21세기 전쟁은 '정보전쟁'이라고 결론을 내렸다.217)

북한은 전통적으로 영재교육을 자본주의의 대표적인 교육형태로 취급해 배척해 왔으나 1980년대에 들어서면서 북한의 이 같은 기조가 변하게 되었다. 김정일이 뛰어난 소질과 재능을 가진 학생들에게 체계적인 교육기회를 제공해 기초·실용과학 분야의 유능한 인재로 키우라는 지시를 내렸기 때문이다. 이 시기 북한의 수재교육은 컴퓨터와 영어 교육에 특히, 집중하고 있는데, 이러한 동향은 세계적인 정보화 추세와 서방과의 관계계선이 진전되면서 비롯된 것이라고 할 수 있다. 또한 북한은 전국 인민학교 학생들을 대상으로 매년 수학과 자연과학 경시대회를 열어 수학수재를 뽑아 전략적으로 인재를 육성하고 있다. 수재들은 금성제1고등중학교 컴퓨터반으로 보내지는데, 이 학교는 간부 자제뿐만 아니라 '인민의 아들, 딸'이라도 실력이 있으면 누구나 갈 수 있다.218) 대학을 졸업한 후에는 IT 관련 연구소나 해커부대에 들어가게 된다.

그 외 IT 전력(戰力)을 양성하기 위해 북한에는 군부가 운영하는 비밀대학이 많다. 금성제1고등중학교 컴퓨터반 출신 중 수재급을 뽑아 김일군사대학(자동화대학, 구 미림대학)이나 김책공대에 진학시키

---

217) "탈북 '해커 대부'가 털어놓은 북한의 가공할 해킹 능력", 『신동아』, 2005년 11월호, pp.162 - 173.

218) '금성제1고등중학교'는 우리나라의 중등교육과정에 해당하며 6년 과정으로 한 학년당 200 ~ 300명이다. 여기에는 예술반과 컴퓨터반이 있는데, 컴퓨터 학생은 100~150명이라고 한다. 이 밖에도 북한은 각 도시와 군 단위로 영재학교를 따로 운영하고 있다. '도1중학교'와 '군1중학교'가 영재학교에 해당한다. 평양 제1중학교를 비롯한 동평양제1중학교, 김정숙제1중학교, 신의주제1중학교 등 200여 개의 제1중학교가 수재를 양성하는 기능을 맡고 있다. 북한의 과학인재 양성에 대해서는 정창현, "과학기술 발전 선도하는 수많은 과학인재 양성", 『민족21』, 2006년 10월호 참조.

고 이들이 졸업하면 인민무력부 정찰국 예하 해커부대 장교로 임명한다. 금성제1고등중학교 출신이 아니더라도 해마다 김일군사대학 졸업생 중 100여 명의 수재를 선발해 컴퓨터 관련 교과과정을 집중교육한 뒤 이들을 모두 해커부대 장교로 임명하기도 한다.[219]

북한군은 인민무력부 총정치국 산하에 121부대를 창설, 우리 군의 지휘통신망을 교란하면서 서버 등 인터넷 시스템을 파괴하는 실질적인 사이버전을 수행하고 있다. 또한 북한 노동당 작전부에서도 1990년대 후반부터 일명 '모란봉대학'으로 불리는 전문해커 양성기관을 설립, 운용 중이다. 5년제로 알려진 모란봉대학에서는 인터넷 및 무선통신 관련 실무교육을 받은 특수요원들을 해마다 30~40명씩 배출하고 있다. 모란봉대학 출신 해커들이 2000년대 이후 북한의 대외 사이버전 기술개발을 주도하고 있는데, 북한 해커의 총본산으로 알려져 온 김일군사대학보다 장비와 기술, 교과체계가 앞서며, 노동당 작전부 내에서조차 그 실체가 알려지지 않을 정도로 극비리에 활동하고 있다.[220]

한편, 1999년부터 김정일의 지시에 따라 '과학수재'에 대한 군복무 의무를 면제하고 있다. 2002년에 완전히 자리 잡은 이 특별제도는 각 시·군에 있는 '제1고등' 출신 중에 이공계에 진학한 젊은이

---

219) 2004년 10월 4일 국방부는 국회 국방위원회에 제출한 국정감사자료에서 북한군 해킹전문요원 500~600여 명이 현재 활동 중이라면서 북한군의 정보전 수행능력이 선진국 수준에 도달한 것으로 평가된다고 밝혔다. 북한군은 1986년부터 김일군사대학에서 5년 과정으로 전산요원을 배출해 군 관련부서에 배치하고 있으며, 이들 가운데서 별도 선발과정을 거쳐 전문 해킹요원을 발굴 육성하고 있다는 것이다. 인민무력부 총참모부 예하 지휘자동화국 및 정찰국에서 해킹부대를 운영하고 있고, 이들은 한국과 미국, 일본 등 적성국가의 군사정보 수집 군 지휘·통신망 교란 등 해킹과 사이버전을 수행하는 임무를 맡고 있다고 국방부는 설명했다. 『한겨레신문』, 2004년 10월 4일자.

220) 자동화대학 졸업, 인민무력부 총참모부 지휘자동화국 출신 탈북인사 C씨 인터뷰 내용 (2009. 2. 5).

들을 'IT 전사'로 인정해 연구에 전념토록 하는 것이다.221)

우리 정부가 2006년 6월 작성한 '육군 정보보호 종합발전계획' 보고서에 따르면 "북한은 하드웨어 기술력이 열악한 반면 소프트웨어 개발능력은 선진국 수준으로, 사이버전 공격기술 개발도 항시 가능한 것으로 판단되며, 유사시 무력공격과 사이버 공격을 병행할 수 있는 것"으로 전망하였다.222) 이러한 북한의 해커부대의 수준을 평가하기 위해 미 국방부가 모의 시험한 결과, 태평양 사령부 지휘통제소 마비 및 미 본토 전력망에 피해를 줄 수 있는 수준으로 나타났다.223)

한편, 북한군은 정보화체계 확립에 매진한 결과 다양한 군 훈련 소프트웨어를 개발한 것으로 알려졌다. 이 가운데 '100가지 전투방안'이란 소프트웨어는 100가지 컴퓨터 가상전쟁 연습모델로 공격과 방어 전투유형을 담고 있다. 또한 실내에서 모형포를 이용해 사격하면 컴퓨터가 명중 여부와 오차, 포 제원 등을 식별하는 프로그램도 개발해 사용 중이다. 한국군의 전투서열뿐 아니라 일반부대 사·여단장급 및 특수전 부대 대대장급까지의 인물 자료도 축적하고 있는 것으로 알려졌다.224) 아울러 1998년에 발사된 대포동 1호의 추진체가 북한이 자체 개발한 기술이고, 대포동 2호의 유도제어장치도 북한이 연구개발 중인 것으로 밝혀지는 등225) 현재 북한에서 IT기술과

---

221) 『신동아』, 2005년 11월호, pp.167 - 169.

222) 『조선일보』, 2006년 10월 23일자.

223) 김세헌, "선진 각국 국방 정보보호 동향", 『발전적 정보보호 패러다임의 모색』, 2004년 국방 정보보호 컨퍼런스 발표문, p.231.

224) 『데일리NK』, 2009년 5월 5일. http://www.dailynk.com/korean/read.php?catald = nk00100&num = 71017

225) 탈북인사 K 씨는 "1998년에 발사된 광명성 1호의 개발 및 추진체에 이용된 기술 등은 순수 북한식이었고, 현재 개발 중인 장거리 미사일인 대포동 2호의 유도제어장치도 북한이 자체 연구 중인 것으로 안다."고 말했다. 이 밖에 북한에서 사용 중인 PC는 대부분 486급이

정보화 수준이 가장 높은 분야는 군사영역이라고 할 수 있다.

전술한 바와 같이 북한에서 개발된 소프트웨어의 주요 특징은 인공지능, 퍼지이론, 영상처리, 문자인식, 음성인식, 지문인식 등과 일어, 중국어, 러시아어 등 6개국 언어 자동번역소프트웨어, 3차원 건축설계, 바둑프로그램 등과 같이 첨단 정보기술을 활용한 제품들이 많다. 그리고 군사기술과 기초과학기술이 발달되어 이와 관련된 수치계산, 통계프로그램도 우수한 것으로 알려져 있다. 민간용과 달리 군사용 통신기술과 통신장비산업 역시 북한의 정보기술산업 가운데에서 비교적 발달되어 있는 분야로 평가된다.226)

북한은 COCOM과 바세나르 협약의 규제를 받아 대형 컴퓨터의 도입이 매우 어려우나 조선컴퓨터센터(KCC), 평양정보센터(PIC) 등의 연구소와 김책공업종합대학, 김일성종합대학 등은 최신 워크스테이션과 PC를 도입, 활용하고 있다. 과학원 111호 제작소에서는 LSI 메모리 및 CPU 등 다양한 IC 설계 및 제작을 하고 있다. 이러한 여건하에서도 '광명성 1호'를 발사한 것을 보면, 제2경제위원회 산하의 국방산업 분야에서는 고성능 컴퓨터가 활용되고 있다고 보는 것이 타당하다. 즉, 북한의 군사정보통신기술은 고성능 컴퓨터의 도입 및 개발을 활용한 미사일 궤도조정, 유도전파 수집 및 해독 수준으로, '광명성 1호'의 경우 8만 가지 이상의 부품을 자체 조달한 것으로 알려져 있어 군사기술 등 이 분야에서는 무시할 수 없을 정도의 기술력을 보유한 것으로 파악된다.227)

나 노동당과 내각 핵심기구, 대학, 연구기관 등에서는 고성능 워크스테이션급 컴퓨터를 이용하고 있다고 한다. 군 출신 탈북인사 K 씨 인터뷰 내용(2009. 2. 1).

226) 임홍군, 앞의 책, pp.49-51.

227) 이종희 외, 『북한의 정보통신기술』(서울: 생각의 나무, 2003), p.92.

(4) 과학기술정책의 성과

1) 과학기술 발전계획 사업 추진 저조

북한 당국이 생산현장에서 과학기술 발전계획을 성공적으로 추진하는 데 장애물로 작용하고 있는 요인을 분석하면 다음과 같다. 첫째, 북한은 연구와 생산이 분리되어 있으며, 공장이나 기업소 단위의 연구개발기능이 결여되어 있다. 또한 달성된 수준을 기준으로 계획수치를 정하는 '톱니의 원칙(ratchet principle)'으로 인해 기업들의 생산공정혁신 유인이 결여되어 있다.228) 오늘날 전 세계가 하나의 생산－소비체계를 이루고 국경 없는 무한경쟁이 가속화되면서 산업경쟁력을 제고하기 위한 다양한 연구행정방식과 생산기술방식이 출현하고 있다. 그러나 사회주의 계획경제는 체제의 특성상 기술혁신을 유발할 내부 환경적인 요소가 크지 않고, 더욱이 북한은 독특한 자립경제 건설원칙을 유지하는 방향에서 모든 정책과 경제지도, 행정시스템이 존재하기 때문에 새로운 과학적 발견과 기술적 혁신을 생산현장에 도입하는 데는 항상 위험부담이 따르게 된다.

다시 말해, 북한의 계획경제체제는 사회주의 경제가 안고 있는 가장 중요한 문제인 생산현장에서의 기술혁신을 저해하는 장애요인으

---

228) 기술혁신에 따르는 위험성 때문에 공장, 기업소가 적극 나서려 하지 않으며, 설사 성공을 거둔다 하더라도 지금배분은 항상 달성된 수준에서부터 계획수치를 산출하기 때문에 성공은 보상을 의미하지 않는다. 이 때문에 '자본의 무정부성'을 극복하고 계획에 의한 합리성을 추구한다는 사회주의 경제는 오히려 수행될 수 없는 계획을 수립하게 되고 기술혁신을 제약하게 되는 '계획의 역설(planning paradox)'이 발생하게 된다. 이에 대한 구체적인 내용은 W. Odzimierz Brus and Kazimierz Laski, *From Marx to the Market: Socialism In Search of on Economic System* (Oxford: Clarendon Press, 1989), p.42, pp.45－46, 조성렬, 앞의 글, pp.127－128에서 재인용.

로 작용한다는 것이다. 사회주의 경제체제에서 생산현장의 최대 임무는 중앙의 계획적 생산지표를 우선적으로 수행하는 것이기 때문에 제품의 질이나 가격에는 큰 관심이 없다. 특히, 기술혁신에는 오히려 신경을 쓰지 않는 경우가 많다. 생산현장에서 일정한 시간의 생산에 악영향을 주지 않고 새로운 혁신을 가져온다는 것은 불가능한 일이기 때문이다. 따라서 경상적인 생산계획을 수립하는 지배인이나 공장장은 생산계획수행에 차질이 생기는 사태가 부담스러울 수밖에 없기 때문에 형식적인 입장을 취하거나 심지어는 반대하게 된다. 또한 아무리 좋은 아이디어나 혁신적인 기술도 상부기관에 제출하고 승인을 받아야 하고, 설사 그것이 일정한 성과를 거둔다 해도 그에 대한 보상이 사상적·정치적 명예에 그치는 경우가 많기 때문에 개인적으로도 위험을 감수해야 한다.

따라서 북한의 공장, 기업소는 신제품의 개발은 물론 사소한 공정개발까지도 과학원이나 경공업과학원 산하 각 연구소에 의존하는 경향이 강하다. 북한 당국은 이러한 문제점들을 보완하기 위해 각 공장과 기업소에 기술자들을 파견하여 대중운동에 의한 신기술의 확산과 보급을 꾀해 오고 있다.229)

이러한 대중운동형 기술확산운동은 각급 공장과 기업소마다 기술혁신돌격대를 조직·운영하여 전문적인 과학기술자들뿐만 아니라 일

---

229) 1979년 12월 노동당 제5기 19차 전원회의에서는 기술혁신의 확산을 위해 과학자와 기술자로 구성된 '5·19 기술혁신돌격대'를 조직하기로 결정하였다. 이러한 당의 방침에 따라 각 지역의 공장과 기업소에 근무하는 우수기술자·기능공들은 1980년 11월 희천 공작기계공장을 필두로 '4·15기술혁신돌격대'를 조직하여 생산증대와 노동력 및 자원절약운동을 벌였다. 또한 1978년 2월 17일 과학원 소속 과학자들로 하여금 '2·17과학자, 기술자 돌격대'를 조직게 하여 생산공장에 들어가 신기술 보급 및 기술적 애로를 해결하는 데 앞장서게 하였다. 박동철, "자립경제노선 대응방안 강구", 『과학과 기술』, 1989년 2월호, pp.28 - 29.

반 노동자들도 경쟁적으로 창의와 고안을 창출하도록 유도했다. 특히, '2·17과학자, 기술자돌격대'는 특정 전문 분야에 한정된 인원이 아니라 해당 생산기업의 연구대상에 상응하는 여러 전공의 과학자, 기술자들을 조합하여 공장, 기업소, 건설장에 파견함으로써 현장에서 직면하고 있는 과학기술적 문제들을 종합적으로 해결하고 있다. 대부분 국가적인 과제가 걸려 있는 대규모 공장이나 건설장에 파견되는 것이 일반적이다.230)

'4·15기술혁신돌격대'는 1979년 12월에 조직된 '5·19 기술혁신돌격대'를 이듬해 확대 개편한 것으로, 공장, 기업소 등 국민경제 모든 부문과 기관에서 자체의 기술자, 기능공으로 조직해 주로 대중적 기술혁신의 선봉으로 활동하고 있다. 현장 기술자들이 제기하는 가치 있는 발명과 제안, 공정 등을 자체로 도입하는 데 이 돌격대의 역할이 상당히 크다고 한다.

그러나 과학자, 기술자돌격대 해결방식은 전문적인 과학자나 기술자를 생산현장에 투입하여 기술적 애로를 시정해 준다는 점에서는 기술확산을 촉진한다는 의미가 있으나, 한편으로는 공장·기업소에 독자적인 연구개발시스템이 확립되어 있지 못하다는 사실을 반증해 주는 것이다. 또한 이들 돌격대 역시 피상적인 구호에 그치거나 최고 지도자의 관심영역에만 몰두하는 경향이 있다. 최근에는 연구기자재의 부족으로 돌격대 활동마저 어려움에 처하고 있다고 한다.231)

---

230) 그 대표적인 예로 서해갑문 공사현장을 들 수 있다. 서해갑문은 양안거리 8㎞ 수심 수십 미터의 어려운 공사였다. 그러나 이곳에 파견된 과학자, 기술자돌격대는 수천 회의 모의시험을 통해 적용 가능한 과학기술 데이터베이스를 구축하고, 합리적이고 효과가 뛰어난 시공방법을 지속적으로 연구하고 실용화하여 건설자들이 5년 내에 거대한 규모의 갑문공사를 완성하는 데에 큰 기여를 했다고 한다. 이춘근, 앞의 책, p.126.

231) 이춘근, 앞의 책, pp.125-126; 강호제, 앞의 책; 김재헌, "북한 경제건설과정에서 당적지

둘째, 과학기술 발전계획의 추진사업에 투입될 재정적 여유가 그다지 크지 않다는 점이 제약요인으로 작용하고 있다. 경제난으로 인해 국가재정 사정이 좋지 않은데다 식량 문제, 에너지 문제 등 당면한 경제문제 해결에 우선적으로 재정을 투입하지 않을 수 없는 상황이기 때문이다. 예컨대, 1999년도 예산에서는 과학사업비 예산을 전년 대비 10% 증가시켰으나 농업(11%), 석탄공업(10%), 전력공업(15%)도 그와 비슷하거나 조금 더 늘렸다. 2000년도에는 과학사업비가 전년 대비 5.4% 증가했는 데 비해 석탄공업(12.3%), 전력공업(15.4%)은 과학예산비보다 훨씬 더 큰 폭으로 증가했다.[232]

이상에서 분석한 바와 같이 김정일의 과학기술중시노선에 의거한 과학기술 발전계획 수립과 사업추진을 통한 경제발전은 첫째, 사회주의 계획경제의 근본적인 한계에 의해 실제적인 성과를 거두지 못하고 있음을 알 수 있다. 즉, 여타 사회주의 국가들과 마찬가지로 북한 역시 사회주의 경제체제의 특성상 기술혁신의 유인이 크지 않다는 점이 과학기술정책 추진의 제약요인으로 작용하고 있다. 특히, 국유기업소 경영자는 중앙의 계획당국으로부터 하달된 과제와 생산목표 달성에 급급할 뿐 기술혁신에는 신경을 쓰지 않는 현상이 사회 전반에 널리 퍼져 있다. 둘째, 무엇보다도 한정된 국가예산과 자원이 식량, 에너지 등 생존에 직결되는 경제현안에 우선 투입되다 보니 국민경제발전과 경제강국 건설을 위한 과학기술 연구개발사업은 우선순위에서 밀려 예산투자가 미미한 수준이다.

도의 문제: 과학기술돌격대의 역할을 중심으로", 동국대학교 대학원 석사학위논문, 2005.
232) 양문수, 『최근 북한의 경제정책 변화 방향과 시사점』, p.27.

2) 산업 부문 현대화, 정보화의 한계

북한은 과학원과 평양시 그리고 주요대학들에 프로그램 개발을 위한 정보센터의 확충과 정보기술 전문가 양성기관을 마련하는 등 경제·문화·군사 분야에 걸쳐 정보기술에 대한 관심은 지대하나 국민경제의 정보화는 국내 정보망과 부문별 정보망이 구축되어 있는 정도에 머물고 있다. 과학기술중시노선의 중점추진과제인 산업 부문의 정보화 역시 부분적인 정보통합에 그치고 있어 컴퓨터에 의한 통합생산체계 구축을 마련하기 위한 연구사업이 필요한 실정이다. 정보수단 생산에 있어서도 자금부족과 생산능력의 한계로 하드웨어는 국부적 대상에 대한 시험단계나 문헌연구 정도이고, 소프트웨어는 일부 품목에서 기술력 발전을 달성했으나 세계적 수준의 첨단프로그램 개발을 위한 수준에 도달하지 못하고 있다.

한편, 낙후된 경제에 최첨단 정보기술의 생명력을 불어넣는 산업의 '주체화, 현대화, 과학화' 추진 정책에서 북창 화력발전소, 6월 1일 전기기구공장, 함흥 곡산공장, 평양·평천자동화종합공장, 남포항 사례와 같은 가시적인 성과도 나타났다.233) 그러나 이들 몇몇 본보기 사례와 같이 국가가 시범단위로 선정하고 투자한 단위들의 가시적인 성과 외의 경우에는 컴퓨터조차 갖추지 못한 공장, 기업소가 일반적인 상황으로, 향후 전반적인 성과를 기대하기 어려운 문제점이 존재한다.

첫째, 산업 부문 전반에 걸쳐 최첨단 정보기술을 도입하려면 막대

---

233) 북창 화력발전소, 6월 1일 전기기구공장, 함흥 곡산공장, 평양 평천자동화종합공장, 남포항 등에서 이루어진 경제의 현대화 사례에 대해서는 김흥광, "북한 IT기술 발전의 현 실태와 미래 전망", pp.313-317 참조.

한 투자가 보장되어야 하는데 현재 북한 경제는 그러한 여력이 없다. 내부 동원방법으로 공장, 기업소들에서 한두 대의 컴퓨터를 갖출 수 있을지 모르나 대규모 외화투자가 필요한 최첨단 정보기술 도입을 공장, 기업소 자체의 능력으로 추진하는 것은 불가능한 일이다. 둘째, 간부들에 의하여 국가가 기능하는 북한에서 산업 부문 책임간부들의 최첨단 정보기술에 대한 불충분한 인식과 보수적인 사고가 부정적인 영향을 미치고 있다. 셋째, 경제 각 부문의 전력부족 등 극심한 에너지난은 정보기술 도입을 통한 경제의 현대화, 과학화 사업의 미래를 불투명하게 만들고 있다. 생산기술공정의 첨단화 사업은 생산관리업무의 전산화 사업보다 일반적으로 예산이 더 필요하고, 더욱이 전력계통의 안정성이 전제되어야 하는 만큼 현재 북한은 컴퓨터만 구비해도 가능한 기업관리업무의 정보화 사업이 우선되고 있다. 넷째, 산업 부문에서 최첨단 정보기술을 전면적으로 도입하기 위해서는 산업, 대학교육, 연구부분의 협동이 긴밀해야 하는데, 이들 간의 기능분담과 협동이 제대로 이루어지지 않고 있다.234) 다섯째, 사회주의 경제에서의 '정보화'의 의미는 자본주의 경제에서의 의미와 다르다는 점을 지적할 필요가 있다. 즉 '인민경제의 정보화'가 결과적으로 중앙집권적 계획경제의 집권화를 강화시킬 수 있다는 점이다.235)

---

234) 김흥광, 앞의 글, pp.318 - 319.

235) '인민경제의 컴퓨터화'를 통한 정보화의 확대는 정보량과 중앙의 정보처리능력 사이의 불균형 문제를 부분적으로 해소시켜 주면서 경제운영의 효율성을 높일 수 있다. 따라서 북한은 1970년대의 구소련의 자동관리시스템(ASU)에 큰 관심을 보였는데, 이는 ASU가 경제전반의 효율성을 제고할 수 있는 수단으로서 경제개혁에 대한 새롭고 효과적인 대안으로 인식되었기 때문이다. 그런데 소련의 경험이 보여 주는 것은 ASU가 결과적으로 중앙집권적 계획경제의 집권화를 강화했다는 점이다. 즉 ASU를 통해 계획관리기구상의 상위기관은 기업을 포함한 하위기관에 관한 정보를 보다 많이, 보다 정확하고 신속하게 수집할 수 있게 되었고, 보다 효율적으로 정보를 처리할 수 있게 되어 계획경제운영에 있어서 기업을 포함한 하부기관에 대한 상부기관의 통제력이 강화되었다. 양문수, 앞의 글, p.22.

3) 국가 주도 IT산업의 부진

국가경제, 국유기업체제를 지원하는 북한의 IT산업은 강한 시장지향적 특성을 갖고 있는 우리의 IT산업과는 상당히 다른 모습을 지니게 되었다.236) 그것은 전술한 바와 같이 북한은 IT산업을 당면 경제난으로부터 최단기간 내에 벗어나기 위한 '단번도약'의 돌파구로 인식하고, 소프트웨어 등 일부 비교우위 분야를 군수공업 등 전략부문의 재정 확충을 위한 외화 획득원으로 집중 육성하고 있기 때문이다.237) 북한이 최근에는 소프트웨어 프로그램 수출의 한계를 인식하고238) 하드웨어 가공 수출산업에도 적극 나서고 있는 것으로 알려졌다.239)

그러나 전문인력과 기술축적 부족, 컴퓨터 보급률 및 이용가능인

---

236) 이춘근, 앞의 책 p.57.

237) 개발도상국이 경제개발과정에서 차세대 첨단분야에 투자를 집중하는 것이 경쟁력 확보에 유리할 수도 있다. 현재의 정보통신혁명 과정에서 선진국들은 시행착오를 거치면서 정보화 사회의 기반을 구축해 가지만 개도국은 선진국의 경험을 참고로 해서 불필요한 시행착오는 피할 수 있으며 어떤 분야에서는 선진적인 사례를 모방하는 것이 유리할 수 있다. 그러나 이는 개도국이 어느 정도 기술 및 산업적 기반이 있을 경우로, 북한과 같이 기술 및 산업적 기반이 취약한 국가에서는 차세대 첨단분야에 투자를 집중하는 전략이 별다른 성과를 거두지 못할 수도 있다. 양문수, 앞의 글. p.27.

238) 북한은 과학원 산하 연구기관인 마스크제작소와 집적회로시험공장, 재료연구소와 조종기계, 전자공학 자동화연구소, 컴퓨터과학연구소를 비롯한 조선컴퓨터센터와 평양정보센터에서 프로그램 개발 외 전자요소와 집적회로, 반도체를 비롯한 하드웨어 기술과 관련된 연구사업을 진행하고 있으나 가까운 시간 내에 성과를 기대하기는 어려운 상황이다. 이영옥, 앞의 글, p.284 참조.

239) 정광민은 일본의 북한무역통계 조사기관인 World Trade Search(WTS)가 2006년부터 발행하기 시작한 '북한 대외무역통계집'의 데이터를 분석한 결과 전기기기류의 수출을 통한 북한의 국제분업구조에서 북한이 IT산업의 국제화에 적극 대응하고 있다고 주장했다. 즉 북한은 소프트웨어산업 육성으로 IT 부문의 성과도 적지 않으나 전기기기류의 수출실적을 보면 IT 관련 가공무역에도 적극 나서고 있다는 것이다. 그는 2007년 12월 12일자 『조선신보』의 "수출산업의 기둥은 IT산업" 등의 언론 보도에 대해 북한 당국의 정책의지를 소프트웨어 산업에만 한정할 필요는 없고 폭넓게 IT 관련 가공수출산업도 적극 육성하려는 의향으로 해석해야 한다고 주장했다. 이에 대한 구체적인 내용은 정광민, "북한 수출산업의 새로운 동향: 『朝鮮貿易年報 2007』 데이터를 중심으로", 『KDI 북한경제리뷰』, 2008년 12월호, pp.17-30 참조.

구 빈약 등 정보기술환경의 취약성과 간부와 주민들의 집단적 무관심 현상 등으로 현실은 정책당국의 IT산업 육성 의지에 못 미치고 있는 것으로 파악된다. 북한 당국 스스로 지적하고 있는 것처럼 과학기술 발전문제를 자기와 상관이 없는 것처럼 생각하는 집단적 무관심 현상,240) 과학연구사업을 소홀히 하면서 구태의연한 성과에 집착하는 소극성, 보신주의, 기술신비주의, 패배주의 등 과학기술 분야에서 좀처럼 해소되지 않는 문제점들이 북한 내부의 사회적 한계이기도 하다.241)

4) 민군기술의 연계 및 상용화 능력 부족

탈냉전 이후 과학기술정책 변화의 한 특징은 '민군겸용기술(dual use technology)'242) 개발정책이다. 냉전기에는 국가안보가 국가정책의 최우선이었기 때문에 연구자원 낭비가 용인될 수 있었으나 탈냉전 이후에는 경제력 비중이 군사력보다도 커짐에 따라 세계열강들은 국방비의 감축과 더불어 국가연구자원의 효율성 극대화를 위한 새로운 과학기술혁신체제를 모색하지 않을 수 없게 되었다. 그것은 과거 민과 군이 이중으로 연구개발한 '민군겸용기술'을 민과 군이 공동으로

---

240) 반면, 북한은 여러 부문에 최첨단 정보기술을 도입하고 '전민컴맹퇴치운동'을 가속화할수록 사회 불안정이 야기되는 딜레마에 빠져 있다. 주민들의 정보기술 습득 수준이 높아질수록 현대적인 기술에 의한 외부사회의 정보가 급속히 일반 주민들 속에 유입되어 그들의 의식화 수준을 높여 주며, 결국에는 그것이 북한 사회의 불안정으로 이어지게 되는 것이다. 이러한 동향에 대한 북한 당국의 검열조치 등 대처방안에 대해서는 김흥광, 앞의 글, p.352 참조.

241) 홍성국, "북핵체제하 북한의 정책구도와 개혁·개방", 북한연구소·북한학회, 『북한학보』, 33(2), 2008, p.72.

242) 민군겸용기술(dual use technology)은 민수품과 군수품에 다 같이 활용할 수 있는 기술을 말하는데, 민군겸용기술, 민군양용기술 또는 민군공용기술로 표현되고 있다.

개발하는 정책으로, 선진국에서는 국가기술개발전략의 요체가 되었다.

민군겸용기술 개발을 통하여 얻을 수 있는 효과로는 동일유형 기술의 이중개발 방지, 국가전체 연구개발비의 절감, 개발기간 단축, 연구개발 실패 가능성 감소 및 고급연구인력의 공동연구개발 참여로 연구능력의 상승효과와 연구효율의 극대화를 들 수 있다. 또한 연구결과의 활용성이 증가될 뿐 아니라 나아가 국가 기술수준 향상 및 안보역량 강화에 크게 기여할 수 있다.243)

군용기술과 민수기술은 일반적으로 기술의 원리에 있어서는 차이가 없음에도 불구하고 사용목적에 따라 구분되고 있다. 이러한 구분은 시대적 산물로서 제2차 세계대전과 냉전체제를 거치는 동안 더욱 심화되었다. 그 주된 이유는 냉전체제하에서 국가안보를 뒷받침할 군사력을 건설함에 있어 군사비밀의 보안과 안정되고 신속한 무기획득체제를 유지하기 위하여 군용기술을 민수기술과 분리하여 발전시켜왔기 때문이다. 이러한 연유로 많은 나라들이 국가안보를 위한 군용기술과 민수산업을 위한 민수기술에 대한 기술개발을 별도로 추진하여 왔으며 이에 따라 두 분야 간의 기술협력 및 정보교류는 극도로 제한될 수밖에 없었다. 민과 군이 다 같이 활용할 수 있는 '민군겸용기술'이 전체 기술의 70~80%에 이름에도 불구하고 민과 군이 개별적으로 개발함으로써 연구중복으로 인한 예산, 인력 및 시설 등 국

---

243) 미국은 "과학기술력이 국가안보의 원천인 동시에 산업경쟁력의 최후 보루"라는 인식하에 기존의 우위기술인 기초·원천기술뿐만 아니라 신소재·정보·제조기술 등 첨단산업기술 개발에 대한 투자를 확대하고, 특히, 미국의 강점인 군사기술을 활용하여 민군겸용기술의 민간이전을 최대역점사업으로 부각시켰다. 미국은 1993년 11월부터 NASA 시설을 활용한 컴퓨터 네트워크기술 개발 등 41개 프로젝트를 선정하여 개발해 오고 있다. 황영헌·강석호·오형식 "국방과학기술 정책을 통한 WTO에 대한 대응방안에 관한 연구", 한국경영과학회 1996년 학술대회논문집 제1권, 1996, pp.446-447.

가 연구자원의 낭비를 피할 수 없었을 뿐 아니라 개발기간 또한 길어지게 되었다.

북한의 국방산업 위주의 과학기술정책도 북한의 과학기술 발전에 긍정적인 면과 부정적인 면의 두 측면에서 기여해 왔다. 부정적인 측면은 군수산업 관련 기술개발의 비경제성과 비효율성 그리고 비밀주의와 특수 군사목적 위주의 개발정책으로 인해 군사기술이 민수부문으로 파급(spin-off)되는 데 한계가 노정되었다는 점을 지적할 수 있다.

〈표 22〉 군사기술의 민간기술 파급효과

구 분	군사기술	민간기술 응용
통신/전자	유도무기, 운용레이다 유무선 통신장비	카메라, VTR, 선박용 레이다, m-wave, 무선전화기, 컴퓨터
금속/기계	전차 및 장갑차, 함정	전동차, 철도차량, 트랙터, 상선, 유조선

* 자료: 국방부, 『문답으로 알아보는 우리의 국방비』(서울: 국방부, 1994).

군사기술은 시스템적인 성격이 강하여 다른 산업과의 관계가 매우 밀접하다. 예를 들어, 기동장비는 자동차산업, 정밀기계산업과, 전자장비는 반도체, 컴퓨터, 통신, 정밀기계산업과 밀접히 연계되어 있다. 일반적으로 군사기술의 수준을 나타내는 군사규격은 민수제품의 규격보다 엄격한데, 이는 다양한 전장에서 운용이 가능해야 하기 때문이다. 그러므로 군사규격에 따라 개발된 군수품들은 신뢰성, 내구성, 환경적응성이 뛰어나므로 이러한 기술이 민간 분야의 기술에 많은 영향을 준다. 인터넷이나 코드분할다중접속(CDMA) 방식 등이 군사용으로 개발되어 민수용으로 전환되었듯이 국방산업은 미래산업의 선점효과를 지니는 것이다. <표 22>는 군사기술의 민간기술 분야에 대한 파급사례를 보여 주는 것이다.

북한은 군사 분야의 기술력에 기반을 두어 컴퓨터와 초대규모 집적회로(VLSI), 인공지능, 수치제어와 공장자동화 연구 등에 주력하고 있다. 문제는 경제재건을 위해 국방산업을 민수용 생산기술과 연계시키는 것인데, 북한의 경우 그 연계능력, 상용화 능력이 부족한 것이 큰 약점이라 할 수 있다.[244] 북한은 특수한 형태의 첨단기술개발을 끊임없이 요구하는 소수의 특정산업 부문에 제한된 자원이 집중됨으로써 산업구조를 왜곡하고, 민수산업은 상대적으로 자금·인력을 포함하여 자원이 제약되어 점차적으로 민수부문의 산업생산설비의 축소를 초래하게 되었던 것이다.

반면, 민간부문의 산업기술수준이 낙후된 것과는 달리 북한은 미사일 개발과 생화학무기 생산 등에서는 제3세계 국가들에 수출할 정도로 일정 수준의 기술을 확보하고 있다. 다시 말해, 북한은 전반적으로 낮은 산업수준에도 불구하고 자원을 국방산업에 집중 투자함으로써 비대칭전력 분야와 군사정보기술 분야 등 일부 국방과학기술 분야에서 매우 높은 수준의 기초연구와 첨단기술 개발능력을 축적했다고 할 수 있다.

---

244) 이종희 외, 앞의 책, p.92.

제 5 부

김정일 체제안보와 과학기술의 불균형 발전 심화: 2003~2009

- 대외환경
- 통치이념 · 리더십
- 선군시대 경제건설노선:
  국방공업 우선발전
- 과학기술정책의 특성

1. 대외환경

(1) 북·미, 북·일 간 관계 악화와 남북관계 변화

제1차 북핵 위기 후 미국은 1994년의 북·미 제네바 합의, 1996년에 제안된 4자회담 그리고 6자회담에 이르기까지 지속적으로 북한을 국제규범의 틀 안에 끌어들여 일종의 사회화를 강요하려 하였다고 볼 수 있다.[1] 그러나 북한은 정책우선순위에 따라 핵개발을 추진했고, 게임의 룰을 설정하여 안보위협의 인식에 따른 대응방안을 모색하는 등 미국의 의도와 동떨어진 나름대로의 게임을 벌여 왔다.[2]

제2차 북핵 위기가 전개된 2000년대는 탈냉전 이후 세계화의 진전이 두드러진 시기였다. 특히, 1997~1998년의 동아시아 금융위기는 동북아 국가들의 급격한 구조조정을 강요했고, 상대적으로 미국은 경제적 우월성을 강화시킬 수 있었다. 2001년의 9·11 테러는 세계화가 범죄와 테러에도 적용되고 있음을 상징하는 사건이었고, 미국 안보의 취약성이 드러난 사건이었다. 이에 대응하여 미국은 '예방적 선제공격 전략(Preemptive Strike Doctrine)'을 채택하면서 군사적 패권의 성격을 강화시켰다. 이와 같이 제2차 북핵 위기는 미국의 경제적, 군사적 헤게모니가 가장 강력한 시점에서 진행되었던 것이다.

제2차 북핵 위기에서 미국은 북한의 핵개발뿐만 아니라 북한 체제(regime)를 문제 삼았다. 부시 행정부는 공개적으로 북한을 '불량국가

---

1) Peter Howard, "Why Not Invade North Korea? Threats, Language Games, and U.S. Foreign Policy", *International Studies Quarterly* 48(4), 2004, p.822.

2) Peter Howard, ibid, p.814.

(rogue state)', '악의 축(axis of evil)', '테러지원국', '폭정의 전초기지(outposts of tyranny)' 등으로 규정하고, 탈북자를 백악관에 초청하기도 했다.3) 북한에 대한 미국의 적대적 인식은 행정부에만 한정된 것이 아니었다. 상하 양원에서 만장일치로 통과된 2004년의 '북한인권법(North Korean Human Rights Act)', 2005년의 '민주주의 증진법안(Advance Democracy Act)'은 미국 의회의 북한 체제전환 의지를 나타내는 것으로 보였다. 이러한 상황에서 부시 행정부는 과거와 달리 북한과의 양자대화를 회피했고 북한의 체제변화를 추진하는 강압전략을 채택했다. 2001년 9 · 11 테러사건 이후 '예방적 선제공격' 전략의 채택은 북한이 아프가니스탄 및 이라크 다음의 공격 대상이 되리라는 예측을 불러일으켰다.4) 이러한 부시 행정부의 북한에 대한 근본주의(fundamentalism) 경향의 인식은 북핵 위기를 해소하기 힘들게 만든 원인이 되기도 했지만, 상황에 따라서는 북핵 위기 해소를 넘어 북 · 미 관계의 진전으로 전환될 수 있는 양면성을 보였다. 2006년 미국의 중간선거에서 민주당이 승리하고 부시 행정부 내에서 네오콘(neo - conservative)의 영향력이 약화되면서 부시 행정부의 대북전략은 실질적인 해결 가능성을 높이는 방향으로 전환되었던 것이다.

2003년 8월 중국의 주선으로 개최된 6자회담 제1차 회담에서 제3차 회담까지는 1여 년의 시간이 소요되었고, 대체로 북한의 입장을 탐

---

3) 조지 부시 미국 대통령은 2005년 6월 13일 북한 강제수용소의 실상을 담은 수기의 저자이며 탈북 후 조선일보 기자로 활동하고 있는 강철환 씨를 백악관 집무실로 초청, 환담했다. 『연합뉴스』, 2005년 6월 15일.

4) 황일도, 『김정일 공포를 쏘아올리다: 북한 탄도미사일, 장사정포, 핵무기 위력 정밀해부』(서울: 플래닛미디어, 2009), p.102.

색하면서 타결의 큰 방향을 정하는 회담이었다. 미국은 기조연설에서 "완전하고, 검증 가능하고, 비가역적인 폐기(Complete, verifiable and irreversible dismantlement: CVID)"를 수차례 강조하였다. 초기 회담의 주제는 고농축우라늄(HEU) 핵프로그램의 존재 여부, 불가침 조약문제를 포함한 북한의 안전보장문제, 원자력의 평화적 이용권 문제, 경수로 사업종료 여부, 동결의 범위와 기간, 동결 중 에너지 등 지원규모 등이었다.

2004년 9월에 개최하기로 한 제4차 회담은 미국 대선을 이용하려는 북한의 반대로 열리지 못했다. 그해 11월 부시 대통령이 당선되고 취임 직전 라이스(Condoleezza Rice) 국무장관 내정자가 청문회에서 북한을 "폭정의 전초기지"라고 비난(2005. 1. 18)하고5) 부시 대통령이 취임연설(2005. 1. 20)에서 '폭정종식'을 언급하자,6) 북한은 2월 10일 6자회담의 무기한 중단과 핵무기 증강계획을 선언하였다.7)

이러한 우여곡절 끝에 북한은 2005년 6월 한국으로부터 200만KW의 전력공급을 약속받고 6자회담 복귀 용의를 밝혔다. 9월 19일 제4차 2단계 회담에서 소위 '9 · 19공동성명'이 합의되었고, 북한은 '모든 핵무기와 현존하는 핵계획'을 포기하기로 약속하였다. '한반도와 동북아의 평화와 안정을 이룩하기 위하여' 9 · 19공동성명에서 합의한 6개 원칙은 한반도 비핵화, 북한과 미 · 일 간 관계 정상화, 대북

---

5) *The Washington Times*, January 19, 2005.

6) *The Washington Times*, January 21, 2005.

7) 『조선중앙방송』, 2005년 2월 10일. 북한 외무성은 6자회담 무기한 중단 방침을 밝히고 핵을 보유하고 있다는 성명을 전격 발표함으로써 또 한 번 전 세계를 놀라게 했다. 성명은 "미국이 핵몽둥이를 휘두르면서 우리 제도를 기어이 없애버리겠다는 기도를 명백히 드러낸 이상 우리 인민이 선택한 사상과 제도, 자유와 민주주의를 지키기 위해 핵무기고를 늘이기 위한 대책을 취할 것이다."라고 밝혔다. 북한의 핵보유 성명에 미국은 무시전략으로 일관했지만, 성명은 결과적으로 6자회담 재개를 위한 국제사회의 중재 노력을 촉진시키는 역할을 했다.

에너지 지원, 한반도 평화체제 수립을 위한 별도의 회의체 가동 그리고 참가국들이 공약 대 공약, 행동 대 행동원칙에 따라 단계별 조치를 취한다는 것 등이다. 그러나 경수로 제공 시점과 관련, '적절한 시기'라는 모호한 문구를 사용해 갈등의 불씨를 남겼으며 북한 외무성이 9월 20일 '경수로 제공 즉시 NPT 복귀'를 언급해 북·미 양국 사이에 공방으로 비화했다.

한편, 2005년 9월 12일 제4차 회담 하루 전 미국 재무부는 마카오의 방코델타아시아(Banco Delta Asia, BDA) 사건을 발표했다. 이 BDA 문제는 10개월을 끌면서 6자회담의 발목을 잡으면서 북·미 간에 격렬한 대결이 진행되었다. 9·19공동성명의 합의에도 불구하고 북한은 2006년 7월 6일 대포동 2호 1기와 노동 및 스커드급 6발 등 총 7발을 발사하고 그로부터 석 달 후인 10월 9일에는 핵실험을 감행했다. 결국 BDA 문제는 북한에게 장거리 미사일과 핵실험 감행의 좋은 구실을 제공한 셈이 되었다. BDA 문제가 해결되지 않고서는 6자회담이 개최될 수 없었고, 따라서 9·19 합의 이행은 진전될 수 없었다. 북·미 간의 불신과 대립이 더욱 심화되었고, 북핵 문제는 동북아 차원뿐만 아니라 세계적 차원에서 중요한 국제안보상의 초점으로 부각되었다. 한국전쟁 이후 역사상 처음으로 유엔안보리에서 유엔헌장 제7장을 원용한 대북제재 결의안(S/RES/1718)이 통과되었다.[8] 국제사회가 북한의 핵실험을 한반도를 포함한 국제안보상의 심각한 평화위협행위로 판단한 것이다.

이에 따라 북한은 국제사회로부터의 포괄적인 대북경제제재에 직

---

8) 유엔 안보리 결의 1718호(United Nations S/RES/1718, 2006).
   http://www.un.org/sc/committees/1718/resolutions.shtml) 참조.

면해야만 했다. 심각한 식량난으로 인한 기아와 대량 탈북사태, 인권 유린문제, 마약 거래와 위폐제조 등의 국제적인 불법활동 그리고 북핵 문제를 포함하는 대량살상무기 확산 위협 등 이른바 총체적인 '북한 문제'의 해결 가능성에 대한 비관론이 대외적으로 지배적이었을 뿐만 아니라 북한 문제의 해결을 위해서는 유엔을 비롯한 국제사회의 강압적 개입이 불가피하다는 지적들이 제기되었다.9) 그러나 2007년 1월 BDA 문제 해결방안이 합의되고 북·미 간의 직접적인 베를린 회동을 계기로 북핵 문제에 협상국면이 조성되었다. 그 결과 북한의 핵 폐기과정과 그에 따른 북한을 제외한 6자회담 참가국들의 대북 정치·경제·안보적 인센티브 제공을 명기하고 있는 '9·19공동성명 이행을 위한 초기조치(Initial Actions for the Implementation of the Joint Statement)'인 이른바 '2·13합의'가 이루어졌다. 2·13 합의를 통해서 6자회담 참가국들은 한반도 비핵화, 북·미 관계 및 북·일 관계 정상화, 경제 및 에너지 협력, 동북아 평화·안보체제 구축 등 5개의 실무그룹(working groups) 설치에 합의했다. 이는 북한의 핵폐기 프로세스가 진행됨에 따라 5개의 실무그룹 가동을 통해서 북한의 경제재건과 주변국과의 관계 정상화를 도모하고 국제사회에의 정상적 참여를 유도하기 위한 것이었다.10)

2·13합의는 9·19공동성명의 이행을 위한 조치로 북한의 영변 핵시설의 폐쇄·봉인, 한국 등 5개국의 대북 중유 1백만 톤 지원,

---

9) Michael A. Needham, "Keep the Pressure on Kim Jong-il", The Heritage Foundation, WebMemo 3, 2006, pp.1-2. (http://www.heritage.org/Research/Reports/2006/11/Keep-the-Pressure-on-Kim-Jong-il)

10) 중화인민공화국 외교부, "Initial Actions for the Implementation of the Joint Statement", 2007. 2. 13. http://www.fmprc.gov.cn/eng/zxxx/t297463.htm 참조.

미국의 대북 테러지원국 지정 및 적성국 교역법 적용 해제 등에 관한 것이다. 그러나 2·13합의의 문제점은 영변 5㎿ 원자로를 포함하여 가동 중인 핵시설을 폐쇄함으로써 일단 핵물질 추가 생산 가능성을 막을 수 있지만 이것은 1994년 제네바 북·미 합의의 맹점인 '동결(nuclear freeze)'과 큰 차이가 없다는 것이었다. 특히, 제2차 핵위기의 발단이 되었던 고농축우라늄(HEU)에 대한 언급이 없으며, 핵시설을 완전히 해체하고 핵무기까지 없애는 단계에 대한 구체적인 내용이 없다는 것이었다.

2·13합의의 후속조치를 위해 3월 19일 제6차 회담이 열렸으나 BDA에 예치된 자금이 북한으로 입금되지 않았다는 이유로 김계관 부상이 돌연 북한으로 돌아가는 어처구니없는 일이 벌어졌다. 4월 10일에야 비로소 마카오 당국이 BDA 동결자금을 해제함으로써 문제는 완전 종결되었다.[11] 2007년 9월 28일～10월 3일 개최된 제6차 2단계 회담에서는 2·13합의 이행조치(Second－Phase Actions for the Implementation of the Joint Statement) 합의에 따라 핵시설의 불능화에 합의하고, 12월 31일까지 모든 핵프로그램에 대해 신고하기로 하였다. 그런데 2007년 12월은 한국에 대선이 예정되어 있었고, 대선 후 대북정책의 기조에 큰 변화가 예상되는 가운데 북한은 12월 26일 경제보상이 지연되고 있다는 불만을 표명하며 핵불능화 속도를 조절할 것임을 밝혔다. 결국 북한은 12월 31일까지 핵신고서를 제출하지 않았다.

이명박 정부 출범 후 힐(Christopher Hill) 차관보와 김계관 부상은 2008년 3월 13일 베를린, 4월 8일 싱가포르에서 핵신고 문제를

---

11) *The New York Times*, April 11, 2007.

협의하고, 6월 26일 북한은 핵신고서를 제출했다. 이 신고에서 북한은 추출된 26kg의 플루토늄은 핵무기로 사용하였고, 미추출 플루토늄 7~8kg은 보관하고 있다고 기록하였다. 미국은 북한이 집착해 온 테러지원국 지정 해제절차에 착수하였고, 6월 27일에는 불능화의 상징으로 냉각탑을 폭파하는 장면이 CNN으로 생중계되었다. 그러나 핵신고서 검증문제와 관련, 북한은 미국의 시료채취를 거부했고, 6자회담 수석대표 회의에서도 검증방식 도출에 실패했다. 12월 12일 미국은 약속한 중유지원 중단을 발표하였고 검증문제로 6자회담은 다시 표류하였다. 미국에게 시료채취는 핵신고 내용의 진위를 밝혀내는 초기 작업이기 때문에 필수적인 작업이었으나 북한의 입장은 '선 핵계획 포기, 후 핵무기 논의'이며 시료채취는 불능화 이후의 문제이고 불능화는 핵폐기과정의 도입부라는 것이었다.[12] 미국의 입장이 강경한 가운데 미국의 대북 에너지 지원과 한국의 경제협력이 중단되었다. 북한은 BDA 사건 때와 같이 2009년 4월 5일 '광명성 2호'를 발사하였고, 5월 22일에는 2차 핵실험을 하였다. 6월 13일에는 북한이 그동안 부인해 왔던 우라늄농축작업이 시험단계에 있다고까지 하여 HEU 프로그램의 존재를 대외에 알렸다.[13]

북한은 제2차 북핵 위기에서 과거보다 더욱 단호한 비대칭 위협

---

12) Donald G. Gross and Hannah Oh, "North Korea Disables Facilities, But Resists Declaration", A Quarterly E-Journal on East Asian Bilateral Relations, http://csis.org/files/media/csis/pubs/0704qus_korea.pdf

13) 『조선중앙방송』, 2009년 6월 13일. 북한은 6월 이후 소강상태에 들어가며 접었던 핵 카드를 다시 들고 대외 압박에 나섰다. 즉 우라늄 농축이 성공적으로 진행돼 마무리단계에 들어섰다고 신선호 유엔 주재 북한 대표가 유엔 안보리 의장에게 보낸 편지에서 주장했다. "폐연료봉의 재처리가 마감단계에서 마무리되고 있으며 추출된 플루토늄이 무기화되고 있다. 우라늄 농축시험이 성공적으로 진행되어 결속단계에 들어섰다."『조선중앙방송』, 2009년 9월 4일.

전략을 추진했다. 예를 들어, 2002년 10월 방북한 켈리(James Kelly) 특사에게 북한은 핵무기 개발을 시인하여 제2차 북핵 위기를 촉발시켰다. 당시 켈리 특사는 북한에게 핵개발 의혹을 제기했을 뿐 물증을 제시한 것은 아니었다. 다시 말해, 북한은 이때 대답을 하지 않거나 부정할 수도 있었지만 오히려 미국 정부가 놀랄 만큼 쉽게 시인했고, 3개월 후인 2003년 1월에는 NPT 탈퇴를 선언하여 미국이 50만 톤 규모의 중유지원을 중단하게 되었다.14)

북한은 2003년부터 6자회담에 참여해 2005년 제4차 회담에서 기본적인 합의 틀이 만들어졌음에도 불구하고 미국이 BDA의 북한계좌를 동결시키자 더 이상 6자회담에 참여하지 않았다. 또한 국제사회의 지원을 포기하고 2006년 7월 미사일 시험발사와 10월 핵실험을 강행했다. 제2차 북핵 위기는 북한이 취해 온 기존의 전략적 모호성 대신 노골적이고 강도 높은 비대칭 위협 전략이 최고조에 달한 것으로 볼 수 있다.15) 북한은 당초 10·3합의에 따라 2007년 말까지 핵프로그램 신고를 마치기로 했지만 6개월을 지연시켰다. 2008년에 이행된 북한의 비핵화 조치에 대해 군사적·전략적 관점에서 가장 주목해야 할 측면은 북한이 핵신고서 제출과 불능화 중단 조치 등 북핵 문제 해결국면을 미국과의 관계 개선과 나아가 궁극적인 관계 정상화의 계기로 활용하고 있다는 점이다. 특히, 북한의 핵신고서 제출(6. 26)과 미국의 테러지원국 해제(10. 11) 과정에서 보여 준 반테러성명 발표(6. 10), 일본인 납치문제 해결의지 천명(6. 13), 냉각

---

14) 이에 대한 구체적인 내용은 이교관, 『레드라인』(서울: 한울아카데미, 2005); 후나바시 요이치, 오영환 외 역, 『김정일 최후의 도박』(서울: 중앙일보 시사미디어, 2007) 참조.

15) 박용수, "1990년대 이후 한반도 안보환경의 변화", 『국제정치논총』, 47(2), 2007, p.66.

탑 폭파(6. 27), 핵 불능화 중단조치(8. 14), 불능화 원상복구 조치(9. 3) 등을 포함한 일련의 대미 강경·온건조치들은 북한의 행동이 의도적이며 명확한 목표를 전제로 한 전략적 선택이었음을 여실히 보여 주고 있다.

북한은 핵 신고사항과 검증내용에 관한 조율 과정에서 파행된 6자 회담의 장기적인 교착국면을 대미관계를 조절하는 전략수단으로 활용했다. 북·미 양자대화를 통해 테러지원국 해제 목표에 집중하면서도 군사협력 부분에 대해서는 극단적인 비난과 함께 정전협정을 대체하기 위한 북·미 간 평화협정의 체결을 주장하는 등 한반도 내 주도권을 확보하기 위한 의지를 표출하였다. 이것은 체제생존 차원에서 우선적으로 대미 관계 개선을 지향하면서도 그 과정에서 대남 주도권을 확보하고자 하는 북한의 기본적인 대한반도 전략노선이 변함없이 유지되고 있다는 사실을 보여 주는 것이다.16)

일본의 대북전략은 이중적이다. 일본이 한반도 문제를 포함한 동북아 문제에 적극적으로 개입하기 위해서는 북한과의 관계 정상화가 필수적이다. 이러한 필요성에 의해 일본은 2002년 9월 미국의 우려 표명에도 불구하고 고이즈미(小泉純一郎) 총리가 전격 방북하여 북·일 관계 개선을 위한 '평양선언'에 합의했다.17) 북한과의 관계 정

---

16) 함형필, "2009년 북한의 군사정세 전망과 우리의 대응방향", 『국방정책연구』, 24(4), 2009, pp.75 - 76.

17) '평양선언'은 네 개 항으로 구성되었다. 제1항, 국교 정상화를 조기에 실현하기 위해 모든 노력을 기울인다. 제2항, 일본 측은 과거의 식민지 지배에 따라 조선인에게 커다란 손해와 고통을 안겨줬다는 역사적 사실을 겸허하게 받아들이고 통절한 반성과 마음으로부터 사죄의 뜻을 표명한다. 국교를 정상화한 뒤 일본이 북한에 경제협력을 한다. 자산 및 청구권의 상호포기원칙을 확인한다. 제3항, 납치를 염두에 둔 조항으로 일본 국민의 생명과 안전에 관련한 현안에 관해 조선민주주의인민공화국 측은 북·일 관계가 비정상적이었을 때 발생한 유감스러운 문제가 앞으로 다시 일어나지 않도록 적절한 조치를 취할 것을 확인했다. 제4항, 한반도 핵문제의 포괄적인 해결을 위해 관련되는 모든 국제적 합의를 준수한다. 또한 핵문제 및

상화는 중·일 간 경쟁구도에서 일본의 선택 폭을 넓혀 줄 수 있는 기회요인이 된다. 즉, 북·일 관계 정상화를 통한 일본의 한반도 및 동북아 문제에의 개입능력 확장이 대북전략의 핵심적 목표이다. 그러나 일본이 북한과 국교정상화 회담을 재개하기 위한 비공식 실무 접촉을 병행하였으나 일본인 납치 재조사, 경제제재 해제문제와 관련한 양국 간의 첨예한 입장 차이로 진전을 보지 못하였다.[18]

한편, 일본은 보통국가화로 나아가기 위한 차원에서 '북한 문제'를 활용하고자 하는 의도를 가지고 있다. 따라서 일본으로서는 '평화헌법'의 울타리를 벗어나서 국력에 걸맞은 대외 군사적 개입의 명분과 능력을 축적하기 위해, 그리고 이를 위한 국내정치적 분위기 형성을 유도하기 위해서 '북한 문제'에 대해 강경한 기조를 유지하는 것이 유리하다. 일본의 대북관계 형성에 영향을 미치는 이러한 또 하나의 전략적 의도가 북·일 관계의 긴장요인으로 작용한다.[19] 같은 맥락에서 일본은 대북제재에서 가장 적극성을 보이고 있다. 2006년 북한의 미사일 발사와 핵실험 직후 일본은 독자적인 대북제재조치를 실시하였다. 미사일 발사에 대한 대응으로 일본은 6개월간 만경봉호의 입항 금지, 주일 북한 외교관의 출국 뒤 재입국 금지, 북한 선박 선원의 상륙 금지, 일본기업의 미사일·핵 관련 대북한 수출 엄격 관리, 일본 공무원의 북한 입국 중지, 북한 항공기의 일본 입항 금지 등 9개 항의 제재조치를 발동하였다.[20] 또한 1차 핵실험에 대한 독

미사일문제를 포함한 안전보장상의 제 문제에 관해 관련 국가들 간의 대화를 촉진하고 문제 해결을 모색할 필요성을 확인했다. 북·일 평양선언의 협상 과정과 평양선언의 구체적인 내용은 후나바시 요이치, 앞의 책, pp.16-65 참조.

18) Ministry of Foreign Affairs of Japan, "Japan-North Korea Relations", May 2004. http://www.mofa.go.jp/region/asia-paci/n_korea/relation.html

19) 김연수, "북한의 평화적 현대화 유도전략", 『북한연구학회보』, 12(2), 2008, p.115.

자적 조치에는 북한 선박의 일본 입항 금지, 대북 수입금지, 조총련
계 등의 북한 관련 금융자산 동결 및 대북한 송금금지 동결 등이 포
함되었다.21)

이와 같은 일본 정부의 전면적이고 강경한 대북제재조치로 이후
북·일 간 경제교류는 <표 23>과 같이 급격히 위축되었고 2008년
현재 일본의 대북수출은 8백여 만 달러에 불과한 실정이다.22) 더욱
이 2009년 북한의 2차 핵실험에 따라 일본 정부가 기존의 대북 경
제제재조치 외 독자적인 추가제재 강화방안을 강구 중이어서 향후
북·일 무역규모가 더욱 축소되는 등 상당 기간 관계 개선이 어려울
것으로 전망된다.

〈표 23〉 2000~2008년 북·일 무역 추이

연도	2000	2001	2002	2003	2004	2005	2006	2007	2008
수출입액($)	4.6억	4.7억	3.7억	2.6억	2.5억	1.9억	1.2억	931만	759만
대북수출($)	2.6억	2.2억	2.3억	1.7억	0.9억	1.3억	0.8억	931만	759만
대북수입($)	2.0억	2.5억	1.4억	0.9억	1.6억	0.6억	0.4억	0	0

* 자료: KOTRA, "북한의 대외무역 동향", 각 연도.

한국은 지난 10여 년 동안 대북포용정책의 일관성을 유지해 왔다.
김대중 정부는 2000년 말에 집권한 부시 행정부와의 관계악화를 감
수하면서 '햇볕정책'을 추진했다.23) 상대적으로 김대중 정부에 비해

---

20) *USA TODAY*, July 18, 2005, *The Washington Post*, September 19, 2006.
21) 『연합뉴스』, 2006년 10월 13일자.
22) 통일부, 『북한동향』, 제945호(2009. 6. 10).
23) 김대중 정부의 남북정상회담의 내용과 '6·15 남북공동선언'으로 시작된 대북포용정책의 전
   개과정에 대해서는 임동원의 회고록 참조. 임동원, 『피스메이커: 남북관계와 북핵문제 20년』
   (서울: 중앙북스, 2008).

정경분리와 비상호주의 원칙을 완화했지만 노무현 정부도 '햇볕정책'의 기조를 유지했다. 노무현 정부는 대북지원을 지속했고 북한에 대한 미국과의 입장 차이를 공식화했다.[24] 반면에 북한은 '남조선 혁명전략'을 일관되게 추진해 오고 있다. 북한은 2004년 '반제군사' 공세를 내세우고 민족공조와 반미, 반제투쟁을 강조해 오다가 남한의 탄핵 정국과 17대 총선을 전후해서는 '민주 대 반민주투쟁'을 부추기는 등 사태대응적 대남전술을 구사했다.[25] 특히, 2004년 4월 9일 서북해역에 조업질서 유지를 위한 군경합동대책반을 운용하고 도로와 선로 주변에 대전차 장애물을 설치하겠다는 한국 국방부의 업무보고 내용[26]에 대해 북한은 '불순한 대결책동'이라고 비난한 뒤 '남조선 군부가 대결책동에 계속 매달린다면 비싼 대가를 치르게 될 것'이라고 경고하는 등[27] 남한 정세를 최대한 활용하였다.

그러나 한국의 이명박 정부 출범 후 2008~2009년 북한은 중대한 좌절과 도전에 직면하고 있다. 그동안 북한의 입장에서 핵심 고리이자 약한 고리였던 한국의 대북 자세 변화가 북한 당국에 큰 타격을 준 것이다. 북한에게 가장 바람직한 한국은 북한의 핵보유를 묵시적 또는 공식적으로 승인하면서 북한과 대대적으로 경제협력을 추진하는 것이었다. 그러나 2007년 말 한국에 북한의 이러한 대남전

---

24) 이에 대한 구체적인 내용은 김근식, "노무현정부 대북정책의 평가: 평화번영정책과 북핵해법을 중심으로", 성균관대학교 국가경영전략연구소, 『국가경영전략』 4(2), 2005. 2, pp.69 - 93 참조.

25) 박헌옥, "김정일 정권의 국가전략과 군사정책", 『군사논단』 38, 2004. p.55.

26) 국방부는 4월 9일 업무보고에서 어선들이 북방한계선(NLL)을 넘지 않도록 질서유지를 위해 서북해역에 군·해경·해양수산부 요원들로 합동대책반을 운용하고 경의·동해선을 통한 교류가 늘어나면서 대북군사태세가 약화될 가능성에 대비, 도로와 선로 주변에 전차차단 장애물과 군사장비를 대폭 설치할 방침이라고 보고했다.

27) 『조선중앙통신』, 2004년 4월 17일.

략전술을 반대하는 보수정부가 등장했고,28) 북한은 이명박 정부가 6
· 15남북공동선언과 10 · 4선언을 무시한다는 구실을 내세워 대남
강경정책을 지속하고 있다.29)

〈표 24〉 남북교역 동향

(단위: 천 달러)

연도	반출액	증가율	반입액	증가율
2009. 1～5	210,282	− 44.1	324,742	− 9.3
2008	888,117	− 14.0	932,250	21.8
2007	1,032,550	24.4	765,346	47.3
2006	830,200	16.0	519,539	52.7
1995	64,436	253.1	222,855	26.4

* 자료: 한국무역협회, 2009.

　　남북관계의 경색으로 인해 2007년 남북교역액은 17억 9천만 달러
로 전년 대비 33% 증가했으나 2008년에는 전년 대비 3천만 달러,
1.2% 증가에 머물러 최근 4년간 증가율 최저를 기록했다.30)

---

28) 이명박 정부의 대북정책에 대해서는 민주평화통일자문회의, 『상생과 공영의 대북정책: 어떻
게 이해하고, 설명할 것인가』(서울: 민주평화통일자문회의, 2009); 조성렬, "상생 · 공영의
대북정책:비전과 전략", 국가안보전략연구소, 『국제문제연구』8(2), 2008년 여름호, pp.71
−124 참조.

29) 북한 내부에서 그간의 남북관계에 대한 비판적 재검토는 2007년 9월부터 시작된 것으로 보
인다. 북한은 2007년 9월, 즉 2차 남북정상회담 직전부터 통전부와 민경협 등 대남기구에
대한 전반적인 조사를 시작했다. 또한 김정일이 개성공단을 "그대로 두어서는 안 된다."고 발
언하기 시작한 것도 2007년으로 알려졌다. 이 시기부터 '적(남조선)에 대한 환상'을 경계하
고 투쟁하는 것이 대내정책상의 주요 의제로 설정된 것이 분명하다. 당시 대남기구에 대한
전반적인 조사를 초기에는 당조직지도부와 중앙검찰소가 맡았으나 2008년 초부터는 당행정
부와 인민보안성으로 이관되었다고 한다. 박형중, "북한의 좌절과 도전(2007. 10～2009.
5)", 통일연구원, Online Series, CO 09−33, 2009, pp.1−2.

30) 특히, 2008년 11월부터는 남북교역의 28%가 감소했다. 구체적으로 교역증가 부분은 '개성
공단 관련 교역'이 8억 1천만 달러(전년 대비 83% 증가), '위탁가공교역'이 4억 1천만 달러
(전년 대비 24%증가)를 기록했다. 교역감소 분야로는 '금강산관광' 6천2백만 달러(전년 대
비 40% 감소), '일반교역' 4억 달러(전년 대비 13% 감소), '비상업적 거래' 1억 3백3십만
달러(전년 대비 70% 감소), '경공업 협력사업' 1천2백만 달러(전년 대비 82% 감소)로 나타

(2) 북·중, 북·러 간 관계 긴밀화

중국의 대북정책 핵심은 북한 정세의 안정성 유지와 북한의 개혁·개방의 확대 유도이다. 즉, 중국은 두 가지의 전략적 목적을 중심으로 대북정책을 구사하고 있다. 첫째, 중국의 경제발전에 우호적인 주변환경의 조성이다. 중국은 북한의 급격한 정세변동으로 인한 한반도의 불안정 요인 발생을 억제하고자 한다. 중국의 경제발전을 위한 주변의 우호적 환경 조성이 국익의 우선순위에 있기 때문이다. 따라서 중국은 북한의 정세변동 요인에 촉각을 세우고 필요에 따라 전략물자의 공급과 고위급 인사의 방문을 통해서 사실상 북한에 대한 '안정화 관리'를 시도하고 있다. 둘째, 중국은 동북아 역학에서 충실하게 중국을 지지하며 국제적으로 책임 있는 역할을 수행할 수 있는 친중적이면서도 개혁·개방적인 북한을 소망하고 있다. 따라서 중국은 북한이 개혁·개방에 좀 더 적극적으로 나서 주기를 기대한다. 북한의 고립과 폐쇄는 양국의 국가발전 격차의 증대를 가져와 양국 간 관계유지에 긴장을 조성하고 중국의 외교에 부담으로 작용한다. 중국 지도부는 북핵 문제가 미국의 한반도 문제에의 전략적 개입욕구를 자극함으로써 한반도에 대한 중국의 전략적 이해관계를 침해할 수 있음을 우려하기 때문에 북한의 핵 보유에 대해 반대 입장을 보이고 있다.[31] 일부 중국 안보 전문가들은 미국이 인도의 핵보유를

났다. 특히, 비상업적 거래인 정부 지원은 거의 없었다. 『남북포럼』 보도자료, 2009년 1월 15일자.

31) 김연수, 앞의 글, pp.114-115; 김기정·나웅하, "관망과 개입: 1, 2차 북핵 위기에 나타난 중국의 대북정책 변화요인 분석", 『중소연구』 33(1), 2009년 봄호, pp.13-41. 김기정·나웅하는 북핵 1차 위기와 2차 위기의 전개과정에 드러난 중국의 정책적 행위패턴의 차이를 분석하였다. 중국의 대북정책을 변화시킨 요인으로 두 가지 변수를 고려하였는데 하나

용인했던 사례를 들면서 북한이 핵확산과 장거리 미사일 포기를 대가로 미국으로부터 핵보유를 용인받을 수도 있다는 점을 우려하고 있다.[32]

한편, 북한은 부시 행정부의 대북강경정책 이후 이에 대한 대응으로 2001년에는 대중국 외교를 강화하였으나 2002년에는 대러시아 중심의 외교활동을 전개하였다. 즉 2002년 9월 중국의 신의주 특별행정구 양빈(楊斌) 장관 연행사건과 2003년 2월 '북핵 문제'에 대한 IAEA 대북 결의 시 중국의 찬성, 2006년 핵실험에 대한 유엔 안보리의 대북제재 결의안 찬성 등으로 전통적 북·중 우호관계에 균열 조짐이 나타나는 듯 했다. 그러나 유엔의 대북제재는 중국의 적극적 참여 없이는 실질적인 효과를 발휘하기 어렵고, 중국에 대한 북한의 경제적 의존도가 2000년대 초반 부시 행정부의 대북강경정책과 일본의 교역제한조치 이후에 더욱 증대되고 있는 실정이다.

2003년 북·중 교역은 10억 2,293만 달러를 기록했는데, 이는 전체 교역의 42.8%(2002년 32.7%)에 달하는 것이다. 북·중 교역은 대중 수출이 46.1%, 수입은 34.3% 증가함으로써 전체 교역규모가 38.6%나 급증했다. 수출이 증가한 것은 변경무역에 대한 제한조치가 완화되면서 이를 통한 수출이 증가했기 때문이다. 특히, 수산물과 섬

는 북·중 동맹의 동태성에 기인한 동맹 결속력이고, 다른 하나는 미국의 대북정책 변화에 따른 중국이 체감하는 연루의 위험성이다. 이 두 변수의 상호작용에 따라 북핵 위기에 대한 중국의 안보 민감성에 변화가 있었다고 가정하며 두 변수의 상관관계에 따라 선택 가능한 4가지 형태의 개입 전략을 모델화하였다. 북·중 관계 같은 지리적으로 인접한 동맹국의 경우, 강대국의 개입 형태는 예방적 개입, 후원적 개입, 예의주시적 관망, 방관적 관망 등 네 가지 개입 형태가 있다. 실제 북핵 1, 2차 위기 시에 중국이 선택한 개입 전략이 방관적 관망 전략에서 예방적 개입 전략으로 변화하게 됨을 분석하였다.

32) Bonnie S. Glaser, Scott Snyder, and John S. Park, "Chinese Debates on North Korea", Pacific Forum CSIS, *PacNet* 11, 2008, p.2.
http://csis.org/publication/pacnet-11-chinese-debates-north-korea.

유류 제품 등의 대중 수출이 확대되었다. 또한 곡물과 광물성 연료의 대중 수입도 크게 늘어나면서 전체 교역 확대를 주도했다. 중국에 대한 무역 의존도가 심화된 다른 이유는 대일 교역의 감소이다. 2006년 북한의 1차 핵실험 후 북한의 대중 교역은 2008년도에 27억 달러를 기록, 북한의 전체 교역에서 73%를 차지하고 있다. 중국은 북한의 1차 핵실험 이후 국제사회의 대북제재에도 불구하고 북한에 대해 특별한 경제제재조치를 취하지 않았다. 따라서 과거 북한이 일본과 교역하던 물품을 중국으로 전환함으로써 일본의 대북제재조치의 실효성이 떨어지고 있다.

북한은 당·정·군 인사의 상호교류를 통해 핵실험 이후 소원해진 북·중 관계를 복원하는 데 주력하였다. 북한은 중국 국가주석 등 고위급 인사와 경제대표단 교류를 통해 경제교류를 제도화하고, 보장장치를 마련하는 데에도 노력을 기울였다. 2005년 3월에 박봉주 내각 총리가 방중하여 북·중 간 '투자 촉진 및 보호에 관한 협정'을 체결하고, 상하이 푸둥(浦東)지구 등 주요 공장 시찰과 투자·교역 확대문제 등을 논의하였다.33) 이어서 북한 경제대표단이 북·중 간 '경제·무역 및 과학기술협조위원회' 제1차 회의 참석차 방중하기도 했다. 또한 4월에는 북한 '품질감독국 대표단'이 방중해 '2005~2006년 규격화·계량·품질감독 부문 협조계획서'와 '2005~20006년 품질인증 분야 협조계획서'를 체결했다.34) 후진타오(胡錦濤) 국가

---

33) 『朝鮮經貿資詢網』, 2005년 5월 15일; KOTRA, 2005년 5월 18일

34) 북한은 중국뿐만 아니라 러시아와도 상품품질감독기관 간 '규격화·계량·품질감독 부문 협조계획서'를 맺는 등 상품의 품질을 높이려는 노력을 시작했다. 이것은 과거 생산 할당량을 채우는 것에 만족하던 북한 기업소와 공장 등에서도 상품 품질에 신경을 쓰기 시작했다는 것을 시사한다. 즉 7·1조치 이후 생산현장의 자율권이 확대되고 인센티브제가 도입되면서 북한에서도 소비자를 의식한 품질 경쟁이 벌어지고 있는 것으로 분석된다. 이에 대해서는 『경

주석 방북 시에는 양국 간 경협의 새로운 진전을 위한 4개 항에 합의하고 '조·중 경제기술협조에 관한 협정'이 체결되었다.[35]

2006년 초에는 김정일이 박봉주 내각총리, 강석주 외무성 제1부상 등을 대동하고 중국을 비공식 방문하여 광동성 광저우(廣州), 주하이(珠海), 선전(深川) 등 중국 중·남부 지역의 경제특구 현장을 직접 시찰하고 정상회담을 개최했다. 5월에는 북·중 간 '경제·무역 및 과학기술 협조위원회' 제2차 회의를 개최했는데,[36] 이는 양자 간 무역규모 증가, 경협 관련 법적·제도적 기반이 어느 정도 조성되면서 이루어진 것으로, 무역 및 경협 확대 등 경협 활성화 방안이 중점 논의되었다.[37] 2006년 유엔의 대북제재 결의안 통과에도 불구하고 중국과 북한 간의 무역은 다음 <표 25>와 같이 꾸준히 증가세를 보였다.

〈표 25〉 2000~2007년 북·중 무역 규모 추이

(단위: 억 달러, %)

구분	2000	2001	2002	2003	2004	2005	2006	2007상반기
규모	4.9	7.4	7.4	10.2	13.9	15.8	17.0	9.1
전체무역 대비 비중(남북교역 제외)	24.9	32.6	32.7	42.8	48.5	52.6	56.6	—

* 자료: 통일부, 『북한동향』, 제929호(2009. 2. 13).

제연구』, 2005년 제1호; 『한겨레신문』, 2005년 4월 30일자 참조.

35) 『조선중앙통신』, 2005년 10월 28일.

36) 『평양방송』, 2006년 5월 8일.

37) 북·중 '경제·무역 및 과학기술협조위원회' 제2차 회의는 양자 간 무역규모가 증가(2005년 15.8억 달러, 전년 대비 14% 증가)하고 중국의 대북투자가 확대되며 양자 간 '투자 촉진 및 보호에 관한 협정'(2005. 3), '경제기술협조에 관한 협정'(2005. 10) 체결 등 법·제도적 기반을 마련한 가운데 개최된 것으로 무역확대 등 경협 활성화 방안을 논의하기 위한 것으로 분석된다. 통일부, 『북한동향』, 제788호(2006. 5. 11).

2008년 북·중 무역은 27.8억 달러로 2007년 19.7억 달러와 비교하여 41.2% 증가하였다. 2008년 북·중 무역액은 1990년대 이후 북한의 대외무역 중 단일국가로는 최대(1990년 북·러 간 22.2억 달러) 규모이다. 이러한 북·중 무역 증가는 국제적인 대북제재 및 남북관계 경색으로 중국 외 국가와의 무역이 근본적인 한계를 갖는 상황에 기인하는 것으로 추정된다. 수출증가 원인은 광물자원의 단가 상승, 중국의 에너지 수요 증가, 북한의 공업생산능력 향상 등과 관련된 것으로 보이고, 수입증가 원인은 석유제품 단가 상승, 북한 내 생필품 수요 증가, 정권 창건 60돌 행사 준비 등과 관련된 것으로 분석된다.[38]

이상과 같은 북·중 관계는 일반적으로 혈맹(血盟) 혹은 순망치한(脣亡齒寒)의 전략적 동맹관계로 표현되기도 하지만 실제로는 동맹의 내용이 달라지고 있음을 알 수 있다.[39] 경제적으로 비대칭적인 관계가 심화되면서 중국의 입장에서 볼 때 북한의 경제적 비중이 계속 줄어드는 데 반해, 핵문제나 다른 정치적인 쟁점에서는 북한의 전략적 비중이 계속 유지되고 있다고 볼 수 있다. 코소보 사태 이후 북·중 관계 정상화 노력과 북핵 처리과정에서 드러났듯이 중국의

---

38) 대중수출은 7.5억 달러(전년 대비 29.7% 증가), 대중수입은 20.3억 달러(전년 대비 46.0% 증가)를 기록하였으며, 무역수지는 12.8억 달러 적자로 전년 8.1억 달러 적자 대비 57.7% 증가하였다. 주요 대중수출 품목은 △ 광(鑛) 2.1억 달러, △ 광물성연료 2.0억 달러, △ 철강 7.8천만 달러, △ 의류(직물) 7.7천만 달러, △ 어패류 3.9억 달러 등이다. 주요 대중수입 품목은 △ 석류류 5.8억 달러, △ 기계류 1.4억 달러, △ 전기기기류 1.0억 달러, △ 의류(편물) 8.6천 달러, △ 플라스틱류 8.0천만 달러 등이다. 통일부, 『북한동향』, 제929호 (2009. 2. 13).

39) 북·중동맹의 성격 변화에 대해서는 Yongho Kim, "The Sino-North Korean Issues & Studies: Before and After September 11", in Chul Koo Woo, Jinwoo Choi, eds, *Korea and China in the new global system* (Seoul: Korean Association of International Studies, 2002) 참조.

대미전략과 동북아 및 한반도 전략에서 북한은 중요한 카드이기 때문이다.40)

러시아는 북핵 문제로 인한 한반도의 불확실성 요인의 증대가 극동지역 경제 활성화에 장애요소로 작용하는 것을 원하지 않았기 때문에 북한의 비핵화를 위해 6자회담에서 적극적인 역할을 하고자 했다.41) 러시아는 한반도 문제에 대해 미국, 중국, 일본보다는 영향력이 크지 않지만 유엔의 대북제재 결의안 도출 과정에서 러시아의 태도가 대북제재의 수준과 범위를 결정하는 데 일정한 영향을 미쳤다. 러시아는 2006년 1차 핵실험 과정에서 러시아 주재 북한 대사를 소환하여 경고 메시지를 보내고 유엔 안보리 의장 비난성명에도 동참하였으나 유엔 안보리 결의 1718호의 채택과정에서 강력한 대북제재에는 반대하였던 것이다.42)

2009년 4월 23～24일에는 세르게이 라브로프(Sergei Lavrov) 러시아 외무장관이 2008년 10월 박의춘 외무상의 러시아 방문에 대한

---

40) 김재관, "제2차 북핵 위기 이후 북중관계의 근본적 변화 여부에 관한 연구: 경제/군사안보 영역의 최근 변화를 중심으로", 서강대학교 동아연구소, 『동아연구』 52, 2007, pp.283－324. 이수혁 당시 6자회담 수석대표는 6자회담에서 중국의 역할은 처음부터 선의의 중재자였다고 평가했다. 즉 중국은 모든 참여국들이 섭섭하지 않도록 배려하는 데 주력했다는 것이다. 때로는 양비론과 양시론으로 사안을 정리하였고, 이 점에 대해서 북한이 섭섭했을지 모르나 북한과 중국 간의 외교접촉이나 정책협의의 수준으로 추측할 때 북한도 중국으로부터 호의적 지원을 받으리라 기대하지 않았다고 분석했다.

41) 러시아는 6자회담에서 북한과 러시아 간 '특수관계' 이미지를 국제적으로 알리고, 이를 활용한 '정직한 브로커(honest broker)' 역할을 선보이려 하였으나 부시 행정부는 러시아의 태도를 비협조적이라 평가했다. 이에 대한 구체적인 내용은 후나바시 요이치, 앞의 책, pp.254－291 참조.

42) 당시 러시아가 북한 핵실험을 도와주었을 가능성이 제기된 가운데 세르게이 이바노프(Sergei Ivanov) 러시아 국방장관은 북한의 핵실험이 "핵비확산체제에 대한 커다란 타격"이라고 했으나 이에 따른 유엔의 제재에 무력사용은 배제되어야 한다고 강조했다. 또한 그는 북한이 '사실상' 세계 9번째 핵보유국이 됐다고 주장하며 모호한 입장을 취했다. 『연합뉴스』, 2006년 10월 11일자.

답방으로 북한을 방문하여 김영남 최고인민회의 상임위원장과 박의
춘 외무상을 면담하고 메드베데프(Dmitry Anatolyevich Medvedev)
러시아 대통령의 친서를 전달하였다. 또한 북·러 간 '2009~2010
년도 문화 및 과학교류 계획서'에 조인하였다.43) 그러나 2009년 북
한의 2차 핵실험에 대해서는 러시아 정부가 이례적으로 신속하게 외
교부 성명을 통해 반대 입장을 표명하고, 유엔 안보리 제재 논의를
착수하는 의장 발표문에 즉각 동참하였다. 또한 5월 28~29일 평양
에서 개최하기로 예정되었던 북·러 간 '경제·무역 및 과학기술협
조위원회' 회의를 무기 연기시킴으로써44) 러시아 정부는 북한의 핵
실험에 대해 강경하게 대응했다.

2. 통치이념 · 리더십

(1) 선군사상과 선군정치의 강화

앞 장에서 고찰한 바와 같이 김정일은 정권출범 초기에는 정권강

---

43) 통일부, 『북한동향』, 제940호(2009. 4. 28). 북한과 러시아는 2008년 10월 초에 나진-
   하산 간 철도의 개보수 작업의 착공식을 진행했으며, 나진항의 물류기능을 발전시키기 위한
   나진항 현대화 작업에도 협력하고 있다. 이에 소요되는 비용은 약 2,500억 원인 것으로 알
   려졌다. 『연합뉴스』, 2008년 10월 23일자.

44) 『연합뉴스』, 5월 26일자. 러시아의 대북 강경태도는 첫째, 2006년 10월의 1차 핵실험 때
   보다 강화된 북한의 핵능력이 동북아시아 불안정을 초래해 러시아의 극동개발전략에 차질을
   빚을 수 있다는 우려를 하고 있기 때문이며, 둘째, 북한의 6자회담 이탈을 막아 북한에 대한
   영향력을 유지하려는 의도가 있으며, 셋째, 유엔 안보리 순환 의장국인 러시아가 북한의 2차
   핵실험 이슈를 주도적으로 이끌면서 국제무대에서 자국의 입지를 키워 보겠다는 의도도 깔려
   있는 것으로 분석된다.

화 차원에서 선군정치를 활용하였다. 즉, 김정일의 새로운 통치이념이자 통치방식인 선군사상과 선군정치는 ① 체제유지 및 혁명수단으로 군사력 강화, ② 군을 앞세운 경제건설, ③ 사회 전반에 군 투쟁방식의 확산이라는 복합적인 의도를 내포한 것이었다. '강성대국'은 대내외 환경의 어려움 속에서 북한 주민들에게 제시된 장기적 목표이며, 이 목표를 달성하기 위한 선군정치는 '군에 의한 정치'가 아니라 '군을 앞세우는 정치'이다. 선군정치하에서 군의 위상은 군이 '당적지도'를 받는다는 점에서 여전히 변함이 없다. 대내외적 열악한 환경이 통치방식에 변화를 가져왔지만 '당의 우위'는 그대로 유지되는 것이었다.

또한 김정일의 선군정치는 이미 당 중앙군사위원회, 당 내부 군사기구들의 군에 대한 영향력을 약화시키면서 1998년 9월 헌법개정을 통해 김정일 국방위원장 1인에게 절대 군권을 부여해 놓았던바, 헌법상 국방위원회는 군 지휘권을 가지고 있지만(113조), 이는 국방위원회에 속하는 것이 아니라 조선인민군 최고사령관을 겸임하고 있는 김정일 국방위원장의 권한이다. 다시 말해, 국가기구에서 군 지휘권을 가진 기구가 별도로 없으며 개인에게 소속되어 있는 형태이다.[45]

북한은 국방위원장의 권한 강화에 대해 군대를 '혁명의 주력군'으로 내세우는 사업에는 군 통수권자의 높은 영도적 지위와 통솔력이 뒷받침되어야 한다고 주장하고 있다. 즉, '군 중시정치'는 군 통수권

---

45) 현성일은 공식활동이 불가피한 주석 직에 대한 김정일의 부담감과 탈출구가 보이지 않는 상황에서 '통치는 하되 책임은 지지 않는' 정치방식에 대한 선호가 선군정치의 주요 배경이 되었다고 본다. 이를 위해 경제는 권한이 보다 강화된 내각에 전적으로 위임하고 김정일은 국방위원장으로서 군사와 안보문제를 전담함으로써 안보 수호자의 이미지를 통해 지도자로서의 권위와 카리스마를 확보하려는 것이다. 현성일, 『북한의 국가전략과 파워엘리트』(서울: 선인, 2007), p.280 참조.

자 중심으로 이루어지므로 국방위원장의 권한을 강화할 필요가 있다. 국방위원장의 권한 강화 그리고 국방위원회의 업무범위 확대, 이것이 바로 선군정치의 '제도화'이다. 이렇게 본다면 1998년 헌법에서 강화된 것은 국방위원회의 권한이 아니라 국방위원장인 김정일의 군권 강화이다. 선군정치의 통치방식을 원활히 활용하기 위해 제도적 차원에서 국방위원장의 권한을 보완한 것이다. 김정일이 공식직함만 달리한 채 군을 통제하고, 당 중앙군사위원회가 뒷받침해 주는 시스템이라 할 수 있다.46)

북한의 군대는 실질적으로 당의 '혁명적 무장력'이라기보다는 김정일의 수령유일지배를 뒷받침하는 수단 및 도구로 전락하였다. 김정일은 총정치국·인민무력부·총참모부·보위사령부 등 각 군 조직을 병립화하고 각 조직으로부터 직보체계를 확립하였으며, 공식활동 시 각 군 조직의 최고위층과 실무 담당자들을 이중으로 수행케 함으로써 각 군 조직 간 상호견제와 감시를 통해 군의 세력화 방지, 충성경쟁 유도, 조직 내 상하 수직적 견제·감시로 정권불안 요인을 원천적으로 차단하였다.47)

북한은 한때 "군대는 곧 당이며 국가이며 인민"이라고 표현할 정도로 군사중시사상을 강조하고 총대에 나라의 운명을 맡기는 단계까지 갔다. 또 "군대는 인민대중의 핵심이고 독자적인 구성부분"이

---

46) 정성임, "북한의 '선군정치'와 군의 역할", 『국방연구』, 47(1), 2004, p.120.

47) 김정일은 국가보위부(김정일 직접통제), 총정치국(조명록), 보위사령부(원응희)를 통해 다중감시체계를 확립하였다. 특히, 총정치국(조명록, 현철해, 박재경 등) 인물들이 김정일 최측근 세력으로 군을 '김정일 군대화'하는 데 핵심적 역할을 담당한 것으로 파악된다. 총정치국은 군을 사상적으로 감시하기 위한 당중앙위원회 직속기관(당규약 52조)이지만 실질적으로 총정치국을 통제·지도하는 곳은 당비서국의 조직지도부로 알려져 있다. 전계이, "북한 김정일 국방위원장 공식활동 및 통치체제 특징분석", 국방부 편 『한반도 군비통제』 33, 2003, pp.295 - 296.

라며 "이것은 과거의 교과서에 없었던 논리"라고 주장하고 있다. 즉, 과거 주체사상이 북한 사회를 '수령 – 당 – 대중'으로 이어지는 지배구조를 염두에 두었다면, 선군정치가 지배하는 현 상황에서는 군대를 하나의 사회적 주체로 개념화하고 '수령 – 당 – 군대 – 대중'으로 이어지는 새로운 사회구조가 체계화되었다는 것이다.[48]

그러나 이와 같은 주장을 통해 북한의 왜곡된 지배구조와 파괴된 경제실상, 해체되고 있는 사회구조의 면면을 확연히 알 수 있다. 즉, 군대 중시는 곧 김정일의 유일지배와 권위를 총대로 보장하려는 의도이며, 노동집약적 역량으로서의 군대의 경제일익 담당 그리고 취약한 사회를 군인정신으로 지탱하고 일부 저항세력의 항거도 군대의 총대로 억압하려는 지배집단의 의도가 여기에 숨겨져 있다고 볼 수 있다.[49]

2001년 이후 북한은 부시 행정부의 대북강경정책에 맞서 김정일 체제를 유지하기 위해 '생존'의 차원에서 선군정치를 더욱 강화하고 있다. 북한은 2003년 3월의 이라크 전쟁의 경험을 통해 후세인(Saddam Hussein)의 정예부대인 공화국 수비대가 미군의 공세에 허망하게 무너지는 것을 보고 큰 충격을 받았으며, '다음 차례가 북한일 수도 있다'는 가능성에 대해 상당히 위협을 느낀 것으로 알려졌다. 이후 김정일이 군부대에 대한 현지지도를 강화하는 등 군대의 사기진작과 내부결속을 도모하기 위한 노력을 강화하였다는 점에서 그 충격과 위협의 일단을 알 수 있다.

2003년 4월 미국은 대량살상무기의 이전을 차단하기 위한 대량살

---

48) 김일성종합대학 조철 부총장의 『조선신보』와의 인터뷰 내용. 『조선신보』, 2006년 10월 10일자.

49) 안찬일, "북한 선군정치체제하의 군부 위상변화 연구", 『북한학보』 32, 2007, pp.20 – 21.

상무기확산방지구상(PSI)을 추진하였다. 이에 대해 북한은 자신을 겨냥한 '압살정책'으로 규정하고 강력하게 반발하였다. 북한은 2003년 4월 21일자 『로동신문』을 통해 선군정치는 나라와 민족의 자주성을 실현해 나가는 "자주정치의 최고 발현"이라고 주장하며 군사력을 담보로 한 선군정치와 선군사상의 정당성을 강조했다.

> 오늘과 같은 엄혹한 정세 속에서도 우리가 그 누구의 눈치를 봄이 없이 혁명적 원칙과 자주적 입장을 굽히지 않고 이미 선택한 사회주의 길을 따라 확신성 있게 전진하고 있는 것은 우리식의 독특한 선군정치가 있기 때문이다. 선군정치가 아니었다면 우리 인민은 사회주의 건설은 고사하고 나라의 자주권도 지켜내지 못하고 외세의 희생물이 된 지 오랬을 것이다.[50]

현실적으로나 경험적으로 북한이 보유하고 있는 가장 유용한 대외 협상수단은 핵, 미사일, 화생방무기 등의 군사적 억지력이다. 실제로 선군정치는 대외적으로 외교협상의 수단(diplomatic bargaining chip)의 역할을 하고,[51] 벼랑끝전술(brinkmanship) 능력을 크게 높이는 요인으로 활용되고 있다.[52] 이러한 맥락에서 2006년 10월 9일 북한이

---

50) 『로동신문』, 2003년 4월 21일자. 북한은 앞서 2003년 신년공동사설을 통해서는 핵문제를 둘러싼 미국과의 담판을 앞두고 엄중한 정세인식 속에서 비장한 각오를 보인 바 있다. 당시 북한은 강경한 어조로 반미, 반제투쟁을 강조하고 선군정치를 전면에 내세우면서 국방공업 강화 등을 강조해 마치 미국과의 전쟁을 준비하고 있는 듯한 대결적 분위기를 조성했다.

51) Narushige Michishita, "The Korean Summit and its Legacy: The Changing Military Equation on the Korean Peninsula", *EAST ASIA REVIEW* 13(4), 2001, p.44.

52) 벼랑끝전술 외 허풍전술(bluffing tactics), 야금야금 전술(salami tactics), 상대무시(ignorance), 분위기제압(toughness), 거짓양보(haggling), 시간벌기(deadline), 체면세우기(face-saving), 뽑아먹기식(raisin picking) 등 북한의 다양한 협상전략에 대해서는 척 다운스, 송승종 역, 『북한의 협상전략』(서울: 한울, 1999); 외교안보연구원 편, 『북한의 대외협상 행태분석과 우리의 대북 협상전략 수립방안』(서울: 외교안보연구원, 1997); 차재훈, "쌍무적 협상에서의 협상영향력 구성요소: 북미 협상과정에서 북한의 협상형태 분석을 중심으로", 『통일안보연구』 창간호, 2001; Scott Snyder, *Negotiating on the Edge*(Washington D.C.: United States Institute of Peace, 1998); Don Oberdorfer, *The Two Koreas: A Contemporary History*

핵실험 사실을 공표하면서 군부를 언급한 것은 매우 의미 있는 것이었다. 북한이 "핵실험은 100% 우리 지혜와 기술에 의거하여 진행된 것으로서 강위력한 자위적국방력을 갈망해온 우리 군대와 인민에게 커다란 고무와 기쁨을 안겨준 력사적사변"53)이라고 표현한 것은 핵실험이 군부의 의도와 관련되어 있음을 시사하고 군부의 사기와도 관련된 것임을 유추해 볼 수 있는 대목이다. 나아가 북한은 외무성 대변인 성명을 통해 핵무기 보유국가로서의 지위를 스스로 천명하며 그 누구의 위협에도 굴복하지 않을 것임을 재차 강조하였다.54)

2007년 10월은 북한에게 매우 만족스러운 환경이 조성된 시기였다. 10월 3일 6자회담에서 '9·19공동성명 이행을 위한 2단계 조치'에 관한 합의가 성사되었고, 10월 4일에는 2차 남북정상회담의 결실로 '남북관계 발전과 평화번영을 위한 선언'이 채택되었다. 그리고 대내적으로 2006년부터 시작된 보수적 국내정책의 강화 추세가 10월 장성택이 행정부장으로 임명됨으로써 확고하게 자리 잡았다.

이 세 가지 성과의 성격 및 그 후 2008~2009년 기간에 북한이 표명해 온 입장을 종합해 볼 때 당시 북한 당국이 설정한 국가전략은 다음과 같이 요약될 수 있다. 첫째, 이미 확보한 플루토늄과 핵무기는 비핵화 협상에서 제외한다. 둘째, 한국은 북한에 대해 정치적, 경제적, 외교적 지원세력으로 기능해야 한다. 셋째, 북한은 개혁·개방을 배격하며 현존 체제를 유지한다. 이와 같은 전략을 추구하는 북한의 목적은 대외안보 면에서는 사실상 핵보유국으로 승인 또는

(New York: Basic Books, 2002) 등을 참조.

53) 『조선중앙통신』, 2006년 10월 9일.

54) 『조선중앙통신』, 2006년 10월 17일.

묵시적으로 인정받고, 대내적으로는 현존 체제를 유지하면서 '협력'에 의해서든 '협박'의 결실에 의해서든 외부원조에 의해 존속하는 것이다.55)

북한은 2009년 2월과 4월에 내부체제를 정비하여 현재 국방위원회는 군부, 국방공업, 내부치안을 3두로 하는 조직임을 보여 주고 있다. 4월 9일 개최된 최고인민회의 제12기 1차 회의를 통해 국방위원회에 장성택 노동당 행정부장, 우동측 국가안전보위부 수석 부부장, 김정각 총정치국 제1부국장, 주상성 인민보안상, 주규창 당 군수공업부 제1부부장이 새로 진입했다. 특히, 주규창 당 군수공업부 제1부부장은 미사일 개발의 일등 공신으로 알려져 그의 국방위원 선출에는 북한이 '성공적 발사'라고 주장하는 2009년의 장거리 로켓 발사도 작용한 것으로 추측된다.56)

이와 같이 선군정치는 위기에 처한 북한식 사회주의를 고수하고 권력을 유지하기 위한 김정일의 통치방식이다. 이 위기관리방식으로 북한은 핵무기 개발과 미사일 발사 등 대내외에 위협과 협박을 적당히 혼합해 가며 시대착오적인 정치체제를 유지해 오고 있다. 선군정치는 잠정적이거나 임시적인 것이 아니라 향후 북한의 차기 세습체제 구축을 위한 과정에서도 계승 발전되어 나갈 가능성이 크다.

---

55) 조민, "북한 핵실험과 동북아 전략구도", 통일연구원, *Online Series*, CO 09 - 36, 2009.

56) 『연합뉴스』, 2009년 4월 10일자. 노동당 군수공업부는 핵과 미사일 연구개발을 비롯한 북한의 군수공업분야 전반을 책임지고 있는 전담부서이다. 1980년대 이전에는 해외와의 전략무기 수출입 사업은 하지 않았으나 1980년 이후에는 이 사업도 진행하고 있다고 한다. 핵 미사일 등 전략무기 연구개발 담당부서가 올해 초 중앙당 군수공업부에서 국방위원회 직속부서로 이전되었다. 이 부서의 지휘자는 당 군수공업부 제1부부장인 주규창이며, 4월 그가 국방위원회 위원이 된 것도 이 사실과 관련이 있다. 이는 국방위원회가 상층부 정책회의체 수준을 벗어나 하부 집행기관까지 확충하는 실질적 권력체로 변모하고 있음을 시사한다.

(2) 핵전략의 본격 추진: 2012년 강성대국 건설의 핵심

북한 대외정책의 최우선순위가 김정일 정권의 유지에 있고 북한의 국가발전보다 우선시된다는 것은 익히 논의된 사실이다. 차우셰스쿠나 밀로셰비치, 후세인의 사례에서 볼 수 있듯이 루마니아, 유고슬라비아, 이라크의 민주화나 경제적 번영이 이들에게 아무 의미가 없었듯이 북한의 경제번영 또한 김정일의 정치적 생존이 담보되지 않는다면 아무 의미가 없을 것이다. 그 때문에 경제난에도 불구하고 선군정치를 통치방식으로 내세웠고, 핵실험을 발표하면서 군부가 언급된 것이다.

그런데 이러한 북한의 정책우선순위는 정녕 북한 핵문제를 분석함에 있어서는 고려대상에서 배제되어 왔다. 북한은 지속적으로 핵무기 개발을 추진해 왔으며, 전쟁으로까지 이어질 가능성이 낮은 경우 북한은 의도적으로 긴장을 고조시키는 정책을 구사해 왔다. 특히, 북한은 김정일의 이름이 언급되면서 국제사회의 비난을 받게 될 경우 지극히 호전적인 반응을 보여 왔다. 그러나 미국이 실제로 군사제재의 움직임을 보이거나 그럴 개연성이 높을 경우에는 협력적 태도로 전환했다.[57)

반면, 2002년 10월 북한이 농축우라늄 핵프로그램의 존재를 시인

---

57) 북한이 6자회담에 복귀하는 등 핵외교 구사에 있어서 협력적 태도를 보일 경우를 분석해 보면 미국의 제한된 군사위협이라는 독립변수를 찾아볼 수 있다. 남한과의 합동군사훈련이나 F -117 스텔스 폭격기의 남한 배치, 항모의 한반도 수역 이동배치 등의 군사적 조치들이 북한의 협력적 태도로의 전환 이전에 취해졌다는 사실은 강압적 외교가 항상 위기인식을 유발할 수 있는 도구와 함께 수반되어야 효과적이라는 것을 시사해 준다. 김용호 · 김명철. "향후 북한의 6자회담 전략 및 대미 전략", 한국국제정치학회 주최 2007년도 북핵문제 국제학술회의 발표논문, 2007, p.50.

하였던 당시 미국은 이라크 전쟁으로 인하여 관심이 분산되어 있었고 전쟁이 종결된 후에도 개전의 정당성 논란에 휘말려 북한에 대한 무력제재의 정책적 여유가 없었다. 미국의 경고성 발언은 실제 군사행동으로 이어지지 않았고 북한에 제시한 레드라인(red line)은 미사일 시험발사, 핵실험 강행 때마다 조금씩 양보되어 현재는 '핵확산 방지'라는 선으로 물러나 있다. 이는 북한과 미국 모두가 전쟁의 위험을 감수할 만한 의지가 없음을 시사하는 것이다 이 상황에서는 보다 절실한 쪽에게 보다 유리한 상황이 전개될 수밖에 없다.58)

1998년 '광명성 1호' 미사일 발사나 2005년 2월 10일 핵무기 보유 공식선언과 2006~2009년의 미사일 시험발사 그리고 두 차례의 핵실험은 북한이 군사강국임을 대내외에 선전함으로써 정치적·군사적 목적을 달성하고 외교협상에서 유리한 위치를 선점하고자 하는 벼랑끝전술을 반영하는 것이다. 여전히 북한은 위기를 극복하는 방식에 있어서 위기의 재생산을 시도하는 모험주의적 정책을 구사하고 있다. 이러한 정책은 북한을 블랙박스(black box)로 인식하는 외부의 북한에 대한 정세판단을 더욱 불확실하게 함으로써 북한은 대외협상력을 증대시키는 동시에 내부의 단결을 도모하는 이중적인 효과를 거둘 수 있다.59)

모든 무기체계는 그것을 보유한 국가의 의지 혹은 국가전략을 반

---

58) 김용호·김명철, 앞의 글, p.39.

59) 류길재는 북한의 대외적 행태가 외부세계의 기대치와 항상 거리를 두고 있는 근본적인 이유에 대해 김정일 정권하의 국가가 체제의 기본적인 틀에 위협이 되는 정책적 변화를 시도할 수 없도록 하기 때문이라고 본다. 그런 의미에서 북한은 예외국가적 성격을 가지며 예외국가가 수호하고자 하는 것은 김정일이라는 최고지도자의 의사와 권력이 체제 전체를 지배하는 주요한 동력이 되는 체제 그 자체이다. 따라서 김정일이라는 개인 역시 이러한 체제 자체를 변화시킬 수 없다. 류길재, "북한의 정치체제 변화와 국가변용", 『북한연구학회보』 3(1), 1999, p.29 참조.

영한다. 전략미사일을 보유하는 국가는 원거리에 위치한 잠재적 위협요소를 언제라도 타격할 수 있다는 국가 의지를 드러내고 있다. 미국·러시아·중국·프랑스·영국 등 NPT 체제하의 5대 핵보유국과 인도·파키스탄·이스라엘 등 그 외곽 핵보유국들의 국가 의지는 자명하다. 자국의 군사능력을 최대한 끌어올려 가상적국에 의한 군사적 우위를 절대 허용하지 않고, 절대무기의 위력을 바탕으로 자국의 국제적 위상을 높이면서 자신이 원하는 방향으로 대외정책을 이끌고 가겠다는 것이다.

북한도 궁극적으로 이러한 목적들을 달성하기 위해 필사적으로 핵 개발을 추진하고 있는 것이다. 즉, 북한이 단순히 대미협상을 유리하게 하기 위해 핵 개발을 시도하고 있다는 해석은 핵무기 체계에 내재된 군사전략의 함의를 읽어내지 못한 것이라고 할 수 있다. 북한은 한때 대남 국력 우위를 점했으나 1980년대 후반 이후로 한국과 국력 격차가 벌어지기 시작했고, 설상가상으로 후견국이었던 소련과 중국이 1990년대 이후 한국과 국교를 수립했다. 국내적으로는 체제의 구심점이 돼 왔던 김일성이 사망하고, 자연재해와 식량난으로 체제위기가 증폭됐다. 북한 정권 자체가 대내외에서 터져 나오는 도전으로부터 죽느냐 사느냐의 기로에 서게 된 것이었다. 여기서 김정일 체제는 한국과의 확대되는 국력 격차를 일거에 따라잡으면서 정권의 생존을 보장해 주는 거의 유일한 국가전략으로, 자신들이 보유한 인적 자원과 과학기술 등을 총동원한 핵 개발에 집착하게 된 것이다.[60]

이와 같이 '핵을 무조건 가져야 한다.'는 것이 김정일과 그의 핵심 참모들의 일치된 사고 틀이며, '핵보유로 가놓고 보자.'는 입장이 북

---

60) 『중앙일보』, 2009년 6월 2일자.

한 핵전략의 기본방침이다. 따라서 핵무기 체계 완성과 미사일 장착의 핵탄두 보유국으로 가는 길에 타협은 있을 수 없다. 북한의 핵무기 보유방침은 미국 행정부의 교체나 국제정세의 변화에 따라 흔들릴 수도 없으며 협상에 의한 근본전략의 포기를 기대하는 일은 애초부터 불가능했다. 즉, 북한은 이미 확정된 전략노선을 따르고 있을 뿐이다.61) 북한은 나름대로 정책결정과정을 갖추고 있지만 핵실험이나 미사일 발사와 같은 '국가 최대 현안'에 대한 결정은 김정일의 권한이다. 북한과 같은 수령유일지배체제하에서 핵실험의 결정은 김정일 외에는 그 누가 함부로 결심할 수도, 추진할 수도 없음은 자명하다. 정책결정과정을 무시한 채 김정일이 직접 결심하고 지시하면 관련 기관들은 일사천리로 그 실천을 위해 움직이게 마련이다. 강경파인 군부가 김정일에게 핵실험을 강력히 주장했다고 하더라도 김정일의 생각이 다르다면 실험은 불가능하다고 할 수 있다.

결국 핵실험은 선군정치의 미명하에 핵클럽의 일원이 되려는 김정일과 그의 충실한 군부의 합작품이라고 할 수 있다. 구체적으로 김정일의 직접적인 지휘 아래 핵실험을 주관한 것은 군부와 핵무기 개발을 담당하고 있는 노동당 군수공업부로 관측된다. 핵개발 관련 기관인 원자력총국은 내각 산하로 돼 있으나 실질적으로는 내각의 지휘가 아닌 당 군수공업부 직속이다.62) 핵공학은 실험공학으로 핵실

---

61) 조민, 앞의 글, p.1.

62) 현성일, 앞의 책 pp.421 - 423. 따라서 그동안 대외적으로 핵협상을 주도했던 외무성은 핵실험에서는 철저히 배제됐다는 것이 대다수 견해이다. 외무성은 회담이나 협상이 있을 때에만 참여할 뿐 핵실험과 같은 사안에는 결정권도 없고, 아예 참여도 불가능하다. 설사 외무성 등 내심 협상을 원하는 기관이나 인사가 핵실험 준비과정 등에 참여했다고 해도 목숨을 내놓지 않는 한 김정일이 직접 지시한 핵실험을 반대할 수는 없다. 『연합뉴스』, 2006년 10월 9일자.

험을 거듭할수록 위력과 성능이 개선된다. 북한이 5월 25일의 제2차 핵실험으로 과학적으로 입증된 핵보유국의 지위로 격상된다면 정치적 논쟁의 차원에 그친 제1차 핵실험의 한계를 극복하게 된다. 이에 『조선중앙통신』은 핵실험 후 즉각 "또 한 차례의 지하핵실험을 성과적으로 진행"이라는 제하의 보도문을 통해 이번 핵실험은 "폭발력과 조종기술에 있어서 새로운 높은 단계에서" 진행되었고, "핵무기의 위력을 더욱 높이고 핵기술을 끊임없이 발전시켜 나갈 수 있는 과학기술적 문제들을 해결했다."[63]고 선언했다. 이제 북한의 핵전략은 명료해졌다. 북한은 이미 개발한 핵을 포기할 수 없으며 협상 대상이 아니라는 입장을 고수할 것이다. 북한은 미국이 악화된 북·미 관계를 개선하려면 '대담한 접근법'을 채택해야 한다면서 '뚜렷한 정책전환 의지'를 보일 것을 촉구했다.[64] 이는 북한의 일관된 주장으로 결국 핵보유국 지위 인정을 전제로 정전협정을 평화협정으로 바꾸는 문제를 협상하자는 것이다.

미국은 북핵 인정 거부원칙에도 불구하고 북한의 핵을 포기시킬 수 있는 뚜렷한 수단이 없는 실정이다. 북한의 핵전략을 변화시킬 수 있는 대안 제시가 쉽지 않다. 오바마 행정부는 제1차 핵위기 당시 클린턴 행정부가 취했던 북핵 포기에 대한 결연한 의지나 전략적 대응태세를 전혀 보여 주지 못했다. 북한은 이러한 미국의 전략적 한계를 충분히 파악하였으며 오히려 대북정책의 '정치적 공백' 상태를 활용하여 핵보유국의 지위를 굳히려는 전략을 강행하였다.[65]

---

63) 『조선중앙통신』, 2009년 5월 25일

64) 『조선신보』, 2009년 5월 23일자.

65) 조민, 앞의 글, pp.1-2.

이와 같은 일련의 사태를 통해 북한이 핵무기 개발을 포기할 가능성은 더욱 희박해졌고 김정일의 핵보유국 지위 획득 의도가 분명해지고 있다. 김정일은 4월 24일 '광명성 2호' 장거리 로켓 발사와 관련된 수훈자들과의 기념사진 촬영 자리에서 군과 당의 핵심 일꾼들에게 "우리는 선군정치로 정치와 군사에서 이미 대국이 되었다."면서 "2012년까지 가장 중요한 목표는 명실상부한 핵보유국의 지위를 인정받는 것"이라고 말했다. 김정일은 이어서 "우리식 사회주의를 지키기만 하면 현재 어려운 인민들의 생활을 개선하기 위한 경제문제를 푸는 것은 문제도 아니다. ……주변 정세변화에 흔들리지 말고 우리의 의지대로 혁명과업(강성대국 건설)을 수행하기 위하여 총돌격"할 것을 촉구했다.66) 이와 관련하여 북한은 2003년 6월 9일『조선중앙통신』논평을 통해 다음과 같은 주장을 하였다. 이 보도는 미국이 핵무기 선제공격을 할 수 있다고 위협해 온 터에 북한은 심각한 경제난으로 재래식 군비증강을 꾀하기 어려우나 값싸게 핵무기로 무장해 놓고 군비를 줄여 경제성장에 힘쓰겠다는 것으로 해석된다.

> 우리가 핵억제력을 갖추고자 하는 것은 그 누구를 위협하고 공갈하기 위해서가 아니라 앞으로 재래식 무기를 축소하며 인적 자원과 자금을 경제건설과 인민생활에 돌리려는 데 있다. ……미국이 조선에 대해 적대정책을 포기하지 않는 한 자금이 적게 들면서도 그 어떤 첨단무기나 핵무기도 무력화시킬 수 있는 강력한 물리적 억제력을 강화해 나갈 것이다.67)

이상의 김정일의 언급에서 드러나듯이 경제논리는 부차적인 사안

---

66) "김정일 '강성대국 의미, 핵보유국 지위 획득' - '강성대국 건설위해 총돌격 촉구'",『노컷뉴스』, 2009년 5월 11일(http://www.cbs.co.kr/nocut/show.asp?idx=1144006).
67)『조선중앙통신』, 2003년 6월 9일.

에 불과하다. 따라서 북한은 경제문제나 주민들의 먹고 사는 문제에 대해서 큰 목소리를 낼 수 없고, 그들의 스케줄에 따라 과학기술적 문제와 실무적 준비상태가 완료되면 핵보유 코스로 무조건 돌진할 수밖에 없는 것이다.[68] 현재까지 중국에서 북한 핵문제에 대해 가장 유력했던 관측은 북한이 이른바 '핵카드'를 활용해 미국과 담판을 시도한다는 것이었다. 그런데 북한이 추구했던 것이 이러한 단순한 '핵카드론'의 일시적인 전술운용이 아니라 과학기술과 종합국력의 상징으로 간주되는 핵무기 보유 자체로, 이는 곧 '강성대국'의 핵심적 내용이고 북한의 국책(國策)이자 전략적 선택이라는 주장이 최근 급속하게 힘을 얻어 가고 있다.[69]

다시 말해, 북한은 '사회주의 강국'과 '현대적 국방력 강화'를 상징하는 핵무기 개발을 통해 '작은 사회주의 강국' 이미지를 구축하여 대내외적인 정치적 위신을 증대시킴으로써 그들의 유일지배정권 안보를 추구하고 있다.[70] 과학기술의 발전을 통한 경제강국 건설의 원대한 계획의 성공 가능성이 전무한 북한의 상황에서 김정일은 본격적인 핵전략으로 2012년 핵보유국 지위를 획득한 '군사강국으로서

---

68) 조민, 앞의 글, p.3.

69) 중국 공산당 중앙당교(黨校) 국제전략연구소 장롄구이 교수가 그 대표적인 주창자인데, 장 교수는 북한이 6자회담이나 남북대화, 미국과의 대화를 활용해 자신에 대한 압박을 완화시키고 시간을 벌면서 핵을 개발해 왔다고 분석한다. 최근 북한은 6자회담에 영원히 참여하지 않겠다고 천명함으로써 핵을 사실상 보유하게 된 현재의 시점에서 6자회담은 이미 '수단'으로서의 사명을 마쳤으며, 따라서 이제 6자회담의 '보호'가 필요 없게 되었다고 판단한 것으로 보고 있다. 소준섭, "'문제아 키웠다' 안면 바꾸는 중국", 『시사저널』, 통권 1025호, 2009, pp.26 - 27.

70) 정영태, "북한 핵실험 이후 북한의 군사정책", 단국대학교 정책과학연구소, 『정책과학연구』, 16(2), 2006, p.88. 북한은 1964년 10월 중국의 핵실험 성공과 관련, "두 차례에 걸친 원자폭탄의 성과적인 폭발은 중화인민공화국의 방위력을 강화하는 데 커다란 의의를 가졌다. 이것은 중국의 공업 및 과학기술이 새로운 발전 수준에 도달하였다는 것을 보여 주는 것으로서 미제국주의자들의 핵공갈과 새 전쟁도발 책동에 심대한 타격을 주었다."고 논평했다. 『로동신문』, 1965년 10월 26일자.

의 강성대국'을 주민들에게 보여 주고, 연후에 핵무기를 활용한 경제
적 지원 획득 등을 통해 '경제 살리기' 행보에 나설 것으로 보인다.

3. 선군시대 경제건설노선: 국방공업 우선발전

(1) 국방공업 우선발전 전략

북한은 2003년 들어 '선군사상'을 더욱 강조하기 시작했다. 당시
의 '선군사상'은 국방공업71) 강화라는 주요 특징을 가지고 있었다.
북한은 국방공업을 중공업과 같이 등치시키고 국방을 튼튼히 하기
위해 선차적으로 국방공업에 힘을 넣어야 한다고 강조하고 있다.72)
또한 사회주의 경제발전의 원동력을 '혁명적 군인정신'이라고 하며,
경제발전에서 '혁명성'을 강조하고 있다. 이는 "사회주의를 건설하는
데서 혁명성을 견지하는 것이 중요하지만 혁명성 하나만 가지고 혁
명과 건설을 다그치던 때는 지나갔다. …높은 혁명성 더하기 과학기
술, 이것이 사회주의를 이끄는 지름길이다."73)라며 정보산업과 과학

---

71) 북한에서는 '국방공업' 또는 '군수공업'이라는 표현을 사용하고 있다. 국방공업은 "전투기술
   기자재들과 군인들의 필수품 등 군사적 목적에 필요한 제품들을 생산하는 공업"이라고 규정
   된다. 『경제사전』, 1970, pp.222 - 223. 이 책에서는 군수산업, 국방산업, 국방공업의 용어
   를 모두 사용하였다.
72) 김동식, "자립적이며 현대적인 국방공업을 창설하신 위대한 수령 김일성동지의 불멸의 업적",
   『경제연구』, 2003년 제3호; 조옥실, "선군시대 사회주의경제건설의 추동력", 『경제연구』,
   2003년 제3호; 박명혁, "사회주의기본경제법칙과 선군시대 경제건설에서 그의 구현", 『경
   제연구』, 2003년 제3호 참조.
73) 『로동신문』, 『근로자』, 2000년 7월 4일자.

기술정책의 중요성을 강조하던 것과는 많은 차이가 있다. 사실 김정일 체제 출범 이래로 북한의 대내외정책은 언제나 북핵 문제의 타결과 사회주의적 방법에 의한 경제난 해소가 그 중심에 있어 왔다. 이들 두 가지 문제는 하나가 정치군사적 차원의 외부문제라고 한다면, 다른 하나는 경제적 난관 해결을 위한 내부문제라고 할 수 있다. 이 때문에 이들 문제는 그동안 명시적이든 묵시적이든 서로 다른 별개의 문제인 것처럼 취급되어 왔다. 그러나 이들 문제는 북한의 '강성대국' 건설이라는 동일한 목표 아래 작동하고 있기 때문에 기능적으로 밀접한 관련을 맺고 있는 것도 사실이다. 이것은 북한이 이들 두 문제의 동시 해결을 위한 방안 모색에 부심해 오고 있다는 사실에서 쉽게 확인할 수 있다. 예컨대, 북한이 선군시대의 전략적 노선으로서 '국방공업의 우선발전'과 '경공업·농업 동시발전'을 전면에 내세우고 강조해 오고 있는 것은 북핵 문제와 경제난의 결합으로서 같은 맥락으로 이해될 수 있다.74) 따라서 오늘날 북한에서 이 두 문제를 여하히 해결하느냐의 여부는 북한의 체제유지 여부와 그 진행방향을 규정짓는 중요한 관건이 된다고 할 수 있다.

북한은 상기한 바와 같이 2002년 10월 북한의 농축우라늄 핵 프로그램 시인 이래 급속도로 악화된 대외안보정세의 영향으로 '국방공업 우선발전, 경공업·농업 동시발전 노선'을 강조하는 경향이 뚜렷해졌다. 북한은 선군정치를 표방하면서 중공업 우선발전을 국방공업 우선발전으로 축소 변경하고, 대신 경공업과 농업의 발전을 부각시켜 강조하였다. 국방공업 우선발전은 어려운 북한 경제상황에 비추어 볼 때 김일성과 같이 모든 중공업부문의 발전을 광범위하게 꾀

---

74) 서재영, 『우리 당의 선군시대 경제사상해설』(평양: 조선로동당출판사, 2005), pp.21-34.

할 수 없는 만큼 이 가운데 국방공업에 선차적인 힘을 집중하겠다는 것이다.

아울러 김정일의 국방공업 우선발전 노선은 체제유지에 대한 불안감이 바탕에 짙게 깔려 있다. 부시 대통령의 악의 축 발언, 핵보유 선언 등으로 인한 북·미 관계 악화 등 불안한 대외정세와 관련하여 강력한 군사력 없이는 자주권, 생존권과 사회주의를 지킬 수 없기 때문에 국방공업의 발전은 사활적인 문제라는 것이다.

> 우리 시대, 우리 혁명에서는 군사가 첫째이고 국방공업이 선차이며 국방공업을 강화발전시키는 것은 우리에게 사활적인 문제로 나선다.75)

북한은 국방공업 우선발전이 당의 선군시대 사회주의 건설에서 핵심적 지위를 차지한다고 강조한다. 그리고 국방공업 발전에는 핵 개발이 중심적 역할을 하고 있다. 또한 북한은 제국주의가 남아 있는 한 무기와 장비의 보급을 외국에 의존하는 것은 지극히 위험하다고 보았다. 따라서 북한은 독자적인 국방공업 발전으로 튼튼한 무기생산체계 구축과 무장장비 현대화 사업이 중요하다는 것을 확실히 하였던 것이다. 한편, 2000년 남북정상회담을 계기로 금강산 관광이 본격화되고 개성공단 건설이 추진되는 등 남북한 경협 확대와 남한의 대북지원에 힘입어 북한의 국내총생산(GDP)은 2000년 1.3%, 2001년 3.7%, 2002년 1.2%, 2003년 1.8%, 2004년 2.2%, 2005년 3.8% 등으로 미약하나마 성장세로 돌아섰다.

---

75) 김정일, 『당의 과학기술중시로선을 철저히 관철할데 대하여』, p.2.

(단위: %)

1995	1996	1997	1998	1999	2000	2001	2002	2003	2004	2005	2006	2007	2008
-4.1	-3.6	-6.3	-1.1	6.2	1.3	3.7	1.2	1.8	2.2	3.8	-1.1	-2.3	3.7
(9.2)	(7.0)	(4.7)	(-6.9)	(9.5)	(8.5)	(3.8)	(7.0)	(3.1)	(4.7)	(4.2)	(5.1)	(5.0)	(2.5)

* 주: ( ) 내는 남한의 경제성장률.
* 자료: 한국은행, 각 연도.

한편, 북한은 2002년 7·1조치를 통해 임금 및 물가 현실화, 환율 인상 및 배급제의 단계적 축소, 기업의 자율권 확대, 인센티브제 도입 등을 통해 고난의 행군 시기에 음성적으로 퍼진 시장경제요소를 제한적으로 양성화해 계획경제가 실패한 부분을 보완하고자 했다. 7·1조치와 그에 따른 기존 농민시장의 종합시장 확대와 같은 후속조치들은 인플레이션과 소득분배 불균형에 따른 양극화 심화 등의 부작용을 초래했으나 생산의욕 증대를 통한 생산성 증가, 산업시설 확충 등 경제와 주민생활 회복에 기여한 것이 사실이다. 그러나 미국과 핵문제 대립 속에 북한이 장거리 미사일 발사와 핵실험을 강행한 결과 유엔 등 국제사회의 대북제제가 강화되었고, 북한 경제는 <표 26>과 같이 2006년 -1.1%, 2007년 -2.3%로 다시 뒷걸음질 치기 시작했다. 이러한 사실은 1999년 이후에 나타난 북한 경제의 저성장조차도 본격적인 산업생산의 회복에 기인한 것이 아니라는 것을 반증하는 것이라고 할 수 있다.[76] 또한 북한의 제한적인 시장경제 실험 역시 7·1조치와 그 후속조치 이행과정에서 나타난 체제안전에 대한 불안감으로 정부 당국이 시장통제와 단속으로의 회귀 유혹을

---

76) 2008년 북한의 GDP가 2006년과 2007년의 마이너스 성장에서 벗어나 플러스 성장으로 돌아섰지만 이 역시 북한 내부의 성장 동력이 개선된 결과는 아니다. 즉 좋은 기상여건에 따른 곡물생산 증가, 6자회담 결과 이뤄진 중유 및 원자재 지원 등이 일시적인 주요 요인이 됐다. 한국은행, "2008년 북한 경제성장률 추정 결과", 보도자료, 2009년 6월 29일.

이기지 못하는 한계를 노정했다. 북한 당국은 7·1조치 후 3개월 만에 "국방공업을 우선적으로 발전시키면서 경공업과 농업을 동시에 발전시킨다."는 '선군시대 경제건설노선'을 제시했던 것이다. 김정일의 선군정치와 경제정책노선은 '국방'을 강조한 경제－국방 병진노선의 또 따른 표현이라고 할 수 있다. 김정일은 선군정치를 내세우면서 군대와 경제의 일체화를 모색하고 군사부문에 김일성보다 더 강도 높은 집착을 보이고 있는 것이다.

이와 같은 김정일의 노선에 대해 북한은 6·25전쟁 직후 제1차 7개년계획의 김일성 노선을 계승하면서 이를 오늘날의 시대적 요구에 맞게 심화·발전시킨 독창적 노선이라고 주장하고 있다.77) 즉, 북한은 김정일의 노선이 선군시대에 풀어야 할 국방, 경제건설, 인민생활 문제 3가지를 '가장 올바로' 결합한 독창적 노선이라고 미화·강조하고 있다. 그러나 실제로는 이 노선의 사회주의 옹호고수와 경제건설 또는 주민생활 보장문제 사이에서 또는 정치경제적 목적(집착)과 현실적 제약의 사이에서 김정일 정권이 부심하고 있는 모습을 엿볼 수 있다. 자원배분 면에서 김정일은 국방공업과 국방과학기술 등 일부 부문 그리고 농업 외의 여타 산업 부문에 대해서는 거의 방치하다시피 하고 있다.78)

국방공업의 강조는 과학기술중시정책에 중요한 문제로 작용할 수 있다. 국방공업의 강화는 군수산업으로의 인력과 물자의 증가를 통해 단절적 기술체제를 더욱 심화시켜 과학기술의 발전과 산업의 생산성 향상에 부정적인 영향을 미치게 된다. 또한 '혁명적 군인정신'

---

77) 서재영, 앞의 책, p.22.
78) 홍성국, "김정일 경제정책노선의 차별성", 『북한』, 2007년 6월호, p.71.

의 강화는 노동력 투입으로 인한 '외연적 성장'을 강화시켜 '내포적 성장'으로서의 생산성 향상에 부정적인 결과를 가져올 것이다. 더욱이 전 국가의 '군사국가화'는 북한 사회주의 체제의 중앙집권적 계획시스템에 있어서의 교조적 적용을 야기할 가능성이 크며, 결국 과학기술중시정책은 정책적 실효성이 약화될 것이다.

(2) 북한 체제의 전근대성 지속과 대량살상무기(WMD) 생존전략

1) 북한 체제의 전근대적 특성과 과학기술중시의 모순

한 나라의 국력은 경제, 국방, 외교의 3요소에 의해 결정된다. 이들 3요소의 우열은 그 나라의 과학기술 발전수준에 의해 크게 영향을 받는다. 북한이 고수하고 있는 주체과학이 독자적인 면모를 갖추고 있다고 하나 비교정치학적 측면에서 볼 때 이는 체제를 떠나 전근대적인 사회의 특징일 뿐이다. 전근대적인 사회는 낮은 수준의 전문화, 높은 수준의 자급자족성, 전통적인 문화규범, 특수주의, 기능적 포괄성, 화폐유통과 시장경제의 경시, 족벌주의와 같은 가족규범, 지방에서 도시로의 재화와 용역의 일방적 흐름 등의 특성을 지니고 있기 때문이다.79) 이러한 전근대적 특성은 북한의 경제, 정치 그리고 군사부문에서 만연한다. 예를 들어, 북한의 전근대적 경제적 특성은 폐

---

79) 정치경제적 관점의 엄염한 의미에서 북한 체제를 사회주의 체제로 보기는 어렵다. 정상적인 국가통치가 잠정적으로 유보된 채 김정일의 결심과 행보에 의해 순간순간 정책이 결정되는 것도 그렇고, 특히, 경제구조의 마비와 주민생활의 어려움은 북한을 더 이상 정상적인 사회주의 국가로 평가하는 것을 허용할 수 없게 만들고 있다. 안찬일, 앞의 글, 2006, p.109 참조.

쇄적이고 자급자족적인 교역 및 투자행태, 유익한 사업거래로의 접근 차단 그리고 농업, 산업, 서비스 분야에서의 생산성 향상을 위한 신기술 도입의 결여 등을 포함한다. 전근대적인 정치적 특징들은 1인 지배체제의 제도화와 통합보다는 분리를 극단적으로 강조하는 것을 포함한다. 이러한 전근대적 특성으로 인해 북한 체제는 정보기술에의 철저한 접근 제한, 다른 국가와 정부의 경험과 정보 그리고 보건 및 다른 공공서비스 분야에 대한 광범위한 접근 결여를 부수적으로 경험하고 있다.

북한 체제의 전근대적 특징은 북한군에까지 확장되어 있는데, 이 현저한 특징은 북한의 경제구조와 자원의 합리적 배분을 왜곡시키고 있다. 북한군의 전근대성으로 인해 북한군 내 군종 간 접촉으로부터 격리되어 있을 뿐만 아니라 외국의 효율적인 군사조직, 훈련, 통신 그리고 여타 군사조직 요소들에 대한 정보접근이 차단되어 있다. 외부세계에 대한 뿌리 깊은 불신, 국가의 독립과 자주(주체)에 대한 찬양 그리고 외부세계로부터의 국가의 '독특성'의 보호 등이 북한의 폐쇄성의 기초를 이루고 있다. 북한 체제는 엄격한 중앙통제, 무조건적 충성 등을 주장하는 1인 독재와 군부의 과잉확장을 제도화했다.[80] 이의 당연한 결과로 북한 체제는 내부의 개혁의식을 억압하고 참담한 경제현실을 극복하기 위한 외교적 선택을 스스로 제한하고 선군정치와 군사력으로 그럭저럭 버티고(muddling through) 있을 뿐이다.

체제안보에 대한 외부로부터의 위협 가능성에 대해 매우 민감한 북한은 특히, 2003년 3월 미국의 이라크 침공을 자신의 위기로 받아

---

80) Charles Jr. Wolf. and Norman Levin, 한용섭·김연수 공역, 『북한 체제의 근대화－목적, 방법, 적용－』(Santa Monica, Calif: LAND Corporation, 2008), pp.47－48.

들였다. 김정일은 2003년 10월 『당의 과학기술중시로선을 철저히 관철할데 대하여』에서 에너지와 우주기술, 핵기술 개발을 강조했다. 김정일의 체제생존에 대한 위기의식으로 인한 절박함과 조급함이 과학기술의 중점 분야 강조에서도 드러나고 있는 것이다. 김정일 정권 출범 후 산업생산과 기술현장, 군수물자의 연구개발, 심지어 정치사상적 차원에 이르기까지 전반적으로 과학기술이 강조되어 왔으나 북한은 여전히 자립적 민족경제건설노선과 폐쇄주의 정책을 고수하고 있고, 당면 기술문제 해결에만 급급한 상황이 지속되고 있다. 경제침체가 장기화됨에 따라 김정일의 대담하고 통 큰 과학혁명, 과학기술 선행, 첨단산업 육성, 경제재건 및 현대화를 내세운 과학기술중시정책은 단기적인 성과조차 미미한 실정이다.[81]

이러한 결과를 초래한 북한의 자기모순적인 논리는 첫째는 과학기술의 주체성 강화이다. 세계 추세에 맞는 선진기술을 적극 도입할 것을 강조하면서도 제국주의자들의 기술경제적 봉쇄책동이 극도에 이른 현 상황에서 자기 자원과 기술에 의거, 자기 실정에 맞게 과학기술을 발전시키는 것이 무엇보다 중요[82]하다는 것이다. 둘째, 과학기술 발전 속도에 있어서 점진적인 발전이 아닌 비약적인 발전을 이룩해야 한다는 것이다. "선진국의 몇 십년전 기술만을 붙잡고 어물거리거나 남들처럼 낮은 단계에서 어물거리는 식으로 현대 과학기술을 따라잡을 수 없다."[83]는 것이다. 셋째, 과학기술과 생산의 일체화

---

81) 강영실, 앞의 글, p.43.
82) 서재영, 앞의 책, p.39. 김정일은 '자체의 힘과 지혜'로 발전시켜 자력갱생정신과 결합된 과학기술이어야 한다고 강조한다. 즉 "과학기술 발전을 다른 나라에 의존하거나 개혁·개방의 방법으로는 할 수 없다."고 주장하였다.
83) 서재영, 앞의 책, p.50.

이다.84) 김정일은 현 시대는 과학기술이 곧 생산이며, 생산이 곧 과학기술인 만큼 과거와 같이 과학→기술→생산의 단계적 발전으로는 안 되며 과학기술과 생산을 밀착, 일체화하여야 된다는 점을 강조하고 있다.85) 넷째, 체제의 개선 없이 과학기술의 발전을 추구하고 있다. 2009년은 북한의 3차 과학기술 발전 5개년계획의 2차 연도이다. 그러나 과학기술 발전을 위한 구체적인 계획은 여전히 알려져 있지 않으며, 신년공동사설에서도 전년도와 비교해 특별한 차이점을 찾아볼 수 없다. 다만, 북한 국가과학원 이의구 부원장이 2008년 재일본 조선인총연합회 월간지 『조국』과의 인터뷰에서 "과학기술의 경제에 대한 기여율을 2012년까지 30%, 2022년까지 50% 제고하고, 국가 총생산액에서 첨단산업의 비중이 20% 이상이 되도록 하겠다."86)고 밝히고 있는 것에서 대내외적으로 어려운 환경 속에서도 여전히 경제발전의 원동력으로서 과학기술의 역할을 높게 평가하고 있음을 확인할 수 있다.

이상에서 분석한 바와 같이 북한의 과학기술 발전을 통한 경제회생전략의 성공 여부는 북한 당국의 경제회생의지 변수에만 의존하는 것이 아니다. 즉, 북한 당국의 경제회생의지 변수 외의 능력변수가 크게 작용한다는 것이다. 북한이 체제위협을 무릅쓰고 과감한 경제개혁을 실행할 의지가 있는지 그리고 북한이 남북관계를 포함한 대외환경을 적극적으로 개선하면서 경제개혁을 체계적으로 실행해 나갈 수 있는 근대화된 발전적 리더십이 있는지에 따라 북한 경제회생

---

84) 김정일, 『당의 과학기술중시로선을 철저히 관철할데 대하여』, p.10.

85) 홍성국, 앞의 글, p.72.

86) 이에 대한 자세한 내용은 『조국』, 2008년 11월호 참조.

전략의 성패가 달려 있다.

2) WMD 개발 · 수출을 통한 체제생존

1990년을 전후한 동구 사회주의 국가들의 몰락과 중국의 개혁 · 개방정책, 소련연방의 붕괴, 세계질서의 재편으로 인한 미국의 유일 초강대국 부상 등은 경제난과 더불어 북한의 고립을 심화시켰고, 북한이 군비증강에 더욱 박차를 가하게 되는 중요한 계기를 제공하였다. 북한은 체제생존을 위해 경제위기와 무관하게 지속적으로 군비증강에 주력해 왔다.

국방과학기술은 실질적으로 군비능력과 직접적으로 연계되어 있다. 그러나 군사력의 기반이 되는 경제력의 저하로 북한은 국방과학기술 연구개발의 정체 등 군비증강의 대남우위 확보에 난관을 겪고 있다. 세계적인 추세는 첨단전력 위주의 군사혁신(RMA)으로 나아가고 있지만 북한의 경제위기로 인한 국력의 고갈은 정보화, 자동화, 전자화 등 군의 첨단화에 어려움을 야기하였다. 지상군은 타격의 정확성과 포탄적재능력의 부족, 해군은 수동식 함포조작과 열악한 탐지장비, 공군은 적재능력 및 항속거리 제한 등 대부분의 무기체계가 낙후되어 있으며 지휘통제기술의 핵심인 통신망 역시 낙후되어 있다.

이러한 재래식 군사력의 열세를 보완하기 위해 북한이 선택한 대안이 비대칭전력 부문이다. 북한은 탄도미사일의 개발, 핵 및 생화학무기의 개발 · 보유, 사이버전 능력의 배양 등에 주력하고 있다. 군사전략과 관련해서, 특히, 핵무기와 미사일 등 전략무기 개발은 대남차원을 넘어선다는 점에서 주목해야 한다. 대남 군사적 우위 확보와 함께 한반도에서의 주도권을 장악하기 위해 군사전략의 대상에 주변국들도 고려하고 있는 것이다. 북한은 제1, 2차 북핵 위기와 같이 핵을 담보로 체제유지를 보장받기 위해 주변국들과 협상을 벌여 왔다. 이것은 군사력을 통해 정치적 목적을 달성하려는 전략이며 선군정치에 부합하는 전략이기도 하다.

북한은 1990년대 이후 대량의 무기와 병력 위주의 대병력주의(1980년대 75만 명, 1990년대 100만 명, 2004년 117만 명)로 양적 보완을 시도하는 한편, 기동성 및 지휘력의 효율성을 높이기 위해 지상군 부대구조를 여단 중심으로 개편하였다. 그리고 부족한 외화 사정에도 불구하고 신형무기의 도입에도 주력하고 있다. 북한은 미사일의 중동 수출을 통해 획득한 외화로 중국, 러시아, 독일, 슬로바키아, 오스트리아 등으로부터 전투기, 장갑차, 헬기, 통신장비와 각종 부품을 도입한 것으로 알려졌다.[87]

이와 함께 북한은 2006년과 2009년 핵실험으로 핵 기폭장치를 소형화·경량화하고 이를 탄도미사일에 장착하는 데에 모든 노력을 기울이고 있다. 현재까지 노동 미사일이나 스커드 미사일에 핵탄두 형태로 탑재가 가능한지 여부는 명확하지 않으나 지속적인 개발과정에 있는 것으로 파악된다. 특히, 소형화와 함께 일반적인 핵개발 수순인 초기형 핵무기로부터 점차 증강형(boosted) 핵무기 및 핵융합무기 순으로 핵 위력을 개선하기 위한 노력도 병행하고 있을 것으로 보인다.[88] 북한은 국제사회의 제재를 무릅쓰고 두 차례의 핵실험을 강행함으로써 핵무기 체계를 완성하는 것이 김정일 정권의 생존전략이라

---

87) 정성임, "북한정권 60년 평가와 전망", 『북한』, 2008년 9월호, pp.53 - 54.
88) 함형필, 앞의 글, p.83.

는 것을 여실히 보여 주었다. 따라서 장거리 로켓에 장착할 수 있는 핵탄두 소형화 기술을 확보하기 위해 추가적으로 핵실험을 할 가능성이 크다.

북한은 1990년 초에 들어와 핵개발과 병행하여 미사일 생산과 부대 조직을 본격적으로 추진하였다. 북한이 보유하고 있는 지대지 미사일의 대부분은 목표를 정밀 타격하기 위한 순항식 미사일이 아니라 지역 타격을 위한 비조정미사일이다. 북한의 지대지 미사일 개발의 최종 목표는 핵과 화학탄두를 장착시켜 발사할 수 있는 능력을 갖추는 것으로 한반도와 일본 오키나와, 미국 괌의 군사기지들을 타격할 수 있는 중장거리 미사일 개발에 집중했다.

〈표 27〉 북한의 미사일 개발 현황

구분	SCUD-B	SCUD-C	노동-1호 (MRBM)	KN-02	무수단 (IRBM)	대포동-1 (IRBM)	대포동-2 (ICBM)
전장(m)	10.94	11.5	15.5		12	1단: 12.2 2단: 11.3	1단: 17.8 2단: 10.8
직경(m)	0.88	0.88	1.35		1.5	1단: 1.35 2단: 0.88	1단: 2.4 2단: 1.3
탄두 중량(kg)	1,000	500	700 -1,000	250		250 -750	500 -1,500
유도방식	관성유도	관성유도	관성유도	관성유도	관성유도	관성유도	관성유도
추진방식	1단액체	1단액체	1단액체	고체연료	1-2단액체	2단액체	2단액체
최대사거리(km)	300	500	1,000	120	2,500 -4000	2,500 -5,500	4,500 -8,000
정확도 (CEP, m)	500 -1,000	500 -1,000	1,000 -1,300	100 -150	1,000 -2000		
최초 시험발사	1984년	1987년	1993년	2004년	2006년(?) 이란	1998년	2006년

* 자료: 김병용, "북한의 장거리미사일 및 인공위성 개발능력", 『최근 북한의 위협과 우리 정부의 대응책』, 2009 국가안보전략연구소 학술회의 발표문, 2009, p.16.

노동 미사일은 탄두 1,000~1,500kg, 사거리 1,000~1,500km를 목

표로 개발되었다. KN - 02는 북한의 FROG 미사일을 대체하기 위해 소련제 SS - 21을 모체로 개발한 고체 추진 단거리 미사일이다. 무수단 미사일은 소련 SS - N - 6 SLBM을 모체로 개발된 IRBM 미사일로 지상 발사용과 해상 발사용이 있다. 시험발사가 이란에서 이루어진 것으로 추정된다. 미국 본토까지 타격할 수 있는 대륙간탄도미사일(ICBM) 개발은 정치적으로 미국, 일본, 한국을 압박하고 체제 결속을 위한 상징적인 의미를 가지며 군사적으로는 큰 의의가 없다고 판단된다. 왜냐하면 발사 준비만 해도 최소 15일~1개월이 걸리고 고정 발사대를 이용해야 하기 때문에 발사지점이 완전 노출되므로 발사 전에 타격을 받을 수 있기 때문이다.[89]

2009년에 발사된 장거리 로켓 '광명성 2호'는 2단과 3단 로켓이 분리되지 않았고 우주궤도 진입에 실패했다. 북한의 주장과 달리 북한이 제시한 위성궤도와 470Mk의 통신 주파수에서 신호가 잡히지 않는 등 모든 상황을 종합할 때 북한 위성이 우주궤도에 진입하지 못한 것이 확실해 보인다.[90] 그러나 이번 발사로 북한이 대륙간탄도미사일

---

89) 고위급 관료 출신 탈북인사 C씨 인터뷰 내용. 미 의회 산하 의회조사국(CRS)은 "미국에 대한 북한의 탄도 미사일의 위협(North Korean Ballistic Missile Threat to the United States)" 보고서에서 대포동 2호가 미국 본토에 도달할 수 있는 위협 가능성을 제시하면서도, 북한은 대포동 2호의 유도장치(guidance system)를 시험하지 않은 상태라서 미사일의 정확도는 떨어진다고 지적했다. 특히, 하와이와 미국 본토를 공격하기 위해서는 탄두 무게를 200 - 300kg으로 줄여야 하는 과제가 있고, 또 북한은 미사일 배치 방식 역시 지하 격납고 방식으로 할지 이동식으로 할지 결정하지 않은 상태라고 지적했다. 일부 전문가들은 대포동 2호의 배치 방식은 도로 이동식(road mobile)이 될 것으로 보고 있다. Steven A. Hildreth, "North Korean Ballistic Missile Threat to the United States", *CRS Report for Congress*, January 24, 2008.

90) 『조선중앙방송』은 2009년 4월 7일 장거리 로켓 발사 장면을 공개하고 인공위성인 '광명성 2호'가 궤도진입에 성공했으며 김일성과 김정일을 찬양하는 노래와 측정자료를 지구에 전송하고 있다고 보도했다. 그러나 유엔 산하 국제전기통신연합(ITU)의 산자이 아차리아(Sanjay Archarya) 선임 대변인은 "북한 통신위성은 현재 궤도상에 있지도 않고 북한이 전송에 이용한다는 주파수 470Mk를 배정하지도 않았을 뿐만 아니라 또 이에 관해 보고받은 적도 없다."고 발표했다. 그는 "전송과 통신이 가능한 위성은 지구궤도에 진입한 뒤 정해진 공간에 정착

기술을 상당 수준 확보한 것으로 분석되고 있다.[91] 초기의 예측과는 달리 2단과 3단 로켓을 분리하는 데 실패했지만 발사장으로부터 약 3,800km의 태평양에 낙하되었다고 한다. 이것은 2단까지 로켓추진은 성공적으로 진행됐다는 의미이며, 490km의 고도까지 올랐으나 분리실 패로 궤도속도를 얻지 못해 지상으로 추락했다는 것이다.[92]

그런데 북한이 국제사회의 비난에도 불구하고 장거리 로켓을 발사한 것은 이란에 대한 미사일기술확산이 주목적인 것으로 보인다. 즉, 북한은 미사일 기술을 이란에 수출해 수억 달러가 넘는 외화 수입과 에너지 원조를 얻을 수 있다. 이란 기술자들과 고위관리들이 지난 1993년과 1998년, 그리고 2006년에 이어 2009년 북한의 로켓발사 현장을 참관했는데, 이는 두 나라 사이에 미사일 협력관계가 계속되고 있음을 보여 주는 것이다.[93] 한편, 2008년 4월 미 국방부 미사일

해(parking) 지구의 자전속도와 같이 회전하는 정지궤도위성(geostationary satellite)이지만 북한의 '광명성 2호'는 이런 기능을 찾아볼 수 없다."고 덧붙였다. 『자유아시아방송(Radio Free Asia)』, 2009년 4월 7일 (http://www.rfa.org/korean/).

91) 미국 항공우주과학 전문사이트인 『스페이스 플라이트 나우(Space flight Now)』는 4월 12일 "북한 로켓 초기 생각보다 더 멀리 날아갔다."는 제목의 기사에서 "로켓이 (우주 궤도 진입에) 실패해 대기권으로 추락하기 전에 일시적으로 우주에 진입했다."고 밝혔다. 한국의 국가정보원 원세훈 원장도 4월 15일 국회 정보위원회 전체회의에서 북한의 장거리 로켓 발사에 대해 "멀리 가는 데는 성공했다고 보며, 부분적인 기술 향상은 있었다."고 평가했다. 『연합뉴스』, 2009년 4월 15일자.

92) 미국의 민간 군사전문연구기관인 『글로벌 시큐리티(Global Security)』의 찰스 빅 박사는 2006년 '대포동 2호' 발사 때 목격됐던 제어장치나 추진력의 문제를 찾아볼 수 없을 정도로 기술이 발전했다면서 "전반적으로 성공"이라고 평가했다. 그는 특히, "로켓 1, 2단계가 완벽하게 작동했고 사거리도 기존보다 2배로 늘어 국제시장에서 북한 로켓의 판매 가능성이 크게 높아졌다."며 특히, "이란이 올해 북한 로켓을 구입해 원하는 목적에 따라 개량할 수도 있을 것"이라고 강조했다. 『미국의 소리(Voice Of America)』, 2009년 4월 15일 (http://www.voanews.com/korean/).

93) 미국기업연구소(AEI)의 북한 로켓발사 관련 토론회에서의 미 해병대 지휘참모대학 브루스 벡톨 교수의 발표내용. 『미국의 소리방송(VOA)』, 2009년 4월 8일 벡톨 교수는 북한이 2008년 탄도미사일 수출로 벌어들인 수입이 15억 달러에 달하며 미사일 시험발사를 계속할 것이라고 전망했다.

방어국(MDA) 헨리 오버링(Henry Obering) 국장도 상원군사위원회 청문회에서 "북한이 핵탑재 대륙간탄도미사일 개발과 미사일 기술의 수출에 박차를 가하고 있다."는 증언을 한 바 있다.[94] 현재 북한은 800기 이상의 중단거리 지대지 미사일을 보유하고 있을 것으로 추정되며 앞으로 10년 내에 1천 기 이상을 생산할 것으로 전망된다.[95] 이처럼 북한의 미사일 기술이 질적인 면에서 비약적인 발전을 이루고 양적인 면에서도 양산체제를 갖춤에 따라 미사일은 북한의 주력 수출품으로 자리 잡았으며 북한의 군수산업은 명실 공히 북한의 제2 경제권으로서 그 위상을 확고히 한 것으로 분석된다. 인민무력부가 무기수출이나 기타의 방법으로 벌어들이는 외화를 관장하고 있으며, 이렇게 확보된 비공개 자금으로 무기개발과 전력증강에 주력하고 있다. 북한의 군수품 해외판매 자료가 명확하지 않지만 북한이 이란, 이라크, 시리아, 파키스탄 등의 국가들에 지난 십 년 동안 수백 개의 탄도미사일을 팔아서 외화를 벌어온 것으로 알려져 있다.[96]

미 국방정보국(DIA)의 자료에 따르면, 1977년 이래 북한의 총 무기수출액은 한국의 29억 달러를 능가하는 33억 달러를 기록하고 있다. 1980년대 북한의 무기가 세계무기수출시장에서 인기를 얻은 이유는 기술적으로는 덜 정교하지만 가격 면에서 상대적으로 저렴하다는 이점이 크게 작용한 것으로 보여 북한은 무기수출시장에서 어느 정도 신뢰할 수 있는 주요 무기생산국가로 등장했다.[97] 영국의 민간

---

94) 『연합뉴스』, 2008년 4월 2일자.

95) 조선인민군 상좌 출신 최주활 씨 인터뷰 내용 (2008. 11. 15).

96) 2002년 12월 스페인이 검문한 국적 불명의 선박에 스커드 미사일 12～15기(한 기당 금액은 약 4백만 달러)가 실려 있었는데, 이 선박은 북한을 출발해 예멘을 향하고 있었다. 이것이 북한의 무기판매의 한 사례로 보인다.

97) 이상균, 앞의 글, pp.27 – 32. 미 하원 국제관계위원회 청문회에서 국무부 무기통제 및 국제

전문기관인 '비즈니스 모니터 인터내셔널(BMI)'도 "2008 북한 국방안보"라는 제목의 시장조사보고서에서 북한의 군수산업은 첨단수준에는 미치지 못해도 낙후된 북한 군대를 지탱할 만한 군사장비를 생산할 능력을 갖추고 있고, 불법적인 무기거래도 계속 뒷받침할 수 있는 수준이라고 분석했다. 또한 북한은 군수산업에서 다른 나라들과 경쟁할 수 있는 독자적인 능력이 있기 때문에 만일 불법적인 무기거래를 중단하고 합법적 거래로 전환한다면 수익성이 매우 높은 군수산업을 자랑할 수 있을 것이라고 지적했다.98) 이에 대해 피터슨 국제경제연구소(PIIE)의 마커스 놀랜드(Marcus Noland) 박사는 북한의 무기수출은 본질적으로 에티오피아 같은 제3세계 군대에 옛 소련의 구형 무기에 기반을 둔 장비와 부품을 제공하고 있다면서, 장기적으로 볼 때 북한의 시장은 사양화의 길을 걸을 수밖에 없을 것이라고 반박했다. 놀랜드 박사는 북한의 군사 관련 산업은 그동안 수출의 중요한 부분을 차지하면서 지난 1980년대에 절정을 이뤘지만 이후 무기수출이 크게 줄었는데, 그 이유는 국제유가 하락으로 주요 수출국이었던 중동국가들의 구매가 줄고, 북한의 무기수출을 막기 위한 미국 등 국제사회의 노력이 계속되면서 영향을 받았기 때문이라고 분석하였다. 따라서 현재의 상황에서 북한은 군수산업 수출에 초점을 맞추기보다는 다른 덜 민감한 분야에 집중하는 것이 경

안보담당 차관은 북한이 우려국가들에 미사일과 관련 기술을 가장 저돌적으로 확산시키는 국가라고 진술하였다. 일본 언론에 인용된 미군 관리에 따르면 북한은 2001년 중동에 탄도미사일 5억 8천만 달러어치를 수출했고, 1998년과 2001년 사이에는 개발도상국들에 재래식 무기를 10억 달러 정도 수출한 것으로 추정되고 있다. 이에 대한 자세한 내용은 Dick K. Nanto and Emma Chanlett-Avery, "North Korean Economy: Leverage and Policy Analysis", *CRS Report for Congress*, March 4, 2008 참조.

98) Business Monitor International, *North Korea Defence and Security Report 2008*, 25 January, 2008.

제적으로 나을 것인바, 그 이유로 북한이 군사기술 분야에서 눈에
띄는 진전을 이루지 못했고, 미국 등 국제사회의 점증하는 압력에
직면해 있는 상황을 지적했다. 미 의회조사국(CRS)의 북한 전문가인
래리 닉쉬(Larry Nicsh) 박사는 북한이 군수산업을 되살리기 위해서
는 근본적인 경제개혁과 전면 개방을 해야 한다고 주장했다.99)

국제사회의 전문가들이 제시하고 있는 북한 체제의 생존방향과는
달리 북한은 2007년 4월 25일 인민군 창건 75주년 행사에 각종 미
사일을 등장시켜 무력시위를 벌였다.100) 1992년 인민군 창건 60주
년 경축행사 열병식에서는 미사일·전차 등 군사장비가 동원되었으
나 1997년 65주년 및 2002년 70주년에는 군사장비가 동원되지 않
았다.101) 2007년에 북한이 또다시 미사일을 통한 무력시위를 벌인
것은 핵무기와 이를 운반할 수 있는 미사일까지 확보했을 뿐만 아니
라 남한 전역은 물론이고 일본, 괌, 알래스카까지를 사거리 내에 두
고 있다는 점을 과시하고 위협하려는 의도로 파악된다. 김격식 신임
총참모장은 열병식 연설을 통해 "오늘 미 제국주의자들의 변함없는
대조선 암살 책동으로 말미암아 우리나라에서 전쟁의 위험은 결코

---

99) 『미국의 소리(VOA)』 2008년 11월 28일.

100) 김일성 광장에서 개최된 창군 75주년 군사 퍼레이드에는 김정일이 참석한 가운데 4개 종
류의 미사일 52기가 공개되었다. 사정거리 2,500~4,000km의 신형 중거리 탄도미사일
(IRBM)과 노동 미사일을 처음으로 공개한 것으로 알려졌다. 중거리 탄도미사일은 대포동 1
호보다 사정거리가 길고 미군의 해군·공군기지가 위치한 괌과 알래스카까지 사정권에 들
어가는 주목할 만한 대상의 미사일이다. 미 정보당국은 신형미사일의 이름을 이 미사일이
배치돼 있는 곳의 이름을 따서 '무수단 미사일'로 명명했으며 미국 미사일방어국(MDA)은
사거리가 3,200km 이상으로 추정된다고 밝혔다.

101) 몬테레이 국제연구소 비확산연구센터(CNS)는 2006년 3월 22일 발표한 "북한의 탄도미사
일 능력에 관한 특별보고서"에서 북한은 기본적으로 재래식 및 생화학무기 탑재가 가능한
중단거리 미사일 체계를 가지고 있지만 미국을 공격할 수 있는 장거리 미사일은 보유하고
있지 않다고 평가하였다. Center for Nonproliferation Studies Monterey Institute of
International Studies, "CNS Special Report on North Korean Ballistic Missile
Capabilities", March 22, 2006(http://cns.miis.edu/pubs/week/pdf/060321.pdf).

가셔지지 않았다."고 비난했으며, "우리 인민군대는 높은 혁명적 경각성을 갖고 긴장되고 동원된 태세에서 적들의 일거일동을 예리하게 주시하며, 만약 미제가 우리의 자주권과 생존권을 조금이라도 침해한다면 일격에 격멸 소탕하고 민족의 최대 숙원인 조국통일의 역사적 위업을 기어이 이룩하고야 할 것"이라고 역설했다.[102] 결국 6자회담을 통한 핵 협상과 남북관계 진전을 위한 노력 이면에는 북한이 미사일 개발과 더불어 전시대비 태세를 완비하고 있었다는 것을 알 수 있다. 북한은 미사일을 동원한 군사 퍼레이드를 통해 전쟁 억제력을 과시하는 한편, 북한의 대외전략노선을 결정하는 힘의 원천이 군사력에 있다는 것을 보여 준 것이라 하겠다.[103]

이와 같이 북한은 주변 안보정세의 사소한 변화에도 훈련을 가장

---

102) 『조선중앙통신』, 2007년 4월 25일자.

103) 북한은 2007년 3회(5. 25, 6. 7, 6. 27)에 걸쳐 단거리 미사일을 발사했다. 5월 25일에 발사한 미사일은 2006년 7월, 대포동 2호를 비롯한 단·중·장거리 미사일 7발을 발사한 이후 처음인데다 BDA의 북한자금 송금문제, 북핵 폐기문제를 둘러싼 논란이 계속되고 있고 남북 장관급회담을 며칠 앞둔 시점에 이뤄졌다는 점에서 주목을 끌었다. 미사일 발사 의도는 첫째, 미국은 간간히 실시하는 정례적 훈련 정도로 가볍게 보고 있으나 북한은 미국의 미사일방어망(MD) 요격 실험을 겨냥했을 수도 있는 것이었다. 둘째, 한국이 대함·대공·대잠능력을 갖춰 '꿈의 구축함'으로 불리는 이지스 구축함(KDX-Ⅲ, 7천600t급) 1번함인 '세종대왕함'을 개발하여 처음으로 진수시킨 바로 그 날 북한이 미사일을 발사한 것은 이지스함 배치에 대한 충격을 완화하고 일종의 경고를 보내는 것으로 볼 수 있다. 셋째, 일본이 미국의 최신예 전투기 F-22 스텔스 전투기 100대를 구입할 것이라는 소식에 자극받아 이에 대한 경고의 의미로도 볼 수 있다. 6월 27일 발사한 미사일은 1974년 개발된 구소련제 SS21을 수입해 개량한 이동식 지대지 단거리 탄도미사일인 'KN-02'일 가능성이 크며 사거리 120km가량의 KN-02 미사일은 휴전선 인근에서 발사하면 주한미군 기지가 이전할 평택을 사정권에 넣을 수 있다. 이동식 발사 차량에서 발사하는 이 미사일의 탄두에는 스스로 위치를 조정하는 '관성항법장치(INS)'가 정착되어 있어 명중률이 높은 것으로 알려졌다. 특히, 이 미사일은 미사일기술통제체제(MTCR)가 규정한 수출금지대상도 아니므로 제3국으로 수출하여 외화획득 수단으로 활용될 가능성이 높다. MTCR은 500kg 이상의 탄두를 300km 이상 발사할 수 있는 미사일과 무인 비행체 및 이와 관련된 기술의 확산방지와 핵·화생무기 등 대량파괴무기를 발사할 수 있는 장치의 수출을 억제하는 데 목적이 있기 때문에 단거리 미사일은 수출규제대상이 아니라는 점을 이용하여 개발시험에 박차를 가하고 있는 것이라고 할 수 있다. 『연합뉴스』, 2007년 7월 2일자 참조.

한 미사일 발사 등 간접적인 군사행동을 통하여 경고와 위협의 메시지를 보내고 있는 것이다. 즉, 북한은 핵문제 해결을 위한 6자회담 진행, 남북한 교류협력 증대와 무관하게 군사적 차원의 훈련이나 대비태세를 항상 갖추고 있다는 것을 알 수 있다.

(3) 신년공동사설(2003~2009)의 내용분석
(content analysis)

다음에서는 북한의 2003~2009년의 신년공동사설에 대한 내용분석을 통해 북한의 연도별 정책목표와 성과, 특히, 김정일 정권의 생존전략 차원에서 대외환경의 변화와 최고 지도자의 통치이념·리더십 그리고 선군시대 경제발전전략의 독립변수에 종속되어 나타나는 과학기술정책의 내용 변화를 분석하고자 한다.

2003년 신년공동사설은 "사회주의경제건설에서 일대 앙양을 일으키자면 경제관리를 개선하고 과학기술을 빨리 발전시켜야 한다."는 언급처럼, 경제관리개선과 과학기술 발전의 중요성을 동일선상에서 강조했다. 그러나 한편으로는 핵문제로 인한 대외관계의 악화를 반영하여 2003년부터 국방공업을 강조하기 시작했다. 즉, "선군시대 경제와 과학기술은 군력을 핵심으로 하는 나라의 전반적 국력을 물질기술적으로 담보"해야 한다고 주장하며 국방공업이 경제와 과학기술에 우선하는 모습을 보이고 있다. 특히, 미국이 이라크 지상전을 개시한 3월 이후에는 국방공업 강조의 수준을 넘어 중공업 우선노선의 변화까지 감지되고 있다.[104] 북한은 2003년 9월 6일자 『로동신문』에서 국방공업의 중요성에 대해 자세히 언급하고 '총알'과 '사탕'의 예를 들면서 경공업의 쇠퇴를 감수하고서라도 국방공업을 강화하겠다는 강력한 의지를 표명하고 있다.

> 국방공업은 강성대국 건설의 생명선이다. 우리는 사탕이 없이는 살수 있어도 총알이 없이는 살수 없다. 우리의 영웅전사들은 국방공업을 발전시키는 것을 국력강화의 기본고리로 틀어 쥐고 선군시대의 요구에 맞게 국방공업을 우선적으로 발전시켜 강위력한 군사적억제력을 마련하는데 앞장서 나가야 한다.105)

한편, 북한은 "사회주의 경제건설을 위해서는 과학기술 발전과 정보산업시대의 요구에 맞게 최첨단 과학기술을 적극 받아들여야 한다."고 강조하는 등 과학기술 발전을 침체된 경제발전을 회생시킬 수 있는 중요한 요소로 간주하였다. 이 같은 목표를 달성하기 위해 북한은 '새로운 과학기술발전 5개년계획(2003~2007)'을 수립하여 시행함으로써 장기적인 과학기술 발전을 이룩할 수 있는 토대를 마련하고자 하였다. 또한 '나노과학기술발표회(3. 11~12)', '중앙과학기술축전(10. 28~30)'과 4년 만에 개최한 '제7차 전국과학자, 기술자대회(10. 29~30)' 등을 통해 과학중시 분위기를 전 사회에 확산시키는 한편, 과학기술부문의 최고상인 '2·16 과학기술상'을 제정(9. 3)하여 과학기술자들의 사기 진작과 연구개발을 독려하였다.106) 북한은 중국,

---

104) 진희관·신지호, "북한의 경제관리 방식과 김정일체제의 경제정책 변화", 고유환 엮음. 『로동신문을 통해 본 북한 변화』(서울: 선인, 2006), p.675.

105) 『로동신문』, 2003년 9월 6일자.

106) '2·16 과학기술상'은 수학과 물리학, 화학, 생물학 등 기초과학부문에서 연구된 발명, 발견 및 과학기술 분야의 도서, 사전, 프로그램 등 뛰어난 과학연구성과나 경제발전과 주민생활향상에 기여한 대상이나 과학자, 기술자에게 김정일의 생일(2. 16)을 전후해 내각 명의로 수여된다. "2003년 북한과학기술 10대 뉴스", 『NK테크 웹진』, 37987호.

러시아는 물론 독일, 스웨덴 등 서방권의 정보기술, 생명공학, 의학 분야 등에 해외 연수생 파견을 적극 추진하고,107) 해외 연수생들에게 '조국융성자료' 대상인 최신 과학기술 정보수집을 지시하였다.108)

이와 같이 2003년은 북한이 과학기술 발전을 위해 정책, 대외협력, 교육 등 다각적인 방면에서 힘쓴 한 해였다고 평가할 수 있다. 정책적으로는 1998년에 시작된 '과학기술발전 5개년계획'을 완료함과 동시에 새로운 2차 5개년계획을 수립하였을 뿐만 아니라 과학기술부문 예산도 2002년보다 15.7% 증가시켰다. 교육 분야에서는 첨단과학기술 강조 및 기초과학교육의 강화와 함께 과학기술 분야 인재양성에 주력했을 뿐만 아니라 다양한 과학기술행사를 개최함으로써 과학기술중시사상의 전 사회적 확산에도 주력했다.109)

2003년 11월 10일 "당의 과학기술중시로선을 틀어쥐고 강성대국

---

107) 『조선중앙통신』, 2003년 2월 28일; 『로동신문』 2004년 1월 31일자; 국가정보원 편 『북한 과학기술논문 분석』(서울: 국가정보원, 2003) 참조.

108) 북한의 해외 첨단기술정보 수집방법에는 공식적, 비공식적 루트가 있다. 공식적 루트란 사회주의 우방국과 비동맹국가들을 통하여 입수하는 방식이다. 예를 들면, 북한은 컴퓨터 소프트웨어 관련 첨단기술을 인도로부터 도입하고 있다. 비공식 루트는 해외주재 북한 대사관에 나가 있는 외교관으로 가장한 북한 공작원들의 불법적 공작활동에 의한 것이다. 특히, 해외 연수생이나 유학생의 첫 번째 임무는 그 나라 도서관에 비치된 과학기술연구논문 등 관련 자료를 복사 또는 해킹해서 북한에 보내는 일이다. 외교관 출신 탈북인사 ㄴ 씨 인터뷰 내용 (2008. 10. 11).

109) 북한은 경제발전을 위해 과학기술중시사상의 전 사회적 확산에 주력했다. 먼저, 과학기술 분야의 인물들을 대중적으로 소개하고, 과학기술시대에 적합한 영웅을 사회적으로 내세우는 등 새로운 모범 창출을 시도하였다. 북한에서 영웅의 모습은 시대마다 다른 양상을 보여 왔는데, 과학기술중시사상과 관련해서 새 시대의 '영웅적 사나이'는 세계적 추세에 발맞춰 현대 과학기술을 습득하여, 아무리 어려운 악조건 속에서도 당의 정책과 노선을 관철하는 사람이다. 다음으로 영화, 연극, 소설 등 문화예술수단의 활용을 통해 과학기술과 정보화의 중요성에 대한 대중적 교양사업을 펼치고 있다. 이러한 교양사업은 특히, 과학기술 발전과 정보화가 시대의 대세임을 주민들에게 각인시키는 데 집중되고 있다. 아동문학 창작가들은 어린이들의 과학기술에 대한 관심을 높이기 위해 '과학환상동화' 창작에 노력하고 있고, 4·15 문학창작단에서는 북한이 1998년 발사한 '광명성 1호' 개발과정을 소재로 과학중시사상을 전파하는 소설 '비약의 나래'를 출간하기도 했다. 이수아, 앞의 글, pp.82-83 참조.

건설을 다그치자."라는 제하의 『로동신문』 사설을 통해 북한은 과학기술 발전이 경제건설의 관건임을 강조하면서 최우선적인 역량을 집중할 것을 촉구하였다.110) 이러한 노력으로 북한은 첨단과학기술 분야의 핵심인 정보기술과 생물공학 분야에서 두드러진 성과를 나타내기도 했다. 북한은 2003년 8월 세계 컴퓨터바둑대회에서 우승을 했으며, 연산장치를 뺀 모든 부품을 자체 생산하여 만든 컴퓨터를 러시아 블라디보스토크 국제산업전시장에 선보이기도 했다.

한편, 7·1조치 이후 김정일이 추진하는 '우리식 개혁'과 '우리식 개방'의 의지가 인터넷을 통해 두드러지게 표출되었다. 가장 대표적인 예는 북한이 직접 운영하는 '우리민족끼리'(http://www.uriminzokkiri.com) 사이트 개설과 평양과 제3국 간 전자우편 교환사업을 진행하는 '실리은행'(http://www.silibank.com)의 전용선을 이용한 24시간 서비스 개시 그리고 '과학기술전시관'(http://www.stic.ac.kp)과 '의학과학정보센터'(http://www.icms.he.kp) 등 도메인 kp 사용 홈페이지 개설을 꼽을 수 있다. 그러나 kp 사용 도메인은 북한 내부에서만 접속이 가능하다. 2001년 11월 평양시와 나선시에 이동전화가 처음 보급된 이후 이동통신기지국 증설 등 통신 인프라의 확충과 2003년 9월을 전후해 서비스 지역이 함경남도, 황해북도 등 지방으로 확대되면서 이동전화 가입자도 급격히 늘었다. 북한 체신성은 태국의 록슬리사와 합작으로 동북아전화통신회사를 설립, 운영해 유럽식의 GSM 방식을 이용한 이동통신사업을 진행하였다. 이동통신사업은 김정일이 깊은 관심을 보이는 분야로 이동통신방식을 직접 선정하고 수시로 공사 진행상황까지 챙긴 것으로 전해지고 있다.

110) 『로동신문』, 2003년 11월 10일자.

<표 28> 2003년 신년공동사설 분석: 경제와 과학기술정책

구분	내용
전년도 평가	· 강성대국 건설에서 새로운 비약이 이룩된 전변의 해 – 라남의 봉화가 온 나라에 타번지는 속에서 새로운 경제적앙양의 돌파구가 열리고 황해남도 토지정리와 개천–태성호 물길공사를 비롯한 대자연 개조사업이 성과적으로 진행 – 현실발전의 요구에 맞게 경제관리를 개선하고 인민생활을 높이기 위한 조치들이 시행
금년도 목표	· 선군의 기치밑에 공화국의 위력을 높이 펼치자면 경제문화건설에서 새로운 변혁을 이룩해야 함
주요 과업 및 방침	· 사회주의 경제건설에서 일대 앙양을 일으키자면 경제관리를 개선하고 과학기술을 빨리 발전시켜야 함 – 사회주의원칙을 확고히 지키면서 가장 큰 실리를 얻을 수 있게 경제를 관리운영해 나가야 함 – **정보산업시대의 요구에 맞게 선진기술을 진지하게 배우고 최첨단기술을 적극 받아들여야 함** – **모든 부문, 모든 단위에서 현대화의 뚜렷한 전망목표를 세우고 기술개건 사업을 하나하나 착실히 해나가야 함**

한편, 최고인민회의 제11기 대의원 선거가 치러진 2003년에는 정치계 인사뿐 아니라 과학기술계 인사이동도 두드러졌다. 과학원 원장이었던 이광호는 노동당 중앙위원회 부장으로 자리를 옮겼고, 후임에는 과학원 부원장을 거쳐 교육상을 맡고 있던 변영립이 임명되었다. 또한 식료공장 지배인을 거쳐 화학공업상에 이르기까지 오랫동안 생산현장에서 활동했던 박봉주가 내각 총리에 파격적으로 기용되었다.111) 최고인민회의 예산위원장으로 자리를 옮긴 박남기 국가

---

111) 여타의 사회주의 국가들이 그렇듯이 북한 정치는 테크노크라시적 성격을 띠고 있다. 대부분의 고위관료들은 인문·사회계열 출신이 아닌 이공계 출신이다. 테크노크라시(technocracy)란 전문 기술가(테크노크라트)에게 일국의 산업적 자원의 지배와 통제를 위임하는 정치를 말한다. '테크노크라트'는 공공정책상의 제 문제를 정치이데올로기가 아닌 사회과학적으로 다루고자 하는 자들을 통칭하는 것으로 사회주의권의 테크노크라트들의 일반적인 특성은 효율성이 도덕성보다 중시되고 정치적 결정은 과학적 지식의 기반 위에 성립되어야 한다는 입장에 있다. 북한의 테크노크라시적 특성은 경제를 담당하고 있는 내각의 조직이 금속공업성, 기계공업성, 석탄공업성 등 산업 분야를 세분화해서 담당하고 있고, 부서의 장관 격인

계획위원장의 후임으로는 김광린 국가계획위원회 부위원장을 임명했다. 이러한 인사조치는 대체로 실무에 밝고 김정일이 강조하는 '새로운 사고'를 갖춘 인물들을 내각에 전면 배치한 것으로 판단된다.[112]

북한은 2004년도 신년공동사설을 통해 '경제과학'을 '정치사상', '반제군사'와 함께 강성대국 건설을 위한 '3대 투쟁전선'의 하나로 내세우고 '경제와 과학기술의 일체화'를 강조하여 과학기술이 경제발전의 중요한 토대임을 강조하였다.

> 첨단과학의 새로운 목표를 끊임없이 점령하고 기초과학 발전에 깊은 관심을 기울이며 우리 실정에 맞게 선진 과학기술을 받아들이기 위한 사업을 강화해야 한다. ……새 세기는 경제와 과학기술이 일체화되어 발전하는 시대이다. 경제와 과학기술을 통일적으로 지도·관리하는 사업체계를 세우고, 과학기술과 생산활동을 밀착시켜야 한다.[113]

경제건설의 지휘부인 내각 역시 경제와 과학기술의 결합을 강조하였다.

> 경제와 과학기술의 결합은 과학기술 발전을 첫 자리에 놓고 모든 경제활동을 진행하며 경제발전과정이 곧 과학기술 발전과정으로 연결되게 하고 경제계획의 작

'상'을 대부분 공과대학 출신들이 맡고 있는 것을 보면 알 수 있다. 경제를 공대출신들이 맡아도 되는 이유는 사회주의 경제체제에서는 자본주의와 달리 '유통 및 이윤'의 개념이 중요하지 않기 때문이다. 다시 말해 해당 경제연도의 수요를 파악, 그만큼의 물자를 생산해서 공급만 해 주면 그 역할이 끝난다. "북한의 테크노크라시", 『NK테크 웹진』, 37895호; 이재승, 『북한을 움직이는 테크노크라트』(서울: 일빛, 1998); 권오윤, 앞의 책, p.101.

112) 박봉주 총리, 김광린 국가계획위원장, 박남기 최고인민회의 예산위원장 등은 모두 2002년 김정일의 매제 장성택과 함께 북한 경제시찰단 일원으로 남한을 방문한 인물들이다. 이들은 북한 경제를 계획하고, 추진하고, 이를 예산으로 뒷받침하는 핵심 '3인방'이다. 정창현, "김정일 국방위원장 재추대, 경제개혁 가속화 천명: 최고인민회의 제11기 1차 회의 결정내용과 특장", 『민족21』, 2003년 10월을 참조.

113) 『로동신문』, 2004년 1월 1일자.

성부터 모든 생산경영활동까지 과학기술성과에 기초해 진행한다는 것을 의미한다. 경제와 과학기술 결합의 목적은 생산수단의 현대화, 원료·연료·동력문제의 원만한 해결, 자체원료에 기초한 생산발전에 있다.[114]

북한이 '경제와 과학기술의 일체화'를 강조한 것은 그동안 북한의 과학기술 연구의 실용화 및 상업화의 한계를 인식한 결과이다. 북한은 특히, 경제사업의 실리보장을 위해 과학기술 연구기관은 물론 공장, 기업소 등 모든 연구 및 생산단위들의 과학기술과 경제의 결합 또는 연계, 즉 과학기술의 경제적 활용에 대한 인식 전환을 강력하게 주문하였다.[115]

한편, 앞서 2003년 신년공동사설에서 "모든 부문, 모든 단위에서 현대화의 뚜렷한 전망목표를 세우고 기술개건사업을 하나하나 착실히 해나가야 한다."는 점을 강조해 기술개건을 특정 산업 부문이나 공장, 기업소의 규모에 국한하지 않고 전방위적으로 확대하여 추진할 것을 주문하고 있으나, 2004년 신년공동사설에서는 경제부문 중점과업에서 기술개건 내용이 빠지고 2000년에 제기했던 과학기술중시노선을 재강조하면서 경제와 과학기술의 결합을 촉구하였다. 이는 그동안의 중점 대상 부문의 기술개건사업이 생산현장에서 발생하는 과학기술적 문제들을 실질적으로 해결하는 데 소기의 성과를 거두지 못했기 때문인 것으로 분석된다.[116]

---

114) 『민주조선』, 2003년 1월 6일자.

115) 고경민, "2000년 이후 북한의 과학기술정책", p.5. 중국이 개혁·개방 이후 비약적인 경제발전을 이룩할 수 있었던 계기가 '과학기술과 경제의 연계전략'이었다는 점에서 북한의 '경제와 과학기술 일체화' 역시 중국의 경험을 벤치마킹하기 위한 의도로 판단된다. 그러나 '일체화' 시책의 성공 여부는 중국과 마찬가지로 북한 정책결정자들의 개혁·개방에 대한 의지 여하에 달려 있다고 할 수 있을 것이다. 중국의 '과학기술·경제의 일체화' 전략에 대해서는 이춘근 역, 『중국의 10·5 과학기술계획 연구』, 참조.

신년공동사설은 또한 "경제와 과학기술을 비약적으로 발전시켜 나라의 국력을 백방으로 다지자!"는 구호 아래 국방공업의 발전과 경제과학전선에서 비약을 일으킬 것을 당부하였다. '경제과학'은 "경제와 과학기술은 국력을 물질적, 기술적으로 보장하는 것으로 이를 병행해서 발전시켜 나가자"는 의미로, 북한이 과학기술의 발전방향을 국방력을 강화하고 생산성을 높여 경제적 실리를 낼 수 있는 방향으로 설정한 것으로 풀이된다.117) 북한은 경제와 과학기술을 밀접히 결합시켜야 하는 이유로 첫째, 과학기술이 경제발전의 원동력이기 때문이며 둘째, 경제와 과학기술이 일체화되어 과학기술적으로 외국에 예속당하지 않음으로써 경제적 자립은 물론 정치적 자주권을 확립할 수 있기 때문이라고 밝히고 있다.

북한에서 '경제과학'이라는 용어가 나온 것은 처음이라고 할 수 있다. 북한은 경제적 어려움을 극복하기 위해 1980년대 중반부터 '경제와 과학기술의 일체화'를 내세워 왔는데, 1990년대 후반 '과학기술중시사상'이 등장하게 되었으며 결국에는 '경제과학'이라는 슬로건까지 등장하게 된 것이다. '경제과학'의 의미에는 '과학기술을 발전시켜 경제난을 해결하자'는 의미 외에 '과학적으로 경제관리를 하자'는 의미도 담겨 있는 것으로 볼 수 있다. 따라서 생산력과 생산관리시스템의 효율성을 높이려는 두 가지 목적으로 '경제과학'이라는 노선을 제시하였다고 풀이된다. 그런데 IT의 발전은 이 두 가지 목적을 동시에 달성시켜 준다. 생산설비의 자동화와 정보화를 통해 생산력을 높이며 정보화된 네트워크로 보다 효율적인 경제관리가 이루

---

116) 김상기, "2004년 신년공동사설 분석: 경제부문", 『KDI 북한경제리뷰』, 2004년 제1호, p.8.
117) "북한의 '경제과학'이란?" 『NK테크 웹진』, 38078호.

어지기 때문이다.118)

<표 29> 2004년 신년공동사설 분석: 경제와 과학기술정책

구분	내용
전년도 평가	· 나라의 자립적 경제력이 한층 강화 · 경제강국건설에서 새로운 비약을 위한 전망을 열어 놓았음 ㅡ 전력공업을 비롯한 인민경제의 선행부문에서 생산이 늘어나고 경공업의 현대화가 적극 추진 ㅡ 평양시와 평안남도, 남포시의 토지정리가 힘 있게 벌어졌으며 감자농사와 두벌농사에서 훌륭한 경험이 창조
금년도 목표	· 국방공업을 발전시키는 것은 혁명과 건설의 제1차적인 전략적과업 · 경제과학전선에서 일대 비약을 일으켜야 함 ㅡ 선군시대 경제와 과학기술은 군력을 핵심으로 하는 나라의 전반적 국력을 물질기술적으로 담보하고 인민들에게 남부럽지 않은 생활을 보장해 주는 현대화되고 활력 있는 경제와 과학기술로 되어야 함
주요 과업 및 방침	· 경제과학전선에서 일대 비약을 일으켜야 함 · 현 시대에는 경제, 과학분야가 나라의 국력을 담보하고 민족의 흥망성쇠를 결정짓는 주요전선으로 되고 있음 · 우리는 올해에 ≪경제와 과학기술을 비약적으로 발전시켜 나라의 국력을 백방으로 다지자!≫라는 구호를 들고 힘찬 투쟁 · 과학기술의 발전은 나라와 민족의 전도와 관련된 중대한 국사 · 우리는 당의 과학기술중시로선을 높이 받들고 견인불발의 의지와 애국적 열의를 발휘하여 나라의 전반적 과학기술을 빠른 기간 안에 세계 선진수준에 올려세워야 함 · 새 세기 과학기술 발전의 주공방향에 따라 첨단과학의 새로운 목표를 끊임없이 점령하고 기초과학의 발전에 깊은 관심을 돌리며 우리 실정에 맞게 선진과학기술을 받아들이기 위한 사업을 강화하여야 함 · 과학기술 분야에서 실력전의 된바람을 일으키며 과학자, 기술자 후비양성사업을 전망성 있게 해나가야 함 · 새 세기는 경제와 과학기술이 일체화되어 발전하는 시대 · 경제와 과학기술을 통일적으로 지도관리하는 사업체계를 바로 세우고 과학기술과 생산을 밀착시켜야 함 · 모든 단위들에서는 생산물과 건설물의 질을 높이며 열렬한 애국심을 가지고 나라 살림살이를 주인답게 해나가야 함

북한은 과학기술사업비를 전년 대비 **60%** 증액하여 과학기술 발전

118) 이수아, 앞의 글; 『연합뉴스』, 2004년 3월 30일자.

을 재정적으로 뒷받침하면서 기업의 연구개발 투자를 적극 권장했다. 또한 새로운 과학기술 발전 5개년계획(2003~2007)에서 제시된 IT, BT, NT 등 첨단기술 육성을 위해 중국, 독일 등 10여 개국에 연수 생과 대표단을 파견하여 선진과학기술 도입에 주력하는 한편, 2004년 6월에는 김일성종합대학 등 주요 대학 내에 '나노기술수재반'을 개설하고 각종 과학기술전시회 및 경연대회 개최 등을 통해 과학기술자들의 연구개발을 독려하였다.119) 아울러 북한이 2002년과 2003년에 이어 "사회주의 원칙을 지키면서 실리를 추구한다."라는 원칙을 반복한 이외에 2004년에는 "내각의 권위를 높일 것"을 강조하여 모든 단위에서 '당과 행정의 일치'를 확고히 보장할 것을 언급했음에 주목할 필요가 있다. 이는 경제 및 행정에서 내각 및 행정계통의 권한 강화를 시사하며, 효율적이고 체계적인 그리고 중앙집권적인 계획경제의 강화를 의미하는 것이다.

박봉주 내각 총리는 2004년 3월 25일 평양 만수대의사당에서 열린 최고인민회의 제11기 2차 회의에서 의정보고를 통해 "경제사업의 중심과업은 전력, 석탄, 금속공업과 철도운수를 발전시켜 생산혁신을 이룩하고 경공업과 농업생산에 주력, 전반적 경제발전과 주민생활 향상에서 결정적인 전환을 이룩하는 것이다."라고 밝혔다. 그리고 정보기술, 나노기술, 생물공학을 과학기술 발전의 주공방향으로 설정했으며 응용부문 과학연구기관들의 독립채산제를 실시할 것이라고 하였다.120) 과학연구기관에서 독립채산제를 실시한다는 것은 곧 '실리'를 창출할 수 있는 연구사업을 진행하라는 지시와 다를 바 없다. 독

---

119) 국가정보원 편 『북한 과학기술논문 분석』(서울: 국가정보원, 2004), p.2.
120) 『로동신문』, 2004년 3월 26일자.

립채산제가 사회주의 체제하에서 제기되는 생산력 저하문제를 해소하기 위해 공장·기업소가 부분적으로나마 독자적으로 경영활동을할 수 있도록 한 경영관리방식이라는 점을 고려할 때, 응용부문 과학연구기관이 '연구소'의 성격에서 '기업소'의 성격으로 전환되었다는 것을 의미하며 '경제과학'의 등장이 그 배경이라 할 수 있다.[121]

박봉주 내각총리는 또한 "경제과학전선에서 일대 비약이 올해 내각에 가장 중요한 과업으로 국제적 과학기술교류사업을 강화하여 선진과학기술을 우리의 것으로 만들어야 한다."고 강조했으며, 최수현외무성 부상은 6월 16일 제11차 유엔무역개발회의(UNCTAD) 총회연설에서 "우리는 이미 마련된 생산토대를 최대한 이용하면서 대외무역을 다각적으로 확대발전시키고 합영·투자 도입을 통해 앞선 과학기술을 받아들이는 한편 국제경제기구들을 통한 개발협조도 장려해 나가고 있다."면서 다방면 경제협조와 교류를 확대 발전시켜 나갈 방침이라고 밝혔다.[122] 이와 같이 2004년 북한의 대외 과학기술협력활동은 이전과는 다른 특징을 보인다. 우선, 시기적으로 북핵 문제 등으로 대외 경제지원이 부진한 상황에서 전개되었고, 내용 면에서는 IT산업과 첨단과학기술 부문에 집중하고 있다. 또한 과거 북한의 대외 과학기술협력활동이 사회주의 국가들이나 아프리카 등 일부국가에 한정되었던 것과는 다르게 북한의 적대국가인 미국은 물론유럽 및 아시아 국가 등 보다 다양한 국가들을 대상으로 하고 있다. 2004년 10월 말 현재 북한의 대외과학기술교류는 16개국 35건으로2002년의 9개국 16건에 비해 크게 증가했다.[123] 북한의 이러한 노

---

121) "북한의 '경제과학'이란?" 『NK테크 웹진』, 38078호.
122) 『로동신문』, 2004년 6월 17일자.

력은 무엇보다 북한이 전력을 다해 추진하고 있는 IT산업 등 첨단과
학기술산업이 북한의 자체 능력과 수요만으로는 발전하기 어렵다는
것을 인식했기 때문인 것으로 파악된다.

2005년은 남북정상회담 5주년, 해방 및 당 창건 60주년 등 주요
기념행사가 잇달아 개최된 해로, 하반기에는 1945년 8월 해방 이후
북한 체제가 정비되기 전에 만들어진 각종 기관 및 조직들의 60주년
행사도 이어졌다. 북한은 2005년의 역사적 성격을 활용, 연초부터
체제선전과 함께 주민결속과 충성을 유도하는 데 주력하는 가운데
북핵 문제의 교착국면에서 미국의 대북정책의 부당성을 강조하고,
주민들에게 미국과의 대결국면을 부각시켰다.[124] 2005년 신년공동사
설에서 '경제와 과학기술의 일체화'를 과학기술 정책기조로 삼은 북
한은 "현대적 과학기술에 기초한 인민경제의 기술개건을 다그치고
과학기술에 의거하여 경제를 발전시켜야 한다."면서 최신 과학기술
에 기초한 경제발전 의지를 강조하였다. 특히, 생산현장에서 제기되
는 기술적 문제를 해결하기 위해 '2 · 17과학자, 기술자돌격대', '전
국과학기술자돌격대', '3대혁명소조'의 활동을 강화하는 등 과학기술
과 생산활동을 밀착시키려는 노력이 진행되었다.

---

123) 통일부 정세분석국 경제사회분석과 분석자료(2004. 1~10). 물론 북한이 공개한 단순 양
    적 지표만으로 과학기술 발전의 전반적 경향을 평가하기에는 한계가 많다. 자체 원자재 및
    기술력 부족으로 생산한 기술품목들은 국제적 기술수준에 떨어지고 대외기술협력 또한 경
    제논리를 배제한 정치적, 선전적 효과를 더욱 중시하기 때문이다.
124) 『로동신문』, 2005년 3월 5일자.

<표 30> 2005년 신년공동사설 분석: 경제와 과학기술정책

구분	내용
전년도 평가	· 사회주의경제건설에서 자랑찬 성과 - 전력공업과 철도운수를 비롯한 인민경제 중요전선들에서 최근년간에 볼 수 없었던 생산적 앙양 - 당의 종자혁명방침관철에서 커다란 성과가 이룩되고 대규모 토지정리와 자연흐름식 물길공사가 적극 추진되어 선군시대 농업혁명의 튼튼한 토대마련
금년도 목표	· 국방공업은 나라의 군사 경제력의 기초 - 빈터 우에서 시작하여 간고분투의 정신으로 다져온 자위적 국방공업의 위력을 백방으로 강화 - 당의 선군시대 경제건설노선의 요구대로 국방공업에 필요한 모든 것을 우선적으로 보장 · 사회주의건설의 모든 전선에서 혁명적대고조를 일으켜 당 창건 60돌과 조국광복 60돌이 되는 올해에 경제건설과 인민생활 향상에서 결정적 전환을 가져와야 함
주요 과업 및 방침	· 올해 사회주의 경제건설의 주공전선은 농업전선 - 현시기 경제건설과 인민생활에서 나서는 모든 문제를 성과적으로 풀어나갈 수 있는 기본고리는 농업생산을 결정적으로 늘이는데 있음 · 발전하는 현실과 나라의 실정에 맞는 우리식의 독창적인 경제관리체계와 방법을 세우고 그 생활력이 높게 발휘되도록 함 - 사회주의원칙을 철저히 지키면서 최대한의 실리를 얻을 수 있게 경제조직사업을 치밀하게 짜고 들어야 함 - 생산을 전문화하고 규격화, 표준화를 적극 받아들여 생산물과 건설물의 질을 높이고 사회적 자원을 효과 있게 이용하여야 함 - 모든 부문, 모든 단위에서 절약투쟁을 강화하고 나라살림살이를 깐지게 하며 노동행정사업을 짜고 들어야 함 · 당의 과학기술중시방침을 틀어쥐고 현대적인 과학기술에 기초한 인민경제의 기술개건을 힘있게 다그쳐야 함 - 과학기술에 의거하여 생산도 늘이고 경제를 발전시키는 관점을 정립 - 오늘의 선군혁명대고조에서 과학자, 기술자들의 역할을 비상히 높여야 함 · 나라의 전반적인 경제사업에 대한 내각의 조직집행자적 기능과 역할을 높여야 함 - 경제지도일군들은 과학적인 경영전략, 기업전략을 가지고 사업에서 주도성, 창발성, 능동성을 발휘하여야 함 · 당 조직들은 경제사업을 당적으로 힘있게 밀어주면 당, 행정배합을 잘 수행

북한은 2005년 11월 과학원의 명칭을 '국가과학원'으로 개명하여 성(省)급 기관인 과학원의 위상을 강화하고 당의 과학기술중시 의지를 표명하는 한편,[125] '제20차 중앙과학기술축전(2005. 5)', '전국

과학자, 기술자돌격대운동 선구자대회(2005. 10)' 등 각종 대회 및 전시회를 개최하여 과학기술중시 분위기를 고취하고 과학기술자들의 연구개발을 독려하였다. 아울러 북한은 선진과학기술 도입 및 관련 정보교류를 위해 중국과 '조·중 경제기술협조협정(2005. 10)'을, 러시아와는 '조·러 2005~2007년도 과학협력계획서(2005. 11)' 등 과학기술협력협정을 체결하고 연수생을 파견하는 등 과학기술 분야 육성에 주력했다.[126]

2006년에는 4월 11일 최고인민회의 제11기 4차 회의에서 처음으로 '과학기술중시노선'이 주요 핵심의제 중 하나로 채택되었다. 즉, '과학기술 발전을 통한 강성대국 건설'이 핵심적인 정책으로 부상한 것이다. 과학기술계의 전년도 사업평가에서 박봉주 내각총리는 과학연구사업과 선진과학기술 도입에 집중하여 국가중점대상을 비롯한 1,050여 건의 과학기술 발전계획을 달성했다고 보고했다. 또한 진행 중인 과학기술 발전 5개년계획에 이어 차기 5개년계획(2008~2012)을 그리고 2022년까지 과학기술 발전전략을 수립하여 과학기술부문을 체계적, 획기적으로 육성하겠다는 중장기적 포부를 제시했다. 특히, 최태복 당비서가 결의서를 낭독하는 등 과학기술강국 건설의 전

---

125) 『조선중앙방송』, 2005년 11월 24일. 최고인민회의 상임위원회는 2005년 11월 23일 '과학원'을 '국가과학원'으로 하고, 내각과 관련 기관에서 후속 실무대책을 세울 것을 내용으로 하는 정령을 발표하였다. '과학원'(평양시 은정구역)은 1952년 10월 9일 "과학원조직에 관한 내각결정 183호"에 의거하여 창립. 1982년 4월 당시 정무원의 행정부서로 격상된 연구기관으로 1994년 2월 국가과학원으로 개명되었다가 1998년 9월 과학원으로 환원하였으며, 1실, 21국, 21위원회의 행정·기술부서와 산하기관으로 은정분원, 7개 분야별 연구분원, 지방의 함흥분원, 중앙과학기술통보사 등을 두고 있다. 2005년 국가과학원 개명은 제2차 과학기술 발전 5개년계획 기간 과학원의 위상을 강화시켜 국가의 과학기술역량을 총집중하기 위한 것으로서 당면하게는 각 기관에 분산되어 있는 과학연구기관을 통합·관리하려는 의도로 보인다. 통일부, 『북한동향』 제766호(2005. 11. 24).

126) 국가정보원 편, 『북한 과학기술논문 분석』(서울: 국가정보원, 2005), p.2.

망목표를 제시하기도 하였다. 또한 과학기술 발전을 통해 경제건설을 추진하는 것은 경제문제 해결을 위해 다른 나라의 지원을 기대하지 않는 자립의 사상을 구현하는 것이라고 강조했다.[127]

박봉주 총리가 제시한 내각의 주요사업은 국방공업 발전, 농업생산의 결정적 증가, 과학기술중시노선 관철의 근본적 전환, 대외 경제협조사업의 전개, 내각의 책임성과 역할 제고 등이다. 국가예산수입은 전년 대비 7.1% 증액 편성되었다.[128]

〈표 31〉 북한의 예산 및 결산 발표 내용

(단위: 북한 만 원)

구분	예산		결산	
	수입	지출	수입	지출
2003년	113.6%	114.4%	100.9%	98.2%
2004년	3,512억 6,600만 원		112억 6,100만 원 적자	
	105.7%	108.6%	–	99.3%
2005년	115.1%	111.4%	100.8% (116.1%)	104.4%
2006년	107.1%	103.5%	97.5% (100.4%)	99.9%
2007년	105.9%	103.3%	100.2% (106.1%)	101.7%
2008년	104.0%	102.5%	101.6% (105.7%)	99.9%
2009년	105.2%	107.0%	–	–

* 주: 1) 예산의 수입과 지출은 전년 대비 수치, 결산의 수입과 지출은 계획, ( )는 전년 대비 수치
* 북한의 각 연도 예산, 결산 발표 내용을 근거로 작성.
* 자료: 최수영 · 정영태, 『북한 최고인민회의 제12기 제1차 회의 결과 분석』(서울: 통일연구원, 2009), p.12.

---

127) 『조선신보』, 2006년 4월 13일자.

128) 북한 당국은 이의 78.1%를 중앙예산에서, 21.9%를 지방예산에서 충당할 계획이며 2005년까지 없다가 새로 편성된 부동산 사용료 수입을 2005년 대비 12%를 증액 편성했다. 최수영, "김정일 시대의 경제정책", 『KDI 북한경제리뷰』, 2008년 10월호, p.12 참조.

〈표 32〉 북한의 재정규모

(단위: 북한 만 원)

구분	예산		결산		
	수입	지출	수입	지출	재정수지
2003년	-	-	33,232,356	32,34,936	- 887,420
2004년	35,126,600		33,754,600	34,880,700	- 1,126,100
2005년	38,851,545	38,857,100	39,162,357	40,566,812	- 1,404,455
2006년	41,942,884	41,986,650	40,894,312	41,944,663	- 1,050,351
2007년	43,307,076	43,328,837	43,393,690	44,065,427	- 671,737
2008년	45,129,438	45,167,063	45,867,130	45,121,896	745,234
2009년	47,476,269	48,328,757	-	-	-

* 주: 북한의 각 연도 예산, 결산 발표 내용을 근거로 작성.
* 자료: 최수영·정영태, 앞의 글, p.13.

이상과 같이 2006년도 예산사업계획에서 주목할 것은 과학기술중시노선의 근본적 전환을 주장한 것으로, 이것은 구체적으로 지난 과학기술 발전계획에서 나타난 문제점들을 개선하고 변화된 대외환경에 따라 수요자 중심의 기술혁신을 강조한 것으로 집약할 수 있다. 그럼에도 불구하고 북한 당국은 국가예산편성에서 과학기술 분야의 예산지출을 전년 대비 3.1%로 소폭 증가시키는 데 그쳤다. 여타 농업부문에 12.2%, 전력, 석탄, 금속공업, 철도운수 부문의 9.6%의 예산 증액율과 비교했을 때 이는 상대적으로 매우 낮은 비율이다.[129]

이것은 국가예산에서 과학기술사업비 몫을 대폭 늘려 국가광역정보통신망을 구축하고, 우주기술과 핵기술, 해양과학 발전의 토대를 쌓으며 과학부문의 인재양성, 연구개발, 첨단기술제품 생산기지를 건설하여 강성대국 건설을 담보하려는 북한의 의지 실현이 쉽지 않을

---

129) 『조선신보』에 따르면 북한은 과학기술 부문에 대한 국가적 투자를 늘리는 한편 은행을 통한 대부나 투자기금 운영 등 과학기술진흥자금 마련을 위한 다양한 대책들을 강구하고 있다고 한다. 『조선신보』 2006년 6월 10일자.

것임을 시사해 준다. 즉, 미국을 비롯한 국제사회의 압력이 강화되는 상황에서 자립적 경제구조를 유지하고 이를 위해 과학기술 발전을 통해 생산력을 증대하려는 북한 당국의 내포적 발전계획은 북한의 경제 및 과학기술 수준으로 미루어 볼 때 달성 가능하지 않다. 더구나 과학기술 발전 분야에 IT, BT, NT 및 우주항공, 해양과학 등 최첨단 분야를 총망라하고 있어 북한과 같은 최빈국, 저개발국가가 이를 단기간에 자력으로 육성하여 현실 경제건설에 활용하려는 계획은 현실성이 없다.[130]

〈표 33〉 2006년 신년공동사설 분석: 경제와 과학기술정책

구분	내용

전년도 평가	· 사회주의경제건설 분야에서 최근 몇 해 동안에 해놓은 일보다 더 큰 성과를 이룩
	  - 농사에 모든 힘을 총집중, 총동원함으로써 농업생산에서 새로운 전진
	  - 대안친선유리공장과 백마-철산물길을 비롯한 선군시대 기념비적 창조물 건설
	  - 경제건설과 인민생활 향상에 중요한 의의를 가지는 많은 대상들이 개건 현대화
	  - 기간공업과 중요공업부문의 수많은 공장, 기업들에서 생산적 앙양이 일어나고 나라의 경제전반이 확고한 상승의 궤도에 진입

금년도 목표	· 국방사업은 강성대국 건설의 제일 중대사 - 선군시대 경제건설로선의 요구대로 국방공업에 필요한 모든 것을 최우선적으로 보장해 주어야 함 · 사회주의 경제건설과 인민생활에서 결정적인 전환을 가져와야 함

주요 과업 및 방침	· 올해에도 농업전선을 경제건설의 주공전선으로 내세우고 다시 한번 농사에 모든 력량을 총동원, 총집중하여야 함
	· 새로운 발전의 길에 들어선 우리 경제는 전력, 석탄, 금속공업과 철도운수부문을 결정적으로 추켜세울 것을 요구
	· 현시기 경제건설에서 절박하게 나서는 중요한 과업은 인민경제를 개건현대화하기 위한 사업을 집중적으로 벌려나가는 것임
	  - 인민경제 모든 부문, 모든 단위에서는 개건현대화하기 위한 사업을 중요한 경제전략으로 내세우고 새 출발을 한다는 립장에 서서 대담하고 통이 크게 혁신적으로 내밀어야 함
	  - 자력갱생의 원칙에서 긴요하고 실리가 있는 대상부터 하나하나씩 실현하는 방법으로 개건현대화를 다그쳐야 함

130) 유호열, "북한 실리사회주의의 한계와 문제점", 『북한』, 2006년 5월호, p.34.

구분	내용
주요 과업 및 방침	· 경제관리를 혁명적으로 개선하는 것이 사회주의경제의 우월성을 높이 발양하는 길 - 경제사업을 내각에 집중시키고 내각의 통일적 지휘에 따라 처리해 나가는 정연한 체계와 질서를 세워야 함 - 인민경제 모든 부문에서 계획규률, 로동행정규률, 재정규률을 강화하고 생산의 전문화와 규격화, 표준화를 적극 실현하며 전사회적으로 절약투쟁을 힘있게 벌려야 함 - 경제부문 지도일군들은 과학적인 경영전략, 기업전략을 가지고 실리를 따져가며 경제사업에 대한 작전과 지휘를 책임적으로, 창발적으로 하여야 함 · **과학혁명, 기술혁명의 불길을 더욱 세차게 지펴올려 강성대국 건설에서 나서는 과학기술적 문제들을 적극적으로 풀어 나가야 함** · **지식인들과의 사업에 깊은 관심을 돌려 그들이 사회주의 사상문화전선, 과학기술 전선의 전초병으로서의 사명을 훌륭히 수행하도록 하여야 함** · 경제관리와 사회생활에서 나서는 모든 문제들을 철두철미하게 사회주의의 집단주의적 성격에 맞게 풀어 나가야 함

　북한은 "승리의 신심 드높이 선군조선의 일대 전성기를 열어 나가자."라는 제하의 2007년 신년공동사설에서 2007년을 "선군조선의 새로운 번영의 년대가 펼쳐지는 위대한 변혁의 해"로 규정하였다. 여기에는 그동안 역점적으로 추진해 왔던 핵개발이 완성되었으니 이제는 자신감을 가지고 경제강국 건설에 총매진해야 할 단계라는 메시지가 담겨 있다. 신년공동사설은 핵실험과 핵무장을 정당화하고 선군정치를 미화하였다.

　　조선혁명의 불패성과 빛나는 미래는 선군에 있다. 우리 군대와 인민은 선군의 기치 높이 반미 대결전과 사회주의 수호전에서 백전백승을 떨쳐왔으며 나라의 최고 리익과 민족의 운명을 굳건히 수호하기 위한 강력한 자위적 국방력을 다져왔다. …우리가 핵 억제력을 가지게 된 것은 그 누구도 건드릴 수 없는 불패의 국력을 갈망하여온 우리 인민의 세기적 숙망을 실현한 민족사적 경사였다. 우리 군대와 인민은 그 어떤 원쑤들의 핵전쟁 위협과 침략책동도 단호히 짓부시고 사회주의 조국을 끄덕없이 지켜낼 수 있게 되었다. 지난해의 자랑찬 승리는 우리 군대와 인민이 10여 년 간 최악의 역경 속에서도 선군의 길을 변함없이 걸어온 것이 천만번 정당하였다는 것을 실증해주고 있다.

4월 9일자 『로동신문』은 김정일 국방위원장 추대 14주년을 맞아 게재한 사설에서 다음과 강조했다.

> 선군의 기치를 높이 들고 국방력 강화에 계속 큰 힘을 넣어야 한다. 자주적 국방력에서 기본역량을 이루는 인민군대를 정치사상적으로, 군사기술적으로 끊임없이 강화해야 한다. 전체 인민들은 군사를 제일국사로 내세우고 국방력 강화에 최대의 힘을 넣으며 인민군대를 물심양면으로 적극 원호해야 한다.[131]

> 오늘은 비록 배를 곯더라도 민족의 생존과 번영을 위하여 국방공업을 우선적으로 발전시키고 군대를 강군으로, 온 나라를 철벽의 요새로 전변시켜 나가는 인민들에게는 휘황한 미래가 펼쳐지게 된다. 군사적 침공을 막아내지 못하여 광활한 영토와 풍부한 자원을 가지고 있으면서도 인민들이 가난과 빈궁에 허덕이는 여러 나라들의 교훈은 총대야말로 민족의 생존과 발전을 위한 제일보검이라는 것을 보여 주고 있다.[132]

한편, 2007년 신년공동사설은 이례적으로 통상적인 정치사상, 군사, 경제의 순서가 아닌 경제부문을 가장 먼저 제시했다. 이것은 2006년 10월 핵실험으로 안보문제가 어느 정도 해결되었다는 나름대로의 인식과 재래식 무기에 대한 투자를 상대적으로 절감할 수 있을 것이라는 기대를 바탕으로 2007년에는 경제적 곤경 해소에 총력을 기울이겠다는 의지를 표명하는 것으로 해석된다.[133]

1월 4일자 『로동신문』 역시 "정치사상강국, 군사강국의 지위에 확

---

131) 『로동신문』, 2007년 4월 9일자.
132) 『로동신문』, 2007년 4월 24일자.
133) 조동호, "2007년 북한 신년 공동사설 분석", 『KDI 정책포럼』 175, p.22.

고히 올라선 오늘 경제강국 건설은 우리 앞에 나선 가장 절박한 과업"134)이라고 지적했다. 또한 경제부문에서 "지질탐사와 에너지 및 자원개발사업"을 처음으로 언급해 유엔 대북제제 결의로 인한 에너지를 비롯한 원자재난이 심각해질 것에 대비하고 있다. 같은 맥락에서 농업부분을 최우선적으로 거론하면서 경공업의 우선순위를 전력, 석탄, 금속, 철도운수의 4대 선행부문보다 높이 설정하였다. 이는 먹는 문제의 해결과 함께 주민생활에 직접적인 영향을 미치는 경공업 발전과 소비품 생산에 총력을 기울이겠다는 의도로 분석된다. 그러나 북한 당국이 주민생활을 중심으로 한 경제문제의 해결에 초점을 맞추고는 있으나, 이를 실천하기 위한 전략으로 개별 경제단위들의 독자적 자력갱생 이외의 지원방안을 제시하지 못했다.

반면, 광공업 부문의 경우에는 김정일이 4대 선행부문을 중심으로 현지지도를 집중 실시하는 등 이들 부문에 대한 정책적 관심이 지난해보다 강화되는 경향을 나타냈다. 실제로 4월 11일 개최된 최고인민회의 제4기 5차 회의에서 예산을 경공업 부문에 전년 대비 16.8%, 4대 선행부문에 전년 대비 11.9%로 대폭 늘려 지출하기로 결정하였다. 이것은 농업 부문의 예산증가율 8.5%보다 높은 증가율이며 전체 예산증가율 3.3%보다 현격히 높은 것이었다. 더욱이 예산의 절대규모로 보면, 북한 경제에서 선행부문이 가장 큰 비중을 차지하고 있기 때문에 가장 많은 재정지출을 할애한 셈이 된다.135)

134) 『로동신문』, 2007년 1월 4일자.
135) 홍성국, "우리식(북한식) 경제운영 강화", 『북한』, 2007년 12월, p.53.

<표 34> 2007년 신년공동사설 분석: 경제와 과학기술정책

구분	내용
전년도 평가	· 강성대국 건설에서 전환적 국면이 열린 긍지 높은 해 　- 경제건설 분야에서도 새로운 비약의 발판 마련 　- 농업생산을 더욱 늘일 수 있는 확고한 전망이 열림 　- 인민경제 여러 부문에서 기술개건이 힘있게 추진 　- 기념비적 창조물 건설, 인민생활 향상을 위한 생산기지 설립 · **지난해에 우리 민족의 슬기와 우수성을 떨치는 자랑스러운 성과들이 이룩** · **우리의 과학자, 기술자들은 불타는 혁명적 열정과 창조적 재능으로 첨단과학기술을 개척하고 나라의 국력을 강화하는데서 력사에 빛날 공적을 쌓았음**
금년도 목표	· 인민생활을 빨리 높이는데 선차적인 힘을 넣으면서 우리 경제의 현대화를 위한 기술개건을 다그치고 그 잠재력을 최대로 발양 · 국방력 강화 　- 국방공업발전에 선차적인 힘을 넣어 우리 군사력의 물질적 기초를 끊임없이 강화해나가야 함
주요 과업 및 방침	· 농사를 천하지대본으로 틀어쥐고 인민들의 먹는 문제 해결에서 획기적인 진전을 이룩하여야 함 · 경공업혁명의 불길을 세차게 일으켜 인민소비품생산을 결정적으로 추켜세워야 함 · 4대선행부문(전력, 석탄, 금속, 철도운수부문)이 경제강국건설의 전초선을 튼튼히 지켜야 함 · 대기념비적 건축물을 비롯한 중요대상건설을 질적으로 하여야 함 · 경제사업과 인민생활 향상에서 나서는 모든 문제들을 선군시대, 정보산업시대의 요구를 반영한 우리 당의 경제사상화 리론에 기초하여 풀어 나가야 함 　- 김정일동지의 현지지도단위들의 귀중한 경험과 생동한 모범을 적극 따라 배우고 일반화하여야 함 · 자력갱생은 사회주의 경제건설의 변함없는 투쟁방식임 　- 자체의 힘으로 번영하는 사회주의 락원을 일떠세울 각오를 가지고 우리의 힘과 기술, 자원에 기초하여 경제를 운영해나가야 함 · **당의 과학기술중시로선을 철저히 관철하는데 경제강국건설의 확고한 담보** · **우리 당의 위대한 혁명사상에 최신과학기술이 결합되면 놀라운 변혁이 일어나게 됨** 　- 모든 부문·단위들에서는 최신과학기술에 기초한 현대화를 강력 추진 · **과학자, 기술자들은 혁명적 군인정신과 투쟁기풍으로 짧은 기간에 첨단과학기술을 발전시키고 강성대국 건설을 과학기술적으로 확고히 담보하여야 함** 　- 모든 부문, 모든 단위들에서 생산과 과학기술을 밀착시켜 대중적 기술혁신운동을 힘있게 벌려야 함 · 인민경제의 기술개건도 생산과 경영활동도 과학기술인재들을 적극 발동하는 방법으로 해나가야 함 　- 교육사업에 힘을 넣어 강성대국 건설을 떠메고나갈 유능하고 실력있는 인재를 양성 　- 교원들의 자질을 향상시키고 교육의 수준과 질을 높이며 교육방법을 끊임없이 개선하여야 함 · 과학과 기술의 시대, 정보산업혁명의 요구에 맞게 온 사회에 지식수준을 높이기 위한 된바람을 일으켜야 함

2007년 북한을 둘러싼 정세는 2월 13일 북핵 문제에 대한 북·미 간의 극적인 합의, 제2차 남북정상회담 개최와 10·4선언 등으로 대외환경과 여건이 일단은 북한에 유리하게 작용한 것처럼 보였다. 그러나 그동안의 국제사회 냉각 분위기의 여파가 지속됨으로써 중국, 러시아 등 일부 국가를 제외하고는 대체적으로 북한의 대외무역활동은 정체된 것으로 나타났다. 대외무역뿐만 아니라 경제협력에 있어서도 전체적으로 뚜렷한 움직임이 나타나지 않았고 다만, 국가적 차원에서 중국과 러시아와의 정례적인 경제협력교류가 거의 전부를 차지하고 있을 뿐이다. 이를테면 '북·러 정부 간 무역·경제 및 과학기술협조위원회' 제4차 회의(3. 22~29),[136] 북·러 '무역·경제 및 과학기술협조위원회 임업분과위원회' 제11차 회의(5. 22), 북·중 '경제·무역 및 과학기술협조위원회' 제3차 회의(9. 4)[137] 등을 들 수 있다.

2·13합의에 따른 직접적인 성과로서는 베이징에서 개최된 제6차 6자회담 수석대표회의(7. 18~20)의 합의에 따른 비핵화 단계 조치 이행과 관련해 '경제·에너지협력 실무그룹회의'가 판문점의 '평화의 집'에서 개최(8. 7~8)되었다는 것을 들 수 있다. '경제·에너지협력 실무그룹회의'에서 북한의 핵불능화 대가로 중유 95만 톤 지원문제가 논의되었다.[138] 그 밖에 평양 명당무역회사와 이집트 오라스콤

---

136) '북·러 경제공동위원회'는 1967년 10월 북한-구소련 간 창설되어 1990년 제24차 회의까지 연례적으로 개최되어 오다가 구소련 붕괴 후 일시 중단되었으나 1992년 9월 북·러 간 동 경제공동위원회의를 재개키로 합의하여 제1차 회의(1996. 4. 평양), 제2차 회의(1997. 10. 모스크바), 제3차 회의(2000. 10. 평양)를 각각 개최하고 양자 간 경제협력 증진 문제 등을 협의하였다. 통일부, 『북한동향』, 제832호(2007. 3. 22).

137) 북·중 '경제·무역 및 과학기술협조위원회' 회의는 2005년 이래 매년 북한·중국에서 교차로 개최하고 있는 연례 회의로서, 제1차 북경(2005. 3), 제2차 평양(2006. 5)에서 개최되었으며 제3차 회의에서는 광업·제철부문 투자, 무역 촉진 등 양자 간 경제협력 확대 문제를 협의한 것으로 추정되었다. 통일부, 『북한동향』, 제856호(2007. 9. 9).

138) 제6차 6자회담 수석대표회의 개최 이후 실무그룹 차원에서 처음으로 열린 이 회의의 특징

건설회사가 평양에서 상원시멘트연합기업소 현대화와 운영을 위한 합영계약서를 체결(7. 13)하였으며139) 9월 1일~4일에는 태국 '록슬리 태평양주식회사'가 북한의 통신설비 운영문제에 합의했다.140)

그러나 2006년과 2007년의 자연재해에 따른 작황 부진으로 농업 생산량이 감소하였고 경공업 부문의 성과에 대한 북한의 주장도 약화되었는데, 경공업 부문의 성과 부진은 여러 요인들이 복합적으로 작용한 것으로 보인다. 이 기간 북한의 대외환경은 미사일 발사, 핵실험 등으로 최악의 상황에 놓여 있었고, 북한의 경제개혁 의지는 시장화의 급속한 진전에 따른 부작용 우려로 시장통제조치를 내리는

은 북한이 2단계 비핵화 조치 이행의 대가로 받기를 원하는 중유 95만 톤에 상당하는 지원에 대한 요구사항을 구체적으로 밝혔다는 점(중유 95만 톤 상당의 지원 중 절반가량은 중유로, 그 나머지는 노후화된 화력·수력 발전소와 탄광 등의 개보수에 필요한 기자재로 지원해 줄 것을 요청)과 핵시설 불능화와 핵프로그램 신고 등 자신들이 취할 2단계 조치와 나머지 참가국들이 이에 상응해 제공키로 한 중유 95만 톤 상당의 지원 간에 발생할 수 있는 시차를 문제 삼지 않기로 하였다는 점이다. 이 회의에서 참가국들은 비록 구체적인 대북지원 품목이나 분담액, 일정 등에 대한 로드맵을 마련하지는 못했지만, 북측이 자체 조치와 대북지원 간에 발생할 수 있는 시차에 대해 융통성을 발휘함으로써 그동안 지속적으로 주장해 오던 '행동 대 행동' 원칙에 유연성을 보이고, 유관국들의 보상지연에도 불구하고 '연내 핵시설 불능화 약속 이행 의지'를 확인하였다. 통일부, 『북한동향』, 제852호(2007. 8. 12).

139) 평양 명당무역회사와 이집트 오라스콤 건설회사는 7. 13 평양에서 상원시멘트연합기업소의 현대화와 운영을 위한 합영계약서를 체결하였다. 『조선중앙방송』, 2007년 7월 16일. 북한의 외국기업과의 시멘트공장 현대화계약 체결은 수력발전소 건설, 미루벌 물길공사, 주택건설 및 도시 개건·현대화 등 대규모 건설사업 추진으로 늘어나는 시멘트 수요를 충족시키기 위한 것으로 보인다. 오라스콤사는 상원시멘트에 1억 1,500만 달러를 투자하여 동 기업소 지분의 50%를 취득할 예정으로 알려졌다. Financial Times, July 16, 2007.

140) 『평양방송』, 207년 9월 1일; 『조선중앙방송』, 2007년 9월 4일. 북한 체신성과 태국 록슬리사는 1995. 9 체결한 「나선국제통신센터」 건립 및 총 51만 5천 회선 규모의 통신망 확충사업에 대한 양허계약에 따라 양자간 합영기업인 「동북아전화통신회사(NEAT&T)」가 1999. 6 「나선국제통신센터」의 건설에 착공하여 2001. 8 완공한 데 이어, 2002. 11 평양·나선 지역에 이동통신서비스를 개시한 뒤 남포·개성 등 주요 도시를 중심으로 기지국 증설을 추진하였다. 록슬리사 대표단의 북한 방문은 연 2회 개최되는 「동북아전화통신회사」 이사회에 참석하기 위한 방문으로 보이나, 동 대표단의 방북 사실은 2003. 9(이사회 제14차 회의) 이후 4년 만에 처음 보도되었으며 북한측은 동 대표단의 방문 중에 휴대전화 일반 서비스를 장기간 정지(특정계층 및 외국인에게는 일부 허용)한 데 따른 이동통신설비 관리문제 등도 협의했을 것으로 추정되었다. 통일부, 『북한동향』, 제856호(2007. 9. 9).

등 다시 후퇴한 것으로 보였다. 이에 따라 기업경영 및 공장가동 환경이 경제개혁 초기에 비해 악화되었고, 기업개혁에 동참함으로써 얻게 되는 기대 보상도 개혁 초기에 비해 약화되었을 것이라고 유추해 볼 수 있다.[141]

한편, 과학연구사업에 대해서는 과학기술을 발전시키기 위한 세부적인 방침의 제시보다는 '혁명적 군인정신과 투쟁기풍' 혹은 '대중적 기술혁신'의 강조 등 선동적 구호가 중심이 되었다. 또한 "기술개건도, 생산과 경영활동도 과학기술인재들을 적극 발동하는 방법으로 해 나가야 한다."면서 산업과 생산현장의 문제에 대해서도 자체적인 해결 노력을 강조하였다. 선진첨단기술 도입이나 신기술 개발 정책은 대부분 구형화된 기존 설비의 자체적 개선 차원에 머물러 이렇다 할 실질적 성과를 나타내지 못하였다.

2008년 신년공동사설에서는 대내정책적 측면에서 '경제강국' 건설이 우선적으로 강조된 2007년과는 달리 '정치사상적 위력' 강화→'군사적 위력' 강화→'경제강국' 건설 순으로 되어 있다. 이는 '공화국 창건 60돌'을 맞아 경제건설에 앞서 내부체제의 정상화 및 강화 의도를 반영한 것이다. 군사부문에서도 물리적 군사역량 강화보다 정신적 역량 강화를 위한 '전투역량 강화'를 우선적으로 강조하였다. 대외관계에서는 본격적인 외교적 확장을 고려하여 '자주, 평화, 친선'이라는 일반적 구호 아래 "우호적으로 대하는 모든 나라들과의 친선 협조관계를 더욱 강화 발전시켜 나갈 것"임을 강조하였다. 또한 이명박 정부를 상대로 한 대남관계에서도 '반보수 대연합'이라든가 '진보세력의 연대' 등과 같은 이데올로기적 관계 구축 주장(민족중시,

---

141) 최수영, 앞의 글, p.17.

평화수호, 전 민족 대단합)을 크게 완화하고 '북남관계발전과 평화번영을 위한 10 · 4선언'의 이행을 강조하였다.

〈표 35〉 2008년 신년공동사설 분석: 경제와 과학기술정책

구분	내용
전년도 평가	· 선군혁명 노선의 위대한 생활력이 힘있게 확증되고 부강조국 건설에서 커다란 전진이 이룩된 자랑찬 승리의 해 – 경제강국 건설에서 새로운 비약을 이룩할 수 있는 전망이 열림 – 인민경제 여러 부문에서 기술개건이 적극 추진 – 기념비적 창조물 건설 – 공업의 주체성이 더욱 강화
금년도 목표	· 선군시대 경제건설노선의 요구대로 국방공업 발전을 앞세워 자위적 군사력의 물질적 기초를 튼튼히 다져야 함 · 전당, 전국, 전민이 떨쳐나 경제강국 건설을 위한 총공격전을 벌려야 함 – 현시기 경제강국 건설의 기본방향은 인민경제의 주체성을 끊임없이 강화하면서 최신과학기술에 기초한 현대화를 적극 실현하여 우리 자립적 민족경제의 우월성과 생활력을 전면적으로 높이 발양시키는 것 – 우리 경제구조의 특성을 살리면서 인민경제를 기술적으로 개건해나가는 원칙, 최대한의 실리를 보장하면서 인민들이 실질적인 덕을 보게 하는 원칙, 내부의 원천과 가능성을 남김없이 동원하는 것을 기본으로 하면서 대외경제관계를 발전시키는 원칙을 틀어쥐고 경제강국 건설을 다그쳐야 함
주요 과업 및 방침	· 올해에 사회주의경제건설의 생명선인 인민경제선행부문, 기초공업부문을 추켜세우는데 결정적인 힘을 넣어야 함 · 인민생활제일주의를 높이 들고나가야 함 · 식량문제, 먹는 문제를 해결하는 것보다 더 절박하고 중요한 과업은 없음 · 당과 국가의 인민적 시책들을 더 잘 구현해나가야 함 · **오늘 강성대국 건설의 주공전선은 경제전선이다. 현시기 경제강국 건설의 기본방향은 인민경제의 주체성을 끊임없이 강화하면서 최신과학기술에 기초한 현대화를 적극 실현하여 우리 자립적 민족경제의 우월성과 생활력을 전면적으로 높이 발양** · **경제강국건설에서 과학기술의 역할을 결정적으로 높여야 함** · **과학기술이자 경제강국임. 온 나라에 과학기술을 중시하는 기풍을 세우고 공장, 기업소들에서 높은 과학기술에 기초한 생산체계를 확립하여야 함** · **과학자, 기술자들은 경제강국 건설에서 제기되는 긴절한 과학기술적문제들을 적극적으로 풀어 나가며 모든 부문, 모든 단위에서 대중적 기술혁신운동을 힘있게 벌려야 함** · **인재가 모든 것을 결정함. 선군시대, 정보산업시대의 요구에 맞게 교육사업에서 혁명을 일으켜 강성대국 건설에서 한몫 할 수 있는 유능한 인재들을 많이 키워내야 함**

북한은 강성대국 건설의 주공전선은 바로 경제전선이라고 강조하면서, 전당, 전군, 전민이 경제강국 건설을 위한 총공격전을 벌여야 한다고 촉구하는 등 경제재건을 핵심과제로 내세웠다. 이를 위해 첫째, 인민경제 선행부문과 기초공업부문을 일으켜 세울 것을 강조했다. 따라서 북한은 최고인민회의에서 4대 선행부문 예산지출을 지난해에 비해 약 50%나 증가시켰으며 김정일은 2008년 첫 현지지도를 예성강발전소 건설현장에서 하였다. 이에 따라 북한은 전력 부문에서는 예성강 청년1호발전소의 준공을 비롯해, 원산 청년발전소 1단계 공사 완료, 평안남도 영원군의 영원발전소 1호 발전설비 조립을 2008년도 성과로 내세웠다. 또한 황해북도 연산 군민발전소, 평안남도 성천발전소, 자강도 고보청년발전소 등 중소형 발전소 준공 등도 성과로 꼽히고 있다. 광업 부문에서는 검덕광업연합기업소의 광석운반 계통능력 확장공사와 단천 광업건설연합기업소의 미광처리용 침전지 공사, 북창지구 풍곡탄광의 새 구역 개발공사, 명천지구 탄광연합기업소 용반탄광 갱도건설이 거론되었다. 금속공업의 경우, 북한의 대표적인 철강공장인 평안남도 천리마제강연합기업소에서 초고전력 전기로가 2008년 10월에 완공되었고, 함경북도 청진시 김책제철연합기업소에서 9월에 대형산소분리기 설치공사가 완료되었다. 철도운송 분야에서는 북한의 나진항과 러시아의 하산을 잇는 철도현대화공사가 10월에 시작되는 등 러시아와의 협력이 강화되었다. 이 밖에 기계공업과 화학공업 등 기초공업부문에서도 공장과 기업소들의 기술재건사업에서 혁신이 일어났다고 북한 언론들은 주장하였다.[142]

142) 『조선중앙방송』, 2008년 7월 15일, 9월 9일, 11월 1일. 러시아 철도공사 야쿠닌 사장은 '제5차 바이칼포럼(9. 10~11. 이르쿠츠크)'에 참석하여 북·러 간 철도현대화사업의 10월 3일 개시를 언급하였다. 북·러는 양국 정상회담(2000. 7, 2001. 8, 2002. 8)을 통해

둘째, 신년공동사설은 '인민생활 제일주의'를 내세워 농업과 경공업 등 주민생활과 직결되는 문제의 해결에 주력할 것을 강조했다. 특히, 북한은 식량문제에 대해 '절박', '심각', '중요' 같은 단어들을 사용하면서 해결 의지를 천명했다. 이와 관련해 북한 언론들은 농업 부문에서 새로운 논벼 재배방법과 이모작에 적합한 다수확 품종의 감자 종자와 가뭄과 냉해, 습해, 병에 잘 견디는 콩 품종을 개발해 생산을 증가시켰다고 평가했으나 유엔식량농업기구와 세계식량계획은 12월 초 발표한 식량전망을 통해 2008년 11월부터 2009년 10월까지 북한에서 83만 6천 톤의 곡물이 부족할 것으로 추정하고 북한의 만성적인 식량난이 계속될 것이라고 밝혔다.[143] 경공업 분야에서는 특히, 제품의 질을 높은 수준에서 보장하고 주민들의 수요를 충족시키는 면에 중점을 두었다.

셋째, 북한은 남북협력사업을 "민족의 화해와 단합을 도모하고 평화와 번영을 이룩해 나가는 숭고한 애국사업"이라고 주장하고, 남북 간 경제협력을 다방면적으로 추진하는 것을 장려해야 한다고 밝혔다. 그러나 2008년 남북 간 총교역의 월별 누적 증가율은 상반기에

TKR-TSR 연결사업 및 철도 운수부문 협력 강화에 합의하고, 관련 실무급 회의와 북한 철도 실태조사사업 등을 추진하였다. 2006년 7월 러 철도공사 야쿠닌 사장의 방북 시 북·러는 나진-하산 간 철도 현대화를 연내에 완료한다는 내용의 '철도의정서'를 체결하였으나, 재원문제로 사업의 진척이 부진하였다. 2008년 4월 러 철도공사(야쿠닌)와 북한(김용삼 철도상)은 나진-하산 간 철도 개건·현대화 사업 등을 위한 북·러 간 합작기업 설립에 합의, 동 사업의 재개 움직임을 보였다. 러시아 철도청에 따르면, 동 합의의 주요 내용은 나진-두만강 철도개보수, 나진항 컨테이너 터미널 건설 등이며, 북·러 간 합작기업(기한: 49년, 지분: 북 30%, 러 70%)은 나선경제특구에 등록되었다. 통일부, 『북한동향』, 제907호 (2008. 9. 19).

143) 유엔식량농업기구(FAO)가 2008년 12월 발간한 전 세계 "작황 전망과 식량 상황(Crop Prospects and Food Situation)" 보고서 참조. 유엔 식량농업기구와 세계식량계획은 지난 1995년부터 매년 한두 차례 북한 당국의 초청에 따라 실사단을 파견해 작황 조사를 벌였지만, 2005년부터는 북한 측이 유엔 조사단의 방북을 거부해 작황 조사가 이뤄지지 못하다 2008년 10월 재개됐다.

22.6%를 기록했으며 하반기 들어 지속적으로 줄어들어 1월부터 10월까지의 누계는 8%에 그쳤다. 2008년 중 남북 간 교역액은 전년 대비 1.2% 증가한 18억 2천만 달러를 기록했다.[144] 북한은 7월 한국인 금강산 관광객 피살사건에 대한 진상조사를 거부함으로써 금강산 관광이 중단되게 한 데 이어 이른바 '12·1조치'를 통해 개성관광마저 중단시켰다. 아울러 북한은 체류 인원과 통행시간 제한으로 남북경협의 상징인 개성공단 운영마저 어렵게 만드는 등 이전 정부와는 대북정책 기조를 달리하는 이명박 정부를 상대로 북한식의 게임을 하고 있다는 비판을 받고 있다.[145]

한편, 북한은 2008년 4월 9일 최고인민회의 제11기 6차 회의를 개최하여 국가예산수입을 전년 대비 4% 증액하는 한편, 국가예산지출 총액의 15.8%를 국방비로 배정함으로써 2000년대 들어 지속해 온 국방비 배분율 증가 기조를 유지하였다. 이처럼 식량사정이나 경

---

144) 한재완, "남북교역 2009년 평가·2010년 전망", *Trade Focus*, 9(10), 2010, p.3.

145) 『연합뉴스』, 2008년 11월 24일. 12·1조치는 모든 남북 간 교류협력과 경제거래 목적 인원의 (육로)통행 제한, 남북 육로통행 시간대와 인원수 축소, 개성공단 상주인원 감축, 남북 간 철도운행과 개성관광 중단, 경협사무소 폐쇄 등을 골자로 한다. 남북관계가 경색국면을 면치 못하던 11월 24~27일까지 북측이 순차적으로 일방 통보하고 12월 1일부터 시행한 이 조치로 우선 경의선 도로를 통한 남북 간 왕래 횟수(시간대)가 매일 '출경(방북) 12회, 입경 7회'에서 '출·입경 각각 3회'로 축소됐다. 또 한 시간대당 통과 인원과 차량 대수도 이전 500명과 200대에서 250명과 150대로 각각 줄었다. 하루에 경의선 도로를 통한 전체 출·입경이 인원 750명과 차량 450대로 제한된 셈이다. 결국 12·1조치로 통행 가능 시간대의 폭이 대폭 줄어들면서 생산품 반입이나 원자재 반출 등이 원하는 때 이뤄지지 못해 물류비용이 추가로 발생하는 경우가 적지 않았다. 이와 함께 3천 명 안팎으로 추정되던 개성공단의 상시체류증 소지자가 880명으로 제한됐다. 상시체류증이 없어도 북측으로부터 출입 때마다 일시 체류허가를 받아 공단에 머물 수는 있었지만 기업 관계자들에게 큰 불편을 가져온 게 사실이다. 아울러 각종 교류협력과 경제거래를 위한 인원의 육로통행이 제한되면서 개성공단 이외의 기타 남북 간 교역과 위탁가공 사업자들도 사업에 타격을 입었다. 특히, 매주 화요일 출·입경 각 한 차례씩만 동해선 육로를 사용할 수 있게 됨에 따라 금강산 지구에서의 각종 교류협력사업은 사실상 단절됐다. 이 밖에도 1951년 서울-개성 간 열차가 중단된 이후 56여 년 만인 2007년 12월 11일 개통돼 '남북철도시대'를 다시 열었던 경의선 열차의 운행이 중단됐고 7월 관광객 피살사건으로 중단된 금강산관광에 이어 개성관광도 문을 닫게 됐다.

제적 여건이 악화일로에 있음에도 국방비를 증액하는 배경은 핵 및 미사일 전략무기 개발과 재래식 전력 유지에 대한 재원 소요가 많기 때문인 것으로 파악된다.

2009년 신년공동사설에서는 경제부문의 대도약을 위해 1950년대 천리마운동과 같은 '제2의 천리마대고조'를 강조하였다. 이와 관련하여 김정일은 2008년 12월 24일 천리마운동의 시발점이 되었던 천리마제강연합기업소(구 강선제강소)를 방문하였다. 김정일이 이처럼 천리마대고조를 강조하는 것은 당시 북한이 전후복구에 국력을 총동원함으로써 상당한 경제적 성과를 거두었다는 점을 인민들에게 선전하기 위한 것으로 보인다. 이에 대해 북한이 과거 방식으로 회귀하여 자력갱생과 대중동원 방식의 경제발전을 모색하고 있다는 분석146)도 있으나 북한이 신년공동사설에서 제2의 천리마대고조를 강조하는 것은 이와는 조금 차이가 있는 것으로 보인다. 물론 북한이 경제부문에서 가장 중요한 원칙 중의 하나가 자력갱생과 자립적 민족경제인 것은 분명하나 2000년대 북한의 자력갱생은 과거 1950년대의 그것과는 상당한 인식상의 차이가 존재한다. 즉, 국가로부터의 충분한 자금과 자재가 공급되지 않는 현실에서 개별 공장 및 기업소 차원에서 설비 현대화 및 생산정상화 방안을 적극 모색하라는 것이며 대외경제협력을 도외시하는 것은 아니라는 것이다. 북한은 자력갱생 또는 자립적 민족경제를 대외경제협력 확대와 대립되는 개념으로 이해하지 않으며, 오히려 대외경제관계 확대를 통해 자립적 민족경제를 보완, 발전시키고자 하고 있다. 특히, 2000년대의 자력갱생은 실리주의 및 과학기술 발전 등과 연계되어 경제의 자립성 및 현대화를 강화하

---

146) 조동호, "기대와 비관 속의 자력갱생 전략", 『국가전략』 14(2), 2009.

고, 생산증대 등을 목표로 하고 있다는 점도 주목해야 한다.

〈표 36〉 2009년 신년공동사설 분석: 경제와 과학기술정책

구분	내용
전년도 평가	· 60년에 걸치는 우리 공화국의 긍지 높은 년대기우에 빛나는 승리의 장을 기록한 력사적 전환의 해 　－ 수령님의 탄생 100돐이 되는 2012년에 강성대국의 대문을 열어제낄데 대한 웅대한 목표를 제시 　－ 천리마제강련합기업소를 비롯한 공장 기업소들에서 현대화가 적극 추진 　－ 례성강청년1호발전소, 원산청년발전소, 녕원발전소 등이 완공되어 인민경제의 기술적 토대와 생산 잠재력이 한층 강화 　－ 대흥단과 미곡협동농장은 우리 사회주의농촌의 휘황한 전망을 보여줌 　－ 혁명의 수도 평양시 재정비 　－ 문학예술부문에서 〈강선의 노을〉, 〈논이 내린다〉를 비롯한 국보적인 걸작 창작 　－ 과학교육사업과 체육부문에서 군대와 인민에게 기쁨을 주는 훌륭한 성과 도출
금년도 목표	· 전당, 전군, 전민이 우리의 사상, 우리의 투쟁방식에 의거하고 우리 사회주의 자립경제의 우월성을 남김없이 발양시켜 21세기의 새로운 대고조력사를 창조 · 집단주의와 자력갱생은 우리의 고유한 혁명방식이며 이보다 더 좋은 방식은 없음 　－ 모든 문제를 집단의 힘에 의거하고 대중의 무궁무진한 지혜와 창발성을 발양시켜 풀어 나가는 것을 철칙으로 삼아야 함 　－ 자력갱생에 우리의 힘이 있고 강성대국의 대문을 여는 열쇠가 있음 · 사회주의 자립경제의 잠재력을 남김없이 동원하여 선군시대의 총진군 속도를 창조하여야 함
주요 과업 및 방침	· 사회주의계획경제의 우월성에 의거하여 생산정상화와 현대화를 밀접히 결합시켜 힘있게 밀고나감으로써 인민경제 모든 부문에서 최고생산수준을 결정적으로 돌파하는 것임 · 금속공업은 사회주의 자립경제의 기둥이며 전력·석탄·철도 부분에서 혁신을 일으켜 인민경제 발전을 추동해야 함 · 오늘의 대고조는 혁명적 군인정신과 과학기술의 위력으로 우리 경제를 비약적인 발전단계에 올려세우기 위한 새로운 총진군운동이다. 우리 앞에는 의연히 많은 난관이 가로놓여있지만 전체 인민의 무궁무진한 창조력과 새 기술로 장비된 강위력한 주체공업이 있기에 경제강국 건설을 위한 총공격전의 승리는 확정적임 · **과학기술을 경제발전의 기초로 삼는 확고한 관점을 가져야 함** · **국가적으로 과학기술력량을 집중하여 경제의 자립성을 강화하고 현대화를 다그치는데서 나서는 문제들을 하나하나 모가 나게 풀어 나가야 함** · **결심하고 달라붙으면 어떤 첨단과학기술의 요새도 점령할 수 있다는 신심과 배짱을 가지고 생산공정의 현대화를 완강하게 밀고나가며 대중적 기술혁신의 불길을 더욱 높여야 함. 과학자, 기술자들은 조국의 룽성발전에 이바지할 수 있는 연구과제를 종자로 잡고 적극적으로 해결함으로써 대고조를 위한 오늘의 총진군에 비약의 나래를 달아주어야 함**

한편, 2009년 신년공동사설에서는 경제부문의 주요 과업으로 사회주의 계획경제를 바탕으로 생산 정상화와 현대화를 제시하였다. 이는 북한 당국이 산업가동률 제고 및 생산설비 현대화 등을 통해 생산량 증대를 2009년 경제부문의 가장 중요한 과제로 인식하고 있는 것으로 볼 수 있다. 또한 이러한 생산목표 달성을 위해 당과 국가가 계획시스템 및 경제관리 강화에 나설 것으로 보이며, 이로 인해 7·1조치 이후 확대되어 온 시장화 경향이 위축될 가능성도 배제할 수 없다.

북한 당국은 생산 정상화 및 현대화를 통한 생산증대라는 과제의 중심고리로 '금속공업'의 우선적 발전을 강조하였다. 금속공업은 북한 당국이 매년 선행부문 중의 하나로 중요시해 온 것인데, 2009년에 '중심고리'로 제시한 것은 국방공업 부문에 대한 우선적 공급과 부분적인 산업가동률 증대에 따라 철강, 강재 등의 금속공업 부문에 대한 수요가 늘어나는 것에 대비하기 위한 것으로 보인다.[147]

한편, 2009년 4월 9일 유엔 안보리에서 북한에 대한 제재문제를 논의하는 가운데 개최된 최고인민회의 제12기 1차 회의에서도 북한은 전체 예산 중 15.8%를 국방비로 책정해 2008년과 별다른 변화요인이 발견되지 않는다. 물론 북한이 발표하는 국방비는 인건비와 전력 증강비를 포함하지 않기 때문에 이 같은 은닉 군사비와 원화가치를 고려할 경우 실질 군사비는 발표된 내용과 많은 차이를 보일 것이다.[148]

---

147) 통일부, "2009년 북한 신년공동사설 분석", 2009. 1. 12.
148) 국방부는 2008년 북한의 실질 군사비를 북한 총소득(GNI)의 30% 정도를 상회(약 50∼80억 달러)할 것으로 추산하고 있다. 이는 북한 체제의 특성과 예산체계를 고려하여, 발표된 군사비 이외에 독자적인 군 예산체계를 통한 군사비 조달(군수경제 운영과 무기수출, 군

<표 37> 신년공동사설(2003~2009)에 나타난 경제부문 우선순위

연도	1순위	2순위	3순위	4순위
2009년	국방공업	선행부문	농업	경공업
2008년	선행부문	농업	경공업	국방공업
2007년	농업	경공업	선행부문	국방공업
2006년	국방공업	농업	선행부문	경공업
2005년	국방공업	농업	선행부문	경공업
2004년	국방공업	선행부문	경공업	농업
2003년	국방공업	선행부문	경공업	농업

2003~2009년 신년공동사설에 대한 내용분석(content analysis)의 결과는 <표 38>과 <그림 9>와 같다. 먼저, 제2차 북핵 위기로 인한 북·미, 북·일 관계 악화의 여파가 이 시기 전반에 걸쳐 나타나고 있다. 2007년 2월 13일 북·미 간의 극적인 합의, 제2차 남북정상회담 개최와 10·4선언 등으로 대외환경과 여건이 잠시 북한에 유리하게 작용하는 듯했다. 그러나 2008년과 2009년의 정권교체로 새로 출범한 한국의 이명박 정부와 미국의 오바마 행정부의 대북강경정책으로 중국, 러시아 등 일부 국가를 제외하고 북한에 대한 국제사회의 비판 여론이 지속되고 있다. 2003년 3월 미국의 이라크 지상전 돌입에 따라 극도의 위기의식을 느낀 김정일은 선군사상을 강조하기 시작했고, 군부대에 대한 현지지도를 강화하는 등 군대의 사기진작과 내부결속을 한층 강화하는 등 체제안보위기에 대처하는 강경한 리더십을 보였다. 또한 국방공업을 최우선적으로 발전시켜야 한다는 선군시대 경제건설노선을 제시하여 '국방'을 제일 국사로 내세웠다. 즉, 김정일은 체제생존을 위해 선군정치를 통해 군대와 경제의 일체화를 모색하고 군사부문에 강도 높은 집착을 보였다.

_____

부대 외화벌이 사업) 등을 감안한 추정치이다. 국방부 편, 『국방백서 2008』, p.23.

이상과 같은 부시 행정부 집권 이후의 북·미, 북·일 관계 악화와 안보위기에 따른 김정일의 강경한 통치이념과 리더십 그리고 국방공업 우선의 경제발전전략에 따라 과학기술정책도 자력갱생과 주체성이 강화되었다.

<표 38> 신년공동사설(2003~2009)에서 각 변수가 차지하는 비중

구분	2003	2004	2005	2006	2007	2008	2009
총 문자	7,695	9,313	9,968	10,142	10,286	10,075	10,093
대외환경	433(대미)/1,275(대남)	936(대미)/1,289(대남)	311(대미)/1,205(대남)	197(대미)/1,657(대남)	153(대미)/1,616(대남)	169(대미)/1,371(대남)	954(대미)/144(대남)
비중	0.06/0.17	0.1/0.14	0.03/0.12	0.02/0.16	0.01/0.16	0.02/0.14	0.09/0.01
통치이념·리더십	976	1,347	1,490	814	739	928	1,399
비중	0.13	0.14	0.15	0.08	0.07	0.09	0.14
경제발전전략	907	1,423	2,031	1,947	1729	1,856	1,898
비중	0.12	0.15	0.2	0.19	0.17	0.18	0.19
과학기술정책	175	1,168	115	55	376	235	233
비중	0.02	0.13	0.01	0.01	0.04	0.02	0.02

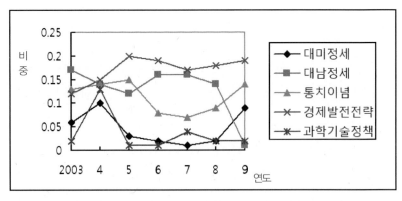

<그림 9> 신년공동사설(2003~2009)에서 각 변수가 차지하는 비중

북한은 세계 추세에 맞는 선진기술을 적극 도입할 것을 강조하면서
도 제국주의자들의 기술경제적 봉쇄책동이 극도에 이른 현 상황에서
자기 자원과 기술에 의거해 자기 실정에 맞게 과학기술을 발전시키는
것이 무엇보다 중요하다고 주장하였다. 김정일은 특히, '자체의 힘과
지혜'로 발전시켜 자력갱생 정신과 결합된 과학기술이어야 한다고 강
조했다. 즉, "과학기술 발전을 다른 나라에 의존하거나 개혁·개방의
방법으로는 할 수 없다."는 것이 과학기술정책의 철칙이었다.

<표 39>에서 보는 바와 같이 2002년 10월부터 시작된 제2차 북
핵 위기가 2003년 신년공동사설에 그대로 반영되고 있다. '미국'에
대한 강한 적대적 표현이 다시 등장해 총 22회 언급되었다. 뿐만 아
니라 북한은 '핵참화'(2004년, 2006년), '핵전쟁'(2005년, 2007년)
등 다른 해에는 찾아볼 수 없는 자극적이고 강한 표현들을 구사하여
북·미 관계의 악화 정도를 가늠할 수 있다.

> **미국**은 조선반도의 통일도 북남관계 개선도 달가와하지 않으며 저들의 리익을위
> 해서라면 우리 민족이 둘로 갈라지든 **핵참화**를 입든 가리지 않는다(2004년).
>
> 오늘 조선반도에는 **미국**의 반공화국 압살책동으로 인하여 **핵전쟁**의 위험이 날로
> 커가고 있다. 이 땅에서 전쟁이 일어나면 그 참화를 당할것은 북과 남의 우리
> 민족이고 우리 강토이다. ….전체 조선민족은 강력한 반전평화투쟁으로 남조선에
> 서 미군을 철수시키고 **핵전쟁**의 근원을 들어내며 조선반도의 평화와 안전을 수
> 호하여야 한다(2005년).
>
> 저들의 대조선전략을 실현하기 위해서라면 우리 겨레에게 **핵참화**를 들씌우는 것
> 도 서슴지 않으려는 것이 미제의 본심이다(2006년).
>
> 우리 군대와 인민은 그 어떤 원쑤들의 **핵전쟁** 위협과 침략책동도 단호히 짓부시
> 고 사회주의 조국을 끄떡없이 지켜낼 수 있게 되었다(2007년).

반면, 한국 김대중 정부의 대북포용정책을 계승한 노무현 정부에 대해서는 '파쑈'나 '보완법' 철폐 관련 용어가 전무(全無)한데, 이는 그동안 북한이 '우리민족끼리'의 슬로건 관철과 대남 통일전선전술의 성공으로 소기의 성과를 어느 정도 달성했음을 보여 주는 것으로 해석된다. 그러나 이명박 보수정권이 들어서자 2009년 신년공동사설에서 '파쑈'(2회)가 다시 등장하였다.

〈표 39〉 신년공동사설(2003~2009)의 대외환경 관련 용어 분석

대외환경 관련 용어	미국	미제	일본	핵전쟁	핵참화	파쑈	국가보안법
2003	3	3	0	0	0	0	0
2004	9	1	0	0	1	0	0
2005	3	3	0	2	0	0	0
2006	3	3	0	0	1	0	0
2007	3	2	0	1	0	0	0
2008	1	0	0	0	0	0	0
2009	0	0	0	0	0	2	0
합계	22	12	0	3	2	2	0

〈표 40〉 신년공동사설(2003~2009)의 통치이념·리더십 관련 용어 분석

통치이념·리더십 관련 용어	주체	주체사상	붉은기	선군	선군 정치	선군 사상	선군혁명령도	선군 령도
2003	9	3	2	25	4	5	0	0
2004	16	9	0	43	9	6	0	4
2005	12	2	1	44	3	5	1	1
2006	9	2	1	42	2	2	0	0
2007	11	2	1	35	3	2	0	1
2008	14	3	1	30	3	2	0	3
2009	11	3	1	33	1	2	0	4
합계	82	24	7	252	25	25	1	13

〈표 41〉 신년공동사설(2003~2009)의 경제발전전략 관련 용어 분석

경제발전전략 관련 용어	자립	자력갱생	계획경제	사회주의원칙	실리	국방공업
2003	1	0	0	1	1	1
2004	1	0	0	1	1	1
2005	0	0	0	1	1	3
2006	0	1	0	1	2	1
2007	1	2	0	1	1	1
2008	3	2	0	1	1	1
2009	5	4	2	0	2	1
합계	11	9	2	6	9	9

〈표 42〉 신년공동사설(2003~2009)의 과학기술정책 관련 용어 분석

과학기술정책 관련 용어	과학기술	기술개건	정보기술	정보산업시대	생산정상화	현대화	개건
2003	2	1	0	1	0	2	0
2004	12	1	0	0	0	3	3
2005	5	1	0	1	0	1	1
2006	2	0	0	0	0	5	4
2007	8	4	0	1	0	2	0
2008	6	2	0	1	0	2	0
2009	5	0	0	1	1	5	0
합계	40	9	0	6	1	20	8

2003년 안보상황 위기로 강화되기 시작한 '선군사상'에 대한 언급이 25회(1998~2002년 0회), 선군정치 25회(1998~2002년 7회), 선군령도 13회(1998~2002년 0회) 등 '선군' 용어의 사용 빈도가 총 252회(1998~2002년 26회)에 달하고 있어 김정일 정권이 체제의 생존을 위해 얼마나 군에 의지하고 있는지를 알 수 있다(<표 40> 참조). '미국'에 대한 적대감이 가장 많이 표현(9회)된 2004년의 신

년공동사설에서 북한은 '정치사상', '반제군사', '경제과학' 등 3대 투쟁전선을 제시하면서 "전당, 전군, 전민이 비상한 각오와 혁명적 열정을 안고…… 모든 전선에서 선군혁명 승리의 장엄한 북소리를 울릴 것"을 강조하였다.

2006년에는 최고인민회의 제11기 4차 회의에서 '과학기술중시노선'이 주요 의제로 채택되어 '과학기술 발전을 통한 강성대국 건설'이 경제정책의 핵심으로 부상될 정도로 과학기술정책의 주체성이 중시되었다.149) 북한은 7월과 10월에 장거리미사일 시험발사와 핵실험을 강행해 북한은 또 한 번 '벼랑끝전술'로 대외협상력을 높였고, 대내적으로는 김정일의 '위대한 과학영도'와 '과학강국'을 선전하며 체제결속을 다졌던 것이다.

2007년 신년공동사설에서 북한은 선군정치를 역설하며 '국방력 계속 강화'를 강조해 단순한 이념적 틀에서 벗어나 '핵무기'라는 강력한 물리적 수단에 북한 주민들의 정서를 집중시키려는 의도를 드러냈다. 즉, 핵 우상화와 김정일 우상화를 연결 지어 선군 지도자의 위상을 더욱 부각시키고 핵강대국 논리로 북한 내부결속을 강화하려는 것이다. 같은 맥락에서 <표 41>과 같이 김정일 정권은 선군시대 경제건설노선을 제시하고 중공업 중에서도 국방공업을 최우선적으로

---

149) 통상적으로 사회주의 국가의 개혁은 계획경제에서 시장경제로의 변화를 의미하며, 이는 또한 중공업 우선발전전략에서 비교우위전략으로 경제개발전략을 변경함을 의미한다. 북한의 중공업 우선발전전략과 자립적 경제건설전략의 제도적 구조의 원칙을 부정할 경우 북한의 체제에 부정적인 영향을 미칠 수 있다. 북한과 같이 위기에 민감한 체제에서 대내외 위기를 극복하기 위해 체제에 심어진 위기감은 '내생적 부분'이다. 따라서 위기가 많을수록 체제는 더욱 강화된다. 즉 안보환경이 악화될 경우에 외부자본유입이 급격히 감소되고 국내 체제위기를 야기하지 않는 한 전통적인 통제체제가 강화되며 개혁은 중단 내지 정체된다. 차오위즈, "북한 시장개방 및 국제사회의 대응", 『북한의 장래와 국제사회의 대북정책 과제』, 2009년 대외경제정책연구원 주최 국제학술회의 발표문, 2009, pp.89 – 90.

발전시킬 것(총 9회, 1998~2002년 1회)을 천명하였다. 국방공업은 결국 군수공업부와 제2경제위원회의 핵·미사일 등의 첨단과학기술 개발과 군수산업의 강화를 의미하는바, 심각한 재정난으로 인해 한정된 자원을 선택, 집중해야 하는 북한의 현실상 과학기술 발전을 통한 경제재건과 주민생활 향상은 '차요시'될 수밖에 없다.

산업구분 \ 연도	60년대 초	60년대 중	60년대 후	70년대 초	70년대 중	70년대 후	80년대 초	80년대 중	80년대 후	90년대 초	90년대 중	90년대 후
전력, 조선, 화학섬유, 방직, 제지	■	■	■									
자동차, 석유화학, 타이어, 신발	■	■	■	■								
화학비료, 시멘트, 판유리, 음식료품	■	■	■	■	■							
정밀기계, 가전제품	■	■	■	■	■	■	■					
철강, 공작기계, 자동차 기술, 전기기기	■	■	■	■	■	■	■	■				
통신기기, 의류	■	■	■	■	■	■	■	■	■			
IT	■	■	■	■	■	■	■	■	■	■		
비철금속	■	■	■	■	■	■	■	■	■	■	■	

* 자료: 한국산업은행 편, 『신북한의 산업』, 2005.

〈그림 10〉 남북한 민간산업 기술수준 비교

따라서 북한은 산업계, 생산현장에서의 기술혁신과 국방 관련 연구개발 등 과학기술 발전의 중요성을 지속적으로 강조해 왔으나 자립적 민족경제건설노선과 폐쇄주의 경제정책의 제약을 벗어나지 못하고, 당면한 기술적 문제해결에만 급급하고 있는 상황이 되고 말았다. 김정일 정권의 과학기술중시노선을 통한 경제재건 의지는 정책 추진능력의 한계로 <그림 10>과 같이 북한 대부분의 민간산업은

2005년 현재 한국의 1970~1980년대 수준이며 비철금속만 1990년대 초반 수준을 보이고 있다.

2008년 신년공동사설에서는 남북관계에서 자유롭지 못한 북한이 한국의 한나라당 집권으로 인한 대북지원의 축소를 예상하고, 북핵문제를 지렛대로 삼아 대외관계에서 자주와 실리를 추구하고 그에 따르는 국제적 고립에 대처하기 위한 내부결속용 애국주의를 강조했다. 또한 북한은 과거와 달리 2012년 김일성 생일 100돌을 강조하여 구체적인 미래 목표를 설정해 체제단속을 강화하고 "우리 경제구조의 특성을 살리면서 인민경제를 기술적으로 개건해 나가는 원칙, 최대한의 실리를 보장"한다고 표현해 최대한 실리를 보장하는 허용한도에서 계획경제의 복원을 강조하였다. 특히, "사회주의원칙, 집단주의원칙을 철저히 고수해야 한다."고 하여 현재의 시장경제적 풍토를 극복하고 계획경제를 복원하려는 의지를 보였다. 오바마 행정부와 이명박 정부의 대북강경정책의 기조가 분명해진 2009년에는 2003~2009년의 기간 중 '자립'(5회)과 '자력갱생'(4회)의 '계획경제'(2회) 강조가 최다(最多)에 이르고 있다(<표 41> 참조).

신년공동사설에서 김정일 정권의 과학기술정책과 관련된 용어가 이 시기에 대부분 나타나고 있을 만큼 북한 사회에서 그 어느 때보다도 과학기술정책의 중요성이 강조되고 있음을 알 수 있다. '과학기술' 40회(1998~2002년 20회), 기술개건 9회(1998~2002년 3회), 북한이 21세기를 규정하는 개념인 '정보산업시대' 6회(1998~2002년 1회), 생산 정상화 1회(1998~2002년 0회), 현대화 20회(1998~2002년 1회), 개건 8회(1998~2002년 2회) 등으로 나타났다(<표 42> 참조).

1995~2009년의 기간을 통틀어 신년공동사설에서 과학기술정책이

가장 많은 비중을 차지한 2004년에 북한은 시기적으로 볼 때 북핵 문제 등으로 대외환경이 불리하고 국제사회의 경제지원이 부진한 상황에서도 IT산업과 첨단과학기술 부문을 중심으로 한 대외 과학기술 협력활동을 활발하게 하였다(<표 38>, <그림 9> 참조). 그러나 2006년의 제1차 핵 실험에 따른 유엔안보리 대북제재 결의안으로 인해 대외 교류협력이 대폭 감소되었다. 주목할 점은 '정보기술'에 대한 언급이 0회(1998~2002년 1회)로 'IT산업 육성을 통한 단번도약' 전략에 대한 언급도 이 시기에 눈에 띄게 줄어들었다는 것이다. 북한은 우수한 인재를 양성해 소프트웨어 개발부문에서의 비교우위전략으로 경제회생을 시도했으나 바세나르체제의 구속, 세계 수준 기술의 상업화 능력 부족과 수출시장에서의 마케팅능력 결여 등으로 곧 현실적인 한계에 직면할 수밖에 없었던 것이다. 그리고 김일성종합대학과 김책공대 출신이나 컴퓨터에 탁월한 IT 인재들이 우선적으로 경제발전과는 무관한 인민무력부 정찰국 산하 해킹, 사이버전쟁을 전담하는 전자부대인 '110호 연구소' 등에 집중 배치되고 있다는[150] 사실에서 김정일 정권이 목표하는 바를 알 수 있다.

이상과 같은 2003~2009년의 신년공동사설 내용분석에 의한 경험적 연구결과 이 시기의 과학기술정책의 유형은 <그림 11>과 같고, 연구결과가 제2장에서 제시한 <가설 1, 2, 3>과 일치한다는 결론을 도출하였다. 그리고 1998~2002년과 같이 2003~2009년에도 대외환경 변수가 나머지 2개의 독립변수와 상호 작용하면서 김정일 정권의 과학기술정책의 성격과 유형을 규정하는 데 가장 많은 영향을 미치고 있는 것으로 분석되었다.

150) 『중앙일보』, 2009년 7월 11일자.

| 갈등적 대외환경
강경한 리더십
국방공업우선 (폐쇄적)경제발전전략 | ▶ | 자립적 (국방과학기술 중심)
과학기술정책 |

〈그림 11〉 2003~2009년의 과학기술정책 유형

4. 과학기술정책의 특성

(1) 과학기술 발전전망계획(2003~2012)의 추진

1) 과학기술 발전전망계획(2003~2012)의 배경과 특징

김정일은 이미 1999년과 2000년에 세계의 과학기술 발전 추세와 북한의 지속적인 경제난을 감안하여 수차례에 걸쳐 북한의 '과학기술을 비약적으로 발전시킬 데'에 대한 '간곡한' 지시를 한 바 있다. 이러한 김정일의 지시에 따라 2000년 말에 노동당 중앙위원회 과학교육부와 과학원, 내각의 과학기술 담당 전문가들로 구성된 이른바 '21세기 과학기술정책그루빠(Group)'가 조직되었다. 이 '그루빠'의 행정 책임자로 당시 과학원의 이광호 원장이 임명되었고, 노동당 중앙위원회 최태복 비서(과학기술 담당)가 정치 책임자로 활약했다. 이 '그루빠'는 1992년에 수립되었던 1993~2002년까지의 '과학기술 발전전망목표'의 수행과정을 종합적으로 검토하고 2003~2012년까지의 새로운 '과학기술 발전전망계획'을 수립했다. 1993~2002년의 '과학기술 발전전망목표'나 2003~2012년까지의 '과학기술 발전전망계획'은 국방, 핵 등 모든 분야를 포괄하고 있고, 김정일의 '친필지시'를 받은 비밀문서로 취급되었다. 또한 '과학기술 발전전망목표'나 '과학기술 발전전망계획'에 준하여 공개, 비공개 대상들을 구분하여 2003~2007년의 '새로운 과학기술 발전 5개년계획'과 같은 공개적인 국가과학기술 발전계획을 아래로 하달했는데, 여기에는 국방, 핵 등의 비공개 대상들은 빠져 있다.

2003~2012년의 '과학기술 발전전망계획'이 반영된 최근의 과학기술정책은 선차적인 분야, 중심적인 분야, 기타 분야로 나뉘어 이행단계에 있다. 즉, '과학기술 발전전망계획'은 국가예산 투입순위를 고려하여 선차적인 분야, 중심적인 분야, 기타 분야로 구분되어 있다. 먼저, '선차적인 분야'는 비공개 대상들로서 미사일, 핵무기, 대량살상무기 개발과 생산, 김정일 신변안전, 국가안전보위부와 노동당 작전부를 비롯한 특수기관들의 비밀활동과 관련된 과학기술 대상들이다. '중심적인 분야'는 북한의 경제난과 직결된 에너지, 농업, 금속공업 등 인민생활과 관련되는 대상들과 IT, BT를 비롯한 최첨단 과학기술 대상들로, 외부에 공개되는 과학기술 발전계획은 항상 이들 '중심적인 분야'의 대상들로 구성된다. 기타 분야는 일반적으로 국가예산 투입 없이 연구기관이나 해당 기관들에서 자체로 개발 또는 도입할 수 있는 모든 분야를 포괄한다.

2003~2012년의 '과학기술 발전전망계획'은 김정일의 지시에 따라 핵심기술 분야인 IT, BT, NT와 기계공학, 금속공학, 열공학을 비롯한 주요 공학 분야들을 포함하고 있다. 수학, 물리학, 화학, 생물학과 같은 기초과학 분야와 인민경제를 현대화, 정보화하는 데 필요한 과학기술 분야가 국가 과학기술 발전의 주공방향(중심적인 분야)으로

결정되고 단계별 연구, 실험, 투자(의무적인 투자가 아니라 투자계획), 도입 시기까지 구체적으로 선정되어 있다. 특히, 자립적 국방력 건설을 위한 핵공학의 최첨단 과학기술 분야와 첨단무기 제작 분야에 대해서는 과학기술연구와 실험에 단계적으로 집중 투자하도록 하였고 715호 대상, 국방위원회의 명령 등 각종 의무과제에 대해서는 내각 기관들과 대·중규모의 기업소, 회사들에서 단계별로 자금을 투자하도록 조치했다.

'과학기술 발전전망계획'에는 자체로 새로운 과학기술을 연구 개발하는 동시에 합영, 합작을 통하여 다른 나라들의 선진과학기술을 받아들일 수 있는 분야까지 권고하고 있다. 즉, 제약기술은 스위스, 채굴설비와 기계제작기술은 독일, 스웨덴의 기술을 선호한다는 등의 내용을 대상별로 구체화하였다. '과학기술 발전전망계획'이 전반적으로 이행·완수되는 2012년에 북한은 "세계 선진국들의 수준에 도달"하게 된다고 천명하였는데, 이러한 언급은 투자 자금이 절대적으로 부족하고 국제적 고립에서 탈피하지 못하고 있는 상황을 고려할 때 "2012년에 강성대국의 대문을 활짝 열어놓겠다."는 김정일의 과감한 의도를 반영한 것으로 해석된다.[151]

2) 중점적 과학기술 분야의 현황과 평가

먼저, IT 분야에서 북한은 이미 펜티엄 III와 IV 32대를 연결해 병렬컴퓨터를 제작하는 데 성공하였다고 발표했으며 당시 정보공학 분야에서 최대의 성과로 기록되었다. 이에 따라 2012년까지 64대,

---

151) 고위급 관료 출신 탈북 인사 J씨 인터뷰 내용 (2008. 4. 25).

124대를 연결하는 병렬컴퓨터를 제작하고 관련 부문들에 도입하는 것을 목표로 이 분야에 집중하고 있다. 이 사업은 군수공업부의 제한적 투자와 자체의 투자로 제3산업총국152)이 주도하고 있다. 또한 노트북과 탁상용 컴퓨터의 국내 생산을 위하여 시범적으로 대만 등 동남아시아 나라들과의 합영, 합작을 통한 생산을 진행하였으며, 2012년부터는 컴퓨터 제작공장들을 확대하여 본체를 비롯한 일부 부분품들을 자체 개발제품과 혼합하여 생산하는 수준으로 끌어올리겠다는 계획이다. 아울러 리눅스 응용프로그램 등 기초프로그램의 완성과 바둑, 장기 등 각종 프로그램을 개발하고 일부를 수출한 경험에 비추어 국내 IT망을 운영하는 데 필요한 프로그램을 더욱 개발·완성하는 동시에 세계시장에 수출할 수 있는 프로그램 개발에 집중하고 있다.

그러나 문제는 IT 분야의 집중 투자로 컴퓨터를 생산한다 하여도 일부는 국내시장에서 소비되겠지만 세계시장에 진출할 정도의 첨단 컴퓨터 제작이 어렵고 국제표준화기구의 규정에 부합되는 국제적 인정을 받기가 쉽지 않다는 점이다. 또한 기초응용프로그램이 국제적 수준에 부합하지 않고 인터넷의 사용이 허용되지 않는 상황에서 국제적으로 활용할 만한 프로그램 개발도 제한을 받을 수밖에 없다. 따라서 북한의 IT산업은 노동당과 내각 기관들의 정책적 통제와 개입, 국가적 투자의 미진, 시장원리의 무시 등으로 경제적 효과를 낼 만한 수준으로 발전하기가 어려운 상황이다.

둘째, 생물공학(BT) 분야에서는 먹는 문제를 해결하는 데 기본목표를 두고 종자개량을 위한 집중적인 연구, 개발, 도입을 추진하고

---

152) 조선컴퓨터센터(KCC)는 2003년 이후 제3산업총국(소프트웨어산업총국)으로 승격해 내각 직속기관이 되었다. 국제인터넷주소관리기구(ICANN)는 2007년 9월 11일 열린 위원회에서 북한의 국가도메인 'kp'를 승인함과 동시에 KCC를 인터넷주소관리기관으로 결정하였다.

있다. 이를 위해 농업 분야에서 형질전환을 통한 내건성·내한성 품종들을 육성하고, 의학 분야에서는 B형·C형 간염백신, 인슐린, 성장호르몬 생산에 필요한 기술개발을 제시하였다. 동물의 클론화에 치중하던 북한은 2000년대 초에 토끼의 클론화(6마리)에 성공하였다고 발표했다. 북한은 식용으로 대량 소비되는 토끼는 물론 돼지, 소, 염소, 양, 개 등의 종자개량을 완성하며 2012년까지 혹은 그 전에 실제로 '인민들이 혜택을 볼 수 있는 성과물'을 도출하는 데 집중하고 있다. 그러나 북한이 주장하는 대로 토끼의 클론화에 성공한 데 이어 다른 식용가축들의 클론화에 성공한다 해도 주민들에게 식량공급도 제대로 하지 못하고 동물의 특성에 따르는 풀을 비롯한 자연사료도 제한적인 상황에서 실질적인 성과를 거두기 어려울 것으로 보인다.

셋째, 북한은 심각한 에너지난 해결을 위해 평양화력발전소를 비롯한 발전소들의 대보수, 개건에 필요한 과학기술의 연구, 개발, 도입을 주문하고 있다. 북한은 이미 평양화력발전소에 자체로 개발한 160톤급 온수보일러를 설치 운영 중에 있으며 이를 토대로 210톤급의 보일러 제작연구에 돌입했다. 그런데 평양화력발전소 설비의 대부분은 구소련과 중국의 제품들이며, 특히, 구소련제 제품들은 생산라인의 중단으로 돈을 주고도 살 수 없어 자체 개발하는 방향으로 전환했다. 또한 평양화력발전소와 중·소규모의 화력발전소들에서 석탄의 효율적 소비를 위해 볼밀기계분쇄 대신 기류식 분쇄기를 개발, 도입하여 늘어나는 석탄소비를 줄이고자 했다.

북한은 화력발전소와 함께 수풍발전소를 비롯한 이미 건설된 수많은 수력발전소의 효과성을 높이기 위해 발전용 수차의 효율을 높이는 문제 해결에 집중하고 있는데, 수력발전과 관련해서는 자체의 개발보다 스웨덴, 노르웨이, 캐나다 등 선진국들의 기술을 도입할 것을 강조하고 있다. 이를 위해 캐나다, 스웨덴 등 선진국들로부터 발전용 수차를 비롯한 중고 설비들을 수입하여 이용하는 동시에 그것들을 모방하여 특성에 맞는 개발을 주문하고 있다. 또한 북한은 화력발전과 수력발전이 원료와 자연적 요인에 의해 영향을 받고 있는 상황과 세계적 추세를 감안하여 풍력발전연구에 집중하고, 이를 위해 시범적으로 덴마크 등 선진국의 풍력발전설비를 수입해 운영하고 있다. 북한의 특성상 해안가나 산악지대에서 경제적 효과가 있는 것으로 입증되어 선진국의 풍력발전기술 도입 사업이 활성화되고 있으나 국가적 투자와 외부 지원 등의 결여로 제대로 추진되지 못하고 있다.

에너지 분야에서는 무엇보다 핵융합기술과 그에 따르는 제품들의 제작연구에 집중하며 이를 위해 프랑스, 독일, 스웨덴 등 핵발전 국가들의 선진기술을 적극 도입, 활용할 것이 요구되고 있다. '과학기술 발전전망계획'에 반영된 핵 관련 연구대상들은 향후 핵발전소를 설치·운영하거나 영변을 비롯한 북한 핵 제조대상들의 프로그램을 더욱 완성하려는 김정일의 의도를 반영한 것이다.

넷째, 기계 분야에서는 북한의 광산, 제련소들의 생산 정상화를 위한 굴착기, 유압공학설비 등을 현대화하는 데 집중하고 있다. 또한 이미 완성한 수치제어 공작기계(CNC 공작기계)들을[153] 생산라인에

---

153) CNC(Computerized Numerical Control) 공작기계란 컴퓨터로 수치제어를 하여 자동으로 작동하는 최첨단 공작기계를 말한다. 공작기계는 기계부품을 가공하는 기계로 흔히 "기계를 만드는 기계"로 알려진, 기계공업의 기초가 되는 기계이다. 쉽게 말해, 금속재료를 가공하여 원하는 모양을 만들어 내는 기계라고 보면 된다. 공작기계가 정밀해야 생산하는 기계부품의 오차가 줄어들어 최첨단의 기술장비를 개발할 토대가 마련된다. 북한은 그들이 생산한 CNC 공작기계가 깎고자 하는 기계부품의 각종 수치를 컴퓨터로 프로그램화하여 자동입력하여 그에 따라 가공하는 기계로, 오늘날의 서방국가들이 보유하고 있는 최첨단 공작기계를 능가하는 수준이라고 주장한다.

서 활용할 수 있도록 그 효과성을 극대화시키기 위한 기술연구사업을 단계별로 완성하여 공장, 기업소들에 도입하는 한편, 파키스탄, 인도, 말레이시아, 러시아 등 세계시장에 수출하기 위한 대책을 세우고 있다. 북한은 이를 위해 스웨덴, 독일, 이탈리아 등 선진국들로부터 기계공학기술과 시제품들을 들여와 생산현장에서 연구사업을 진행하도록 하였다. 그러나 기계제작 분야는 연구, 개발이 성공한다고 해도 에너지 문제와 원료 부족 등으로 경제적 효과성이 크지 않으며, 가장 중요하게는 선진국들의 첨단기계 제작기술을 그대로 모방하기도 힘든 수준으로 세계시장에 수출한다는 것은 현실적으로 매우 어려운 실정이다.

다섯째, 화학 분야에서는 북한의 중추적 산업체인 순천비날론연합기업소의 카바이드 생산공정의 전기로에 산소전기열법을 도입하여 전기 소비량을 최대한 줄이고 생산을 정상화하기 위한 연구사업을 주공방향으로 정하였다. 또한 석유제품의 생산증대를 위해 선진국들의 원유정제기술을 적극 도입하여 실정에 맞게 현실화하기 위한 단계별 프로젝트도 제시하였다. 이와 함께 화학공장, 기업소들의 생산 정상화에 필요한 화학연료의 효과적 이용과 관련한 첨단기술들을 해외로부터 도입할 것을 규정하고 있다.

이와 같이 화학 분야에서는 순천비날론연합기업소의 생산 정상화가 기본이지만 우선 연구개발에만 막대한 투자가 필요한데, 국가적인 투자의 여력이 없어 연구기관들과 연구사들이 애로를 겪고 있다. 설사 연구개발이 성공한다고 하여도 국가적 투자가 현실화되기 힘든 상황에서 일본, 미국 등 국제사회의 경제지원이 있기 전에는 성과를 낼 수 없을 것으로 보인다.

여섯째, 금속 분야에서는 은률광산, 단천광산 등 광산의 생산 정상화와 김책제철연합기업소, 성진제강소를 비롯한 제철, 제강소들의 생산 정상화를 위한 부문별 연구개발이 추진되고 있다. 국가의 투자부재로 새로운 용광로를 도입할 수 없는 상황에서 북한은 용광로의 수명을 증가시키기 위한 새로운 내화물 제조와 광산의 광석생산에 연류기를 도입하는 것과 같은 프로젝트를 제시하였다.

이와 함께 일본, 중국, 스웨덴 등으로부터 광산, 제련소, 제강소의 현대화에 필요한 기술과 시제품 도입도 추진했다. 실제로는 1993~2002년 '과학기술 발전전망목표' 추진 시 금속 분야에서의 '땜질식' 현대화는 장기적으로 효과성이 없는 것으로 나타나 큰 기대를 하지 않고 외국과의 합영·합작이나 국제사회의 경제지원을 선호하며 또한 그 방향으로 가고 있다.

일곱째, 농업 분야에서는 식량증산의 정책목표에 따라 연간 알곡 800만 톤을 생산목표로 하여 농업 생산물들의 종자개량 연구사업을 우선적으로 추진할 것을 요구했다. 이에 따라 옥수수, 벼, 감자 등의 종자들을 북한의 열악한 토질의 특성에 맞게 개량하여 단계별로 도입하기로 하였다. 이와 함께 담배, 무, 배추 등 전반적인 농산물들의 종자개량을 적극적으로 추진하기 위하여 해외공관 채널, 친북 해외단체 채널 등을 활용하여 외부로부터 우량종자들을 도입하고자 했다. 그러나 지난 시기의 경험에 비추어 볼 때 아무리 좋은 종자를 개발한다 해도 비료, 물 등의 부족과 폭우, 태풍 등의 자연재해, 농민들의 의욕 저하, 경제적 효과성 등의 상호작용으로 북한의 식량문제를 해결하기 어려운 상황이다.[154]

---

154) 고위급 관료 출신 탈북 인사 J씨 인터뷰 내용 (2008. 5. 4).

최근 『로동신문』의 "장군님따라 조선은 나아간다"라는 제목의 글에서 김정일이 생일 연설을 통해 "수령님께서는 늘 우리 인민들이 흰쌀밥에 고기국을 먹으며 비단옷을 입고 기와집에서 살게 하여야 한다고 하시었는데 우리는 아직 수령님의 이 유훈을 관철하지 못하고 있다."며 "나는 최단기간안에 인민생활 문제를 풀어 우리 인민들을 남부럽지 않게 잘 살도록 할 데 대한 수령님의 유훈을 반드시 관철하자고 한다."고 말했다고 보도되었다. 또한 김정일은 "이 땅 위에 국력이 강하고 모든 것이 흥하며 인민들이 세상에 부럼없이 잘 사는 사회주의 강성대국을 일떠세우는 것은 수령님의 뜻이었고 당의 의지"라며 "우리는 총공격전을 더욱 힘있게 벌려 2012년에 반드시 강성대국의 문패를 달아야 한다."[155]고 말했다.

　　이 같은 김정일의 발언은 과학기술 발전을 통해 인민경제를 재건하고자 했던 그동안의 노력이 아무런 결실도 맺지 못하고 북한 주민들이 아직도 식량난에 허덕이고 있는 북한의 현실을 말해 주는 것이다. 여전히 김정일은 강성대국 건설을 위한 '혁명적 대고조' 분위기를 지속시킬 목적으로 북한 주민들의 생활 향상에 관심을 갖고 있다는 것을 선전하고, 북한 주민들의 노력동원을 촉구하고 있다. 김정일은 2009년 1월부터 3월의 3개월간 예년의 3배에 이를 정도로 흥남비료연합기업소, 낙원기계연합기업소, 원산청년발전소 등 주요 경제시설에 대한 현지지도를 강화하였다.[156] 김정일이 2008년 12월 하순 천리마제강연합기업소를 방문했을 때 강성대국의 문을 열 기간이

---

155) 『로동신문』, 2009년 3월 30일자.
156) 김정일은 현지지도를 통해 "올해의 하루를 늦추면 내일의 10년, 100년을 잃게 된다", "시간을 최대한 앞당기라", "(새로운 시간표를 정해주시는 장군님의 강행군 속도를 따라) 대고조에 힘껏 박차를 가하라"고 주문했다. 『로동신문』, 2009년 3월 30일자.

"이제 불과 4년밖에 남지 않았다."고 말한 대로 2012년까지의 목표 시한이 촉박하기 때문이다. 김정일로서는 건강 악화와 후계체제 구축문제 등으로 더욱 다급한 상황이다.

『로동신문』은 특히, 김정일의 흥남비료연합기업소 현지지도에 대해 "빠른 시일 안에 새로운 가스화암모니아 생산공정을 완성해 온 나라 논과 밭에 뿌리고도 남을 비료를 꽝꽝 생산해내는 데서 획기적인 전환의 길을 열어놓은 역사적 사변"이고 "먹는 문제 해결에서 참으로 중대한 결단을 내린 강행군"이었다고 의미를 부여했다. 가스화암모니아 공정은 석유 대신 석탄으로 화학비료를 생산해 내는 방법인데, 북한이 1999년부터 2007년까지 매년 남한으로부터 20~30만 톤의 화학비료를 지원받다가 이명박 정부 출범 이래 지원이 끊겨 심각한 비료난을 겪고 있는 상황에서 가스화암모니아 공정의 조기완성은 식량난 해결을 위한 최우선적인 과제일 수밖에 없다.[157]

제4부에서 분석한 바와 같이 북한은 경제위기에 대응하여 이른바 우선순위체계에 입각해 자원배분시스템을 재편했다. 이에 따라 북한 지도부 입장에서는 군수산업, 중공업 등 국가기간산업의 운영을 위해 재정수입 증대 및 재정지출 감축에 사활적인 이해관계를 가지게 되었다. 북한이 7·1조치 이후 우선순위체계에 입각한 재정지출을 전면화하고, 각종 기관, 공장·기업소와 주민들에게 자력갱생을 촉구하는 것도 이 때문이다.[158]

---

157) 『연합뉴스』, 2009년 3월 30일.

158) 북한은 경제개혁을 통해 국가재정의 건전화를 이루고자 하였다. 새로운 세원 발굴을 통해 세수를 늘리는 한편 각종 보조금을 포함한 재정지출을 줄여서 생산활동에 필요한 자금을 확충하고자 하였다. 그러나 북한이 인정하는 것처럼 국가예산은 좀처럼 증가하지 않고 재정 적자가 지속되어 왔다. 세수 확대를 위한 각종 새로운 제도가 도입되었으나 실제로 이들 조치를 통해 재정수입이 증가했는지는 분명하지 않다. 재정지출의 삭감은 기업운영 및 주민의

(2) 첨단 국방과학기술 개발과 군수산업 육성 강화

북한은 당 규약에 명시된 한반도 적화통일전략을 고수한 채 이를 실현하기 위해 대규모 군사력을 유지하고 있다. 북한의 군사정책은 1962년에 채택한 '4대 군사노선'을 근간으로 하고 있으며, 경제난의 심화에도 불구하고 선군정치의 기치 아래 인민경제를 희생한 채 국가자원을 군사부문에 우선 배분하여 군사력을 지속적으로 강화하고 있다.

일반적으로 한 나라의 군수산업은 그 나라의 과학기술 수준과 산업능력에 따라 결정된다.[159] 북한은 과학기술 수준과 산업능력에서의 기본적인 결함에도 불구하고 최고 통치자와 당국의 강력하고 집중적인 지원으로 오늘날의 수준을 유지하고 있다. 다시 말해, 북한은 여타 경제부문은 침체되고 낙후되었으나 북한 체제 특성상 최고 통치자의 강력한 의지가 작용하고 있는 군수산업 분야는 비정상적·기

일상생활을 더욱 어렵게 만드는 것이다. 이런 희생을 감수하면서 재정 건전화를 도모하였지만 세수 증대를 크게 이룰 수 없었다. 산업생산이 저성장 또는 마이너스 성장에 머무는 상황에서 계획부문으로부터의 세수 확충은 크게 나타나지 않았고, 오히려 일부 계획 외의 생산 허용 및 인플레이션에 따른 계획영역 밖으로의 물자유출 확대 등으로 세수의 유출이 증가했을 수 있다. 시장화의 진전에 따른 세수 증대가 있었다고 하나 재정 수입의 증대를 가져올 만큼 이들 영역이 크게 성장한 것은 아니다. 여전히 북한경제는 계획경제가 주도적인 위치에서 일부 상업·유통부문에서 시장경제가 확대되었기 때문이다. 최수영, 앞의 글, pp.17 - 18 참조.

159) 군수산업은 군사용으로 활용되는 것을 전제로 생산·판매·연구 개발하는 일련의 산업구조를 의미하며, 군수산업(military industry)은 다른 말로 국방산업, 군사산업(arms industry), 방위산업(defense industry), 무기산업(weapons industry), 전쟁산업(war industry) 등으로 불리기도 하는데, 경우에 따라 조금씩 의미의 차이는 있지만 근본적으로 일반산업과 달리 군사적 용도를 전제로 생산하고, 군사적 목적에 맞도록 생산·판매·유통하는 산업을 의미한다. 이상균, 앞의 글, p.22. 일반산업과 구분되는 특성과 생산구조의 국방산업은 재생산을 하지 않으며 확대재생산을 하지 않는 국방산업은 사회적 부에서의 공제를 의미한다. 조용범·박현채, 『정치경제학사전』(서울: 돌베게, 1988), pp.108 - 109 참조.

형적으로나마 지속적으로 발전할 수 있었던 것이다.

북한이 1990년대의 경제난을 겪으면서 적지 않은 민수공장, 기업소들이 자취를 감추었다. 선군시대 경제건설의 슬로건 아래 광업·탄광·원유탐사부문을 비롯한 여러 부문의 민수공장, 기업소들이 인민무력부 산하로 이전되었다. 이런 연유로 내각 산하 공장들은 북한 경제운영에서 영향력을 크게 발휘하지 못하는 단위로 전락되고 있다.160) 반면 심각한 경제위기에도 불구하고 오늘날에 이르기까지 북한이 항공기, 잠수함, 미사일, 핵무기 등 공격용 무기개발을 지속적으로 추진하고 있는 데서 북한 정권이 군수산업에 기울이는 노력을 짐작할 수 있다.

북한은 정무원(현 내각)의 여러 부서에 분산돼 있던 군수생산 관련 부서를 통합하여 제2경제위원회를 만들고 자체로 계획, 생산, 관리, 공급하는 체계를 만들었으며, 지금은 무기 수출입까지 총괄하고 있다.161) 제2경제위원회는 현재 당중앙군사위원회와 당중앙위 군수공업부의 지휘와 통제를 받고 있지만 형식상으로는 국방위원회 소속으로 편제되어 있다. 제2경제위원회는 종합계획국을 비롯해 8개의 총국과 제2자연과학원(국방과학원의 후신), 자재상사, 대외경제총국 등을 거느리고 있다.162)

제2자연과학원에서의 기술개발은 주로 임무지향방식(missoin-oriented type)에 따라 이루어졌다. 군수용 기술개발의 특징은 무엇

---

160) 김병욱·김영희, 앞의 글, p.127.

161) 무기 수출입에 관여하는 대표적인 회사는 제2경제위원회 대외경제총국 소속 회사들, 당 군수공업부 5과 직속기관인 99호 소조에서 통제하는 창광무역회사, 제2자연과학원의 연합무역회사 등이다.

162) 김광진, 앞의 글, p.61.

보다 경제 효율성을 고려하기보다는 성능 개선을 우선적으로 지향하는 데 있다. 따라서 군수 부문의 기술개발은 민간부문에서의 기술개발보다 비효율적일 뿐만 아니라 북한의 낮은 무기성능으로 인해 자본회수효과가 크지 않기 때문에 비경제적이다. 또한 전술한 바와 같이 중공업 우선정책은 독자적인 군사력 증강정책과 밀접한 관련을 가지고 추진되어 왔으며, 그 결과 군수공업과 군수 관련 중공업이 파행적으로 비대해졌다.163) 그런데 북한의 군수공업의 발전은 '주체과학'의 역사적 경로와 유사한 과정을 거쳐 왔다고 할 수 있다. 즉, 김일성 정권 초반에 북한 군수공업은 철두철미 소련에 예속되어 발전했다가 1965~1970년대 말에 이른바 '자립적 군수공업 토대 구축' 방침으로 전환되었다. 특히, 김일성은 군수공업 부문에 농후한 사대주의, 즉 큰 나라에 대한 의존심을 극복하기 위해 노심초사했다.164)

1980~1990년대 말은 북한 군수공업이 최악의 붕괴위기에서 필사적인 탈출을 시도한 기간이었다. 1980년대에 들어와서 김정일은 군수공업을 회생시키기 위해 '수출제일주의' 방침을 제시하고, 소련의 스커드 미사일을 모방 생산하여 중동시장에 팔기 위한 출로를 뚫기 시작했다.

---

163) 한국개발연구원의 자료에 의하면 1990년 북한의 중공업 대 경공업의 비중은 약 66%에 달하고 있으며 이후 그 비중은 지속적으로 증가하고 있다. 한국개발연구원 편,『1989 - 1990 북한경제개관』, 북한연구센터 연구자료 91 - 06, 1991, p.6; 최성빈 · 유재문 · 곽시우,『북한 군수산업 개황』, 한국국방연구원 연구보고서, 2005, p.36.

164) 이러한 노력은 김일성의 발언을 통해 알 수 있다. "지난 조국해방전쟁시기 보총 10만 정만 있었어도 우리는 후퇴를 하지 않았을 것이다. 소련사람들은 우리가 요구하는 보총 10만 정을 지원하겠다고 약속하고도 그것을 제때 보내주지 않았다. 그래서 우리 군대는 락동강까지 나갔다가 후퇴를 하게 되었다. 전쟁시기에는 아버지 주머니에 있는 것도 다 소용이 없는 것이다. 그러니 전쟁준비에 한해서만은 다른 나라에 의존할 생각을 절대로 하지 말라"(1969년 만포 시메트공장을 현지 시찰하면서 한 말). "지난 조국해방전쟁시기 우리에게는 땅크가 36대밖에 없었다. 그 36대의 땅크가 남진을 하였다. 땅크 수십 대만 더 있었어도 우리는 그때 벌써 조국을 통일하였을 것이다."(1976년 구성광산기계공장을 현지 지도하면서 한 말). 김길선, "북한의 국방산업 개관", 통일정책연구소,『북한조사연구』, 5(2), 2001, pp.71 - 72.

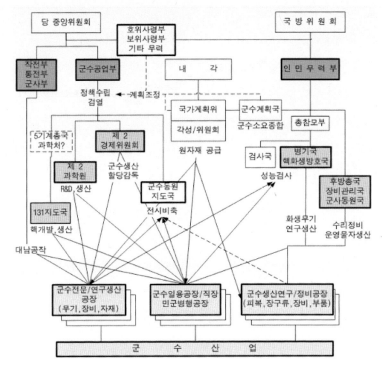

* 자료: 탁성한, "북한의 군사경제: 북한 군수산업의 실태와 대북정책 시사점", 한국국방연구원 정책
  간담회 발표자료, 2008, p.2.

〈그림 12〉 북한 군수산업 현황: 운용체계와 조직

한때는 북한이 군수공장에서 일본의 어린이 놀이기구를 모방해 수
출용 놀이기구를 생산하기도 하였으나 기술적·물질적 토대의 낙후
성으로 인해 세계시장 진출에 실패했으며,165) 이 과정에서 그나마
비축하였던 예비자원까지도 날리게 되는 결과가 야기되었다. 그나마
1990년대 중반의 식량난, 전력난, 원료난의 위기상황에서도 민수산
업과 달리 군수산업은 미사일 생산공장, 적외선 추적기 생산공장 등
수출품 생산 공장들과 연관 단위들이 간신히 가동될 수 있었다.

---

165) 북한이 1979~1980년에 시리아에 수출한 탱크조차도 질이 낮다는 이유로 모두 반환되었다.

* 자료: 탁성한, 앞의 글, p.6.

〈그림 13〉 북한의 군수산업 가동률 추이

    <그림 13>은 북한의 군수산업이 1980년대 이후 지속적으로 감소하다가 1990년대 중반에 저점을 통과한 이후 최근까지의 완만한 개선 추세를 보여 주고 있다. 북한의 군수산업 가동률이 낮은 이유는 첫째, 전시 대비 생산능력 최대화로 평시 가동률은 매우 낮은 수준으로 주요 전략시설과 군수산업시설이 지하화되어 있으며, 둘째, 무기 수출은 한때 북한 전체 수출의 30%를 차지할 만큼 북한경제에서 '효자종목'이었으나 탈냉전으로 우방국이 사라지고 무기 수요도 감소했기 때문이다. 특히, 1980년대 말 이후 미국의 테러지원국 지정으로 대외교역이 어려워진 점도 군수산업 가동률 저하의 한 원인이었다. 셋째, 계속해서 반복되는 수해와 주변국의 지속적인 경제제재로 군수산업 가동 여력이 저하되었기 때문으로, 이는 결과적으로 북한의 국가경제에 심각한 타격을 주었다.[166]

    김정일 정권은 지난 40년 이상 유지해 온 경제-국방 병진노선에

---

166) 탁성한, "북한의 군사경제: 북한 군수산업의 실태와 대북정책 시사점", 한국국방연구원 정책간담회 발표자료, 2008.

서 더 나아가 선군정치와 군 중시 국방공업 우선정책을 추진하고 있다. 북한의 군수산업 시스템은 김정일의 수령유일지배체제 중심으로 되어 있다. 즉, 김정일이 직접 군수산업을 장악하고 관리하도록 되어 있다. 따라서 군수산업 부문에서 생산과 관련된 모든 계획이나 지시 문은 김정일의 친필지시, 김정일의 명령 또는 당중앙군사위원회 명령으로 하달되며 그에 대한 총화167)도 '당중앙군사위원회 명령 총화'의 명목으로 진행된다. 여기에서 당중앙군사위원회 명령이란 곧 당중앙군사위원회 위원장 김정일의 명령을 뜻한다.

군수산업에 대한 김정일의 '유일관리'는 위와 같은 지휘체계로 그의 지시가 군수품 생산현장에까지 내려가며 또 그 집행정형에 대해서도 위와 같은 체계로 김정일에게 올라가 보고된다. 따라서 국가경제를 주관하는 내각은 이러한 군수공업시스템에 전혀 관여할 수 없다. 김일성이 1960년대에 자립적 국방공업 건설을 주장하면서 제기한 노동당의 '군사제일주의' 방침에 따라 내각은 오로지 군수산업 부문이 요구하는 인적, 물적 주문을 최우선적으로 보장해 주어야 할 의무밖에 없다. 내각 산하 민수공장들에 거미줄처럼 산재되어 있는 군수 일용생산체계에서 내각이 전력, 원료·자재, 재정, 노력 등 생산에 필요한 요소들을 보장하지만 생산과제는 당중앙군사위원회의 명령으로 받으며, 그 실행에 대한 결산도 당중앙군사위원회에서 주관하는 '군사위원회 명령 총화' 회의에서 하게 된다.168) '일용품공장'

---

167) '총화'란 말은 우리의 비슷한 표현을 찾자면 '결산' 정도가 될 것이다. 북한의 사회과학출판사가 펴낸 『조선말대사전』에 따르면 '총화'란 "진행 중인 사업이나 생활에 대해 그 결과를 분석하고 결속지으며 앞으로의 사업과 생활에 도움이 될 경험과 교훈을 찾는 것"을 의미한다. 『조선말대사전 2』(평양: 사회과학출판사, 1992).

168) 김길선 앞의 글, pp.65-79.

또는 '일용직장'으로 불리는 이러한 생산라인은 전국적으로 300여 개에 이르는 것으로 알려져 있고 웬만큼 큰 공장이나 기업소에 거의 다 있다고 보면 될 것이다.

이와 같이 인민경제와 분리된 제2경제위원회와 인민경제(내각경제) 내에 따로 가동되고 있는 수많은 군수공장들을 모두 합치면 북한의 경제는 군수경제라고 해도 과언이 아닐 것이며169) 더욱이 북한의 군수산업 생산규모는 유사시 현재보다 4배 이상 확장이 가능하다.170)

북한의 군수산업 및 군사경제는 대내외 경제변수에 의해 직접적인 영향을 받을 수밖에 없는데, 2006년의 미사일 시험발사와 1차 핵실험, 2008년에는 테러지원국 해제와 금강산관광과 개성관광 중단, 개성공단 상주인력 감축 등의 '12 · 1조치', 2009년의 '광명성 2호' 장거리 로켓 발사와 2차 핵실험 등이 주요한 영향 요인으로 꼽힌다.

테러지원국 해제 이후 북한은 나름대로 무기수출거래와 이중용도 제품 수입, 국제금융거래 재개 등 민간 및 군사경제 활성화를 위한 다각적인 노력을 강화하고 있으나 미해결 상태로 난항에 빠진 핵문제, 북한 당국의 개혁의지 결여, 해당 금융기관의 북한에 대한 이해 부족 등의 요인으로 당분간 국제금융기관으로부터의 금융지원을 기대하기는 어려울 것으로 보인다. 장기적으로 이러한 경제적 손실은 경제난의 심화를 가져오고 나아가 군수산업 및 군사경제 부문을 연쇄적으로 위축시킬 것으로 보인다.171)

---

169) 김광진, 앞의 글, p.63.
170) 탁성한, 앞의 글, p.4.
171) 함형필, 앞의 글, p.89.

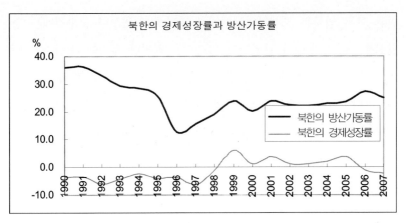

북한의 경제성장률과 방산가동률

* 자료: 탁성한, 앞의 글, p.8.

〈그림 14〉 북한의 경제성장률과 방산가동률

　〈그림 14〉에서 보듯이 북한의 경제성장률과 방산가동률은 대체로
비슷한 흐름이나 1990년대 초 연속 마이너스 성장 시에도 군수산업
은 높은 가동률을 보였다. 한편, 이것이 1990년대 중반의 경제난을
야기시킨 원인이기도 하였으나 전반적인 가동률 저하 속에서도 전략
물자와 수출용품 생산은 지속되었다.

　북한에서는 인민경제를 1경제, 군수경제를 2경제, 의사당경리부를
개편한 것을 3경제라고 지칭하고 있는데, 엄밀한 의미에서 군수경제
는 '궁정경제'의 한 부분이다.172) 따라서 인민경제의 대외결제와 관

172) 북한 경제는 처음에는 다른 동구권 사회주의 국가들과 마찬가지로 국가소유, 중앙계획화 등
　　중앙집권적 경제구조로 발전하였다. 그러나 국가권력의 속성으로부터 1970년에 들어서면
　　서 국가시스템과 관리체계에 의존하는 중앙집권적 경제가 아니라 통치자의 결정과 권한에
　　귀속하는 1인 지배의 경제구조로 변질하게 되었다. 황장엽의 증언에 따르면 "'영도자님'은
　　군대경제를 국가경제로부터 떼어내어 당 관리하에 두었다. 북한 공장들 가운데서 제일 설비가
　　좋은 기계공장들은 군수공장들이다. 1995년도에 군수공장 노동자들은 약 50만 명이었다.
　　이 공장들은 군수공업부를 통하여 '영도자님'이 직접 장악하고 있다. 당경제와 군대경제에
　　관해서는 수입이 얼마이고 지출이 얼마인지 그 누구도 간섭할 수 없으며 감히 간섭할 엄두
　　를 내지 못한다. 당과 군대가 '영도자님' 개인의 것인 것처럼 당경제와 군대경제는 '영도자

련된 모든 업무는 조선무역은행에서 관장하고 있으나 군수경제는 창광신용은행을 통해서 관리되고 있다.173) 최첨단 무기를 도입하기 위한 외화도 거의 전적으로 궁정경제에 의해 집중적으로 관리, 배분된다. 북한의 무기수입 규모는 1980년대는 군사부문 투자의 약 30%, 1990년대 위기 기간 동안에는 약 20%대를 유지해 왔다. 그 규모는 1980년대 후반에 약 10억 달러 수준에까지 이르렀다가 1990년대에는 크게 하락한 약 3억 달러 수준으로 유지되고 있다.174) 경제위기 기간의 무기수입 감소는 기본적으로 전반적인 외화난에 기인하지만, 북한의 경우 군이 필요로 하는 대부분의 무기와 장비는 제2경제위원회 산하의 군수공장들에서 직접 생산하여 공급하기 때문이기도 하다. 즉, 무기체계의 자립도가 높은 것이다.175)

북한은 거의 모든 지상군 무기를 독자적으로 개발하여 생산할 수 있는 수준에 있다고 할 수 있다. 북한군이 지상군 무기체계 분야에서 독자개발능력을 보유하게 된 것은 단일무기에 대한 대량생산체제

___

남'의 개인경제라고 해야 할 것이다." 황장엽, 『개인의 생명보다 귀중한 민족의 생명』(서울: 시대정신, 1999), pp.15-16.

173) 궁정경제의 출현은 부문별 은행들의 탄생을 의미했다. 대외무역, 외화벌이 중심의 궁정경제는 '먹을알이 있는' 인민경제의 많은 부분을 흡수하면서 비대해졌으며, 나중에는 계획, 생산, 분배, 무역, 대외금융 등 모든 것을 완비한 연합체, 그룹으로 발전하였다. 이는 인민경제를 지속적으로 침식하고 파괴하였으며, 조선무역은행을 중심으로 전개되던 국가의 통일적인 외화관리시스템도 파괴되기 시작했다. 현재 북한 경제는 김정일과 지배집단에 복무하는 궁정경제, 방치되고 누구도 책임 지지 않는 내각이 관장하는 인민경제로 분리되어 있다. 또한 외화관리시스템도 조선무역은행을 통한 인민경제의 외화 관리, 부문별 은행들을 통한 궁정경제의 독자 외화 관리의 이중구조로 굳어져 있다. 북한의 경제를 몰락시킨 것은 사회주의 경제권의 붕괴와 제도, 시스템의 모순에도 있지만 사회주의하에서 사회주의 원칙이 지켜지지 않은 것, 김 부자를 위해 복무하는 궁정경제를 만들어 낸 데 가장 큰 원인이 있다. 북한 대외보험총국 동북아시아은행에 근무했던 탈북인사 김광진 씨 인터뷰 내용 (2008. 5. 2).

174) US Arms Control and Disarmament Agency, *World Military Expenditures and Arms Transfers* 연도별 자료 참조.

175) 성채기·백재옥·권오봉, "군비증강 능력 측면에서 본 북한 경제위기 10년", 『국방정책연구』 61, 2003, pp.202-203.

를 선호하는 '동구형 무기체계' 방식을 따른 데 있다. 대체로 동구형의 무기체계는 전쟁에서의 대량 소모를 전제로 하여 첫째, 설계가 단순하고 부품의 수를 최소화하며, 둘째, 무기체계 간 부품의 호환성이 높으며, 셋째, 개발에 실패할 경우 투자재원 손실의 위험부담을 최소화하는 경향으로 발전해 왔기 때문이다. 이러한 북한의 지상군 무기체계의 장점으로는 그들의 군사전략인 대량기습전략과 속전속결을 위한 무기체계를 개발하여 경량화 및 신속한 기동화를 달성한 것으로 평가된다. 또한 조작과 응급처치가 쉬운 간편한 구조와 부품교환이 가능하도록 야전장비 지향적으로 설계되었다는 장점이 있다. 그러나 북한의 지상군 무기체계는 소련의 무기들을 모방 생산한 것으로서 신뢰성과 정확성, 포탄적재능력 등에서 서방세계의 무기들과 비교할 때 질적으로 열세를 보이고, 현재 북한의 재래식 지상무기체계를 위한 군사과학기술은 빠르게 발전하고 있는 첨단기술을 따라가지 못하고 정보화 및 전자화 등 첨단장비의 개발 면에서 뒤떨어져 있는 것으로 보인다.

북한의 군사기술을 종합적으로 평가하면, 1990년대 이후 경제난이 지속되고 사회주의권이 붕괴되면서 선진 군사과학기술, 특히, 빠르게 발전하고 있는 정보통신기술 등 첨단 군사과학기술을 도입하지 못해 전반적인 군사과학기술이 낙후되어 있다. 이러한 현상은 2001년과 2002년 김정일이 러시아를 방문했을 때 러시아의 첨단 신예무기에 많은 관심을 보이면서 방산공장을 집중적으로 방문하는 한편, 러시아에 신예무기체계의 지원을 요청하였다는 데서 잘 알 수 있다.[176)]

176) 북한은 러시아에 MIG-20 및 SU-30 전투기, T-80/90 전차, S-300 요격미사일, 신형 유도탄정 구축함, 신형 레이더 등 최신예무기의 지원을 요구하였으나 러시아는 북한에 경화결제를 요구하며 거절한 것으로 알려졌다. 김진무, "북한의 군사과학기술 능력과 대남

한편, 북한의 대량살상무기 개발능력은 앞에서 살펴본 바와 같이 세계적인 수준인 것으로 분석된다. 북한은 핵무기 제조기술을 보유하고 있으며, 미사일은 대륙간탄도미사일 개발을 거의 완료한 수준에 도달한 것으로 보인다. 또한 화생무기는 이미 대량으로 보유하면서 각종 투발수단 및 화생무기 탄두의 개발도 완료한 것으로 평가된다.177)

최근 북한은 경제난에도 불구하고 WMD 전력 이외에 재래식 분야에서도 남한의 전력증강에 대비한 기존 무기의 성능개선과 유지보수, 저비용·고효율 관점의 신무기체계 도입 등 첨단 국방과학기술의 확산 노력을 지속하고 있다. 북한은 남한의 재래식 전력증강을 경제적·효율적으로 대처하기 위한 차원에서 전차 및 장갑차 등 남한 지상군의 전력증강에 대비하여 약 70만 개 정도 매설되어 있는 군사분계선 일대의 지뢰를 교체 및 유지하고, 구축함 등 해군 전력증강에 대비해서는 대함미사일 개발과 어뢰 도입을 적극적으로 추진하고 있으며, 신형 전투기 도입 등 공군의 전력증강에 대비하는 차원에서는 대공 미사일을 집중적으로 보강하고 있다.178)

군사전략 변화", 한국국방연구원, 『주간국방논단』 제1096호(06 - 17), 2006, pp.2 - 4.

177) 탁성한, 앞의 글, p.5.

178) 이러한 사항들은 다음과 같은 문서들에 의해 뒷받침된다. 우선 스톡홀름 국제평화연구소 (SIPRI)가 2009년 3월 31일 발표한 '재래식 무기거래 통계(Arms Transfer Database)' 에 의하면 2007년 100대 무기수입국 중 북한은 70위로 주로 휴대용 견착식 대공 미사일을 러시아로부터 도입한 것으로 나타나고 있다. 최근 러시아 해상무기전시회에서 북한은 러시아제 장거리 어뢰, KH - 55 초음속 대함미사일, VA - 111 초공동어뢰 등의 도입에도 관심을 표명한 것으로 알려지고 있다. 또한 2008년 7월 10일, 미국 하원 군사위원회 산하 'EMP 소위원회'가 발간한 '전자기파 무기에 관한 보고서(A report on electromagnetic weapons)'에서는 러시아에 의해 미터(m)당 200KV의 전자기펄스를 생성할 수 있는 '슈퍼 - EMP'가 설계되었는바, 러시아, 중국, 파키스탄의 과학자들이 현재 북한에서 이에 대한 공동연구를 진행하고 있어 가까운 장래에 EMP 무기(일명 E - bomb)를 개발할 가능성이 있다는 우려를 표명하고 있다. 이에 더하여 2008년 8월 19일에 발표된 미 의회조사국 (CRS) 보고서에 의하면, 미국이 1985년 말부터 아프가니스탄의 무자헤딘에게 구소련과 싸우도록 지원한 2천 기의 스팅거 미사일 중 일부를 북한이 구매해 갔다고 한다. 이에 대한

(3) 과학기술정책의 결과: 과학기술의 불균형적(기형적) 발전 심화

김정일 시대의 과학기술정책은 강성대국 건설의 주요 중심축을 이루고 있다. 북한은 선진 과학기술 도입을 위해 노력하고 있지만 대외관계의 제약으로 인해 내부 역량만으로는 과학기술 육성정책을 추진할 수 없다. 또한 경제개혁을 통해 부분적으로 시장경제적 요소들을 도입하고 있지만 사회주의 경제체제와 과학기술체제가 갖는 한계로 인해 창의적이고 능동적인 연구개발 동기부여나 과학기술의 실용화, 상업화 등에서 어려움을 겪을 수밖에 없는 상황이다.

특히, 경제와 과학기술 연계에 대한 지나친 강조에 따라 직접적인 경제적 효과를 산출해 내기 위한 단기적인 성과에 급급할 경우 기초과학의 부문이 취약해짐으로써 지속 가능한 과학기술역량 구축에 실패할 가능성이 크다.[179] 북한은 대내외적 한계와 제약조건들로 인해 과학기술 발전에 대한 최고 통치자의 관심과 의지만으로 과학기술이 경제재건에 기여하는 것을 기대하기는 어렵다. 중요한 것은 실질적인 정책추진과 목표달성 능력이기 때문이다.

한편, 김정일 시대에 북한이 지속적인 경제난에 대응하여 '실리주의'를 기조로 하는 과학기술정책을 강조한 점에 대해서는 정당한 평가가 필요하다. 과학연구사업에서의 '실리주의'는 우선 김일성의 주

구체적인 내용은 함형필. 앞의 글. pp.87 – 88 참조. 한편, 버웰 벨(Burwell Bell) 주한미군사령관은 2008년 3월 11일 미 의회 상원 군사위원회 청문회에서 북한이 지난 2005년 마지막으로 주요 미사일 판매를 한 이후 현재는 확산활동이 거의 전무(near zero balance)하다고 밝혔다. 그러나 북한은 외화 수입원인 미사일 수출 등 확산활동을 분명 하고 싶어 할 것이며 이는 미국에 큰 우려사안이라고 덧붙였다. 미국의 소리(VOA), 2008년 3월 11일.
179) 고경민, 『북한의 IT전략』(서울: 커뮤니케이션북스, 2004), p.17.

체사상과 자력갱생의 원칙이라는 '사상적 굴레'에 억압되지 말고 사회에 이바지할 수 있는 '실리적인 것'들은 다 '김일성의 주체사상과 자력갱생의 원칙에 부합된다.'는 새로운 인식으로 접근하는 것이다. 따라서 북한은 과학자, 기술자들의 '논문발표', '박사학위' 취득을 비롯한 형식적인 대상보다는 실제로 국방공업과 주민경제에 도입되어 성과를 낼 수 있는 대상들에 집중하도록 하고, 국가적 투자가 어려운 상황에서 연구기관들에서도 독립채산제를 확대하고 '기술거래'를 통한 연구개발활동, 즉 확대재생산을 독려했다.

이와 같이 과학연구사업에서의 실리주의는 '실리'가 있는 대상들을 선별해 국가의 투자를 우선적으로 집중하여 '실질적인 성과'를 내도록 한 김정일의 요구를 반영한 것이었다. 그러나 김정일의 과학기술중시정책은 경제개건과 경제강국 건설을 위한 정책적 중요성의 강조에도 불구하고 국방 분야와 IT 분야를 제외하고 별다른 성과를 내지 못하고 있으며, 또 하나의 '구호'로 그치고 있다는 것이 문제이다.

문제의 근원은 무엇보다도 첫째, 연구개발경비 투자의 부족을 들 수 있다. 일반적으로 연구개발비용은 국가재정예산에서 연구기관들과 연구종사자들을 위한 급여와 연구기관 관리운영에 필요한 제한된 경비로 책정되고 있는데, 연구개발비용이 상대적으로 매우 낮은 수준이다. 이 때문에 프로그램 개발을 비롯해 경비가 적게 소요되는 분야에서 '실적'을 내려는 연구기관들 간의 경쟁이 치열한 실정이다. 새로운 과학기술 발전전망계획 수립 시 북한 당국은 2012년까지의 기간에 약 1억 유로의 외화자금을 연구개발비용으로 추가했는데, 이 자금은 대부분 핵개발과 군수산업에 필요한 연구개발비용으로 충당되었다. 김정일의 추가 지시로 중요사안의 특성에 따라 풍력발전 대상에 200만 달러, 경공업 발전 대상에 100만 달러 등의 외화자금이 배당되기는 했으나 외화자금은 전반적으로 해외 첨단기술 도입이나 시제품, 견본 등을 수입하는 데 지출되었다.[180]

둘째, '선군정치'에 의한 국방력 강화를 들 수 있다. 국내외적으로 불안정한 정세에 직면하고 있는 북한은 국방력 강화를 최우선 대상으로 선정하여 첨단 국방과학기술 개발에 지원을 강화하고 있다. 북한은 이미 구소련과 중국과의 동맹조약으로 국가적 안전보장을 받고 있었던 1960~1980년대에도 자립적 국방력 건설을 주장하여 군사기술 연구와 국방력 제고에 최우선순위를 부여하였다. 한반도에서 미군과 한국군의 국방 현대화와 군사혁신(RAM)이 진행되고 있는 상황과 2003년 이래 부시 행정부의 선제공격 위협하에서는 더더욱 체제생존을 위해 국방력 강화와 첨단 국방과학기술 개발에 예산과 자원을 집중할 수밖에 없는 실정이다.

더욱이 북한 지도부는 핵(미사일)개발 프로그램이나 우주개발 프로그램의 부산물들(spin-offs)이 선진 과학기술국가로 탈바꿈(도약)시켜 줄 것이라는 신화(myth)에서 벗어나지 못하고 있다. 물론 이 문제는 안보적 차원의 생존전략이라는 측면이 더 중요하게 작용하고 있다는 점을 간과할 수는 없을 것이다. 그러나 실제로 북한 지도부가 과학기술에 대한 자신감을 갖고 과학기술중시정책을 추진하게 된 계기는 1998년 8월 '광명성 1호' 시험발사의 성공이었다고 할 수 있다.[181]

여기에서 주목해야 할 점은 한국 또는 국제사회의 과학기술협력과

---

180) 북한 고위급 관료 출신 J씨 인터뷰 내용 (2008. 9. 25).

181) 고경민, "2000년 이후 북한의 과학기술정책", p.19. 북한과 같이 국가생존전략으로 핵무기나 인공위성 연구에 집중했던 인도, 파키스탄, 이라크에게 돌아온 것은 과중한 경제적·정치적 비용이었으며, 보건이나 교육 같은 인간의 기본적 욕구들은 철저히 외면당했다.

지원이 직접적 혹은 간접적으로 북한의 국방력 강화에 이용되고 있다는 사실이다. 예컨대, 김만유 병원이나 종합구강병원, 조선컴퓨터센터 등의 설립 당시 북한은 남한 등 해외동포·단체들로부터 막대한 공사비 지원을 받았는데, 이 외화자금은 공사비에 투입되지 않고 당 자금으로 적립되었으며 공사비는 건설예산에서 충당되었다고 한다.182)

셋째, 연구인력의 수준 저하이다. 너무 오랜 기간 동안의 '사상봉쇄'로 인해 북한의 과학자, 기술자들의 연구능력도 일부 분야를 제외하고는 상대적으로 매우 낮은 수준인 것으로 평가된다. 특히, 구소련과 사회주의 국가의 붕괴로 인해 유학생과 연수생 파견 등이 차질을 빚으면서 해외 연구기관들과의 협력이 부진해졌고, 이것은 과학기술 연구 종사자들의 연구능력에 심각한 영향을 주었다. 과학기술계에 요구되는 과학연구사업은 현실문제 해결을 위한 기초기술의 상용화, 과학기술의 선진화와 발빠른 외국기술 습득, 농촌과 기업의 폐수처리문제, 세계 첨단기술의 습득, 정보전자, 생체소재의 개발, 자원의 절약 및 효율적 이용, 나노기술, 태양광 및 수소에너지 이용개발문제 등이다. 그러나 북한 과학자들은 기초과학보다는 현장에서 발생된 문제를 해결하는 데 최종목표를 두고 있다. 현장의 기술적 문제를 해결하기 위한 연구들은 실험적 접근이 많이 뒷받침되어야 하는데, 북한의 현실에서 연구비가 비교적 많이 소요되는 실험설비를 이용한 연구는 수행되기 어렵다. 연구논문들에서 인용된 참고문헌의 대다수

---

182) 북한 고위급 관료 출신 J씨 인터뷰 내용 (2008. 9. 25). 김광진 씨도 현재의 북한 경제구조나 시스템상으로는 외부의 지원이나 자원의 유입은 곧바로 궁정경제로의 유입으로 귀결되며 결과적으로 주민경제의 회복과 국가경제의 회생은 요원하고, 김정일 정권이 변화와 변혁을 추구하지 않는 한 그리고 궁정경제가 외화자원, 국가자원을 독식하는 시스템이 존재하는 한 외부에서 아무리 지원해도 국가경제는 회복되기 어렵다고 증언했다.

가 10여 년 전에 출판된 문헌들일 뿐만 아니라 그 저자들도 대부분 러시아 및 북한 등 사회주의권에 속한 연구자들로 서구권의 최신 문헌들을 접하기가 어려운 것으로 파악된다. 즉, 서구 선진국들과의 정보교류가 원활하였다면 굳이 자체 연구가 필요하지 않은 부문에서 과학자와 연구사들이 고군분투하고 있는 것이다.[183]

북한이 2004년도에 발표한 논문을 남한 및 세계 수준과 비교한 결과 남한의 1980~1990년도 초·중반 수준으로 예년과 비교할 때 큰 변화가 없는 것으로 나타났다. 그 이유는 북한이 1998년 이래로 지속적으로 과학기술 발전을 강조하고 있음에도 불구하고 경제난으로 인한 실험장비 및 예산 지원의 부족과 폐쇄적인 사회구조에서 비롯된 대외 정보교류의 부재 등이 과학기술 발전에 장애물로 작용하고 있기 때문이다. 한편으로 생물공학·나노기술 등 첨단기술 분야의 세계적 추세를 따라잡기 위한 북한 당국의 정책적 지원 노력이 꾸준히 이루어지고 있는 점이 주목되나 전반적인 기초과학기술 인프라가 개선되지 않는 한 선진기술을 탐색·모방하는 초기단계 수준을 벗어나기 힘들 것으로 보인다.

아울러 김정일이 '단번도약'을 목표로 획기적인 발전을 강조했던 IT 분야의 발전은 군사기술 분야, 특히, 첨단 해킹기술 개발과 해커부대 육성에 치중해 일반적인 연구성과에는 반영이 되지 않고 있는

---

183) 북한은 1980년대부터 과학연구논문 작성 시 참고문헌을 러시아 연구논문을 주로 활용해 왔으나 2000년대에 들어서는 영국, 독일 등 서방권에서 발간된 논문들의 참고 비율이 러시아 논문을 앞지르고 있다. 2004년 발간된 논문의 참고문헌 비중을 보면 서방권(30%)→북한(27%)→러시아(24%)→중국(11%)→일본(8%) 순으로, 2003년도 서방권(37%)→일본(27%)→북한(18%)→중국(11%)→러시아(7%)와 마찬가지로 서방권의 선진 기술정보 활용 비중이 가장 크게 나타났다. 2003년에 비해 일본 연구의 참고 비율이 대폭 감소하고 러시아 논문의 활용률이 증가한 것은 핵문제 등으로 일본과의 학술·정보교류가 저조했기 때문으로 해석된다. 국가정보원 편 『북한 과학기술논문 분석』(서울: 국가정보원, 2005) 참조.

것으로 파악된다. 또한 북한이 산업적으로 응용이 가능한 연구에 주력하고자 하면서도 공학 분야에서 이론연구 비중이 높아지고 있는 것은 실험설비 및 연구비 소모가 큰 공학연구를 진행할 수 있는 여력이 없기 때문인 것으로 분석된다.

이상과 같이 북한은 경제난으로 생물·화학 등 일부 분야를 제외하고는 충분한 실험장비와 예산지원이 이루어지지 못하고 있다. 특히, 다양한 참고자료를 인용하고 국제학술대회 등을 통해 북한의 연구자료가 검증되어야 함에도 불구하고 체제안보 등의 이유로 정보접근이 어려운 것이 북한의 과학기술 발전에 커다란 장애요인으로 작용하고 있다. 또한 비즈니스와 트렌드를 외면한 '연구실용 기술'만으로는 어느 업종보다도 변화가 빠른 IT업계에서 살아남기가 힘들기 때문에 첨단 디지털기기 전시회나 박람회, 해외 유수 기술진들이 집결되는 각종 국제학술회의에의 적극적 참가가 무엇보다 필요한 상황이다.184) 북한이 중국과 러시아 등에 선진 과학기술 연수 목적으로 과학자, 기술자들을 파견하고 있으나 북한의 과학기술 발전에 실질적, 긍정적 영향을 발휘하기에는 매우 제한적인 실정이다. 무엇보다 북한은 남한 등 대외 과학기술 교류협력사업에 참여하는 과학자, 기술자들을 선별하여 실제로 일할 수 있는 능력 있는 인재들을 집중적으로 육성하는 데 관심을 두어야 할 것이다.185)

이상에서 분석한 바와 같이 북한의 과학기술은 나름대로의 자립성

---

184) 국가정보원 편, 『북한 과학기술논문 분석』(서울: 국가정보원, 2006).

185) 북한의 연구기관에 '놀고먹는' 연구사들이 너무 많아 북한 당국이 그들을 퇴출시키려는 시도도 있었지만 북한 정치시스템상의 문제로 인해 실적 없는 연구사들도 여전히 존재하는 상황이다. 문제는 '인맥'과 '뇌물'로 선발된 무능한 과학자와 연구사들도 '관광' 혹은 '용돈(pocket money)'을 바라고 해외연수나 대외 과학기술 교류협력사업에 참여하고 있다는 것이다. 북한 국가과학원 연구사 출신 K씨 인터뷰 내용 (2008. 10. 5).

과 독창성을 지니고 있고 사회의 다른 여러 부문과도 긴밀하게 관련되어 있다. 그러나 석탄화학산업, 국방과학기술 등 몇몇 분야에서만 기형적인 비대 발전을 이루었을 뿐 전반적인 과학기술 수준은 낙후되어 있으며 때로는 실용성만을 지나치게 강조하는 등의 문제가 있다. 무엇보다 북한의 주체사상이 경제발전에서 자립적 민족경제건설 노선을 추구하게 만들었으며, 주체과학 역시 외국의 도움을 무시한 자체의 자원·기술·인력양성 등 폐쇄주의에서 기인된 악순환에서 벗어나지 못한 결과 당면한 기술문제 해결에 급급하고 목전의 성과에만 집착하게 만들었다. 북한 스스로 선진과학기술로부터 멀어지고 세계적인 추세를 따라잡지 못해 낙후된 과학기술이 신산업 창출 및 생산성 향상에 기여하지 못한 수십 년의 세월은 북한 경제의 장기침체 기간과 비례할 수밖에 없다.

더욱이 지속적인 경제난 가운데 김정일이 과학기술로 경제재건의 돌파구를 마련하고자 제시한 과학기술중시정책은 그 성과를 기대하기 어려운 실정이다. 북한 경제의 기본을 이루고 있는 중공업 시설들은 노후화되었고 전반적인 과학기술 수준도 매우 뒤떨어져 있다. 최근 관심 분야인 정보기술, 나노기술, 생물공학 역시 아직 초보적인 수준으로 산업화 단계로의 가능성이 희박해 보인다. 김정일은 선차적으로 힘을 넣을 부문은 정보기술, 특히, 프로그램(소프트웨어)기술이라고 강조하였다. 북한은 현재 프로그램 개발에 있어 사무화 표준 및 규격화, 망통신과 생산공정의 자동화를 위한 기업경영프로그램 개발에 주력하고 있으나 프로그램 개발에 있어서 첫째도, 둘째도 북한식 보안체계 구축을 위한 프로그램 개발이 우선되고 암호화 기술을 위한 도구 소프트웨어 개발에 집중하고 있는 상황이다. 이것은 김정일의 과학기술중시정책과 과학기술 발전전략이 북한 체제의 발전경로와 주체사상 등 제도의 경로의존성으로 인해 주체과학에서 크게 벗어나지 못하고 있음을 보여 주는 것이다. 그럼에도 불구하고 북한은 과학기술 발전 5개년계획을 2022년까지 계속 추진할 것을 계획하고 경제발전에서 과학기술 기여율 50%, 첨단산업육성을 20% 확보할 것을 목표로 하고 있다. 그러나 경제성장 동력인 에너지, 자금과 기술, 노동력의 질적 수준, 교육환경 등에서의 총체적인 취약성으로 인해 대외협력을 통한 활발한 과학기술교류와 도입, 적극적인 외자유치, 과학자·기술자들에 대한 인센티브 확대, 선진국을 통한 첨단과학기술 인력양성 없이는 성과를 기대하기 어려울 것으로 보인다.[186]

다시 말해, 북한이 과학기술중시정책을 첨단과학기술과 첨단산업의 육성, 대담하고 통이 큰 '과학혁명'으로 정의한 만큼 국가계획에 의한 경제시스템을 개혁하고 과학기술의 가시적 성과에 만족한 기술혁신보다 신제품 개발, 신기술 도입을 통한 공장, 기업소의 경쟁력을 확보해야 하고, 이를 위해서는 과학기술체제 개혁과 적극적인 외부자본 도입의 정책 변화가 필요하다. 그러나 북한의 과학기술중시정책은 기존의 경제발전전략의 골격인 중공업 우선 발전과 체제유지를 위한 자립적 민족경제건설의 틀에서 벗어나지 못한 상태에서 핵 실험과 미사일 발사로 대외 협상력을 높이는 등 김정일 정권의 정치적·군사적 목적을 달성시키기 위해 도구화되어 왔다. 특히, 김정일은 2003년 이래 더욱 불리하게 작용하고 있는 대외안보환경을 극복하고 체제생존을 지속시키기 위해 WMD 위주의 국방과학기술 개발에 정권의 미래를 맡기고 있다.

---

186) 이영옥, 앞의 글, pp.276-277.

현실적으로 북한이 목표로 하는 '2012년 강성대국 건설'을 달성하고, 과학기술이 경제재건과 국가발전의 핵심요소로 각광받고 실질적인 성과를 이루기 위해서는 과학기술인력 교체 등의 부분적 변화 외에 과감한 '구조조정'과 같은 경쟁력을 높이는 과학기술체제 개혁과 나아가 대대적인 외부 자본 유치를 위한 북한 체제의 개혁·개방이 절실한 시점이다.

제 6 부

나가는 말

이 책은 김정일 정권의 과학기술정책이 국가관리와 체제생존에 대한 불안감으로 인해 전반적인 경제성장과 체제발전의 원동력으로 기능하지 못하고, 정치적·군사적 목적 달성과 체제안보를 위해 국방과학기술 부문만 기형적으로 발달된 편협하고 왜곡된 정책이 되고 말았다는 것을 규명하였다.

김정일 정권은 강성대국, 특히, 경제강국 건설을 위한 정책수단으로 과학기술중시를 사상중시, 총대중시와 동격으로 제시할 정도로 과학기술 발전을 경제재건의 중심축으로 삼았다. 김정일 정권은 기술혁신과 생산의 정상화, 산업의 현대화·정보화를 통한 경제재건 그리고 주민생활 향상을 목표로 과학기술중시정책을 지속적으로 추진해 오고 있다. 그런데 북한의 과학기술정책은 특히, 대외환경, 최고지도자의 통치이념과 리더십, 경제발전전략에 따라 그 성격과 유형 그리고 주력사업에 변화를 보여 왔다.

김정일 정권이 국가목표로 제시한 '강성대국 건설'을 위해 강력히 추진되고 있는 과학기술정책은 다음과 같은 특징을 보이고 있다. 첫째, 과학기술을 강성대국 건설의 기반으로 인식하고 있으며, 둘째, 과학기술과 경제의 결합을 중시하고, 셋째, '국력이 곧 군력'이라고 하면서 국방공업의 우선 발전에 주력하고 있다. 넷째, 2012년 경제강국, 2022년 과학기술대국을 이루기 위해 과학기술인력 확보, 기초과학교육 강화, 정보산업과 전력·석탄·금속공업, 철도운수의 '인민경제 선행부문'의 기술개발 등을 강조했다. 다섯째, 산·학·연 협동을 위한 현장기술을 중시하고, 여섯째, 과학기술자 우대정책을 추진하며, 일곱째, 과학기술의 대중화를 위한 선전 강화와 과학기술정보 보급을 실시했다.

그러나 이같이 국가발전의 명운을 걸고 추진되고 있는 것처럼 보이는 김정일 정권의 과학기술정책은 제도의 경로의존성으로 인해 1960년대 주체과학기술 형성기의 중공업 우선 발전과 경제−국방 병진노선 그리고 자립적 민족경제건설의 폐쇄경제시스템이 여전히 유지되고 국가예산배분의 우선순위에 큰 변화가 없는 가운데 추진되고 있어서 실질적인 정책효과를 기대하기 어렵다.

북한이 신년공동사설 등에서 일관되게 강조해 오고 있는 '인민경제 선행부문'의 개선과 식량 문제 그리고 생필품 문제가 여전히 해결되지 못하고 있는 등 김정일 정권의 '과학기술 발전을 통한 경제재건과 인민생활 향상' 방침은 결국 '구호'와 정치적 수사(修辭)로 그치고 말았다. 반면에 북한은 2차례의 핵실험과 수차례의 미사일 시험발사로 김정일 체제안보를 위한 대외 협상력을 높이는 한편, 주민결속을 강화하여 체제안정을 도모하는 등 대량살상무기를 이용한 정치적·군사적 목적 달성에 과학기술을 도구화시키고 있다.

이 책은 역사적 제도주의의 관점에서 대외환경, 통치이념·리더십, 경제발전전략을 독립변수로 설정하여 가설을 제시하고, 변수들 간의 영향으로 나타난 김정일 시대의 과학기술정책의 유형과 특성을 분석하였다. 가설을 검증하기 위해 김일성 사망 후 유훈통치기를 거쳐 김정일 시대의 오늘날에 이르기까지 15년간의 신년공동사설에 대한 내용분석(content analysis)의 경험적 연구를 실시하였다. 그 결과

1995~1997년, 1998~2002년, 2003~2009년의 세 시기에 나타난 과학기술정책의 유형은 다음과 같다.

<유형 1> 협력적 대외환경 – 강경 리더십 – 폐쇄주의 경제발전전략
 – 자립적 과학기술정책
<유형 2> 협력적 대외환경 – 온건 리더십 – 실리주의 경제발전전략
 – 수용적 과학기술정책
<유형 3> 갈등적 대외환경 – 강경 리더십 – 폐쇄주의 경제발전전략
 – 자립적 과학기술정책

〈그림 15〉 김정일 시대 북한의 과학기술정책 유형

<유형 1>의 대외환경의 예외성을 제외하면, 세 가지 독립변수의 변화에 따른 과학기술정책에 일정한 규칙성이 나타났으며, 내용분석의 결과가 <가설 1, 2, 3>과 일치한다는 결론을 도출하였다. 즉, 북한을 둘러싼 대외환경이 갈등적일수록, 최고 통치자의 통치이념과 리더십이 강경할수록 그리고 경제발전전략의 폐쇄적 경향이 강하게 나타날수록 과학기술정책은 자력갱생과 과학자, 기술자 등 내부자원을 동원한 자체적 문제해결을 강조하는 경향이 두드러졌다. 반면에

대외환경이 협력적일수록, 최고 통치자의 리더십이 온건할수록 그리고 경제발전을 위해 본래적 의미의 '자력갱생'보다 실리 위주의 실용성을 중시할수록 대외 과학기술 교류협력을 통해 선진과학기술을 적극 수용하려는 정책 동향이 나타났다.

1995～1997년 시기에 남북관계를 제외하고 북·미 관계 개선 등 대외환경이 우호적으로 조성되어 가고 있었음에도 불구하고 북한은 갑작스러운 김일성 사망 후 체제수호에 급급한 나머지 내부단속과 후계체제 공고화 등 김정일의 1인 지배체제 확립을 무엇보다 최우선 시했기 때문에 자립적 민족경제와 자력갱생을 강조하는 폐쇄적인 주체과학기술정책을 고수할 수밖에 없었다. 따라서 이 시기에는 1998 ～2002년의 신년공동사설에서 나타나고 있는 김정일 시대 과학기술 정책과 관련된 '기술개건', '정보기술', '정보산업시대', '생산정상화', '현대화', '개건'과 같은 용어가 전무하다. 결국 이 시기에는 세 가지 독립변수 중에서도, 특히, 최고 지도자의 강경한(보수적) 리더십이 과학기술정책의 내용과 성격에 가장 큰 영향을 미쳤다고 할 수 있다.

1998～2002년 시기에는 2002년부터 다시 강경 어조로 바뀌기 시작한 대미공세적 국면을 제외하면 전반적으로 북한에 우호적인 대외 환경이 조성되었다. 김정일 정권은 새로운 통치이념으로 '혁명적 주력군'으로서의 군을 내세운 선군정치를 표방했으나 김정일은 남북정상회담과 북·미, 북·일 관계 개선 그리고 대서방 전방위 외교를 통해 대외 교류협력을 활발히 추진하는 등 대외정세에 유연하게 대처하는 리더십을 구사하였다. 또한 실리주의의 실용적 경제발전전략의 영향으로 인해 강성대국 건설의 중요한 정책수단으로 그 어느 때보다 과학기술정책의 중요성이 강조되었고, 한국을 비롯한 서방 선

진국과 국제기구와의 과학기술 교류협력에 주력하는 등 이 시기의 과학기술정책은 수용적, 실리주의적 성격을 표출했다고 할 수 있다. 또한 경제회생과 주민생활 향상 그리고 체제발전이 IT · BT · NT 등의 첨단과학기술 도입 · 개발과 새로운 방식의 과학기술 연구개발 체계에 있음을 인정하는 새로운 변화의 움직임도 보였다.

2003～2009년 시기에는 제2차 북핵 위기 발발과 미국의 이라크 지상전 돌입의 충격 등으로 급격히 악화된 북 · 미, 북 · 일 관계의 여파로 인해 김정일 정권은 선군시대 경제건설노선을 제시하고 중공업 중에서도 특히, 국방공업을 최우선적으로 발전시킬 것을 천명하였다. 국방공업은 결국 군수공업부와 제2경제위원회의 핵, 미사일 등의 대량살상무기 개발과 군수산업의 강화를 의미하였고, 제1경제(인민경제)의 심각한 재정난으로 인해 한정된 자원을 한정된 부문에 선택적으로 집중해야 하는 북한의 현실상 과학기술 발전을 통한 국가 경제재건과 주민들의 생활향상은 '차요시'되었다. 따라서 김정일 시대의 북한은 산업계와 생산현장에서의 기술혁신과 국방 관련 연구개발 등 과학기술 발전의 중요성을 끊임없이 강조해 왔으나 대외정세의 악화에 따른 자립적 민족경제건설노선과 폐쇄주의 경제정책 고수로 제도적 제약을 벗어나지 못하고 당면한 기술적 문제해결에만 급급하고 있는 상황이다. 나아가 과학기술 발전을 통한 경제재건의 실패는 물론, 과학기술 전반의 낙후성과 불균형성이 더욱 심화되고 있다. 북한 지도부가 국방공업과 핵, 미사일 등의 국방과학기술 부문, 농업 이외의 여타 산업 부문에 대해서는 거의 방치하다시피 하고 있기 때문이다.

오바마 행정부와 이명박 정부의 대북강경정책 기조가 분명해진

2009년에 이르러서는 2003~2009년 기간 중 '자립'과 '자력갱생'의 '계획경제'와 과학기술정책의 자립성과 주체성에 대한 강조가 최고조에 달하고 있다. 김일성 사망 후 유훈통치기를 거친 북한은 김정일 정권의 공식출범 후 대외환경의 변화에 따른 국가목표의 수정과 전환, 그로 이한 리더십의 변화를 경험하였다. 시기에 따라 최고 지도자의 통치이념과 리더십 변수가 과학기술정책의 유형을 결정하는 데 큰 영향을 주기도 했으나 분석기간 전체를 통틀어 볼 때 대외환경, 특히, 북·미관계가 과학기술정책의 유형과 성격을 규정하는 데 가장 중요한 변수로 작용했다는 것을 알 수 있었다. 김정일 체제를 둘러싼 정세는 주로 대외환경이 대내환경을 주도하여 왔고, 앞으로도 그러한 경향이 지속될 것으로 전망된다. 김정일 정권이 과학기술중시정책을 통해 경제강국 건설의 목표를 달성하기 위해서는 핵문제 해결과 북·미 관계 개선 그리고 무엇보다 북한 체제의 개혁·개방이 관건이라고 할 수 있다.

김정일 시대의 북한은 경제재건을 위한 중요한 정책수단으로 과학기술중시노선을 지속적으로 강조할 것으로 전망된다. 김정일 정권은 본래적 의미의 '자력갱생 원칙'과 배치되는 선진국의 첨단과학기술 도입을 정당화하기 위해 북한의 실정에 맞게 서방의 첨단과학기술을 받아들이는 것은 '21세기형 자력갱생'의 정신에 위배되는 것이 아니라는 논리를 개발하여[187] 정보산업시대의 빠른 변화추세에 적응하고자 하였다. 그러나 북한 체제의 특성상 '인민경제의 현대화, 정보화', '기술개건을 통한 생산의 정상화' 등의 과학기술정책의 구호 이면에

---

187) 변상정 "북한의 '21세기형 자력갱생' 추진전략", 국가안보전략연구소 정책보고서, 2008. (http://www.inss.re.kr/app/board/view.act?metaCode=r_nk&boardId=419e85295 35fd6d3339ea97f&pkey=5)

는 항상 김정일 정권의 체제안보를 위한 대량살상무기 등의 국방과학기술 연구개발이 우선하고 있음을 간과해서는 안 될 것이다. 북한은 "국제적으로 치열한 과학기술경쟁이 벌어지고 제국주의자들의 고도기술무기와 물질적 우세로 저들의 지배주의적 야망을 실현하려고 책동하고 있는 조건에서 과학기술을 발전시키지 않고서는 제국주의자들의 지배와 약탈을 면할 수 없고 나라와 민족의 자주권도 지켜낼 수 없다."188)는 관례화된 입장과 주장으로 김정일 체제유지에 사활이 걸린 대상들에만 자원과 인력을 집중 투입하고 있는 것이다.

---

188) 김재서, "선군원칙을 구현한 사회주의경제관리", 『경제연구』, 2004년 제1호, p.9.

과학기술법

1998년 12월 15일 최고인민회의 상설회의 결정 제14호로 채택

1999년 5월 6일 최고인민회의 상임위원회 정령 제677호로 수정보충

2004년 12월 23일 최고인민회의 상임위원회 정령 제846호로 수정보충

2005년 12 13일 최고인민회의 상임위원회 정령 제1437호로 수정보충

제1장 과학기술법의 기본

제1조(과학기술법의 사명)

조선민주주의인민공화국 과학기술법은 과학기술 발전계획과 과학기술사업의 조직, 과학기술심의와 도입, 과학기술의 인재양성과 장려, 과학기술사업조건보장에서 제도와 질서를 엄격히 세워 과학기술을 발전시키는데 이바지한다.

제2조(과학기술중시원칙)

과학기술은 사회주의강성대국 건설의 힘있는 추동력이다.

국가는 과학기술중시로선을 일관하게 견지하며 과학기술을 현실의 요구에 맞게 높은 수준으로 발전시키도록 한다.

제3조(과학기술 발전에 주체적립장구현원칙)

주체적립장을 철저히 구현하는것은 과학기술 발전에서 틀어쥐고나가야 할 기본원칙이다.

국가는 과학기술을 자체의 실정에 맞게 창조적으로 발전시키도록 한다.

제4조(핵심기초기술, 기초과학, 기술공학발전원칙)

국가는 정보기술, 나노기술, 생물공학 같은 핵심기초기술의 발전에 선차적인 힘을 넣으면서 기초과학과 중요부문 기술공학을 적극 발전시키도록 한다.

제5조(새 기술에 의한 경제의 현대화와 자연부원개발리용원칙)

국가는 최신과학기술의 성과를 받아들여 인민경제를 현대화, 정보화하며 자연부원을 개발리용하는데서 나서는 과학기술적문제를 원만히 풀어 나가도록 한다.

제6조(새 과학기술의 연구개발과 다른 나라 선진과학기술을 받아들이는 사업배합원칙)

국가는 새 과학기술을 연구개발하는 사업과 다른 나라의 선진과학기술을 받아들이는 사업을 합리적으로 배합하도록 한다.

제7조(과학기술과 경제의 결합원칙)

국가는 과학기술 발전에 의거하여 경제건설을 다그치며 과학기술과 생산을 밀착시키도록 한다.

제8조(과학자, 기술자, 대중의 열의동원)

국가는 과학기술사업에서 인적, 물적자원을 통일적으로, 집중적으로 조직동원하며 과학자, 기술자, 인민대중의 창조적지혜와 열의를 최대한 발양시키도록 한다.

제2장 과학기술 발전계획

제9조(과학기술 발전계획작성의 기본요구)

과학기술 발전계획은 과학기술을 끊임없이 높은 단계에로 발전시키기 위한 국가의 중요계획이다.

국가계획기관과 중앙과학기술행정지도기관, 해당 기관, 기업소, 단체는 과학기술 발전계획을 현실성있게 세우고 정확히 실행하여야 한다.

제10조(과학기술 발전전략작성)

중앙과학기술행정지도기관은 국가의 과학기술정책에 의거하여 과학기술 발전의 주공방향과 도달목표, 실현방도를 밝힌 과학기술 발전전략을 작성하여야 한다. 과학기술 발전전략은 내각의 비준을 받아야 한다.

제11조(과학기술 발전계획작성지도서의 시달)

중앙과학기술행정지도기관은 과학기술 발전전략에 기초하여 과학기술 발전계획작성지도서를 만든 다음 해당기관, 기업소, 단체에 내려보내야 한다. 지도서에는 과학기술 발전계획에 반영할 주요부문과 대상, 도달목표, 해결할 과학기술적내용, 투자규모, 과학기술력량 같은 것을 밝혀야 한다.

제12조(과학기술 발전계획의 분류)

과학기술 발전계획은 중요성과 자금보장원천에 따라 국가과학기술 발전계획과 기관, 기업소, 단체의 과학기술 발전계획으로 나누어 작성한다.

제13조(국가과학기술 발전계획의 작성, 심의비준)

해당 기관, 기업소, 단체는 과학기술 발전계획작성지도서에 따라 국가과학기술 발전계획초안을 작성하여 국가과학기술심의기관에 제기하여야 한다.

국가계획기관은 과학기술심의에서 통과된 국가과학기술 발전계획초안을 검토하고 비준한 다음 해당 기관, 기업소, 단체에 시달하여야 한다.

제14조(기관, 기업소, 단체 과학기술 발전계획의 작성)

기관, 기업소, 단체는 절실하게 제기되는 과학기술적문제와 보장조건을 고려하여 과학기술 발전계획을 작성하여야 한다.

과학기술 발전계획은 과학기술행정지도기관에 등록하여야 한다.

제15조(과학기술 발전계획의 실행총화)

기관, 기업소, 단체는 비준, 등록된 과학기술 발전계획을 월별, 분기별, 지표별로 실행하고 그 정형을 총화하여야 한다.

제3장 과학기술사업의 조직

제16조(과학기술사업조직의 기본요구)

과학기술사업을 바로 조직하는 것은 과학기술 발전의 필수적요구이다.

과학기술행정지도기관과 해당 기관, 기업소, 단체는 과학기술 발전계획에 맞게 과학기술사업을 조직하여야 한다.

제17조(과학연구기관의 조직)

과학연구기관은 중앙과학연구기관과 성, 중앙기관, 대학, 기업소에 둘수 있다.

과학연구기관의 조직은 해당 기구조직기관이 한다.

제18조(기초, 첨단과학기술연구기관 조직운영)

기초 및 첨단과학기술연구기관은 중앙과학연구기관과 해당 대학에 두고 과학예산으로 운영한다.

중앙과학연구기관과 해당 대학은 기초 및 첨단과학기술연구기관을 실력있는 과학자로 꾸려 그들이 첨단과학기술연구에 힘을 넣도록 하여야 한다.

제19조(응용부문 연구기관조직운영)

중앙과학연구기관과 해당 성, 중앙기관, 기업소는 응용부문 연구기관을 꾸리고 반독립채산제 또는 독립채산제로 운영하여야 한다.

과학기술과 생산의 밀접한 결합을 위하여 중앙과학연구기관 산하의 응용부문 과학연구기관을 해당 성, 중앙기관에 이중종속시킬수 있다.

제20조(설계기관의 조직운영)

설계기관은 전문화의 원칙에서 부문별로 조직한다.

설계기관은 최신기술에 기초하여 설계기지를 꾸리고 설계력량을 강화하며 콤퓨터지원에 의한 설계방법을 적극 받아들여 설계의 질과 속도를 보장하여야 한다.

제21조(기술봉사기관조직운영)

해당 기관은 기술봉사기관을 꾸려야 한다.

기술봉사기관은 과학기술정보수집과 봉사, 지적제품의 소개선전과 류통, 새 기술도입과 관련한 상담, 협조 같은것을 하여야 한다.

제22조(기업소경영관리평가기준)

해당 기관은 기업소, 단체의 경영관리평가기준을 바로 정하여야 한다.

평가기준은 기술관리와 새 기술도입에 절실한 리해관계를 가질수 있게 만들어야 한다.

제23조(기술관리강화)

과학기술행정지도기관과 해당 기관, 기업소, 단체는 기술지령 체계를 바로세우고 기술관리를 강화하여야 한다.

해당 기업소, 단체는 기술경제적지표를 개선하며 기술공정과 설비, 동력, 품질관리를 기술규정과 표준조작법의 요구대로 하여야 한다.

제24조(기술개건)

과학기술행정지도기관과 해당 기관, 기업소, 단체는 기술개건 대상을 정하고 현대적기술에 의한 기술개건을 하여야 한다.

기술개건은 이미 마련된 생산기술공정을 최대한 효과적으로 리용하면서 절실하고 실리가 큰 대상부터 하여야 한다.

제25조(기술혁신운동)

과학기술행정지도기관과 해당 기관, 기업소, 단체는 과학자, 기술자와 생산자에게 기술혁신과제를 주고 발명, 창의고안, 합리화안이 많이 나오게 하며 그에 대한 평가를 바로하여야 한다.

제26조(지적제품창조와 류통)

과학연구기관과 해당 기관, 기업소, 단체는 기술경제적효과성이 높은 지적제품을 창조하여야 한다.

해당 기관, 기업소, 단체는 지적제품의 가격을 바로 정하고 류통시켜야 한다.

제27조(과학자, 기술자돌격대활동)

중앙과학기술행정지도기관은 과학자, 기술자돌격대활동을 적극 벌려 파견된 기업소의 생산발전과 현대화에서 제기되는 과학기술적문제를 제때에 풀어야 한다.

제28조(공동연구, 협동연구)

과학기술행정지도기관과 해당 기관은 연구대상의 규모와 과학기술적내용에 따라 연구기관들사이에 계약을 맺고 공동연구과 협동연구를 조직하여야 한다.

제29조(연구중심의 조직운영)

중앙과학기술행정지도기관과 해당 기관은 중요과학기술부문에서 과학기술력량과 물질기술적수단을 집중적으로 동원리용할수 있게 여러 가지 형태의 연구중심을 조직하여야 한다.

제30조(첨단기술제품생산기지창설)

국가계획기관과 중앙과학기술행정지도기관, 해당 기관은 중요과학지구와 과학연구기관, 대학에 인재양성, 연구개발, 생산, 수출이 일체화된 첨단기술제품생산기지를 꾸려야 한다.

제31조(선진기술 도입대책)

과학기술행정지도기관과 경제지도기관, 무역기관은 특허기술 수입, 합영합작기업창설, 설비납입, 과학기술정보수집 같은 방법으로 선진기술을 적극 받아들여야 한다.

중앙과학기술행정지도기관과 해당 기관은 다른 나라에서 들여오려는 기술의 발전수준을 정확히 평가한데 기초하여 승인하거나 부결하여야 한다.

제32조(과학기술 분야의 교류와 협조)

중앙과학기술행정지도기관과 해당 기관은 과학기술 분야에서 다른 나라, 국제기구들과 교류와 협조를 발전시켜야 한다.

제33조(과학기술통계지표분석, 년보작성)

국가통계기관과 중앙과학기술행정지도기관은 과학기술활동과 발전수준을 객관

적으로, 정량적으로 평가할수 있는 과학기술통계지표를 정하고 해마다 집계분석
하여야 한다.

중앙과학기술행정지도기관은 과학기술통계자료에 따라 과학기술활동을 평가하
는 과학기술년보를 해마다 작성하여야 한다.

제4장 과학기술심의와 도입

제34조(과학기술심의, 도입의 기본요구)

과학기술의 심의와 도입은 새로 연구한 과학기술의 가치를 평가하고 그것을
생산에 받아들이는 중요한 사업이다.

과학기술행정지도기관은 해당 기관, 기업소, 단체는 새로 연구하였거나 다른
나라에서 들여온 과학기술을 정확히 심의하고 제때에 도입하여야 한다.

제35조(과학기술심의위원회, 도입위원회 조직)

과학기술의 심의는 국가과학기술심의위원회와 국가발명심의위원회, 해당 과학
기술심의도입위원회가 한다.

국가과학기술심의위원회와 국가발명심의위원회는 중앙과학기술행정지도기관에,
과학기술심의도입위원회는 해당 중앙기관과 도(직할시), 시(구역), 군인민위원회
또는 기업소에 둔다.

제36조(과학기술, 발명심의위원회, 도입위원회의 임무)

국가과학기술심의위원회는 과학기술 발전계획에 포함시킬 과제와 그 수행과정
에 이룩된 성과, 새 기술에 의하여 꾸리는 생산 기술공정과 기업소건설을 위한
기술과제, 기술수출입제안을, 국가발명심의위원회는 발명, 특허, 창의고안 같은 것
을, 과학기술심의도입위원회는 기업소, 단체의 과학기술 발전계획에 반영할 과제
와 과학기술성과, 선진기술 도입, 발명, 창의고안 같은것을 심의한다.

제37조(과학기술심의문건제기와 심의)

과학기술을 심의받으려는 기관, 기업소, 단체와 공민은 과학기술심의신청서와
과학기술문건을 국가과학기술심의위원회, 국가발명심의위원회 또는 해당 과학기

술심의도입위원회에 내야 한다.

국가과학기술심의위원회와 국가발명심의위원회, 해당 과학기술심의도입위원회는 제기된 과학기술심의신청문건을 제때에 심의하여야 한다.

제38조(통과된 과학기술의 등록)
과학기술심의에서 통과된 과학기술은 해당 과학기술행정지도기관에 등록한다. 등록되지 않은 과학기술은 도입할수 없다.

제39조(중요과학기술의 도입)
국가적의의를 가지는 과학기술은 국가계획에 맞물려 도입한다.
국가계획기관과 중앙과학기술행정지도기관은 국가적의의를 가지는 과학기술의 도입계획을 세우고 의무적으로 실행하여야 한다.

제40조(계약에 따르는 과학기술도입)
과학기술행정지도기관과 해당 기관은 연구기관과 기업소, 단체사이의 계약에 따라 등록된 과학기술을 도입하게 하여야 한다.

제5장 과학기술의 인재양성과 장려

제41조(과학기술인재양성과 장려의 기본요구)
과학기술인재를 양성하고 과학기술을 장려하는것은 과학기술 사업의 전도를 좌우하는 근본조건이다.
과학기술행정지도기관과 교육기관, 해당 기관, 기업소, 단체는 유능한 과학기술인재를 계획적으로 키우며 과학기술을 적극 장려하여야 한다.

제42조(세계적인 과학자, 기술자양성 및 양성생파견)
중앙과학기술행정지도기관과 해당 기관은 국제학계가 인정하는 과학자, 기술자를 계획적으로 키워야 한다.
필요에 따라 다른 나라의 기초 및 첨단과학기술을 비롯한 과학기술부문에 양성생을 보낼수 있다. 이 경우 양성생선발은 실력본위로 하여야 한다.

제43조(과학자, 기술자의 자질제고)

과학기술행정지도기관과 교육기관, 해당 기관, 기업소, 단체는 과학자, 기술자 재교육체계를 바로세우고 과학기술학습을 정상적으로 진행하여야 한다.

제44조(자격급수사정사업)

과학자, 기술자는 자격급수시험에 응시하여야 한다.

자격급수사정은 과학기술성과와 실력을 기본으로 하여 한다.

제45조(학위수여사업강화)

과학기술 발전에 기여할수 있는 본문을 발표하였을 경우에는 학위를 수여한다.

해당 기관은 학위론문심의에서 요구성을 높여야 한다.

제46조(원사, 후보원사의 책임성, 역할제고)

과학원 원사, 후보원사는 해당 과학기술부문의 발전을 학술적으로 주도하며 자기의 지식과 경험을 동원하고 창발적의견을 제기하여야 한다.

제47조(공로있는 과학자, 기술자에게 표창)

국가는 과학기술 발전에 특출한 기여를 하였을 경우 명예칭호를 비롯한 표창을 한다.

제48조(공로있는 과학자, 기술자에게 상금지불)

기관, 기업소, 단체는 과학기술적성과로 국가에 경제적리익을 주었을 경우 정해진 기준에 따라 상금을 주어야 한다.

제6장 과학기술사업조건보장

제49조(과학기술사업조건보장의 기본요구)

과학기술사업조건보장은 과학기술사업의 선행공정이다.

국가계획기관과 재정은행기관, 해당 기관은 과학기술부문에 대한 투자를 체계적으로 늘이며 중앙예산과 지방예산, 기업소총소득의 일정한 몫을 과학기술사업에 쓰도록 하여야 한다.

제50조(과학기술부문의 물질기술적토대강화)

국가계획기관과 자재공급기관, 해당 기관은 과학기술부문의 물질기술적 토대를 강화하고 과학연구사업에 필요한 설비, 자재를 제때에 보장하여야 한다.

제51조(실력있는 과학기술력량의 배치)

해당 기관은 실력있는 대학 및 박사원 졸업생을 과학기술부문에 우선적으로 배치하여야 한다.

제52조(최신과학연구설비의 공동리용)

중앙과학기술행정기관과 해당 기관, 기업소, 단체는 최신 과학연구설비의 리용률을 높여야 한다.

최신과학연구설비는 여러 기관, 기업소, 단체가 공동으로 리용할수 있게 하여야 한다.

제53조(다른 나라 도서구입, 과학기술정보자료보장)

해당 기관은 다른 나라의 필요한 과학기술도서와 잡지를 정상적으로 들여오며 과학기술정보자료기지와 콤퓨터정보봉사망을 현대적으로 꾸려 과학기술정보봉사의 질을 높여야 한다.

제54조(과학자, 기술자의 사회적동원면제)

로동행정기관과 지방정권기관은 과학자, 기술자에게 사회적 과제를 주거나 과학기술사업과 관련이 없는 일에 동원시키지 말아야 한다.

제55조(과학자, 기술자의 생활조건과 우대)

기관, 기업소, 단체는 과학자, 기술자들의 생활조건을 원만히 보장하며 그들을 사회적으로 적극 내세우고 우대해주어야 한다.

제7장 과학기술사업에 대한 지도통제

제56조(과학기술사업에 대한 지도통제의 기본요구)
과학기술사업에 대한 지도통제를 강화하는것은 국가의 과학기술정책을 철저히 집행하기 위한 확고한 담보이다.
국가는 과학기술사업에 대한 지도체계를 바로세우고 감독통제를 강화하도록 한다.

제57조(중앙과학기술행정지도기관의 임무)
과학기술사업에 대한 지도는 내각의 통일적인 지도밑에 중앙과학기술행정지도기관이 한다.
중앙과학기술행정지도기관은 국가의 과학기술사업을 정상적으로 장악하고 지도하여야 한다.

제58조(과학기술행정지도기관의 임무)
과학기술행정지도기관과 해당 기관은 부문과학원과 연구소, 경제기관, 기업소, 단체의 과학연구사업과 과학기술행정사업을 계획적으로 지도하여야 한다.

제59조(과학기술사업에 대한 감독통제)
과학기술사업에 대한 감독통제는 과학기술행정지도기관과 해당 감독통제기관이 한다.
과학기술행정지도기관과 해당 감독통제기관은 과학기술 발전계획의 작성과 실행, 과학기술사업의 조직, 과학기술심의와 도입, 과학기술의 인재양성과 장려, 과학기술사업조건보장정형을 엄격히 감독통제하여야 한다.

제60조(중지사유)
과학기술심의를 받지 않고 기술공정과 설비를 개조하거나 건설, 기술수출입을 하거나 기술규정, 표준조작법을 지키지 않고 제품을 생산할 경우에는 그것을 중지시킨다.

제61조(학위, 급수박탈사유)

과학연구결과를 과장하였거나 다른 공민의 저작, 발명, 특허, 창의고안을 표절 또는 침해하여 학위나 급수를 사정받았을 경우에는 박탈한다.

제62조(행정적 또는 형사적책임)

이 법을 어겨 과학기술 발전에 엄중한 결과를 일으킨 기관, 기업소, 단체의 책임있는 일군과 개별적공민에게는 정상에 따라 행정적 또는 형사적 책임을 지운다.

인민경제계획법

1999년 4월 9일 최고인민회의 법령 제2호로 채택

제1장 인민경제계획법의 기본

제1조 인민경제계획은 경제발전을 과학적으로 예견한 국가의 지령이다.조선민주주의인민공화국 인민경제계획법은 인민경제계획의 작성, 비준과 시달, 실행과 그 총화에서 제도와 질서를 엄격히 세워 인민경제를 계획적으로 발전시키는데 이바지한다.

제2조 조선민주주의인민공화국의 경제는 생산수단에 대한 사회주의적소유에 기초하고있는 계획경제이다.

국가는 자립적민족경제토대를 강화하고 인민생활을 끊임없이 높일수있도록 인민경제를 계획적으로 발전시킨다.

제3조 국가의 중앙집권적통일적지도밑에 인민경제를 관리운영하는것은 조선민주주의인민공화국의 일관한 정책이다.

국가는 인민경제를 통일적으로 장악하고 유일적인 계획에 따라 관리운영하도록 한다.

제4조 인민경제계획은 사회주의경제의 계획적관리를 실현하기 위한 기본수단이다.

국가는 현실발전의 요구에 맞게 인민경제의 높은 장성속도를 보장하면서 균형을 합리적으로 맞추도록 한다.

제5조 인민경제계획을 생산자대중과 토의하여 세우고 작성된 계획을 생산자대중자신의 것으로 만드는것은 인민경제계획사업의 중요원칙이다.

국가는 인민경제계획사업에서 군중로선을 철저히 관철하여 생산자대중의 열의와 창발성을 높이 발양시키도록 한다.

제6조 인민경제계획을 바로세우고 정확히 실행하는것은 인민경제를 계획적으로, 균형적으로 발전시키기 위한 근본조건이다.

국가는 사회주의경제법칙과 현실적조건을 옳게 타산하여 과학성, 현실성, 동원성이 보장된 인민경제계획을 세우고 계획실행규률을 강화하며 경제사업에서 실리를 내도록 한다.

제7조 인민경제계획의 일원화, 세부화는 사회주의계획사업체계이며 방법이다. 국가는 인민경제계획의 일원화, 세부화를 실현하여 계획사업의 유일성을 보장하고 계획을 세부적으로 맞물리도록 한다.

제8조 국가는 계획기관의 물질기술적 토대를 튼튼히 꾸려 인민경제계획사업을 현대화, 과학화하도록 한다.

제9조 국가는 인민경제계획일군양성체계를 바로세우고 능력있는 계획일군을 체계적으로 키우도록 한다.

제2장 인민경제계획의 작성

제10조 인민경제계획의 작성은 경제사업의 첫공정이다. 국가계획기관과 기관, 기업소, 단체는 인민경제계획작성을 위한 조직계획서를 만들고 그에 따라 계획작성사업을 조직하여야 한다.

제11조 국가의 정책은 인민경제계획작성의 기준이다. 국가계획기관과 기관, 기업소, 단체는 국가의 정책에 근거하여 인민경제계획을 작성하여야 한다.

제12조 국가계획기관과 기관, 기업소, 단체는 인민경제계획작성에 필요한 로력과 설비, 자재, 자금의 리용기준, 경영실태, 통계, 과학기술 및 경제 발전추세, 자연부원상태, 인구수 같은 기초자료를 준비하여야한다. 기초자료를 준비하지 않고는 인민경제계획을 작성할수 없다.

제13조 국가계획기관은 인민경제계획지표를 기관, 기업소, 단체에 분담하여야 한다. 인민경제계획지표의 분담은 국가적요구와 기관, 기업소, 단체의 창발성을 옳게 결합시키는 원칙에서 하여야 한다.

제14조 인민경제계획은 전망계획과 현행계획으로 나누어 작성한다. 현행계획은 전망계획에 기초하여 작성한다.

제15조 국가계획기관과 기관, 기업소, 단체는 인민경제발전방향에 따라 생산적 고정재산의 갱신과 확대, 자연부원의 개발, 과학기술 발전같은 경제발전에 주는

요인을 타산하여 인민경제전망계획을 세워야한다.

제16조 인민경제현행계획의 작성은 예비수자를 묶는것으로부터 시작한다.기관, 기업소, 단체는 생산장성의 가능성을 타산하여 예비수자를 묶어야 한다.예비수자는 상급기관과 국가계획기관에 내야 한다.

제17조 국가계획기관은 예비수자를 검토하고 인민경제발전방향에 따라 통제수자를 묶어 해당 기관의 비준을 받아야 한다.

비준 받은 통제수자는 기관, 기업소, 단체에 내려보내야 한다.

제18조 기관, ˙기업소, 단체는 통제수자를 보장하는 원칙에서 군중토의를 진행하고 인민경제계획초안을 만들어 상급기관과 국가계획기관에 내야 한다.국가계획기관은 제기된 인민경제계획초안을 정확히 검토하고 국가의 인민경제계획초안을 만들어 내각에 제기하여야 한다.

제19조 인민경제계획은 국가계획기관에 등록된 지표에 따라 세운다.새로운 지표를 계획하려는 기관, 기업소, 단체는 그것을 국가계획기관에 등록하여야 한다.

제20조 로력, 설비, 자재, 자금을 맞물리지 못하였거나 과학기술심의를 받지 않은 지표, 비준된 설계문건이 없는 지표는 인민경제계획에 반영할수 없다.

제3장 인민경제계획의 비준과 시달

제21조 인민경제계획의 비준과 시달은 작성된 인민경제계획을 심의, 승인하고 집행할 단위에 내려보내는 중요한 사업이다.

내각과 국가계획기관, 지방정권기관은 인민경제계획을 제때에 심의, 승인받아 집행할 단위에 내려보내야 한다.

제22조 내각과 지방정권기관은 작성된 인민경제계획을 최고인민회의 또는 지방인민회의 심의에 제기하여야 한다. 이 경우 내각과 해당 인민위원회에서 토의하여야 한다.

제23조 국가의 인민경제계획은 최고인민회의에서 심의하고 승인한다.불가피한 사정으로 최고인민회의 휴회기간에 제기되는 국가의 인민경제계획과 그 조절안은 최고인민회의 상임위원회에서 심의하고 승인한다.

지방의 인민경제계획은 해당 인민회의에서 심의하고 승인한다.

제24조 내각과 국가계획기관, 지방정권기관은 비준된 인민경제계획을 시기별, 지표별로 구체화하여 10월말까지 기관, 기업소, 단체에 내려보내야 한다.기관, 기업소, 단체는 시달받은 인민경제계획을 세부에 이르기까지 구체화하여야 한다.

제25조 기관, 기업소, 단체는 인민경제계획을 제때에 해당 기관에 등록하여야 한다.인민경제계획을 등록하지 않고는 로력과 설비, 자재, 자금을 받을수 없다.

제26조 국가계획기관과 기관, 기업소, 단체는 인민경제계획대조사업을 하여야 한다. 이 경우 인민경제계획의 시달정형을 료해하며 예비를 동원하기 위한 조치를 취하여야 한다.

제4장 인민경제계획의 실행

제27조 인민경제계획을 정확히 실행하는것은 기관, 기업소, 단체에 있어서 의무적이다.

기관, 기업소, 단체는 생산을 정상화하여 인민경제계획을 일별, 월별, 분기별, 지표별로 어김없이 실행하여야 한다.

제28조 인민경제계획실행의 직접적담당자는 생산자대중이다.

기관, 기업소, 단체는 생산자들에게 인민경제계획과 그 실행방도를 제때에 알려주어야 한다.

제29조 기관, 기업소, 단체는 인민경제계획에 기초하여 계약을 정확히 맺어야 한다.계약은 어김없이 리행하여야 한다.

제30조 해당 기관은 분기마다 인민경제계획을 월별로 분할하여 기업소, 단체에 내려보내야 한다.월별분할은 분기인민경제계획범위안에서 하여야 한다.

제31조 기관, 기업소, 단체는 인민경제계획실행준비를 하여야 한다.계획실행준비를 하지 않고는 생산과 건설을 할수 없다.

제32조 기관, 기업소, 단체는 수출계획에 예견된 제품을 먼저 생산하여야 한다.협동생산계획에 예견된 제품은 월상순안으로 생산보장하여야 한다.

제33조 로동행정기관과 자재공급기관, 재정은행기관은 인민경제계획실행에 필

요한 로력, 설비, 자재, 자금을 제때에 보장하여야 한다. 설비, 자재는 계획과 계약에 따라 품종별, 규격별, 재질별로 공급하여야 한다.

제34조 기관, 기업소, 단체는 내부예비를 적극 찾아내여 인민경제계획실행에 합리적으로 리용하여야 한다. 해당 기관은 기관, 기업소, 단체의 여유로력과 설비, 자재, 자금을 제때에 동원, 조절하여야 한다.

제35조 내각과 해당 기관은 생산지휘체계를 바로세우고 인민경제계획실행정형을 정상적으로 장악하며 그 실행대책을 제때에 취하여야한다. 기관, 기업소, 단체는 인민경제계획실행정형을 매일 상급기관과 국가계획기관에 보고하여야 한다.

제36조 인민경제계획에 없는 제품생산과 건설은 할수 없다.

불가피한 사정으로 인민경제계획을 변경시켜 실행하려는 기관, 기업소, 단체는 그 것을 비준한 기관의 승인을 받아야 한다.

제5장 인민경제계획의 실행총화

제37조 인민경제계획실행총화를 바로하는것은 계획규률을 강화하고인민경제계획을 정확히 실행하기 위한 중요방도이다.

기관, 기업소, 단체는 인민경제계획실행정형을 정상적으로 장악하고 총화하여야 한다.

제38조 인민경제계획실행정형은 월별, 분기별, 상반년, 년간으로 총화한다. 기업소와 단체는 인민경제계획실행정형을 순별로도 총화하여야 한다.

제39조 기관, 기업소, 단체는 인민경제계획실행정형을 예비적으로 총화하고 필요한 대책을 세우며 계획기간이 끝나는 차제로 인민경제계획실행에 대한 완전총화를 하여야 한다.

이 경우 생산계획실행에 중심을 두고 련관된 지표들의 계획실행정형도 총화하여야 한다.

제40조 인민경제계획실행 평가기준은 통계기관에 등록된 계획이다. 통계기관은 등록된 계획과 장악된 계획실행실적으로 인민경제계획실행정형을 평가하여야 한다.

제41조 기관, 기업소, 단체는 종업원들에게 인민경제계획실행정형을 정기적으

로 알려주어야 한다.

인민경제계획실행정형은 공시할수 있다.

제6장 인민경제계획사업에 대한 지도통제

제42조 인민경제계획사업에 대한 지도통제를 강화하는것은 국가의 인민경제계획정책을 철저히 관철하기 위한 기본담보이다.

국가는 인민경제계획사업에 대한 지도체계를 바로 세우고 지도통제를 강화하도록 한다.

제43조 인민경제계획사업에 대한 지도는 내각의 통일적인 지도밑에 국가계획기관이 한다.

국가계획기관은 인민경제계획의 일원화, 세부화를 실현하며 인민경제계획을 바로 세우고 어김없이 실행하도록 지도하여야 한다.

제44조 국가계획기관은 현실발전의 요구에 맞게 인민경제계획작성방법을 개선하고 그에 기초하여 계획사업을 하도록 지도하여야 한다.

제45조 인민경제계획사업에 대한 감독통제는 국가계획기관과 해당감독통제기관이 한다.

국가계획기관과 해당 감독통제기관은 인민경제계획의 작성과 시달, 실행과 그 총화 정형을 정상적으로 감독통제하여야 한다.

제46조 인민경제계획에 맞물린 로력, 설비, 자재, 자금으로 계획에없는 제품을 생산하거나 건설을 할 경우에는 그것을 중지시키며 인민경제계획실행실적으로 평가하지 않는다.

제47조 로력과 설비, 자재, 자금을 류용, 랑비하였을 경우에는 해당한 손해를 보상시킨다.

제48조 이 법을 어겨 인민경제계획사업에 엄중한 결과를 일으킨기관, 기업소, 단체의 책임있는 일군과 개별적공민에게는 정상에 따라 행정적 또는 형사적 책임을 지운다.

자립적민족경제건설로선을 끝까지 견지하자

〈로동신문〉, 〈근로자〉 공동논설

1998년 9월 17일

오늘 아시아를 비롯한 세계 여러 지역에서 경제위기가 더욱 심화되고 있다. 경제적혼란이 혹심해 지는속에서 제국주의의 지배와 예속을 배격하고 경제적자립을 요구하는 인민들의 목소리가 높아 지고 있다. 이것은 우리 당의 자립적민족경제건설로선의 정당성에 대한 뚜렷한 확증으로 된다.

자립의 길은 위대한 수령 김일성동지께서 개척하시고 우리 당이 굳건히 이어나가는 승리와 번영의 길이다. 우리는 자기 당의 혁명로선에 대한 커다란 긍지와 자부심을 가지고 앞으로도 변함없이 자립의 한길로 나갈것이다.

자립만이 살길이다

자립경제냐 대외의존경제냐 하는것은 어제 오늘에 비로소 제기된 문제가 아니다.세계적판도에서 이 문제는 벌써 오래전부터 중요한 론의대상으로 되여 왔다.

자립과 의존, 이것은 해당 나라와 지역경제의 전도를 좌우하는 두갈래의 길이다. 이 갈림길에서 어느것을 선택하는가에 따라 경제건설의 목적과 방향, 경제 구조와 위력에서 근본적인 차이를 가져 오게 된다. 하기에 새 사회 건설의 길에 들어선 나라들치고 이 문제에 관심을 돌리지 않은 나라가 없었다. 어떤 사람들은 시간만이 자립이냐 의존이냐 하는 력사의 물음에 대답할수 있다고 하였다. 이제는 그때가 되고도 남음이 있다.

현실은 엄격한 심판관이다. 오늘 세계무대에서는 한때 번성한것처럼 보이던 외세의존경제가 하루아침에 거덜이 나는 사태가 련이어 빚어지고 있다. 그 쓴맛을 누구보다도 톡톡히 보고 있는것이 남조선경제이다. 남조선에서는 지금 수많은 기업들이 련이어 파산되고 생산이 급격히 감퇴되고 있으며 실업자대렬이 홍수처럼 쏟아 져 나오고 있다. 남조선경제는 결국 남의것으로 <성장>을 분칠한 <거품경제>에 지나지 않았다.

거품은 깨여 지기 마련이다. 제것이란 없고 전적으로 남의 자본에 의하여 운영되는 속이 텅빈 경제가 오래 갈수는 없다. 이런 경제는 자그마한 충격에도 엄청난 타격을 받고 경제전반이 단숨에 쓰러지게 된다. 이것이 <식민지거품경제>의 피치 못할 운명이다.

허울은 벗겨 졌다. 외세의존은 망국의 길이라는것이 말과 리론으로써가 아니라 엄연한 사실로써 립증되고 있는것이다.

우리 인민은 처음부터 자립의 길을 선택하고 시종일관 자력갱생의 기치밑에 살아온 긍지 높은 인민이다.

지금까지 자립로선을 표방한 신생독립국가들은 적지 않다. 그가운데는 자립의 길에서 곡절을 겪은 나라도 있고 제국주의도전을 이기지 못하여 끝내 외세의존으로 방향전환한 나라도 있다.

세상에는 우리 인민과 같이 그처럼 일관성 있게, 그처럼 철저하게, 그처럼 간고하게 자립의 길을 걸어 온 인민은 없을 것이다. 이 길에서 우리가 당한 외세의 압력과 간섭, 허리띠를 졸라 매면서 겪은 난관은 몇백권의 책에도 다 담을수 없다.

준엄한 시련의 언덕을 넘어온 인민만이 력사의 진리를 누구보다도 당당하게, 긍지높이 말할수 있다. 우리가 헤쳐 온 자립의 길이 백번 정당하다는 우리 인민의 신념의 목소리는 천만근의 무게를 가지고 울리고 있다.

자립의 길은 나라와 민족의 자주권을 굳건히 고수해 나가는 길이다.

위대한 령도자 김정일동지께서는 다음과 같이 지적하시였다.

<경제적으로 자립해야 나라의 독립을 공고히 하고 자주적으로 살아 나갈수 있으며 사상에서의 주체, 정치에서의 자주, 국방에서의 자위를 확고히 보장하고 인민들에게 넉넉한 물질문화생활을 마련하여 줄수 있습니다.>

경제적자립은 정치적독립의 물질적기초이다. 자립경제라는 튼튼한 기둥에 안받침 되지 않는 정치적자주권은 빈말에 지나지 않는다.

세상에는 민족적부흥을 지향하지 않는 나라와 민족이 없다. 그러나 민족의 부흥을 위하여 노예적굴종을 감수하여야 한다면 그것은 진정한 번영으로 될수 없는것이다. 민족의 생명은 자주성에 있다. 나라를 사랑하는 사람이라면 민족적존엄을 팔면서까지 잘 살아 보려는 경향을 절대로 허용하지 말아야 한다. 그 어떤 경우에도 침해당하지 말아야 하는것이 민족의 자주권이며 그것을 위하여 필요한것이 경제적자립이다.

오늘 우리 나라가 정치분야에서 자주권을 철저히 견지하고 있다는것은 세상이 공인하는 사실이다. 경제적으로 남에게 매여 있지 않고 있으니 우리는 그 누구에게도 하고 싶은 말을 떳떳이 할수 있는 것이다. 제재를 가하겠으면 가하고 봉쇄를 하겠으면 하라, 우리는 절대로 남의 노예로 되지 않는다는것이 자립의 힘으로 살아 가는 우리 인민의 배짱이다. 원쑤들의 반혁명적공세가 집중되고 있는속에서도 우리 나라가 사회주의의 보루로 그 필승불패의 위력을 온 누리에 과시하고 있는것은 자주정치가 자립경제에 의하여 안받침 되고 있는데 중요한 비결이 있다.

자립로선이 확고한 정치적자주성을 가져다 준다면 대외의존로선은 필연적으로 정치적예속을 산생시킨다. 빚진 종이라고 제할 말도 못하고 남에게 빌붙어 살아야 하는것이 식민지채무노예의 처지이다. <국제통화기금>의 신탁통치하에 들어간 남조선에서는 지금 예산작성과 증권시장의 운영, 로임수준과 실업률조정 등 모든 경제활동이 <기금>의 감독과 통제 밑에서 진행되고 있다. 경제체제와 그 운영방법도, 사소한 자금류통도 현지경제 <총독>이 조정하는 남조선에서는 자주정치의 그림자마저 찾아 볼수 없다. <정관>은 있어도 국권이 없는것이 오늘의 남조선이다.매국이 다른것이 아니다. 남에게 구걸질하면서 사회를 이런 자주권의 불모지로 전변시킨것이야말로 최대의 매국이고 배족이다. 그 죄행은 무엇으로써도 씻을 수 없다.

민족의 자주권은 그 누가 선사해 주는것도 아니고 하늘에서 떨어 지는것도 아니다. 우리는 자주로 빛나는 사회주의조국의 존엄을 끝없이 빛내이기 위하여 자립의 길을 따라 억세게 전진해 나갈것이다.

자립의 길은 민족경제를 활성화해 나가는 길, 참다운 번영의 길이다.

자립적민족경제는 자기 나라의 자원과 기술, 자기 인민의 힘에 의거하여 제 발로 걸어 나가는 경제이다. 이것은 자립적민족경제가 자체의 잠재력과 온갖 가능성을 남김없이 동원하여 생산과 건설을 최대한으로 다그쳐 나갈수 있는 우월한 경제라는것을 말하여 준다. 경제를 활성화하는 참다운 길은 자립의 길 이외에 있을수 없다.

제 힘에 의거하지 않고 외자를 마구 끌어 들이는 방법으로 경제를 추켜세운다는것은 어리석은 망상이다. 외자는 말그대로 최대한의 리윤을 짜내기 위하여 투하되는 외국자본이다. 세상에 민족경제발전에 이바지하는 외자란 있어본적도 없었고 또 있을수도 없다. 외자는 아편과 같은 것이다. 누구나 외자를 한번 구걸하게 되면 더욱더 외자에 의존하게 되고 마지막에는 엄청난 빚더미우에 올라 앉게 된다. 그것은 자기스스로 함정에 들어가는 자살행위나 다름이 없다.

민족경제의 부흥을 바란다면 마땅히 외국자본이 없이는 살수 없는것처럼 생각하는 대외의존사상을 철저히 배격하여야 한다.

지금 남조선경제는 이와는 정반대의 길로 나가고 있다. 원래 남조선경제는 외자로 연명해 온 외자의존경제, 채무경제이다. 무분별한 외자도입으로 해마다 남조선이 갚아야 할 리자만 하여도 1천억딸라에 이르고 있다. 더욱 놀라운것은 남조선통치배들이 완전파산의 문어귀에 서 있는 경제를 <구원>한다는 미명하에 더 많은 외자를 끌어 들이려고 하는 것이다. 외자로 망한 경제를 외자도입으로 살려낸다는것은 말도 되지 않는 망국의 론리이다.

우리의 사회주의건설과정은 오직 우리 식대로 제 힘으로 경제를 발전시켜 온 로정이였다. 지난 전후복구건설시기에 형편은 지금보다 더 어려웠지만 우리는 외자도입이란 말조차 모르고 살아 왔다. 이전 동유럽사회주의나라들이 자본주의시장경제에 현혹되여 침을 흘릴 때도 우리는 외자에 기대를 거는 일이 없었다. 오직 제 힘으로 출로를 개척하여 왔기에 우리 인민은 어떤 세계적인 경제파동에도 끄떡하지 않고 경제건설을 힘차게 다그칠수 있었다.

자립의 기치를 틀어 쥐고 우리 인민은 남들이 옹근 한세기 지어 수세기에 걸쳐서 한 공업화의 과업을 불과 14년이라는 짧은 기간에 수행하였고 세기적으로 뒤떨어졌던 이 땅우에 자주, 자립, 자위의 사회주의강국을 일떠세웠다.

우리가 걸어 온 길이 옳은 길이였다. 설사 <고난의 행군>을 열백번 겪는다 해도 외세에 경제의 명줄을 거는 일이 절대로 없어야 한다는 우리 인민의 신념은 확고부동하다.

자립의 길은 민족의 후손만대의 행복을 위한 길이다.

경제건설은 나라의 만년대계를 위한 사업이다. 민족의 번영을 이룩하자면 적어도 몇세대 앞을 내다보면서 경제를 건설하여야 한다. 이러한 관점에 선다면 누구나 자립의 길을 선택하기 마련이다. 민족의 장래운명을 걸고 진행하는 거창한 사업을 남의 힘을 믿고 할수는 없는 것이다. 자립적민족경제야말로 오늘의 세대가 후대들에게 물려 줄수 있는 가장 귀중한 밑천으로 된다.

우리 당과 인민은 언제나 오늘을 위한 오늘이 아니라 래일을 위한 오늘에 사는 관점에서 경제건설을 다그쳐 왔다. 우리가 전후에 기계에서 밥이 나오는가고 한 반당종파분자들의 도전을 짓부시고 자립적인 중공업을 창설한것도, 오늘 최후승리를 위한 강행군을 다그치고 있는것도 후대들에게 더 훌륭한 경제토대를 물려주기 위해서이다. 우리의 후대들은 미래를 위하여 간고한 자립의 길을 걸어온 오늘의 세대의 덕을 보게 될것이다.

자립적민족경제가 미래를 위한 경제라면 예속경제는 하루살이경제이다. 지금 경제가 막다른 골목에 들어선 남조선에서는 괴뢰통치배들과 매판재벌들이 한짝이 되여 <한국팔기운동>이라는 운동아닌 운동을 벌리고 있다. 앞날이야 어떻게 되든지 기업이고 땅이고 돈이 될만한 모든것을 외국독점자본에 팔아 먹자는것이 <한국팔기운동>이다. 남조선에서는 그래도 먹을 알이 있다는 <노란자위>재산들이 본래의 값의 10분의 1도 안되는 헐값으로 팔리고 있다. 사람들이 남조선경제의 이 실상을 두고 오늘은 있어도 래일이 없는 경제, 쇠퇴몰락하는 경제라고 말하고 있는것은 우연하지 않다.

오늘 북과 남에 펼쳐 져 있는 판이한 현실은 우리 인민의 심장속에 자립만이 살길이라는 진리를 더욱 깊이 새겨주고 있다. 자립의 기치는 민족자주의 기치, 민족번영의 기치, 영원한 행복의 기치이다. 우리 인민은 그 어떤 천지풍파가 닥쳐와도 이 기치를 끝까지 수호해 나갈것이다.

자립적민족경제의 우월성을 높이 발양시키자

제국주의자들과 반동들은 력사적으로 우리의 자립적민족경제에 대하여 <폐쇄주의>이니 <비효률적인 경제>이니 하는 터무니없는 딱지를 붙이면서 비난하여 왔다. 그들은 최근년간에 우리의 경제형편이 어렵게 되자 그것이 마치 우리 경제의 결함에서 나온것처럼 더욱 열을 올리며 떠들고 있다. 이것은 진실을 외곡하고 우리의 신념을 흔들어 보려는 기만선전에 지나지 않는다.

사회주의자립적민족경제의 우월성은 지난 날에나 오늘에나 절대적인 것이다. 우리 경제의 자립성에 문제가 있어서 경제적곤난을 겪는것이 아니라 반대로 자립성이 강하기때문에 우리가 오늘과 같은 시련을 이겨 낼수 있는 것이다. 이것이 제정신을 가지고 현실을 볼줄 아는 사람들의 옳은 견해이다. 본말이 전도되여서는 안된다. 우리의 자립적민족경제에 대하여 이러쿵저러쿵 하는 소리는 일고의 가치도 없다.

우리는 추호의 흔들림도 없이 사회주의자립적민족경제의 우월성을 발양시키는데 모든 힘을 기울여야 한다.

자체의 경제토대에 철저히 의거하는 확고한 관점을 세워야 한다.

위대한 령도자 김정일동지께서는 다음과 같이 지적하시였다.

<혁명과 건설의 다른 모든 사업에서와 마찬가지로 경제건설에서도 자기 힘을 믿고 그에 의거하여야 합니다.>

자립에 대한 신념은 자기것에 대한 믿음에서 나온다. 자기를 알면 강자가 되고 자기를 모르면 노예가 된다는 말은 경제건설에 그대로 적용되는 좌우명이다.

당과 수령의 현명한 령도밑에 우리 인민이 악전고투하여 건설해 놓은 경제토대는 매우 위력하다. 지금 우리 나라의 중요한 지역들에는 대규모의 탄광과 광산, 발전소들, 최신기술로 장비된 금속공장들과 기계공장, 화학공장, 경공업공장들이 그쯘히 갖추어 져 있다. 전국의 모든 시, 군들에 지방의 원료원천에 의거하는 수많은 중소규모의 지방산업공장들이 있다.

튼튼한 자립적민족경제의 토대가 있기에 우리는 이번에 첫 인공지구위성을 발사하는 커다란 성과를 이룩하였다. 우리 나라가 위성보유국대렬에 당당하게 들어선데 대하여 세계가 경탄을 금치 못하고 있다. 이것은 <연길폭탄>으로부터 시작된 우리의 자력갱생의 빛나는 결실이며 그 누구도 부인할수 없는 자립적민족경제의 위력에 대한 과시로 된다.

비록 시련을 겪고 있기는 하지만 우리 경제토대는 그대로 살아 있고 더욱더 강화되여 가고 있다. 이 엄연한 현실을 보지 못하면 패배주의가 나오게 되고 남에 대한 환상이 자라나게 된다. 문제는 우리의 경제적밑천을 보는 관점에 있다.

우리의 경제적위력에 대하여 심장으로 공감하고 죽으나 사나 거기에 의거하려는 결심이 확고한 사람만이 무에서 유를 창조하는 기적을 이룩할수 있다. 자강도를 비롯한 각지 당원들과 근로자들이 내부예비를 최대한으로 동원하여 수많은 중소형발전소들을 일떠세우고 전력문제를 해결하고 있는 사실이 이것을 확증하여 주고 있다.

우리 경제를 추켜세우는데서 특별한 <묘술>이 있는것이 아니다. 비결은 우리 심장속에 있고 밑천도 우리 손에 쥐여 져 있다. 자체의 경제토대에 의거하는 굳센 각오와 결심을 가지고 전 사회적으로 이미 마련된 경제적잠재력을 최대한으로 동원리용하는것, 이것이 우리 당이 제시한 자력갱생의 방략이다.

우리 식 경제구조를 살리기 위한 투쟁을 계속 강화하여야 한다.

우리 식 경제구조는 자체의 강력한 중공업을 핵심으로 하고 모든 경제부문이 조화롭게 갖추어 진 자립적인 경제구조이다. 그것은 기형적인 대외의존, 수출주도형 경제구조에 비할바없이 우월하다. 우리는 이에 대하여 응당한 긍지를 가질수 있다. 우리가 주체의 사회주의위업을 굳건히 보위할수 있는 강력한 자위적인 국방력을 가지게 된것도 우리 식 경제구조를 떠나서 생각할수 없다.

우리 식 경제구조야말로 자주, 자립의 리념의 결정체이며 우리 자신이 피땀으로 이룩한 고귀한 전취물이다. 우리는 우리의 특수한 경제구조를 허무는것을 추호도 용납할수 없다.

인민생활을 높인다고 하면서 중공업을 소홀히 하거나 외화가 있어야 경제문제를 풀수 있다고 하면서 대외무역에만 치중하는것은 옳은 해결방도로 될수 없다. 물론 현실발전의 요구에 맞게 경공업도 발전시키고 대외무역도 확대해 나가야 한다. 그러나 이 모든 사업은 자립적인 중공업을 발전시키는 기초우에서만 가능하다. 오늘 우리 당이 석탄공업, 전력공업, 금속공업, 철도운수를 비롯한 인민경제의 기간적인 부문에 더 큰 힘을 넣도록 하고 있는 리유가 바로 여기에 있다.

우리는 앞으로도 중공업을 우선적으로 발전시키면서 경공업과 농업을 동시에 발전시킬데 대한 사회주의경제건설의 기본로선을 튼튼히 틀어 쥐고 나감으로써 우리 식 경제구조의 위력을 끊임없이 강화해 나갈것이다.

경제사업에서 실제적인 리익이 나게 하여야 한다.

원래 자립적민족경제는 가장 효률적인 경제이다. 자체의 자원과 자금을 효과적으로 동원리용하여 나라와 인민의 수요를 실제적으로 충족시킨다는데 자립적민족경제의 커다란 우월성이 있다. 실리를 중시하는 사업태도는 우리 경제의 이러한 본성에 기초하고 있는것이다.

전반적인 경제발전에 실지로 이바지하는 문제에 힘을 집중하는것이 중요하다. 우리가 경제건설을 다그치는것은 결코 그 누구에게 잘 보이기 위해서가 아니다. 경제사업에서는 허세가 있을수 없다. 우리는 언제나 자기 단위의 리익이 아니라 국가의 전반적인 리익이 실현되도록 하는데 깊은 주의를 돌려야 한다. 하나의 제품을 만들어도 실제적인 은이 날수 있게 질적으로 만들고 한건의 기술혁신을 하고 하나의 공장을 건설하여도 국가적견지에서 경제적효과성을 옳게 타산할줄 아는 사람이 진정으로 우리 경제의 부흥에 이바지하는 사람이다.

변화된 환경과 조건에 맞게 경제사업을 신축성 있게 조직전개하는것도 실제적인 리익을 실현하는 방도이다. 경제사업은 주관과 욕망만으로는 할수 없다. 좁쌀만 있으면 조밥을 먹어야지 오곡밥을 요구한다고 하여 그것이 실현되는것이 아니다. 우리는 지난날의 기준에 구애됨이 없이 나라의 경제형편이 어려운 오늘의 조건에 맞게 사업을 효률적으로 전개해 나가야 한다. 경제사업에서 기본알맹이를 놓치지 말아야 한다. 현실적조건을 옳게 타산하고 중심고리에 력량을 집중하며 개미가 뼈다귀를 뜯어 먹는 전술로 전반적인 경제를 하나씩 하나씩 추켜세우는것이 우리 경제를 하루빨리 활성화해 나가는 길이다.

자립적민족경제의 우월성을 발양시키기 위한 우리 당의 전략은 명백하다. 진로는 밝혀 져 있고 룡마는 마련되어 있다. 화를 복으로 전환시키는 우리 당의 비범한 지략과 세련된 령도에 의하여 우리의 자립적민족경제는 더욱 실속 있고 생활력 있는 경제로 강화발전될것이다.

제국주의의 세계경제<일체화>책동을 철저히 배격하자

현 시기 우리 당의 자립적민족경제건설로선을 견지하는데서 가장 중요한 문제의 하나는 제국주의자들의 악랄한 세계경제의 <일체화>책동에 강경하게 맞서는 것이다.

위대한 령도자 김정일동지께서는 다음과 같이 지적하시였다.

<모든 나라와 민족들은 세계의 (일체화)흐름이라는 간판을 걸고 감행되는 제국주의자들의 민족말살정책의 위험성을 똑똑히 보아야 하며 제국주의자들의 지배주의적책동을 분쇄하기 위한 투쟁을 강화하여야 한다.>

다른 나라 경제를 지배하고 략탈하기 위한 제국주의자들의 야망은 언제나 반동적인 궤변과 리론들로 은폐되여 있다.

지금 제국주의자들은 세계경제가 하나로 통합되여 <세계화>되여 가고 있는것이 추세라고 하면서 매개 나라가 잘먹고 잘살자면 <일체화>흐름에 뛰여 들어야 한다고 력설하고 있다. 미국의 고위계층들이 뻔질나게 발전도상나라들을 다니면서 류포시키고 있는것도 이 <일체화>에 관한 궤변이며 세계 여러 지역에 자유무역지대를 창설하기 위하여 동분서주하고 있는것도 모든 나라들의 경제를 <일체화>된 경제체계에 끌어 들이기 위해서이다. 부르죠아언론매체들도 경제의 <세계화>가 실현되고 있는것처럼 여론을 오도하고 있다. 우리는 제국주의자들의 이 요란한 <일체화>의 대합창속에 얼마나 음흉한 지배주의적기도가 숨어 있는가를 놓치지 말아야 한다.

제국주의의 세계경제<일체화>책동의 본질은 모든 나라의 경제를 <서방화>, <미국화>하여 세계경제를 통채로 저들의 지배권안에 넣는데 있다.

매개 민족들이 각기 자기 살림살이를 가지고 독자적이며 개성적인 발전을 이룩해 나가는것은 누구도 침해할수 없는 그들의 권리이다. 세계의 수많은 나라들은 지금 자기의 민족경제를 보호하고 육성하기 위하여 적극적인 조치들을 취하고 있다. 제국주의자들은 이러한 민족적인 장벽을 모조리 제거하고 모든 나라와 지역의 경제를 저들의 서방식자유경제체계의 부속물로 만들려 하고 있는 것이다. 이것이 바로 제국주의자들의 세계경제의 <일체화>책동이다.

제국주의자들이 떠드는 세계경제<일체화>의 구호는 리치에도 맞지 않는 궤변에 기초하고 있다. 그들은 세계경제구조가 이제는 본부적기능을 수행하는 <두뇌국가>와 그들의 요구에 따라 상품을 생산하는 <몸체국가>로 이루어 졌으며 따라서 세계경제가 발전하자면 <두뇌국가>의 최첨단기술과 금융력이 임의의 나라와 지역들에 아무런 제한없이 침투되여야 한다고 췌치고 있다. 그들이 만들려는 <일

체화>된 세계란 결국 일부 제국주의나라들이 주인행세를 하고 다른 나라들은 몸종노릇을 하는 세계이다. 이 얼마나 지배주의적야욕으로 일관된 터무니없는 강도의 리론인가.

제국주의자들의 세계경제의 <일체화>책동이야말로 매개 나라의 민족경제를 무자비하게 말살하기 위한 악랄한 반동공세이다. 자립의 기치를 높이 든 우리가 이 <일체화>의 흐름을 가장 경계하고 있는 리유가 바로 여기에 있다.

제국주의자들의 세계경제<일체화>책동의 악랄성과 파국적후과는 오늘 아시아 여러 지역의 금융위기에서 여지없이 드러나고 있다.

세계의 공정한 여론이 한결같이 주장하고 있는것처럼 아시아금융위기는 광활한 아세아시장을 완전히 거머쥐기 위하여 미제가 계획적으로 조작한 모략극이다. 미제는 지난해 금융투기의 방법으로 동남아시아나라들의 금융계를 일대 혼란에 빠뜨리고 그 기회에 막대한 리득을 얻었다. 그리고 <구제금>을 주는 대가로 경제장성속도의 제한, 수입규제완화, 시장개방 등을 강요하고 저들의 요구에 맞게 경제구조를 개편하게 한 것이다. 수억의 인민들에게 헤아릴수 없는 재난과 불행을 들씌워 놓고도 일석이조, 일석삼조의 횡재를 하고 있는 미제의 교활성은 그 무엇에도 비길수 없다.

현실은 제국주의의 <세계화>책동의 마수가 뻗치는데서는 례외없이 민족경제의 토대가 약화되고 그 자주적성격이 거세된다는것을 보여 주고 있다.

우리는 제국주의자들의 흉악한 속심을 옳게 꿰뚫어 보고 경제의 <세계화>책동에 자립적민족경제건설로선으로 맞서 나가야 한다.

제국주의에 대한 환상과 공포를 조금도 가지지 말아야 한다.

침략과 략탈은 제국주의의 생리이다. 국제정세가 아무리 변하여도 제국주의의 지배주의적야망은 절대로 변할수 없다.

그런데도 제국주의의 어용나팔수들과 혁명의 배신자들은 <세계화>시기에 와서 제국주의의 본성이 달라 진것처럼 선전하고 있다. 그들은 이제는 과학기술경쟁이 국제무대의 기본주류를 이루고 있기때문에 지난 시기처럼 제국주의렬강들이 더 많은 땅과 시장을 차지하기 위한 쟁탈전을 할 필요가 없게 되였다고 하고 있다. 이것은 승냥이가 양으로 되였다는것만치나 희떠운 궤변이다. 제국주의자들의 이러한 감언리설에 속아 넘어 가 그들에게 그 무엇을 기대하는것보다 어리석고 위험한것은 없다. 아시아를 비롯하여 세계 여러 지역과 나라들에서 심각한 경제위기를 겪게 된것도 제국주의자들의 <투자>와 <원조>가 하나를 주고 열, 백을 빼앗아 가기 위한 예속과 략탈의 올가미이라는것을 가려 보지 못한데 있다.

우리는 제국주의에 대하여 환상을 가졌던 나라와 민족들이 당하고 있는 비참한 처지를 잊지 말고 언제나 확고한 반제적립장을 견지해야 한다.

제국주의에 대한 공포는 제국주의에 대한 환상의 다른 표현이다. 자립하는 인민들은 제국주의의 압살책동에 절대로 겁을 먹지 말아야 한다. 제국주의자들은 수십년동안 우리 나라를 <적성>국가로 규정하고 자산동결조치를 비롯한 수백가지 제재조치를 감행하여 왔다. 하지만 우리 경제는 끝내 질식시키지 못하였다. 제국주의자들의 제재는 결코 만능이 아니다. 횡포한 제재의 호령속에 제국주의의 취약성이 내포되어 있다. 우리는 앞으로도 제국주의와 강경고압의 자세로 용감히 맞서 나갈것이며 그들의 온갖 제재와 경제봉쇄를 혁명적공세로 단호히 분쇄할것이다.

<개혁>, <개방>에로 유도하려는 제국주의자들의 책동에 경각성을 높여야 한다.

현대제국주의의 악랄성은 그 량면주의적인 책동에 있다. 한편으로는 제재의 몽둥이로 다른 나라를 굴복시키고 다른편으로는 달콤한 말로 <개혁>, <개방>에로 유도하는것, 이것이 미제가 경제의 <세계화>책동에서 쓰는 상투적인 수법이다.

지금 제국주의자들은 <일체화>된 세계란 <민주주의의 기본원칙과 법, 자유개방시장>에 기초하여 하나로 통합된 세계라고 하면서 이 세계에 들어 서자면 모든 나라가 문호를 활짝 개방하여야 한다고 광고하고 있다. 이것은 <서방식>가치관과 경제방식을 그대로 받아 들이게 하여 모든 나라들을 제국주의자들에게 순종하게 하자는 책동외에 아무것도 아니다.

제국주의자들이 념불처럼 외우는 <개혁>, <개방>타령은 사탕발린 독약과 같은 것이다. 나라마다 력사도 다르고 환경도 다르며 도달한 생산력발전수준도 다르다. 그러므로 어느 나라든지 자기 실정에 맞는 자기 식의 처방으로 경제를 발전시켜야 한다. 구미에도 맞지 않는 <서방식>을 받아 들여서는 경제적혼란과 파멸밖에 가져 올것이 없다. 원래 <서방식>, <미국식>이라는것은 약육강식의 원리를 가장 철저히 구현하고 있는 자본주의적방식의 전형이다. 세상에 <서방식>을 끌어 들여서 망했다는 나라는 있어도 흥했다는 나라는 없다.

<개혁>, <개방>에 대한 우리의 립장은 명백하다.

우리는 이미 주체사상의 원리에 기초하여 경제관리체계와 방법을 우리 식대로 끊임없이 개선하여 왔으며 지금도 개선하고 있다. 우리의 대외경제관계도 평등과 자주성의 원칙에서 열어 놓을것은 다 열어 놓았다. 우리 나라의 문호가 언제한번 <폐쇄>된적이 있었는가. 우리에게는 이제 와서 새삼스럽게 더 <개혁>할것도 없고 <개방>할것도 없다. 제국주의자들이 우리 보고 <개혁>, <개방>하라는것은 결국 자본주의를 되살리라는 것이다. 적들은 언제인가는 우리 나라도 <서방식>을 받아 들이게 될것이라고 하고 있지만 그것은 우리의 신념과 의지를 오판하고 하는 어리석은 수작이다.

제국주의자들이 몰아 오는 <개혁>, <개방>바람을 물리치는 위력한 방도는 경제사업의 모든 분야에서 사회주의원칙을 지키는것이다.

사상에 공백이 없는것처럼 경제 분야에도 공백지대가 있을수 없다. 사회주의원칙에서 한걸음 양보하면 자본주의적인 <개혁>바람이 그만큼 들어 오기 마련이다. 우리의 자립경제는 사회주의원칙을 구현하는 투쟁속에서 발전하고 생활력을 발휘하여 왔다. 경제에 대한 국가의 통일적이며 계획적인 지도를 강화할데 대한 원칙, 정치도덕적자극을 위주로 하면서 물질적자극을 적절히 배합할데 대한 원칙들은 오늘도 우리 경제의 생명선으로 되고 있다. 우리에게 있어서 자립의 길은 바로사회주의원칙을 목숨과 같이 귀중히 여기고 견결히 고수하는 길이다.

원칙은 승리한다. 우리는 그 누가 우리 보고 <보수주의>라고 하든 무엇이라고 하든 결코 원칙을 버리지 않을것이며 우리를 <일체화>된 세계에 끌어 들이려는 책동을 끝까지 배격할것이다.

최후의 승리는 자립하는 인민에게 있다

자립을 위한 길은 멀고도 험난한 길이다. 그러나 그 길은 종당에는 승리하는 영광의 길이다. 우리 인민은 자립의 기치를 높이 들고 나가는 우리가 제국주의지배세력과의 대결에서 최후승리를 이룩하리라는것을 굳게 확신하고 있다.

반제자주의 길로 도도히 전진하는 우리 시대의 거창한 흐름이 우리의 최후승리를 약속하여 주고 있다.

위대한 령도자 김정일동지께서는 다음과 같이 지적하시였다.

<현 시대는 인민대중이 자기 운명의 주인으로, 세계를 지배하는 주인으로 등장한 자주성의 시대이다.>

지금 세계적으로 자주, 자립을 요구하는 기운이 더욱 고조되고 있다. 수많은 발전도상나라들이 제국주의자들이 퍼뜨리는 <서방식>정치, 경제 방식을 단호히 배격하고 있으며 강도적인 제재조치에 항거하고 있다. 미제의 세계제패야망은 자기의 오랜 동맹국들과 추종국가들에서도 강한 도전을 받고 있다.

이 모든것은 오늘의 세계가 제국주의자들이 말하는 <일체화>의 방향으로가 아니라 자주화의 방향으로 나아가고 있다는것을 보여 주고 있다.

력사는 시대의 추세를 반영한 정의의 리념이 패배한 례를 알지 못하고 있다. 자립적민족경제건설로선은 거세찬 우리 시대의 흐름을 그대로 반영하고 있는 정의의 기치이다. 자립이냐 예속이냐 하는 치렬한 대결전에서 우리의 승리는 확정적이다.

사회주의건설에서 나타나고 있는 징조들이 또한 우리의 최후승리를 예고해 주고 있다.

우리의 사회주의경제가 아직은 어려운 고비를 겪고 있는것은 사실이다. 우리는 이것을 숨기려고 하지 않는다. 그러나 그 어려움속에서도 대규모금속공장을 비롯한 기간공업공장들에서 생산을 정상화하기 위한 투쟁이 줄기차게 벌어 지고 있다. 수많은 지역과 공장, 기업소들에 자체로 살아 나갈수 있는 토대가 튼튼히 꾸려 지고 있다. 이것은 우리 인민에게 경제건설에서 반드시 새로운 비약이 이룩되게 될것이라는 확신을 안겨 주고 있다.

우리 당과 인민은 다시한번 분연히 떨쳐 일어 나 우리의 자립적민족경제의 위력을 비상히 강화하고 이 하늘아래, 이 땅우에 반드시 주체의 강성대국을 일떠세우고야말것이다.

오늘 우리 나라에는 사회주의건설에서 최후의 승리를 이룩해 나갈수 있는 모든 토대가 마련되였다.

우리 당의 옳바른 정치, 우리 인민의 일심단결된 위력과 높은 문화기술수준, 우리 경제의 무궁무진한 잠재력과 풍부한 자원, 이것이 우리 나라가 끝없이 륭성번영할수 있는 기초이다.

우리에게는 강력한 정치사상적위력, 일심단결의 위력이 있다.

사회주의경제는 사상의 힘에 의하여 전진하는 경제이다. 돈이 낳는 힘에는 한계가 있지만 사상이 발휘하는 힘은 무한대이다. 제국주의자들은 이 리치를 결코 리해할수 없다. 바로 그렇기때문에 그들은 사상의 강자와의 대결에서 언제나 패배자의 신세를 면치 못하는것이다.

우리 경제의 위력은 첫째도 둘째도 정치사상적위력, 단결의 위력에 있다. 우리 당의 경제건설로선외에는 그 어떤 로선도 모른다는 절대불변의 신념, 당과 수령의 부름이라면 전당, 전군, 전민이 산악같이 떨쳐 일어 나 싸우는 혁명적투쟁기풍, 가는길 험난해도 웃으며 가는 불굴의 의지와 락관주의정신이 바로 경제적앙양을 일으키게 하는 원천으로 되고 있다. 이 위력한 힘이 있는 한 우리 경제는 절대로 붕괴될수 없다.

준엄한 시련은 혁명하는 인민들을 더욱 분발시키는 법이다.

<고난의 행군>을 하는 과정에 우리 인민은 자력갱생의 참뜻을 더욱 가슴깊이 새기였고 자체로 살아 나가려는 강한 생활력을 가지게 되었다. 어려우면 어려울수록 자기 령도자를 굳게 믿고 따르며 령도자와 혼연일체가 되어 싸워 나가는 기풍이 높이 발양되였다.

이것은 몇백만톤의 쌀보다 귀중하고 억만금과도 바꿀수 없는 우리의 밑천으로 되고 있다. 제국주의자들까지도 자기들의 고립압살책동이 오히려 커다란 역효과를 가져 온데 대하여 비명을 지르고 있다. 천백배로 다져 진 우리의 힘, 단결의 힘을 적들은 그 어떤 현대적무기와 경제적봉쇄를 가지고도 꺾을수 없을것이다.

우리에게는 강력한 물질기술적력량이 있다. 힘의 대결은 군사 분야에만 있는것이 아니다. 경제전도 힘의 대결이다. 자체의 튼튼한 물질기술적력량을 가지지 않고서는 제국주의의 재배주의적책동을 짓부실수 없다.

우리의 경제는 자기의 풍부한 자연부원과 거대한 생산밑천에 기초하여 자체로 살아 나갈 수 있는 강력한 힘을 가지고 있다.

특히, 최근년간 과학기술 발전의 토대가 더욱 튼튼히 마련된것은 우리에게 자립적민족경제의 전도에 대한 확신을 안겨 주고 있다.

우리의 자력갱생구호는 결코 과학을 무시하는 주먹구구식구호가 아니다. 최신 과학기술을 발전시키고 그에 기초하여 제힘으로 살아 나가는 길을 더욱 힘 있게 열어 나가는것이 오늘의 자력갱생이다. 우리는 <고난의 행군>을 하는 어려운 시기에도 최첨단기술을 비롯한 과학기술의 여러 분야를 발전시켜 왔으며 경제토대를 효과적으로 리용하는데서 나서는 수많은 과학기술적문제들을 해결하였다. 가장 괄목할만한것은 우리 경제의 미래를 떠메고 나갈 유능한 과학자, 기술자들의 대렬이 끊임없이 늘어나고 있는 것이다. 주체사상과 현대과학기술로 튼튼히 무장한 과학자, 기술자들의 대부대가 지금 경제건설에서 커다란 역할을 하고 있다. 우리 나라에는 애써 키운 과학자, 기술자들이 해외로 빠지는 <두뇌류출>현상도 없고 어렵다고 하여 과학자, 기술자 양성사업을 외면하는 근시안적인 경향도 없다.

현 시대는 과학과 기술의 시대이다. 과학기술을 중시하는 경제가 가장 전망성 있는 경제이다. 우리는 튼튼한 과학기술력량에 의거하여 짧은 기간에 나라의 과학기술을 세계적수준에 올려 세울것이며 자립적민족경제발전의 최성기를 펼쳐 놓을 것이다.

사회주의경제건설을 위한 투쟁에서 최후승리를 이룩할수 있는 결정적담보는 우리 당의 백전백승의 정치에 있다.

정치가 좋아야 경제가 펴이고 나라가 흥하는 법이다. 비록 령토가 작아도 옳바른 정치를 구현하면 자립경제의 강국을 훌륭히 건설할수 있다.

경애하는 김정일동지는 우리 시대의 가장 걸출한 정치가이시고 사회주의건설의 탁월한 영재이시다. 위대한 김정일정치가 구현되는 곳에서는 군사 분야에서나 경제, 문화 분야에서나 반드시 커다란 승리가 이룩되게 된다. 우리는 이 진리를 벌써 70년대와 80년대에 당건설과 문학예술건설, 사회주의대건설에서 자랑찬 전변을 이룩하는 과정에 철석 같은 신념으로 체득하였다.

오늘의 시대는 위대한 김정일동지의 령도가 사회주의건설의 모든 분야에 전면적으로 심화되는 시대이다. 천리혜안의 예지로 경제를 활성화하기 위한 지름길을 밝혀 주신분도 경애하는 김정일동지이시고 우리 인민이 자력갱생의 혁명정신, 강계정신으로 새로운 천리마대고조를 일으켜 나가도록 이끄신분도 김정일동지이시다. 오늘 우리의 경제건설에서 새로운 앙양의 징조가 나타나고 있는것은 김정일식정치방식의 위력에 대한 뚜렷한 과시로 된다.

위대한 당의 령도를 받는 우리에게는 난공불락의 요새가 있을수 없다.

최후에 웃는것은 허장성세하는 제국주의가 아니라 자주, 자립에로 나아가는 우리 인민이다.

세계는 다가오는 21세기에 주체의 강성대국, 자립경제의 강국으로 전변된 번영하는 사회주의조선을 반드시 보게 될 것이다.

우리 당의 선군정치는 필승불패이다

〈로동신문〉, 〈근로자〉 공동논설

1999년 6월 16일

위대한 령도자 김정일동지께서 당중앙위원회에서 사업을 시작하신 때로부터 35년이란 세월이 흘렀다. 이 로정은 혁명과 건설을 백전백승의 한길로 이끄는 사회주의정치의 빛나는 귀감이 창조된 의의 깊은 나날이였다.

오늘 경애하는 김정일동지께서 혁명과 건설에서 구현해 나가시는 기본정치방식은 선군정치이다. 이 위대한 정치는 최악의 역경속에서 사회주의보루를 지키고 강성부흥의 새 시대를 열어 놓은 전화위복의 기적을 창조하였다. 현실은 선군정치야말로 현대사회주의정치에서 나서는 모든 문제를 해결해나갈수 있는 불패의 정치라는것을 뚜렷이 보여 주고 있다.

우리 시대의 완성된 정치방식

세계무대에 사회주의정치가 출현한 때로부터 오랜 세월이 흘러 갔다. 이 과정에 사회주의리념을 구현하기 위한 각이한 류형의 정치방식이 나왔다.

정치방식이란 정치리념을 구현하기 위한 수단과 방법, 체계를 통털어 이르는 말이다. 정치방식문제를 어떻게 해결하는가에 따라 정치의 위력과 정치제도의 공고성에서 근본적인 차이를 가져 오게 된다. 백수십년에 달하는 사회주의정치사는 사회주의의 본성에 맞는 완성된 정치방식을 모색하여 온 과정이였다고 말할수 있다. 사회주의정치사에서 미해결로 남아 있던 이 중대한 문제가 우리 당의 선군정치방식에 의하여 빛나게 해결되였다.

우리 시대는 제국주의와 반제자주 세력이 가장 격렬하게 맞서고 있는 투쟁의 시대이다. 제국주의와의 장기적인 대결속에서 사회주의위업을 완성하자면 마땅히 군사가 중시되여야 한다.

선군정치방식은 바로 군사선행의 원칙에서 혁명과 건설에서 나서는 모든 문제를 해결하고 군대를 혁명의 기둥으로 내세워 사회주의위업전반을 밀고 나가는 령도방식이다. 그것은 본질에 있어서 혁명군대의 강화를 통하여 인민대중의 자주적 지위를 보장하고 인민대중의 창조적역할을 최대한으로 높이는 정치방식이다. 이 것으로 하여 선군정치는 우리 시대의 가장 위력하고 리상적인 정치방식으로 되고 있다.

우리 혁명은 위대한 선군정치로 승리하며 전진하여 온 혁명이다.

위대한 령도자 김정일동지께서는 다음과 같이 지적하시였다.

<선군정치는 나의 기본정치방식이며 우리 혁명을 승리에로 이끌어 나가기 위한 만능의 보검입니다.>

우리 당의 선군정치는 어제오늘에 시작된것이 아니다. 혁명의 개척기로부터 오늘에 이르는 우리의 사회주의정치사전반이 곧 선군령도사라고 말할수 있다. 이 독특한 선군정치의 위력이 성스러운 혁명실록이 엮어 진 지난 5년간에 최상의 경지에서 발휘되였다.

어버이수령님께서 서거하신후에 세계의 이목은 우리 당이 어떤 정치를 펼것인가 하는데 집중되였다. 이러한 시기에 경애하는 장군님께서 어버이수령님의 최대의 유산인 우리 식 사회주의를 고수할 철의 신념을 지니시고 선군혁명령도의 길을 이어 가시였다. 그것은 결코 당면한 정세만을 념두에 둔 전술적인 조치가 아니였다.

경애하는 장군님께서는 초인간적인 의지와 정력으로 주체83(1994)년 8월부터 올해 5월까지만도 무려 12만 350여리의 머나먼 군현지지도의 길을 이어 오시였다. 위대한 장군님의 5년 혁명실록은 눈 오는 날이나 비 오는 날이나 변함없이 수많은 군부대들과 공장, 기업소, 농촌들을 찾으시며 우리의 국방력과 전반적국력을 튼튼히 다져 오신 선군혁명령도의 력사이다. 그 크나큰 로고와 심혈이 있었기에 <고난의 행군>의 모든 시련이 극복되고 화가 복으로 전환된 것이다. 선군정치로 하여 우리는 제국주의강적과의 대결에서 승리하고 강성부흥의 새 시대를 맞이할수 있었다. 5년이 지난 오늘 우리 인민들은 선군정치의 길을 단호히 선택한 우리 당의 결심이 천만번 정당하였다는것을 더욱 심장깊이 절감하고 있다.

위대한 현실을 창조한 정치는 시대의 각광을 받기 마련이다. 지금 세계정치계는 사회주의정치사에 처음으로 출현한 선군정치방식에 커다란 주목을 돌리고 있다. 오늘에 와서 선군정치가 시대적추세에도 맞고 사회주의본성에도 전적으로 부합되는 완성된 정치방식이라는것이 명백해 졌다.

우리 당의 선군정치는 인민대중을 중심에 놓고 구사하는 가장 인민적인 정치이다.

사회주의정치의 사명은 인민대중의 자주성을 철저히 옹호하고 실현하는데 있다. 인민대중의 자주적요구와 리익을 떠난 정치는 그 어떤 경우에도 옳바른 정치로 될수 없다.

우리 당의 선군정치는 군대이자 당이고 인민이며 국가라는 혁명철학에 기초하고 있다. 혁명군대와 인민대중의 근본리익과 리해관계, 지향과 념원은 완전히 일치한다. 군대를 중시한다는것은 인민을 중시한다는것이며 군대를 혁명의 기둥으로 내세운다는것은 인민대중을 혁명의 주인으로 내세운다는 것이다. 이것은 지배와 폭압의 수단이 아니라 인민속에서 나왔으며 인민에게 복무하는 우리 군대에 의해서만 가능한것이다.

인민대중의 창조적위력은 무한대이다. 그 무궁무진한 힘이 최대한으로 발동되게하자면 인민들이 혁명군대를 본보기로 내세워 따라 배우며 온 사회에 혁명군대의 투쟁 정신과 기풍이 차넘치게 해야 한다. 이것을 해결하는것이 선군정치이다. 진정으로 인민을 위하고 인민에 의거하는 정치는 마땅히 선군정치로 되여야 한다.

제국주의자들은 력사적으로 사회주의나라들이 실시하는 국방중시가 인민의 리익과 배치되는것처럼 사실을 오도하여 왔다. 심지어 그들은 군사를 중시하는 사회주의정치를 <군권정치>라고 악랄하게 비방하여 왔다. 이것은 군대와 인민이 완전히 적대관계에 있는 자본주의나라에나 통하는 론리이다. 사회주의하에서는 군사를 강화하는 길이 애민의 길이고 애족의 길이다. 총대를 떠나서 인민의 안녕도 행복도 생각할수 없다.

우리는 군사를 중시한다는것을 그 누구에게도 숨기려 하지 않는다. 그것은 군사가 인민의 운명을 지키고 끝까지 책임지는 이민위천의 숭고한 사업이기 때문이다. 정정당당하게 군사중시를 주장하는 우리 당의 립장은 앞으로도 변함이 없다.

우리 당의 선군정치는 주체적힘으로 혁명의 앞길을 개척해 나가는 가장 자주적인 정치이다.

자주는 나라와 인민의 생명이고 혁명의 생명이다. 사회주의는 자주이지 결코 예속으로는 될수 없다. 우리 시대의 가장 리상적인 정치가 자주정치로 되여야 한다는것은 두말할 필요도 없다.

주체적력량으로 나라와 인민의 운명을 자주적으로 개척해 나가는데서 군사는 특출한 역할을 한다. 그 누구의 압력에도 끄떡없이 자주성을 주장하는 정치적배짱도, 혁명의 앞길을 주동적으로 열어 나가는 정치적결단성도 군사적힘에서 우러나온다. 군사가 든든하면 남의 눈치를 볼것도 없고 남에게 눌리울것도 없다. 자위가 있어야 자주도 있고 자립도 있다.

오늘의 복잡다단한 세계에서 자기의 자주적대를 끝까지 고수한다는것은 말처럼 쉬운것이 아니다. 평시에는 요란스러운 언사로 자주를 웨치다가도 대국이 군사적압력을 가하면 굴종을 감수하는 례도 적지 않다. 이런것이 주대가 없는 빈말정치이다. 자주는 말과 구호로써가 아니라 총대에 의하여 고수된다. 사회주의정치가 명실공히 자주적인 정치가 되자면 군사를 내세우고 군사적력량을 백방으로 다지는 선군정치로 되여야 한다는것, 이것이 20세기 사회주의정치사가 남긴 심각한 교훈이다.

우리 당의 선군정치는 혁명의 미래를 담보하는 선견지명 있는 정치이다.

혁명은 총대에 의하여 개척되고 총대에 의하여 전진하며 승리한다. 총대의 역할은 사회주의정권을 세울 때에도 절대적이고 사회주의위업을 전진시키고 완성하는 시기에도 절대적이다. 이렇게 혁명의 미래를 내다볼 때 사회주의정치는 시종일관하게 선군정치로 되여야 한다.

사회주의정치에서 군사문제를 근시안적으로 보는것은 매우 위험한 요소이다. 정세가 긴장하면 군사를 강화하다가도 정세가 완화되면 군사를 약화시키며 사회경제적과업이 전면에 나서면 국방을 줴버리는 일이 사회주의정치에서는 허용될수 없다. 그것은 사회주의의 무덤을 파는 길이다.

예로부터 천일양병 일일용병이라는 말이 있다. 선견지명 있는 정치가는 언제나 앞날에 있을수 있는 사태까지 예견하고 군사에 힘을 넣는 법이다. 경제는 주저앉았다가도 다시 추설수 있지만 군사가 주저 앉으면 나라의 백년대계의 기틀이 허물어 지게 된다. 선군의 원칙이 구현되는 혁명이 미래가 양양한 혁명이다.

인류는 멀지 않아 21세기를 맞이하게 된다. 20세기 사회주의정치사에서 가장 자랑스러운 성과의 하나는 혁명의 미래를 담보하는 선군정치방식이 창조된 것이다. 이 독창적인 정치방식은 21세기에도 우리 시대의 완성된 정치방식으로 빛을 뿌릴것이다.

제국주의와의 대결에서 련전련승하는 불패의 정치

사회주의위업은 필연적으로 제국주의와의 치렬한 대결을 동반한다. 사회주의정치의 위력은 무엇보다도 제국주의의 침략책동을 짓부시고 사회주의를 영예롭게 수호하는데서 나타나야 한다.

우리 당의 사회주의정치사는 제국주의와의 대결에서 련전련승한 력사로 수 놓아 져 있다. 지난 5년간 우리는 견디기 어려운 시련을 겪었으나 제국주의와의 군사적대결에서도 승리하였고 사상적대결과 정치외교적대결에서도 승리하였다. 경애하는 김정일동지의 성스러운 5년혁명실록은 무비의 담력과 의지로 제국주의자들에게 련속타격을 가하여 헤여 날수 없는 궁지에 몰아 넣은 승리의 기록이다.

오늘 세계 혁명적인민들이 위대한 김정일동지의 선군정치를 두고 반혁명의 역풍을 과감히 뚫고 기어이 이기는 공격형의 정치라고 말하고 있는것은 결코 우연하지 않다.

우리 당의 선군정치는 제국주의와의 심각한 사상적대결을 승리에로 이끄는 위력한 정치이다.

제국주의와의 사상적대결은 힘의 대결에 못지 않게 간고한 투쟁이다. 이 첨예한 대결전에서 승리하자면 혁명성이 강하고 사상적신념이 투철한 전위부대가 있어야 한다. 그 담당자가 바로 혁명군대이다. 군대가 사상적으로 무장해제되면 사회주의의 지탱점이 허물어 지게 된다. 설사 인민들이 정치사상적으로 준비되지 못하였다 하더라도 군대가 견결하면 사회주의가 무너질수 없다. 동유럽의 여러 나라들에서 사회주의가 와해되던 과정이 이것을 증명해 주고 있다. 사회주의사상적보루를 지키는 묘술이 다른데 있는것이 아니다. 혁명군대를 먼저 사상의 강군, 신념의 강군으로 키우고 그에 기초하여 전민을 사회주의사상으로 무장시킬 때 사상진지가 금성철벽으로 다져 질수 있다. 경애하는 김정일동지께서는 지난 5년간 인민군대의 당정치사상사업에 커다란 힘을 기울여 오시였다. 위대한 장군님께서

는 인민군부대들을 찾으실 때마다 군인들의 사상상태부터 료해하시고 충실성교양
과 계급교양, 사회주의애국주의교양을 비롯하여 군인교양사업에서 나서는 모든
문제들을 전면적으로 밝혀 주신다. 김정일동지의 선군혁명령도는 이렇게 사상사
업선행의 정치원리로 일관되여 있다. 이 혁명적령도가 세상에 둘도 없는 사상의
강군, 신념의 강군을 낳게 한것이다.

지금 제국주의자들은 우리 식 사회주의를 와해시키기 위하여 그 어느때보다도
사상문화적침투에 열을 올리고 있다.

그러나 수령결사옹위정신과 사회주의에 대한 신념으로 무장한 우리 인민군군
인들의 사상정신세계는 더욱 숭고한 높이에 이르고 있다. 군대에서 창조된 혁명
적군인정신으로 숨 쉬고 사고하는 우리 인민들도 썩어 빠진 부르죠아사상문화를
단호히 배격하고 있다. 제국주의황색바람이 쉬도 쓸기전에 맹아단계에서 분쇄되
고 있는것이 인민군대가 혁명의 기둥으로 되고있는 우리 사회의 자랑찬 현실이다.

원래 군대는 무력으로 조국의 안전을 지키는 사명을 지니고 탄생하였다. 그러
나 우리 나라에서는 혁명군대가 조국방위의 담당자로뿐아니라 사상전선을 지키는
제일기수로 되고 있다. 인민군대가 있는 한 제국주의자들의 그 어떤 반동적사상
공세도 맥을 추지 못할것이다.

우리 당의 선군정치는 제국주의와의 군사적대결에서 백전백승할수 있게 하는
무적필승의 정치이다.

위대한 령도자 김정일동지께서는 다음과 같이 지적하시였다.

<제국주의자들이 우리 나라를 압살하기 위하여 갖은 책동을 다하고 있는 조건
에서 군사를 중시하고 나라의 방위력을 강화하지 않으면 우리 인민이 또다시 제
국주의자들의 노예로 될수 있습니다.>

군사적대결은 제국주의와의 대결에서 가장 격렬한 형태를 띠고 있다. 그것은
제국주의식민지노예가 되느냐, 자주적인민으로 사느냐하는 사생결단의 싸움이다.

랭전이 종식된 지금 제국주의자들은 더욱더 강도적인 힘의 론리에 매여 달리
고 있다. 정치외교적방법으로 자기의 침략적야욕을 실현하지 못하면 지체없이 횡
포한 군사적공격으로 넘어 가는것이 제국주의자들의 상투적인 수법으로 되고 있
다. 여기에는 국제적인 도의나 관례도, 공인된 국제법도 통하지 않는다. 군사만능

의 힘의 론리에 환장한 제국주의자들에게 리성을 바라는것보다 어리석은 일은 없다. 미친개는 몽둥이로 다스려야 한다. 힘에는 힘으로 맞서고 오만한 무력행사에는 무자비한 징벌로 대답하는것이 나라와 민족의 운명을 지키는 길이다.

경애하는 김정일동지께서는 정력적인 선군혁명령도로 제국주의자들과의 군사적대결에서 백전백승 할수 있는 튼튼한 군사적토대를 마련하시였다. 오성산과 대덕산을 비롯한 수많은 최전방지휘소로부터 군수공업기지에 이르기까지 몸소 찾으시여 국방건설의 모든 문제를 현지에서 풀어 나가시는 경애하는 장군님의 령도는 우리의 군력이 최상의 수준에 이르게 한 생명수였다. 이 나날에 우리 인민군대는 전군에 혁명적령군체계와 군풍이 확립되고 강력한 공격수단과 방어수단을 다 갖춘 일당백, 일당천의 강군으로 자라났다.

오늘 우리의 강력한 군력은 원쑤들의 반공화국침략책동을 단호히 분쇄하는 무자비한 장검으로 되고 있다. 인민군대의 위력이 무한대하기에 우리는 제국주의자들이 무모한 핵소동으로 정세를 전쟁접경에로 몰아 갈 때에도, 제2의 조선침략전쟁계획인 <5027작전계획>을 강행하려고 할 때에도 적들의 도전을 단호히 저지파탄시킬수 있었다. <세계유일초대국>으로 자처하는 강적을 총 한방 쏘지 않고 타승한것은 우리 당의 선군정치의 위력에 대한 뚜렷한 과시로 된다.

우리 당의 선군정치는 제국주의와의 정치외교적대결에서 결정적승리를 담보하는 힘 있는 정치이다.

외교전은 단순히 말과 말, 두뇌와 두뇌의 싸움이 아니다. 능란한 외교의 배경에는 정치군사경제적힘이 놓여 있다.

혁명하는 당과 인민이 제국주의와의 정치외교적대결에서 언제나 견지하여야 할 립장은 추호의 양보도 없이 혁명의 근본리익을 고수하는 강경한 자세이다. 간악한 제국주의와의 외교전에서는 한걸음의 양보가 백걸음, 천걸음의 양보를 가져온다. 국제정치사에는 제국주의의 강압에 못 이겨 한걸음 후퇴한탓에 신성한 자주적권리를 침해 당하고 나중에는 혁명의 전취물을 송두리채 빼앗기는 일이 적지 않았다. 강경한 자주외교는 바란다고 하여 실현할수 있는것이 아니다. 치렬한 외교전에서 위력을 발휘하는 마지막주패장은 언제나 자기의 튼튼한 정치군사적 잠재력이며 여기에서 우러나오는 필승의 신념이다.

오늘 우리 당의 선군정치는 적들과의 외교전에서 필승의 담보로 되고 있다. 수십년동안의 간고한 투쟁속에서 마련된 우리의 자위적국방력은 제국주의자들에게 커다란 공포를 주고 있다. 전쟁이 터지느냐 마느냐 하는 일촉즉발의 시기에 조미기본합의문이 채택되고 여러갈래의 외교전에서 커다란 성과를 이룩할수 있은것은 전적으로 위대한 장군님의 선견지명 있는 선군정치가 있었기 때문이다. 우리는 그어떤 위협공갈에도 끄떡없이 할 소리를 다하면서 앞으로도 제국주의와 강경하게 맞서 나갈것이다.

사회주의와 제국주의와의 대결은 곧 정의와 부정의의 대결이다. 제국주의를 타승하여야 사회주의가 정의의 위업으로 빛을 뿌릴수 있다.

그 유일무이한 보검이 선군정치이다. 우리 당의 선군정치는 제국주의의 독단과 전횡을 짓부시고 인류의 량심과 사회주의를 지키는 정의의 정치로 영원히 위력 떨칠것이다.

강성부흥의 새 시대를 펼치는 현명한 정치

지난 5년간의 선군혁명령도사를 돌이켜보면서 가장 자랑스러운것은 이 나날에 강성대국 건설의 도약대가 튼튼히 마련된것이다.

선군정치는 비단 제국주의자들과의 대결전에서만 위력한것이 아니다. 단순히 군사를 위한 군사, 국방력강화를 위한 정치가 아니라 나라의 전반적인 국력을 최상의 높이에 이르게 하는 정치가 바로 선군정치이다. 이것으로 하여 선군정치는 혁명과 건설의 어떤 어려운 과제도 해결할수 있는 만능의 정치, 일석다조의 현명한 정치로 불리우고 있다.

우리 당의 선군정치는 사회주의사회의 튼튼한 밑뿌리를 마련하는 위력한 무기이다.

위대한 령도자 김정일동지께서는 다음과 같이 지적하시였다.

<혁명적군인정신에 기초한 군대와 인민의 사상과 투쟁기풍의 일치, 이것이 군민일치사상의 본질이며 우리 사회의 밑뿌리입니다.>

국력이 강한 나라란 밑뿌리가 든든한 나라이다. 정치의 현명성은 사회의 밑뿌리, 사회정치적지반을 철벽으로 다지는데서 나타난다. 력사의 교훈은 강대한 군사력과 방대한 경제적잠재력을 가진 큰 나라라 해도 사회정치적지반이 공고하지 못

하면 붕괴될수밖에 없다는것을 보여 주고 있다.

사회주의사회의 밑뿌리가 가장 공고한것으로 되자면 군대와 인민이 당의 두리에 일심단결되여야 한다. 군대와 인민은 사회주의사회를 받드는 주추돌이고 사회주의를 지키는 2대력량이다. 군대와 인민이 한덩어리가 되여 당과 수령의 령도를 받들어갈 때 가장 포괄적이면서도 공고한 사회정치적지반이 형성되게 된다. 이것이 선군혁명철학에 의하여 밝혀 진 혁명의 공식이다.

경애하는 김정일동지의 선군정치에 의하여 오늘 우리 나라에서는 군민일치가 비상히 높은 수준에 이르게 되었다. 인민군대에서 창조된 혁명적군인정신, 수령결사용위정신이 전 인민적사상감정으로 되고 군대의 일본새와 투쟁기풍, 도덕과 문화가 사회에 끊임없이 흘러 들고 있다. 군대와 인민이 서로 사랑하고 원호할 뿐아니라 그들사이에 사상의 일치, 투쟁기풍의 일치가 보장되고 있는것이 우리 사회의 진면모이다.

뿌리가 든든한 나무는 절대로 흔들리지 않는다. 군민일치가 억세여 우리 혁명대오가 강하고 우리 사회가 건전한 것이다. 군민의 혼연일체야말로 우리 사회의 기초이고 사회발전을 끊임없이 추동하는 활력소이다. 이 위대한 군민일치의 위력으로 우리는 이 땅우에 반드시 사회주의강성대국을 일떠세우고야말것이다.

선군정치는 사회주의정권을 끊임없이 공고발전시키는 위력한 담보이다.

원래 정권과 총대는 떼여낼수 없이 련결되여 있다. 총대에서 정권이 나온다는 명언은 정권건설에서 혁명무력이 노는 역할을 얼마나 웅변적으로 말하여 주고 있는가.

우리의 정권건설력사는 곧 선군정치의 력사였다. 우리 나라에서는 당과 정권이 창건되기에 앞서 군대가 먼저 건설되였다.

항일의 피 어린 투쟁속에서 강화발전된 위력한 혁명군대가 있었기에 해방후 지체없이 당 창건위업이 실현되고 우리 공화국이 창건될수 있었다. 선군혁명령도의 이 고귀한 전통이 빛나게 계승되고 있기에 우리의 사회주의정권이 그 어떤 풍파속에서도 흔들리지 않는 가장 공고한 혁명정권으로 되고 있는것이다.

경애하는 김정일동지의 선군정치하에서 지난 5년간 우리의 국가사회제도는 비할바없이 공고화되었다. 나라의 모든 정치, 군사, 경제적력량을 통솔지휘할수 있게 국방위원회의 지위와 권능이 강화된것은 조국의 밝은 전도를 담보하는 획기적인 사변으로 되었다. 군사중시의 우리 국가기구체계는 무적의 군사력에 의거하여 나라의 정치적자주권을 확고히 담보하고 경제발전과 나라의 부흥을 힘 있게 추동하는 가장 우월한 우리 식의 정치체제이다. 새로운 국가기구체계가 확립됨으로써 우리 인민정권은 인민대중의 자주적권리의 대표자, 창조적능력의조직자, 인민생활을 책임진 호주로서의 역할을 더욱 훌륭히 수행해 나갈수 있게 되었다.

정권이 정치를 실현하는 기본수단이라면 군대는 정권을 지키는 기본수단이다. 현실은 군중시방향으로 나가야 사회주의정권의 정치경제군사적토대가 철옹성같이 다져 진다는것을 보여 주고 있다. 선군정치는 우리의 인민정권을 더욱 활력 있고 강유력한 사회주의, 공산주의 건설의 무기로 강화발전시킬것이다.

우리 당의 선군정치는 사회주의건설에서 새로운 비약을 일으켜 나가는 원동력이다.

오늘 사회주의강성대국 건설에서 중요한것은 우리 경제를 추켜세우고 가까운 앞날에 우리 나라를 경제강국의 지위에 올려 세우는것이다.

이 거창한 과업은 선군정치를 통해서만 실현할수 있다.

한때 사회주의배신자들은 국방에 힘을 넣으면 경제가 주저 앉고 사회발전이 떠진다고 하면서 나라의 국방력을 체계적으로 약화시켰다. 이것은 군대를 단순히 물질적부의 소비자로만 보는 그릇된 관점에 기초한 것이다. 군대가 강해야 경제건설의 평화적조건이 보장되게 된다.

혁명군대는 혁명의 주력군, 돌격대로서 사회주의건설의 어려운 과제도 해제끼고 인민들을 영웅적위훈에로 불러 일으킨다. 선군정치에서 잃을것은 침체와 답보뿐이고 얻을것은 비약과 고조, 민족의 부흥이다.

경애하는 김정일동지께서는 인민군대를 강성대국 건설의 제일기둥으로 굳게 믿으시고 사회주의건설의 제일 어렵고 관건적인 전선들에서 돌파구를 열어 나가도록 현명하게 이끌어 오시였다. 그리고 전체 인민이 불가능을 모르는 인민군대의 결사관철의 정신, 자력갱생의 정신으로 조성된 경제적난관을 뚫고 나가도록 하시였다. 안변청년발전소를 비롯한 대기념비적창조물들이 도처에 일떠서고 우리 경제가 활성화의 길에 들어 서게 되였으며 우리의 기술, 우리의 자원, 우리의 힘으로 첫 인공지구위성이 성과적으로 발사된것은 선군정치의 위력에 대한 과시로 된다.

제국주의자들은 력사적으로 우리 나라의 정세를 긴장시키려고 고의적으로 책동하여 왔다. 그 리면에는 우리가 경제건설에 큰힘을 돌리지 못하게 하여 우리의 사회주의가 저절로 붕괴되게 하자는 검은 속심이 있었다. 그러나 제국주의자들이 아무리 정세를 격화시켜도 우리 경제는 질식되지 않았으며 우리 식 사회주의도 주저 앉지 않았다. 오히려 진퇴량난에 빠진것은 제국주의자들이다. 우리는 앞으로도 선군혁명로선으로 적들의 조선식사회주의의 <위기설>, <붕괴설>을 과감히 짓부시고 보란듯이 민족경제를 부흥번영시킬것이다.

위대한 수령님의 탁월한 선군령도가 두차례의 가장 혹심한 파괴속에서 사회주의조선을 소생시켰다면 경애하는 장군님의 선군정치는 가장 어려운 역경속에서 이 땅우에 강성부흥의 새 시대를 펼쳐 놓았다. 그 빛나는 공적은 우리의 사회주의건설력사에 영원히 아로새겨 지게 될것이다.

우리 혁명은 선군정치로 영원히 승리할것이다

선군혁명의 길은 아직 그 누구도 걸어 보지 못한 전인미답의 길이다. 그러나 그 길은 혁명의 종착점에 잇닿아 있는 필승의 길이다. 우리는 선군정치가 앞으로도 우리 혁명과 우리 시대 자주위업수행에서 무궁무진한 위력을 발휘하게 되리라는것을 굳게 확신하고 있다.

선군정치의 영원한 생명력은 인민대중의 절대적인 지지에 있다.

인민대중은 정치의 주인이며 구현자, 관철자이다. 인민들속에 뿌리 박고 인민자신의것으로 된 정치가 참말로 위력하고 생활력있는 정치이다.

우리 인민은 당을 따라 걸어 오는 혁명의 천만리길에서 당의 선군정치의 위대성을 페부로 절감한 인민이다. 우리 인민은 경애하는 김정일동지께서 무적의 강군을 이끌어 화를 복으로 전환시킬 때마다 필승의 신념과 미래에 대한 락관을 심장깊이 새겨 왔다. 우리 당의 선군정치가 없다면 조국도 혁명도 없다는것이 우리 인민의 신념의 목소리이다.

오늘 세계에는 인민들과 유리되고 인민의 버림을 받는 정치가 횡행하고 있다. 우리 당의 선군정치와 같이 인민들을 심취시키고 온 넋을 틀어 잡는 정치를 이 세상 그 어디에서도 찾아 볼수 없다.

우리 인민은 군력이 약한탓에 망국노로 굴러 떨어졌던 쓰라린 력사도 가지고 있고 억센 총대로 제국주의강적을 타승한 영광의 력사도 가지고 있다. 총대를 사랑하고 총대와 운명을 끝까지 같이하려는것은 우리 인민이 뼈와 살에 새긴 신조이다. 우리 인민과 인민군장병들은 절대로 혁명의 총대를 놓지 않을것이며 선군혁명의 일로를 끝까지 걸어 갈것이다.

우리 당의 선군정치의 영원한 생명력은 령도자의 특출한 자질에 있다.

정치방식은 정치가의 사상과 품격의 반영이다. 정치방식의 위력은 결국 정치가의 자질과 수완에 달려 있다.

선군정치방식은 그 누가 모방한다고 하여 실현될수 있는것이 아니다. 선군정치방식은 정치와 군사를 유기적으로 결합시켜 나가는 새로운 형태의 정치방식이다. 그것은 정치에도 만능이고 군사에도 만능이고 경제문화에도 만능인 탁월한 정치가에 의해서만 구현될수 있다.

경애하는 김정일동지는 현 시대가 갈망하는 장군형의 정치가의 최고귀감이시다. 예리한 정치감각과 비상한 군사적예지, 전당, 전군, 전민을 하나와 같이 움직이는 뛰여 난 조직적수완과 령군술, 무비의 담력과 결단성, 정치와 군사 등 모든 분야에 정통한 해박한 지식을 다같이 겸비하신분이 우리의 김정일동지이시다. 경애하는 장군님께 있어서는 군건설과 사회주의건설에서 나서는 그 어떤 문제에서도 불가능이란 있을수 없다. 문무를 겸비하신 경애하는 장군님의 위대성을 떠나서 이 땅에 무적의 군사력에 의거하여 백전백승하는 선군정치의 새 력사가 펼쳐진데 대하여 생각할수 없다. 선군정치야말로 김정일동지의 걸출한 위인상이 집약되여 있는 위대한 혁명령도방식이며 장군님의 존함과만 결부시켜 부를수 있는 독특한 김정일식정치방식이다.

총대로 개척된 주체혁명위업을 총대로 끝까지 완성하려는 위대한 김정일동지의 결심은 확고부동하고 영원불변한것이다.

우리 당의 사회주의정치사는 지난 날과 마찬가지로 앞으로도 선군정치의 승리의 력사로 수 놓아 지게 될것이다.

오늘 우리앞에는 주체혁명의 새 시대가 찬란히 펼쳐 지고 있다. 오늘의 시대는 누구나 다 위대한 장군님의 전사, 제자답게 우리 당의 선군정치를 충효일심으로 받들어 나갈것을 요구하고 있다.

위대한 령도자 김정일동지께서는 다음과 같이 지적하시였다.

<총대가 강해야 우리 인민이 피흘려 쟁취한 혁명의 전취물들을 보위하고 수령님께서 개척하신 주체혁명위업을 완성할수 있습니다.> 우리는 선군혁명로선을 우리 혁명의 전략적로선으로 틀어쥐고 일관성 있게 견지하여야 한다.

군사를 앞세우는것은 전술적문제가 아니라 혁명의 운명과 전도와 관련되는 전략적인 문제이다. 정세가 긴장되든 완화되든 관계없이 견지해야 하는것이 바로 선군혁명로선이다. 제국주의자들은 자기의 침략적야망을 실현하기 위하여 때로는 <유화>정책을 쓸수도 있고 <강경>정책으로 나올수도 있다. 그러나 우리는 정세가 어떻게 번져 지든 추호도 흔들리지 말고 군사를 튼튼히 틀어 쥐고 나가야 한다. 선군혁명원칙으로부터의 탈선은 곧 죽음을 의미한다.

혁명하는 우리 인민에게는 사소한 안일과 해이도, 부르죠아평화주의의 자그마한 요소도 있을수 없다. 인민군대에서는 수령결사옹위의 구호를 계속 높이 추켜들고 전군을 오늘의 오중흡7련대로 만들어야 하며 혁명적 령군체계와 군풍을 더욱 튼튼히 세우고 어데서 어떤 바람이 불어와도 싸움준비를 철저히 갖추어야 한다. 모든 당원들과 근로자들은 혁명적전쟁관점으로 튼튼히 무장하고 군사를 성실히 배우며 온 나라를 소왕청과 같은 난공불락의 요새로 굳건히 다져 나가야한다. 군민일치의 전통적미풍을 더 높이 발휘하여 군민의 단합된 위력으로 제국주의자들의 도전을 단호히 짓부셔 버려야 한다.

당, 국가 활동, 사회생활의 모든 분야에서 군중시사상을 철저히 구현해 나가야 한다.

오늘 우리 나라에는 전 국가적, 전 사회적으로 인민군대를 내세우고 나라의 방위력강화에 최선을 다하는 기풍이 서 있다.

이것은 우리 혁명의 전도를 위하여 매우 좋은 일이다. 오늘 우리 사회에 차넘치는 군사중시의 기풍은 김정일동지의 선군정치를 받드는 주추돌이 되고 손발이 되려는 우리 인민의 충효심의 뚜렷한 발현이다.

모든 당, 국가경제 기관들에서는 군사사업과 관련한 과업을 무조건 철저히 집행하는 기풍을 세워야 한다. 경제건설과 국방건설을 병진시킬데 대한 우리 당의 전략적로선을 철저히 구현하여야 한다. 강력한 국방력을 담보해 주는 우리 식 경제구조를 적극 살려야 한다. 누구나 인민군대의 투쟁 정신과 기풍을 따라 배우고 혁명적군인정신으로 제2의 천리마대진군을 힘차게 다그쳐 나가야 한다.

우리가 가야 할 혁명의 길은 멀고 험난하며 우리앞에는 의연히 난관과 시련이 가로 놓여 있다. 그러나 최후의 승리는 선군혁명의 한길로 나아가는 우리 당과 인민에게 있다.

위대한 선군혁명로선이 있고 경애하는 김정일동지의 세련된 령도가 있는 한 김일성조선의 존엄과 위상은 만방에 떨쳐질것이며 이 땅우에는 반드시 사회주의 강성대국이 일떠서게 될것이다.

과학중시사상을 틀어 쥐고 강성대국을 건설하자
〈로동신문〉, 〈근로자〉 공동논설

2000년 7월 4일

현 시대는 과학과 기술의 시대이다. 과학기술 발전의 옳바른 전략을 세우는것은 나라와 민족의 흥망을 결정하는 중대한 문제로 되고 있다.

우리 당은 독창적인 과학중시로선을 제시하고 과학기술의 위력으로 강성대국 건설의 지름길을 열어 나가고 있다.

과학중시사상은 우리 당이 현 시기 전면에 내세우고 있는 부강조국건설의 전략적인 로선이다. 우리 당의 과학중시사상은 제국주의자들의 고립압살책동을 짓부시고 제2의 천리마대진군을 다그치는데서 거대한 생활력을 발휘하고 있다. 우리는 과학기술을 비약적으로 발전시켜 강성대국 건설의 높은 령마루를 점령하고 <우리 당의 과학중시사상 만세!>를 긍지높이 부를것이다.

우리 당은 과학에 의거하여 혁명하는 당이다

과학기술은 사회적진보와 발전의 기초이다. 경제의 발전과 국방력강화, 인민생활의 향상은 과학기술에 의하여 담보된다.

사회주의하에서 과학기술이 얼마나 빨리 발전하는가 하는것은 전적으로 과학기술에 대한 당과 국가의 립장에 달려 있다. 현실은 과학을 중시하면 나라와 민족이 흥하지만 과학을 홀시하면 백년이 가도 뒤떨어 진 처지를 면할수 없다는것을 보여 주고 있다.

우리 당은 과학을 믿고 과학에 의거하여 혁명하는 당이다.

위대한 령도자 김정일동지께서는 다음과 같이 지적하시였다.

<나라를 빨리 발전시키자면 과학을 중시하고 과학발전을 앞세워야 합니다. 과학발전을 앞세우는것은 우리의 국가정책입니다.>

지금 과학기술은 매우 빠른 속도로 발전하고 있다.

오늘날에 와서 과학기술에 대한 태도는 곧 혁명에 대한 태도, 사회주의에 대한 태도로 된다. 과학기술 발전이 답보하면 혁명도 주눅이 들고 사회주의도 빛을 잃게 된다. 과학기술을 홀시하는것은 혁명을 하지 않겠다는것과 같다.

사회주의를 건설하는 로동계급의 당은 그 어떤 요행수도 바라지 말아야 한다. 사회주의건설에서 이룩되는 기적은 하늘에서 떨어 지는것이 아니라 인민의 의식적인 창조력과 과학기술적진보에 있다. 과학을 인정하고 과학의 힘으로 사회주의건설을 이끄는 당만이 기적을 창조할수 있고 언제나 백전백승할수 있다.

물론 사회주의를 건설하는데서 혁명성을 견지하는것이 중요하다. 그러나 혁명성 하나만 가지고 혁명과 건설을 다그치던 때는 지나갔다. 높은 혁명성 더하기 과학기술, 이것이 사회주의를 성공에로 이끄는 길이다.

우리 당의 과학중시사상은 세상에 널리 알려 져 있다. 과학기술을 혁명과 건설의 모든 사업에 확고히 앞세우고 여기에 최대의 힘을 기울이며 사회주의건설에서 제기되는 문제를 과학기술에 의거하여 풀어 나가는 여기에 우리 당의 과학중시사상의 본질이 있다.

우리 당의 과학중시로선에는 붉은기를 끝까지 고수하려는 혁명철학이 있고 조국과 민족의 부흥발전을 하루빨리 이룩하려는 애국, 애족의 넋이 깃들어 있으며 비상히 빠른 속도로 전진하려는 우리 인민의 지향이 담겨 져 있다. 과학기술을 사회주의건설의 생명선으로 내세우는 우리 당의 립장은 변함이 없다.

우리 당의 과학중시사상은 그 어떤 시련속에서도 과학기술을 확고히 틀어 쥐고 나가는 철저한 과학선행사상이다.

과학기술을 발전시키는 길은 순탄한 길이 아니다. 이 길에는 값 비싼 대가를 치르어야 할 때도 있고 실패와 곡절도 있을수 있다. 과학을 발전시키자면 부닥치는 난관앞에서 주저하거나 동요하지 말아야 한다.

누구나 과학기술의 발전에 대하여 말은 많이 한다. 진정으로 과학을 중시하는 립장은 어려운 시련의 시기에 나타난다. 지난 <고난의 행군>시기 우리는 참기 어려운 시련도 겪었고 가슴 아픈 일도 많았다. 그 어려운 속에서도 우리 당은 언제나 과학발전에 깊은 관심을 돌려 왔다.

공장은 돌아 가지 못한다고 해도 과학기술 발전은 절대로 멈추지 말아야 한다는것이 우리 당의 확고한 립장이다. 우리 당은 나라의 경제형편이 어렵다고 해서 과학기술을 외면하는 일이 없었다. 모두가 허리띠를 졸라 맨다고 하여 과학기술 력량을 허물고 과학자들과의 사업을 소홀히 하는 현상도 없었다.

농사군이 굶어 죽어도 종자만은 베고 죽는것처럼 어떤 환경속에서도 과학기술 만은 놓지 않고 여기에 힘을 넣어야 한다는 우리 당의 의지는 확고하였다. 우리 당의 령도밑에 가장 어려운 시기 과학원과 대학들에 최신연구기지들이 더욱 튼튼 히 꾸려 졌다. 과학자, 기술자들의 대렬이 더욱 확대되고 그들의 사업조건, 생활 조건을 보장하기 위한 사업에 커다란 힘이 돌려 졌다. 남들 같으면 열백번도 넘 어 졌을 <고난의 행군>의 엄혹한 시기에 과학중시사상이 견결히 고수되여 온것 은 참으로 놀라운 일이다.

과학중시, 여기에 나라와 민족의 운명을 끝까지 책임지려는 우리 당의 비상한 의지가 비껴 있고 사회주의위업에 대한 끝 없는 충실성이 있다.

우리 당의 과학중시사상은 우리의 과학기술을 최단기간에 세계적수준에 올려 세울데 대한 대담하고 통이 큰 과학혁명사상이다.

인류의 과학기술적재부는 오랜 력사적기간에 걸쳐 마련되였다. 과학기술을 발 전시키는데서는 단계가 있는것만은 사실이다. 그러나 남들이 걸어 온 단계를 순 차적으로 답습하기만 한다면 언제 가도 남을 따라 앞설수 없다.

우리 당의 과학중시사상은 기성관례나 기존공식에 구애됨이 없이 과학기술 발 전에서 비약할것을 요구하고 있다. 남들이 몇백년동안에 한 일을 짧은 기간에 이 룩하며 과학기술의 모든 분야에서 세계적인것을 창조해 나가려는것이 우리 당의 의도이다.

우리 나라는 과학발전의 력사도 오래지 않고 경제형편도 어렵다. 우리는 지금 제국주의자들과 치렬한 정치군사적대결전을 벌리고 있다. 오늘과 같이 어려운 조 건에서 비상히 높은 목표를 내세우고 대담하게 과학기술혁명을 수행한다는것은 누구나 할수 있는 일이 아니다. 오늘의 현실은 그 어떤 패배주의도 모르고 대담 한 공격정신으로 사회주의건설의 높은 령마루를 점령해 나가는 우리 당의 담력과 의지의 과시로 된다.

우리 당이 내세우고 있는 통이 큰 과학혁명사상은 우리 혁명실천에서 커다란 은을 내고 있다. 현대과학과 첨단기술의 총체인 인공지구위성을 쏴올리는 기적이

창조됨으로써 우리 나라가 당당한 위성보유국으로 되었다. 전자공업이 급속히 발전하고 채취공업과 금속공업, 화학공업에서 나서는 수많은 과학기술적문제들이 해결되게 되었다. 최근년간에 우리 나라 과학기술 발전에서 이룩되고 있는 성과들은 우리가 얼마든지 과학기술을 빨리 발전시켜 세계적인 수준에 올라 설수 있다는것을 보여 주고 있다.

우리 당의 과학중시로선은 나라의 모든 힘을 과학기술 발전에 집중할데 대한 적극적인 과학기술전략이다.

과학기술을 발전시키는 사업은 전 국가적인 사업이다. 국가적인 힘을 들인것만큼 과학적진보가 이룩되고 투자한것만큼 기술적개건이 다그쳐 진다. 공 들이지 않고 과학기술의 요새를 점령하겠다고 하는것은 가꾸지 않은 나무에서 풍성한 열매를 따겠다고 하는것과 같은 어리석은 일이다.

우리 당은 오늘 과학기술을 발전시키는데 국가적인 힘을 돌리고 있다. 과학기술 발전을 위해서라면 그 무엇도 아까울것이 없으며 억만금을 들여서라도 과학기술의 요새를 점령하여야 한다는것이 우리 당의 확고부동한 의지이다. 우리 나라에서는 경제사업도 교육사업도 과학기술혁명을 다그치기 위한데로 지향되고 있다. 과학기술을 잘 아는 일군이 당에 충실하고 실력 있는 일군으로 되고 있으며 높은 과학기술적성과를 이룩한 과학자, 기술자들이 시대의 영웅으로 대중의 존경과 사랑을 받고 있다. 사회생활의 모든 분야에 과학중시의 기풍이 차넘치고 있는 나라가 바로 우리 조국이다.

오늘 혁명과 건설에서는 힘을 집중하여야 할 부문도 많고 당면해서 수행해야 할 절박한 과업들도 많다. 하지만 우리 당은 과학기술을 가장 선차적으로 힘을 넣어야 할 부문으로 내세우고 있다. 우리 나라에서는 눈앞의 리해관계나 타산하고 당면한 경제과업수행에 몰두하면서 과학중시로선을 줴버리는 일이 앞으로도 없을것이다.

과학중시, 이것은 미래를 위하여 혁명을 하는 우리 당이 틀어 쥐고 나가야 할 사회주의, 공산주의건설의 항구적인 로선이다.

주체의 강성대국은 과학기술강국이다

오늘 우리 인민은 온갖 시련을 뚫고 사회주의강성대국 건설위업을 힘차게 다그치고 있다. 강성대국에로의 길에는 2중3중의 난관이 가로 놓여 있지만 우리 인민은 오늘의 진군이 반드시 최후승리의 령마루에로 다달을것이라고 굳게 믿고 있다.

우리의 강성대국 건설위업은 과학기술에 의하여 담보되는 필승의 위업이다.

위대한 령도자 김정일동지께서는 다음과 같이 지적하시였다.

<과학기술은 강성대국 건설의 힘 있는 추동력입니다. 높은 과학기술이 없이는 강성대국을 건설할수 없습니다.>

나라를 부강발전시키는데는 여러가지 요인들이 있다. 여기에서 기본을 이루는 것이 사상과 총대, 과학기술이다. 사상이 만난을 뚫고 부강조국을 일떠세우는 원동력이고 총대가 나라와 민족을 수호하는 강력한 수단이라면 과학기술은 민족의 부흥발전을 이룩하는 기본열쇠이다. 사상과 총대, 과학기술, 이것이 강성대국 건설의 3대기둥이다.

오늘 우리 당은 과학기술을 강성대국 건설의 중요한 고리로 틀어 쥐고 혁명과 건설을 이끌어 나가고 있다. 과학기술을 발전시켜 나라의 국력을 비상히 강화하고 모든것이 흥하며 인민들이 세상에 부럼없이 잘 살게 하자는것이 우리 당의 의도이다.

우리가 건설하는 사회주의강성대국은 곧 과학기술의 강국이다. 번영하는 경제강국건설도, 강력한 국방건설도 과학기술 발전에 달려 있다. 과학기술이 없으면 우리의 강성대국 건설도 있을수 없다.

과학기술의 발전은 우리 힘, 우리의 지혜로 민족의 강성부흥을 이룩해 나가게 하는 확고한 담보이다.

나라의 번영은 자력갱생에 있다. 사회주의시장이 붕괴된 오늘의 세계에서 믿을 것은 오직 자기 나라 인민의 힘밖에 없다.

우리가 자체로 살아 나가자면 과학기술에 철저히 의거하여야 한다. 과학기술을 발전시키면 무에서 유를 창조할수 있고 나라의 모든 자연부원과 잠재력을 최대한으로 동원리용하여 경제적부흥을 이룩할수 있다. 오늘날의 자력갱생은 과학기술을 떠나서 생각할수 없다.

세계에는 자연부원을 팔아 먹고 살아 가는 나라도 있고 남의 원조에 명줄을 걸고 있는 나라도 있다. 이런 방법으로는 언제 가도 민족적번영을 이룩할수 없다. 자원이나 팔아 먹고 관광업이나 해서 살아 가려는것은 나라와 민족의 부강발전을 그르치는 림시변통에 지나지 않는다. 진정으로 나라를 사랑하고 민족의 부흥을 바라는 사람에게는 과학기술 발전을 외면하는 일이 절대로 있을수 없다. 풍부한 자연부원도 과학기술에 의하여 빛이 나게 되며 민족의 존엄과 슬기도 과학기술이 발전해야 높이 떨쳐 지게 된다.

우리 당과 인민은 지난 <고난의 행군>, 강행군을 헤쳐 오는 어려운 속에서도 오직 제 힘을 믿고 살아 왔다. 경제를 추켜 세우는 사업도 자체의 과학기술에 의거하여 풀어 나갔고 인민생활에서 제기되는 모든 문제도 과학기술의 성과에 토대하여 해결하여 왔다. 자강도에서 제일먼저 락원의 행군에 들어 서게 된것도 과학기술의 맛을 알고 과학자, 기술자들을 발동한데 중요한 비결이 있다. 과학기술이야말로 가장 어려운 속에서 우리 경제가 솟구치게 하고 강성대국 건설의 도약대를 닦게 한 무기였다.

우리 나라는 령토도 크지 않고 자원도 제한되여 있다. 만약 우리가 자원이나 캐서 팔아 먹을내기만 하면 남을것은 빈 굴과 황페화된 강산밖에 없게 될 것이다. 무슨 수를 써서라도 과학기술을 발전시켜 거기에서 먹는 문제도 풀고 경제강국도 건설해야 한다. 과학기술만이 자체로 살아 나가는 유일하게 옳은 길이라는것, 이것이 우리가 간고한 투쟁에서 체득한 고귀한 진리이다.

과학기술의 발전은 제국주의자들의 고립압살책동을 단호히 짓부시고 민족의 자주권을 굳건히 지키기 위한 중대한 사업이다.

지금 세계제패를 실현하기 위한 제국주의자들의 지배주의책동은 여러 가지 교활한 수단과 방법으로 진행되고 있다. 현 시기 제국주의자들이 군사적침략에 못지 않게 열을 올리고 있는것이 과학기술을 통한 지배이다. 총칼로 점령하지 못한 나라들을 과학기술로 예속시키고 저들의 경제적부속물로 만들려는것이 제국주의자들의 중요한 전략으로 되고 있다. 제국주의자들이 조작해 낸 제2의 <코콤>인 <와쎄나협정>은 우리 나라를 비롯하여 자주적으로 나가는 인민들에 대한 경제기술봉쇄가 얼마나 악랄한가를 집중적으로 보여 주고 있다.

혁명하는 나라들은 제국주의자들의 과학기술봉쇄에 혁명적인 과학기술전략으로 맞서 나가야 한다. 제국주의의 과학기술독점과 봉쇄는 만능이 아니다. 과학기술 발전의 주체는 어디까지나 그 나라 인민과 과학자들이다. 그 누가 봉쇄한다고 과학이 퇴보하거나 말살될수 없다. 문제는 매개 나라 당과 인민, 매개 나라 과학자, 기술자들이 어떻게 분발해서 과학과 기술을 발전시키는가에 달려 있다.

제국주의자들의 봉쇄에 겁을 먹고 주저 앉는것은 과학을 망쳐 먹고 나라를 망하게 하는 길이다. 제재를 하겠으면 하고 말겠으면 말고 자기 나라 인민, 자기 나라 과학자들을 믿고 배심 있게 과학을 발전시켜야 한다. 제국주의자들과의 과학기술적대결에서도 승리의 요인은 언제나 든든한 배심과 자신심이다.

우리 인민은 력사적으로 제국주의자들의 경제적, 과학기술적봉쇄속에서 살아 왔다. 우리에 대한 적들의 고립압살책동은 전례 없는것이였지만 우리는 절대로 주저 앉지 않았으며 과학기술을 끊임없이 발전시켜 왔다. 적들이 압력을 가하면 가할수록 더욱 분발하여 일떠서는것이 우리의 과학자들이고 정세가 어렵고 복잡할수록 더욱 개화발전하는것이 우리의 주체적인 과학기술이다. 우리 당의 과학중시사상이 있는 한 우리는 제국주의자들의 그 어떤 봉쇄속에서도 과학기술강국을 반드시 건설할것이다.

과학기술의 발전은 민족의 장래발전과 후손만대의 행복을 위한 만년대계의 사업이다.

현 시대에 있어서 과학과 기술은 민족의 흥망성쇠의 분수령으로 된다. 과학기술이 뒤떨어 지면 세대와 세대를 이어 가면서 후진국의 처지를 면할수 없게 된다.

혁명하는 세대가 후대들에게 넘겨 줄수 있는 가장 귀중한 재부의 하나가 바로 과학기술적재부이다. 과학을 중시하고 과학기술을 발전시켜 나가는 사람이 조국과 민족의 미래를 위하여 싸우는 참다운 애국자라고 말할수 있다. 시련이 크다고 하여 과학기술을 쮀버리는것보다 더 큰 죄악은 없다.

한때 대국주의자들은 <국제적분업>에 대하여 떠들면서 우리 나라가 <쎄브>에 드는것은 물론 과학기술 분야에서도 저들에게 의탁할것을 강요해 나섰다. 그러나 우리 당은 나라와 민족의 장래운명을 내다보고 대국주의자들과 사대주의자들의 책동을 단호히 배격하고 과학기술을 전망성 있게 발전시켜 왔다. 과학의 뒤떨어진 부문들을 하나하나 추켜 세우며 기초과학으로부터 우주과학에 이르기까지 과학의 모든 분야를 발전시켜 온것은 민족의 운명을 끝까지 책임지려는 우리 당의 의지를 보여 주고 있다. 우리의 후대들은 오늘의 로동당시대에 이룩된 과학기술의 덕을 톡톡히 보게 될것이다.

우리 나라는 반세기전까지만 하여도 현대기술문명에서 멀리 떨어 진 락후한 나라였다. 원시적인 농기구밖에 만들지 못하던 우리 나라가 이제는 마음만 먹으면 그 어떤 과학기술적문제도 해결할수 있는 위력한 나라로 되게 되었다. 우리는 우리 대에 세기적인 기술적락후성을 털어 버린데 대하여 응당한 자부심을 가질수 있다. 과학기술은 곧 국력이며 국력이 강해야 나라와 민족이 대대손손 번영해 나갈수 있다. 위대한 과학중시사상을 틀어 쥐고 나가고 있기에 우리 인민은 다시는 식민지후진국의 쓰라린 력사를 되풀이하지 않을것이다.

우리는 사상도 견실하고 총대도 굳건하다. 이제 우리가 과학기술을 비약적으로 발전시키면 우리 나라는 강성대국의 높은 령마루에 올라 서게 된다. 인류는 멀지 않아 주체의 강성대국, 과학기술강국으로 빛을 뿌리는 사회주의조선을 보게 될것이다.

우리 과학기술의 전망은 확고히 담보되어 있다

과학기술의 끊임 없는 발전은 튼튼한 정치경제적토대에 기초하여 이루어 진다. 빈 구호와 욕망으로 실현될수 없는것이 과학기술의 발전이다. 리상이 리상으로 끝나는 과학기술전략은 종이장에 불과하다.

우리 당은 빈 말을 모르는 당이며 모든 주객관적조건을 과학적으로 타산하고 혁명과 건설을 백전백승의 한길로 이끄는 불패의 당이다. 우리에게는 나라의 구체적실정과 우리 인민의 지향에 맞는 우리 식의 과학기술 발전전략이 있고 그것을 실현할수 있는 튼튼한 토대가 있다. 우리 당과 인민은 지금 승산 있는 과학기술혁명을 하고 있다.

우리 과학기술의 급속한 발전은 경애하는 김정일동지의 과학중시정치에 의하여 확고히 담보되어 있다.

위대한 령도자 김정일동지께서는 다음과 같이 지적하시였다.

<우리 나라의 과학기술을 가까운 앞날에 세계선진수준에 올려 세우려는것은

우리 당의 확고한 결심입니다.>

정치는 과학기술의 발전을 담보하는 결정적요인이다. 옳바른 정치밑에서만 정확한 과학기술정책도 서고 유능한 과학기술력량도 자라나는 법이다. 력사는 정치가의 실책으로 하여 과학기술의 방향이 좌왕우왕하게 되고 애 써 마련된 과학기술적토대와 력량이 허물어 지는 사태를 한두번만 목격하지 않았다.

현대의 정치가는 과학을 알고 과학에 의거하여 혁명과 건설을 이끌어 나가야 한다. 정치가의 예지는 과학발전에 대한 조예에 있고 정치가의 실력도 중요하게 과학기술사업에 대한 지도에서 나타나게 된다. 과학을 모르고서는 그 누구도 현대정치에 대하여 론할수 없다.

경애하는 김정일동지는 독창적인 과학중시정치로 주체과학기술의 개화기를 펼치시며 과학기술강국건설을 현명하게 이끄시는 위대한 정치가이시다.

인류과학발전의 먼 앞날을 내다보는 비범한 예지, 해당 부문의 전문가들도 놀라게 하는 깊은 과학적식견, 한없이 폭 넓고 풍부한 지식은 경애하는 장군님의 특질이다. 위대한 장군님께서는 전자자동화공학으로부터 화학과 생물학, 건설공학에 이르기까지 현대과학기술의 모든 분야에 정통하고 계신다. 첨단과학의 정수로 되는 콤퓨터분야의 사업에 완전히 정통하시고 우리 식으로 프로그람기술을 개발하는 명안을 제시하시는 경애하는 장군님의 예지의 비범성은 그 무엇에도 비길수 없다. 오늘 세계인민들이 경애하는 장군님을 <전자와 우주기술을 비롯하여 과학기술의 모든것에 그 어느 정치가보다 민감한 정치가>라고 높이 칭송하고 있는것은 결코 우연하지 않다.

경애하는 김정일동지의 비범한 예지에 의하여 과학연구사업과 기술발전에서 나서는 문제들이 전망성 있게 해결되고 있다. 우리 나라 과학기술 발전의 길에는 애로와 난관이 있을수 있어도 정책적인 혼란은 절대로 있을수 없다.

오늘 경애하는 김정일동지께서는 우리 조국을 최단기간내에 발전된 과학기술강국으로 전변시킬 확고한 결심을 지니시고 과학발전에 전당, 전 국가적인 힘을 집중하도록 현명하게 이끌고 계신다. 과학원을 비롯한 과학연구기관들에 대한 경애하는 장군님의 현지지도는 과학자, 기술자들에게 커다란 힘을 주고 과학연구사업에서 일대 전환을 가져 오게 하는 중요한 계기로 되고 있다.

옳바른 정치는 인민들에게 미래에 대한 신심을 안겨 준다. 우리 나라에서는 그 어느 경제일군과 과학지도일군도, 과학자, 기술자도 나라의 과학발전의 전도에 대하여 우려하고 비관하는 일이 없다. 우리 인민은 지금 과학중시로 일관된 위대한 김정일정치에서 주체의 과학기술의 양양한 전도를 확고히 내다보고 있다.

우리 나라 과학기술이 끊임없이 발전할수 있는 요인은 우리 식 사회주의제도의 무궁무진한 위력에 있다.

과학기술의 발전은 사회제도에 의하여 좌우된다. 인류력사상 가장 빠른 과학기술적진보를 이룩한 사회는 사회주의사회이다. 이것은 력사에 의하여 증명되었다.

제국주의자들은 지금 이 엄연한 현실을 외곡하면서 과학기술 발전에서의 자본주의의 <우위성>에 대하여 떠들어 대고 있다. 그들은 저들의 과학기술이 <세계적인 모델>이며 사회주의사회에서는 절대로 과학기술이 발전할수 없다는 궤변을 늘어 놓고 있다. 이것은 자본주의에 대한 환상을 조성하기 위한 기만선전에 지나지 않는다. 자본주의나라 정계, 학계 인사들자체도 자유경쟁과 무정부성이 지배하는 조건에서는 <과학기술 발전을 위한 일원적인 조정과 통일적인 추진체계가 불가능하다>고 말하고 있다.

물론 사회주의사회에서 일부 과학기술 분야가 자본주의에 뒤떨어 질수도 있다. 사회주의사회는 자본주의에 비하여 과학기술 발전력사가 짧으며 제국주의자들의 침략과 봉쇄책동이 있는 조건에서 이것은 어느 정도 불가피하다. 사회주의발전력사의 이러한 특수성을 보지 않고 나타난 현상을 피상적으로 보는 일이 없어야 한다. 사회주의사회에서 일부 과학기술이 뒤떨어 지는것은 어디까지나 일시적인 현상이다.

우리 식 사회주의는 과학기술을 빨리 발전시킬수 있는 무진장한 가능성을 가지고 있다. 우리 나라에서는 과학연구목표도 인민의 리익을 중심에 놓고 설정되고 과학연구결과도 전적으로 인민들의 복리를 증진시키는데 돌려 지고 있다. 인민대중자신이 절실한 리해관계를 가지고 인민대중이 주인이 되여 과학기술을 발전시켜 나가는 여기에 우리 나라 사회주의제도의 커다란 우월성이 있다. 우리 나라에서는 국가가 나라의 모든 인적, 물적자원을 통일적으로 틀어 쥐고 과학기술 발전에 효과적으로 리용하고 있다. 과학기술 발전이 전 사회적인 관심사로 되고 계획적관리원칙이 구현되는 우리의 사회주의가 자본주의에 대비할수 없는 잠재력을 가지고 있다는것은 의심할바 없다. 제국주의자들이 100년이 지나도 일떠설수 없다던 전후의 빈터우에 짧은 기간에 강력한 과학기술적토대를 마련한 사실자체가 우리 식 사회주의의 우월성을 확증하여 주고 있다.

력사가 보여 주는바와 같이 사회주의에 대한 신념이 없는 자들은 사회주의건설에서 무슨 문제가 제기되면 사회주의제도의 <결함>을 운운하기를 좋아 한다. 지난 날 사회주의가 좌절된 나라의 정치가들이 그러하였다. 그러나 결함은 제도에 있은것이 아니라 그 룡마를 탈줄 몰랐던 정치가의 실책에 있었던 것이다. 우리 당은 사회주의에 대한 투철한 신념을 지닌 혁명적당이다. 우리 제도의 우월성, 우리 사회주의경제토대에 의거하고 인민대중의 정치사상적위력을 발동하여 모든 과학기술적문제를 풀어 나가는 우리 당의 립장은 앞으로도 변함이 없을것이다.

우리의 과학기술의 양양한 전도는 강력한 과학기술력량에 의하여 확고히 담보되고 있다.

과학기술력량은 과학기술혁명을 성과적으로 수행하기 위한 직접적인 담당자이다. 과학기술력량이 튼튼하면 남을 쳐다볼것도 없고 남의 신세를 질 필요도 없다.

력사에는 과학기술력량을 전망성 있게 꾸리지 못한 탓으로 하여 과학발전의 길이 막힌 실례가 적지 않다. 심지어 유능한 과학자, 기술자들이 국외로 빠지는 <두뇌류출>현상이 빚어 져 과학기술 발전에 막대한 지장을 받은 나라도 있다. 민족경제발전에서 이보다 더 큰 손실이 또 어디에 있겠는가. 유능한 과학기술력량이야말로 천만금과도 바꿀수 없는 나라와 민족의 귀중한 재보이다. 비록 다른것은 못 가졌다 하여도 재능 있는 과학기술인재를 가진 나라가 구경에는 과학기술강국으로 될수 있다.

오늘 우리 나라는 당과 수령의 현명한 령도밑에 자라난 수백만의 인테리대군을 가지고 있다.

우리의 과학자, 기술자들은 혁명성이 강하고 재능 있는 나라의 귀중한 재사들이다. 그들은 그처럼 어려운 <고난의 행군>시기에 강냉이죽으로 끼니를 에우면서도 과학연구사업에 전심전력하여 왔다. 우리 나라에는 현영라영웅처럼 오직 당만을 믿고 과학자의 깨끗한 량심을 바치는 참된 과학자들이 수없이 많다. 이들에게는 나라의 발전은 안중에도 없고 제 혼자만 잘 살려는 개인리기주의도, 어렵다고 하여 과학연구사업을 포기하는 패배주의도 있을수 없다. 과학에는 국경이 없지만 우리 지식인들에게는 사회주의조국, 위대한 장군님의 품이 있다는것이 우리 과학자, 기술자들의 신념이다. 당과 수령에게 끝없이 충실하고 높은 과학기술적자질을 소유한 과학자, 기술자들의 대부대가 있기에 우리는 그 어떤 과학기술의 요새도 점령할수 있다.

오늘 우리 나라 과학기술의 발전전망은 매우 좋다. 우리 당의 옳바른 정치, 우리 제도의 우월성과 일심단결의 위력, 우리 인민의 높은 문화기술수준과 강력한 과학기술력량, 이것이 우리의 과학기술이 끊임없이 발전할수 있는 기초이다.

주체의 과학기술로 21세기를 빛내이자

우리는 바야흐로 21세기를 맞이하게 된다. 다가오는 새 세기는 우리 나라가 주체의 강성대국, 과학기술강국으로 빛을 뿌릴 희망의 세기이다.

사소한 침체와 답보도 모르고 진보와 번영에로 계속 힘차게 전진하는것은 우리 인민의 지향이며 전투적기질이다. 우리는 과학기술의 힘으로 21세기에 강성대국의 높은 령마루를 점령하고 나라와 민족의 존엄을 온 세상에 떨쳐야 한다.

누구나 경애하는 김정일동지의 과학중시정치를 받드는 손발이 되고 참된 충신이 되여야 한다.

위대한 령도자 김정일동지께서는 다음과 같이 지적하시였다.

<…모든 사람들이 과학기술 발전의 추세에 민감하며 현대적인 과학과 기술로 무장하고 우리 인민경제를 높은 과학기술적토대우에 올려 세우는데 한몫씩 하도록 하여야 하겠습니다.>

령도자의 구상과 의도는 충직한 전사들에 의하여 구현된다. 령도자가 벽을 울리면 강산을 울릴줄 아는것이 언제나 당의 뜻으로 사는 혁명전사들의 자세이다.

오늘 경애하는 김정일동지께서는 과학기술혁명을 중대한 과업으로 내세우시고 그 실현에 전심전력하고 계신다.

오늘날 위대한 김정일동지와 뜻을 같이 하는 충신은 과학을 알고 과학을 중시하는 실력가이다. 과학발전추세에 암둔하고 현대과학기술자체를 꺼려하고 멀리하는 사람이 어떻게 과학을 중시하는 우리 당의 정치를 받들어 나갈수 있겠는가. 경애하는 장군님과 생사운명을 같이 하는 우리 혁명전사들에게는 과학을 홀시하는 사소한 현상도 절대로 있을수 없다.

지금은 실력전의 시대이다. 과학기술을 모르면 전진하는 시대의 락오자가 된다. 당의 신임과 기대에 실력으로 보답하자고 해도 높은 과학기술수준을 지녀야 하며 인민을 위하여 헌신하자고 해도 현대과학기술을 알아야 한다. 우리는 누구나 올해 공동사설에서 과학중시를 중요한 전략적과업으로 내세운 우리 당의 의도를 깊이 새기고 나라의 과학기술을 발전시키는데 적극 이바지하여야 한다.

과학기술을 우리 식으로 발전시켜 나가야 한다.

우리 식은 주체식이며 과학기술 발전에서 비약적인 발전을 이룩하게 하는 보검이다. 과학기술 발전의 모든 성과는 주체를 철저히 세우는 투쟁속에서만 이룩될수 있다. 이것은 우리의 과학기술 발전력사가 확증해 주는 진리이다.

주체를 세워야 과학기술 발전에서 실리를 보장할수 있다.

자기 인민의 지향과 자기 나라의 현실을 떠나서 과학기술에 대하여 론하는것은 공리공담에 지나지 않는다. 우리에게는 과학을 위한 과학이란 있을수 없다. 우리의것을 가지고 우리의 자립적민족경제와 국방력강화에 실질적으로 리득을 가져오게 하는것이 우리 식의 과학연구사업이다. 우리는 오늘의 강성대국 건설에서 절박하게 나서는 과학기술적문제들을 푸는데 력량을 집중하여야 한다. 먹는 문제와 입는 문제를 완전히 해결하고 생산을 정상화하며 국토관리사업을 개선해 나갈수 있도록 하는데 과학연구사업을 지향시켜 나가야 한다.

과학연구사업과 기술발전에서 주체를 세운다는것은 결코 세계적인 과학기술성과를 받아 들이는 사업을 소홀히 한다는것을 의미하지 않는다. 우리가 경계하는 것은 자기 나라 과학기술을 허무적으로 대하고 남에게 의존하려는 사대주의이지 선진과학기술의 도입이 아니다. 우리는 세계 여러 나라에서 이룩된 과학기술성과를 적극 배우고 그것을 대담하게 받아 들여야 한다. 현대과학기술 발전추세에 맞게 전자공학, 생물공학을 비롯한 최첨단과학기술을 빨리 발전시켜야 한다.

과학기술혁명수행에서 과학자, 기술자들의 역할을 결정적으로 높여야 한다.

우리의 과학자, 기술자들은 과학기술강국건설의 전초병들이다. 나라의 과학기술을 하루빨리 세계선진수준으로 끌어 올려야 할 중대한 과업이 우리의 과학자, 기술자들의 어깨에 지워 져 있다. 지금 우리 당은 우리 과학자, 기술자들의 충실성과 재능을 믿고 대담한 과학기술혁명을 수행하고 있으며 전체 인민이 과학자, 기술자들에게 커다란 기대를 걸고 있다. 과학자, 기술자들은 불 타는 애국의 열정을 지니고 높은 과학기술적성과를 이룩함으로써 강성대국 건설에 적극 이바지하여야 한다.

과학연구의 길은 탄탄대로가 아니다. 미지의 과학기술의 경지를 열어 나가는 사람에게는 끝장을 볼 때까지 근기 있게 연구사업을 진행하는 견인불발의 의지가 있어야 한다. 리승기, 계응상을 비롯하여 세계적으로 명성을 떨친 과학자들은 례외없이 백번 실패하면 백번 다시 떨쳐 나 고심어린 탐구를 기울인 강의한 의지의 소유자들이였다. 우리에게 요구되는것은 멋 부리는 과학자가 아니라 이렇게 실적으로 당에 이바지하는 참된 과학자이다. 우리 과학자, 기술자들은 당이 맡겨 준 과학기술과제를 어떤 일이 있어도 기어이 완수해야 하며 나라의 과학기술 발전을 위하여 사색하고 또 사색하여야 한다.

과학자, 기술자들의 자질을 결정적으로 높여야 한다. 과학자, 기술자들이 자질이 낮아 과학기술혁명에 아무러한 기여도 하지 못한다면 이보다 수치스러운것은 없다. 세계최첨단의 과학기술수준에 도달한다는것은 결코 쉬운 일이 아니지만 우리 과학자, 기술자들이 기어이 점령해야 할 목표이다. 과학자, 기술자들은 혁명적 학습기풍을 세워 누구나 자기 전공분야에 정통한 실력가로, 현대과학기술 발전추세에 밝고 폭 넓은 지식을 소유한 박식가가 되여야 한다. 세계적으로 손 꼽히는 발명가, 이름 있는 과학자가 많이 나와야 한다.

온 사회에 과학기술을 중시하는 기풍을 철저히 확립하여야 한다.

과학기술을 발전시키는 사업은 온 나라가 힘을 집중하고 광범한 대중이 떨쳐 나서야 할 전 국가적, 전 사회적인 사업이다. 오늘날에 있어서 과학의 덕을 보지 않는 사람이 없고 과학기술에 의거하지 않고 성사되는 일이란 없다.

모든 일군들이 과학에 관심을 돌리고 전체 인민이 과학기술 발전에 낯을 돌려야 한다. 당조직들도, 국가기관과 경제기관도 과학을 최우선시하고 과학에 의거하여 모든 문제를 풀어 나가는 혁명적기풍을 세워야 한다.

전 사회적으로 대중적기술혁신운동을 힘 있게 벌리며 가치 있는 발명과 창의고안, 합리화안들이 쏟아 져 나오게 하여야 한다. 모든 부문에서 이미 이룩된 과학기술성과를 생산과 건설에 받아 들이는 사업을 대담하게 벌려야 한다.

조국의 번영과 후손만대의 행복을 생각하면 과학기술 발전에 투자를 아끼는 일이 있을수 없다. 오늘의 과학사업에 대한 투자가 래일에는 열배, 백배의 은을 내게 된다. 우리는 현실발전의 요구에 맞게 과학연구기지들을 튼튼히 꾸리며 기술혁신에 필요한 자재, 설비를 원만히 보장해 주어야 한다.

나라의 과학기술 발전에 크게 이바지한 과학자, 기술자들은 금방석에 앉혀도 아깝지 않는 귀중한 인재들이다. 사회적으로 과학자, 기술자들을 우대하고 그들의 사업조건, 생활조건을 보장하는데 큰 힘을 넣어야 한다.

과학기술이 발전된 세계선진국, 강성대국을 건설하려는것은 우리 민족의 력사적숙망이다. 우리는 20세기에 조국광복을 이룩하고 락후한 식민지반봉건사회로부터 사회주의공업국가에로의 전변을 이룩하였으며 민족의 세기적념원을 실현할수 있는 튼튼한 토대를 닦아 놓았다. 다가오는 21세기는 우리 인민이 당과 수령의 령도 따라 50여년동안 축적해 온 힘을 폭발시켜 과학기술강국의 높은 령마루에 올라 서는 일대 민족적번영의 세기이다. 최후의 승리는 과학기술을 틀어 쥐고 나가는 우리 인민에게 있다.

위대한 김정일동지를 모시고 있고 가장 정확한 과학중시로선이 있으며 당과 수령을 충직하게 받들어 나가는 과학자, 기술자의 대부대와 혁명적인민이 있는한 강성대국 건설위업은 반드시 실현될 것이다.

1. 북한 문헌

강응철. 2001. "과학기술중시는 강성대국 긴설을 위한 우리 당의 전략적로선." 『경제연구』 1.

_____. 2002. "주체적인 계획경제관리원칙을 철저히 관철하는것은 우리 제도제 일주의를 구현해 나가기 위한 확고한 담보." 『경제연구』 4.

강인준. 1991. "발전도상나라들의 채무와 '채무의 자본화' 문제." 『국제생활』. 평양: 국제생활사.

강철민. 2008. "인민경제선행부문, 기초공업부문을 추켜세우는 것은 사회주의경 제건설의 절박한 요구." 『경제연구』 2.

과학원 공학연구소. 『기술과학』. 1994~2008.

과학원 기계공학연구소. 『기계공학』. 1994~2008.

과학원 물리수학연구소. 『수학과 물리』. 1994~2008.

과학원 자연조사연구소. 『생물』. 1994~2008.

과학원 전기, 자동화공학연구소. 『전기, 자동화공학』. 1994–2008.

과학원 정보과학연구소. 『정보과학』. 2003–2008.

과학원 중앙 금속연구소. 『금속』. 1994~2008.

과학원 지질 및 지리학 연구소. 『지질과 지리』. 1994~2008.

과학원 채굴공학연구소. 『채굴공학』. 1994~2008.

과학원 화학연구소. 『화학과 화학공업』. 1994~2008.

과학원. 『과학원통보』. 1994~2008.

_____. 2000. 『위대한 령도자 김정일동지의 과학 령도사』 1~2권. 평양: 과학원.

_____. 2002. 『위대한 령도자 김정일동지의 과학 령도사』 3권. 평양: 과학원.

곽태철. 2005. "과학기술발전전망계획화사업을 바로하는것은 사회주의 강성대국 건설의 중요담보." 『경제연구』 3.

_____. 2005. "새로운과학기술발전5개년계획을 성과적으로 수행하기 위한 방 도." 『경제연구』 4.

권오헌. 2003. "경공업과 농업을 발전시키는것은 인민생활문제를 풀기 위한 기 본방도." 『경제연구』 2.

길춘호. 2003. "선군시대 사회주의경제발전의 원동력." 『경제연구』 4.

_____. 2005. "생산과 건설에서 현대적과학기술에 기초한 자력갱생의 원칙 구현." 『경제연구』 2.

김경일. 2005. "국가의 중앙집권적, 통일적지도는 사회주의경제관리의 생명선." 『경제연구』 4.

김광식. 1996. "사회주의경제의 집단주의적본질과 그 우월성." 『경제연구』 1.

김길남. 2008. "선군시대 경제건설로선의 본질적특징." 『경제연구』 4.

김덕호. 1996. "과학기술발전에서 자본주의에 비한 사회주의의 우월성." 『경제연구』 2.

_____. 2000. "과학기술은 강성대국 건설의 힘 있는 추동력." 『경제연구』 4.

_____. 2004. "전력, 석탄, 금속공업, 철도운수를 앞세워 나가는것은 선군시대 경제건설의 필수적요구." 『경제연구』 2.

김동남. 2001. "위대한 령도자 김정일동지의 선군정치는 사회주의경제강국건설의 결정적담보." 『경제연구』 2.

_____. 2002. "현존경제토대의 정비는 그 위력을 최대한 높이기 위한 중요방도." 『경제연구』 1.

김동식. 2002. "과학기술에 의거하여 생산과 건설을 다그치는것은 경제관리운영에서 틀어 쥐고 나가야 할 중요과업." 『경제연구』 4.

_____. 2003. "자립적이며 현대적인 국방공업을 창설하신 위대한 수령 김일성동지의 불멸의 업적." 『경제연구』 3.

_____. 2005. "올해 농업전선은 사회주의경제건설의 주공전선." 『경제연구』 1.

_____. 2006. "인민경제의 개건현대화사업을 집중적으로 벌리는것은 현시기 경제건설의 중요과업." 『경제연구』 2.

김룡빈. 2001. "생산의 정상화는 사회주의적생산의 기본특징." 『경제연구』 2.

_____. 2009. "위대한 령도자 김정일동지께서 사회주의경제강국건설의 튼튼한 도약대를 마련하신 불멸의 업적." 『경제연구』 1.

김명철. 2000. "전반적생산에 대한 계획적지도를 집단주의원칙에 맞게 보장하기 위한 중요문제." 『경제연구』 2.

김명훈. 1997. "위대한 령도자 김정일동지께서 밝히신 지방공업발전에 관한 리론." 『경제연구』 1.

김미경. 2000. "자립적민족경제건설로선은 혁명과 건설에서 주체성과 민족성을 고수하기 위한 확고한 담보." 『경제연구』 3.

김상학. 2002. "정보산업의 발전과 사회주의강성대국 건설." 『경제연구』 2.

김성금. 1999. "지방공업의 부문 구조를 개선 완비하는 것은 군경제 발전의 중요한 요구." 『경제연구』 3.

_____. 1999. "군 경제의 종합적 발전은 사회주의 경제건설을 다그치기 위한 중요한 요구." 『경제연구』 4.

김영일 · 김정철. 2002. "최신과학기술에 기초한 새로운 생산기지축성은 국가경제력강화에서 나서는 중요과업." 『경제연구』 3.

김웅호. 2004. "경제과학전선은 나라와 민족의 흥망성쇠를 결정짓는 주요전선." 『경제연구』 1.

김원국. 2002. "자립적민족경제건설은 자주시대 경제건설의 합법칙적요구."『경제연구』4.

_____. 2004. "국방공업을 우선적으로 발전시키는것은 선군시대 경제건설의 합법칙적요구."『경제연구』2.

_____. 2004. "반제군사는 혁명의 승패와 나라와 민족의 흥망을 좌우하는 관건적문제."『경제연구』4.

_____. 2005. "선군시대 경제건설로선을 철저히 관철하는것은 인민생활향상의 확고한 담보."『경제연구』3.

김원삼. 2003. "우리 당의 사회주의경제건설의 중요로선."『사회과학원원보』2.

_____. 2006. "계획경제는 사회주의경제의 본질적특색."『사회과학원원보』3.

김은철. 2006. "주체의 경제강국의 본질적특징."『경제연구』4.

김일성. 1969.『사회과학의 임무에 대하여』. 평양: 조선로동당출판사.

_____. "현정세와 우리 당의 과업(1966. 10. 5)."『김일성저작집』20권. 평양: 조선로동당출판사.

_____. 1986.『우리나라의 과학기술을 발전시킬데 대하여』. 평양: 조선로동당출판사.

_____. 1988. "조선민주주의인민공화국 인민경제발전 6개년(1971～1976)계획에 대하여."『조선노동당 대회 자료집』3. 서울: 국토통일원.

_____. 1996. "미국 <워싱턴타임스> 기자단이 제기한 질문에 대한 대답."『김일성저작집』43. 평양: 조선로동당출판사.

김재서. 1999. "위대한 수령 김일성 동지께서 창시하신 생산수단의 상품적 형태에 관한 리론."『경제연구』3.

_____. 2004. "선군원칙을 구현한 사회주의경제관리."『경제연구』1.

김재호. 2000.『김정일 강성대국 건설전략: 김정일 시대를 빛내일 리상국 건설전략』. 평양: 평양출판사.

김정길. 2003. "사회주의원칙을 확고히 지키면서 가장 큰 실리를 얻게 하는것은 사회주의경제관리완성의 기본방향."『경제연구』1.

_____. 2003. "선군은 사회주의경제제도의 확립과 공고발전을 위한 확고한 담보."『경제연구』1.

김정익. 2003. "기계공장에서 과학적생산조직의 기본요구."『경제연구』3.

김정일. 1991.『주체사상에 대하여』. 평양: 조선로동당출판사.

_____. 1997. "과학기술 발전에서 새로운 전환을 일으키자: 전국 과학자대회 참가자들에게 보낸 서한(1991. 10. 28)."『김정일선집』11. 평양: 조선로동당출판사.

_____. 1999.『과학교육사업을 발전시킬데 대하여』. 평양: 조선로동당출판사.

_____. 2003.『당의 과학기술중시로선을 철저히 관철할데 대하여』. 평양: 조선로동당출판사.

김주철. 2003. "생산력의 발전이 사회경제생활에 미치는 영향에 대한 주체적리해."『경제연구』4.

김창춘. 2009. "농업과학기술을 발전시키는것은 현시기 농업발전의 중요한 요구." 『경제연구』 1.

김철우. 2000. 『김정일장군의 선군정치: 군사선행, 군을 주력군으로 하는 정치』. 평양: 평양출판사.

김현일. 2003. "프로그람산업통계와 인민경제정보화." 『경제연구』 3.

김형석. 2002. "사회주의적협업의 기본단위로서의 기업소의 합리적조직." 『경제연구』 4.

_____. 2004. "위대한 령도자 김정일동지께서 밝혀주신 선군시대 경제건설로선의 독창성." 『경제연구』 4.

_____. 2006. "자립적민족경제의 토대는 선군혁명총진군의 물질적담보." 『경제연구』 3.

김효남. 2009. "설비와 생산기술공정을 최신과학기술에 기초하여 갱신하는 것은 사회주의경제강국건설의 중요한 과업." 『경제연구』 1.

렴병호. 1996. "과학기술의 발전과 증산절약예비." 『경제연구』 2.

_____. 2005. "새 세기의 요구에 맞게 인민경제의 개건현대화를 다그치는데서 나서는 몇가지 문제." 『경제연구』 4.

_____. 2008. "인민경제의 선행부문, 기초공업부문을 앞세우는것은 선군시대 경제건설로선의 기본요구." 『경제연구』 3.

_____. 2009. "과학기술은 경제발전의 기초." 『경제연구』 1.

렴왕신. 2008. "국방공업은 자위적전쟁억제력과 부강조국의 경제력의 기본담보." 『경제연구』 3

로명성. 2007. "지방경제를 발전시키는것은 선군시대 경제건설로선관철의 중요한 요구." 『경제연구』 2.

류영철. 2006. "인민경제의 개건현대화는 현시기 경제건설에서 나서는 중요한 경제전략." 『경제연구』 4.

류운철. 1998. "경제건설에서 혁명적원칙을 견지하는것은 사회주의경제건설의 성과적수행을 위한 근본담보." 『경제연구』 2

_____. 2008. "선군시대 중공업건설의 기본방향." 『경제연구』 4.

류운출. 2003. "사회주의경제관리에서 틀어쥐고나가야 할 종자." 『경제연구』 4.

_____. 2007. "경제건설에서 군사선행의 원칙을 구현하기 위한 중요문제." 『경제연구』 4.

류창수. 2006. "국방공업을 더욱 발전시키는것은 혁명과 건설의 제1차적인 전략적과업." 『경제연구』 3.

리경수. 2002. "프로그람개발의 경제적효과성 타산." 『경제연구』 3.

리광남. 2009. "사회주의계획경제의 우월성을 높이 발양시키는것은 경제강국건설의 기본담보." 『경제연구』 1.

리금별. 2008. "선군시대 경제건설로선은 우리 당의 선군령도, 선군정치와 사회주의 부강조국건설을 물질경제적으로 확고히 담보하는 경제건설로선." 『경제연구』 2.

리기반. 1999. "군을 단위로 지방경제를 종합적으로 발전시키는 것은 올해 경제건설의 기본과업을 성과적으로 수행하기 위한 중요한 방도."『경제연구』 2.

_____. 2001. "사회주의경제관리의 특징과 우월성."『경제연구』 4.

리기성. 1997. "위대한 령도자 김정일동지께서 밝히신 현시기 경제운영방향과 자립적민족경제잠재력의 옳은 리용."『경제연구』 4.

_____. 2003. "위대한 령도자 김정일동지께서 새롭게 정립하신 선군시대 사회주의경제건설로선."『경제연구』 2.

_____. 2004. "위대한 령도자 김정일동지께서 선군시대 사회주의경제건설의 활로를 열어주신 불멸의 공헌."『경제연구』 1.

_____. 2006. "선군시대의 경제발전에서 국방공업의 선도적 역할."『사회과학원원보』 4.

_____. 2009. "현시기 사회주의경제강국건설의 주요과업."『경제연구』 1.

리남혁. 2009. "과학기술발전과 사회주의경제강국건설."『경제연구』 1.

리동구. 1998. "경제를 국가의 통일적지도밑에 계획적으로 관리운영하는것은 사회주의경제의 본성적요구."『경제연구』 4.

_____. 2001. "내각중심제, 내각책임제는 경제사업에 대한 국가의 통일적 지도관리형태."『김일성종합대학학보: 철학 경제학』. 평양: 김일성종합대학출판사.

_____. 2008. "인민경제의 균형적발전은 선군시대 경제건설로선관철의 확고한 담보."『경제연구』 2.

리명숙. 2002. "과학기술정보사업을 앞세우는것은 나라의 과학기술을 발전시키기 위한 중요한 담보."『경제연구』 4.

_____. 2005. "과학기술에 의거하여 경제를 발전시키는 것은 선군혁명대고조를 일으키기 위한 중요과업."『경제연구』 3.

리봉학. 2003. "사회주의적소유제도는 인민대중을 경제생활의 주인으로 되게 하는 우월한 소유제도."『경제연구』 3.

_____. 2005. "과학기술은 강성대국 건설의 힘있는 추동력."『경제연구』 2.

리상우. 1999. "상업의 최량성 규준과 그 리용."『경제연구』 3.

리성혁. 2001. "21세기에 상응한 국가경제력을 다져 나가는것은 우리앞에 나서는 중대한 과업."『경제연구』 1.

리승구. 2004. "경공업에 큰 힘을 넣어 인민소비품생산을 늘이고 그 질을 결정적으로 높이는것은 올해 경제과학전선앞에 나서는 중요한 과업."『경제연구』 4.

리승필. 2006. "사회주의경제관리방법은 집단주의원칙을 구현한 가장 우월한 경제관리방법."『경제연구』 3.

리연수. 2000. "인민 소비품 문제를 푸는 것은 우리 당의 확고한 결심."『근로자』 6.

리영화. 1999. "경제에 대한 국가의 중앙집권적 통일적 지도는 사회주의 경제강국의 근본 담보."『경제연구』 3.

리영환. 1995.『조선교육사 6』. 평양: 사회과학출판사.

리윤국. 2006. "생산의 전문화는 실리보장의 중요방도." 『경제연구』 4.

리정남. 1992. 『기술혁명은 사회주의 경제건설의 생명선』. 평양: 조선로동당출판사.

리정민. 2001. "재정관리를 개선하는것은 과학기술 발전의 중요담보." 『경제연구』 4.

리정용. 1998. "변화된 환경에 맞게 대외무역을 적극 벌려 나가는데서 나서는 몇가지 문제." 『경제연구』 2.

리주오. 2000. "제품의 질을 높이는 것은 경공업 부문 앞에 나서는 중요과업." 『근로자』 5.

리준혁. 1996. "혁명적경제전략의 관철과 사회주의경제적진지의 공고화." 『경제연구』 3.

리중서. 2000. "위대한 김정일동지께서 제시하신 혁명적경제정책은 사회주의경제강국건설의 전투적기치." 『경제연구』 1.

리창근. 1998. "경애하는 김정일동지는 사회주의, 공산주의 경제 건설 사상을 완벽하게 밝혀주신 위대한 사상 리론가이시다." 『경제연구』 4.

_____. 2000. "과학기술성과에 기초한 기계설비성능의 체계적인 개선은 설비리용률제고의 필수적요구." 『경제연구』 1.

_____. 2001. "위대한 령도자 김정일동지께서 밝히신 사회주의사회의 성격에 맞게 경제발전을 다그칠데 대한 원칙적요구와 그 실현방도." 『경제연구』 3.

_____. 2004. "올해 공동사설에서 경제과학전선앞에 제시된 과업은 강성대국건설의 보다 높은 목표를 점령하기 위한 결정적담보." 『경제연구』 1.

리창혁. 2001. "우리 당에 의한 사회주의경제제도의 고수와 경제강국건설의 성과적추진." 『경제연구』 4.

_____. 2003. "경제와 과학기술의 결합은 경제강국건설의 요구." 『경제연구』 2.

_____. 2006. "경애하는 김정일동지께서 최신과학기술에 기초한 경제강국건설의 진로를 밝히신 불멸의 업적." 『경제연구』 1.

리창환. 2009. "인민경제의 현대화, 정보화는 정보산업시대의 중요요구." 『경제연구』 1.

리철성. 2007. "당의 과학기술중시로선을 철저히 관철하는것은 경제강국건설의 확고한 담보." 『경제연구』 2.

_____. 2008. "과학기술의 역할을 결정적으로 높이는것은 사회주의경제건설의 중요과업." 『경제연구』 2.

림승무. 1998. "대중적기술혁신운동을 강화하는것은 내부예비동원의 중요조건." 『경제연구』 1

림영화. 2000. "인민경제정보화는 현 시기 경제발전의 중요요구." 『경제연구』 2.

림정희. 2008. "인민생활제일주의를 높이 들고나가는것은 사회주의경제건설의 중요과업." 『경제연구』 4.

림현숙. 2000. "위대한 령도자김정일동지의 현명한 령도밑에 사회주의자립적민족경제건설에서 이룩된 빛나는 승리." 『경제연구』 1.

문춘광. 2003. "과학기술정보사업을 강화하는것은 선진과학기술을 적극 받아들이기 위한 중요방도." 『경제연구』 4.

박광길. 2008. "정보과학기술인재양성사업을 강화하는것은 사회주의경제건설의 중요한 요구."『경제연구』 4.

박두성, 2007. "사회주의경제강국건설은 현시기 우리 혁명과 사회발전의 절박한 요구."『경제연구』 1.

박명철. 2002. "위대한 령도자 김정일동지께서 밝히신 경제와 과학기술을 하나로 결합시킬데 대한 사상의 정당성."『경제연구』 2.

박명혁. 2003. "사회주의기본경제법칙과 선군시대 경제건설에서 그의 구현."『경제연구』 3.

박삼룡. 2000. "사회적생산의 효과성을 높이는것은 경제사업에서 실리를 보장하기 위한 중요한 문제."『경제연구』 3.

박선호. 2005. "위대한 령도자 김정일동지께서 제시하신 사회주의경제관리개선 완성에 관한 독창적리론."『경제연구』 1.

박영근. 1996. "당의 혁명적경제전략을 계속 철저히 관철하는것은 인민생활을 높이며 자립적경제토대를 반석같이 다지기 위한 확고한 담보."『경제연구』 2.

박재영. 2001. "현시기 경제사업에서 실리보장의 중요성."『경제연구』 4.

_____. 2003. "위대한 령도자 김정일동지께서 밝히신 사회주의경제관리개선완성의 기본방향의 정당성."『경제연구』 2.

박찬식. 1991.『과학기술 발전은 주체확립의 중요한 담보』. 평양: 사회과학출판사.

박홍규. 2004. "선군시대 경제건설로선의 정당성."『경제연구』 1.

백철남. 2006. "선군시대 경제구조의 특징."『경제연구』 3.

서성준. 1996. "자립적민족경제건설로선은 자주적인 대외무역관계 발전을 위한 물질적 담보."『경제연구』 1.

서재영. 2005.『우리 당의 선군시대 경제사상해설』. 평양: 조선로동당출판사.

손영석. 2004. "과학기술 발전에서 일대 비약을 일으키는것은 우리 혁명과 건설의 필수적요구."『경제연구』 3.

신우균. 2007. "국방공업의 선도적역할은 사회주의경제강국건설의 합법칙적요구."『경제연구』 3.

신재호·김태국. 1977.『주체의 기술혁명리론』. 평양: 과학백과사전출판사.

심동명. 2004. "지방자체자원에 의거하는것은 지방공업발전의 중요방도."『경제연구』 1.

심은심. 2003. "과학기술의 빠른 발전은 사회주의경제건설에서 일대 앙양을 일으키기 위한 담보."『경제연구』 1.

_____. 2004. "선군시대 재생산의 몇가지 리론문제."『경제연구』 2.

_____. 2004. "경제발전과 과학기술 발전의 일체화."『경제연구』 4.

안명훈. 2006. "선군시대 경제건설로선은 우리 식의 독특한 경제건설로선."『경제연구』 4.

안윤옥. 2001. "자립적민족경제의 강화는 사회주의강성대국 건설의 확고한 담보."『경제연구』 4.

양춘길. 2007. "경제의 현대화를 위한 기술개건과 그 잠재력의 최대한 발양."『경제연구』 2.

양호남. 2002. "경제강국건설에서 기술개건의 절박성."『경제연구』1.

우상호. 2002. "생산토대를 현대적기술로 개건하는것은 근로자들의 지불능력 있는 수요장성의 중요방도."『경제연구』1.

우창덕. 2000. "기계공업에서 과학기술발전의 기본방향과 생산공정의 현대화방도."『경제연구』4.

원관옥. 2000. "전자공학발전을 앞세우는것은 높은 단계의 기술혁명 수행을 위한 기본담보."『경제연구』2

장덕성. 2007. "국방공업을 우선적으로 발전시키는것은 전반적경제발전을 위한 기본담보."『경제연구』4.

장성호. 2009. "중소형발전소건설에 나서는 원칙적요구."『경제연구』1.

장호익. 1998. "과학기술 발전을 추동하기 위한 경제적공간의 합리적 리용."『경제연구』3.

전룡삼. 2002. "현 시기 경제발전에서 과학기술의 선행적지위와 결정적역할."『경제연구』1.

전승훈. 2000. "인민경제의 현대화는 경제강국 건설의 필수적 요구."『근로자』5.

정상훈. 2004. "무역을 통한 선진기술이 생산성에 주는 영향에 대한 고찰."『경제연구』1.

정영룡. 2003. "국가와 통일적지도와 아랫단위의 창발성을 옳게 결합시키는것은 사회주의경제관리의 기본원칙."『경제연구』2.

정영범. 2007. "경제실리를 정확히 타산하는것은 계획사업개선의 중요요구."『경제연구』2.

정영섭. 2006. "선군시대 경제건설로선은 시대와 혁명의 요구를 가장 정확히 반영한 과학적인 로선."『경제연구』2.

조선로동당출판사 편.『김일성저작선집』. 평양: 조선로동당출판사.

_____.『김일성저작집』. 평양: 조선로동당출판사.

_____.『김정일선집』. 평양: 조선로동당출판사.

_____. 1999.『위대한 수령 김일성동지의 불멸의 혁명업적 18, 해외교포문제의 빛나는 해결』. 평양: 조선로동당출판사.

조영남. 2008. "경제전선은 현시기 사회주의건설의 주공전선."『경제연구』1.

조옥술. 2003. "선군시대 사회주의경제건설의 추동력."『경제연구』3.

_____. 2007. "인민경제기술개건은 경제강국건설의 필수적요구."『경제연구』2.

조웅주. 2005. "선군시대 경제건설로선을 철저히 관철하는것은 우리 식 사회주의를 고수하기 위한 확고한 담보."『경제연구』2.

_____. 2006. "과학기술과 생산의 일체화는 경제발전의 확고한 담보."『경제연구』2.

주체사상연구소 편. 1975.『주체사상에 기초한 사회주의경제리론』. 평양: 사회과학출판사.

주현. 2005. "올해 인민생활향상에서 결정적인 전환을 가져오는것은 선군시대의 필수적요구."『경제연구』4.

지태화. 2002. "전문화된 대규모 공장, 기업소들의 생산능력을 최대한으로 리용하는것은 강성대국 건설의 중요방도.”『경제연구』2.

진명찬. 2000. “우리의 경제토대, 경제구조의 효과적리용에서 과학기술의 역할.” 『경제연구』3.

천영철. 2002. “사회주의경제건설을 다그쳐 인민생활을 결정적으로 추켜세우는것은 우리 제도제일주의를 구현하기 위한 중요문제.”『경제연구』1.

최성학. 2004. “인민경제의 현대화, 정보화를 실현하는것은 강성대국 건설의 중요한 담보.”『경제연구』4.

최영옥. 1997. “현시기 우리 당이 제시한 무역정책과 그 정당성.”『경제연구』2.

_____. 2000. “경제사업에 대한 국가의 중앙집권적통일적지도를 강화하는것은 강성대국 건설의 중요한 요구.”『경제연구』4.

최영철. 1998. “라진-선봉지구를 국제금융거래의 중심지로 꾸리는것은 자유경제무역지대개발의 중요고리.”『경제연구』1.

최윤식. 2002. “품질관리를 개선하는것은 사회주의강성대국 건설의 중요한 담보.”『경제연구』3.

편집국. 2000. “강계정신으로 억세게 싸워나가자.”『근로자』5.

표광철. “과학기술중시는 경제강국건설을 위한 우리 당의 전략적로선.”『경제연구』3.

표인명. 2006. “과학기술 발전은 현시기 로동력의 질적재생산에 영향을 주는 중요요인.”『경제연구』3.

한광철. 2004. “국방공업을 확고히 앞세우는것과 함께 경공업과 농업을 동시에 발전시켜 인민생활을 획기적으로 높이는것은 선군시대 사회주의경제건설로선의 중요한 요구.”『경제연구』4.

한득보. 1998. “경제관리에서 주체성을 고수하는것은 위대한 령도자 김정일동지의 드팀없는 의지.”『경제연구』1.

한성기. 2000. “올해 경제건설에서 틀어쥐고 나가야 할 주공전선.”『경제연구』2.

_____. 2004. “위대한 령도자 김정일동지의 경제사상은 주체시대의 독창적이며 과학적인 사상.”『경제연구』1.

_____. 2005. “위대한 령도자 김정일동지께서 밝히신 우리 식 경제구조와 그 위대한 생활력.”『경제연구』1.

_____. 2006. “정보산업시대 새로운 경제구조확립에서 나서는 중요문제.”『경제연구』1.

한영옥. 2008. “과학기술의 역할을 높이는것은 경제강국건설의 확고한 담보.”『경제연구』1.

한정민. 2002. “위대한 령도자 김정일동지께서 밝히신 사회주의경제강국건설의 원칙적문제.”『경제연구』4.

한철. 2001. “경제적효과성타산은 경제사업에서 실리를 보장하기 위한 중요방도.”『경제연구』1.

한철주. 2004. “공업의 현대화는 나라의 국력을 강화하기 위한 필수적요구.”『경제연구』2.

함치영. 1992.『계속혁명에 관한 주체적 리해』. 평양: 사회과학출판사.

홍명호. 2007. "인민경제의 현대화, 정보화는 경제강국건설의 중요요구."『경제연구』3.

홍병선. 2002. "정보산업시대의 특징."『경제연구』3.

홍석형. 1997. "경제지도일군들은 '고난의 행군'에서 경제사업의 주인으로서의 책임과 역할을 다하자."『근로자』8.

홍영의. 2005. "사회주의원칙을 철저히 지키면서 최대한의 실리를 얻는것은 경제조직사업에서 지켜야 할 중요원칙."『경제연구』4.

황철. 2006. "국방공업위주의 경제토대는 강성대국 건설의 믿음직한 담보."『경제연구』1.

황한욱. 2003. "정보산업시대의 생산의 주요특징."『경제연구』3.

_____. 2004. "선진과학기술의 도입에서 나서는 몇가지 문제."『사회과학원원보』4.

_____. 2005. "과학기술 발전은 경제발전의 힘있는 추동력."『사회과학원원보』4.

"과학기술의 굳건한 토대를 마련해 주시여."『물리』. 2002년 2호.

"과학자, 기술자돌격대운동개시20돌 기념전시사회진행."『기술혁신』. 1996년 11호.

"과학자, 기술자들은 당의 과학기술중시로선을 틀어쥐고 전기, 자동화공학부문 과학연구사업에서 새로운 전환을 일으키자."『전기, 자동화공학』. 2000년 1호.

"과학자, 기술자들은 새 세기의 진격로를 열어 나가는데서 자기의 본분을 다하자."『과학원 통보』. 2001년 1호.

"과학자가 되기전에 열렬한 애국자가 되여야 합니다."『지질과학』. 1996년 1호.

"당의 과학기술중시로선을 틀어쥐고 당 창건 55돌을 맞는 올해를 과학기술성과의 해로 빛내이자."『전자공학』. 2000년 1호.

"당의 령도 따라 사회주의붉은기를 높이 추켜 들고 과학연구사업을 다그쳐 새 세기의 진격로를 열어 나가는데 적극 이바지하자."『전자공학』. 2001년 1호.

"당의 령도밑에 올해를 높은 과학기술성과로 빛내이자."『과학원통보』. 2004년 1호.

"당창건 55돌을 맞는 올해를 보다큰 과학연구성과로 빛내이자."『생물학』. 2000년 1호.

"대중적 기술혁신운동을 현명하게 이끄시여."『기술혁신』. 1996년 2호.

"물리학부문 과학자들은 강성대국의 보다 높은 목표를 점령하여 올해를 자랑찬 승리의 해로 빛내이자."『물리』. 2004년 1호.

"물리학부문의 과학자, 기술자들은 높은 과학연구성과로 새 세기의 첫해를 더욱 빛내이자."『물리』. 2001년 1호.

"생물학부문 과학자, 기술자들은 과학연구사업을 힘있게 벌려 당의 혁명적경제전략관철에 이바지함으로써 어버이 수령님의 유훈을 빛나게 실현해나가자."『생물학』. 1997년 3호.

"어은동과 더불어 길이 전할 이야기."『김일성종합대학학보-자연과학』. 2001년 2호.

"우리 나라의 첫 과학자, 기술자대회."『수학』. 2001년 2호.

"위대한 수령 김일성동지의 유훈을 높이 받들고 과학연구사업에서 새로운 혁신을 일으키자."『수학』. 1999년 3호.

"위대한 수령님 탄생 90돌을 맞는 올해를 강성대국 건설의 새로운 비약의 해로 빛 내이기 위하여 과학연구사업에서 혁신을 일으키자."『수학』. 2002년 1호.

"위대한 수령님 탄생 90돌을 맞는 올해를 강성대국 건설의 새로운 비약의 해로 빛내이기 위하여 교육과학연구사업에서 혁신을 일으키자."『김일성종 합대학학보』. 2002년 1호.

"위대한 수령님께서 나라의 생물학발전을 위하여 쌓아올리신 불멸의 업적을 더 욱 빛내여나가자."『생물학』. 1996년 3호.

"자랑찬 과학기술성과를 안고 9월의 대축전장에 떳떳하게 들어서자."『과학원통보』. 2008년 1호.

"자연과학부문의 교육, 과학 사업을 혁신하도록 이끄시던 나날을 되새기며."『김 일성종합대학학보』. 1995년 2호.

"장군님의 령도를 높은 과학기술성과로 받들겠다."『기상과 수문』. 1997년 6호.

"전기, 자동화 부문 과학연구사업을 힘있게 벌려 위대한 수령님의 유훈을 철저 히 관철하자."『전기, 자동화공학』. 1997년 3호.

"전자공학부문의 과학자, 기술자들은 과학실천으로 당의 사상과 령도에 끝없이 충성다해나가자."『전자공학』. 1995년 5호.

"태양의 품은 영원합니다."『기술혁신』. 1996년 4호.

『3대혁명을 힘있게 빌려 사회주의 건설을 더욱 다그치자』. 평양: 사회과학출판사, 1976.

『경제사전 1~2』. 평양: 사회과학출판사, 1985.

『경제연구』. 1995~2009.

『근로자』. 1994~2009.

『김일성종합대학학보: 철학, 경제학』. 1997~2008.

『로동신문』. 1994~2009.

『민주조선』. 1994~2009.

『정치법률연구』. 2004~2009.

『조선대백과사전 19』. 평양: 백과사전출판사, 2000.

『조선말대사전1~2』. 평양: 사회과학출판사, 1992.

『조선신보』. 1994~2008.

『조선중앙년감』. 1994~2008.

『조선중앙방송』

『조선중앙통신』

『천리마』. 1994~2009.

『평양방송』

2. 국문 자료

강영실. 2009. "북한과학기술정책: 전자자동화분원을 중심으로." 2009년 북한과 학기술연구세미나 발표문.

_____. 2009. "북한의 전자·자동화공학 발전 현황." 최현규 외. 『북한과학기 술연구』 7.

강일천·공선영. 2003. "'7.1경제관리개선조치' 1년의 평가와 재해석." 평화문제 연구소. 『통일문제연구』 15(2).

강호제. 2001. "북한 과학원과 현지 연구사업: 북한식 과학기술의 형성." 서울대 학교 대학원 석사학위논문.

_____. 2003. "현지연구사업과 북한식 과학기술 형성." 경남대학교 북한대학원. 『현대북한연구』 6(1).

_____. 2007. 『북한 과학기술 형성사, 1』. 서울: 선인.

경남대 극동문제연구소·(주)하나로통신 편. 2000. 『인터넷과 북한』. 마산: 경남 대학교 출판부.

고경민. 2004. 『북한의 IT전략』. 서울: 커뮤니케이션북스.

_____. 2006. "2000년 이후 북한의 과학기술정책." 세계평화통일학회. 『평화학 연구』 7(1).

_____. 2006. "비교사회주의적 시각에서의 인터넷 딜레마와 인터넷 전략 진화 과정." 『한국정치학회보』 40(3).

_____. 2009. "사회주의 국가들의 인터넷 개방 시사점과 북한의 인터넷 개방 전망." 『북한과학기술연구』 7.

고수석·박경은. 2002. 『김정일과 IT혁명』. 서울: 베스트북.

고영환. 1992. 『평양 25시』. 서울: 고려원.

고유환 엮음. 2006. 『로동신문을 통해 본 북한 변화』. 서울: 선인.

고유환·김용현. 2000. "북한의 선군정치와 군사국가화." 『최근 북한 현황 평가: 위기인가 기회인가?』. 서울: 평양학회.

고일동. 1999. "예산내용과 인민경제계획법을 통해서 본 북한경제." 『KDI 북한경 제리뷰』 3월.

공동철. 1995. 『리승기: 그 삶과 업적, 그리고 북한의 과학기술』. 서울: 학민사.

곽승지. 2000. "김정일시대의 북한 이데올로기: 현상과 인식." 통일연구원. 『통 일정책연구』 9(2).

곽인수. 2003. "조선노동당의 당적 지도에 관한 연구." 경남대학교 북한대학원 석사학위논문.

구광모. 1992. "국가전략과 과학기술정책의 발전방향 1." 『중앙행정논집』 6(1).

국가정보원 편. 2000~2006. 『북한 과학기술논문 분석』. 서울: 국가정보원.

_____. 2005. 『북한법령집』. 서울: 국가정보원.

_____. 2008. 『북한법령집』. 서울: 국가정보원.

국방부 편. 1994. 『문답으로 알아보는 우리의 국방비』. 서울: 국방부.
_____. 2009. 『국방백서 2008』. 서울: 국방부.
권기창 · 배귀희. 2006. "과학기술정책의 거버넌스 변화." 『한국정책과학학회보』 10(3).
권오윤. 2007. 『현실 사회주의 북한』. 서울: 청목.
권태영 외. 2007. 『동북아 전략균형 2007』. 서울: 한국전략문제연구소.
기무라 미쓰히코 저. 김현숙 옮김. 2001. 『북한의 경제: 기원 · 형성 · 붕괴』. 서울: 혜안.
김계동. 2002. 『북한의 외교정책 – 벼랑에 선 줄타기외교의 선택 – 』. 서울: 백산서당.
김광진. 2007. "북한의 외화관리시스템 변화연구." 경남대 북한대학원대학교 석사학위논문.
김근배. 1998. "'리승기의 과학'과 북한 사회." 『한국과학사학회지』 20(1).
_____. 1999. "과학과 이데올로기 사이에서: 북한 '봉한학설'의 부침." 『한국과학사학회지』 21(2).
_____. 2000. "김일성종합대학의 창립과 분화." 『한국과학사학회지』 22(2).
_____. 2001. "초기 북한에서 사회주의적 과학기술자의 창출." 과학문화연구센터. 『연구논문집』 2.
_____. 2002. "북한 과학기술정책의 변천." 과학기술정책연구원. 『과학기술정책』 12(2).
_____. 2002. "북한의 주체형 과학기술자." 『과학사상』 42.
_____. 2003. "북한 과학기술의 변천: 주체 대 선진." 한국과학기술정보연구원. 『북한과학기술연구』 1.
김근식. 1999. "북한 발전전략의 형성과 변화에 관한 연구: 1950년대와 1990년대를 중심으로." 서울대학교 대학원 박사학위논문.
_____. 2000. "김정일 시대 북한의 경제발전전략: '3대 제일주의'에서 '과학기술중시'로." 경남대학교 북한대학원. 『현대북한연구』 3(2).
_____. 2001. "김정일 시대의 북한 경제정책 변화: 혁명적 경제정책과 과학기술중시정책." 『통일경제』 통권 73.
_____. 2005. "노무현정부 대북정책의 평가: 평화번영정책과 북핵해법을 중심으로." 성균관대학교 국가경영전략연구소. 『국가경영전략』 4(2).
김기정 · 나웅하. 2009. "관망과 개입: 1, 2차 북핵 위기에 나타난 중국의 대북정책 변화요인 분석." 『중소연구』 33(1).
김길선. 2001. "북한의 국방산업 개관." 통일정책연구소. 『북한조사연구』 5(2).
김동식. 2003. "북한의 과학기술 현황과 통일 후 과학기술 발전에 대하여." 과학기술정책연구원 주최 204회 비공개포럼 발제문.
김문조. 2004. 『과학기술과 한국사회의 미래』. 서울: 고려대학교 출판부.
김민채. 1982. "현대 사회주의 비판." 경희대사회과학연구소. 『사회과학연구』 8.
김병목 · 임병기 · 이장재. 1992. "북한의 과학기술정책과 과학기술 발전계획." 과학기술정책연구원. 『과학기술정책』 4(1).

김병목 · 정선양 · 임덕순. 1994. 『남북한 과학기술협력의 과제와 대응』. 서울: 과학기술정책관리연구소.

김병목 · 정회성. 1996. "북한의 과학기술과 환경문제." 단국대학교 정책과학연구소. 『정책과학연구』 7.

김병용. 2009. "북한의 장거리미사일 및 인공위성 개발능력." 『최근 북한의 위협과 우리 정부의 대응책』. 2009 국가안보전략연구소 학술회의 발표문.

김병욱 · 김영희. 2008. "북한 전시동원공장들의 '전시군수생산 자립화' 과정." 국가안보전략연구소. 『정책연구』 통권 158.

김병진. 1981. "내용분석에 관한 고찰." 『경희법학』 17(1).

김상기. 1999. "북한의 경제정책 분석." 『KDI 북한경제리뷰』 3월.

_____. 2004. "2004년 신년공동사설 분석: 경제부문." 『KDI 북한경제리뷰』 1호.

김선건. 1997. "과학기술의 이데올로기적 성격." 충남대학교 사회과학연구소. 『사회과학연구 사회과학논집』 8.

김선호. 2006. "북한의 사이버전 능력과 대비책." 『자유』 통권 397.

김세헌. 2004. "선진 각국 국방 정보보호 동향." 『발전적 정보보호 패러다임의 모색』. 2004 국방 정보보호 컨퍼런스 발표문.

김승철 · 박선영. 2005. "북한 IT산업 및 도 공산대학 실태." 『북한』 8월.

김연수. 2008. "북한의 평화적 현대화 유도전략." 『북한연구학회보』 12(2).

김연철. 1997. 『북한의 배급제 위기와 시장개혁 전망』. 서울: 삼성경제연구소.

_____. 2000. "북한 정보화의 국제적 변수: 바세나르 체제와 미국의 대북경제 제재를 중심으로." 경남대 극동문제연구소 · (주)하나로통신 편. 『인터넷과 북한』. 마산: 경남대학교 출판부.

_____. 2002. "북한 경제관리 개혁의 성격과 전망." 김연철 외 편. 『북한 경제개혁 연구』. 서울: 푸마니타스.

김영수 외. 1997. 『김정일 시대의 북한』. 서울: 삼성경제연구소.

김영윤. 1997. "북한 암시장의 경제 · 사회적 영향." 『통일연구논총』 6(1).

_____. 2002. "북한의 기술 개건 전략과 발전 전망." 『통일경제』 1 · 2월.

김영희. 2000. 『과학기술의 사회학』. 서울: 한울아카데미.

김용순. 2008. "북한의 대미 외교행태 분석 - 선군 리더십의 위기관리 - ." 연세대학교 대학원 박사학위논문.

김용호. 2000. "북한의 대외협상 행태 분석." 『국제정치논총』 40(4).

김용호. 1993. "북한핵에 대한 인식이론적 접근." 『한국과 국제정치』 9(2).

_____. 1996. 『현대 북한 외교론』. 서울: 오름.

김용호 · 김명철. 2005. "북한 연구에 대한 연구경향 분석 및 새로운 대안의 모색: 북한 핵문제를 중심으로." 『대한민국 학술원. 한국의 학술연구: 인문 · 사회과학 편』 5.

김용호 · 김명철. 2007. "향후 북한의 6자회담 전략 및 대미 전략." 한국국제정치학회 주최 2007년도 북핵문제 국제학술회의 발표논문.

김용호 · 명석영. 2007. "북한외교정책연구의 국내외 경향의 분석과 대안의 모색:

분석수준의 다양화를 위한 소고." 평화문제연구소. 『통일문제연구』 19(2).

김용호 · 정진위. 2003. 『북한 남북한 관계 그리고 통일』. 서울: 연세대학교 출판부.

김유향. 2001. "북한의 IT 부문 발전전략: 현실과 가능성의 갭." 경남대학교 북한대학원. 『현대북한연구』 4(2).

김윤자. 1989. "1920년대의 소련의 신경제정책논쟁에 관한 연구." 서울대학교 대학원 박사학위논문.

김의곤. 1991. "소련의 과학기술 혁명과 발전 사회주의." 인하대학교 사회과학연구소. 『논문집』 10.

김재관. 2007. "제2차 북핵 위기 이후 북중관계의 근본적 변화 여부에 관한 연구: 경제/군사안보 영역의 최근 변화를 중심으로." 서강대학교 동아연구소. 『동아연구』 52.

김재헌. 2005. "북한 경제건설과정에서 당적지도의 문제: 과학기술돌격대의 역할을 중심으로." 동국대학교 대학원 석사학위논문.

김정흠. 1976. "기능자 양성의 제도적 장치." 『북한』 6월.

김종하. 2006. "북한과 UN산하 과학기술관련 국제기구간의 교류 · 협력관계: 북한의 입장과 이해관계를 중심으로." 한국국제정치학회 학술대회 발표논문집.

김종하 · 김재엽. 2008. 『군사혁신(RMA)과 한국군』. 서울: 북코리아.

김진무. 2003. "북 · 러관계 전망 및 군사지원." 『합참』 20.

_____. 2006. "북한의 과학기술정책." 『북한』 1월.

_____. 2006. "북한의 군사과학기술 능력과 대남 군사전략 변화." 한국국방연구원. 『주간국방논단』 제1096호(06 - 17).

김창희. 1990. 『북한의 과학기술정책 연구』. 서울: 국토통일원.

_____. 2000. "북한의 과학기술 정책과 실태." 민주평통자문회의.

_____. 2001. "김정일 체제의 국가관리정책과 발전전략." 『한국동북아논총』 20.

김철환. 1990. "북한의 과학기술 수준." 『신동아』 375.

_____. 2003. "북한의 국방과학기술과 핵문제." 과학기술정책연구원. 『과학기술정책』 13(3).

김철환 · 문장렬. 2001. "남북한 과학기술 교류협력 추진전략 및 방안 연구." 『국방연구』 44(2).

김태영. 1991. "북한사회주의의 과학기술정책에 관한 일연구." 고려대학교 대학원 석사학위논문.

김태호. 2001. "리승기의 북한에서의 '비날론' 연구와 공업화: 식민지시기와의 연속과 단절을 중심으로." 서울대학교 대학원 석사학위논문.

김하현. 1980. "북한의 과학기술과 그 딜레마." 『북한』 4월.

김학철. 2009. "북한의 철도운영 실태와 기술개선." 최현규 외. 『북한과학기술연구』 7.

김현식 · 손광주. 1997. 『다큐멘터리 김정일』. 서울: 천지미디어.

김형국 · 유석진 · 홍성걸 편. 1998. 『과학기술의 정치경제학』. 서울: 한울아카데미.

김환성. 1993. "마르크스주의 과학기술론에 대한 비판적 연구." 한양대학교 대학원 석사학위논문.

김흥광. 2005. "북한 컴퓨터과학의 기원과 전개 – 북한 지도부의 인식변화와 추진력을 중심으로 – ." 『북한학보』 30.

_____. 2006. "북한 IT기술 발전의 현 실태와 미래 전망." 『10명의 북한 출신 엘리트들이 보는 10년 후의 북한』. 서울: 인간사랑.

_____. 2006. "북한의 사이버정보전 실태." 『북한』 5월.

_____. 2007. "인터넷 개방을 위한 북한의 로드맵과 추진현황." 『북한과학기술연구』 5.

남성욱. 2002. 『북한의 IT산업 발전전략과 강성대국 건설』. 서울: 한울.

노스, 더글러스 C. 저. 이병기 역. 1996. 『제도, 제도변화, 경제적 성과』. 서울: 한국경제연구원.

노정호 · 김용호. 2002. "대북화해협력정책과 북한의 변화에 대한 실증적 분석." 경남대학교 극동문제연구소. 『한국과 국제정치』 18(3).

대한무역투자진흥공사. 1999. 『북한뉴스레터』. 2월.

도광학. 2009. "북한 지역 내 가행가능한 광업구의 요해." 최현규 외. 『북한과학기술연구』 7.

돈 오버도퍼 저. 뉴스위크 한국판 뉴스팀 역. 1998. 『두 개의 코리아』. 서울: 중앙일보.

두인킨, A. 1990. "자본주의 국가에서 과학기술 진보의 경제적 제 문제." R. Richta 외 저. 김동석 편역. 『현대자본주의와 과학기술혁명』. 서울: 동녘.

로제, J. 저. 최종덕 · 정병훈 역. 1986. 『과학철학의 역사』. 서울: 한겨레.

류길재. 1999. "북한의 정치체체 변화와 국가변용." 『북한연구학회보』 3(1).

리기성. 2006. "21세기 초 북한의 경제건설 환경", 『KDI 북한경제리뷰』 11월.

린이푸 외 저. 한동훈 · 이준엽 역. 2001. 『중국의 개혁과 발전전략』. 서울: 백산서당.

마틴 반 클레벨트 저. 이동욱 옮김. 2006. 『과학기술과 전쟁』. 서울: 황금알.

민주평화통일자문회의. 2009. 『상생과 공영의 대북정책: 어떻게 이해하고, 설명할 것인가』. 서울: 민주평화통일자문회의.

박동철. 1989. "자립경제노선 대응방안 강구." 『과학과 기술』 2월.

박순성. 2004. "김일성 시대(1994 – 2004) 북한 경제정책의 변화와 전망." 『북한연구학회보』 8(1).

박영규. 2003. 『김정일 정권의 안보정책: 포괄적 안보개념의 적용』. 서울: 통일연구원.

박용수. 2007. "1990년대 이후 한반도 안보환경의 변화." 『국제정치논총』 47(2).

박정원. 2006. "북한의 과학기술중시정책과 '과학기술법'." 한국과학기술정보연구원 북한과학기술네트워크. 『북한과학기술연구』 4.

박찬모. 1999. "북한의 정보화 현황." 『과학과 기술』 1월.

_____. 2001. "남북 정보통신산업 협력의 현황과 과제." 제17회 미래전략포럼 발제문.

_____. 2001. "북한의 정보통신 기술현황과 전망." 한국정책연구원. 『한국정책논집』 1.

박헌옥. 2004. "김정일 정권의 국가전략과 군사정책." 『군사논단』 38.

박형준. 1991. "극소전자 자동화에 따른 노동과정의 변화." 고려대학교 대학원 박사학위논문.

박형준 · 김태영. 1991. "북한의 과학기술: 기술혁신의 현황과 한계를 중심으로." 『아세아연구』 86.

박형중. 2009. "북한의 좌절과 도전(2007.10~2009.5)." 통일연구원. *Online Series* CO 09-33.

배성인. 2001. "김정일체제의 지배담론: 붉은기사상과 강성대국을 중심으로." 『북한연구학회보』 5(1).

_____. 2001. "정보화 시대 북한의 정보통신 산업과 남북한 교류협력." 통일연구원. 『통일정책연구』 10(1).

_____. 2003. "김정일 정권의 위기극복을 위한 정치담론과 담론의 정치." 통일연구원. 『통일정책연구』 12(2).

배종렬. 2000. "한반도 정세변화에 따른 남북경제협력체 추진방안." 국가안보정책연구소. 『정책연구』 여름호.

_____. 2004. "2001년 북한의 경제정책방향과 남북협력의 과제." 배종렬 · 유승호 편. 『동북아와 남북한 경제협력; 발전방향과 정책과제』. 서울: 한국수출입은행.

배종태. 1987. "개발도상국의 기술내재화과정: 기술선택요인 및 학습성과 분석." 한국과학기술원 대학원 박사학위논문.

백승주. 2001. "선군정치하 북한군 역할과 위상 변화."『국방정책연구』 54.

변상정. 2008. "북한의 '2022년 과학기술강국' 목표 추진실태와 과제." 국가안보전략연구소 정책보고서(http://www.inss.re.kr).

_____. 2008. "금년 북한의 경제강국건설-과학기술중시노선 동향 평가와 시사점." 국가안보전략연구소 정책보고서(http://www.inss.re.kr).

_____. 2008. "북한의 '21세기형 자력갱생' 추진전략." 국가안보전략연구소 정책보고서(http://www.inss.re.kr).

_____. 2009. "금년 북한의 군사경제 동향과 전망." 국가안보전략연구소 정책보고서(http://www.inss.re.kr).

_____. 2009. "북한의 과학기술중시노선과 대외협력 전망 및 정책적 고려사항." 국가안보전략연구소 정책보고서(http://www.inss.re.kr).

북한연구학회 편. 2006.『북한의 교육과 과학기술』. 서울: 경인문화사.

서대숙. 2000. "정치: 조선노동당의 위상 변화." 경남대 극동문제연구소 주최 제20차 통일전략포럼 주제 발표문.

서동만. 1997. "북한 당 · 군관계의 역사적 형성: 창군기에서 한국전쟁 직전까지를 중심으로."『외교안보연구』 2.

서울사회과학연구소. 1991.『사회주의의 이론 · 역사 · 현실』. 서울: 민맥.

서재진. 1995.『또 하나의 북한사회: 사회구조와 사회의식의 이중성 연구』. 서울: 나남.

_____. 2001.『식량난에서 IT산업으로 변화하는 북한』. 서울: 지식마당.

_____. 2001. 『주체사상의 형성과 변화에 대한 새로운 분석』. 서울: 통일연구원.

_____. 2001. "북한의 최근 기술 중시 및 IT산업 육성정책의 의미." 통일연구원. 『통일정책연구』 10(2).

서재평. 2009. "북한의 지하자원 현황과 개발의 필요성." 최현규 외. 『북한과학기술연구』 7.

선유정. 2003. "김정일시대의 과학기술중시사상." 과학기술정책연구원 북한과학기술연구회 제7차 전문가 워크숍 발표문.

성지은. 2006. "과학기술정책결정구조의 변화: 참여정부의 과학기술행정체제개편을 중심으로." 서울대학교 한국행정연구소. 『행정논총』 44(1).

성지은 · 송위진. 2007. "혁신체제 전환 과정에서 정부 역할과 정책대응: 한국과 핀란드 사례 비교." 서울대학교 한국행정연구소. 『행정논총』 45(1).

성채기 외. 2003. 『북한경제 위기 10년과 군비증강 능력』. 서울: 국방연구원.

_____. 1997. "북한 경제위기의 원인(sources)에 대한 실증적 분석." 『국방논집』 40.

_____. 2005. "북한 공표 군사비 실체에 대한 정밀 재분석." 『국방정책연구』 70.

성채기 · 백재옥 · 권오봉. 2003. "군비증강 능력 측면에서 본 북한 경제위기 10년." 『국방정책연구』 61.

세종연구소 북한연구센터 엮음. 2003. 『북한의 국가전략』. 서울: 한울아카데미.

_____. 2007. 『북한의 대외관계』. 서울: 한울아카데미.

손광주. 2003. 『김정일 리포트』. 서울: 바다.

송석명. 2007. "김정일 선군정치의 역할과 한계." 『안보논단』 12월.

송위진. 2006. 『기술혁신과 과학기술정책』. 서울: 르네상스.

신상진. 2003. "중국의 통일외교안보정책 전망: 10기 전인대 1차 회의 분석." 『통일정세분석』 3월.

신일철. 2003. 『북한 정치의 시네마폴리티카』. 서울: 이지북.

안찬일 외 편. 2006. 『10명의 북한 출신 엘리트들이 보는 10년 후의 북한』. 서울: 인간사랑.

안찬일. 2006. "김정일체제의 이념적 갈등과 변화 전망." 『북한의 과학기술과 10년 후의 북한 조명』. 2006년도 북한연구학회 추계학술회의 발표논문.

_____. 2007. "북한 선군정치체제하의 군부 위상변화 연구." 『북한학보』 32.

안효승. 2003. 『북한－중국 간 경제협력 현황과 전망』. 서울: 외교안보연구원.

양문수. 2001. "김정일시대 북한의 경제운용과 과학기술중시정책." 『통일문제연구』 통권 35.

_____. 2001. 『최근 북한의 경제정책 변화 방향과 시사점』. 서울: LG경제연구원.

_____. 2007. "7 · 1조치 5주년의 평가와 전망: 경제관리 시스템을 중심으로." 『수은북한경제』 여름호.

양승함. 1992. "러시아의 한반도 정책에 관한 정치경제적 시각." 『국제정치논총』 32(2).

_____. 1993. "러시아의 안보정책과 군사전략." 『안보학술논집』 4(1).

_____. 1996. "러시아와 북한관계의 구조적 변화와 최근 관계변화." 연세대학교 사회과학연구소. 『사회과학논집』 27.

_____. 2007. "대통령 리더십과 국가발전." 현대사회연구소. 『2000년年』 통권 294.

양현수. 2001. "북한군의 정치적 위상과 역할: 북한의 '군사국가화' 논의 비평." 김유남 외. 『21세기 남북한과 미국』. 서울: 삼영사.

오승렬. 1996. 『북한 경제개혁의 최적 방향 연구』. 서울: 민족통일연구원.

_____. 2002. 『북한경제의 변화: 이론과 정책』. 서울: 통일연구원.

오을임 · 안병철. 1998. "한국의 과학기술정책에서 정책이념의 변화 분석." 조선 대학교 사회과학연구소. 『사회과학연구』 19.

외교안보연구원 편. 1997. 『북한의 대외협상 행태분석과 우리의 대북 협상전략 수립방안』. 서울: 외교안보연구원.

윌리엄 페리 · 에시튼 카터 저. 박건영 · 이성봉 · 권영진 옮김. 2000. 『예방적 방 위전략』. 서울: 프레스 21.

유호열. 2000. "북한의 주변정세 인식과 대응전략: 페리보고서 이후 북한의 대 외정책을 중심으로." 고려대학교 북한학연구소. 『북한학연구』 1.

_____. 2003. "북한의 핵개발 현황과 대미전략." 『국제문제연구』 3(1).

_____. 2006. "북한 실리사회주의의 한계와 문제점." 『북한』 5월.

_____. 2006. "북한의 핵무장과 동북아 국제관계 변화 전망." 한국군사문제연 구원. 『한국군사』 23.

유호열 · 김종하 · 배진수 · 김성형. 2008. "북한과 UNDP · UNIDO와의 과학기술 교류 · 협력: 북한의 입장과 이해관계를 중심으로." 『북한연구학회보』 12(2).

은종학. 2000. 『중국 중관촌을 보는 김정일의 눈』. 서울: LG경제연구원.

이공래. 2001. 『기술혁신이론 개관』. 서울: 과학기술정책연구원.

이교관. 2005. 『레드라인』. 서울: 한울아카데미.

이교덕 · 임순희 · 조정아 · 이기동 · 이영훈. 2007. 『새터민의 증언으로 본 북한 의 변화』. 서울: 통일연구원.

이근. 2004. "과학기술의 새로운 패러다임과 경제." 정보통신정책연구원. 『IT의 사회 · 문화적 영향 연구: 21세기 한국 메가트렌드 시리즈』.

이기동. 2004. "북한의 통치이데올로기의 지속성과 변화." 박형중 외. 『김정일 시 대 북한의 정치체제: 통치이데올로기, 권력엘리트, 권력구조의 지속성 과 변화』. 서울: 통일연구원.

이달희. 2005. "북한 공식 발표 국방비의 진실 게임." 『국방정책연구』 70.

_____. 2007. "북한국방비지출의 은폐구조 분석." 『국방연구』 50(1).

이대근. 2003. 『북한 군부는 왜 쿠데타를 하지 않나: 김정일시 시대 선군정치와 군부의 정치적 역할』. 서울: 한울.

이상균. 1999. "북한 군수산업의 경제성 진단 및 남북 통합 시 활용방안." 한국 전략문제연구소 국방정책 연구보고서.

이상현. 2002. "정보화와 군사혁신: 세계적 추세와 대응전략." 윤성이 엮음. 『정 보사회와 국제평화』. 서울: 오름.

_____. 2007. "미국의 군사변환 전략 - 기원, 성과, 평가 - ." 『국가전략』 13(3).

이석. 2009. "현 단계 북한경제의 특징과 설명 가설들." 『북한경제리뷰』 1월.

이석기. 2003. 『북한의 기업관리체계 및 기업행동양식 변화 연구』. 서울: 산업연구원.

_____. 2005. 『북한의 산업발전 전략과 남북경협』. 서울: 산업연구원.

이석민. 2008. "국가혁신체제와 국가의 역할." 서울대학교 대학원 박사학위논문.

이수아. 2004. "북한의 과학기술중시정책." 이화여자대학교 대학원 석사학위논문.

이신재. 2002. "북한 자립경제노선의 등장과 과학기술의 역할, 1945 - 60." 경남대학교 북한대학원 석사학위논문.

이애란. 2009. "북한의 경공업정책과 소비품산업 실태." 최현규 외. 『북한과학기술연구』 7.

이영옥. 2009. "북한의 과학기술체계: 과학원을 중심으로." 최현규 외. 『북한과학기술연구』 7.

이영훈. 2000. "북한의 경제성장 및 축적체제에 관한 연구(1956~1964)." 고려대학교 대학원 박사학위논문.

_____. 2001. "1990년대 북한의 경제발전전략과 체제변화." 『북한연구학회보』 5(2).

이영희. 2000. 『과학기술의 사회학: 과학기술과 현대사회에 대한 성찰』. 서울: 한울.

이원영. 2008. 『기술혁신의 경제학』. 서울: 생능출판사.

이재승. 1998. 『북한을 움직이는 테크노크라트』. 서울: 일빛.

이종석. 2000. 『김정일 시대의 당과 국가기구』. 서울: 세종연구소.

_____. 2000. 『북한 - 중국 관계 1945 - 2000』. 서울: 중심.

이종희 외. 2003. 『북한의 정보통신기술』. 서울: 생각의 나무.

이찬행. 2001. 『김정일』. 서울: 백산서당.

이춘근. 2001. "북한 과학기술인력 양성체제의 변천 및 특징." 『과학기술정책』 11(6).

_____. 2004. "북한의 과학기술체제 개혁과 시사점." 『과학기술정책』 14(4).

_____. 2005. 『과학기술로 읽는 북한 핵』. 서울: 생각의 나무.

_____. 2005. 『북한의 과학기술』. 서울: 한울.

_____. 2006. "북한 - 중국의 과학기술협력과 시사점." 『현대북한연구』 8(3).

_____. 2006. "체제전환국들의 과학기술체제 개편과 북한에 대한 시사점." 2006년도 북한연구학회 추계학술회의 발표문.

이춘근 역. 2003. 『중국의 10 · 5 과학기술계획 연구』. 한국과학기술정책연구원 조사자료 2003 - 01.

_____. 2004. 『중국의 주요 국가과학기술계획』. 서울: 한국과학기술정책연구원.

이태섭. 2001. "북한의 경제재건전략." 『통일논총』 6.

이호창. 1991. "소련의 과학기술혁명론에 대한 연구." 연세대학교 대학원 석사학위논문.

임강택. 2000. 『북한의 군수산업정책이 경제에 미치는 효과 분석』. 서울: 통일연구원.

임광빈. 2003. 『정보혁명과 군사혁신』. 서울: 국회도서관 입법전자정보실.

임동원. 2008. 『피스메이커: 남북관계와 북핵문제 20년』. 서울: 중앙북스.

임수호. 2008. 『계획과 시장의 공존』. 서울: 삼성경제연구소.

임용순 · 채규철. "북한의 과학기술교육정책과 인력에 관한 연구." 성균관대 사회과학연구소. 『사회과학』 32(2).

임홍군. 2005. 『흔들리는 북한군』. 서울: 신서&생명의숲.

전계이. 2003. "북한 김정일 국방위원장 공식활동 및 통치체제 특징분석." 국방부. 『한반도 군비통제』 33.

전성훈. 2005. "북한의 핵능력과 핵위협 분석." 『국가전략』 11(1).

전소영. 2004. "북한의 '경제 · 국방 병진노선'에 관한 연구." 이화여자대학교 대학원 석사학위논문.

전영선. 2007. "남북 정상회담과 남북과학기술 협력 전망." 『KALI · 지역정보화』 11월.

전정환. 2008. "북한정권 60년 평가와 전망: 핵무기 개발과 벼랑끝 외교." 『북한』 9월.

전주영. 2009. "계획화시스템의 내적변화에 대한 고찰." 최현규 외. 『북한과학기술연구』 7.

전현준. 1999. 『북한의 「강성대국」 건설 실태 평가: 사상 · 정치 · 군사 분야를 중심으로』. 서울: 통일연구원.

전홍택. 1997. "북한의 제2경제의 성격과 기능." 『통일경제』 2월.

정광민. 2008. "북한 수출산업의 새로운 동향: 『朝鮮貿易年報 2007』 데이터를 중심으로." 『KDI 북한경제리뷰』 2월.

정근모. 1998. "과학기술과 국가발전." 김형국 · 유석진 · 홍성걸 편. 『과학기술의 정치경제학』. 서울: 오름.

정병호. 2002. "북한 사회주의 경제체제의 변화 추이 및 평가." 『KDI 북한경제리뷰』 7월.

_____. 2004. "북한의 군사력과 군비증강 능력." 『군사논단』 38.

정성임. 2004. "북한의 '선군정치'와 군의 역할." 『국방연구』 47(1).

_____. 2008. "북한정권 60년 평가와 전망." 『북한』 9월.

정성장. 2001. "김정일 시대 북한의 '선군정치'와 당 · 군관계." 『국가전략』 7(3).

정영태. 1998. "북한 강성대국론의 군사적 의미: 김정일의 군사정책을 중심으로." 『통일연구논총』 7(2).

_____. 2000. 『북한의 국방위원장 통치체제의 특성과 정책전망』. 서울: 통일연구원.

_____. 2006. "북한 핵실험 이후 북한의 군사정책." 단국대학교 정책과학연구소. 『정책과학연구』 16(2).

정옥임. 1995. 『북핵 588일』. 서울: 서울프레스.

정용덕 외. 1999. 『신제도주의 연구』. 서울: 대영문화사.

정우곤. 2001. "북한의 '강성대국' 건설과 개혁 · 개방." 2001년도 한국정치학회 학계학술회의 발표논문.

정운찬. 1998. 『한국경제 죽어야 산다』. 서울: 백산서당.

정유진. 1997. "북한 제2경제권에 대하여." 『통일연구』 1.

_____. 1999. "북한 경제 정책의 몇 가지 문제." 선문대학교 주최 제1회 통일세미나 발표문.

정조영. 1991. 『북한의 과학기술정책에 관한 연구』. 서울: 한국과학기술단체총연합회.

정창현. 2003. "김정일 국방위원장 재추대, 경제개혁 가속화 천명: 최고인민회의 제11기 1차 회의 결정내용과 특징." 『민족21』 10월.

_____. 2006. "과학기술 발전 선도하는 수많은 과학인재 양성." 『민족21』 10월.

정현수 · 김용환 · 전외술. 1995. 『북한정치경제론』. 서울: 신영사.

조경성. 2009. "북한 가금사육의 문제점과 해결방안." 최현규 외. 『북한과학기술연구』 7.

조동호. 2007. "2007년 북한 신년 공동사설 분석." 『KDI 정책포럼』 175.

_____. 2008. "기대와 비관 속의 자력갱생 전략." 『국가전략』 14(2).

조민. 2009. "북한 핵실험과 동북아 전략구도." 통일연구원. *Online Series* CO 09 - 36.

조성렬. 1998. "남북한 과학기술시스템의 통합." 김형국 · 유석진 · 홍성걸 편. 『과학기술의 정치경제학』. 서울: 한울아카데미.

_____. 2008. "상생 · 공영의 대북정책: 비전과 전략." 『국제문제연구』 8(2).

조순경. 1993. "군수산업 중심의 산업 · 기술 정책과 경제위기." 『경제와 사회』 20.

조용만. 2008. 『문명전환과 군사 분야혁신』. 서울: 진솔.

조용범 · 박현채. 1988. 『정치경제학사전』. 서울: 돌베게.

조호길. 2009. "후계체제 구축시기의 북 - 중관계 전망과 중국의 대북정책과제." 2009년 대외경제정책연구원 주최 국제학술회의 발표문.

조현대. 2000. "기술역량의 네 가지 요소와 기술추격 주자의 기술역량 발전 양상: 분석의 틀과 한국 반도체산업의 기술발전 사례." 『기술혁신연구』 8(2).

좋은 벗들 편. 2008. 『오늘의 북한소식』 1 ~ 12월.

진희관 · 신지호. 2006. "북한의 경제관리 방식과 김정일체제의 경제정책 변화." 고유환 엮음. 『로동신문을 통해 본 북한 변화』. 서울: 선인.

차재훈. 2001. "쌍무적 협상에서의 협상영향력 구성요소: 북미 협상과정에서 북한의 협상형태 분석을 중심으로." 『통일안보연구』 창간호.

챠오위즈. 2009. "북한 시장 개방 및 국제사회의 대응." 『북한의 장래와 국제사회의 대북정책 과제』. 2009년 대외경제정책연구원 주최 국제학술회의 발표문.

척 다운스 저. 송승종 역. 1999. 『북한의 협상전략』. 서울: 한울.

최성. 1991. 『소련 공산당의 해체와 북한 사회주의의 진로』. 서울: 한울.

_____. 1997. "김정일 정권의 권력엘리트와 군부의 위상 및 역할 변화." 『통일경제』 9월.

최성빈. 1992. "북한의 방위산업 현황." 『북한연구』 3(3).

최성빈 · 유재문 · 곽시우. 2005. 『북한 군수산업 개황』. 한국국방연구원 연구보고서.

최수영. 1999. 『북한의 강성대국 건설: 경제부문 중심으로』. 서울: 통일연구원.

_____. 2008. "김정일 시대의 경제정책." 『KDI 북한경제리뷰』 10월.

최수영 · 정영태. 2009. 『북한 최고인민회의 제12기 제1차 회의 결과 분석』. 서울:

　　통일연구원.

최아진. 2002. "과학기술개발을 위한 국가 간의 협력: 제2차 세계대전 중에 대
　　연합국들을 중심으로." 2002년 한국정치학회 연말 학술대회 발표논문.

_____. 2003. "민주주의와 국제협력." 『한국정치학회보』 37(3).

최용갑. 2004. "북한 '과학기술정책' 형성과 실행에 관한 연구." 경남대학교 북
　　한대학원 석사학위논문.

최준택. 2007. "김정일의 정치리더십 연구: 현지지도를 중심으로." 건국대학교
　　대학원 박사학위논문.

최현규. 2007. "북한의 정보화 실태와 정보화 인력 현황." 『KALI · 지역정보화』
　　11월.

최현규 편. 2008. "북한 과학기술체계의 형성: 과학원 및 각 분원을 중심으로."
　　『북한과학기술연구』 6.

최현규 · 한선화. 2002. "남북한 과학기술정보교류의 현황과 발전방향." 과학기
　　술정책연구원. 『과학기술정책』 12(2).

탁성한. 2008. "북한의 군사경제: 북한 군수산업의 실태와 대북정책 시사점." 한
　　국국방연구원 정책간담회 발표자료.

통일부 편. 1999. 『북한개요 2000』. 서울: 통일부.

_____. 2008. 『2008 북한개요』. 서울: 통일부.

통일원 편. 1991. 『북한개요』. 서울: 통일원.

편집부. 1990. 『현실과 과학 6』. 서울: 새길.

한경모. 2009. "축전기극판의 유효성 저항 계산." 최현규 외. 『북한과학기술연구』 7.

한국개발연구원. 1991. 『1989 - 1990 북한경제개관』. 북한연구센터 연구자료 91 - 06.

한국과학기술단체총연합회 편. 1993. 『북한의 과학기술에 관한 조사연구』. 서울:
　　한국과학기술단체총연합회.

_____. 1994. 『남북한 정보과학 비교연구』. 서울: 한국과학기술단체총연합회.

한국무역협회. 2009. "연도별 남북교역통계"(2009. 6. 5).

한국산업기술진흥협회 편. 1999. 『국가 경쟁력과 과학기술전략』. 서울: 한국산업
　　기술진흥협회.

한국산업은행 편. 2005. 『신북한의 산업』. 서울: 한국산업은행.

한국은행. 2005. "2004년 북한 경제성장률 추정 결과." 보도자료.

한국은행. 2008. "2007년 북한 경제성장률 추정 결과." 보도자료.

한영진. 2009. "북한 전력계통 현황 분석." 최현규 외. 『북한과학기술연구』 7.

한재완. 2010. "남북교역 2009년 평가 · 2010년 전망." 『Trade Focus』 9(10).

한현숙. 2009. "북한 경공업정책과 지방산업공장들의 실태." 2009 북한과학기술
　　연구세미나 발표문.

함형필. 2009. "2009년 북한의 군사정세 전망과 우리의 대응방향." 『국방정책연구』
　　24(4).

현성일. 2007. 『북한의 국가전략과 파워엘리트』. 서울: 선인.

현원복. 1989. "소련의 과학기술정책." 『중소연구』 13(2).

홍민식. 1990. "'과학기술혁명'과 브레즈네프체제의 개혁정책." 『중소연구』 14(3).

홍성국. 2007. "김정일 경제정책노선의 차별성." 『북한』 6월.

_____. 2007. "우리식(북한식) 경제운영 강화." 『북한』 12월.

_____. 2008. "북핵체제하 북한의 정책구도와 개혁·개방." 북한연구소·북한 학회. 『북한학보』 33(2).

홍성범·임덕순·김기국. 2002. 『북한 과학기술 현황 및 정책동향 분석』. 과학기 술정책연구원 정책연구 2002 - 22.

홍성표. 2005. "북한의 군사과학기술(前)." 한국군사학회. 『군사논단』 41.

_____. 2005. "북한의 군사과학기술(後)." 한국군사학회. 『군사논단』 42.

홍승원. 2009. "북한의 통신정책 변화추이와 대학 인력양성." 『북한과학기술연구』 7.

황규식. 1993. "소련경제개혁의 성격과 과제: 경제개혁논쟁과 과학기술론을 중 심으로." 경희대학교 대학원 석사학위논문.

황영헌·강석호·오형식. 1996. "국방과학기술 정책을 통한 WTO에 대한 대응 방안에 관한 연구." 한국경영과학회 1996년 학술대회논문집 1.

황윤원·윤광석. 2000. "과학기술정책결정체제 연구를 통한 과학기술 발전방안." 중앙대학교 국가정책연구소. 『중앙행정논집』 14(1).

황장엽. 1999. 『개인의 생명보다 귀중한 민족의 생명』. 서울: 시대정신.

황장엽. 2003. 『황장엽의 대전략: 김정일과 전쟁하지 않고 이기는 법』. 서울: 월 간조선사.

황진환. 2000. 『북한의 '군사혁신': 패턴과 전망』. 서울: 육사 화랑대연구소.

황태연 저. 허상수 엮음. 2008. 『과학기술의 발전과 정치경제학』. 서울: 중원문화.

후나바시 요이치 저. 오영환 외 역. 2007. 『김정일 최후의 도박』. 서울: 중앙일 보시사미디어.

Anchishkin, A. 저. 김성환 역. 1990. 『사회주의 미래와 과학기술혁명』. 서울: 푸른산.

Babson, Bradley O. 1999. "기로에 선 북한경제; North Korean Economy Today(North Korea on the Brink." 한국개발연구원, 『KDI 북한경제 리뷰』, 1999년 3월호.

Bernal, J. D. 저. 성하운 역. 1985. 『과학과 역사 3』. 서울: 한울.

Castell, Manuel 저. 박행웅·이종삼 역. 2003. 『밀레니엄의 종언』. 서울: 한울 아카데미.

Drucker, P. F. 저. 이재규 역. 2003. 『단절의 시대』. 서울: 한국경제신문.

Gorbachev, Mikhail 저. 고명식 역. 1989. 『페레스트로이카』. 서울: 시사영어사.

Kusin, A. A. 저. 노태천 역. 1990. 『마르크스의 기술론』. 서울: 문학과 지성사.

Marx, K. 저. 김호균 편역. 1988. "정치경제학비판 서문." 『경제학 노트』. 서울: 이론과 실천.

Marx, K. 저. 김수행 역. 1989. 『자본론 I』. 서울: 비봉.

OECD 편. 이근 외 기술과 진화의 경제학 연구회 역. 1995. 『과학과 기술의 경 제학』. 서울: 경문사.

Samuels, Richard J. 저. 정근모 · 이경서 공역. 1995.『일본이 힘 있는 나라가 된 이유』. 서울: 문화일보.

Sardar, Ziauddin 저. 김환석 · 김명진 역. 2002.『토마스 쿤과 과학 전쟁』. 서울: 이제이북스.

Standevitch, V. 저. 이창수 역. 1990.『과학기술혁명 입문』. 서울: 동녘.

Toffler, Albin and Heidi Toffler 저. 이규형 역. 1994.『전쟁과 반전쟁: 21세기 출발점에서의 생존전략』. 서울: 한국경제신문사.

Wolf, Charles Jr. and Norman Levin 저. 한용섭 · 김연수 공역. 2008.『북한 체제의 근대화 - 목적, 방법, 적용 - 』. Santa Monica, Calif: LAND Corporation.

『미국의 소리』(http://www.voanews.com)

『자유아시아방송』(http://www.rfa.org/korean)

『스페이스 플라이트 나우』(http://www.spaceflightnow.com)

『데일리NK』(http://www.dailynk.com)

『NK테크 웹진』(http://www.nktech.net)

『KDI 북한경제리뷰』(http://www.kdi.re.kr/kdi/report)

『국방백서』

『통일백서』

『북한개요』

『북한동향』

『조선일보』

『중앙일보』

『연합뉴스』

『한겨레신문』

『시사저널』

『월간조선』

『신동아』

『통일정보신문』

『每日新聞』

『産經新聞』

3. 영문 자료

Ajin, Choi. 2005. "Power of Ideas or Ideas of Power: Wilson's idea, U.S. power, and a new world order after World War I." 『한국정치학회보』 39(4).

Albright, Madeleine K. 2000. "Address at National Press Club." Washington D.C. Nov. 2.

Almond, Gabriel A. & G. Bingham Powel Jr. 1978. *Comparative Politics.* Boston: Little, Brown and Company.

Althusser, L. 1969. *For Marx.* Harmondsworth: Penguin Books.

Amsden, A. H. 1989. *Asia's Next Giant: South Korea and Later Industrializaton.* Oxford: Oxford University Press.

Arendt, Hannah. 2nd ed. 1958. *The Origin of Totalitarianism.* New York: Meridian Books.

Armitage, Richard L. 1999. *A Comprehensive Approach to North Korea.* Washington D.C.: Institute for National Strategic, National Defense University.

Arthur, W. B. 1990. "Positive Feedbacks in the Economic." *Scientific American.* February.

Balies, K. E. 1978. *Technology & Society under Lenin & Stalin: Origins of the Soviet Technical Intelligentsia 1917 – 41.* Princeton: Princeton University Press.

Bell, D. 1973. *The Coming of Post – Industrial Society.* London: Heineman.

_____. 1981. "The social Network of Information Society." in T. Forester ed. *The Micro Electronics Revolution.* Cambridge: MIT Press.

Berman, P. 1980. "Thinking about Programmed and Adaptive Implementation: Matching Strategies to Situations." in H. Ingram and D. Mann. eds. *Why Policies Succeed or Fail?* Beverly Hills: Sage Publications.

Bermudez, Joseph S. 1996. "Inside North Korea's CW Infrastructure." *Jane's Intelligence Review.* August.

_____. 2000. *The Armed Forces of North Korea.* Sydney, Australia: Allen & Unwin.

Blackwill, Robert D. and Albert Carnesale eds. 1993. *New Nuclear Nations: Consequences for U.S. Policy.* New York: Council on Foreign Relations.

Business Monitor International. 2008. *North Korea Defence and Security Report 2008.* 25 January.

Brus, W. Odzimierz and Kazimierz Laski. 1989. *From Marx to the Market:*

Socialism In Search of on Economic System. Oxford: Clarendon Press.

Cammack, P. 1992. "The New Institutionalism: Predatory Rule, Institutional Persistence, and Macro − Social Change." *Economy and Society* 21(4).

Center for Defense and International Security. 1997. *Ballistic Missile Briefing: North Korea.* Lancaster: Center for Defense and International Security Studies.

Center for Nonproliferation Studies Monterey Institute of International Studies. 2006. "CNS Special Report on North Korean Ballistic Missile Capabilities." March 22.

CIA. 2006. *The World Factbook.*

Crow, Michael M. 1994. "Science and Technology Policy in the United States." *Trading in the Model, Science and Public Policy* 21.

Edquist, C. ed. 1997. *Systems of Innovation: Technologies, Institutions, and Organizations.* London: Pinter.

Fedoseev, P. N. 1977. "Social Significance of the Scientific and Technological Revolutions." in R. Dahrendorf. ed. *Scientific − Technological Revolution: Social Aspects.* London: Sage Publications.

Freeman, Christopher and Perez, Carlota. 1988. "Structural Crises of Adjustment: Business Cycles and Investment Behavior." in Dosi et al. eds. *Technical Change and Economic Theory.* London and New York: Pinter Publishers.

Friedman, D. 1988. *The Misunderstood Miracle.* Ithaca: Cornell University Press.

Friedrich, Carl J. and Zbigniew K. Brzezinski. 2nd ed.(revised by C. J. Friedrich). 1965. *Totalitarian Dictatorship and Autocracy.* Cambridge Mass: Harvard University Press.

Gross, Donald G. and Hannah Oh. "North Korea Disables Facilities, But Resists Declaration." A Quarterly E − Journal on East Asian Bilateral Relations, http://csis.org/files/media/csis/pubs/0704qus_korea.pdf

Glaser, Bonnie S, Scott Snyder, and John S. Park. 2008. "Chinese Debates on North Korea." Pacific Forum CSIS. *PacNet* 11.

Graham, Loren R. 1967. "Science Policy and Planning in the USSR." *Survey* 64.

Gregory, Paul and Robert Stuart. 1990. *Soviet Economic Structure and Performance.* New York: Harper&Row Publishers.

Hall, P. A. and R. C. R. Taylor. 1996. "Political Science and the Three New Institutionalism." *Political Studies* 44.

Hall, Peter A. 1986. *Governing the Economy: The Politics of State Intervention in Britain and France.* Oxford: Oxford University Press.

Harrison, Selig S. 2002. *Korean Endgame: A Strategy for Reunification and U.S. Disengagement.* Princeton: Princeton University Press.

_____. 2005. "Did North Korea Cheat?" *Foreign Affairs* 84.

Herbert, Murray. 2005. "Pyongyang Long Sought Atomic Bomb." *The Wall Street Journal.* May 18.

Hildreth, Steven A. 2008. "North Korean Ballistic Missile Threat to the United States." *CRS Report for Congress.* January 24.

Hoffmann, Erik P. 1978. "Soviet Views of 'the Scientific Technological Revolution'." *World Politics* 30.

Hoffmann, Erik P. and Robbin F. Laird. 1982. *The Politics of Economic Modernization in the Soviet Union.* Ithaca: Cornell University Press.

_____. 1982. *The Scientific－Technological Revolution and Soviet Foreign Policy.* New York: Pergamon Press.

_____. 1985. *Technocratic Socialism: The Soviet Union in the Advanced Industrial Era.* Durham: Duke University Press.

Hecker, Siegfried. 2008. "Report of Visit to the Democratic People's Republic of North Korea(DPRD)." CISAC, Stanford University. Mar 14.

Howard, Peter. 2004. "Why Not Invade North Korea? Threats, Language Games, and U.S. Foreign Policy." *International Studies Quarterly* 48(4).

IISS. 2007. *Military Balance 2007.* London: Routledge.

Immergut, E. M. 1998. "The Theoretical Core of the New Institutionalism." *Politics & Society* 26(1).

Ingram, P. 1987. "Toward More Systemic Consideration of Policy Design." *Policy Studies Journal* 15.

Kim, Ilpyong J. 1998. "China in North Korean Foreign Policy." Samuel S. Kim ed. *North Korean Foreign Relations: In the Post－Cold War Era.* Hong Kong: Oxford University Press.

Kim, Yongho. 2002. "The Sino－North Korean Issues & Studies: Before and After September 11." Chul Koo Woo, Jinwoo Choi eds. *Korea and China in the New Global System.* Seoul: Korean Association of International Studies.

King, Gary, Robert Keohane, & Sidney Verba. 1994. *Designing Social Inquiry: Scientific Inference in Qualitative Researh.* Princeton: Princeton University Press.

Krasner, S. 1988. "Sovereignty: An Institutional Perspective." *Comparative Political Studies* 21(1).

Kuhn, Thomas S. second enlarged edition. 1970. *The Structure of Scientific*

Revolutions. Chicago: Univ. of Chicago Press.

Lall, S. 1987. *Learning to Industrialize.* Basingstoke: Macmillan.

Manheim, Jarol B., Richard C. Rich, Lars Willnat, and Craig Leonard Brians. 2006. *Empirical Political Analysis: Research Methods in Political Science.* 6th ed. New York: Pearson.

Mansourov, Alexander. 1997. "North Korean decision − making processes regarding the nuclear issue at early stages of the nuclear game." in Young Whan Kihl and Peter Hayes. eds. *Peace and Security in Northeast Asia: The Nuclear Issue and the Korean Peninsula.* New York: M.E. Sharpe.

Marx, K. and F. Engels. 1970. *The German Ideology.* New York: International Publishers.

Mazmanian, D. and P. Sabatier. 1980. "The Role of Attitudes and Perceptions in Policy Evaluation by Attentive Elites: The California Coastal Commissions." in H. Ingram and D. Mann. eds. *Why Policies Succeed or Fail?* Beverly Hills: Sage Publications.

Michishita, Narushige. 2001. "The Korean Summit and its Legacy: The Changing Military Equation on the Korean Peninsula." *EAST ASIA REVIEW* 13(4).

Mytelka, L. K. 1990. *Transfer and Development of Technology in the Least Developed Countries: An Assessment of Major Policy Issues.* Geneva: UNCTAD.

Nanto, Dick K. and Emma Chanlett − Avery. 2008. "North Korean Economy: Leverage and Policy Analysis." *CRS Report for Congress*, March 4.

Needham, Michael A. 2006. "Keep the Pressure on Kim Jong − il." The Heritage Foundation. *WebMemo* 3.

Nelson, R. P. 1990. "Capitalism as an Engine of Progress." *Research Policy* 19.

Norris, Robert S. and Hans M. Kristensen. 2005. "North Korea's Nuclear Program, 2005." *Bulletin of the Atomic Scientist* 61(3).

North, D. C. 1990. *Institution, Institutional Change and Economic Performance.* Cambridge: Cambridge University Press.

Oberdorfer, Don. 2002. *The Two Koreas: A Contemporary History.* New York: Basic Books.

Office of the Secretary of Defense. 1997. *Proliferation: Threat and Response.* Washington D.C.: U.S. Government Printing Office.

Park, Moon Young(Michael). 1994 − 95. "'Lure' North Korea." *Foreign Policy* 97.

Perez, C. and L. Soete. 1988. "Catching − Up in Technology: Entry Barriers and Windows of Opportunity." in Dosi et al. eds. *Technical Change and Economic Theory*. London and New York: Pinter Publishers.

Ragin, Charles C. 1987. *The Comparative Method*. Berkeley: University of California Press.

Rosenberg, N. 1986. "The Impact of Technological Innovation: A Historical Overview." in R. Landau and N. Rosenberg. eds. *The Positive Sum Strategy: Harnessing Technology for Economic Growth*. Washington D.C: National Academy Press.

Sayles, C. R. 1958. *Behavior of Industrial Work Groups*. New York: Wiley.

Schapiro, Leonard. 1972. *Totalitarianism*. New York: Praeger Publishers.

Scherer, F. M. 1986. "Technical Maturity and Warning Economic Growth and R&D and Declining Productivity Growth." in *Innovation and Growth, Schumpeterian Perspectives*. Cambridge: MIT Press.

Sigal, Leon V. 1998. D*isarming Strangers: Nuclear Diplomacy with North Korea*. Princeton, N.J: Princeton University Press.

_____. 1998. "For Sale: North Korea's Missile Program." *East Asian Security* November 11.

Singh, J. P. 1999. *Leapfrogging development?: the political economy of telecommunications restructuring*. Albany: State University of New York Press.

SIPRI. 2007. *SIPRI Yearbook 2007: Armament, Disarmament and International Security*. Oxford: Oxford University Press.

Skocpol, Theda. 1994. *Social Revolution in the Modern World*. Cambridge: Cambridge University Press.

_____. 2003. "Doubly Engaged Social Science: The Promise of Comparative Historical Analysis." James Mahoney and Dietrich Rueschemeyer ed. *Comparative Historical Analysis in the Social Science*. New York: Cambridge University Press.

Smith, W. R. 1993. "International Economy and State Strategies: Recent Work in Comparative Political Economy." *Comparative Politics* 25.

Snyder, Scott. 1999. *Negotiating on the Edge*. Washington D.C.: United States Institute of Peace.

Spector, Leonard S. and Mark G. McDonough. 1995. *Tracking Nuclear Proliferation*. Washingtion D.C.: Carnegie Endowment for International Peace.

Squasooni, Sharon A. 2003. *Weapons of Mass Destruction: Trade Between North Korea and Pakistan. Washington.* D.C.: Congressional Research Service.

Stoneman, P. 1987. "Some Aspects of the Relation Between Technological

Change and Economic Performance." in *Economic Analysis of Technology Policy.* Oxford: Clarendon Press.

Sullivan, Kevin. 1998. "North Korea Missile Disclosure." *International Herald Tribune.* June 7.

The White House. 2002. "The National Security Strategy of the United States of America." September.

Thelen, Kathleen and Sven Steinmo. 1992. "Historical Institutionalism in Comparative Politics." in Sven Steinmo, Kathleen Thelen and Frank Longstreth eds. *Structuring Politics: Historical Institutionalism in Comparative Politics.* Cambidge: Cambridge University Press.

Thompson, P. 1983. *The Nature of Work: an Introduction to Debates on the Labour Process.* London: Macmillan.

Toffler, Alvin and Heidi. 1993. *WAR AND ANTI-WAR.* New York: Little, Brown & Co.

Vig, Norman J. 1988. "Technology, Philosophy, and the State: An Overview." in Michael Craft and Norman Vig ed. *Technology and Politics.* Durham: Duke University Press.

Wit, Joel S., Daniel B. Poneman & Robert L. Gallucci. 2004. *Going Critical: The First North Korean Nuclear Crisis.* Washington D.C.: Brookings Institution Press.

Wolf, Charles Jr. and Akramov Kami. 2005. *North Korean Paradoxes: Circumstances, Costs, and Consequences of Korean Unification.* Santa Monica, Calif: LAND Corporation.

Zhebin, Alexander. 2000. "A Political history of Soviet-North Korean nuclear cooperation." in James Molz and Alexander Mansourov. eds. *The North Korean Nuclear Program: Security, Strategy, and New Perspectives from Russia.* New York: Routledge.

Business Monitor International
Los Angeles Times
The New York Times
The Washington Times
The Washington Post

(ㄴ)

(ㅅ)

(ㅇ)

변상정

약력

연세대학교 불어불문학과 졸업
연세대학교 대학원 정치학 석사
연세대학교 대학원 정치학 박사
국가안보정책연구소 책임연구원
국제문제조사연구소 연구위원
現) 국가안보전략연구소 연구위원

주요 논저

「2·13합의 이후 남-북-러 철도협력」
「국제협력을 통한 납북억류자 송환방안」
「북조선 노동당의 정치세력 재편과정에 관한 연구」
「남북 보건의료협력 추진방안 연구」(공저)
외 다수

김정일 시대
KIM JONG-IL
북한의
NORTH KOREA
과학기술정책
SCIENCE AND TECHNOLOGY POLICY

초판인쇄 | 2010년 7월 26일
초판발행 | 2010년 7월 26일

지 은 이 | 변상정
펴 낸 이 | 채종준
펴 낸 곳 | 한국학술정보㈜
주   소 | 경기도 파주시 교하읍 문발리 파주출판문화정보산업단지 513-5
전   화 | 031) 908-3181(대표)
팩   스 | 031) 908-3189
홈페이지 | http://ebook.kstudy.com
E-mail | 출판사업부 publish@kstudy.com
등   록 | 제일산-115호(2000. 6. 19)

ISBN   978-89-268-1245-7 93340 (Paper Book)
        978-89-268-1246-4 98340 (e-Book)

내일을여는지식 ■은 시대와 시대의 지식을 이어 갑니다.